汉学研究大系
Series of Chinese Studies
阎纯德 总主编

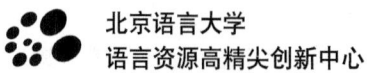
北京语言大学
语言资源高精尖创新中心　组编

列国汉学史丛书

日本诗经要籍辑考

王晓平　著

学苑出版社

图书在版编目（CIP）数据

日本诗经要籍辑考 / 北京语言大学语言资源高精尖创新中心组编；王晓平著．— 北京 ：学苑出版社，2019.3

（汉学研究大系 / 阎纯德总主编）

ISBN 978-7-5077-5662-3

Ⅰ．①日… Ⅱ．①北… ②王… Ⅲ．①《诗经》－诗歌研究－日本 Ⅳ．①I207.222

中国版本图书馆CIP数据核字(2019)第037821号

责任编辑：	杨 雷　张敏娜
出版发行：	学苑出版社
社　　址：	北京市丰台区南方庄2号院1号楼
邮政编码：	100079
网　　址：	www.book001.com
电子信箱：	xueyuanpress@163.com
联系电话：	010－67601101（销售部）　67603091（总编室）
经　　销：	新华书店
印 刷 厂：	北京建宏印刷有限公司
开本尺寸：	710×1000　1/16
字　　数：	460千字
印　　张：	30
印　　数：	1500册
版　　次：	2019年3月第1版
印　　次：	2019年3月第1次印刷
定　　价：	65.00元

汉学研究大系 组织编写委员会

主　任：李宇明　　刘　利
成　员：阎纯德　　杨尔弘　　刘晓海　　田列朋

汉学研究大系 总编辑委员会

总顾问：袁行霈　　李学勤
顾　问：王晓平　　乐黛云　　宇文所安　李明滨　　吴志良
　　　　严绍璗　　张西平　　宋绍香　　何培忠　　郁　白
　　　　孟　白　　钱林森　　崔希亮　　柴剑虹　　阎国栋
　　　　熊文华
主　任：李宇明
总主编：阎纯德
助　理：陈　晶

列国汉学史丛书 编辑委员会

主　任：刘　利
副主任：韩经太
主　编：阎纯德　　吴志良
编　委：安平秋　　许光华　　李海绩　　李雪涛　　陈开科
　　　　陈戎女　　杨玉英　　张国刚　　周　阅　　侯且岸
　　　　钱婉约　　徐志啸

序 一

经过近30年多位学者的辛劳努力,现在我们可以说,国际汉学研究确实已经成长为一门具有特色的学科了。

"汉学"一词本义是对中国语言、历史、文化等的研究,而在国内习惯上专指外国人的这种研究,所以特称"国际汉学",也有时作"世界汉学""国际中国学",以区别于中国人自己的研究。至于"国际汉学研究",则是对国际汉学的研究。中外都有学者从事国际汉学研究,但我们在这里讲的,是中国学术界的国际汉学研究。

自从改革开放以来,国际汉学研究改变了禁区的地位,逐渐开拓和发展。其进程我想不妨划分为三个阶段:一开始仅限于对国际汉学界状况的了解和介绍,中心工作是编纂有关的工具书,这是第一个阶段。到了20世纪90年代,出现国际汉学研究的专门机构,大量翻译和评述汉学论著,应作为第二个阶段。在这两个阶段里,学者们为深入研究国际汉学打好了基础,准备了条件。新世纪到来之后,进入全面系统地研究国际汉学的可能性应该说业已具备。

今后国际汉学研究应当如何发展,有待大家磋商讨论。以我个人的浅见,历史的研究与现实的考察应当并重。国际汉学研究不是和现实脱离的,认识国际汉学的现状,与外国汉学家交流沟通,对于我国学术文化的发展以至于多方面的工作都是必要的。我曾经提议,编写一部中等规模的《当代国际汉学手册》,使我们的学者便于使用;如果有条件的话,还要组织出版《国际汉学年鉴》。这样,大家在接触外国汉学界时,不会感到隔膜,阅读外国汉学作品,也就更容易体味了。必须指出的是,国际汉学有着长久的历史,因此现实和历史是分不开的,不了解各国汉学的历史传统,终究无法认识汉学的现状。

我们已经有了不少国际汉学史的著作及论文。实际上,公推为中国最早的汉学史专书,是1949年出版的莫东寅《汉学发达史》,尽管是通史体裁,但也包含了分国的篇章。这本书最近已有经过校勘的新版,大家容易看到,尽管只是概述性的,却使读者能够看到各国汉学相互间的关系。由此可见,有组织、有系统地考察各国汉学的演进和成果,将之放在国际汉学整体的背景中来考察,实在是更为理想的。

这正是我在这里向大家推荐阎纯德教授、吴志良博士主编的这套"列国汉学史书系"的原因。

阎纯德教授在北京语言大学主持汉学研究所工作多年,是我在这方面的同行和老友,曾给我以许多帮助。他为推进国际汉学研究,可谓不遗余力,所做出的重要贡献是学术界周知的。在他的引导之下,《中国文化研究》季刊成为这一学科的园地,随之又主编了《汉学研究》,列为《中国文化研究汉学书系》,有非常广泛的影响。其锲而不舍的精神,我一直敬服无地。特别要说的是,阎纯德教授这几年为了编著这套"列国汉学史书系"所投入的心血精力,可称出人意想。

在《汉学研究》第八集的"卷前絮语"中,阎纯德教授慨叹:"《汉学研究》很像同人刊物,究其原因,是从事这个领域研究的学者太少,尤其是专门的研究者更是少之又少,所以每一集多是读者相熟的面孔。"现在看"列国汉学史书系",作者已形成不小的专业队伍,这是学科进步的表现,更不必说这套书涉及的范围比以前大为扩充了。希望"列国汉学史书系"的问世成为国际汉学研究这个学科在新世纪蓬勃发展的一个界标。让我们在此对阎纯德教授和这套书的各位作者,还有出版社各位所做出的劳绩表示感谢。

李学勤
2007 年 4 月 8 日
于清华大学国际汉学研究所

序 二

汉学历史和学术形态历史是既抽象又具体的存在,是浩瀚无边的过去、现在和未来。历史会让我们兴奋,也会使我们悲哀,有时还会觉得它仿佛是一个梦。但是,当我们梦醒而理智的时候,便会发现——太阳、地球、人类社会,一切的一切,不管是曾经存在过的恐龙,还是至今还在生生不息的蚂蚁社群,天上的,地下的,看得见的,看不见的,一切都有自己的历史。一切都有过发生,一切都还在发展,可能还会灭亡。

任何事物的发生都有一个有形或无形的孕育过程,"汉学"(Sinology)也是这样,其孕育和成长,就是中国文化与异质文化相互交媾浸淫的历史。这个历史,始于公元1世纪前后汉代所开通的丝绸之路,接下来是七八世纪的大唐帝国、十四五世纪的明代、清末的鸦片战争和五四新文化运动,这种文化的碰撞和交流之潮时起时伏直到今天,还会发展到永远。这是历史,是汉学的昨天、今天和未来,是其孕育、发生和成长的过程显现出的文化精神。但是,昨天有远有近,我们可以寻着蛛丝马迹探讨找回其真;而今天,只是一个过渡,一俟走过,便成为昨天的陈迹。

写作汉学史是一件艰难的劳作,尤其对象是遥远的昨天,尤其是"遗失"在异国他乡的昨天,更非一件易事。时至今日,朦胧面纱下的汉学还不完全为一些学人所认识,因此有必要取下面纱,让人们看个究竟。

中华人民共和国成立最初的30年,对于"汉学"讳莫如深,因为"它"被认为是个有害于中国的"坏东西";从20世纪70年代中期之后,尤其90年代以降,"汉学"便逐渐成为学术界耳熟能详的学术名词。中国大陆重提"汉学"至今,汉学就像隐藏在深山里的小溪,经过30年的艰辛跋涉,才终于形成一条奔腾的水流,并成为中国文化水系不可或缺的组成部分;尤其是到了21世纪10年代之后,国家领导人也提出倡导研究汉学(中国学)。这是天翻地覆的文化壮举。这个变化是时代和历史变迁带来的结果,也是文化自己发展的规律。

那么,究竟什么是汉学呢？首先,这里的汉学非指汉代研究经学注重名物、训诂——后世称"研究经、史、名物、训诂考据之学"的"汉学",而是指外国人研究中国历史、语言、哲学、文学、艺术、宗教、考古及社会、经济、法律、科技等人文和社会科学领域的学问,这起码是近300来年世界上的习惯学术称谓。李学勤(1933—2019)教授多次说:"'汉学',英语是Sinology,意思是对中国历史文化和语言文学等方面的研究。在国内学术界,'汉学'一词主要是指外国人对中国历史文化等的研究。有的学者主张把它改译为'中国学',不过'汉学'沿用已久,在国外普遍流行,谈外国人这方面的研究,用'汉学'比较方便。"[1]Sinology一词来自外国,它不是汉代的"汉",也不是汉族的"汉",不指一代一族,其词根Sino源于秦朝的"秦"(Sin),所指是中国。为了弄清Sinology的真正含义和译义,我曾向西方多位汉学家征求其看法。他们几乎毫无疑义地认为:Sinology的词根"Sino",意思是"秦",所指是中国,源自拉丁词语"Sina"(China,中国),"logia"为希腊词语,其意为"科学",或含有考古学或哲学的部分意思;前者所示是"中国",后者所示是"科学"或"研究",两者相加,Sinology就是"中国的科学研究"。Sinology一词的诞生,最早应是始于后利玛窦时代,出自某个传教士的智慧——借用汉代和清代的"汉学"。从那时起,西方传教士就将对中国的文化研究称为Sinology(汉学),研究者称为Sinologist(汉学家)。

如果我们将Sinology在学术上称为"汉学"和"中国学",名字虽异,但实质上它们是"异名共体",所表述的内涵完全一样。高利克在回信中说:"我认为Sinology(汉学)或Sinologist(汉学家)是用以指称我们所从事的事业之恰当的词语。"

在历史长河里,汉学由胚胎逐渐发育成长。当汉学走过少年时代,在西学东渐和中学西传互示友情之后,中学开始影响西方而成为人类文明史上的伟大事件。中世纪以来,欧洲视中国为"修明政治之邦",对中国充满了好奇与好感,18世纪"中国热"蜂起欧洲,19世纪初期法国便成为西方汉学的中心,巴黎成为"汉学之都"。戴密微(Paul Demiéville,1894—1979)曾说汉学的先驱是葡萄牙、西班牙和意大利。但是,汉学作为学术研究和

---

[1] 李学勤《国际汉学漫步·序》,河北教育出版社,1997年。

一种文化形态,举大旗的则是法国人。1814年12月11日,雷慕沙(Jean Pierre Abel Rémusat,1788—1832)在法兰西学院首开"汉语和鞑靼—满语语言与文学讲座",开启了西方真正的汉学时代。但指代汉学的"Sinologie"(英文"Sinology")一词则出现在17世纪末,应该早过雷慕沙主持第一个汉学讲座100年的时间。从此之后,"Sinology"便成为主导汉学世界的图腾、约定俗成的学术"域名"。在世界文化史和汉学史上,外国人把研究中国的学问称为"汉学",研究中国学问的造诣深厚的学者称为"汉学家"。因此,我认为,我们不必要标新立异,根据西方绝大部分汉学家的习惯看法,"Sinology"发展到如今,这一学术概念有着最广阔的内涵,绝不是汉代和清代独有的"汉学",更不是什么"汉族文化之学",它涵盖中国的一切学问,既有以儒释道为核心的传统文化,也包含"敦煌学""西夏学""突厥学""满学"以及"藏学"和"蒙古学"等领域。由于汉学的发展、演进,以法国为首的"传统汉学"(Sinology)和以美国为首的"现代汉学"("中国学",Chinese Studies),到了20世纪中叶之后,研究内容、理念和方法,已经出现兼容并包状态,就是说Sinology可以准确地包含Chinese Studies的内容和理念;从历史上看,尽管Sinology和Chinese Studies所负载的传统和内容有所不同,但现在却可以互为表达、"雌雄同体"于同一个学术概念了。话再说回来,对于这样一个负载着深刻而丰富历史内涵的学术"域名",我以为还是叫它"汉学"(Sinology)为好,因为Sinology不仅承继了汉学的传统,而且也容纳了Chinese Studies较为广阔而现代的内容。另外,中国人对中国文化的研究应该称为国学,而外国学者研究中国文化的那种学问则称为汉学。汉学是国学有血有肉有灵魂的"影子",而汉学不是国学,是介于中学与西学两者之间、本质上更接近西学的一种文化形态。说它与国学同根而生,说它们是"一条藤上的两个瓜"(许嘉璐语),都不为过,然而瓜的形象与味道却不相同,一个是"东瓜",一个是"西瓜"。我认为这样认识汉学,既符合中国文化的学术规范,又符合世界上的历史认同与学术发展实际。

汉学的历史是中国文化与异质文化交流的历史,是外国学者阅读、认识、理解、研究、阐释中国文明的结晶。汉学是中国文化和外国文化撞击后派生出来的学问,实际上也是中国文化另一种形式的自然延伸。但是,汉学不是纯粹的中国文化,它与中国文化有着密不可分的血缘关系,它既是中外文化的"混血儿",又是可以照见"中国文化"的镜子,是可以攻玉的"他山之石";"'Sinology'是一门在国际文化中涉及双边或多边文化关系的近代边缘性的学术,它以'中国文化'作为研究的'客体',以研究者各自的'本土文化语境'作为观察'客体'的基点,在'跨文化'的层面上各自表述其研究的结果,它具有'泛比较文化研究'的性质。"①以上两种表述虽有不同,但学理一致,基本可以厘清我们对于Sinology的学术定位。

法国汉学家马伯乐(Henri Maspero,1883—1945)说过:"中国是欧洲以外仅有的这样的一个国家:自远古起,其古老的本土文化传统一直流传至今。"法国哲学家弗朗索瓦·于连(François Jullien)也说:"中国文明是在与欧洲没有实际的借鉴或影响关系之下独自发展的、时间最长的文明……中国是从外部审视我们的思想——由此使之脱离传统成见——的理想形象。"②他在《为什么我们西方人研究哲学不能绕过中国》中提出:"我们选择出发,也就是选择离开,以创造远景思维的空间。人们这样穿越中国,也是为了更好地阅读希腊。"为了获得一个"外在的视点",他才从遥远的视点出发,并借此视点去"解放"自己。这便是一个未曾断流、在世界上仅存的几种古老文化之一的中国文明的意义。中国文明是一道奔流不息的活水,活水流出去,以自己生命的光辉影响世界;流出的"活水"吸纳异国文化的智慧之后,形成既有中国文化的因子,又有外国文化思维的一种文化,这就是"汉学"。也就是说,汉学是以中国文化为原料,经过另一种文化精神的智慧加工而形成的一种文化。从某种意义上说,汉学既是外国化了的中国文化,又是中国化了的外国文化;抑或说是一种亦中亦西、不中不西,有着独立个性的文化。汉学作为一门独立的具有跨文化性质的学科,是外国文化对中国文化借鉴的结果。汉学对外国人来说是他们的"中学",对中国人来说又是西学,它的思想和理论体系仍属"西学"。

我们的汉学研究,是指对外国汉学家及其对中国文化研究成果的再研究,是中国学者对外国学者研究中国文化的反馈,也是对外国文化借鉴的一个方面。凡是对历史或异质文化进行研究,都有一个价值判断和公正褒贬的问题。因此,对于汉学家对中国文化的研究,必得有我们自己的判断,

---

① 严绍璗《我对Sinology的理解和思考》,载《世界汉学》2006年第4期。
② [法]弗朗索瓦·于连(François Jullien)《迂回与进入》,香港三联书店,1998年。

然后做出公正的褒贬。我们说汉学是可以攻玉的"他山之石",但是这句箴言并非只适用于中国人,对外国人也是一样。汉学也像外国的本体文化一样,对我们来说有借鉴作用,对西方来说有启迪作用——西方学者以汉学为媒介来了解中国,汲取中国文化的精华,完善自己的文明。人类由于文化背景差异和文化语境的不同,思维方向和方式也会不同,因而就会得出不同的结论,讲出不同的道理。"西方学者接受近现代科学方法的训练,又由于他们置身局外,在庐山以外看庐山,有些问题国内学者司空见惯,习而不察,外国学者往往探骊得珠。如语言学、民俗学、考古学、人类学、社会学诸多领域,时时迸发出耀眼的火花。"①汉学的学术价值往往不被国人重视,并利用汉学家对于中国文化的一些误读而贬低汉学的价值。其实,这并不公平,有些汉学家对于中国文化确实有其独到的见解,能发中国人未发之音。法国汉学家马伯乐对中国上古文化和上古宗教的研究就有独到的贡献,中国学者称赞他对中国宗教研究有开"先河"之功。他研究中国宗教的宗教社会学之方法,促进和推动了中国学者采用宗教社会学来研究中国宗教,被称为"中国宗教社会学研究的真正创始人"。

踏着地理学家和探险家斯文·赫定(Sven Hedin,1865—1952)的足迹来到中国的瑞典地质学家、考古学家安特生(John Gunnar Andersson,1874—1960),他对中国的贡献足以说明他也是一位汉学家。1914 年,他被中国北洋政府农商部聘任为矿政顾问,他先是从事地质调查,写出《中国的铁矿和铁矿工业》和《华北马兰台地》的调查报告,然后致力于古生物化石的收集和研究。1921 年 10 月,在河南渑池发现仰韶文化,因此被誉为"仰韶文化之父"。他的研究揭开了中国田野考古工作的序幕,改变了中国近代考古的面貌。他有《甘肃考古记》、《中国远古之文化》(*An Early Chinese Culture*,1923)、《黄土的女儿:中国史前史研究》(*Children of the Yellow Earth:Studies in Prehistoric China*)等著作。

瑞典汉学家高本汉(Bernhard Karlgren,1889—1978)的最高成就是根据研究古代韵书、韵图和现代汉语方言、日朝越诸语言中汉语借词译音构拟汉语中古音,以及根据中古音和《诗经》用韵、谐声字构拟古音,写出著名的学术专著《中国音韵学研究》《汉语中古音与古音概要》《古汉语字典

---

① 季羡林《汉学研究·序》第七集,中华书局,2003 年。

重订本》《中日汉字形声论》《论汉语》《诗经注释》《尚书注释》和《汉朝以前文献中的假借字》等。他对汉语音韵训诂的研究是不少中国学者所不及的,并深刻影响了对于中国音韵训诂的研究。20世纪日本学者津田左右吉(Tsuda Soukichi,1873—1961)关于中国文化的研究著述甚丰,他认为中国文化是一种"人事本位文化",其核心是"帝王文化",其他认识上尽管有偏颇,但也有其独异性和深刻之处。这就是"他山之石"的意义和价值。

当然,不可否认,汉学家对于中国文化的误读或歪曲也是常见的。美国现代汉学(中国学)的奠基人费正清对中国历史尤其近代史的研究独具风采,为美国人民认识中国搭建了一座桥梁;但他在研究上的所谓"冲击—回应"模式,却近乎荒谬,认为是西方给中国带来了文明,是西方的侵略拯救了中国。

综上所述,对于汉学成果的研究,只有冷静、公正、客观、全面,才能在沙中淘得真金,发现真正的"他山之石"。

在中国,汉学的接受与命运,诚实地说,在20世纪80年代初期之前,基本上是无视它的学术价值,更没人把它看作是中国文化的延伸。此外,由于民族心理上的历史"障碍",我们还曾视汉学为洪水猛兽,甚至觉得它是仇视中国、侮辱中国的一个境外的文化"孽种"。这种"观点",虽嫌偏颇,当然也不是空穴来风。因为自19世纪"鸦片战争"前后,直至20世纪40年代,偌大的中国曾经惨遭蹂躏,其间也不乏为列强殖民政策服务的少数传教士、"旅行家"和"学者"深入中国腹地,以旅行、探险、考古之名而实行社会情报的搜集、盗窃和骗取中国文物。

人类思想的飞翔,是受社会和历史禁锢的,山高水远的阻隔也使得人类互相寻找的岁月特别漫长。交流是人类文化选择的自然形态,汉学就发生在这种物质交流和文化交流之中。

人类在互相寻找的初级阶段,中国和西方试探性的商业交往还很原始,那时的人类,不同的国家、民族和族群处于相对落后和封闭的状态,人类各个角落的不同文化还处于相对不自觉或是相对蒙昧的历史时期。在人类最早的沟通中,中国人走在最前边。公元前139年,张骞奉汉武帝之命,越过葱岭,亲历大宛、康居、大月氏、大夏、乌孙、安息等地,直达地中海东岸,先后两次出使中亚各国,历时十多年,开创了古代和中世纪贯通欧亚非的陆路"丝绸之路",为人类交往开了先河,也为汉学的萌发洒下最初的雨露。

在文化史上,以孔孟儒家学说为核心的中国文化最先影响朝鲜半岛,然后才是日本和越南等周边国家。这些周边国家与中国的关系复杂,甚至被说成同种同文,因此可以说它们的文化与中国文化有着很深的"血缘"关系。公元522年,中国佛教渡海东传日本,从那时开始,中国典籍便大量传入日本;但这只是一种"输入",只是日本创建自己文化的借鉴,并没有形成对于中国文化的深层研究。及至唐代,由于文化上承接了汉朝的开放潮流,那时与异质文化的交流相对更加频繁,商贸往来和文化沟通有了发展,西方和中国周边国家或地域的人士通过陆路和水路进入中国腹地,有的经商,有的留学,长安(今西安)、洛阳、扬州、广州、泉州等城市,都是中外贸易和文化交汇的重要都会。尤其是长安(今西安),是当时世界最大的商业文化之都;而扬州、广州、泉州等,由于东南沿海经济崛起、人口增多、手工业发达、农田水利的改善,为海外贸易发展创造了条件,再由于唐代中期"安史之乱"切断了陆路"丝绸之路"的缘故,曾称为"鲤城""温陵""刺桐城"的泉州,便成为联结亚洲、欧洲和非洲的海上丝绸之路的"东方第一大港",是那时以丝绸、金银、铜器、铁器、瓷器为主的国际贸易之都。通过频繁的往来和交流,外国人对中国文化的认识越来越多、越来越深,汉学也便在这种交流中不知不觉慢慢衍生。

但是,源远流长的汉学,人们习惯地认为其洪流和网络在西方,西方是汉学的形象代表。这种看法,一是源自近代以来西方强势文化和中国人的崇洋心理;二是西方汉学的某些特征也确实有别于朝鲜半岛、日本和越南的汉学。其实,如果我们从世界汉学历史发展的角度看,日本、朝鲜半岛和越南的汉学要早于西方的汉学,比如日本在十四五世纪已经初步形成了汉学,而那时西方的传教士还没有进入中国。因此,对于汉学的研究,无论是西方还是东方(朝鲜半岛、日本和越南),我们都不能顾此失彼,要以同样的关注和努力而探讨之。当然,汉学的历史藏在文献里,而隐性源头却可能在文献之外。

文化往往伴随经济流动,其交流也会在不自觉或无意识状态下发生。到了明代初年,郑和于1405年,率200多艘舰船的庞大舰队出使西洋,前后7次,历经28年,到过30多个国家,最远抵达非洲东岸和红海口,真正拓展了海上"丝绸之路"。

在公元八九世纪至十六七八世纪期间，关于中国，多见于西方商人、外交使节、旅行家、探险家、传教士、文化人所写的游记、日记、札记、通信、报告之中，这些文字包含着重要的汉学资源，因此这些文献被称为"旅游汉学"。这些人的东来源于文艺复兴，因为思潮的开放影响了欧洲人的思想和生活，他们或通商，或传教，或猎奇，但了解和研究中国文化却是一致的，于是汉学便在葡萄牙、西班牙、意大利、法国、荷兰、英国、德国、俄罗斯等主要的西方国家逐步发展起来。

这类游记和著作较早的，有约在公元851年成书的描述大唐帝国繁荣富强的阿拉伯帝国（大食国）旅行家苏莱曼（Sulayman）的《中国印度见闻录》（又译《苏莱曼东游记》）、威廉•吕布吕基斯（1215—1219）的《远东游记》（1254）、意大利雅各布•德安克纳的《光明城》（The City of Light）；这类"旅游汉学"著作中，最著名且影响至今的当属《马可•波罗游记》（The Travels of Marco Polo，又译《东方见闻录》）。马可•波罗（Marco Polo，1254—1324）于1275年随父亲和叔父来中国，觐见过元世祖忽必烈，1295年回国后出版了这本书，它以美丽的语言和无穷的魅力翔实地记述了中国元朝的财富、人口、政治、物产、文化、社会与生活，第一次向西方细腻地展示了"唯一的文明国家""神秘中国"的方方面面。

大航海凯旋不久，欧洲传教士最初到世界各地传教，在美洲和日本等许多地方遭遇不顺。但是，他们唯独在中国这个以德仁待人的文明国度得到了善待。庞迪我（Diego de Pantoja，1571—1618）在1602年写给西班牙主教的信里说："中国那么强大，为什么不去征服那些周边小的国家，甚至一任那些小国给它制造麻烦呢？因为中国不想用自己的威力征服别人。这一事实，对欧洲人来说是不可理解的；中国人与他们的皇上并不寻求或梦想超过他们目前的国土疆界来扩大他们的帝国。"利玛窦（Matteo Ricci，1552—1610）说："在这样一个几乎具有无数人口和无限国土幅员辽阔、各种物产丰富的国家，虽然它有装备精良的陆军和海军，很容易征服临近的国家，但他们的皇上和人民却从来没想过要发动侵略战争，他们很满足于自己已有的东西，没有征服别人的野心。在这方面，他们与欧洲人很不相同，欧洲人常常不满意自己的政府，并贪婪祈求别人享有的东西……我仔细研究了中国四千多年的历史，我不得不承认，我从未见过这类征服的记载，我也没有听说过他们对外侵略、扩张国界。"

序 二

从 16 世纪到十八九世纪,在数以千计的散布在中国各地的传教士中,有不少人成为名载史册的汉学先驱,他们为汉学的发展做出了重大贡献。自 1540 年圣伊纳爵·罗耀拉(St Ignatins de Loyola,1491—1556)、圣方济各·沙勿略(St. Francisco Xavier,1506—1552)等人来华,开始了以葡萄牙、西班牙、意大利传教士为主的第一波耶稣会的传教活动。接着,意大利的范礼安(Alexandre Valignani,1539—1606)、罗明坚(Michel Ruggieri,1543—1607)等著名传教士来华。明朝万历十一年(1583 年),罗明坚又将利玛窦神甫带到中国,从此,耶稣会传教士在中国的宗教活动无论是对于西方还是东方,都开始了一个新的历史时期。

西方众多旅行家、探险家、商人和耶稣会士来华,他们笔下的许多记载和著译,催生了汉学。葡萄牙贝尔西奥(P. Belchior,1519—1571)的《中华王国的风俗与法律》(1554)、葡萄牙多明我会传教士加斯帕尔·达·克鲁斯(Gaspar da Cruz,1520—1570)全面介绍中国的《中国情况详介专著》,最著名的是 1585 年在罗马出版的西班牙胡安·冈萨雷斯·德·门多萨(Juan Gonsales de Mendoza,1545—1618)编著的《中华大帝国史》(Dell'historia della China,又译《大中国志》)。这位没有来过中国的传教士汉学家,却根据自己所掌握的有关中国文献写出了第一部真正的汉学著作,名副其实地对中国的政治、历史、地理、文字、教育、科学、军事、矿产、物产、衣食住行、风俗习惯等做了百科全书式的介绍,具有相当的学术价值,以七种文字印行,风靡欧洲。

在这个一百多年的岁月里,前后出版的有金尼阁(Nicolas Trigault,1577—1629)根据利玛窦日记的整理,加上自己的中国见闻合著为《利玛窦中国札记》(Regni Chinensis Descriptio,又译《基督教远征中国史》),亚历山大·德·罗德(Alexandre de Rhodes,1591—1660)的《在中国的数次旅行》(1666),比利时南怀仁(Ferdinand Verbiest,1623—1688)的《中国皇帝出游西鞑靼行记》(1684),葡萄牙费尔南·门德斯·托平的(Fernão Mendes Pinto,1509—1583)的《远游记》,法国李明(Louis-Daniel Le Comte,1655—1728)的《关于中国现状的新回忆录》(Nouveau mémoire sur l'état présent de la Chine,1696,又译《中国近事报道》)和《中华帝国全志》(《中国通志》),等等。

这些包罗万象的文献,不仅记录了不同时代的中国,还以自己的文化视角开始了中西文化最初的碰撞。作为文献,这些游记、日记、札记、通信和报告,有赞美,有误读,也有批评,但因为其中包含大量中国物质文化及政治、经济、历史、地理、宗教、科举等多方面的文化记载,而成为汉学的重要组成部分,在学术史上有重要价值。

汉学的发生、发展与经济、政治、交通以及资讯分不开。有学者把汉学的历史分为"萌芽""初创""成熟""发展""繁荣"几个时期,也有的分为"游记汉学时期""传教士汉学时期"和"专业汉学时期"三个阶段。但汉学的真正形成是在明末清初兴起的"西学东渐"和"中学西传"的互动之中。

以利玛窦为核心的耶稣会士的历史意义在于他们开始了对中国文化的全面开垦,不仅著书立说,还把《大学》《中庸》《论语》《孟子》等中国文化经典译成西文,不仅开西学东渐之先河,也推动了中学西传,使中国文化对西方科学与哲学产生重要影响,因此这位思想家当仁不让地被视为西方汉学的鼻祖。与其先后到达中国的著名的传教士大都曾著书立说、传播中国文化,对推动西学东渐和中学西传做出了贡献。

在世界汉学史上,除了以上提及的,还有许多汉学家的名字十分响亮,如曾德照、柏应理、卫匡国、殷铎泽、南怀仁、汤若望、龙华民、罗如望、熊三拔、张诚、白晋、马若瑟、宋君荣、钱德明、翟理斯、安特生、雷慕沙、儒莲、德理文、安东尼·巴赞、蒙田、冯秉正、尼·雅·比丘林、巴拉第·卡法罗夫、瓦西里耶夫、沙畹、伯希和、马伯乐、葛兰言、马礼逊、斯坦因、理雅各、李约瑟、韦利、霍克斯、卫礼贤、福兰阁、孔拉迪、高本汉、卫三畏、费正清、拉铁摩尔、孔飞力、史景迁、狄百瑞、傅高义、齐赫文斯基、季塔连科、戴密微、谢和耐、石泰安、汪德迈、施寒瑞、施舟人、顾彬、宇文所安,等。他们对中国文化的独特理解,铸造成汉学史上的思想学术之碑,开垦了汉学成长的沃土。

"西方的汉学是由法国人创立的。"但是,在欧洲全面研究中国文明的问题上,"法国的先驱是葡萄牙、西班牙和意大利"①。戴密微把以上三个国家誉为汉学的先锋,"他们于16世纪末叶,为法国的汉学家开辟了道路,而法国的汉学家稍后又在汉学中取代了他们",真正建立了作为学术的汉

---

① [法]戴密微《法国汉学研究史》,耿昇译《法国当代中国学》,中国社会科学出版社,1998年。

学传统。就传统汉学而言,法国是汉学家最多的国家之一,还有英国、俄罗斯、美国、日本等国,有许多汉学界的学术巨擘,不断为汉学大厦的崇高而添砖加瓦。

中外文化交流的结果不仅意味着中国文化"外化"的传播,也意味着异质文化对中国文化"内化"的接受。汉学家作为中外文化交流的桥梁和使者,在异质文化的交流中,也是人类和谐与进步的推动者。

汉学诞生在与异质文化碰撞、交流和相互浸淫之中。这个结果无异于一枚果子的成熟,只有"风调雨顺"才能生长得好。和谐、宽容、理解与尊重,是异质文化彼此借鉴的保证。作为文化形态的汉学,其生存和成长离不开良好的国际语境。就中国而言,历史上凡是开放的时代,文化交流就多,汉学就发展;反之,汉学就停滞,这似乎成为一种规律。

作为学术公器的汉学,文化上有其自己的成长过程。汉学是发展的,这一植根于中国文化土壤,生存于异国他乡的文化,同样深受不同时代语境的极大影响。这里所说的语境,既包括中国的历史演变,也包括异国和世界的历史变化;就是说,不同的历史时期,不同的社会、政治、经济、文化背景,在很大程度上左右着汉学的发展方向和内容;换句话说,汉学的形成和发展,不仅受制于中国历史的更迭,也受制于他者社会的变化。这就是以历史悠久的中国文化为研究对象的汉学发展的基本轨迹。

传统汉学以法国为中心,现代汉学兴显于美国。20 世纪中期以来,在西方其他国家葆有传统汉学的同时,现代汉学也很繁荣。这个时期的"汉学"涂满了政治色彩,以法国为代表的汉学较多地保持着传统汉学的学术精神,而美国的"中国学"却成了充满政治意识的现代汉学的代表。

19 世纪末至 20 世纪初,美国汉学悄然嬗变为中国学,并以自己独有的个性特点和极强的生命力出现在世人面前。美国的"中国学"所关心的不是中国文化,更不是中国的传统文化,而是中国的政治、经济、军事、教育和社会生活各个层面的问题。这种政治特征,是那个时期美国中国学的基础,这一特征也影响了其他国家汉学的研究方向和内容。

人类文化包含了物质文化和观念文化。物质文化表现在衣食住行生活方面,是一种看得见、摸得着又极易变化的"具象"文化,例如饮食、服饰、住房、音乐、舞蹈等;观念文化是一个民族精神的核心,表现在人的价值观、道德观、家庭观、宗教观等诸多方面,以及对自由、平等、民主的理解,观念文化是一个民族的思维经过高度抽象后形成的思想、观念和精神,它是通过文化的灵魂——哲学、文学、语言、宗教、历史等来表达的。① 观念文化,一俟进入汉学家的研究视野,他们的研究也就进入了对中国文化核心的深层研究。

汉学家从对中国物质文化到观念文化的研究,其研究领域越来越广阔,越来越深厚。现在,汉学不仅包括对中国的哲学、文学、宗教、历史领域的研究,还包括对社会学、政治学和自然科学的研究。传统汉学和现代汉学,它们已经亲密到"异名共体"的地步。二者的差异在于前者是以文献研究和古典研究为中心,包括哲学、宗教、历史、文学、语言等;而以美国为中心的现代汉学(中国学)则以现实为中心,以实用为原则,其兴趣根本不在那些负载着古典文化资源的"古典文献",而重视正在演进、发展着的信息资源。但是,汉学发展到21世纪,其研究内容和方式已经出现了融通这两种形态的特点。这种状况既出现在欧洲的汉学世界,也出现在美国的中国学研究之中,可以说世界各国汉学家的研究,都兼有以上两种汉学形态。

汉学(Sinology)对中国研究者来说,被尘封得太久,所以它的空白很多,浩如烟海的资源还有待于深入开掘。这种开掘,不仅可以收获汉学,还可以于无意中发现被历史"放逐"和"遗失"在异国他乡的中国文化。编撰"汉学研究大系"的目的和宗旨,不仅是为了梳理已有的汉学资源,在世界范围内追踪中国文化的传播与研究的历史状况、经验及影响,同时探究汉学的产生、成长、发展与繁荣,还要尽可能厘清这块"他山之石"对于中国文化的作用。当然,"汉学研究大系"还期望对推动中国文化与世界文化当下的交流有所裨益。

"汉学研究大系"包括"列国汉学史丛书""中国文化经典与名人传播与研究丛书""汉学家研究丛书""外国文学与中国丛书""西学中医丛书"等多个"丛书"。作为一个文化工程,其撰写的难度非一般学术著作所能比拟。严绍璗教授谈到Sinology的研究者的学识素养时提出四个"必须":第一,必须具有本国的文化素养(尤其是相关的历史、哲学素养);第二,必须具有特定对象国的文化素养(同样包括历史、哲学素养);第三,必须具

---

① 任继愈《汉学发展前景无限》,载《中华读书报》2001年9月19日。

有关于文化史学的基本学理素养(特别是关于"文化本体"理论的修养);第四,必须具有两种以上语文的素养(很好的中文素养和对象国的语文素养)。这几点确实都是汉学研究者必须具备的文化和语文素养,否则很难高效进入汉学研究的学术境界。

"列国汉学史书系"的启动始于 20 世纪 90 年代,但它的诞生经历了千难万险,如果稍微松懈,必定会死于胎中。2018 年 10 月 13 日,在北京语言大学校长刘利教授和北京语言大学语言资源高精尖创新中心领导李宇明教授的支持下,开了一次"'汉学研究大系'专家咨询会"。来自北京、天津和南京的学者、在京的汉学家,以及多家新闻媒体的记者参加了本次咨询会。从那时开始,我们将"汉学史书系"裂变为多个"丛书",如此变化,完全是为了能将书系编撰得更科学、更广阔。这个"大系"就像一个"汉学研究超市",如此分法,就是为了便于更多的学者能将自己的作品加入这个"超市"之中,也便于更多的读者走进这个"超市"选购自己需要的精神食粮。

冬天到了之后是春天,接着便是收获的季节。这套富有创意和价值的书系工程几乎涵盖了汉学研究的一切领域,它将对中外文化交流和汉学的发展以及比较研究产生深远影响。

在人类的文化长廊里,无论是中国还是外国,各种书写异国文化的著作琳琅满目,这其中有外国人写中国各类历史的,也有中国人写外国的各类著作。历史,是往事,是记录,是选择,并有相对独立的评论和褒贬。但是,事实上任何一部历史都不是最后的历史,历史随着时光的流逝而演进,修史很难一步到位,它需要一代代的学者"积跬步"才能"至千里",只有"积土成山,积水成渊",才会有"风雨兴""蛟龙生"。学问之事非一夕之功,非得有前赴后继者敢于赴汤蹈火"流血牺牲",才会达至光明顶峰。

开拓者也许会在某个时候将自己的真诚劳作化为欢乐,因为在以后的岁月里,定会有人踏着自己的肩膀攀上高峰,以鸟瞰美丽风光。21 世纪是经济的大空间,对汉学来说也是一个"大空间"。但是,要探索这个"大空间",需要有个和谐的"太空站",需要大家联袂共建。当然,世界需要多元文化和谐相处的历史语境,共同创造彼此接近、认识、理解、尊重、沟通、借鉴与融合的机会,这个机会,就是汉学研究发展的机会。

时间在行走,历史在行走。人类创造过历史,书写过历史,但这尚不是最后的历史。汉学有历史,而且还正在创造新的历史,汉学及其研究将以自己的品格和个性在人类文化的世界里放出异彩。

阎纯德
2019 年 3 月 3 日
于北京半亩春秋

自　　序

　　本书是拙著《日本诗经学史》《日本诗经学文献考释》的续篇,也是《日本诗经古写本刻本汇编》所载序说的合编与补充。

　　本书所做的事情有四件,一曰辑异,一曰解读,一曰打通,一曰品译。

　　日本的诗经学研究,对象虽然是中国古代文献,却有自行走过的路,自成的评价体系和自身的研究规律,尽管各时期与中国诗经学的关系有远近深浅之分,但归根结底,从属于日本学术体系。所以,日本诗经学文献对于我们来说,很多还是新知识,未知的内容很多。所谓辑异,就是将搜集到的罕见日本诗经学文献保存下来,加以整理,使之不致被遗忘。主要工作是考文字。由于历来的研究资料多有散佚,而在今日的日本学界,它们地处边缘而面临被遗忘的境遇,所以辑异实际上也是辑逸。

　　所谓解读,就是尽力将这些新资料读懂、读透。主要工作是考义理。日本至今保存的《诗经》写本虽然不多,但上面保存的一点一滴的古代文化信息,需要从识读文字、符号开始,逐步深入到这些文字、符号的来源和以后的演变。参照敦煌写本的研究成果,不放过写本中的每一个细节,准确释录,是解读的第一步。对于日本学者的撰著,则需要考察其学术背景,关注著者的学术个性,考察他们人生与治学的经历,尽可能还原他们与《诗经》邂逅的独特因缘。由于资料欠缺,或许很难还原当时那些著者们撰著《诗经》要籍的心路历程,但还是要尽可能避免以己度人,错看了他们解诗的本意。

　　原为日文的,先需译解;原为汉文或变体汉文的,则需点校。此皆我国学人尚少着力而属学问上铺石垫路的工作,故不论方家是否目为"学术成果",亦不拘一格,乐而为之。

　　所谓打通,就是拆掉中日诗经学之间的篱笆,梳理其间的因缘与异同。

主要工作是考关联。日本诗经学以中国诗经学为学源,《毛传》《郑笺》《正义》《诗集传》,乃至《诗经说约》《诗经通论》《读风偶识》《毛郑诗考证》《风诗类抄》等,在日本学者中有广泛的影响,但也有一些重要的《诗经》研究典籍很少有人深入钻研。中国学界视日本保存的资料和研究成果为他山之石,一旦发现,便不弃攻玉之功。陈奂、阮元、杨守敬、王国维、罗振玉、孙作云等学者皆利用或介绍过相关资料,但将日本诗经学作为专门学术史来研究,则是近年的事情。打通中日诗经学,辨其关联,析其异同,通其有无,续其学脉,是一项有益于两国学术的事情。

所谓品译,就是探讨《诗经》从书斋进入日本社会过程中翻译的作用,品味《诗经》转换成日语后的独特韵味。主要工作是考译诗。译诗难,将古代的诗译成现代诗更难,而将外国古代的诗译成本国现代诗歌,那就是难上加难了。日本传统的训读在过去《诗经》传播中起到过重要作用,这种保存原文整体的翻译形态,至今仍为读者所接受。明治时代日本学人便开始摸索将《诗经》翻译与西方传来的自由诗结合,写出了《诗经新体诗选》。1922 年,郭沫若译成《卷耳集》,选择《国风》中 40 首情诗,翻译成现代新诗。四年以后,专攻希腊哲学的教授冈田正之将《国风》译成现代日语的《诗经》出版。

一般诗经学概论、诗经学史关注的是那些研究著述,翻译研究则归属于比较文学研究、外国文学研究。鉴于《诗经》翻译本身具有的学术性,本书也用了较大篇幅来评介。不论是《诗经》的今译,还是外译,都值得《诗经》研究者参与和钻研。对于今天的读者来说,能读原文固然好,好的译文当然也是越多越好。《诗经》今译和外译,都可以当作文化传播工作和学术研究来做,当作艺术创作活动来看待。

吉川幸次郎认为,《诗经》不仅是中国最早的诗集,而且作为包括日本、朝鲜、越南等国的远东最古老的诗集流传至今。可以说,它在其发端就显示了中国后来的诗歌,甚至远东以后诗歌一个源远流长的方向。①《诗经》多为瞬间性的抒情诗,这是其后中国诗歌以抒情诗为主流持续发展的发端。日本的诗歌,也处于这样的方向中,进而可以说,它也是现代日本小

---

① 吉川幸次郎『詩経と 楚辞』、世界文学大系『中国古典詩集』解説、東京:筑摩書房、1961年。『吉川幸次郎全集』第三卷、東京:筑摩書房、1973 年、第 18 頁。

说往往是"个人小说"的发端。另外,其抒情是由日常事件事物引起的,是以后中国诗歌常常为"日常的文学"持续发展的发端,进而也是日本和歌、俳歌、俳句之类力主日常文学持续发展的祖先。尽管两者抒情方向十分不同,但《古今和歌集》序以之作为自己依据的态度,也并不是毫无道理的。① 这些话足以说明《诗经》与汉文化圈诗歌与日本文学的历史关系。

顾颉刚先生在20世纪初曾说:"《诗经》这一部书,可以算做中国所有的书籍中最有价值的"②,而这种价值,不仅是就中国文化而言的。今天,来自世界学术的智慧,会给古老的《诗经》带来新的解读。《诗经》这样贴近生活、贴近人心的世界级文学经典,本来就存在各种各样的读风。"别裁伪体亲风雅"(杜甫《戏为留绝句》)是一种读风,"此怀岂独骚人事,三百篇中半是愁"(陆游《读唐人愁诗戏作》)也是一种读风,"四海方烽火,文章可济时。诗治毛诗故,堂下董生帷"(内藤湖南《送豹轩奉命游学支那次其留别诗韵》)又何尝不是一种读风?经过不同文化的过滤、搅拌与溶解,异国学者与诗人对其读解就呈现出异情、异思、异色的特征。《诗经》在中国的研究史和接受史没有终篇,相比之下异文化对《诗经》学的研究却尚在序篇。本来前人对《诗经》的解读就与《毛传》《郑笺》《正义》等典籍无法截然分开来讨论,如今有关《诗经》的话语又加入了各种不同文化体系的解读。这不仅丰富了《诗经》的解读方式,也为探讨全球化时代有关传统与现代等具有共同性的文学问题,提供了思考的资源和表述的喷火口。诗经学之博大精深,已非一种话语所能尽说也。

作为国学的诗经学,和作为海外汉学的诗经学,两者有交叉,也有不同。最紧要的是在两者之间,架起一座桥来。在国际学术交流越来越重要、越来越频繁的今天,我们的诗经学,需要干"拿来"和"馈赠"两种活儿。不过,那"拿来"也不是像买家电,搬回来插上就能用。那馈赠,也不是像请客吃饭那样温良恭俭让,轻而易举就生效。它们都需要我们对对方的文化有足够的理解。第一步就是读懂对方著述。比如研究日本诗经学,就需要有阅读古日语的能力,还需要有对日本学术史的基本认知、

---

① 吉川幸次郎『詩経と 楚辞』、世界文学大系『中国古典詩集』解説、東京:筑摩書房、1961年。『吉川幸次郎全集』第三卷、東京:筑摩書房、1973年、第18—27頁。
② 顾颉刚《〈诗经〉在春秋战国间的地位》,《古史辨》第三册下编。

对当代日本学术环境的知解。这些对我们来说,是全新的学问。要做到钻得进去、走得出来。

真心想让中国学术走出去的人们,谁也不会放弃切实认知与洞察域外学界的历史与现状的努力。国际汉学既然是耸立在我们面前的一座崭新的殿堂,那么当笔者踏进门坎的时候,便自然碰到许多像自己一样的初游者与打卡者。将心比心,感到我们既需要高质量的文献整理著述,也需要对之做解读的导游式著述,还需要把我们引向更高更远的、前瞻性强的路线策划类著述。一个人、一本书是达不到这样的目标的,但却可以适当兼顾。对于日本诗经学来说,文献辑录、参证与深度整理,是追究其根与土;翻译与阐释,则是探寻其干与枝;比较研究,则是辨识其花与果。本人的兴趣和追求,惟愿从文献入手,尽可能让翻译与阐释不飘不虚,比较研究不浅不浮。

为尽可能反映日本诗经学文献的原貌,本书引文较多。引文原文是汉文的,按照我国规范,加以校勘与标点;原文是日语的,则翻译成汉语。引文原文多有讹误脱衍,皆加以校正,并适当注释。明显误写者径改,段落过长者,则重新分段。引文中使用的古汉字或古代假名,均改为现代规范文字。引文原文中出现的日本年号,译文一般径直改为公历。目的在于保存这些珍贵资料,并为今后的研究准备基础材料,且为阅读时不致过于烦劳。作者热切期盼听到读者的批评指正,希望更多学者关注日本诗经学,关注中国文学研究国际化进程。

有些重要的《诗经》研究著述本书未能论及,如家井真《诗经原义研究》等。21世纪以来,日本有一些主要的《诗经》研究著述问世,如冈村繁的《毛诗正义》第一册、田中和夫《毛诗注疏译注·小雅(一)》等。这些遗憾只能等待即将出版的《日本诗经学要文校录》了。只要有可能,笔者将一如既往地关注日本诗经学的每一个新进展,因为阅读这些书籍,会享受到两种文化在《诗经》研究中的碰触、磨合与交融,是一件很愉快的事情。

还有一点,也敬请读者谅解。为了避免古文理解的歧意或更便于说明日本汉文或俗字原意,本书在必要时保留了个别繁体字。为了读者查找日文书籍方便,注释中的日本书籍按照日本规范列出。是否妥当,敬候读者批评。

目　　录

第一章　写本时代 …………………………………………………（1）
　第一节　东亚汉文写本的文化密码 ………………………………（1）
　第二节　宫内厅书陵部藏金泽文库本《群书治要》的汉字研究 …（14）
　第三节　《七经孟子考文》中《诗经》写本研究的再认识 ………（29）
　第四节　从日本朝鲜写本看敦煌文献省代号研究 ………………（43）
　第五节　日本现存诗经古写本与现代诗经学 ……………………（55）

第二章　翰墨《毛诗》………………………………………………（70）
　第一节　清原宣贤静嘉堂本《毛诗郑笺》…………………………（70）
　第二节　《毛诗》足利写本研究序说 ………………………………（86）

第三章　《韩诗外传》………………………………………………（114）
　第一节　《群书治要·韩诗外传》…………………………………（114）
　第二节　宝历和刻本《韩诗外传》…………………………………（123）

第四章　日藏《诗经》与和刻本 …………………………………（129）
　第一节　苏辙：《颍滨先生诗集传》………………………………（129）
　第二节　顾梦麟：《诗经说约》校点本 ……………………………（133）
　第三节　菅野侗：《诗经正解》……………………………………（142）

第五章　《诗集传》的异色解读 …………………………………（149）
　第一节　松永昌易：《再刻头书诗经集注》………………………（149）
　第二节　冈白驹：《毛诗补义》……………………………………（158）
　第三节　中井履轩：《诗雕题》……………………………………（165）

第六章　古学派与折中学派的《诗经》著述 ……………………（173）
　第一节　片山兼山：《毛诗正文山子点》…………………………（173）
　第二节　龟井昭阳：《毛诗考》……………………………………（186）
　第三节　东条一堂：《诗经标识》…………………………………（197）
　第四节　安井息轩：《毛诗辑疏》…………………………………（202）

第五节　竹添光鸿：《毛诗会笺》 …………………………………（210）
第七章　读诗要领 ……………………………………………………（224）
　　第一节　伊藤东涯：《读诗要领》 …………………………………（224）
　　第二节　伊藤明远：《读诗要领》 …………………………………（235）
　　第三节　岗田钦：《七经札记·诗》 ………………………………（240）
第八章　启蒙与授业 …………………………………………………（247）
　　第一节　中村惕斋：《诗经示蒙句解》 ……………………………（248）
　　第二节　溪百年：《经典余师·诗经》 ……………………………（257）
　　第三节　《毛诗》课本剧：谣曲《周南》 …………………………（270）
第九章　接受与享受 …………………………………………………（289）
　　第一节　释奠赋诗 …………………………………………………（290）
　　第二节　小田谷山：《越风石臼歌》 ………………………………（299）
　　第三节　佚名：《唐训诂江户风》 …………………………………（312）
　　第四节　大久保纲浦：《诗经新体诗选》 …………………………（316）
第十章　白川静《诗经》研究 ………………………………………（330）
　　第一节　《诗经》 …………………………………………………（331）
　　第二节　《兴研究》 ………………………………………………（338）
　　第三节　《诗经研究通论篇》 ……………………………………（343）
　　第四节　《诗经国风》 ……………………………………………（351）
附录 …………………………………………………………………（361）
　　《万叶集》对《诗经》的借鉴 ……………………………………（361）
　　浅论叠咏体 …………………………………………………………（370）
　　马瑞辰《毛诗传笺通释》的训释方法 ……………………………（383）
　　马瑞辰《毛诗传笺通释》的成就与不足 …………………………（399）
　　作为歌唱文学的《诗经》情诗 ……………………………………（410）

参考文献 ……………………………………………………………（424）

后记 …………………………………………………………………（452）

第一章
写本时代

日本人学习《诗经》是从阅读与抄写从中国传来的《毛诗》写本开始的。直到江户时代以前,《诗经》都只能以写本流传。迄今为止,这一写本传播时代要比刻本传播时代长得多。在现存的《诗经》写本上,保存了古老的阅读方式,从那一点一线、一笔一画里,我们可以读出从奈良、平安至镰仓室町时代的日本人是怎样解读这部来自大陆的文化经典的。正如读书时读懂前一页,才能深度阅读后一页,看戏时看明白前一幕才能看懂后一幕的门道一样,研究日本诗经学,还必须从解读那些幸存下来的古写本入手。

第一节 东亚汉文写本的文化密码

大唐求学的新异,航山梯海的心惊,都已被海风吹散,随遣唐使归船抵岸的留学生和留学僧们,迫不及待地摊开书本,在海滩上晾晒起来。唯有一位僧人,敞开衣襟,面迎海风,说:"我也来晒一晒经典之奥义。"众人全都耻笑,说他是在放鬼话。而在面临归国考核的时候,这位僧人却"升座敷演,辞义峻远,音词雅丽。论虽蜂起,应对如流"。

以上是日本最早的汉诗集《怀风藻》所载《僧智藏传》中描绘的一幕。僧智藏可以说是研究中国文化最早的日本学者中的一位代表。他在吴越之间追随一位学养高深的尼姑学习的不仅有佛教经典,也包括儒家经典等各方面知识,而用毛笔书写,正是他日常学习生活中最重要的部分。由于他学业颖秀,竟遭到同伴的嫉恨。当他觉察到自己面临被加害的危险之后,便披发装疯,奔荡道路,"密写三藏要义",将其藏在木筒里,用漆密封起来,背在身上。这藏在木筒里的,就是手书纸质文献,即写本,或称抄本、手抄本、笔写本。

《弘法大师行状绘卷》(14世纪)

一、写本与汉文化的域外传播

那些归国的日本留学生在海滩上晾晒的,并不是我们想象中的线装书,而是写本。在印刷术普及之前,中国经历了一个漫长的写本时代,隋唐中国文化在周边国家的文化传播与交流,也主要是通过写本展开的。东亚汗牛充栋的汉诗、汉文小说、历史文献,很多不曾获得刻印的机会而赖写本流传至今。在漫长的文化之旅中,各民族学人将自身的历史、风俗、理念,用手书汉文文献的方式定格下来,传给了后人。如果说,敦煌石窟是汉文写本的第一宝库的话,那么第二宝库就在我国周边各国。

由于写本在朝鲜半岛与日本列岛文化建设中的巨大历史贡献,以及该地区中国文化传承的世袭体系与贵族化教育格局,它们一直受到学人的珍视,以至于一些在我国早已散佚的文献,也赖世代相传的写本在这些地区保留至今,被视为国之重宝。

江户时代的山井鼎(1690—1728)等学者,开始用保存在日本的古写本来对中国经典进行校勘,他们的成果曾经为阮元等校勘《十三经注疏》所利用。林述斋(1768—1841)、松崎慊堂(1771—1844)、近藤重藏(1771—1829)、森立之(1809—1885)都曾从彰显日本文化传统深厚的视点出发,

《怀风藻》中的《释智藏传》

发掘与宣扬日藏汉文写本的特有价值。以后,杨守敬、罗振玉、王国维、张元济等中国学者都曾为让这些有裨于中国文化研究的写本回归故里而广搜博采,不遗余力。然而,脆弱的写本经不起岁月的侵蚀,古老的中国文献与现代日本学术分手日久,许多珍贵的汉文写本文献至今孤寂地沉睡于故纸堆中。这些写本由于深藏密室而又远隔沧海,很多还很难为当代中国研究者直接利用。在这些写本中,不仅有难以辨识的中国草书,而且有日本人创造的各种只在圈子内流通的难解符号。许多中国学者都早已耳闻这些写本的学术价值,却因为看不到、读不懂、用不上而无奈地望海兴叹。

20世纪以来,敦煌写本研究兴起,并由此积累了丰硕的成果。这对于东亚汉文写本研究具有划时代的意义。写本的文化价值得到最有力的证实,与写本相关的文字学(特别是俗字学)成果为识读日本汉文写本提供了一把钥匙,而写本在东亚文化传播中的作用也比任何时候更为凸显。日本的神田喜一郎、长泽规矩也、阿部隆一、川口久雄等学者将敦煌学与日本古写本研究结合起来,各大学的中国出土资料学会、中国出土文献研究会、中国出土文物研究会、吐鲁番出土文物研究会等学术组织聚合了一批有志于敦煌写本研究的学人,与我国的诗经学会、唐代文学会、敦煌学会等互通互动。敦煌写本与日本汉文写本研究形成了"照花前后镜,花面交相映"的效果。日本汉文古写本的文化密码,由于敦煌写本研究的照射,似乎变得不那么难解了。

诚然,日本汉文古写本的解读,还是需要站在两大巨人的肩膀上才会更有效,一副肩膀是中国文献学(特别是敦煌写本文献学),一副是日本文献学。在笔者熟识的日本学者中,有一些这样的学者,他们将中国文化研究视为日本文化建设的一部分,由此将为日本文化探源溯流的热情,投射到对中国文化典籍的考据与中日文化关系的探寻之中,投射到古老的汉文写本研究之中。后藤昭雄、黑田彰等学者对中国散佚文献《孝子传》《千字文注》等详加考索,往返于中日之间,寻古迹,转寺院,访文库,苦苦搜寻散落各处的写本资料,从中梳理出遣唐使以来通过写本传递的文化信息。在重假名、轻汉文的空气越来越浓厚的日本"国文学"研究界,他们倍显孤寂却仍坚守不懈。2014年12月24日去世的冈村繁(1922—2014),60岁退休时制定了校勘《毛诗正义》的计划,其中将利用日本古写本作为工作的重要手段,他珍视自平安时代日本流传至今的多种白居易诗歌写本,并用此校订《白氏文集》。在他离世前一天,还在染翰操纸,潜心写作,其学术生涯与其生命的列车,几乎同时抵达终点站。

较之欧美的中国文化研究,我国周边各国具有更悠久的历史与学术积累。从写本时代,历经版本时代、机器文明时代,到今天的互联网时代,中国文化的传播与研究具有很强的继承性,中国文化与本土文化的相关性深刻地影响着今天人们对现代中国的接受。因而,明智的学人总会悉心在两种文化之间寻求契合、融通的可能性。他们的思路,与时兴的将本土文化研究与域外文化研究一刀两断的硬性切割模式明显不同。继冈村繁之后,2015年1月21日,著名华人作家陈舜臣(1924—2015)也走完了他的中国文化之旅。与冈村繁相近的是,他对中国文化的解读,也与他对日本文化的理解相映成趣。他的《太平天国》等作品,采用的是日本当代大众时代小说(历史小说)的模式,而大量关于中国文化的文字,是发表在报刊上的日本人喜闻乐见的随笔。斯人已去,今天的日本年轻人对他的著作也没有他们的父辈那样有兴趣,但陈舜臣作为一位一生以传播中国文化为己任的华裔学人,其唯一性将是留给后世的长久话题。

屏气凝神用毛笔书写的人,心志都在随笔画起舞,一点一笔,都不过是身心运动的轨迹。有汉字书法作为前驱,日本的假名、韩国的汉文以及越南的字喃,也都用毛笔书写,并孕育出各自特色的书法艺术。有些古写本本身便是精美的书法作品,也有一些出自汉学水准不高的僧侣或学人之手,俗字满纸,误书迭出。这就需要今天的解读者对这些跨文化汉文写本展开较长期的专门研究,才能真正破解其全部文化密码。值得庆幸的是,自20世纪80年代以来,我国学者已对日藏《文馆词林》《文选集注》《冥报记》《游仙窟》《文镜秘府论》《篆隶万象名义》,以及佛教音义等我国散佚文献的写本进行了整理工作,将这些书籍的研究大大向前推进了。写本中承载着中日两国古代文字学、语言学、书法史、教育史、学术史、文化交流史等的丰富资料,需要打破学科壁垒,进行多学科的协同研究,相比周边各国,这在今天的中国做起来困难还是要小得多。

包括日本、朝鲜半岛和越南等地区的汉文古写本研究,将对汉字研究、汉文之学研究扩容、增高、升级给予积极的推动,正像许多新起的学术领域一样,这种推力的大小我们还无法做出预测,然而可以相信,我们努力的本身,就是汉字、汉学走向国际化的一部分,是国际范儿的新国学所需要的。

二、国际视野的汉字学

汉字研究以本土汉字为中心,多被认为是天经地义之事,然而我国学者对域外汉字研究的漠视,不能不说过于久长。日本学者鱼住和晃在《"书"与汉字》一书中说:"汉字从中国传到日本,其被正式使用,已经经过了1500年了。汉字从外国移入的违和感消失不在,完全同化而成为日本人语言标记的符号,同时也将顺手拿来的汉字具有的逻辑性与合理性置于生成原点,予以重新审视,或许会产生一种作为新思考活动的魅力吧。"①在探讨汉字传入与日本书法之后,他预言:"假如把基点放在中国,综合纵观汉字在亚洲各国的传播,或许就成了更加广阔、规模宏大的学问了吧。中国人把汉字存在看成理所当然的事情,迄今不太在意对外国影响的意义什么的,而作为近年兴起的日本学的一环,也会逐渐形成一个研究领域。对今后的动向与成果,我满怀期待。"鱼住和晃的话不无道理,值得欣慰的是,建立国际视野的汉字学,已不再仅仅是梦想。

汉字研究的新分野,离不开汉字写本材料的支撑。这里不妨以日本省文为例来说明。

相传《法华义疏》是圣德太子精心为《法华经》《维摩经》《胜鬘经》所作注释之一,被认为是日本现存最古老的写本,尤为可贵的是,它还是圣德太子本人亲笔书写的。从书法风格来看,与日本龙谷大学图书馆所藏敦煌写本《李柏文书》有很多相似之处。汉字书写最基本的特点就是多以简便为优先。也有一种看法,认为当时日本人还写不出这样流畅的散文,《法

---

① [日]鱼住和晃『書と漢字——和様生成の道程』、東京:講談社、1996年、第5頁。

江户时代浮世绘画家葛饰北斋绘《仓颉》

华义疏》也并非圣德太子亲笔①。不过,从现存的奈良写本中确实可以发现很多简笔字,也就是江户文字学者所说的"省文"。

日本汉文古写本中的"省文",大致可以分成两种情况。一种是常规性的,即通行的简化写法,即不论任何场合,一般都可以使用的,读者也都并不陌生。另一种则是专门性的,即只在某些典籍或者特定范围使用的。如《诗经》写本中把《毛传》之"传"简写成"亻"、《郑笺》的"笺"写成"竹",《论语》写本中将《论语》写成"侖吾"。应永本《论语抄·阳货第十七》:"宰我问"章释"旧穀既没,新穀既升"说:"臼壳既——只一年〆ヨカルヘキ謂ヲ云。去年ノ穀ハ今年ミナニナリテ、今年ノ五壳ステニ熟ス。天道モ一期〆萬物悉替ル也。"②中田祝夫翻字本"臼壳"右旁注:"舊穀の省文",又在"五壳"之"壳"旁注"穀"字。"舊穀"被写成"臼壳","五穀"被写成"五壳"的情况,在其他文献中较少看到,一般只是研究《诗经》《论语》等经书的学者心领神会的。省略的方式也比较单一,就是以字的一部分来替代全字。这后一种省文,需要专门讨论。本文只着重讨论前一类。

江户时代读本作家曲亭马琴在《菟园小说别集》中指出:"我邦用省字

---

① [日]魚住和晃『書と漢字——和樣生成の道程』、第31頁。
② 中田祝夫編著『応永二十七年本論語抄』、東京:勉誠社,1976年、第664頁。

早矣。《古事记》中，'弦'作'玄'，'村'作'寸'。后世亦夥。思之，兵戈之间，民间多拙于文笔，唯务从简便。"①松井罗洲的随笔《它山石》中有一则"佛家抄物书"，谈及佛教相关写本中经常使用的省文：

大凡写字之时，省文字笔画，减运笔之劳，佛家谓之"抄物书"。见闻所及如下：へ、乙二字并为反切之反字。ム，严字也。荃（华台之合文也）、沸，佛顶。椋，林泉。佈，西佛。釙，金刚。芉（菩萨，所谓ササぼさつ）、莁（菩提，所谓一てんぼだい）、爻（声闻，所谓メメ声闻）、弖（缘觉，所谓よよ缘觉）、亥（涅槃，所谓亡火ねはん）、冘（烦恼，所谓けつけつぼんなう）。此外尚有一些，因吾道所未有而遗漏。②

在上述一则之后，又有"省文"一则，广泛涉及汉文写本中的省文：

此省文在吾门儒书，因自科斗篆籀之往古，早有使用，故有雅有俗。不辨此省文之时，读书多难通。《考古图》《博古图》《鼎彝文》之中，惟作佳，嗣作司，經作巠，作作乍，極作亟，亦可谓省文之例。然因上古文字少，一字见有数音数义者，自后世看惯偏旁冠履繁密字体之眼光来看，虽可视为省文，终究古文为正体，后世之繁文亦数目益多。试举一二，惠作德，裹作懷，前作剪，网作罔、網，咸作感，复作復，巛作災、裁，𦣞作頤、兑作悦、说，原作源，然作燃，立作位，亘作恒，中座仲，夬作抉、趺，升作昇、阩、陞，戉作茂，亨作享、烹，勿作物，或作域，欣作聿、律，癸作揆、楑，旹作時，与作㻌、與，属作礪，㐭作廩，畺作疆，从坐從，宓作密，宆作窜，处作處，皆今为重文，古为正文。此类，不可谓之省文也。然此中巨细，论善工利器，此处从略。今举后世俗省文二三，为初学之便。

肅作書，蜀作𧏙，獨作独，覺作覚，義作义，議作议，醴作醴，龜作亀，繩作縄，觀作观，醉作酔，壘作坐，齒作歯，時作时，辭作辞，亂作乱，幾作几，舉作挙，齋作斎，齊作齐，魚作鱼，書作㫖，顧作顧，懼作惧，㕚作

---

① 日本随笔大成编辑部『日本随笔大成』新装版第二期4、東京：吉川弘文館、1994年、第117頁。
② 日本随笔大成编辑部『日本随笔大成』新装版第二期7、第35頁。

曻,屢作屡,斷作断,勢作势,邁作迈,過作过,對作对,難做难,勞作劳,數作数,兩作两,圓作囗,棘作兼,裏作裏,關作開,開作闲,蓋作盖,華作華,乘作乗,醫作医,藥作茱,聖作聖,聲作声,經作経,點作点,擅作拡,壇作坛或坛,陰作阣、阴,陽作阦、阳,歸作皈、帰,鹽作盐,龍作竜,寵作宪,繼作継,麗作麗,晝作昼,麥作麦,舊作旧,靈作灵,桓作桓,宣作宣,釋作釈,學作学孚,豐作豊,應作应。此外尚有很多常用之字。①

松井罗洲对日本写本中省文的整理和关注,考其所源,与新井白石《同文通考》中"省文"一节有关。新井白石《同文通考》说:"本朝俗字一从简省,遂致乖谬者亦多。今录其中一二,注本字于下以发例,如华俗所用省字,不与焉。"②所列出的137个俗字或俗字部件,包括了当时大部常见简化俗字类型,但他认为那些都不是"华俗所用"者,则不尽然。如与敦煌写本相对照,新井所列出的逺、凌、쵸等其实都非"华俗"罕见者。

太宰春台《倭楷正訛》附录《省文集》:"省文者,细书之用也。写细字者能此可以省功,如未知此法,则不可以读细字,此亦幼学所当知也。"附录载录"华人所为省文",又说"又有倭俗所谓省文者,决不可用也",列举出以下数字:

囗(圓)　　玉(國)　　啚(圖)　　沢(澤)
釈(釋)　　屮(出)　　宪(寵)　　滝(瀧)
払(拂)　　囘(因)　　恖(恩)　　烟(煙)
烟(姻)　　絪(緬)③

以上这些书中虽然提供了很多简省字,但仍然给我们留下很大的空白。首先,由于这些学人都无缘看到敦煌写本,所以多将六朝初唐俗字误作日本造字。其次,由于古写本多保存在个人手中,个体学者很难掌握全面的收藏信息,所以见到的写本数目十分有限,所以他们的归纳就不免有有木无林之嫌。以真如藏本《王泽不渴钞》为例,如实作宲、會作會、蝶作

---

① 日本隨筆大成編輯部『日本隨筆大成』新装版第二期7、第35—36頁。
② 古屋彰解説『同文通考』、東京:勉誠社、1979年、第291頁。
③ 太宰春臺著『倭楷正訛』、大阪:浪華書肆種玉堂、1766年、第29頁。

蝾、句作勻、题作匙、取作叾、曾作嘗、獨作獮、口作諤、远作逑、哗作胧等，很多古代及当时通行的简化俗字未收进来。再次，汉字的传播具有区域的国际性，他们还无法将朝鲜半岛汉字也作为"对照组"，做更加深透的文化分析。更让人慨叹的是，由于近代以来东亚社会文化你追我赶般地转头"西向"的文化趋势，江户时代的汉字著作很少得到评价，超越它们的俗字研究著述也十分罕见，这都加深了我们奋起赶上的紧迫感。

写本具有的唯一性，使其成为考察书写历史最直接的材料。可以说，现存每一种汉文古写本都见证了汉字传承与演化的轨迹，可以在不同程度上提供一些该时期汉字的字料，为汉字研究做加法。具体而言，至少以下五类古写本与汉字研究的关系更为密切。即各国保存的所谓《说文》唐写本残卷，《玉篇》原本等中国原抄本或重抄本，各国依照中国字书字样或体例编写的汉文字书，各国学者撰写的汉字学著述（如《说文识小》等），各国学者研究本国汉字的著述，分散于各国佛经音义、写经、随笔、文集等书中的汉字资料。从日本来说，从《隶篆万象名义》《倭聚类名钞》《字镜》到今天的《大汉和字典》，都值得我们认真总结与研究。

江户时代浮世绘画描绘的书写活动

近年以来，我国已经涌现出一批优秀的海外汉字研究著述，特别是佛经音义的研究可谓成果斐然。写本的汉字研究离不开书法研究。我国自古以来便有"书画同源"的说法。各国书写者往往在汉字中注入了独特的美学意识，由于审美意识的差异，使汉字形体多有变化。书写者将改变汉字结构作为一种美化的手段。如"因"字的四围方框结构整体上显得有些死板，于是便有人将其写成"囙"，有如一只脚迈向了门外。台北故宫博物院藏《幼学指南抄·山·石鼓山》："盛弘之《荆州记》曰：建平郡南陵县石鼓南有五龙山，山峰嶕嶢，凌云齐疏，状若龙形，故囙为名。"在我们识读写本的时候，也在领略着古人对汉字美的陶醉与寻美的匠心。这一方面的研究还有助于疑难字的解读。

三、汉文学与写本文化

汉文写本无疑是汉文之学研究最重要的材料。这里所说的汉文之学，不是指汉代文章之学，也不是指汉民族文章之学。它同"汉文学"一样，是一个外来语，但也并不等同于"汉文学"。

在日本使用的"汉文"一词，是与和文、欧文相对的概念，专指中国文。实质上就是汉语文章。从字义上说是中国文章的总称。从用语上讲，汉文有文言、白话之分，但这里主要是指文言，也并不是将一切白话都排除在外，如宋明学者与僧人撰写的《朱子语录》《传习录》《临济录》等夹杂白话的语录体，以其对于日本语言文学产生过较大影响，传统上也纳入汉文之类。在朝鲜半岛，也是将"汉文"作为一种与本土文章、欧美文章相对的概念来使用。因而，我们也不妨借用这样的分类，指称那些在域外曾经盛行过千年以上的用汉文撰写的文章。

汉文本以中国为发源地，然而它却冲出了文化疆界，由近而远，由小而大，由古而今，在周边不断浸润当地的肥田沃土，从而培育出汉文化的别样花朵。用各国本土的表述方式，也就是随着汉字的"国字化"，汉文也取得了享有各国国籍的地位。不仅有大量汉文的产生，而且它们还直接推动了本民族语言文学的发展，先是独领风骚，而后则是与日文假名文、韩国谚文、越南字喃文等并驾齐驱，只是在近代以后，才从顶峰跌落，淡出文坛。今天，尽管它在各国的影响力大小不一，却决不能说全然消失殆尽。

这里所说的"汉文"，比常说的"汉文学"更为宽泛。迄今各国出版的《日本汉文学史》《韩国汉文学史》等著述中所论述的汉文学，主要还是沿用西方文学观的"文学"定义，梳理的是汉文诗歌、散文、小说等文体的发展轨迹。尽管不少学者主张从中国文学历史生态特点出发，主张摆脱欧美俄苏影响而建立自己的文学史观，但沿用多年的文学概念，也依然左右着中国文学研究，也就左右着对周边各国汉文学的研究。汉文学是汉文创作的文学，以及研究它们的学问，但多不把儒学、佛学相关的文章纳入其中。而这一类文章，在域外则也可以算作是"汉文"。

汉文之学，就是对各种汉文文体的作品加以研究的学问。《文选》收入包括赋、诗、骚等各类文体的作品，《文体明辨》分得更细，达127类。有些文体,今天在中国本土几乎被人遗忘,文学史上也不见提及,但在域外汉文中曾出现过众多影响深远的作品,如佛教中的愿文等。日本《本朝文粹》中收入的敕书、敕答、位记、池符、官符、意见封事等官方文书,是"以文为政"之文,朝鲜《东文选》中的教书、诏敕、制诰、册、批答、表笺、状、启、奏议等官文之外,还收入了上梁文、祭文、祝文、疏、青词等与宗教相关的文体,这些文体的文章是否算作"文学",固然可以见仁见智,但它们都可以作为"汉文之学"来加以深入研究。

值得注意的是,大量汉文之学的材料,是以写本的形式传留至今的,有些已经整理出版,有些依旧是写本形式。笔者在东洋文库中曾经读到越南诗赋的写本,至今所论甚少。除了中国典籍写本和各国学人用纯汉文撰写的诗文之外,汉文写本中的两类文字也颇值得注意。一是所谓变体汉文,即从该国的角度来看夹杂本土语法和本土语言汉化词汇的汉文;另一类是插入本民族诗歌等民族文体中的汉文序跋、尺牍、引述汉文等,如日本最早的和歌集《万叶集》中的汉文题跋等。

四、汉文写本的解读

不同文化互鉴互通的事业,拒绝狭隘的文化心理与对内外文化差异一头雾水的头脑。选择共同感兴趣的中国古代文化问题,中外学者展开合作研究,无疑是海外中国学研究的题中之意。东亚汉文写本的研究,涉及汉文化圈各国的学术资源,有效的国际合作是成功的必要条件。对于写本研究来说,中国学者在汉文化整体视野、"小学"功力与汉学研究环境等方面享有优势,而域外学者着手更早,已经积累了一定的经验与资料,有更多机会接触第一手文献,两者共同浇灌,就可能培育出新的学术之花。

日本写本抄写者的汉文修养及语言感觉,往往给写本带来一些中国写本研究不曾遇到的问题。庆大本《李峤咏物诗注·音乐·笛》:"《太平御览》云:黄帝使伶伦伐竽昆汉(溪)斩而作笛。"①"竽"当为"竹于"之合写。《太平御览》引《史记》:"其后黄帝使伶伦伐竹于昆溪,斩而为笛。"台北故宫博物院本《幼学指南抄》第四卷《贪泉》:"盛弘之《荆州记》曰:桂阳郡西

---

① [唐]李峤撰,张庭芳注,胡志昂编《日藏古抄李峤咏物诗注》,上海古籍出版社,1998年,第148页。

南宕山水出,注大溪,号曰横溪,溪水甚深,冬夏不干,俗谓之为贪泉,饮者辄昌于财贿。"①"宕"为"众有"二字之合。"众"俗书作"厸",如同书《关·鸡鸣遂出》:"《燕丹子》曰:燕丹去秦,夜道关,关门未开,丹为鸡鸣,厸鸡皆鸣,遂的逃归。"(284页)"厸鸡",即众鸡。又如后汉孔融《荐祢衡表》曰:"淑质贞亮,英才卓荦,性与道合,思若有神,忠果正直,志怀霜雪,见善若惊,疾恶如雠,鸷鸟累百,不如一鹗,飞辩骋辞,溢气坌涌,解疑释结,临敌有余。"台北"故宫博物院"本《幼学指南抄》中将"鹗"字与"飞"字合为一体作"鷈"而使文不可读(555页)。

与此相反,也不乏一字滋为二字者。因受日语语法影响而造成的否定句语序紊乱,因受日语读音影响而出现的同音、近音字样代换,因受训读影响而误书的情况也多有所见。台北故宫博物院本《幼学指南抄》《结绶》:"《汉书》曰:萧育与朱博为友,著闻当伐,长安语曰:萧朱结绶。"(313页)"著闻当伐",今本作"著闻当世"。"世""代"同训,"代"增笔,作"伐"。

比起敦煌写本中的误书、误释众多来说,有些日本写本有过之而无不及,因而,通过那些讹误满篇的写本,去还原写本文献的原意,就是一件首先需要做好的事情。书写者的误释是造成误书的重要原因,而现代研究者的误释则导致对文本进行郢书燕说似的注释。在日本汉文写本中,多见"有""在"不分、多加"之""也"等虚字、否定词位置失当。颠倒语序之类日本人学习中文常见的错误,也多有将训读符号、注释文字混入正文、误解重文号等特有符号等情况。至于中国写本中常有的音近、形近而讹、部件混用、正文注文相乱的现象也是无一不有。

即便那些已经较认真整理过的本子,也存在很大的重读空间。不少日本学者在追溯原典方面,有上穷碧落、下入黄泉的韧劲,他们不仅多从传统经典中去追查用典与词源,而且也充分关注了宋明俗文学的材料。不过,敦煌写卷以及新发现的俗书文献,可以提供给我们的启示依然还有很多,何况智者千虑,必有一失呢。尤其是深度整理时,耐人琢磨之处,往往见于注释。如《江户文人诗选》录浦上玉堂《玉堂诗选》中的《山房闲适十九首》之一:

---

① 木村晟、石山曙生、片山睛賢編輯『故宫博物院藏幼学指南抄』、東京:東豊書店、1990年、第242頁。

五十年來一嘯中，	五十年来は一嘯の中
荷衣衲衲髮瓢蓬。	荷衣は衲々　髪は瓢蓬
烟霞深處人聲絕，	烟霞深き　人聲絶え
麋鹿群間搏尺桐。	麋鹿の群間尺桐を搏つ①

"衲々"，入矢义高注释为"缝缝补补的，东一块西一块的"(「つぎはぎだらけ」)。细考"衲"有补、缝缀之意，因僧人之衣常用许多碎布拼缀而成，故"衲"亦指僧衣。不过，"衲衲"则为濡湿貌。"衲"通"纳"。语本汉刘向《九叹·逢纷》："衣纳纳而掩露。"明唐寅《题画》诗之五："百尺松杉贴地青，布衣衲衲发星星。"浦上玉堂的"荷衣衲衲发瓢（飘）蓬"与唐寅的"布衣衲衲发星星"皆以衣着、头发为人物画出肖像，两者相似当并非纯属偶然。

僧智藏的故事启示后人，中国文化是伴随着不同文化的碰撞与汇通而走向周边各国的，而绝非是独往独来的巡游。近年来，日本各大学及图书馆，陆续将一些珍藏的汉文写本数字化，使之成为在世界上任何角落都可以随时阅览欣赏的网上读物。今天的文化经典再也不可能成为藏在木筒里的秘宝了。今后，加强对其文化密码的解读，或许世界上将会有更多的人，重新审视汉字书写的历史贡献。而只有通过切实的解读，才有可能对这些写本的真正价值，做出既不放大、也不微缩的科学评价。

江户时代浮世绘中的妇人与写卷

汉字文化圈中的写本，构成一幅独特的文化景观，凝聚了不同民族的文化创造。汉字文化圈各国都有一些人致力于这种文化的传承。日本各地有专门教授书法的"书道教室"。松本清张的《书道教室》就描写了一位保护自己的粉丝而自杀的书法先生。韩国首尔的街上树立着一支毛笔的雕塑，而在中国，与大妈的广场舞相似，

① ［日］入矢義高『江户文人詩選』、東京：中央公論社、1983年、第99頁。

不少城市中都会见到蘸着水桶中的水，手握硕大的毛笔弯腰在地面书写的"广场水书"，这种以大爷们为主体、大妈们参加的自发文化活动，显示了书法艺术在草根中的强大生命力。我们不妨把那些地面上稍纵即逝的楷书、草书的唐诗宋词，也看成一种写本的文本。毛笔书写存而写本文化存，写本研究与汉字同在。

第二节　宫内厅书陵部藏金泽文库本 《群书治要》的汉字研究

纵观前近代的东亚文化传播史，广义的汉字写本从未退场。在印刷文化出场之前，文字传播舞台几乎是汉字写本的独角戏，为数不多的石刻文本只能算是伴舞或者伴唱，不论是书写在简帛上、木简上，还是在纸张上，写本都是传播文化的主将。在印刷文化兴起之时，有很长一段时间是写本唱主角，刻本唱配角。就是在印刷文化大兴之间，日、韩、越等国家的写本也在学人之间广泛流传，不失为少不了的配角，印刷有限及无法轻易到手的中华典籍、学者撰写的汉文小说及其他尚未得到机会付梓的著述，仍然是靠写本保存至今的。汉字写本在东亚文化发展中发挥的作用是巨大的，写本是东亚文化研究中的特色课题。

日本保存着丰富的汉字写本，它们在不同的历史时期具有不同的面貌，发挥的作用也不尽相同。大体说来可以将这些写本分为四类。

第一类是中国人书写的中国典籍写本，即所谓唐抄本。它们由当年的遣唐使从中国大陆携回日本，也有后来日本人从大陆带回收藏的。这一类数量不多。

第二类是日本人书写的中国典籍写本，其中有一批中国已经散佚的文献尤其可贵。这一类写本有些是经过日本学人根据古代传本和宋元刻本校勘整理的正本，上面带有训读等各种校勘、训读符号。

第三类是日本人所撰汉文著述的写本，这一类数量庞大，包括日本历史、文学、哲学、语言文字学等领域的著述。从奈良时代最早的《古事记》《日本书纪》《日本灵异记》等，到江户时代儒官和学者撰写的诗话、明治时代的汉文小说《柳桥新志》等，都应该算在这一类。除了少数歌谣外，它们基本是按照汉文语法、使用汉语词汇（包括一部分日本特有事物的汉文表述）写成的，今天具有一定中日古代文化知识的中国人也能够看懂。

第四类是日本人用变体汉文撰写的著述，如平安时代的《今昔物语集》《江谈抄》，这一类书是按照日文语法写作的，有些还用片假名来表明词语之间的关系，但其主体、其中的实词，都是汉语。这一类情况复杂些，也有学者不把它们视为汉文学或汉文献，但是离开了汉文，这些著述便句不成句、文不成文，与汉字、汉文化的关系甚为密切，特别是从文字的角度看，与前三类汉文写本一脉相承。因而，我们不能够将它们排斥在汉文写本之外。

太宰春台《倭楷正讹序》说："在我东方，唯有楷书而已。古人楷书之工，如多贺城碑，直可以参晋人矣。岂不善哉！中世虽不及古，然国字犹未盛行，而法书犹未失华人规矩，可以示华人无惭矣。晚近以来，国字盛行，俗书锋（蜂）起，而法书寖废。"①太宰春台将日本汉字的发展，大致分成了三个阶段，这是一种最简洁的分法。如果与中国汉语俗字对应来考虑，第一阶段的奈良平安时代，是六朝初唐俗字流行时期，这一时代流行的汉唐俗字有些至今保存在现代日本汉字中。第二阶段从平安时代末期至室町时代，是宋明俗字开始渗透到日本人的书写、日制汉字逐渐出现的时期。第三阶段江户时期则是唐宋元以来的俗字较多使用而日制汉字普遍流行的时期。虽然日本古写本保留了很多古字和俗字的写法，但各阶段写本中常见的古字和俗字还是有比较明显的区别的，日本人写本中还反映出一些比较普遍的书写习惯，这在江户时期的太宰春台的《倭楷正讹》一书中也有总结。

上述每一阶段都有数量可观的写本保存至今，为了研究便利，如果要找出代表性的、汉字数量可观的本子的话，宫内厅书陵部藏《群书治要》、弘仁本《文馆词林》和《文选》写本等，可以看作第一阶段写本的标志性样本。这些写本的汉字研究成果，有助于对日本人用汉文或变体汉文书写的《日本灵异记》《今昔物语集》《本朝文粹》《本朝续文粹》等现存写本的文字研究。因为它们使用的汉字基本没有什么不同，书写习惯也相似。

《群书治要》是一部中国早已散佚的书，这部书的刻本在清代传入我国之后，很快引起我国学者的关注，陈奂等学者在为《诗经》等经籍作校勘时，便已利用了不少该书的文字材料。近年来对此书的研究更有趋热之势。然而，我国学者见到该书写本的还不算多，日本学者利用这个写本来

---

① ［日］太宰春臺『倭楷正訛』、大阪：種玉堂、1766年、第6頁。

研究同一时期日本写本文字的论著也很罕见。本文拟以汲古书院影印宫内厅书陵部藏金泽文库本《群书治要》（以下简称金泽文库本）为中心，来管窥一下日本汉文古写本的汉字学价值问题。

一、金泽文库本的异文与校注

金泽文库本保存的我国唐宋以来散佚文献十余种，亦早引起我国学者的重视，但写本中反映的异文却还没有得到充分研究。清原教隆（1199—1265）等学者在校勘时，已参照流传到日本的各书宋代刻本（清原氏称为"本书"或"折本"）以及日本当时所存各种写本进行校勘。据金泽文库本题识来看，这些写本包括莲华王院所藏御本、仙洞御书本、天书、御书等，在金泽文库本中被称为"御本""一本"等。这些校勘材料对研究中国相关典籍具有参照价值是毫无疑义的。

例如写本中《文子》的以下段落："以道治天下非易，民性也，因其有条畅之。故渎水者，因水之沶；产稼者，因地之宜；征伐者，因民之欲。"（五册307页）"有"字下旁注："而，本书丰（书）ナ（有）。"栏上注："循畅之，本丰如此。""沶"字左旁注："流，本丰乍（作）。"《文子》原书作"循畅"，而金泽文库本作"条畅"。

又如《文子》："地广民众，不足以为强也；甲坚兵利，不足以持胜也；高城深池，不足以为固也；严刑利煞不足以为威也。""利煞"二字左旁注"峻罚，本丰作"。《文子》原书作"峻罚"，而金泽文库本作"利煞"，利煞，即利杀。

再如《曾子》："弟子毋曰不我知也，鄙夫鄙妇相会于廬阴，可谓密矣，明日则或扬其言者。故士执仁与义而不闻，行之未笃也。"（五册353页）"廬"字左旁"墙，本丰"，栏上注："廬，《玉篇》曰安盍反，山旁穴。御本勘物如此，但勘本丰墙字也。"莲华王院宝藏御本作廬，是山间洞穴之意，《曾子》本书作墙，两者皆极为私密之处。《玉篇》："廬，安盍反，山旁穴。"

以上校注文字中出现的校勘常用字，为了省笔，都用半字，"ナ""乍"即是"有""作"的古字，又是"有""作"的半字。金泽文库本《群书治要》中还有以"丰"代"書"，以"イ"代"傳"，以"糹"代"紀"，以"扌"代"摺"（摺本，即刻本），以"ケ"代"箋"，注音时以"立"为记。竖线则是随机代用字，多用于所注释的字，也可以代替前面已经出现过的任何字，如"玉丨"，即为玉篇,"正丨",即为"正义"等。注明出处书名时用简称,如"玉云""正云""宋云"分别指称《玉篇》《正义》《宋韵》(《大宋重修广韵》的简称)等。校勘时清原教隆多用字左边中间的小圆圈或"ヒ"(汉字"非"的日语读音)来表示修正,即表示此字为讹字或衍字,正字则标在字的右侧。

只有明确了省代字、省代号和日本省文,才能完全识读写本中的校勘注释文字。如卷三十四《鹖冠子》:"凭几据杖,指麾而使,则厮役者至,噫嗜叱咤则徒隶人至矣。故帝者与师处,王者与友处,亡主与役处。"(五册 245 页)栏上注:"乚ヒ反,乚介反,饱出息也,又于其反,痛伤之声。""嗜,子夜反,鸣也。"又如卷第四十五《崔寔政论》:"谚曰:'一岁再赦,奴儿噫恶。'况不轨之民,孰不肆意,遂以赦为常俗。"(七册 37—38 页)栏上注:"乚ヒ反,乚介反,饱出息也,又于其反,痛伤之声。""恶,乌怒反,怒皃。"

两处栏上注中的"乚"当是"乙"字。出自《玉篇》:"噫,乙ヒ、乙介二切,饱出息也。又于其切,痛伤之声也。"《集韵》《韵会》:"乙介切。"《新撰字镜》:"于其切,恨声也。又乌界、于饥二反去,心惊也,呼也,鸣也。又阿。"

在校注文字中,也出现了日本特有的省文(日本简化字)写法,数目不多,皆属于第二阶段汉字。如卷第四十四《潜夫论》:"屈原得君而椒兰构谗。"(六册 466 页)栏上注:"勘《史记》忈原传,谗忈原者,令尹子兰也。""《文选·离骚经》王逸曰:'椒,楚大夫子椒也。'""忈"便是一个日本简省字,即"屈"。又如义作我,"二"是简省符号,此处代"羊"(卷第三十四《老子》,五册 221 页)。

金泽文库本第一至第十经部皆为清原教隆所校,这里再以其中的《韩诗外传》部分来讨论一下教隆校勘时所使用的省代号和省代字。影印本按行上面标明了编号,这样很便于查找。

第 412、413 行:"可以为表仪者,师也。智可以砥砺,行(可,一本)以为辅檠者,人友也。""辅檠",通行本作"辅弼"。"辅檠"本义为校正弓弩的器具,这里当指对人行为的匡正。汉桓宽《盐铁论·申韩》:"是以圣人审于是非,察于治乱,故设明法,陈严刑,防止矫邪,若隐括之辅檠正弧刺也。"上引写本此句,赵善诒校云:"《治要》《长短经》四皆引'砥'下'砺'字,'砥砺'与'辅弼'相对为文也。又,'弼',《治要》引作'檠',《长短经》引作'警'。""警""檠"形近,《长短经》误作"警"。"辅檠""辅弼"意皆通,如果这里只讲朋友对行为的正面影响的话,似以"辅檠"为佳。

第 377、378 行描述祸至时人的表情"干喉焦唇,仰天而叹,庶几乎望天之救也",通行本作"庶几乎望其安也"。

写本中在校勘时用斜线表示异文或注释,如第 371 行"高墙丰上激下,未必崩也","激"字左旁注"微スコシキニスル"微字上有斜线。日语的意思是使有点、少量、稍微,这说明"激"字当作"微"字。

第 380、381 行:"君独不见夫鸡乎?头戴冠者,文也;足搏距者,武也。""搏"字左旁斜线下的"持モナル　本キ",意为《韩诗诗传》刻本中作"持"。第 383 行:"鸡虽有此五慝,君犹日沦(瀹字之讹)而食之。""日沦"二字右侧有两个小圈,左边斜线下注"烹尔　本キ",意为《韩诗外传》中此句此二字作"烹尔",全句为"君犹烹尔而食之"。

写本中还用"一本"来注明与该写本不同的异文。如第 412、413 行:"智可以砥砺,行以为辅槊。"行字下中小黑点,表示此处有遗漏,左旁注与"可,一本",意为一本行下有可字。

有几处还没有得到令人信服的解释。清原教隆用宋代刻本与原有传本校读时,也发现了有些不能解决的问题。如第 431 行:"(有)兽名曰娄,更食更候(コウ)。"栏上有"候,此字不审"字样,就是表明他对这个"候"字的含意不解。不审,即不详。天明本也作"更食更视",通行本此句作"更食而更视",维遹案:"《治要》引无'而'字,'视'作'候'。"考写本原文作"侯","侯"通"候",伺望,侦察。《说文·人部》:"候,司望也。""更食更候",交替着边食边张望守候。意为食不分家、轮流守候。

第 487 行:"(果园梨)栗,后宫妇女以相提挃,而士曾不得一尝。"栏上有"挃,此字不审也"。考"挃"读作 dié,意同"掷",投掷之意。《集韵》:"又徒结切,音迭,擿也,与搥同。"《广韵》:"并徒结且,音迭,擿也。或作擿。"即"挃"与"擿"同。"擿",《康熙字典》:"一曰投也。《史记·刺客传》:'荆轲废,乃以匕首擿亲王。'"注:"与掷同。古字耳。《庄子·胠箧》:'擿玉毁珠,小盗不起。'""搥",意同"擿","擿"为"掷"的古字,通行本径改古字"搥"为"掷"。维遹:"《治要》引'掷'作'挃','士'上有'而'字。"注意到《群书治要》刻本与通行本的不同,没有说明"挃""掷"的音异意同的关系。

清原教隆除了校勘之外,也作了一些标注,表明他对原文的理解。第 398、399 行下栏的"私案:朝云朝廷;伍者,行伍;民者,庶民也",是对"貌义(美)好,不以统朝伍民,而反蛊女从欲"一句中朝、伍、民三字的解释,值得注意的是,通行本作"统朝苤民"。上栏有注"统,宋云,惣也,纪也,他综反",根据清原教隆对其他各数书的标注,这里的"宋"当指"宋韵",即《广韵》,是其全称《大宋重修广韵》的简称。此句的另一处栏上注"蛊,立古,事也","立"是"音"字的省代字,即蛊读如古。第 376 行:"诸侯交争,人移车驰,汩然祸至。"栏上有注"汩,古没反。丨,没也。又为笔反,水流也",其中的竖线是省代所释"汩"字。通行本"汩"作"迫",迫、汩近而讹,似当从"迫"字。"汩"言祸之盛,"迫"言祸之急,兼通。

可见,这些注释所引述的义项也不一定尽符合文中的原意。如第 373 行:"草木根荄浅,未必撅也。"栏上所引:"撅,居越反,《说文》云:'手有所把也。'"撅,这里当作"拔起"讲。第 529、530 行:"于是楚王饱(ハウ)如也。"栏上注"饱王云布绞反,悖也","王"即"玉"字,是《玉篇》的省称。通行本不作"饱",而作"悒"。"包""邑"形近多相乱。

对于中国研究者来说,金泽文库本《群书治要》引用的日本文献是全新的学术资源。该写本在校勘时引用了平安时代以《玉篇》及陆法言等人所撰《切韵》等韵书为基础而编写的《东宫切韵》等书籍。《东宫切韵》20 卷为菅原是善所编,成书于日本元庆四年(880)以前。如卷四十《新语》:"上则备帝王御物,下则赐公卿庶贱,而不得以备器械,及其庪于山陵之阻,隔于九派之间,仆于块垒之津,顷于窈窕之溪。"栏上注:"派,《东宫切韵》:'匹卦反,水邪流。'《说文》从反,同源别流也。"(六册 191 页)

该写本还引用了所谓"菅家秘说",如《晋书》下:"前鄙后修者,则引古以病今;古贤今病者,则考虚以覆过;质直者,罪以违时;阿容者,善其得和;庆远者,责以小捡;才近者,美其令俗。"(四册 403 页)栏上注:"阿容,'菅家秘说':'阿,曲也,近也,倚也。《尔雅》:大陵曰阿。'""菅家秘说"是指平安时代以来史传道菅原家世代相传、秘不外传的说解。

二、写本文字的保真性与随意性

岛田翰在《汉籍善本考》一书中谈到金泽本的文字时说:"又其异字、俗文,如乾之作乹,鼎之作𩰫,杀之作敓,麓之作蔾,鯀之作骸,冈之作冈,夷之作夷,德之作意,哲之作悊,戀之作栜,豫之作念,兆之作㫃,巫之作𠮷,愈之作䜘。今不一一采录。是书所载,皆初唐旧本,可藉以订补今本之讹误者,亦复不鲜。"这是对该写本文字学研究价值的简要阐述。以上所举俗字,大多可以与现存六朝初唐文献相互比照。例如,"骸",见于卷第十四《汉书二》:"唐虞之隆,至治之极,犹流共工,放謹兜,杀三苗,殛骸。"(二册225页)"骸"字不见于辞书,实为讹字。《玉篇·骨部》中有"䚇"字:"䚇,公本切。《世本》:'颛顼生䚇,䚇生高密,是为禹也。'""骸"实为"䚇"之减笔讹书。金泽本中保存的大量俗字资料,为初唐六朝俗字研究提供了新字料,同时其中存在大量讹别字,需要结合日本书写和语言特点来加以分析,也是跨文化文字研究的好材料。

尽管很难确定这个本子的祖本书写的具体年代,但从写本本身文字大量保留六朝初唐俗字而几乎看不到宋明以来新增俗字的情况来看,抄写者具有较强的保真意识,同时,这个本子又经过清原教隆等多位镰仓室町时代学者分别校勘,校注文字和字符中就掺杂了一些上述第二阶段出现日制汉字和字符。由于校勘文字的阅读对象是作者本人或作者的学生,只要这些人看得懂就可以,校注文字难免随意使用一些笔画简便且在小圈子中通用的写法,这就是写本文字的随意性。

即便在保真意识颇强的正文中,书写者也会将随意性的一面传递给下一位抄写者。抄写者的认知水平与原本书写者认知水平的不一致性,使得随意书写带有了必然性。正如翻译者对某些超出自己知识范畴的原语也不得不完成语际转换工作一样,抄写者面对原文不清晰或者本人看不准的文字,往往不得不随意写出一个充数,讹别字多出,也是写本文字随意性的反映。对于写本文字研究来说,考察与认识其保真性与随意性都很重要。有些字本身就是保真性与随意性结合的产物,我们可以通过分析,来梳理文字讹误的脉络。

例如,在该写本中"灵"字普遍写作"靈"这个六朝初唐盛行的字,但也有"霝""霝"等写法。卷二十三《后汉书三》:"臣闻皇后天下之母,德配儿(旁注:'古昆反,与"坤"同。')霝,得其人,则五氏来备;不得其人,则地动宫摇。"(三册327页)"蔡邕,字伯喈,陈留人也。霝帝时信任阉竖,灾变数见。"(三册343页)《新集藏经音义随函录》《敦煌俗字谱》以及日本字书中都不见这两种写法,那么它是怎样出现的呢?考《颜氏家训·书证》中提到"靈"字的俗字"'靈'底着'器'",即"靈"字的下部被写成"器"字。在《敦煌俗字谱》中录有"靈"作"霝"者,最下部的两个"口"被简化为四点,中间的"工"被与下边的点连接在一起,遂出现了上面看到的两种写法。

日本汉字古写本俗别字数量繁多,增笔减笔看来很离谱,没来由,但从保真与随意同体的角度来分析也多能找出蛛丝马迹。如"宝"字有作"寍"的。卷第二十三:"陛下以北辰之尊,神器之寍,而微行近习之家,私幸官者之舍,宾客市买,煙(熏)灼道路,因此暴纵,无所不容。"(三册332页)"寍"不见于中日通行字书,这个字实为"宝"的俗字"寳"的讹写:"宀""穴"相乱,增笔为"寳",又将下部不熟识的"珎"写作熟识的"好",则"宝"就变为"寍"了。敦煌写卷P.2133《金刚般若波罗蜜经讲经文》中的"宝"多作"寳"。

在辗转传抄的任何一环,抄写者都可能将这种随意性传给后来的抄写者,我们最终看到的写本就很难说清某一讹字哪位书写者是始作俑者。例如《吴志下》:"昔秦建帝皇之号,据崤熙(崤函)之阻,德化不修,法政苛醼,毒流生民,忠臣杜口,是以一夫大呼,社稷倾覆。"(四册289页)文中的"酷"字多加四点,或是哪一环节的书写者书写时想到火焚之苦,无意中为酷字添了一把火,这样的字在日本古写本中不为罕见。

书写者主观上的保真意识和书写时的随意处理常常体现在一个字上。这种保真与随意同体的现象也多出现在日本人的著述中。试以"谚"字为例。卷第二十六《魏志下》:"讙曰:'救寒莫如重裘,止谤莫如自修。'"(四册173页)"谚",《敦煌俗字典》有作"喭","彡"在《群书治要》等写本中多写作"夂"。江户时代新井白石《同文通考·讹字》:"影カゲ,影也。凡从彡字,如形、彩、参、彦、雕、杉等从ㄑ并非。"从"彡"者作"ㄑ",在日本古写本中历来常见。"ㄑ"误作"生","谚"遂误作"讙"。"ㄑ"又易误作"巳","彦"误作"㐫"。"谚"亦通"喭"。《日本灵异记》中卷第一《恃己高德刑贱形沙弥以现得恶死缘第一》:"时法会道俗,偷㐫之言:'凶之善矣。'""㐫",即"喭",通"谚"。粗野不恭之意,"偷喭之言",偷偷说坏话,偷偷骂人。

【諜】卷第三十六《尸子》:"明君不用长耳目,不行间諜,不强闻见,形至而观,声至而听,事至而应,近者不过,则远者治矣。"(五册408页)"諜"字右旁注:"徒颊反,问也。"栏上注:"谍,立牒,反间也。又譜谍也。"该字右上部的"世"因避李世民讳而改为"云"。葉作茶等,皆属此。

【娟】卷第八《春秋外传国语》:"又有左史倚相,能道训典,以叙百物(叙,次也;物,事也)以朝夕献善败于寡君,无忘先王之业,又能下上(上下,一本乍)悦于鬼神(悦,娟也),使神无有怨痛于楚国(痛,疾也)。"(一册488页)栏上注:"娟,此字不审。"考"娟"当为"媚"字之讹。"媚"字写本中写作俗字"娟"。媚,取悦。

【酗】卷第五十《抱朴子》："或肆忿于器物,或酗䣩于妻子,加枉酷于臣仆,用剡锋乎六畜。炽火烈于室庐,迁威怒于路人,加暴害于士友。"(七册437页)栏上注："酗,许具反,凶酒曰䣩。䣩,于命反,酗也。"按:酗,同酗。《龙龛手镜》(高丽本)西部:"酗醹二或作酗今香句反,醉怒也三。"《新撰字镜》酉部:"䣩酗,同许具反,酗䣩也,佐加加利。""佐加加利",读作"サカカリ",意为酗酒。

【儁】卷第三十《晋书下》："东宫之建,以储皇极,其所与游接,必简英儁,宜用成德贤邵之才,匪嵩幼弱未识人理立身之节。"(四册410页)栏上注:"英,《孟子》曰:'智敌万人谓之英。'儁,子峻反,智过千人曰儁。""儁","俊"的俗字。"俊"又写作"隽"。敦煌写卷S.388《正名要录》:"隽俊,右字形虽别,音义是同。古而典者居上,今而要者居下。"《今昔物语集》卷第六《震旦儁惠、造阿閦佛生欢喜国语第二十五》中的"儁惠",即"俊惠"。这个故事又见于《三宝感应录》卷上《释儁惠图造阿閦佛像感应第二十一》。"儁"同"儁"。

金泽文库本多用古字。如卷第三十四《墨子》:"昔者三代之暴王不缪其耳目之淫,不慎其心志之僻,外之敺骋田猎毕弋(弋),内沉于酒乐,不肯曰'我为刑政不善',曰'我命故且亡'。"(五册278页)栏上注:"驱,古乍敺。"

又如卷第四十九《傅子》:"秦之虣君,目玩倾城之色,天下男女怨旷而不肯恤也;耳淫亡国之声,天下小大哀怨而不知抚也。"(七册348页)栏上注:"虣,薄报反,与暴同。"《新撰字镜》第十一卷《虍部》:"虣,蒲到反,暴古文,空手执也。"

卷第八《韩诗外传》:"原天命则不惑,祸福不惑,祸福不惑则动静修理矣"中的"祸福",两"祸"字左旁皆有斜线,下写"祸"字,注明写本中的"祸",即"祸","祸"为古字,"祸"为今字。书写者因不识古字而误书者屡见不鲜。第十卷《孔子家语》:"远方慕义重译至者十有六国,此即已天时得祸转为福者也,故天灾地妖所以儆人主也。"(一册616页)"祸"字乃"祸"字之讹书。还讹作"祸",卷四十六《中论》:"权足以应变无端,义足以阜生财用,威足以禁遏奸非,足以平定祸乱。"(七册115页)"祸乱",即祸乱。

以下拟选择一些金泽本中的疑难字略作考辨:

【檽】(檽)卷第四十五《崔寔政论》:"乃送终之蒙(家,本),亦无法度。

至用楠梓黄肠,多藏宝货,享牛作倡,高坟大寝。是可忍也,孰不可忍!"(七册15—16页)栏上注:"此字不明,本作輴也。輴者,丧车也。如之反。"肠字右旁注:"腹。""楠","枏"字之讹,"枏",木名。

【詔】卷第三十八《孙卿子》:"乱世不然,使愚詔智,不肖临贤,生民则致贫陋,使民则甚劳苦,人望百姓为之死不可得也。"(六册40页)栏上注:"詔,名聘反,詔谱也。"注出《玉篇·言部》:"詔,名聘切,詔谱也。""詔","诏"字之讹。写本中召、吉、告、名多因形近而讹。此据文意,以诏为佳。

【屌】卷第三十《晋书》下:"清议不肃,人不立德,行在取容,故无名士;下不专屌,又无考课,吏不竭节,故无高能,无高能则有疾世事,少名士则后进无准。"(四册439页)栏上注:"屌,セン,士连反,字作屖。愚屖。"《宋韵》:不肖也。"考"屖",似义不通。"屌","局"之俗字。写本中多以"厶"代换"口",以减少笔画及运笔方向。颜元孙《干禄字书》:"屌局局:上俗,中通,下正。"

【麌】卷第三十六《尸子》:"覆巢破卵,则凤凰不至焉;刳胎焚夭,则騏驎不往焉;竭泽漉鱼,则神龙不下焉。"(五册397页)夭字右旁注:"麌,乌皓反,鹿子也,胎麌,《史记》作夭。""麌",幼麇。《国语·鲁语》:"鱼禁鲲鲕,兽长麑麌。"韦棹注:"鹿子曰麑,麋子麌。"

【涑】卷第四十五《崔寔政论》:"今朝廷虽屡下恩泽之诏,垂恤民之言,而法度制令,甚失养民之道。劳思而无功,华繁而实寡,必欲求利民之术,则宜涑然改法,有以安固。"(第七册29页)栏上注:"涑,子礼反,又乍济,定也,齐也。""涑","沛"字之讹。沛然,充盛貌,盛大貌。《孟子·梁惠王上》:"天油然作云,沛然下雨,则苗浡然兴之矣。"敦煌文献中"沛"亦写作"沛",S.4642《发愿文范本等》:"李十一父尝闻真乘总至用之力,沛甘露而洒四河;法王示戢之动,普凉云而清万劫。"黄征《敦煌俗字典》:"按'沛'字右边作此形,亦可有'柿'字可作'柿','肺'可作'肺'等例类推。""涑"乃"沛"字之讹。《日本灵异记》中的"溧然"亦"沛然"之讹,参见拙文《日本汉文学与东传汉语词汇的多源性——〈日本灵异记〉双音节词探源》[①]。可以推测,原本最初写作"沛",抄手不明其义,因其与"涑"形近而误写,遂使后世学者望文生义,生造出一个新字新词。

[①] 载《西南地区日本学的构筑——以日本学研究的方法论与实践为中心》,重庆出版社,2011年。

【摘】卷第三十四《列子》注文:"用聪明以察是非者,群诈之所逃;用少识以摘奸伏者,众恶之所疾。智之患,岂虚也哉。"(五册254页)栏上注:"摘,玉云振也。""玉",《玉篇》。"摘",揭露,揭发。卷第四十五《崔寔政论》:"自顷以来,政教稍改,重刑阙于大臣。而密网刻于下职,鼎辅不思在宽之德,牧守逐之名,竞摘微短,吹毛求疵,重案深诋,以中伤贞良。"(七册25页)"摘",指摘,指责。

【动祚】卷第四十八《典语》:"故明主乐之于上,亦欲士女欢之于下。是以仁惠广洽,家安厥所。临军则士忘其死,御政则民戴其化,此先王之所以丰动祚、享长期者也。"(七册296页)栏上注:"动祚:不审也。不勘。若动作也。""动祚",或犹言运祚,国运祚福。

【诘】卷第四十《贾子》:"昔者虢君骄恣自伐,谄谀亲贵,谏臣诘逐,政治踳乱,国人不服。晋师伐之,虢君出走,至于泽中,曰:'吾渴而欲饮。'其御乃进清酒。曰:'吾饥而欲食。'御进暇(腵)脯粱糗。"(六册212页)栏上注:"诘,《玉篇》云:'治也,谴也,问罪也。'《宋韵》云:'问也,责让也。'去吉切。""诰,《宋韵》云:'告也,谨也。'古到切。""踳,《宋韵》云:'踳骇相乖舛也。'尺尹切。""糗,《玉—(篇)》云:'求九、尺诏二切。糒也。'"案:贾谊《新书·先醒》:"昔者虢君骄恣自伐,谄谀亲贵,谏臣诘逐,政治踳乱,国人不服。"今本《群书治要》作"诛逐"。出《左传·哀公十一年》:"国人逐之,故出,道渴,其族辕咺进稻醴粱糗腵脯焉。"杜预注:"糗,干饭也。"

【蔶苷】卷第四十《贾子》:"翟王之自为室也,堂高三尺,蔶苷弗剪,采椽不刮,然且翟王犹以为作之者大苦,居之者大逸,翟国恶见此台也。楚王媿焉。"(六册215页)栏上注:"蔶,《玉篇》云:'房久切。小豆四月出蔶秀也。'""苷,来宫切。《韵》作葺,以草盖屋也。似入反。""蔶苷",《群书治要》今本作"茆茨"。据写本字形,或当为"茅葺"。

【夸偻】卷第四十《贾子》:"柔色夸偻,唯谀之行,唯言之听,以睚眦之间事君者,厮(廝)俀(役)也。"(六册217页)夸字右旁注"ク禾","禾"为"和"之省笔字,即读作"ワ",也就是说"夸"读作"クワ","偻"字右旁注"リュコシ",左边注:"力主反。"栏上注:"偻,《玉篇》云:'力矩切。'《说文》云:'尫也。'"夸毗,以谄谀、卑屈取媚于人。《诗·大雅·板》:"天之方懠,无为夸毗。"《毛传》:"夸毗,体柔人也。"朱熹《集传》:"夸,大;毗,附也。小人之于人,不以大言夸之,则以谀言毗之也。"《群书治要》今本作"伛偻",盖以"夸偻"为佳。

三、金泽文库本与跨界汉字研究

宫内厅书陵部本《群书治要》中的大量俗字，为初唐六朝俗字研究提供了丰富的字料，对于汉语疑难字研究颇多启示。

通观金泽本的俗讹字，可以发现部件代换是经常出现的现象，即以笔画简单、或笔画方向转换较少的部首或部件轻易地替换笔画较多、较难写的部件，如用"井"或"冃"代换"冉"，"講"作"䜅"，"稱"作"秱"（右上部的"世"因避李世民讳而改为"云"）。

部首及部件的混用屡见不鲜。如勺、匀、勾、刀混用。卷第二十九《晋书上》："无使朝有游食费禄之臣，野有逋宰不徭之民，使居官者必有供时之赋，则何患仓廪之不实，下土之不均。"（四册331页）"若不弘政以求民瘼，简除游烦以存俭絇，将何以纾之耶？"（四册332页）"均"作"均"，"约"作"絇"，这是在六朝初唐常见的写法。又如生、圭混用。卷第二十九《晋书上》："其鳏、寘（寡）、穷、独、癃、残六疾，不能自存，皆生民之至艰，先王之所愍，宜加隐郵，各赈赐之。"（四册332页）"虽抗志于玄霄之表，潜默于幽坤之里，贪屈高尚之道，以隆协赞之美。"（四册333页）"癃"作"瘥"，"隆"作"隆"，皆为生、圭混用之例。此外如爫、罒相乱（后作復），厶、幺、么、公相乱（私作厽），赤、亦相乱（赦作㪥），矛、弔、弟相乱（务作勢，柔作枀、柔），耒、礻相乱（耗作袚），卖、责相乱（黩作黷）等，不胜枚举。

除了这些与六朝初唐相同或相似的部件相混现象之外，有些讹别字与正字字形相差较大，也可以通过保真性与随意性平衡的规律，结合文意加以分析，解决疑难字的解读问题。尽管随意性是抄写时应该尽量避免的，但古代的汉字书写者在面对抄写任务时有时不得不以此来作为应变、应难的变通手段，结果就使得某字部分远离原本的信息，但字的整体结构和笔势仍然存在。照葫芦画瓢，葫芦的大模样还不能改。如淫作偒、庶作鹿、薛作薜、辞作辭、府作附、粲作粆、统作俛、愚作憼、桑作來、鼎作靮、溷作溷、棘作㯁、燮作奭、范作笵、希作布、刘作劉、棣作捸、樊作樊、国作囯、辄作撤、督作督或督、樵作樵、𠃓作幽、骚作搔、蚤作蚤、揆作揆、诒作詒、殷作胳、扼作搤或搤、穆作穋、断作釿、霆作霆、饕餮作饕餮、辩作啓、葭作葭等，都是看似判若两字，而形变之间却是有规律可循的。

要研究日本奈良平安时代文学,就不能不研究《万叶集》《古事记》《日本书纪》等的写本,因为今天的通行本无不是依据写本整理的;而这些写本正与《群书治要》等同一时期传入日本的汉籍写本是一个"文字共同体",从两者之中,我们发现大量初唐六朝俗字,以及写法相同或者相近的日本式讹书。文库本《群书治要》既是六朝初唐俗字的渊薮,也是日式讹书的博览会。

下面以几个对汉字疑难字和日本汉文写本中疑难字为例,说明金泽本讹俗字研究对奈良平安文学写本整理的参考价值。

【搽】杨宝忠《疑难字考释与研究》考订《龙龛手镜》中"搽"字,是"搩"字之俗书,俗书"桀"字作"桼"(见魏《孝文帝吊比干文》),"搽"字右旁所从,又"桼"之变也。《群书治要》写本可为以上所考补充字证。该书"桀"字多作"㮜"。卷第二《尚书》:"成汤放㮜于南巢,惟有惭德。"(一册92页)"有夏昏德,民坠涂炭。(夏㮜闇乱,不恤下民。民之危险,若陷泥坠火,无救之者。)"(一册92—93页)"桀"作"㮜"。卷第二十八《吴志》:"自顷年以来,君威伤于㮜[纣],臣(君)明闇于奸雄,君[惠]闭于群孽,无灾而民命尽,无为而国财空,辜无罪,赏无功,使君有谬误之誉。"(四册261页)"桀"作"㮜"。这为杨宝忠的分析提供了字例。

【骐】卷第三十六《尸子》:"覆巢破卵,则凤凰不至焉;刳胎焚夭,则骐驎不往焉;竭泽漉鱼,则神龙不下焉。"(五册397页)"骐驎"即骐驎,骐是骐的增笔字。《今昔物语集》卷九《晋献公王子申生、依继母丽姬谗自死语第四十三》:"其时父王赐姓一女,以之为后,即骐氏也,名曰丽姬。"(其の時二、父ノ王、一ノ女ヲ以テ姓ヲ賜テ后トス。骐ノ氏、此レ也。名ヲバ麗姬ト云フ。)

案:小峰和明校注只说明"骐,人名"。笔者以为,骐即骐。出自《孝子传》中的"伐丽戎为一女"。

【陶唐】卷第二《尚书》:"其三曰,惟彼陶唐,有此冀方(陶唐,帝尧氏,都冀洲也),今失厥道,乱其纪纲。"(一册91页)大江匡房《江都督纳言愿文集》卷五《八幡御塔〔供养愿文〕》:"月日新设法会。乐工在悬,啁阴康之昔风;缁徒列座,似中天之秋月。王公抠衣,绮罗步武。虽知佛道之胜事,兼为庙庭之壮观。"《江都督纳言愿文集注解》注释:"乐工在悬:悬挂钟磬等乐器的架子。《东观汉记·东海王刘强传》:'宫殿设鐘虡之悬。'《本朝文粹》265 江以言:'如钟鼓之在悬,叩而有音。'阴康:未勘,待考。"

案:"阴康",原文作"隂康","陶唐"之讹。"陶唐",本意为古帝名,即唐尧。帝喾之子,姓伊祁,名放勋。初封于陶,后徙于唐。陶唐为古代传说中的圣主,后指称贤明的帝王。"陶唐"亦指陶唐之世。"陶唐"之昔风,即指陶唐的风韵。

《江都督纳言愿文集》中另有类似的用法,如"皇帝陛下,少履龙飞之位,早钟鸿业之仁。轩辕让德,富春秋于大椿;陶唐谢名,致凤鸟于修竹"。(一——11《法胜寺千部仁王经转读供养愿文》)二—6《白河院法胜寺百体观音像供养愿文》中的"伏惟仰唐尧而惭就日,揖虞舜而隔熏风",前一句中的"就日"也暗用了"陶唐"的典故(下引"就之如日")。

"陶唐"二字,六地藏寺本《江都督纳言愿文集》写本写作"隂康"。《江都督纳言愿文集注解》的注释引《书经·五子之歌》:"惟彼陶唐,有此冀方。今失厥道,乱其纪纲,乃底而亡。"《孔子家语·五帝德》:"宰我曰:'请问帝尧。'孔子曰:'高辛氏之子,曰陶唐,其仁如天,其智如神,就之如日,望之如云。'""陶唐"自古被作为太平盛世的象征。"陶唐谢名"与"轩辕让德"相对,愿文中是称许施主的德名,超越了古代贤君。

上述《八幡御塔(供养愿文)》中的"乐工在悬,嘲阴康之昔风",还涉及陶唐盛世与音乐的关系。平安时代已传入日本的《艺文类聚》第十一卷帝王部一"帝尧陶唐氏"引《帝王世纪》称陶唐盛世"爰放山川溪谷之音,作乐大章。天下大和,百姓无事。……于是景星曜于天,甘露降于地,朱草生于郊,凤鸟止于庭"云云。这一段引用中说陶唐时有凤鸟止于庭,前引一——11《法胜寺千部仁王经转读供养愿文》中的"陶唐谢名,致凤鸟于修竹"也正出于此。《八幡御塔〔供养愿文〕》中的"月日新设法会。乐工在悬,嘲阴康之昔风"则是说和法会上的音乐相比,陶唐时代的盛世乐章也算不得什么,不过是嘲笑的对象了。

在写本中由于"陶"与"隂"形近,"唐"与"康"形近,"陶唐",写作"陶唐",遂又误为"隂康"。穗久迩文库藏室町时代写本《五行大义》卷第五第廿一《论五帝》:"帝尧陶唐氏祁姓,母庆都出渚遇赤龙,感孕,十四月而生。帝于丹陵,名放勋,以火承木。其兄帝挚封之于唐,故是号陶唐氏。"而在该写本后面抄写的"五行相承事"却将"陶唐氏"写成了"阴康氏",此可为上述推论之旁证。

【石崎】《江都督纳言愿文集》卷一《堀河院奉为母后宸笔御经〔供

养〕》:"奉安塔婆,颇利之壁,瑠璃之扉,晋臣喘月;紫磨之字,青苔之纸,唐帝传尘。泪与笔下,华贯〔于〕青木之露焉;心匪石崎,莲临于天池之波矣。"(22—23页)句中的"心匪石崎",《江都督纳言愿文集》读作"心は石の崎てるに匪ず"(87页)并引《本朝文粹》54"后江相公":"朕心匪石,公何可转。"《诗经·邶风·柏舟》:"我心匪石,不可转也。"孔颖达疏:"言我心非如石然。石虽坚尚可转,我心坚,不可转也。"却没有说明"崎"字何意。"崎",底本原文作"竒"。旁注ソハタチ,笔者以为"崎"当为"转"字之讹。虽然看起来"转"字与"崎"字字形相差较大,但结构与笔势相近,被抄写者拿来"应急",这是保真性小而随意性大的产物。从文意上看,"心匪石转"正符合所引《诗经》原意。

【胫】金泽本中"巠"部件多作"至"。胫作脛。卷二十一《后汉书一》:"诛锄先零,缘入山谷,猛怒力战,飞矢贯脛。"(三册203)《今昔物语集》卷第十一第二十四篇《久米仙人始建久米寺》("久米仙人、始造久米寺")出现了这个字,被视为"不审"之字。该篇写久米修炼成仙,当他正飞升上天的时候,有个年轻女子站在河边洗衣,这女子为了洗衣方便将衣服撩了起来,结果久米看到女子雪白的皮肤,当时心生欲念,于是便从天上落到了女子的面前。这一段文字的问题是女子将衣服撩到"小腿"还是"腿上"。原文是:"吉野河ノ辺ニ若キ女衣ヲ洗テ立テリ、衣ヲ洗フトテ、女ノ胏脛マデ衣ヲ搔上タルニ、胏ノ白カリケルヲ見テ、久米心穢レテ、其女ノ前ニ落ヌ。"

池上洵一校注本《今昔物语集》页下注:"'胏'未详。'脛'是'胫'的异体字。作熟语的训未详,或为'胀胫'(腓,腿肚)之意。《缘起集》作'胏',《流记》作'股'。"这里还可以补充的是,大江匡房《本朝神仙传·久米仙事第八》川口久雄校注本是根据《和州久米仙人经行事》补入的,其中这一部分原文是"仙はその股の色を見て、愛心忽ちに発り、通力立ちどころに滅えて、大地に落ち畢てつ",此见于收在《日本古典全书》的《古本说话集本朝神仙传》(朝日新闻社,1973年版)。总之,各种版本说法不一,很值得讨论。

首先《今昔物语集》原文中的"脛",是"胫"的俗字。《龙龛手镜·肉部》(高丽本):"脛,俗;胫,經郢反,胭也。前曰脛,后曰项。又胡定反,脚胫也。""脛"是"胫"的俗字。"胫",人的小腿,也泛指人或者禽兽的腿。《庄子·骈拇》:"是故凫胫虽短,续之则忧;鹤胫虽长,断之则悲。"孔融《论盛孝章书》:"珠玉无胫而自至者,以人好之也,况贤者之有足乎。""胫"皆不仅指小腿。

"胂"字不见于各种常见字书。"女ノ胂胫マデ衣ヲ搔上タルニ、胂ノ白カリケルヲ見テ",各本释"胂"为"股"。据《新集藏经音义随函录》,股的俗字还有"肶","胂"或为"肶"之讹书。待考。

总之,金泽文库本《群书治要》以其卷帙浩大,书写严谨,字例繁多而堪称日本第一阶段汉字之府库,对于打通日本唐钞本、日书中国典籍写本以及日本汉文、变体汉文著述的汉字研究,是一宗重要的文献。

第三节 《七经孟子考文》中《诗经》写本研究的再认识

日本江户时代山井鼎、物观所撰《七经孟子考文并补遗》(以下简称《考文》),是日本校雠学的开山之作,也是东亚写本研究的先驱。其中的《诗经》部分,利用足利学校旧藏《毛诗》古本,对宋明《诗经》刻本逐字校勘,给阮元等中国学者以远观日本古本之便,也推进了《诗经》考异和校勘工作。有关该书的学术价值以及对《诗经》研究的贡献与不足,《日本诗经学文献考释》[1]已有所涉及,本文仅对其利用古本的特点和写本研究的开拓予以初探。

一、山井鼎、物观与《考文》

日本江户时代的学者山井鼎(1680—1728),本姓大神,名鼎,字君彝,号昆仑,小名善六。今和歌山县人,山井鼎的父亲是医生,他从小师从当地学者荫山源读书。后来荫山源当上了儒官,前往江户赴任,在山井鼎入徂徕学塾时曾做过山井鼎的保人。后山井鼎又往京都,进入伊藤东涯的堀川塾学习,治古义学,其间读到荻生徂徕的《译文筌蹄》,深感钦佩,便赴江户,拜师荻生徂徕。荻生徂徕既治经学,又重词章,且其时门下已有太宰纯等俊才。后来极为自负的太宰纯曾评论说:"社中无惧者,昆仑生存,可惧者也。"可见山井鼎的实力确已深得好评。

山井鼎于1718年开始担任纪州支藩伊予(今爱媛县)西条藩主松平赖

---

[1] 王晓平《日本诗经学文献考释》,中华书局,2011年。

渡的儒臣以后，受命于藩主，前往足利学校，与根本武夷（1699—1764）一起，致力于古典校勘，于1728年完成了巨著《考文》一书的编撰。该书对七经（《诗经》《书经》《易经》《礼记》《左传》《论语》《孝经》）和《孟子》的文字详加考证。此书完成后，献给了西条侯。山井鼎于1728年去世后，同年西条侯制作了两部副本，其中一部献给了纪州家，另一部则献给了幕府。

此后幕府德川吉宗又命荻生北溪（1673—1754）补其遗漏，加以校订，于1730年成书，题为《七经孟子考文》，1731年予以刊行。荻生北溪是著名学者荻生徂徕的弟弟，号观。校补此书之举，据说也是接受了徂徕的建议。能够说明这一经过的只有《考文》的少数抄本，原在西条侯手里的写本，后来捐赠给了京都大学，世称西条侯本。加上《补遗》开始刊行之后，此书才得以广为流传。这是荻生北溪等人努力和德川吉宗支持的结果。

荻生徂徕曾为《考文》作序，不仅为日本能保存中国散佚的典籍而骄傲，而且对山井鼎为此书付出的刻苦努力高度赞赏：

> 茂卿既悲仲尼之心，而嘉生之善体其心，誓死弗辍，卒能籑（通"总"）功斯文也。又幸诸夏之所逸，而独岿然乎吾邦，灵祇所卫，千载若新，以授之生，而宠锡海内也。呜呼，国家文明之化，与有光哉！①

根据《德川实纪》记载，德川吉宗见此书乃是据中国早已亡佚的古书来校正经文和注疏文字，裨益于中国学者处甚多，便命长崎官员，寄商舶传往中国。该书《有德院殿御实纪附录卷十》对此事记述最为详尽：

> 日光山御诣之时，自道遣近侍之臣前往足利学校以研读古书。发现宋椠十三经，御览之。乃命荻生总七郎，与世所行本校合。此时纪藩儒臣山井鼎先趋于此地，比校藏本。松平左京大夫赖渡亦曾书写足利本，亦以其献上。总七郎与鼎相谋，复参考诸本异同，遂成三十二册，以备御览，终于梓行，传于今世。《七经孟子考文》是也。其后传往唐土，彼国殊悦之。至近年，见到唐商人携来重刻本，其珍重之状，昭然可见。此全然乃御代重文之余化，及远播海外，足以知其一端也。

---

① ［日］山井鼎、物观著，平之清校，平义质、木晟同校『七經孟子考文並補遺』、北總林氏藏本、1922年、第1頁。

诚可谓盛事也。①

《明君德行录》对此事也有记述：

> 足利学校有宋朝以来古板《十三经注疏》。至享保十五年，学生荻生总七郎得知此事，抄出其中五经、《论语》《孝经》《孟子》，名曰《七经孟子考文补遗》，全三十二册，船载传往清朝。在彼国，宋金之乱，故五百年来，以上古注本绝迹，自朱子以来，未见上述古注本也，从此，书自日本传去，亦东方无上之光荣。

《明君德行录》将此书传往中国，看作德川幕府"文章武华兼盛"的象征，日本书籍西传中国的开端，这显然也是德川吉宗的想法。就连百余年后的狩野直喜也称赞说："这实在是了不起的干劲，即便百岁以下读之，想到将军为首的当时之人们，欲将支那之学问从我逆向输入的劲头，真是不禁感到痛快。"②而后此书不仅传到中国，而且还在中国翻刻，当时的日本学者甚感欣喜，盛称此为"享保之盛誉"。

根据近藤正斋所著《正斋书籍考》，吉宗命人托中国商船将《考文》送往中国，是在享保十七年（1732）。那些带到中国的书流落何处，今天已无从考索，然而另外一条途径传入中国的书却有籍可考，这多亏了那些中国商人的眼光。

浙江人汪鹏是《考文》最早的学术知音之一。汪鹏为杭州府仁和县人，名鹏，字翼沧，号竹里、竹里山人，根据日本方面的资料《明安调方记》所载，从1764年以后他多次作为"船头"到过长崎。另一个知音是杭州有名的藏书家汪启淑，启淑字秀峰，号讱庵，书斋号飞鸿堂。《考文》是《浙江省第四次汪启淑家呈送书目》全524种中的一种，当时的中国学者正是从汪氏飞鸿堂藏《考文》开始，对日本学术刮目相看的。翟灏《四书考异·总考》三十二载其解题，说他在乾隆辛巳，师从杭世骏，曾从汪氏处借阅此书，"知彼国尚有皇侃《义疏》，语于杭。杭初不深信，反复谛观，乃相与东望太

---

① 『新訂増補國史大系』第四十六卷『德川實紀』、國史大系刊行會、東京：吉川弘文館、1934年、第244頁。

② 狩野直喜著『支那學文藪』、東京：みすず書房、1973年、第129頁。

息。逡巡十年，众友互相传说。武林汪君鹏航海至日本国，竟购得以归，上遗书局"。翟灏在《四书考异》中引用《考文》，考证其与现行本经文之异同，是我国较早利用《考文》校勘经籍的学者。

卢文弨在其《周易注疏辑正题辞》中的一段话，很能说明读到此书的晚清学人的感受：

> 余有志欲校经书之误，盖三十年于兹矣。乾隆己亥友人示余日本国人山井鼎所写《七经孟子考文》一书。叹彼海外小邦，犹有能读书者，颇得吾中国旧本及宋代梓本，前明公私所梓，复三四本，合以参校。其议论亦有可采。①

卢文弨又撰《七经孟子考文题辞》，虽然不满于该书对古本、宋本之误，不能尽加别裁，而各本并误者，"谨案"诸条，亦复不能详备，又其先后位置之间，颇费寻检，但出自同乡儒者沈荻园的《十三经正字》，虽改正讹脱等方面，远胜《考文补遗》一书，"然所见旧本，反不逮彼国之多。故此书卒不可弃置也"。希望能够"两取其长，凡其未是处，则删去之，不使徒秽简编"②。

王鸣盛、洪颐煊等学者都曾给予《考文》以很高评价③，《考文》收进鲍廷博《知不足斋丛书》。在乾隆年间刊行的《知不足斋丛书》当中，还收入了太宰春台校定的《古文孝经》。上述学者能慧眼识宝，跟他们本人喜藏书、重考据、能包容的个性有关。卢文弨著有《经典释文考证》，王鸣盛是"吴派"考据大师，洪颐煊曾协助阮元校编《经籍纂诂》，这样的学术背景，使他们能一眼看出《考文》的真正价值。

《考文》被收入《四库全书》，使其为更多的学者所知。不过，《提要》对于此书所述，不出原该荻生徂徕序言范围，只说"原文题西条侯掌书记山井鼎撰，东都讲官物观校勘。详其序文，盖鼎先为考文，而观补其遗也。二人皆不知何许人，验其版式纸色，盖日本所刊"。海路不畅，当时中国人关于日本学术的知识实是少之又少。黄遵宪《日本国志》三十二《学术志》始对

---

① （清）卢文弨著，王文锦点校《抱经堂文集》卷七，中华书局，2006年。
② （清）卢文弨著，王文锦点校《抱经堂文集》，第86—87页。
③ 顾永新《〈七经孟子考文补遗〉考述》，载《北京大学学报（哲学社会科学版）》2002年第1期。

山井鼎此书做较为翔实的介绍,其曰:"物茂卿,荻生氏,名双松,江户人。其先有仕南朝(指日本之南朝),为物部省,以官为族,称物部氏,或单称物氏。"由于《考文》已列《四库》书目,黄遵宪对其介绍也就格外详尽些:

> 《七经孟子考文补遗》三十一卷,山井鼎著,荻生观补遗。鼎字君彝;观字叔达,茂卿之弟,故又自称物氏。日本上毛有参议小野篁遗址,足利氏兴,因其地建学校,颇藏古书。鼎偕其友根逊志往探,获七经、《孟子》古本,盖唐时所赉来者。又获宋本《五经正义》,遂作《考文》,物茂卿为之序。享保中,官命观等搜集诸本,为之补遗。①

在中国学界对日本学术所知甚少的情况下,黄遵宪只能做解词式的叙述,但对于其成书过程以及和足利学校的关系都有涉及。故后来余嘉锡著《四库提要辨证》便予以引述,并评价说:"其说足补提要之阙。享保者,其国中御门帝之年号,其元年,康熙五十五年也。"②

有趣的是,在中国刊行的《七经孟子考文》等书,又通过海船传回日本。日本覆刻了《古文孝经》,题为《覆刻知不足斋丛书古文孝经》,在该书末大盐良写的跋文中提到估客伊孚九携回《古文孝经》及《考文》五六通。伊孚九是有名的文人画画家,曾于1733年作为南京船的头领进港,日本学者大庭修推断他是这个时候将书带回的。伊孚九是个贸易商,也是将南宗派水墨画传到日本的画家,他的文人画风格的山水在江户时代十分流行,以至于一时冒出很多赝品。

另外还有材料证明《考文》在 1794 年和 1825 年也曾被带回日本。③ 阮元初于北京见到《考文》写本,及为浙江学政,得扬州汪氏随月楼所藏日本元板茗纸印本,携至杭州,校阅群经,颇有异同。在他撰写的《七经孟子考文并补遗》一文中说:"物茂卿序所称唐以前王、段、吉备诸氏所赉来古博士之书,诚非妄语。故经文之存于今者,唐开成石经、陆元朗《释文》、孔冲远《正义》三本为最古,此本经虽不全,实可备唐本之遗。"④知其

---

① 黄遵宪《日本国志》,上海古籍出版社,2001 年,第 338 页。
② 余嘉锡《四库提要辨证》,中华书局,1980 年,第 73 页。
③ [日]大庭修『漂着船物語——江戸時代の日中交流』、東京:岩波書店、2001 年、第 137—145 頁。
④ (清)阮元著、邓经元点校《研经堂文集》,中华书局,2006 年,第 43—45 页。

精核可采者不少,因于嘉庆二年(1797)覆刻其书。此时距享保初初印,已六十五年,去山井之殁,近七十载。

阮刻《考文补遗》复由清商输入长崎,今日本筑波大学有藏。而阮元汇总群籍,为《十三经注疏校勘记》,实以山井鼎一书为重要参考资料。《考文》一书,虽有"谨案"一项,对不同文字加以裁断,而又不轻易折中,而阮元亦曾讥其为"惟能详记同异,未敢决择是非,皆为才力所限",卢文弨亦憾其于古本宋本讹脱者,不能尽加别择。他们均是充分肯定其功绩,而又欲更上层楼,于择断中凸现其长。

近代以前的中日两国之间的学术关系,总体来说是"一边倒",日本学术深受中国学术的滋养,而日本学术传入中国者却凤毛麟角,所以如荻生徂徕之《论语征》和山井鼎《考文》的反传西土,便被视为破天荒的大事件。进入近代以来,熟悉两国经学的学者,无不对此大加赞许。狩野直喜曾撰《山井鼎与〈七经孟子考文补遗〉》一文,称扬此书刻成"流传西土,扇彼风气,扬我文化",并详考此书编纂传播经过①。长泽规矩也在《镰仓室町期的外典翻刻》一文中说:

> 汉籍校勘始于山井鼎(昆仑)之《七经孟子考文》。鼎于享保五年与根本逊志同往足利学校,留校三载,以学校所藏《易》《书》《诗》《左传》《礼记》《论语》《孝经》及《孟子》校勘《注疏》,成果乃辨明传本阙字、毛本妄补等问题,后他回到西条藩侯处抱病工作,遂为此病殁。②

藤井明久富木在其所著《山井昆仑·山县周南》中说:"昆仑的业绩不仅在日本,而且在中国也获得了很高评价,有益于后代的学问。在这一点上,与江户时代的很多儒者相比较,是多么卓越,这是无须多言的。"③吉川幸次郎撰写的《日本人的智慧——山井鼎与国文学》还特别提到山井鼎的这部著述与日本文学研究传统的关系:

---

① [日]狩野直喜「山井鼎と七經孟子考文補遺」、『支那学文藪』、東京:みすず書房、1973年、第120—139頁。
② [日]長澤規矩也「鎌倉室町期に於ける外典の飜刻」、『長澤規矩也著作集』、第一卷、東京:汲古書院、第55—198頁。
③ [日]藤井明久富木『山井昆侖·山縣周明』、東京:明德出版社、1988年。

第一章 写本时代

　　山井鼎对古书进行的校勘工作，是在中国还并不盛行的时候，在日本著先鞭，而后刺激了那里的学者，以后他那样的方法，首开端绪，乃成为清朝文献学的重要部分；然而，山井做这件事情的智慧，究竟是从哪里得来的呢？

　　如果是源于老师徂徕的启发的话，那么徂徕又从哪儿想起来的呢？在此之前，京都宫廷儒者清原氏、中原氏，已经在自家底本上，不时标注些异本的情况，这也或许是启发之一。

　　但是，我由此又突发奇想。对异本的注意、对校，这样的工作，《古今集》《源氏物语》这些日本的古典，相当早就在进行了。我是这方面的门外汉，所知不详，但镰仓初期，13世纪初的藤原定家就已经热衷于此。这种日本文学系统的工作，会不会给山井，或者徂徕以启发呢？①

　　值得一提的是，在京都大学还藏有山井鼎和他的助手山井璞校勘的《十三经注疏》一部，为嘉靖中福建刊本。是两人用足利古本和宋本对校的，其所校皆与《考文》同，又于上方各录用功之起讫，不过其中《毛诗》第十六卷缺。吉川幸次郎曾在其所撰《东方文化研究所善本提要》中予以介绍，文中也曾对山井鼎加以赞许：

　　　　《七经孟子考文》底本。足利学校古本、宋板对校，其所校皆与《考文》合，又于上方备录用功起讫，其体略同日记。案：日志晴阴，间及盍簪腊展事，唯于《孝经》无一识语，当别有手校之本也。
　　　　谨案：昆仑先生为近代校疏之祖，惠延后学，名播异域。盖皇朝儒者之业，能衣被海内外者，殆莫先生若也。②

　　明治维新以后去到日本的杨守敬等人，对《考文》也评价甚高。杨守敬曾在《日本访书志缘起》中说："日本古抄本，以经部为最，经部之中，又以《易》《论语》为多。大抵根原于李唐，或传抄于北宋，是皆我国所未闻。

---

① ［日］吉川幸次郎「日本人の知惠」、『吉川幸次郎全集』18、東京：筑摩書房、1985年、第56—60頁。
② ［日］吉川幸次郎「東方文化研究所善本提要」、『吉川幸次郎全集』17、東京：筑摩書房、1985年、第565頁。

其见于《七经孟子考文》者,每经不过一二种,实未足概彼国古籍之全。"他进一步说:"《考文》一书,山井鼎校之于前,物观又奉勅校之于后,宜若彼国古本不复有遗漏。不知《考文》刊于享保中,当我康熙末,其时彼国好古之士亦始萌芽,故故所传《易》单疏本、《尚书》单疏本、《毛诗》黄唐本、《左传》古抄卷子本,皆为《考文》所未见,其他遗漏何怪焉?"他还赋《足利本》诗一首:"秘书流播海天东,访古遗文岛国通。读罢七经开宝笈,传来足利阐儒宗。"①赞扬山井鼎、物观的业绩。《考文》1936 年曾由上海商务印书馆出版,为考据学者所重。其实,中国学者通过对此书的认识了解,不仅局限于日本学者考证工作的肯定,而且也随之产生了重新认识与了解日本学术本身的愿望。

应该指出的是,在山井鼎埋头翻检足利学校古本的时候,清人早有顾炎武、朱鹤龄、王夫之、惠周惕、沈𠫤等人的《诗经》考异之书,只不过当时的山井鼎、物观等人未能看到,就连后来的吉川幸次郎也所知甚少。《七经孟子考文补遗》在清代学人眼中受到青睐,不如说是其与清代求经义、重训诂、喜实证、崇古学的学风不期而遇、有所契合的结果。

二、《考文》对足利古本的利用与研究

山井鼎校书,既得益于足利学校藏书,又不免为其所限。岛田翰曾在《旧抄本序》中说:"清人议其椠本可信,抄本可疑。彼夫制《考文》者,不知足利学所藏抄本多出于宋元之刻本,遂使有识之士,并疑其出于旧本者,不亦可憾乎?"明确指出山井鼎撰写《考文》依据的足利学校的本子,多是源于宋元刻本,而清代学者不了解这种情况,连那些出自旧本的内容也一并疑而不信,不能不让人感到遗憾。

足利学校为何会保存根据宋元刻本书写的抄本呢?这恰好是足利学校教育环境与宋元学子读书环境不同所致。宋元学子很容易到手的当时的《诗经》本子,对于足利学子来说则是昂贵难得的"舶来品",一册得来尚且不易,一手一册便是奢望,需求量有限,无力翻刻,便只能依赖抄写。在宋元学子对捧读印本不以为意之时,足利学子却只能与抄本为伴,然而,也正因为如此,在宋元印本日渐消失之后,足利抄本反而放出光彩。

---

① (清)杨守敬著《杨守敬全集》,湖北人民出版社,1997 年,第 457 页。

可以设想,抄写者正是那些讲授《诗经》的先生。从抄本不难看出,抄写者为了保证准确无误,曾经花费了怎样的精力。

这里自然就涉及抄本抄写者与文本的相互关系问题了。这种关系,绝不等同于今天我们与印本的关系。尽管今天细心的读者也总是在字里行间搜寻着文字或内容的错误,但他们的发现并不能马上融入原来的文本中间,即便他用笔把自己的意见写在了书上,再去读书的人也会清楚地分别出哪是原本,哪是后加上去的。然而抄本则不同,那些抄写者可能根据自己的判断做过改动、修饰、补缺等,积极主动参与了文本的创造,然而或者由于抄写者的疏忽,或者由于技术处理的不当,就可能模糊原本和变动部分的界限,使抄本变成了一个新个体。

有时抄写者对文本积极主动的参与已经超越了读者对一固定文本的接受。因此有研究者把它视为读者对一个从根本上来说是对"变动不居的文本所进行的再创造"。宋代刻书者面对有着各种异文的几个抄本,咬文嚼字、斟酌取舍的时候,也就部分剥夺了原作者的权力,甚至可以说是将个人的意见凌驾于原作者之上。足利学校的先生手里,不仅有宋元刻本,而且可能有自己原来的抄本不忍丢弃,他们抄写中免不了要对照、改动,这里既会有无心的错误,也会有有意的改动,每个抄本可能是自觉整理的结果,而整理者并没有将其整理方针、凡例、心得录以备考,传留后人。

读印本的人和印本的关系,可能是大体相同的,而读抄本的人就可能与抄本建立各不相同的关系。阅读文学作品的抄本,更可能根据对作家作品的理解去改动那些自认为不合情理的字句,而阅读经书更多得把握旧有的知识。

阮元在《七经孟子考文并补遗序》中指出:"山井鼎所称宋本,往往与汉晋古籍及《释文》别本、岳珂诸本合;所称古本及足利本,以校诸本,竟为唐以前别行之本。物茂卿序所称唐以前王、段、吉备诸氏所赍来古博士之书,诚非妄语。故经文之存于今者,唐开成石经、陆元朗《释文》、孔冲远《正义》三本为最古,此本经虽不全,实可备唐本之遗。"运用《七经孟子考文并补遗》对《诗经》加以校勘研究,虽始于清代学者,但他们这方面的研究少引起现代学人的关注,一直未能充分展开。

山井鼎利用的是哪些足利学校的写本和刻本,是研究者关心的问题。足利学校藏有室町时代书写的《毛诗》十册,据推测为室町末期书写的《毛诗》七册,另外还有仅存于此的南宋十行本《附释音毛诗注疏》三十册①,这个本子很可能阮元不曾见过,所以《考文》提到宋本的一些文字问题,阮元不以为然。山井鼎是否还利用了其他写本,今已很难确考,但可以肯定的是,他利用了现已极为罕见的《毛诗正义》单疏本的写本,而至今尚未发现完整的单疏本。内藤湖南称为"天壤孤本"的现存单疏本也缺失数卷。

　　从足利学校现存《毛诗》写本来看,都是日本学人根据中国传去的本子抄写的,时代晚于我国宋代,即都是重抄本。可以推想,其底本中有明经家代代相传的唐时单疏本时代旧存的本子,一方面,抄写者在力图保留古老传本的原貌,一方面也有利用后来传入的宋代刻本对文字进行校勘的情况。那些看来混乱的文字更反映了这样的经纬。例如《王风·扬之水》:"怀哉怀哉! 曷月予还归哉!"《笺》:"怀,安也。思乡里处者,故曰今亦安不哉,安不哉! 何月我得归还见之哉? 思之甚。"《考文》【谨按】:"古本此注混淆错乱,讹误相仍,今写其旧,不敢改换,旁加批点者,彼本后人涂抹而从印行本也,一本无'哉,何月我得还'六字,其余全同古本。"其所录古本内容是:"怀,安也。思乡里处哉。何月我得还者。故曰:今亦安哉,不安哉,何月我得还归见之哉? 思之甚也。"②在"哉何月我得还"六字右旁有圈,"亦安"二字旁书"安不哉"三字,"哉""不"二字右旁也有圈。这里记录了后人对原抄本校勘的痕迹。其中值得注意的一点是,今本将"怀哉怀哉"释为"今亦安不哉,安不哉",为同义反复,而足利写本作"今亦安哉,不安哉",则是疑问选择。抄写者并未根据宋代以后的本子擅改原文,而是采用了存旧亦存疑的策略,这至少对于我们了解各种本子的演变是有益的。

　　从《考文补遗》下面的论述中可以看出,山井鼎通过古本与宋本、万历本、崇祯本的对照,对古人解书经、注别行的情况有了很深的体会,他从《正义》单疏本的实际出发,认清了宋明本与古本不同的原因,因而强调古本在校勘中的价值。他说:

　　　　古人解书,各自别行,孔子之作《易传》,左氏之作《春秋传》,本不引经附传。故孔颖达云《石经》《公羊传》皆无经文,斯可以观也。后世尚简,就经为注,省学者两读者,或有之矣。

---

① [日]長澤規矩也編『足利學校善本圖錄』、東京:汲古書院、1973年、第17—24頁。
② 山井鼎輯、物觀纂修『七經孟子考文補遺·毛詩』、石之清校、林直敬藏本、卷四第3頁。

第一章 写本时代

　　今按孔颖达作《五经正义》、陆德明作《经典释文》,自是一部书,而疏义不混于经传。后世梓者图其利便,萃见一处,嵌入各经传下,稍以己意改换增损,自是而后,本书终废,不可复见,大失本来之面目矣,可不叹乎!

　　今阅《五经正义》本,宋板以下,经传错杂,标题不一,而其中稍有同异,后世学者卤莽灭裂,而不问可否、不知古式,甚则至有音义却混于注者而不省矣。臣向就足利学校雠古本,其本颇有不失古者。今记一端于此,以存其旧云尔。①

山井鼎用以考异的足利古本,正是相对接近于原貌的单疏本。关于《诗经》古本的情况,书中较少交代,仅在说明体例时提到:

　　足利所传《毛诗》写本二通,以一通称古本,一通亦虽稍有同异,然多展转书写所致也。今其有异者,号以一本云。②

有古本的文字,山井鼎对原来经、注、疏各自别行的情况做了分析,得出宋明本中的"传""笺云"皆为由单疏本变为混刻本时所加的结论:

　　今本有"传"字者,后人加也,"笺云"二字,郑氏之旧所以别毛氏传也。而后世诸本加黑围者,亦失古意矣,体制全如古本,而为得其耳。③

这些现象,在今天来说或已成为常识,而当时却是山井鼎从古本与宋明本对照之后才看清楚的。今后的《毛诗正义》校勘工作,仍然不能忽视这些基本情况。

关于山井鼎考校《毛诗》的情况,吉川幸次郎在《东方文化研究所善本提要》中谈到《考文》底本时说:

---

① 《景印文渊阁四库全书》第一九〇册,台北:台湾商务印书馆,1986年,第150页。
② 《景印文渊阁四库全书》第一九〇册,第151页。
③ 《景印文渊阁四库全书》第一九〇册,第150页。

《毛诗》首云：享保癸卯十月朔挍始。卷一之二所引证足利本与足利一本不异，其异者别记"本作某"。其经传中与诸本异者记云"一本同，足利本作某"。卷九末云："享保癸卯十月廿日夜二本挍成。足利学校东南邻鏊书生重鼎志。"卷十二末云："卷十二末云：癸卯十月廿日卒业，因日子短。"①

以上所录《考文》底本上的题记，我们可以了解山井鼎校考《毛诗》的大致情况。享保癸卯，即享保八年，公历 1723 年，清雍正元年。校考工作始于这一年的十月初一，终于该月廿日夜。在这不长的时间里，完成这么大的工作量，可以想见其昼夜相继伏案对校的辛劳。

《考文》依靠日本藏古本考定经传笺疏文字，贡献良多。

面对繁杂的考辨工作，设计什么样的体例能够做到一目了然，是首先必须解决的问题。其中有关《诗经》部分，最多部分是"考异"，下接"古本"二字。里面又分"序""经""注""疏"等项，除了分别列出古本异文外，其中还根据需要插入"补脱""存旧""正误"以加以对照，并以"谨按"表明本人的看法，最后还有"校讹"以对涉及各部分的讹误加以说明。物观的"补遗"少数是随时穿插在相应部分的，多数则是置于每篇之后，体例同前。这些项目中，"考异"是中心，而内容完全根据校勘情况设定，不论是"序""经"等项，还是"补脱""正误"等内容，均是有则录、无则跳过，对出处则在录文后用双行标出古本叶数和左右行数，以利查找。这种体例，十分简洁适用，目标明确，适应考异的需要。

山井鼎不仅用足利古本与宋本、永怀堂板、正德本、万历本、崇祯本相对校，提出了一些有价值的看法，很多被阮元汲取，并且做了更进一步的分析。下面谨以《考文》中的《敬之》为例，简要说明。先引用《考文》中的文字，而后看阮元的看法。

【考异】古本〔注〕"日月瞻视"，"月"作"日"。"以积渐也"，"渐"作"侵"【谨案】"侵"恐"漫"误。"谓贤中之贤也"，"也"上有"者"字。"示道我"，"道"作"导"。"文王之功"，下有"也"，"居摄之志"，下同。

---

① ［日］吉川幸次郎「東方文化研究所善本提要」、『吉川幸次郎全集』17、東京：筑摩書房、1985 年、第 565 頁。

【释文】"浸,子熄反。"(三十一叶)元文"熄"作"鸠"【疏】"日月视人"(三十叶左一行)宋板"月"作"日",下(九行)"日月瞻视"同。【谨按】《笺》"日月",惟古本作"日日"。①

关于《毛传》,《考文》提出三条。第一条,今本作"日月瞻视",阮校:"《正义》云'日月视其人,神近在于此',又云'日日渐视,其神近在于此',是'月'字乃涉上而误耳。今闵本以下并《正义》中尽改为'日月',误之甚至矣。《考文》古本作'日',采《正义》。"吸取了古本的看法,认为正确的应该是"日日","月"字乃涉上而讹。第二条,小字本、相台本皆作"渐"。阮校:"案《正义》云'定本、《集注》'渐'作'浸'。《释文》云'浸也,子鸠反'。《考文》古本作'侵',山井鼎云'侵'恐'浸'误,采《释文》《正义》也。"阮元同样汲取了山井鼎关于古本中"侵"字乃"浸"字的讹字的看法,此为形近而讹。

三、《考文》中的俗字研究

《考文》所说的古本,主要是指足利学校保存的宋刊本,也包括日本平安时代以来明经家世代相传的写本,从写本研究的角度来说,山井鼎等人做了一件富有开创性意义的工作。利用古本来对历代刻本进行校勘,说《考文》是写本研究的先驱也不为过。

清代学者虽注意到《考文》保存的古本资料,却由于海路阻隔,交流艰难,却没有条件对《考文》作深入考察。百年以来,我国写本研究,特别是敦煌写本研究规模和水平取得惊人进展。我们完全可以利用敦煌写本研究积累的成果,对《考文》提供的写本文字数据重新加以考察。其中一个方面,就是利用俗字研究的新成果对《考文》中涉及的文字数据重新加以解读。

例一,《关雎》引《释文》:"驺,本亦作䮷。"《考文》:"驺,本亦作䮷。(三十一叶)䮷,作翑。"

案:疑"䮷"字和"翑"字皆为"驺"字的讹别字。

"刍"及"刍"部,写成"茻",上面的"丑"简化为"艹"之后,即写成

---

① 山井鼎辑、物观纂修『七經孟子考文毛詩補遺』、石之清校、林直敬藏本、卷十九第14頁。

"甾"。如《新集藏经音义随函录》（下简称《随函录》）："皱：醂（59/980b）。"①上部的"丑"简化为"マ"，则写成"㿃"，如《随函录》："皱：皷（59/1032b）。"上部的"丑"简化为"乄"，则写作"㿃"，如《随函录》："皱：皷（59/1125b）。""㿃"很容易被看作"函"，上引"骚"字，实际上就是"骚"字的误书或误识。

"刍"，亦写作"卝"，《随函录》："皱：㿃（59/1104）。"（60/376b）（59/1104c）

例二，《园有桃》引《释文》："棘，纪力反，从两束，俗作棶，同。"《考文》："棘，俗作棶。同。（九叶）元文'棶'作'棘'。"

案：《考文》所引古本是《随函录》："棘：棶（59/705b/710a/734b）。"今本的"棶"恐为"棘"字之讹。

例三，《有女同车》引《释文》："堲，音细，《字书》作'埍'（十叶）'埍'作'𡎲'。"

案：阮校："《释文校勘》作'𡎲'，'𡎲'是'堲'之别体，小字本作'埍'，乃字有坏而改之。"阮说是，"𡎲"字是"堲"字的俗字。《随函录》："堲：聻（聻）（60/72b）（59/1106b）""堲：聻（聻）（59/752b）（60/201b）。"

例四，《汝坟》引《释文》："惄，本又作'㥷'，乃历反。《韩诗》作'溺'，音同。"《考文》所引，与此不同。为"㥷，本作'惄'。"

案：由于原诗"未见君子，惄如调饥"，《释文》所解当为"惄"字而非诗中没有出现过的字，那么《考文》所引当更接近于原貌。更主要的是，《考文》接着说"上作'㥷'。下作'惄'"。即古本《释文》这一句当为"㥷，本又作"惄"。【谨按】"㥷"字诸韵不收。指出"㥷"字不见于各种韵书。

依照当今俗字研究的成果，我们可以对《释文》原貌做出分析。"叔"字及"叔"旁的俗字写作"卝"或"卝"，这两种写法多见于敦煌文书，②亦见于《随函录》："叔：卝（59/760b）"，"叔：卝（59/824b），还有写作"卝"，"叔：卝（60/526a）"。③ 由此可知，《考文》所引古本中的"㥷"字，即"惄"的俗

---

① 郑贤章《〈新集藏经音义随函录〉研究》，湖南师范大学出版社，2007年，第712页。以下《随函录》俗字皆引自此书。
② 黄征《敦煌俗字典》，上海教育出版社，2005年，第374页。
③ 郑贤章《〈新集藏经音义随函录〉研究》，湖南师范大学出版社，2007年，第635页。

字。《龙龛手镜》(高丽本)心部将"愁"字列为"怒"的一个俗字①。《释文》:"怒,本有作'愁'。"正是说原诗中的"怒"字,一本是俗字"愁"。而今本中出现的"慰"字,不见于各种韵书,很可能正是"怒"字或"愁"字的误书误认。根据以上分析,《释文》原文当如《考文》所引古本,而非今本所见。

例五,今本《北山》引《释文》:"叫,本又作'䚯',古吊反。"《考文》:"叫,本又作'嚻'(二十叶)元文'嚻'作'嚻'。"

案:所录古本中的"嚻"字,疑为"䚯"字形近而讹。"䚯"字为"叫"字的俗字。"叫",古作"叫"。《龙龛手镜》口部将"䚯"列为"嗷"字的一个俗字,又说:"叫,同上,叫唤也。"即"叫"也为正字,"䚯"则为俗字。《随函录》:"叫:叫(59/660a)(60/512a)。"这样看来,《释文》所言"叫,本又作'䚯'",是说一本"叫"用的是俗字"䚯",文意可通,而《考文》读作"叫,本又作嚻"则于意不通,后面所录写本二十叶元文"'嚻'作'嚻'",不论是"嚻"字还是"嚻"字,都是"䚯"字之讹。"嚻",俗字作"嚻",《龙龛手镜》口部:"嚻,正,许饶反,嚻諠也,大也,动也,不安静也。"其义不同。

缺少对俗字的深入研究,就等于手中没有精确认读写本的利器。江户时代的古学派虽然强调从古代语言入手重读古代经典,但由于当时条件所限,山井鼎等人是在对俗字尚无充分知识储备的情况下展开对古本的研究的。然而,他们的工作不仅为后代保存了写本数据,而且本身也是可贵的尝试。在东亚写本研究史上,《考文》的功绩是理应肯定的。

《考文》比较容易找到的有商务印书馆1936刊本、台湾商务印书馆1983年至1986年出版的《景印文渊阁四库全书》第190册、1985年中华书局刊行的《丛书集成新编》本、1984年台湾新文丰出版公司刊本。中华书局即将刊行的《日本诗经古写本刻本汇编》第二辑则收入的是石之清、平义质、木晟三人校订本。

第四节 从日本朝鲜写本看敦煌文献省代号研究

汉字手书是汉字文化圈特有的文化现象,保存在域外的汉字写本是东亚文化交流与我国汉字文化影响世界的直接证明。日本、朝鲜半岛和越南的古代文化在历史上有很大一部分曾经是靠写本传承的,而这些写本的写

---

① (辽)释行均编《龙龛手镜》,中华书局,2006年,第69页。

作规范很多都反映在敦煌写卷中。也正因为如此,敦煌写卷研究的学术意义,也就超出了敦煌写卷研究本身。有关敦煌写卷的研究课题也常常就是东亚写本必须解决的问题。有关省代号的研究便是其中一例。

何谓省代号？张涌泉在《敦煌写本省代号研究》一文中做了如下定义:"省代号是指类书、辞书和音义类古书注文中用来替代辞目中已经出现过的字词的省书符号。"①实际上,省代号一旦成为读书人普遍熟悉的书写方式之后,便被普遍用于各种写本当中。省代号不仅存在于敦煌写本中,也不仅存在于中国历代写本中,而且成为日本、朝鲜等汉字文化圈国家汉文写本中有效的标准书写方式。这种书写方式,从汉文写本进而扩展到各国"变体汉文"及本民族文字的写本,日本、朝鲜学者还曾根据本民族语言文字的特点,对省代号加以改变,省代号所代表的"省代思路",甚至可能成为激发创造假名等文字形式的诱因之一。

汉字文化圈的日本、朝鲜、越南等国的写本,沿袭着中国古代写本的通例,这些写本可以看作是敦煌写本的延伸。尽管它们晚于敦煌写本,但是延续着中国宋前的既有规范,可以从某些方面折射出中国古代写本的面貌。正因为如此,中国写本的研究成果也会给它们带来新的观察视角和方法。遗憾的是,由于年代久远,保存困难,以及学术界对它们的淡漠,它们的数量在减少,字迹趋于漫灭。写本一失,永无补救,因而加强对这些写本的研究也就迫在眉睫。本文对中国写本中的省代号在东邻的演化加以考证,来对两国写本中的省代号进行初步考察,希望更多学者关注东亚写本学的构建。

一、从敦煌写本的省代号到日本写本中的省代号

张涌泉文章中指出:"省代号渊源于重文号,形状也与重文号略同,主要有＝、、、ᡶ、〈、ᒎ等形式。"这里所列举的几种形式,在日本、朝鲜写本中大都找得到。

日本现存奈良时代的木简中,已经有重文号。《日本古代木简字典》收录的字均出自平成宫木简,是奈良时代的字,其中的省代号有"ᒎ"

---

① 张涌泉《敦煌省代号研究》,载《敦煌研究》2011年第1期。

（1-00364）、"ヒ"（2-01926）、"ら"（2-02621）①，括号内是平城宫木简的编号。笔者认为，这些字其实都是一个"ゝ"字，毛笔写在木简上，字形变粗，看起来样子不同。

在根据中国传入日本的写本书写或以中国写本为底本加上假名注释的写本中，重文号被普遍使用。"ゝ"是金刚寺本《游仙窟》中使用最多的重文号。如"十娘敛手而再拜向ゝ下ゝ官ゝ亦低头尽礼"②，东野治之释文将"ゝ"改为今天日语中使用的重文号"々"，录为"十娘敛手而再拜向々下々官々亦低头尽礼"，即读为"十娘敛手而再拜向下官，向下官亦低头尽礼"，文中"向"字后面的重文号"ゝ"为衍文。

日本名古屋真福寺宝生院所藏《汉书·食货志》，是奈良朝书写的《汉书》颜师古注本，只存上卷，其中多处使用重文号，如"民贫则姦邪生贫生于不ゝ足ゝ生于不ゝ农ゝ则不ゝ地ゝ著ゝ则离乡轻家民如鸟兽"③，即当读作："民贫则姦邪生，贫生于不足，不足生于不农，不农则不地著，不地著则离乡轻家，民如鸟兽。"石山寺所藏《汉书》两卷也是奈良时代书写，也用重文号来代替与上文相同的字。

日本奈良时代成书的《万叶集》是用汉字来表示日语读音（也有少数表意）写成的，那些汉字被称为"万叶假名"。在西愿寺藏《万叶集》写本中，我们可以发现省代号已经被用来代替与上文相同的字，一个"ゝ"省代上文的一字，两个"ゝ"就省代号上文的两字，以此类推。例如卷十七《忽沈狂疾殆临泉路仍作歌词以申悲绪一首并短歌》④中的如下几个词句中便有"ゝ"的使用：

    麻気能麻尔ゝゝ　　（麻気能麻尔麻尔，日语读作 makenomanimani）
    波ゝ能美許等　　（波波能美許等，日语读作 hahanomikotono）
    由久良ゝゝゝ尔　　（由久良由久良尔，日语读作 yukurayukurani）

"ゝ"可以用在很多由其位置就可以辨明所替代的字的场合。宫内厅书陵部所藏室生寺本《日本国见在书目录》分四十家载录书籍，而在开头

---

① 奈良文化財研究所編『日本古代木簡字典』、東京：八木書店、2008 年、第 6 頁。
② ［日］東野治之編『遊仙窟』、東京：塙書房、2000 年。
③ 古典保存會『漢書食貨志』、東京：古典保存會、1928 年、第 31 頁。
④ 鶴久、森山隆著『萬葉集』、東京：櫻楓社、1988 年、第 520 頁。

的目次部分，只在第一家"易家"出现了一个"家"字，其余都是用"〻"来省代。即其目次为"一《易》家、二《尚书》〻、三《诗》〻、四《礼》〻、五《乐》〻、六《春秋》〻、七《孝经》〻、八《论语》〻、九异说、十小学〻"等等，这里"〻"字的含义由其与"一《易》家"相对照来判断，而在后面各部分书目前表示分类的部分，"家"字却不再用省代号，那是因为单独的各类不能由最近文字的相应位置简单判明意义。至于在书目部分，后面出现的书名和卷数和前面列出的一样，那么就可以全部用省代号来表示。如"小学家"列出六种《千字文》，都是一卷，"千字文一卷"的文字只出现了一次，其余全是用"〻"来表示，即：

《千字文》一卷（周兴嗣次韵撰）　〻〻〻〻〻（李暹）〻〻〻〻〻（梁国子祭酒萧子云注）

〻〻〻〻〻（东驰固撰）　〻〻〻〻〻（宋智达撰）〻〻〻〻〻（丁觇撰）①

这种省代方式也被广泛运用到日本平安时代的其他文献中。"〻"所省代的字不是前面的一个字的时候，所省代的内容需要根据更大范围的内容去判断。例如平安时代佛教故事集《今昔物语集》第十五卷所收五十四篇皆为往生故事，篇名最后都有"往生语"（往生故事）三字，在这一卷的目录中，前十篇和最后一篇完整写出篇名，中间四十二篇篇名都将此三字用"〻〻〻"省代②，如第十一篇《比睿山西塔僧仁庆〻〻〻第十一》，即《比睿山西塔僧仁庆往生语第十一》，第五十三篇《近江国坂田郡女以莲花供养佛〻〻〻第五十三》，即《近江国坂田郡女以莲花供养佛往生语第五十三》。

日本学者认为"〻"源于表示重文的小字"＝"，草书、假名的场合则写成了"丶"，并由此产生了一种新的写法"〱"。在日语中"＝"和"〻"都称为"二字点"（二の字点）。这个符号还用于日语训读，表示日语叠词之字作训读。如"偶"字，如果在它的右下边添上一个"〻"，便表示这个字当读作"たまたま"。下面是常见的两个叠词："益〻（ますます）""各〻（おのおの）"，这种情况下，"〻"被称为"摇点"（ゆすり点）。

---

① 『日本國見在書目錄』、東京：名著刊行會、1996年。
② [日]池上絢一校注『今昔物語集三』、東京：岩波書店、1999年、第375頁。

在奈良时代编撰的字书和所释词语中相同的字就采用省代号,如《新译华严经音义私记倭训抄》中可以看到这样的写法:

示己 ₂音於乃我 ("己"音"於乃我",即オノガ)
三维 ₂音唯,训角也。 ("维"音"唯",即イ)
八隅 ₂音愚,训角也。① ("隅"音"愚",即ぐ)

张涌泉文章中提及的"＝、∶∶、₂、〈、丶"等省代号形式不仅在日本汉文中使用,而且在平安时代被移用到假名书写中。日语假名音数不多,书写时重复率高,省代号恰应其需。日本人不仅用这些符号来表示相同的音,而且为适应新的书写环境,对有的书写方式还做了些许改变,如将"〈"写成"〉",用加两点的方式来表示与上文清音同一发音部位的浊音,并在横写时转换角度。

"々"是现在日本最常见的重文号,按照《日本国语大辞典》和《现代汉语例解辞典》的解释,它读作"のま",据认为是片假名"ノ"与"マ"的合字,表示与上一个字相同,日语中称为"重复记号"(繰り返し記号),也称作"重字"或"叠字"(畳字),和片假名"、"和"ゝ"一样,也是一种"踊字"(おどり字),亦被认为是"仝"字的变形,或为中国也在使用的"二点""₂"在日本变化而成的,也称为"同字点"(同の字点)。由于被当作"ノ"和"マ"的合字,所以有时就读作"noma"了。日语中这种类似于汉语叠词的词汇很多,现在都用它来书写,如"山々(ヤマヤマ)""一々(イチイチ)""精々(セイセイ)""万々歳(バンバンザイ)",也有写作"万歳々々(バンザイバンザイ)""万歳(バンザイバンザイ)"的,虽然后一种不用于公文和报纸,但也属于标准的写法,这种写法也不用于"大会会場"这种两个固定词语之间。《日本国语大辞典》和《现代汉语例解大辞典》如上介绍了关于"々"的各种说法,对其来源没有定论。从功用来说,相当于中国的重文号"₂"是毫无疑义的,而且很有可能这些不同的写法的共同源头就是见于敦煌写本的"₂"。

学者在转录古代写本的时候,多将原本中的"₂",直接录作"々"。

---

① [日]辻善之助、久松潜一、竹内理三编『寧樂遺文下巻』、東京:東京堂出版、1997年、第939頁。

"々"的出现,很可能是因为"〻"很容易被误作数字"二"或日语中的"ニ"（に）,而稍微改变一下写法,便可以减少误解,同时在根据写本整理刻印的时候,"々"字更为规整,"々"可以看作"〻"的楷化字。那么,"々"字是在什么时候开始取代"〻"字的呢?具体的时间很难确考,笔者从日本天文年间（1532—1555）书写的《和汉朗咏集私注》中看到"々"已在使用。如"草"部引白居易《早春忆微之》中的一句:"沙头雨染斑々草,水面风驱瑟々波。"①"々"正是重文号。"山"部引用白居易的《登西海楼》:"碍日暮山青簇々,浸天秋水白茫々。"也属于同类例证。

在日本写本中,还多用"、"来做省代号,特别是在对写本抄写过程中,抄写者感觉原文可能有误或不好理解的时候,将原文照样抄写,通常以"ママ"（照样）表示"原文如此,此为照录"意思,就将后一个"マ"以"、"来代替。例如,辻善之助、久松潜一、竹内理三编《宁乐遗文》下卷936页所录《播磨国风土记》中有一节:"又捕江鱼水为御坏物,故号御坏物,故号御坏江。"抄写者怀疑"故号御坏物"涉上而衍,便在这一句右侧注以"マ、"表示照录。同一篇另一处"后得御病,勅云者药也","者"右旁书有"マ、","、"即是重文号,省代前面的"マ"字。这是因为抄录者怀疑"者"字原本误书,或本来无误而本人亦不得其解,特意说明非抄录有误。在表示与前面清音发音对应的浊音时则在上面加上两点写成"ヾ"。

竖线"｜"常在辞书中的释文中省代所释之词,这在日本奈良平安时代编撰的字书、辞书中已能见到。这种用法无疑是来自中国写本。日本国立历史民俗博物馆藏《倭名类聚抄》中可以看到不少这样的用法。下面略举数例,为行文方便,将原文中的竖线改作横线:

  明星　《兼名苑》云:岁星一名——,此间一名阿加保之。
  长庚　《兼名苑》云:大白星一名——,（此间谓之由布都々。）暮见于西为——耳。②

《兼名苑》是日本奈良时代编撰的字书,上面所引,前一例引《兼名苑》

---

① ［日］山内潤三、木村茂、枥尾武編『和漢朗詠集私注』、東京:新典社、1992 年、第 23 頁。
② 國立歷史民族博物館藏史料編集會編『貴重典籍叢書文字篇辭書』、京都:臨川書店、1999 年。

之说,岁星一名明星,日本一名阿加保之,即アカホシ(akahoshi);下一例引《兼名苑》云,太白星一名长庚,日本则叫作由布都都,即ユフツツ(yufutsutsu),暮现于西为长庚罢了。这种省代方式显然来自中国写本。在日本人编写的类书或辞书写本中,还有一种省去省代号的省代,那就是在解释的文句或引录的词条中省书那个正在解释的词或该部分作为类目的词语。如大东急纪念文库所藏《幼学指南抄》卷第二"天"部的"雨"一项,收录有关"雨"的典故和词语,下收入的词条分别书作"时若、月离毕、商羊舞、蚁穴知"等等①,其实每一条词尾都省略了一个"雨"字,即词条当读作"时若雨、月离毕雨、商羊舞雨、蚁穴知雨"。

从现今保存的奈良平安时代写本来看,"ゝ"可以说是最早也是最普遍的省代号,保存至今的其他省代号基本都可以看作它的变形,"丶""ゝ""〈"不妨看作是截取其中一部分笔画简化而成的,而"へ"不过是再转换了一下方向,而"々"则是它的繁化,增加两点表示浊音的"ぐ""ヾ"和将"く""へ"拉长来表示两字以上重复,则是对它的创造性运用。简化、美化、易辨是这种变化的原则和趋势。训读中使用的重文号被称为"摇点"(ゆすり点)、"踊点"(おどり点),前者有摇动意,后者有跳跃意,这或许都是指该字符的意思随前文变动。它们就像今日排球比赛中的自由人,可以在不同的位置发挥作用。

二、省代字与省代号

日本古代写本,还是建立东亚写本学的基础资料。在文字、体例等各方面,它们与敦煌写本有不少相似之处,对于探讨汉字写本的传播和借鉴影响关系有着明显的启示作用。日本写本还经常使用省代字。日藏《诗经》写本中既有与敦煌文献相同的省代号,又有日本学者根据《诗经》研究的具体需要和日语的特点自创的略语和省代号形式。例如:"扌"为"摺(折)"字之省笔,即"折本"之意,用以指称传入日本的宋本书。静嘉堂本《毛诗郑笺》②中小序最后一句《笺》:"哀,盖字之误也。当为衷。""当"字

---

① [日]木村晟、石山曙生、片山晴賢编『故宮博物院藏幼学指南抄』、東京:東豐書店、1990年、第 1153—1154 頁。
② [日]米山寅次郎、筑島裕解題『毛詩鄭箋』、東京:岩波書店、1992 年。

上有补字符"。",旁注:"哀,丰无",意为折本无"哀"字。"丰"即"扌",也就是"摺"字之省。《关雎》《传》"夫妇有别,则父子亲","则"字上有补字号"。",旁注:"夫妇有别,四字丰无。""无"即"無",就是说摺(折)本没有"夫妇有别"这四个字。

再如,"亻","传"字之省笔字,取"传"字之偏旁,意指《毛传》。"ケ","笺"字之省笔字,取"笺"字"竹"头之一半,意指《郑笺》。"乍","作"之省笔字,取"作"字之右半部。"一本乍某",即"一本作某"。竖线"丨"用作省笔字,举凡韵书、字书、音义书、类书之属注文中字与正文同者,皆用"丨"来代替。如上述《倭名类聚抄》。在《毛诗》抄本中,有些出现频率很高的字,写出前一字,就能猜出后一字时,也用"丨"省代。如足利学校本中的"正丨云",即是"《正义》云"。

在这些符号中,"亻""ケ"都是由省笔字而转用作省代号的。在校勘时表示某本有某字或没有某字时,"有"与"无"使用的频率很高,除了表示没有的"无"之外,"有"也因多用而有必要省笔。于是便启用了"ナ"字。"ナ"是隶古定字,见于敦煌文献。敦煌写卷 S.799《隶古定尚书》:"百姓ナ过,在予〔一人〕。""于汤ナ光。""ナ"字见于日本古写本,如三千院藏《古文孝经》①中有如下例证:

孝亡臬乱而患不及者未㞢ナ也。(孝亡终始而患不及者,未之有也。)
诗云ナ楷悥行三国顺之。　(《诗》云:有觉德行,三国顺之。)
故虽天子必ナ尊也言ナ父也必ナ先也言ナ兄也。(故虽天子,必有尊也,言有父也,必有先也,言有兄也。)

以上"亻""ケ""无""ナ"和前面谈到的省代号的不同之处,在于它们的意义是特定的,而"〻""丨"的意义却是随上下文而变化。"亻""ケ"与"无""ナ"又不相同,前者本字的意义与用作省代字的意义是有差别的,只用于《毛诗》等区别"传""笺"的文献的校勘中,而后者本字的意义不变,用处比前者广泛得多。

在日本所藏的《毛诗》写本中,我们还可以看到一些半字转化的省笔字。大念佛寺本藏平安时代写本《毛诗郑笺》多用省笔字作为省代号来注

---

① 古典研究會『古文孝經』、東京:古典研究會、1930年、第29頁。

音。如《关雎》"寤寐求之",大念佛寺本①作"寱寐求之"。《传》:"寤,觉也。"该本作"寱,觉也","觉"字旁注"亠教"。据笔者考证,"亠"字乃"音"字的省笔字,用作读音的省代号。"亠教",即表明"觉"字读如"教"字。《兔罝》:"公侯干城。""干"字旁注:"旧户且反,沈亠韩。"此出自《释文》,"且"字为"旦"字之误,"韩"字为"幹"字之误。"旧户且反,沈亠韩",即"干"字旧为"户旦反",沈氏《音义》读作"干","亠",即"音"字样,用于标音。宫内厅书陵部所藏《群书治要》写本中亦多见以"亠"代"音"字的,也有少数误书写为"立"的场合。如汲古书院1991年影印本第七册卷四十八《时务论》第338行至339行栏上注"泜"字:"亠迟,一亠丁礼反。"即"音迟,一音丁礼反"(269页)。

大念佛寺本还用"乚"后字表示读若日语某字,如大念佛本《周南·卷耳》:"不盈领(顷)筐。""领"字旁注"乚经",意为"顷"字日语读若"经"(けい)字。这不同于《释文》的释音,因为《释文》是"顷音倾",不是"顷音经",日语中"顷""经"读音相同。不过这并不是普遍现象,因为日本读音主要来自汉语的训读,所以大量的标注就出自《释文》,如《采蘩》:"被之僮僮。"右旁注:"僮本"说明一本"僮"字作"僮",右旁注"乚同",说明"僮"字读作"同"(ドウ),《毛诗注疏》引《释文》:"僮音同。"

下面是该写本中的部分日语标音,括号内笔者所拟日语读音:"趾":"乚止"(シ);绥:"乚虽"(スイ);"鳏":"乚官"(カン);"薨":"乚公"(コウ);"萋":"乚西"(シ);"頳":"乚贞"(テイ);"酷":"乚国"(コク);"振":"乚真";(シン);"萍":"乚平"(ヘイ);"铏":"乚刑"(ケイ);"愒":"乚计"(ケイ);"厌":"乚蓁"(ヨウ)等。

那么,"乚"是什么意思,又出自何处呢?笔者尚无看到有关其来源的说明,只能发表一下自己的看法。

从上面的分析中可以看出,"乚"表示该字的训读,而"训"字俗写作"凯",又省笔作"儿",即将左边的"言"字边省掉,为与"川"区别,而将最后一笔写作"乚",由此再省笔作"乚",也就是将前面的笔画都省掉,只写最后一笔。"乚"字快写不就成了上面多见的"乚"了吗?《异体字解读字典》收入的"训"字的异体字就包括"詧"(古字)、"儿"(略字)、"訓"(俗字)、

---

① 『京都帝國大學文學部藏毛詩二南』、京都:京都帝國大學文學部、景印抄本第十集、1942年。

"佚"（通字）四种字体①，"儿"字是其中一种，可以为证。

三、朝鲜写本中的省代号

朝鲜写本中大量使用的省代号是"〻"，尽管朝鲜半岛刻本早于日本，但是直到朝鲜李朝时代仍有很多文学作品是以写本流传的，在这些写本中遇到重文的情况便用"〻"来省代。如1833年朝鲜来华使节与华人唱和诗集《燕槎酬帖记》中的诗句中有"迟〻车马行磨蚁，点〻人家泛芥舟"，"豆人芥马迟〻路，蚁垤蜗封点〻舟"②，均是以叠词形容远观人马的微小。

汉文小说中使用叠词的时候，也多用"〻"去省代后一个字。下面的用例都出自金起东所编《笔写本古典小说全集》③。如《鼠狱记》中有：

燕之喃〻，蛙之聒〻。
蜘蛛供曰："阴〻广庑，吐百尺之轻丝，绵〻不绝；短〻疎篱，结一团之密网，袅〻长垂。"

在写法上，朝鲜的省代号也有变化，遇到重复上文两字的时候，笔写者需要写出两个"〻"，值得注意的是，不少写本并不是将它们各自简单地放在一字位置的中央，而是将它们交错起来，前靠左上，后靠右下，形成呼应关系，即"〻〻"，这正是写本美观法则在起作用，反映出笔写者的审美意识。例如哈佛大学本《九云梦》中就有这样的写法：

各以所领花果宝贝擎进于大师〻〻亲受之。④（各以所领花果宝贝擎进于大师，大师亲受之。）

这种交错的写法，反映了笔写者对均衡的追求。有时往往也将两个省代号分上下写而让它们占一个字的空间，这样看起来更为紧凑，即写成"〻〻"，这可能是考虑书写方便和美观因素而形成的书写习惯。例如《兔公

---

① ［日］山田勝美監修『異体字解読字典』、東京：柏書房、2008年、第144頁。
② 林基中、夫馬進編『燕行録全集日本所藏編』、首爾：東國大學韓國文學研究所、2001年。
③ 金起東『筆寫本古典小說全集』、首爾：亞細亞文化社、1980年、第393頁。
④ 林明德『韓國漢文小說全集』第三卷、首爾：韓國國學資料院、1999年、附圖三。

传》中：

> 吾观主簿〻重厚长者岂欺我哉。（393 页）（吾观主簿,主簿重厚长者,岂欺我哉?）

如文中的"哀哉〻""感贺〻""悲哉〻",皆此类用例。《壬辰录》中遇到这种情况,也采用同样的写法：

> 结缚其僧〻乃倭国之僧也。（358 页）（结缚其僧,其僧乃倭国之僧也。）
> 夜半以投城中〻无一老骚动。（359 页）（夜半以投城中,城中无一老骚动。）
> 大王〻愿乞一言。（393 页）（大王大王,愿乞一言。）

以此类推。当需要重复前面三字的时候,就将三个"〻"排列成侧三角形写成"𢆶"。例如《鼠狱记》：

> 杜鹃忽飞上树枝而啼曰不如归𢆶。（杜鹃忽飞上树枝而啼曰："不如归! 不如归! ……"）
> 鹦鹉忽来坐老柯而语曰鼠穿穴𢆶。（428 页）（鹦鹉忽来坐老柯而语曰："鼠穿穴! 鼠穿穴! ……"）

还有将四个"〻"分两列前上后下排列,成"𢆶𢆶",表示重复三个、三个以上的字或较长的句子,有时占一个字的空间,有时占两个字的空间。例如《兔公传》：

> 岂不乐哉岂不美哉笑矣乎𢆶𢆶。（岂不乐哉! 岂不美哉! 笑矣乎! 笑矣乎!）

又如《红白花传》：

> 相公〻此何事也𢆶𢆶。（176 页）（相公相公,此何事也! 此何事也）

前一例占一字空间，后一例占两字空间。

省代号看似微小，但在写本中却不可忽略不计。日本、朝鲜的很多古代文学作品，不少都有很长时期的写本流传历史，后来的刻本多是某些写本整理的结果，有些甚至很晚才获得刻印的机会，而始终没有刻本，仅以写本流传的文学作品也数目可观。认读这些写本都离不开省代号的知识。不论是中国写本中的省代号，还是日本、朝鲜写本中的省代号，都在写本时代发挥过重要作用，当刻本时代到来的时候，它们的作用便减弱了。但是由于日语字母较少，重复率高，即便在刻本时代也不失省时的长处，省代号便一直伴随语言的发展，至今还在广泛使用。在中国和朝鲜半岛的文字中，省代号随着写本时代的远逝而淡出人们的记忆，而在日本，那些省代号却至今仍为阅读者每日必见的熟客，却极少有人了解它们与中国古代写本、与敦煌文献省代号的渊源关系。在我国的日韩古典文学翻译中，也出现过由于不熟悉省代号而文字处理不当的情况。

日本、朝鲜半岛的汉字古写本，是中国写本的一面镜子。毛笔书写是汉字文化圈共有的文化现象，不论是书写过程还是阅读过程，都有自身的特点。研墨蘸墨，提笔而书，书写者聚精会神关注着每一笔每一画，运笔使墨，在速度和美观的平衡中游走。这与硬笔书法的感觉不同，更与电脑打字不同。书写者不仅关注内容，同时也将很大一部分注意力分给了文字的形体和纸面的整体印象。在省代号由中国写本传入邻国的时候，那里的学者为了更得心应手，也为此动过一番脑筋。东亚写本的对比研究将写本的魅力更加鲜明地展现了出来。敦煌写本研究不仅为中国文化研究增添了新内容，而且也为汉字文化圈的文化研究大敞其门。令人惋惜的是，很多域外汉字写本并没有得到充分的研究。在日本、韩国保存了一些中国散佚典籍的珍稀写本，同时，这些国家在很长时期也积累了大量自己书写的汉文文献写本，虽然有些今天被列入重要文化遗产受到适宜的保护，但悠悠岁月，侵蚀破损难免，它们的数量在日渐减少，墨迹在日渐模糊，由于汉文典籍研究在这些国家中面临的困境，在研究方面很难形成气候。写本的魅力在于它的不可替代性，打通敦煌文献研究和域外汉字写本的研究正当其时。敦煌文献研究的深化，正是东亚写本学强大的推进器。省代号研究证实，敦煌写本研究和域外汉字写本研究是能够做到相互参照、相得益彰的。

第五节　日本现存诗经古写本与现代诗经学

日本诗经学文献中既有中国传入日本的善本,也有日本历代版本,即所谓和刻本;既有抄本,也有印本;既有中国学者的著述,也有日本学者的撰述。这些多样的文本,既与中国典籍整理与比较文学研究相关,也是日本书志学、历史语言学研究的重要资料。其中《毛诗》古写本是早期《诗经》东渐最重要的载体。本文拟先根据笔者搜集的资料对现存《毛诗》古写本的整理研究情况予以描述,而后就古写本在《诗经》传播中的地位与其与现代诗经学的关系略述己见。

一、日本现存《毛诗》古写本及其研究

岛田翰《旧抄本序》把日本所藏旧抄之书大分为三类,即唐抄本,渊源于隋唐者和出于宋、元、明、韩刊本者。①

其中自然数唐抄本最为珍贵,然而能够明确断定为唐抄本者,数目极少,只能举出日本所藏《汉书·扬雄传》及《庄子·刻意》篇等数通,它们的特点是"异同夥多,积多善处"。就《诗经》而言,也只有东京博物馆藏《毛诗正义》卷十八、京都市藏《毛诗正义秦风》残卷和《毛诗唐风》残卷等,尚可能断为唐抄本。

其第二类,即所谓渊源于隋唐者,如《左氏集解》《礼记子本疏义》等。这些抄本"是皆当日古博士据旧本所传抄,误以传误,讹以传讹,真本面目,丝毫不改,故虽名为传抄本,而实与隋、唐抄本无异矣"。属于这类的《诗经》抄本,有大念佛寺所藏《毛诗二南》等,数量也并不多。

相比之下,现存第三类《诗经》抄本,不仅数量多些,而且和前两种皆为残卷相比,这一类多有完本,几乎全是《毛诗郑笺》。其中山井鼎《七经孟子考文》中提到的古本,也就是阮元《十三经注疏》中一再出现的所谓《考文》古本中的足利学校藏《毛诗》甲本和乙本,最早为我国学人所瞩目。

对这一类抄本,岛田翰的提醒耐人寻味,他说:"独其出于宋、元、明、韩刊本者,虽间有据善本者,大抵皆是以当日坊本为底本,而后之君子,不能

---

① 岛田翰《汉籍善本考》,北京图书馆出版社,2003年,第41页。

识别其为隋、唐,为宋、元、明、韩,一逢旧钞之书,乃直以为隋、唐遗卷,故《七经孟子考文》之出,清人议其所载椠本可信,钞本可疑。彼夫制《考文》者,不知足利学所藏抄本,多出于宋、元之刻本,遂使有识之士,并疑其出于旧本者,不亦可憾乎。"①岛田翰认为,阮元引以为据的《考文》古本,基本上出于宋、元刻本。这种说法,也适合清原宣贤为宣讲《毛诗》而抄写整理的证本,即教科书本、标准本。不过,清原宣贤又曾以自家所有旧本进行校勘,因而使这些抄本较多地保留了隋唐旧传的文字。因而,在宋元刊本所存寥寥的今天,它们仍然值得特别关注。

1933年服部宇之吉编纂《佚存书目》,著录《毛诗》抄本两种,其一为《毛诗正义》零本,唐孔颖达等撰,乃奈良朝抄本(富、京都小岛氏)、京大影印富冈氏所藏本,即《秦风》断简,富冈氏藏本,存《小戎》《蒹葭》六十七行。

服部宇之吉《佚存书目》著录的另一种抄本就是《毛诗正义》断简,唐孔颖达等撰,平安朝抄本(埼玉安倍贞氏),竹柏园影印本。写于信乐本神乐歌背面而流传至今。《大雅·荡之什》《韩奕》六章之内末两章,《江汉》全篇六章的经注之下,有自《韩奕》第四章的一半,到《江汉》末章末尾前数行的《正义》文字,疏文字多脱文误字,让人感到是孔疏的摘抄,但《韩奕》第五章的疏中,有通行本缺少的一百九十八个字。②

吉川幸次郎在《东方文化研究所经学文学研究室毛诗正义校定资料解说》一文中,提到的日本《诗经》古本,其中包括抄本数种,③后来小林芳规在他的《平安镰仓时代汉籍训读的国语史研究》一书中,则专门对日本训点《毛诗》写本做了梳理。他提到的写本包括岩濑文库藏《毛诗唐风》残卷,书陵部藏金泽文库《群书治要》卷三,九条家旧藏东山御文库藏《毛诗》镰仓初期加点本,大念佛寺藏《毛诗二南》残卷,大东急纪念文库藏《毛诗》永正十年清原宣贤加点本,静嘉堂文库藏《毛诗》永正十八年清原宣贤加点本,以及包括名古屋市蓬左文库藏《毛诗》在内的清原宣贤加点本的重

---

① 岛田翰《汉籍善本考》,第41—42页。
② [日]服部宇之吉编纂发行『佚存书目』、春山治郡左卫门印刷、1933年。
③ [日]吉川幸次郎「東方文化研究所經學文學研究室『毛詩正義』校定資料解説」、『吉川幸次郎全集』10、東京:筑摩書房、1984年、第446—464页。

抄本。①

笔者根据这些线索,对所有写本做了寻访。下面,将这些写本的基本情况和迄今的研究成果略作探讨。

1. 东洋文库本

也就是吉川幸次郎所说的岩崎本。一卷。本藏鸣泷的常乐院,经和田维四郎博士的云村文库,进入岩崎男爵家,保管在东洋文库。存卷六开头,也就是《唐风》的《蟋蟀》《山有枢》《扬之水》《椒聊》《绸缪》《杕杜》《羔裘》《鸨羽》八篇,缺《无衣》《有杕之杜》《葛生》《采苓》四篇。为《毛诗郑笺》。纸本,纵27.4厘米,长285.5厘米,书于《两部仪轨》纸背。1922年影印出版,即《京都帝国大学文学部景印唐抄本》第1集(景东京和田氏藏本)。

关于此本的书写时代,有日本"奈良时代说"、中国"初唐时代说"和"中唐时代说"三种。狩野直喜博士的跋说它"字体雅遒,其为奈良抄本无疑",吉川幸次郎根据这种说法,认为它"是日本写本中最早的,佳处颇多"。也有学者认为"此本笔致遒劲,笔锋有游丝,实书法精妙之古抄本,恐为初唐书写"。而中川宪一认为其与东京国立博物馆本同,起笔、收笔一丝不苟,是用严正的楷书写成的,可以认为是唐中期的写本。其严正的楷书风格看,可以认定为唐代风格,而很难赞同狩野直喜主张的"奈良说"。学界一般认为属唐抄本。现被认定为日本"国宝"。②

2. 东京国立博物馆本

这个本子,吉川幸次郎没有提到。一卷。存《毛诗正义》卷十八,《大雅·荡之什诂训传第二十五》中《韩奕》末两句及《江汉》开头。纸本,纵29.4厘米,长240.5厘米,书于《神乐歌》纸背面。将《毛诗郑笺》和《毛诗正义》单疏本分上下两段书写,这是十分罕见的。

"民"字改为"人",乃避唐太宗名"世民"之"民",为太宗后书写。起笔、收笔谨严,可以认为是唐代风格无疑。列入日本"重要文化财"。《唐

---

① [日]小林芳规『平安鎌倉時代における漢籍の訓読国語史的研究』、東京:東京大学出版会、1967 年。

② 「毛詩卷第六解説」、『書道全集』26、東京:平凡社、1967 年;[日]内藤乾吉「毛詩卷第六解説」、『書道全集』26、平凡社、1967 年;『毛詩正義卷第六』、東方文化研究所用京都小島氏藏抄本景照、1937 年;[日]石塚晴通「岩崎本古文尚書・毛詩の訓點」、『東洋文庫書報』第十五號;東洋文庫日本研究委員会編『岩崎文庫貴重書書志解題』、1990 年。释录见王晓平《东洋文库藏唐抄本〈毛诗卷〉研究》,载《中国诗学》第十一辑,人民文学出版社,2006 年;王晓平《东洋文库所藏唐抄本〈毛诗残卷〉考》,载《帝冢山学院大学人间文化学部研究年报》第 8 号,2006 年 12 月。

抄本》据古抄本景照。①

3. 京都市本（这个本子，吉川幸次郎亦未言及。四页。）

存《毛诗正义》卷第六（残缺）。《秦蟋蟀诂训传第十一》中《小戎》末尾"言念君子，载寝载兴。厌厌德音"的《疏》到《蒹葭》开头的《疏》，"溯游从之，宛在水中央"《疏》的一部分及该处稍后的《疏》的片段。纸本。四页分别为纵 27.5 厘米、长 50.4 厘米；纵 27.4 厘米、长 25.8 厘米；纵 27.4 厘米、长 25.4 厘米；纵 25.5 厘米、长 24.5 厘米。列为日本"重要文化财"。1922 年影印出版，即《京都帝国大学文学部景印唐抄本》第 1 集。②

以上三种，为日本学界公认的唐抄本。均收入《唐抄本》。

4. 大念佛寺本

为大阪平野融通念佛宗的本山大念佛寺所藏，大阪市立美术馆陈列展出。寺传为平安时代的菅原道真所书。菅原道真也称菅公，是否为菅公所书姑且不论，其为平安时代写本无疑。自卷一开头到《摽有梅》。

案：此本亦影印，即 1942 年 6 月《京都帝国大学文学部景印旧抄本》第 10 集，题作《毛诗二南残卷》。

另外，本卷之残卷《江有汜》和《野有死麕》亦收藏于某处，神田喜一郎学士曾将其照片赠送给吉川幸次郎，吉川幸次郎说这是特别值得记述的收获。但笔者至今没有见到它的影印件。③

5. 陈本

这是清末学者、第四届驻日公使黎庶昌的随员、贵阳陈矩（亦名陈榘，1851—1938）在日本购得的写本，保存了从卷四到卷六，即从《王风》到《秦风》的全部，卷六末尾有"文治二年大江公朝校毕"的跋文。但是其原本所在今已不明。由 1913 年成都的存古书局覆刻本只能了解它大致的面貌。

---

① ［日］服部宇之吉「毛詩正義卷第六、十八解説」、『佚存書目』、1933 年；［日］吉川幸次郎「經學文學研究室毛詩正義校訂資料解説」、『東方學報』、京都、13-2，1943 年。又收入『吉川幸次郎全集』10；［日］山本信吉「毛詩正義卷第十八解説」、『中國書法名跡』、每日新聞社、1979 年。录考见王晓平著《日本诗经学文献考释》，中华书局，2011 年。

② 罗振玉《毛诗正义卷第六跋》，《京都帝国大学文学部景印唐抄本》第 1 集；《罗雪堂先生全集》初一 1，1913 年；［日］狩野直喜著「毛詩卷第六跋」、「史林」4—4、「舊抄本毛詩殘卷跋」、『京都帝國大學文學部景印唐抄本』第 1 集、1920 年；服部宇之吉「毛詩正義卷第六、十八解説」、『佚存書目』、1933 年。释录见王晓平《京都市藏唐抄本〈毛诗正义秦风残卷〉研究》，载《天津师范大学学报》2005 年第 5 期。

③ ［日］小川環樹「清原宣賢〈毛詩抄〉について」、『小川環樹著作集』第五卷、東京：筑摩書房、1997 年、第 30—56 頁。

按照日本旧抄本的惯例，原抄本可能会附加上日语的读法，以旁注说明其与其他本子的异同，但是存古书局本却一概没有。①

6. 九条本

为公爵九条道秀所藏，存卷十五《鱼藻之什》和卷十八《荡之什》全部。卷十五末尾，写有"奉一览了菅在亲""应安□年二月十七□□□□□□讫菅在贯""应安二十五年八月二日一见之菅在丰"的字样，京都东方文化研究所藏有其照片。②

7. 秘府本

写在宫内厅图书寮珍藏的御物《和泉式部集》的背面。存从卷十七《生民之什》的《公刘》的一半到卷末，末尾有"康历（己未）秋八武州之左足立郡客馆不住轩"的跋。京都东方文化研究所藏有它的照片。③

8. 足利本

足利学校遗迹图书馆所藏写本，也是山井鼎《七经孟子考文》引用的所谓古本。所存有两部，其一部缺卷十一、十二、十七、十八、十九、二十这六卷，另一部全二十卷完整保存下来。前者较后者为早。吉川幸次郎称前者为足利甲本，后者为足利乙本。京都大学东方文化研究所藏有照片。

长泽规矩也在《足利学校贵重特别书目解题》中，对这两个本子做了描述。他首先提到的《毛诗郑笺》二十卷，旧题汉毛亨传，郑玄笺，古写本，十册，室町时代写本，九行二十字书写，盖有敬复斋墨西印，上层之书入，传为九华，三要之笔，又各册末，有庆长二十年第十世龙派禅珠之大同小异之奥书。

《毛诗郑笺》，二十卷，有缺，旧题汉毛亨传，古写本，七册，室町末期写本，卷十一，十二与十七至二十缺，七行十四字书写，有上层，旁注多摘抄《释文》《正义》，注文多"也"字，训点亦古风，盖有"野之国学"之印记。

长泽规矩也开头提到的本子，就是吉川幸次郎所说的乙本，后者则为甲本。

笔者从京都大学借得这两个本子的照片。除山井鼎引用外，对这两个本子的研究尚不充分。笔者的研究见本书。足利学校尚存南宋十行本。另外，足利学校尚有《毛诗抄》残本，撰者未详，古写本，乃元和宽永间写本，缺卷一、二、四至十、十八，封面书有"共八册"，十一行二十二至八字书

---

① 『毛詩（卷第四~六）』，存古書局刊、1950年。
② 『毛詩卷第十五、十八』，東方文化研究所用東京九條氏藏抄本景照。
③ 『毛詩卷第十二~十八』，京都大學圖書館藏。

写,有《毛诗》的假名解说。

9. 龙谷本

龙谷大学图书馆所藏,据认为是室町时代的写本。存全二十卷,不过最后数卷因为虫蛀而破损严重。京都大学东方文化研究所藏有照片。此本上方时有"正一""正三"等标记,注明《毛诗正义》的卷数,这和内藤湖南所藏宋本单疏本相比较十分一致,可知所据即单疏,但卷七以前,标记不全,难以充分搞清内藤本残缺部分卷的分法,令人深感遗憾。

笔者从京都大学借得这个本子的照片,只有卷第十一《鸿雁之什诂训传第十八》至卷十八《荡之什诂训第二十五》,每篇后有章数及各章句数,每卷末有篇数、章数、句数,字右多标假名读法,亦有在左标注切音者。与静嘉堂本同样,皆书写《经》《序》《传》《笺》,但从其原文和标注来看,似又多有不同。如静嘉堂本《小雅·巷伯》序:"巷伯,刺幽王也。寺人伤于谗,故作是诗也。"于"故"字右旁注:"而,本乍。""故"字左边亦有注"本乍",可能清原宣贤所见到的本子有两种作"而"字的。看龙谷本正作"而"字,且在"寺"字左旁注"或作侍"。这个本子有与通行本及其他日本传抄本不同处,亦偶有校勘标记。如《小雅·雨无正》:"云不可使,得罪于天子;亦云可使,怨及朋友。"《笺》云:"不可使者,不正不从也;可使者,虽不正从也。"龙谷本《笺》"虽不正从也","从"字前有"亦"字,且"亦"字左旁注:"本无。"静嘉堂本无"亦"字,似当以有为佳。

10. 京大本

为京都大学图书馆所藏写本,存卷十二至卷十八,每卷末尾抄录有"环翠轩宗尤",也就是清原宣贤的识语,是清原氏所传本。有"尾藩水川进德堂记"的印。京都大学东方研究所藏有其照片。①

11. 静嘉堂本

此为静嘉堂文库所藏日本写本,完整保存二十卷,有清原宣贤写的题记,是宣贤亲自校定的本子。不过,吉川幸次郎认为,其本文与宋版完全一致,而与日本旧本不合,无疑是从宋本转写的。但是本文旁边精细地标出与清原氏家传旧本的异同,在这一点上看,是极为宝贵的资料。

1949年,当时静嘉堂文库为国立图书馆支部静嘉堂文库,便利堂书店曾将那里收藏的这个本子的第一卷题为《毛诗卷第一》,按照原卷尺寸影

---

① 『毛詩卷第十二~十八』、京都大學圖書館藏。

印。50 年后,即 2003 年汲古书院将其全部二十卷作为古典研究会丛书籍之部第一卷分页影印出版。①

12. 久原本

即清原宣贤手抄本。为古梓堂文库所藏,根据题记,乃是日本永正九年,即公元 1512 年宣贤书写的。首尾完整,是从宋版转写的,其行款也与上述静嘉堂本一致,其有关与清原氏家传旧本异同的旁注大体和静嘉堂本相同,也时有出入。这个本子的题记,在足利衍述的《镰仓室町时代之儒学》中载录颇详。

笔者所见,乃京都大学图书馆所藏此抄本之照片,即清原家旧本景照,全五帙,二十本,抄本字迹清秀,每卷末的题记,记其点校完成的日期,如第六卷末记"永正九年十二日于灯下终书写(右旁注:以唐本),即加朱墨迄,少纳言清原朝臣",后又书"重以他唐本校之","加点一校"。最后还书写有:"以当家累代之秘点校正之。"这些都表明这个本子是在清原家秘传训点的本子的基础上,又取不只一种唐本(实指宋本)校勘过的。值得注意的是卷第三末尾还抄录了清原教隆的一段话,说明清原家兼取毛郑、各不偏废的说诗态度。笔者在《敦煌〈诗经〉残卷与日本〈诗经〉古抄本互校举隅》②一文中主要探讨了这个写本。

另外,尚有清原宣贤加点本的转写本,其中包括:

(1)建仁寺两足院藏,为室町末年梅仙禅师亲笔书写本。该寺所藏《毛诗抄》,为清贤讲义的个人记录整理稿,是天文八年(1539)一个叫安盛的僧人在奈良书写的,其中一册旁书"天文四年(1535)四月廿日再兴,讲者环翠",环翠即宣贤。此本现已影印出版。足利衍述《镰仓室町时代之儒教》附录收录整理了该书各卷题记。

(2)船桥家旧藏,京都大学附属图书馆。

(3)清家文库藏《毛诗郑笺》,庆长二年船桥贤好书写本,为宣贤传本,各卷末有"享禄年间讲了"的题记,今列入"重要文化财"。

(4)名古屋市蓬左文库藏《毛诗》,其第二册卷第四末尾有题记"宣贤天文四年六月廿日讲了",天文四年为 1535 年,则此为室町时期加点本。

---

① [日]米山寅太郎、筑岛裕解题『毛詩鄭箋』(共三冊)、古典研究會叢書漢籍之部、東京:汲古書院、1992 年。

② 王晓平《敦煌〈诗经〉残卷与日本〈诗经〉古抄本互校举隅》,载《敦煌研究》2008 年第 1 期。

此为明经博士家清原家讲筵相关的本子。据《名古屋市蓬左文库善本解题图录》第二辑载："毛诗，二十卷，七册。内题'毛诗'，外题'毛诗'。线装，薄茶装封面，26.8厘米×19.8厘米，四周单边，墨界，七行，十六字（注双行），ヲコト点，训点。"

（5）大英图书馆藏本，为室町末年至江户初年的本子。幕府末年到明治初期知名的日本学者萨道旧藏书三百多种，凡八百册日汉书籍，先收藏于大英图书馆东洋书籍写本部，它们是身为外交官的萨道离开日本前往泰国赴任时转让给大英博物馆的。其中有《毛诗郑笺》二十卷。室町末期以后训点，庆长版。为古活字版。线装，茶皮封面，二十卷改装为一册，28.7厘米×20.5厘米，界高22.5，界横17.3厘米，双边，1页8行，一行17字，全800页弱。训点与静嘉堂文库藏宣贤亲笔本极为相近，忠实书写清原家历代《毛诗郑笺》训点。①

13.《毛诗小雅》残卷

吉川幸次郎未提到。属兵库上野淳一收藏。纵30.3厘米。全长683.6厘米，为镰仓时代书写，是《毛诗·小雅》中从《凫鹥》到《韩奕》的残卷，没有题记，但据认为是镰仓中期的古抄本，文中有朱ヲコト点和墨书训点。②

14.《群书治要·诗》

吉川幸次郎未言及。宫内厅书陵部藏《群书治要》为镰仓时代书写，1989年由汲古书院影印出版，其中的《诗》部分，共六百余行，从《毛诗》中选出74篇，或摘选数章，或选录首章，最少的《有客》一篇，仅录两句，由于部分保存了唐代《毛诗》旧貌，颇具文献价值。③ 笔者《宫内厅书陵部藏〈群书治要·诗〉录考》一文有评述。④

15.岩崎文库本

《毛诗》二十卷，旧抄单经本，原求古楼藏。涩江全善、森立之著《经籍

---

① 清原家舊抄本景照，京都大學圖書館藏，第一帙卷第一至卷四，第二帙卷第五至第八，第三帙卷第九至十二，第四帙卷十三至卷十六，第五帙卷第十七至第二十；[日]稻垣瑞穗「大英圖書館所藏の訓點資料より―毛詩鄭箋卷第一訳文追考」、『訓點語と訓點資料』、第88輯、1992年、第41—66頁；[日]稻垣瑞穗「大英圖書館所藏毛詩鄭箋訓點の奧書」、『訓點語と訓點資料』、第90輯、1993年、第2—14頁；[日]西崎亨「蓬左文庫本毛詩卷一国語史の研究序説」、『訓點語と訓點資料』、第67輯、第60—71頁；[日]足利衍述『鎌倉室町時代之儒教』、東京：有明書房、1970年。

② 毎日新聞社圖書編集『国宝・重要文化財大全』7『書籍』（上卷）、東京：毎日新聞社、1998年、第327頁。

③ [日]尾崎康、小林芳規解題『群書治要』（一）、東京：汲古書院、1989年、第143—219頁。

④ 王晓平著《宫内厅书陵部藏〈群书治要·诗〉录考》，载《国际中国文学研究》第一辑，上海古籍出版社，2011年。

访古志》著录。"卷首'周南关雎诂训传第一',下题'金陵余谦音考'。有鹿苑寺及水本墨印,或云录苑寺僧水本所书。《桂林漫录》以为醍醐水本院,非是,此书背以故纸,中有诗稿书法抚赵文敏,遒劲可赏。"据推定当为室町中期抄本,有朱、黑两种批注,校异、音义、音训、注等详密抄录。

饶有兴味的是,除唐抄本外,日本写本都具有中日两种阅读方式的标记,也就是说,既比较完整地保留了经、传、笺的音义信息,即"汉文方式";也用训点保留了日文阅读的方法,即"日文方式"。这说明当时的日本学人,起码有一部分学人是把掌握两种阅读作为自己的学问目标的。

自江户时代学者山井鼎、物观利用足利学校所藏古本著《七经孟子考文补遗》以来,安井息轩、竹添光鸿、吉川幸次郎、冈村繁、田中和夫等研究者都对日本现存《诗经》古写本予以高度重视,将这些写本用于原文考校,但在日本至今没有一本专著对它们逐一考释。因此,中华书局出版的《日本诗经学文献考释》①此作为首要任务,为今后的《诗经》写本研究提供了基础材料。

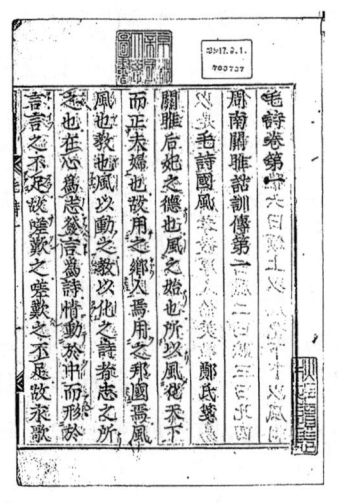

谷村文库藏和刻本《毛诗郑笺》

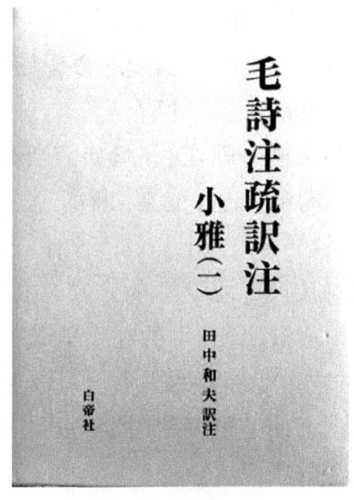

田中和夫著《毛诗注疏译注·小雅(一)》

---

① 王晓平《日本诗经学文献考释》,中华书局,2011年。

二、写本在《诗经》东渐史中的地位

根据近代出土文物考察,中国文化典籍的东传早于5世纪。根据《宋书·蛮夷传》记载,从高祖永初元年(420)至顺帝升明二年(478)的59年间,两国9次交通。据《宋书》记载,刘宋升明二年,倭王(雄略天皇)向刘宋遣使上表,在其致顺帝的表文中,多四字句,多处出现全句或部分出自《毛诗》的语句,如"不遑宁处""累叶朝宗""偃息未捷"等。①

6世纪继体天皇时代,就有"五经博士",也就是教授五经的学官就进入了朝中。6至7世纪进入飞鸟时代,当时的知识分子对三国六朝的学问思想已经相当了解,那些读过经书,接触过经学的知识分子就成为大化改新的主力。推古天皇十二年(604)颁布的圣德太子十七条宪法中,已有模仿《毛诗》句式或语句的,如第十六条中的"其不农何食,不桑何服"等。是延历十六年(797)年《太政官宣》规定的将要进入大学寮"明经道"学习的人首先要读诵的书。奈良正仓院文书《读诵考试历名》中载有一位名叫"丹比真人气都"的人读诵了《毛诗》《论语》《孝经》。"丹比真人气都"很可能是一位下级官员或地方望族出身的女性。当时《毛诗》在贵族学人中流传的情况可见一斑。

神田喜一郎在《飞鸟奈良朝时代的中国学》一文中曾经指出,奈良朝时代书写的《毛诗正义》断简至今尚存。元明天皇和铜五年(712)太安万侣撰录《古事记》上奏的表文中,从文章结构来看,显然模仿了《五经正义》完成时长孙无忌上奏的表文,可见当时《五经正义》已经传到日本。从当时的情况看,说日本的经学承袭了中国南朝的传统,恐怕是不会错的。②

抄本,即抄写的书本。习惯上,唐以前称写本,唐以后称抄本。日本向中国派遣使节的隋唐时期,正是写本风行的时期,他们所接触的正是以手抄为主的典籍文化。

诚如岛田翰在《旧抄本考·小引》中所指出的那样:"盖王朝之盛,远通使隋唐,博征遗经,广采普搜,舶载以归,守而不失,真本永传。是以夏殷

---

① 王晓平《日本诗经学史》,学苑出版社,2010年,第2页。
② [日]神田喜一郎『神田喜一郎全集』第8卷、東京:同朋舍出版、1987年、第13—14頁。

三代之鼎钟,六朝隋唐之遗卷,往往而有存者。"①幸存于今的那些隋唐抄本,不过是那个时代日本使节和留学者活跃的猎书活动的些微历史遗物。中国那些抄本,不少出自书法高手。陈继儒在《太平清话》中谈到那些古写本时说,抄本"书如古帖,不必全帙,皆是断珪残璧"。这种说法,大体也适合于日本保存至今的《诗经》写本。日本奈良平安时代流传下来的抄本,不少也堪称书法精品。

那些保存于今的《诗经》唐抄本和日人抄本,正是其中特别值得珍视的一部分。关于《诗经》抄本的研究,也需要和其他今存抄本放在一起来考察,才能更好地说明日人接受《诗经》的文化语境。从平安时代以来,训读的方法逐渐确立,而且各道博士皆形成了由一定家族世代相传研学一门的传统,连经书的训读方式也成为各家秘传。模仿唐制的学制在混沌的社会变动中不能不不断调整,但遵从唐代学术的风气却改变很慢。正如日本学者阿部隆一指出的,尽管宋学的影响自镰仓以来渐次浸润,但那只是部分的转变,与中世纪汉学不振相应,主流依然是唐的学风,宋后新学风靡,学风一变则是江户时代以后之事。王朝时代以来朝廷博士家,世代把传授敷衍中国标准正统的注释,把纯粹传承唐时传来的本子视为家学的重要任务,直到17世纪的庆长年间,都在使用他们相延已久的家本。《诗经》的传承也概莫能外。

和日本这种世袭为学、关门授经、一根独传的学风不同,中国自唐至清,学风几变,每一变则多将旧风之书遗弃不顾,虽经朝廷整理抢救活动,散佚失传之书仍不可胜计。海外特别是日本传存的《诗经》写本,以及与这些写本关系密切的印本,便成为窥察中国古代诗经学的一面镜子。

《诗经》在日本的声誉,是在尊经的前提下确立的,读经就要读《诗经》。上至天皇贵族、五经博士,下至藩士儒生、俳人歌人,因而接受的方式也呈现出多样性。

日本重视旧抄本的传统与日本吸收外来文化的独特方式有关,但同时也有日本文学发展的限制在起作用。用"假名"写作的作品得到蓬勃发展,但这样也成为推迟引入中国印刷技术的最大原因。旧抄本中多添入了被后人称为"菅家点"或"江家点"的训诂注文,而文字密集、行间印有罫线

---

① 岛田翰《汉籍善本考》,北京图书馆出版社,2003年,第37页。

的宋刊本则无空间写进此类文字。阅读者崇拜权威的心理,使他们不肯轻信新本。经学在日本的传播方式和范围,和中国存在极大的差异。在很长时期内日本读经者只限于有望继承父业跻身小小儒者队伍的那些人,面对的是一对一或者一对几的教学环境,有先生传给的抄本,就足以完成学业了。这种需要量是经书印刷姗姗来迟的重要原因。同时,这种传授也养成了重传承、守师说的传统。

宋明以来,由于朝廷对经学的统一措施,那些与定本不相一致的俗本,等于先后被剥夺合法存在的权利,不再进入学子的视野;而印刷技术的普及,加速了定本和敕撰注疏独霸经学讲坛的步伐,很少留给保存俗抄本的余地。而在日本,那些江家和清原家世代以儒学为业的人们,仍然珍视着祖上传来的学问,后来江户幕府官方学术对儒学的提倡,至少使这种数百年来的荣誉感延续了下来。在人们珍藏古代《诗经》抄本的心理深层,除了有汉字文化圈长期文化交流形成的文化认同感作为有力支撑之外,就是传承世袭以学名世的家风学风的夙愿。多种《毛诗》抄本均为各种和纸抄写的。写本纸质精美,自然也是长久保存完好的重要条件。

从现存写本推测,《诗经》定本传入日本之前,六朝至初唐的俗本已在日本有传,亦不能排斥定本传入后仍有带入俗本归来者。总之,即使是在定本大行之后,日本也未将原来旧本舍弃殆尽,而仍有人以其为校勘之资。讲《毛诗》的清原、大江两家,各有自己的本子,各自珍惜。今存静嘉堂本《毛诗郑笺》、大念佛寺本《毛诗》等,皆多据俗本校勘的文字。孔颖达《毛诗正义》杂采众说而定为一尊,固可一去众说纷纭、无所适从之弊,而一尊之外,亦有多言而从此不得其传。而日本保存的古本,恰好可以在某种程度上有助于恢复我们对唐宋时代,特别是宋代经学的记忆。

《诗经》日藏资料,既为研究日本诗经学之基础材料,如与国内研究相辅相成,又于拓展中国古典文献学、中日文化交流史研究和比较文学研究有所启发。各种写本印本,价值自然不尽相同,而其中有弥足珍贵者,可用于一考经文,二考《传》《笺》《疏》佚文,三考各本虚字之增删,四知定本前后俗本之旧貌,五考《毛诗》及三家诗散佚著述佚文,六考六朝初唐俗文异文,七明辨体式,其用不为少也。①

---

① 王晓平《〈诗经〉日藏写本的文献学价值》,载《天津师范大学学报》2006年第5期。

三、古写本与现代国际诗经学

《诗经》不仅是民族的,而且也是世界的。现代学术继承了传统的汉学、宋学和清学中的民族文化精神,而又必须面对世界文化前所未有的交流、交融和交锋的崭新局面,也就不能不承担与世界对话的使命。知己知彼,对话方能奏效。将民族化的《诗经》研究推向"民族化兼国际化"的诗经学,首先就要对保存在各国的历代文献进行基础性的考察,并对各国学者的研究成果给予充分的理解和尊重,由此构建平等对话和深入交流的平台。

日本诗经学文献包含着丰富的研究内容,和其他古代珍贵写本和印本一样,在日本被列入国宝和"重要文化财"名录,受到专业保护,有些还被影印或择机公开展出。自江户时代以来,便有学者不断阐述这些文献的价值,以期引起学界的关注。至今日本学者也从书志学、历史语言学等方面积累了相当的成果。他们的贡献在于基本查清了分散在各地的藏本的家底,在训点研究方面成绩尤著。①

然而,古代抄本和印本无一例外地面临着岁月的侵蚀,由于它们远离时尚和现代消费,其保护和研究的困境终究难以摆脱。清人严可均于《铁桥漫稿》卷八《书宋本后周书后》言:"书贵宋、元本者,非但古色古香,阅之爽心豁目也;即使烂坏不全,鲁鱼弥望,亦仍绝佳处,略读始能知之。"(《书宋本后周书后》)。《诗经》之古写本印本,唐抄宋椠,珍如珙璧,一旦散佚失坠,无以挽回,访书藏典之事,可谓大矣!其真价,固不当以藏于海内海外相议,而海外传者,得之不易,亦常令学子"望洋兴叹"矣!

这些凝聚了无数中日两国先人心血的遗产,研究者需要两国语言文化的全面知识,才能减少分科过细造成的方法论上的损失。特别让人感到遗憾的是,这些资料还没有引起《诗经》专门研究者的充分注意,至今还没有一部比较全面地描述这些资料状况的专著,对原件的释录也还存在较多的问题。

幸运的是,今天已经具备了弥补这些不足的条件。首先是学术观念的

---

① 王晓平《论日本古代的"诗经现象"》,载《天津师范大学学报》2007 年第 5 期。

进步，使这些具有跨文化特征的文献的价值受到中日两国更多学者的认可，学术交流的发展帮我们克服了狭隘的民族文化观的偏见，切实把它们当作东亚文化的共同遗产来对待。其次，随着经济合作与文化交流的深化，汉字文化圈重新认识自身历史文化传统的呼声也越来越高，信息技术的改善也使得复制和传播这些资料更为容易，那些宝贵的资料也到了该结束"养在深闺人不识"状态的时候了。再次，《诗经》学本身需要扩大视野，谋求突破，而两国学会业已形成的交流管道也可以促进新成果的共享和人才培养的合作。这些因素都给笔者以信心：一部专门研究《诗经》故纸堆的书，也可能找到它的读者。

　　日本保存至今的这些《诗经》抄本，本身便是中日文化交流的历史见证，也是东亚各国共同创造汉字文化的见证。对它们的研究，虽然不可能、也不必引导出什么宏大而炫目的结论，但至少让我们对汉文化的一个方面获得更为具体的认识。抄本是用汉字文化圈特有的笔墨书写的。由于这些抄本不仅是书写当时两国多项文化内容的载体，而且上面也承载着许多那以前两国文化交往的痕迹，因而对它们的研究，就不能脱离其时对两国文字变迁、书写通则以及相关文化现象的考察。与其源头大致同时的敦煌写本，由于书写时代和文本属性的类似，而具有特别的参照价值，对于迄今相对较少深入研究的日本抄本（日本学者的研究多集中在训点等方面）来说，可以充分分享敦煌研究的成果。因而，笔者将对日本所传《诗经》抄本的研究，不仅置于经学研究和中日文化交流的交叉点，而且将这种研究本质，也视为新的历史时期中日学术交流的一项课题。

　　《诗经》抄本只不过是日本保存汉籍抄本很小的一部分，很多抄本都需要从各方面来展开研究。如何使它们不再沉睡于密室的角落，全面享受信息化时代的恩惠，为中日新文化的创造有一点贡献，这就需要中日两国学者的共同努力了。抄本研究或者写本研究，必须以亲眼见到写本原件为前提，否则任何推测都不过是无枝的花朵。最好的方法当然是在本书中影印全部原件。中华书局出版的《日本诗经古写本刻本汇编》[①]等将为今后的国际合作提供最基本的研究资料。

---

① 王晓平编著《日本诗经古写本刻本汇编》第一辑，中华书局，2016年。

 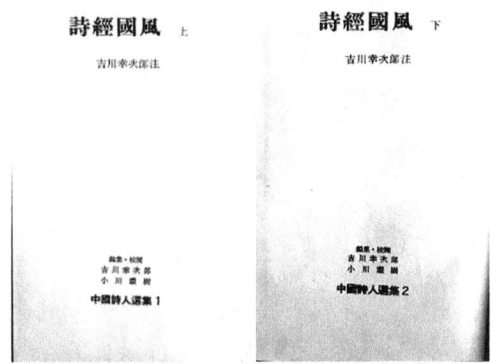

冈田正三译《诗经》　　　　　吉川幸次郎注《诗经国风》（上、下）

现代学术体系将中国的学问分属文史哲各门学科，文学和语言研究也分了家。当我们用这种固定思维来研究《诗经》这样的典籍时，就会看低它本身具有的学术价值。正如《诗大序》的影响不仅局限于对《诗经》的阐释，而且影响着历代学人对诗歌本质的理解一样，《毛诗故训传》作为最古老的经注撰著，文简义赡，同《尔雅》相表里，后世治故训者必由此而后能涉其涯涘。清代陈奂尝称是书为小学之津梁、群书之钤键，十分推崇其在文字语言研究中的价值。《毛诗》之《郑笺》《孔疏》涉及的古代文化史内涵，也非文、史、哲分割的研究方法所能深究。日本诗经学文献的研究也需要打通壁垒，多方探究，从这一意义讲，本书也只能算是一个开端而已。

第二章
翰墨《毛诗》

现代学科细化赋予学人更为专业的眼光,面对原本一体的研究对象,学者看到的景观时常迥异。在日本保存的《毛诗》各年代写本面前,文字学家看到的是汉字的演进,语言学家推测出千年前的读音,书法家在对比历代书法风格的转变,教育史家看到了消失的古代教本,而《诗经》研究家却在追溯古代读《诗》者的感悟与情怀。中国的研究者,还关注着里面传达的文化传递信息,将其与同时代的国内写本细细对照。面对这些出自古人的翰墨,每一个细节都带有历史的印记,快餐化的浅阅读可以将其一眼看过,但深入研究却不能漏过每一点一画的差别。下面对各写本的考述,只不过是个案研究的开始。它的目标,并不是由多个写本整理出一个最好的本子,而是首先周到地描述每一个写本,因为写本与刻本的不同,就在于它的"一本一世界"。

第一节　清原宣贤静嘉堂本《毛诗郑笺》

日本室町时代以前是为写本时代。通过博士家、僧侣、武家等之手为讲读而书写的非佛家典籍,在日本现代书志学上被称为古钞本。那时相当于中国的元明时代,正是日本人通过留学和贸易踊跃输入宋元以来善本的时代,因而这些古抄本就成为管窥宋元时代版本的绝好材料,而从日本来说,则是探究中世纪汉文训读情态的珍贵文献。① 由此看来,所谓日本古抄本不仅在中日文献学上占有特殊的地位,而且也是追溯中日围绕书籍的交流无法绕开的途径。静嘉堂文库本《毛诗郑笺》就是其中最为完善的《诗经》古抄本之一。静家堂本《毛诗郑笺》《毛诗抄》以及宽延本《毛诗郑

---

① ［日］高橋智『室町時代古鈔本「論語集解」の研究』、東京:汲古書院、2008年、第5頁。

笺》等至今保存的《诗经》珍本,还是了解清原宣贤参照诸本以制作《毛诗》证本的校勘活动最有价值的文献。

一、清原宣贤与室町时代的诗经学

清原宣贤(1475—1550),室町时代的儒学者,出家后改名宗尤,号环翠轩。他本为神道家里享有盛名的卜部兼俱的第三子,后过继给清原宗贤,继承了清原家的家学。清原一家,从平安时代以来世代相袭,研习传授儒学,始终占据经学中心地位。宣贤历任主水正、大炊头、藏人、直讲等官职,被允许登殿,不久又任侍从,授正三位,1550年圆寂于越前一乘谷,享年七十六。

宣贤一生始终致力于传经讲道,在京师曾任后柏原、后奈良两朝及方仁亲王(正亲町天皇)的侍讲,又曾为足利义植、义晴和诸公卿之师,与此同时,他也曾给一般僧众开设讲席,并到能登、若狭、越前等地方讲学。在越前讲《论语》的盛况,驴雪禅师的诗集有诗为证:

洛之光禄大夫宗尤公,顷寓吾越一乘谷,讲以鲁论。屦满户外,谁不蒙其益哉?叔和老人亦陪其席,可谓勉旃!其友作云子作二篇寄老人,予观之漫续貂云:

啜讲筵茶口有津,　　斯人不愧迩英人。
远来日日歌听者,　　只以千金合买邻。

"迩英",即宋代禁苑宫殿迩英阁,亦称迩英殿,义取亲近英才,故名。此诗赞颂宣贤不愧是给皇帝讲学的贤才。近人足利衍述《室町时代之儒教》和市川本太郎《日本儒学史》均称宣贤是当时朝野唯一耆宿,改革大成清原家学,使之成为京学一派,是高居五山诸老之上、学问与声望冠盖一时的杰出人物。

宣贤参照当时盛行的五山僧的讲义,使得充实良贤以来新注的家学方向更加明确,试图折中新注旧注,集清原家学之大成。[①]

[①] [日]和島芳郎「清原宣賢とその家学」、『日本歴史』、1963年10月號、第27—38頁。[日]山田英雄「清原宣賢について」、『国語と国文学』、1957年10月號。

宣贤最首要的业绩，是制作可信可靠的正本。在其养父宗贤生前，他已书写了《大学》《孟子》本文，而后为之加点，即标注日语读法，得到了养父的首肯。养父宗贤去世后，宣贤或者根据良贤亲笔书写的本子，或者依据家传本、唐写本，重新书写、校勘、订正本文。经他校定的本子，包括《中庸》《论语》《毛诗》《尚书》《春秋经传集解》《礼记》等。在他整理的《论语集解》中，留下了这样的题记：

文字增减年来不审，以数多家本虽令校合，共以不一揆。爰唐本不虑感得之间，即校正之处，相违非一，但古本之体法，今非可改易，仍胁注之两存焉。就家说于无害之文字者，以朱消之，是又非忆说，黄表纸家本如此类有之，后来以此本可为证者乎？

永正十七年九月廿三日
给事中清原宣贤①

这一段话的意思是说，文字增减近年不明，用多种自家本子来校勘，都不相一致。唐本在不经意之处，拿来加以校正的时候，不同的地方就不只一处。但是，古本的原貌，今天不能改动，仍在字的两边注上，使新旧并存，关于清家自家的说法，那些于义无害的文字，已用朱笔消去，表明也不是凭空无根之说，自家黄色封面的本子就是如此，从今而后就可以此本为证了。这里所说唐本，实是指宋本。上述文字说明了宣贤校勘的原则和方法，即用多种家本作底本，用宋本校勘，而将古本文字用旁注形式予以保留，不擅自改动。这段题记写于 1520 年。本是就《论语集解》说的，对《毛诗郑笺》也采用的是同样做法，而所用底本则是家传秘本。

其次，就是他根据这些校定本讲学，以及编写可供参考的注解书，这类书当时称为抄物。宣贤编写的抄物有《孝经抄》《左传抄》《周易抄》《大学抄》《中庸抄》《论语抄》等。此外，宣贤也书写他人的著述，只要对自己研究有用的著述，只要见到的，他都要书写。

宣贤就是利用这些本子，开课讲书。从 1508 年他给幕府将军足利义植（1491—1495，1508—1521 在位）讲授《论语》开始，成为皇太子知仁亲王（后奈良天皇）的侍读，讲授了《大学》《论语》《孟子》《尚书》《春秋经传集

---

① 和田維四郎著『訪書餘録・圖録篇』，京都：臨川書店，1978 年，第 23 頁。

解》等。另外,他也曾为足利义晴讲授过《论语》,为五山僧讲授过《中庸》《毛诗》等。不仅在京都一带讲学,而且在能登等地讲授过《中庸》《孟子》《孝经》等。特别值得注意的是,他的学术领域并非只是以经学为中心的汉学,还著有《伊势物语唯清抄》等研究日本古典的书。

二、清原宣贤校订《毛诗郑笺》周围

静嘉堂所藏写本《毛诗郑笺》是1521年6月以后的20年间历次讲授《毛诗》使用的本子。另外,今京都大学图书馆还藏有清原宣贤亲笔本《毛诗郑笺》的照片,题作"清原宣贤手抄本"。①

清原家《毛诗》,确实可信的本子有两种,皆有清原宣贤的题记。一为卷子本。藏于东京岩崎家静嘉堂文库,有承安四年(1174)以后清原家世代传授的题记,乃为宣贤转录,加于本文的"乎古止点"和其他训点,也是宣贤所书。可以推想,此书写年代去宣贤不远。以下简称为静嘉堂本。

另外一个则为册子本。即原保存于京都帝国大学图书馆的古梓堂文库(旧久原氏文库)所藏本。有题记称为永正九年(1512)宣贤书写,并加朱墨点。以下简称为久原本。

除这两个写本之外,另尚有藏于京都大学的庆长活字本。原为清原家后裔船桥家所藏,亦多存古写本旧貌。

赖近年学术发展,此三种本子中,除久原本外,静嘉堂本和庆长活字本皆已影印出版,大有利于诗学研究。

日本静嘉堂所藏《毛诗郑笺》,乃是日本永正末年清原宣贤让人书写,亲自加上世代相传的朱墨训点而成书。在日本被视为考察古代博士家,特别是其中占据中枢地位的清原家的《毛诗》讲读情状的贵重资料。

1949年,当时静嘉堂文库还是国立国会图书馆的分馆,为了纪念清原宣贤逝世四百周年,曾将这个本子的第一卷复制为与原本尺寸相同的册子,公之于众。② 诸桥辙次在题跋中指出,此本与铁琴剑楼巾箱本(四部丛刊本)、岳珂本(殿版五经本)等比较,颇有异同,本书"堪称展现中日两国

---

① 清原宣賢手抄本『毛詩鄭箋』、京都大學圖書館藏。
② [日]諸橋轍次編『毛詩卷第一』、國立圖書館管理部、京都:便利堂印刷、1949年。

均散佚的宋刊一本全貌的一个本子"①。1961年，米山寅次郎撰文《关于清原宣贤加点〈毛诗郑笺〉复制》，谈到《诗经》虽给《万叶集》等日本文学很大影响，然而奈良、平安朝时代的古写本，今日仅不过存断简数篇，且镰仓以后博士所传本亦多湮灭无存，唯有此书，保存全部20卷，为研究日本《毛诗》训法提供了贵重资料。②

不过，诸桥辙次等学者除了阐述其训点研究的价值以外，并没有就这个本子对《毛诗》文献研究方面做更加深入的研究。

45年后，1994年由汲古书院将其全部影印，这才使我们一睹全豹。该影印本为古典研究会丛书汉籍之部的第一卷。该影印本共二十卷分三册，第一册从卷第一至第八，第二册从卷第九至第十五，第三册为卷第十六至第二十，仅影印三册相加便长达1385页，另尚附有米山寅次郎撰写的解题和筑岛裕撰写的古点解说。③

对于这样一部具有极大文献价值的抄本，日本学者的研究成果，主要集中在阐述其对于汉籍训读史的研究价值，属于古代日本语言学范畴。④ 而研究中国文学的学者，如吉川幸次郎，大体只看到其依宋本的一面，而没有细考其中清原宣贤校勘文字的内容。⑤

今英国大英图书馆东洋书籍写本部所藏古活字本《毛诗郑笺》，根据稻垣瑞穗的研究，乃是室町末年到江户初期同一系统的学者依照清原宣贤亲笔本转抄的，讹误颇多，点训粗糙，而与静嘉堂写本相比，异同不少，是认识清家汉学稀有的珍本。⑥

在清原宣贤的生涯中，为僧俗讲授《毛诗》曾是他热衷而格外看重的事业。关于清原宣贤的《诗经》研究，以下几种著述是必须提到的。

---

① 上书，解题，本书不编页，实为倒数第三页。
② ［日］米山寅次郎「清原宣賢加點『毛詩鄭箋』複製について」、『日本歷史』第43号、1951年12月號、第46—47頁。
③ ［日］米山寅太郎、筑島裕解題『毛詩鄭箋』、古典研究會叢書漢籍之部第一卷、東京：汲古書院、1992年。
④ ［日］小林芳規『平安鎌倉における漢籍訓讀の国語史的研究』、東京：東大出版會；［日］中田祝夫『古點本の国語学の研究』総論篇、東京：勉誠社。
⑤ ［日］吉川幸次郎「東方文化研究所經學文學研究室毛詩正義校定資料解説」、『吉川幸次郎全集』第十卷、東京：筑摩書房、1984年。
⑥ ［日］稻垣瑞穗「大英図書館所藏の訓點資料より—毛詩鄭箋卷第一訳文追考」、『訓點語と訓點資料』、第八十八輯、1992年版、第40—66頁。［日］稻垣瑞穗「大英図書館所藏毛詩鄭箋訓點の奥書」、『訓點語と訓點資料』、第九十輯、1993年、第2—14頁。

建仁寺两足院所藏《毛诗抄》，是现存《毛诗抄》中最好的写本，也是日本接受《毛诗》的珍贵证据。本田章义等曾将其修复、整理为《毛诗抄》（毛诗环翠口义），收入两足院丛书由京都临川书店出版。

东京教育大学附属图书馆所藏本（船桥家旧藏）清原宣贤讲述抄古活字版《毛诗抄》（二十卷，十三册），原版第二十卷（第十三册）末尾有刊记"于洛阳本能寺前町开板"。江户时代初期，京都本能寺内外活字开板视野兴盛，到宽永年间，活字开板也扩展到假名讲说一类书籍，古活字版的《周易抄》（六卷、六册）、《日本书纪抄》（两卷、两册）等相继刊出。古活字版《毛诗抄》也是其中之一。1534 年，60 岁的清原宣贤曾为僧众讲授《毛诗》，讲学一直延续到 1535 年。这个活字版由中田祝夫解说，1972 年由东京勉诚社出版。

仓石武四郎、小川环树历经多年，对《毛诗抄》加以解读整理，分为四大册，收入岩波文库。

静嘉堂藏《毛诗郑笺》原本为卷子本，用日本纸抄写。纸高为 33.5 厘米，细墨线栏，栏高 20.5 厘米，栏幅 3.0 厘米，二十卷完备无缺，是现存最早而精细的本子，同时各卷均加有翔实的训点，是研究日本诗经学沿革最为宝贵的文献之一。

静嘉堂本书写的时间，从该本第一卷末尾清原宣贤亲笔所写的以下语句中可以做出判断：

永正十八年五月六日，于甘露寺亚相亭讲尺了，五ケ度。①

永正十八年，即大永元年，也就是公元 1521 年，明武宗正德十六年。直到这一年十月，清原宣贤都在甘露寺元长邸讲解《毛诗郑笺》。所谓"講尺了"，就是"講釋了"（"釋"日本汉字作"釈"，"尺"省去了"釈"字的左半边），"五ケ度"，就是五次。这里是说到 1521 年 5 月 6 日这一天，清原宣贤已经在甘露寺亚相亭讲了五次《毛诗》。

另外，在大东急纪念文库的旧久原文库本里面，也收藏有《毛诗》二十卷十册，称为"久原本"。久原本是清原宣贤从 1512 年 7 月到 1515 年 6 月

---

① ［日］米山寅太郎、筑岛裕解题『毛詩鄭箋』、古典研究會叢書漢籍之部第一卷、東京：汲古書院、1992 年、第三卷「毛詩鄭箋解題」、米山寅次郎撰、第 413—454 頁。

用了整三年的时间亲自书写，同时加上世代相传的朱墨训点而成的。也就是说久原本前于静嘉堂本八九年。静嘉堂本对于所据本子没有特意说明，而在久原本卷一末尾的题记中有这样的字句：

   永正九年七月廿日，以唐本终书写之功，加朱墨点，以证本令校合了。

  在其他各卷卷末也有"以唐本终书写之功"的字样。这就清楚说明，其书写的底本，乃是唐本，也就是中国传来的本子。

  根据米田寅次郎的研究，久原本和静嘉堂本虽相隔八九年之久，但都出自清原宣贤之手，将这两个本子对比一下，他得出的结论是：这两个本子尽管注记有繁简之别，但却是全然同源的本子。从静嘉堂本出自久原本。两者本文完全相同。殷、匡、筐、胤、恒、祯、贞、桢、赪、桓、构、媾等宋讳的字最后一笔都缺笔。从这些缺笔可以推想，宣贤所说的唐本应该是高宗、孝宗时代的南宋刊本。

  米田寅次郎这样说，是因为宋讳殷、匡、筐、胤缺笔，避的是宋太祖赵匡胤庙讳。真宗讳恒，仁宗讳祯、贞、桢，音同祯，亦仁宗讳。桓字缺笔，避的是北宋末帝钦宗赵桓庙讳。构、媾字缺笔，避的是南宋首帝高宗赵构的庙讳。关于宋代避讳，孙德谦《古书读法略例》指出："自宋以降，于避讳字则缺末笔。"又说："苟为庙讳，莫不缺此字之末笔，以敬避之。"①考日本抄本，于原书之缺笔，亦一从其旧，对唐宋传来之原本，可谓一笔不苟，虽偶亦有疏漏者，大体说来，已是尽最大努力保存唐写宋椠旧貌。根据静嘉堂本缺笔的情况，就可以判定，清原宣贤引以为据的乃是高宗、孝宗时代的本子。

  久原本是宣贤以新得到的南宋刊本为底本，亲自书写，而且将世代相传的秘点秘说和训读方法都细大不捐地抄写在上面，以作为家里的样本。静嘉堂则不同，虽然也基本上采取了对此始终忠实不悖的态度，但也省去了一些实际使用中不必要的部分，可以看成是讲课用的讲稿。久原本和唐本大体同样类型，是用与其相同的尺寸装订成册的。静嘉堂本则扩大书写，以卷子缝制装订，也可以说是基于这样的理由。

  宣贤讲《毛诗》，是以南宋刊本为底本。自古以来，日本博士家之学，

---

① 孙德谦《古书读法略例》，中国书店，1985年，第332页。

通常都是墨守继承祖辈相传的秘传秘说，保持家学的尊严。足利衍述《镰仓室町时代之儒教》指出，从《毛诗抄》引用的宣贤父亲宗贤的说法可以看出，宗贤已有参酌宋人新注的情况，宣贤在这方面可能比他的父辈更多参阅了宋元学人的著述。《毛诗抄》引用了朱熹《诗集传》、吕祖谦《读诗记》、严粲《诗缉》、刘瑾《诗集传通释》、明代永乐敕撰《诗经大全》以及宋欧阳修《毛诗本义》、程颐、邵雍、苏辙《诗集传》、黄櫄《诗解》、曾巩、吕大临、元代许谦《诗集传名物抄》等书之说。不过，这些是宣贤从这些著述中直接引述的，还是由《集传通释》《诗经大全》转引的，却不得而知。同时，《毛诗抄》还引述了王应麟《困学纪闻》等说法。其中引述最多者当属朱熹《诗集传》和刘瑾《诗集传通释》。

清家所传《诗经》家本，由于宣贤以前的本子皆已不传，所以其原貌已无由得之。现存清原宣贤亲笔本《毛诗》和《毛诗抄》，有他根据家本与后世传本所做的校勘，两者之间有十余处相异。下面是足利衍述摘出的五例，与《经典释文》相对照。

（1）《宛丘》第一章"子之汤兮"，《传》"子大夫也"，家本"大夫"上有"卿"字，《释文》无校勘。

（2）《蜉蝣》序"昭公国小而迫"，家本无"昭公"二字，《释文》本同。

（3）《执竞》"不显成康"，《传》"其成大功而安之也"，家本"大功"作"天功"，《释文》所引一本同。

（4）《有瞽》序"始作乐而合乎祖也"，家本"祖"作"大祖"，《释文》所引一本同。

（5）《殷武》三章"岁事来游"。家本"岁事"作"岁时"，《释文》无校勘。亦陆氏未见乎？

足利衍述从以上数例推测，家本或为六朝初唐所传而陆氏所未见的一种本子。宣贤亲自书写唐刊本，以家本及另一唐本校勘。从《毛诗抄》的引述来统计，他主要依据《传》《笺》《正义》讲《诗》，适当参酌宋元新注，即以旧注为主，折中新注，其中并列新旧两种说法，不加可否者有九例，根据旧说而参考新说者五十七例，反驳新注者五例，从新注而不从旧注者十七例，折中新旧之说者十四例。①

---

① ［日］足利知夫著『鎌倉室町時代之儒教』、東京：日本古典全集刊行會、1932 年；東京：有明書店、1970 年、第 499 頁。

《毛诗》的本子,不去用六朝初唐以来流传已久的古写本,而转向宋刊本,就不能不说是博士家传统上的一大变革。

三、静嘉堂本校勘体例和训点

《康富记》享德三年(1454)二月十八日条记载,权大外记中原康富拜访前少纳言清原业忠,谈话中涉及《毛诗》时说,"又《毛诗》说,毛苌、郑玄两说,犹以毛说可为本之由,赖业被注分云云",是说毛郑两说时有不同,而当以毛说为本,从赖业的时候,便分别注解。紧接着下面还以小字说明了注释的体例:"毛苌分亻也,传字也,郑玄ケ也,笺字也。"也就是在旁注时用"传"字偏旁"亻"来代指《毛传》,用"笺"字的"竹"字头的一半来代指《郑笺》。这正是后来清原宣贤系统各种本子的《毛诗》训点采用的方法。可见这些做法由来已久,是清原家世代相传的做法。在毛郑之说出现矛盾的时候,以《毛传》为本,这也是宣贤说诗的基本态度。

静嘉堂本卷一末原原本本抄写了赖业的题记:

承安四年九月十九日朝间,诘老眼,加假字反音等了。毛郑之说,既以分别,好事之徒,何不悦目乎? 　　大外史清　　判①

另外,久原本卷三末抄写了清原教隆的题记:

《毛诗》第一末云,先人教授之日示云:此书毛公传于前,郑氏笺于后,两师自有异论,分别读之,即为珍事。然而读郑之人,偏非可弃毛说;闻毛说之人,又无忌郑说。但诵读之时,二不可诵者,合一口一,是其意也。予既论郑玄之说,诵习其说。但于书中者,两说共注也。

"亻",毛传说也,取"传"字篇(偏)。

"ケ",郑玄之说也,取"笺"字之竹半。

　　　　　　　　　　　嘉禄二年五月廿八日相模介清原教隆②

---

① 米山寅太郎、筑岛裕解题『毛詩鄭箋』(一)、東京:汲古書院、1993 年,第 78 页。

② 米山寅太郎、筑岛裕解题『毛詩鄭箋』(三)、第 416 页。

文中的"合一□一","□"为缺字。所缺之字,笔者疑为"诵"字或"读"字,"合一诵一"或者"合一读一"就是盖住一方,读另一方的意思。这里记述的是清原教隆的父亲给自己说的一席话。意思是说,毛公先作了《传》,郑玄后又作《笺》,这两位先师有说解不一样的地方。读诗的人,分别来读它们,就是一件大事。珍事,有珍稀之事、少有之事、意想不到的重大之事等意思。文中下面又接着一转,说读《郑笺》者,不应该片面舍弃《毛传》之说;听讲《毛传》之说者,也不应该回避《郑笺》之说。只是在诵读之时,碰到两者相矛盾读不通的情况,就盖住一方,读另一方,那就是诗的意思了。我已论说过《郑笺》之说,诵读学习过它,不过在校勘这部《毛诗郑笺》的时候,把《毛传》和《郑笺》都注在上面了。

例如,第十三卷《小雅·大东》"有洌氿泉,无浸获薪"的"获"字,宣贤在字的左侧注上片假名"クワク"下书表示《郑笺》的"ケ",意思是《郑笺》读作"クワク",又在右侧注上平假名"かくと"(第十三卷第六十五行),下书表示《毛传》的"イ",表示《毛传》读作"かくと",这两个读音都是"获"字的音读,其实大致是相同的,但是语音的年代感觉不同。在上栏宣贤特意注上一行小字"クワクシンク毛郑其读可同,但意异",意思是毛郑的读法可以看作是一致的(都是音读),但两者含义不同。这是因为毛释"获"字:"获,艾也。"郑释则作"获,落木名也"。不熟悉宣贤训读方法的人,可能把"ケ"和"イ"看成标音的假名,将此书与仓石武四郎、小川环树校注的《毛诗抄》一起来读,就能再现清原宣贤讲诗的细节。

久原本、静嘉堂本全卷都曾用宣贤家藏本做过校勘。其中使用了一些简略的写法来表明校勘的结果。"本乍""本ナ""本无"就都是校勘的标记。

"乍"是"作"字的简写,"本乍"就是"本作",也就是家本是这个字或这些字的意思。

"ナ"是"有"字的简写,"本ナ"就是家本上有这个字。

"无"就是"無"字的俗体,"本无"就是家本上没有这个字。

这里所说的一本,看看根据宣贤讲稿记录写成的《毛诗抄》就清楚了,是指清原家世代相传的本子。根据这些校勘的文字中全然没有用古体字,而且从恒、筐二字都缺笔来看,或许在宣贤之前,清原家用的早就是宋刊本了。

另外,久原本、静嘉堂本还有根据其他摺本校勘的情况。这时就采用

"扌"来表示,"扌"是"摺"字之省略,"摺"指舶载而来的宋刊本,也就是刻本。同时,这个抄本中还有几处写作他摺本的地方,这看来可以说明在宣贤之前,已经有人曾用宋刊本进行过校勘了。

静嘉堂本《毛诗郑笺》的校勘符号有小圆圈(○)等。

小圆圈(○)用于补入。在字的下部中间,表示此处某本多出某字。如《苤苢》传:"苤苢,后妃之美也○和平则妇人勒有子矣。"小圆圈(○)右侧小字"天下本无",意为"和平"前有"天下"二字,而一本无此二字。

这个抄本用日语假名来表明词语训读的时候,碰到《毛传》和《郑笺》其说不一的情况,是《毛传》的就在右边注以"イ",是《郑笺》的就在左边注以"ケ"。"イ"是"传"字之省,"ケ"是"笺"字之省,即将上面的竹字头再省去一半。寡闻所见,中国诗注中没有产生过类似的符号,而在日本却是相沿已久,显得十分必要,这与训读的特点有关。

同样使用汉字,在中国,音形义统一为最普遍的规律,而在日本,一个汉字依义不同而产生多种读法很是多见,同一个字,一般首先有音读和训读的不同,遇到当解为虚字的字,则注明"不读",这也是和中国读法不同之处。在中国,虽然是虚字,但也是必须读出来的,不能视其为无;而到了日本,由于其没有实在意义,就可以不发声。如《日月》中的"日居月诸","居"字和"诸"字,便均注明"不读",即表明此二字不读,亦无解。

另外一种情况,是每篇末尾有关章句的总计上标注的"不读",意为不需要训读。《关雎》篇末"《关雎》五章,章四句,故言三章,一章四句,二章章八句",虽然这段文字中有表明读法的假名,但句首"关"字右上方注有"师说不读"四字,这说明,按照老师的说法,这一段话是不需要读出的,那些表示读法的假名标注是宣贤所加。按照这些标注,这段话应该读作:"关雎五章、章(コトニ)四句、故言三章、一章(ハ)四句、二章(ハ)四句、二章(ハ)章(コトニ)八句。"

敦煌《诗经》残卷有以朱点字之四角以表示四声这种形式。① 潘重规先生在《巴黎伦敦所藏敦煌诗经卷子题记》中谈道,该卷有朱点句,又以朱点发四声,如乐、丁、将、率、劳等字,皆以朱点四角。他还在《巴黎藏毛诗诂训传第廿九第卅卷题记》一文中指出,以朱点发四声之制颇早,通例,平声以朱点字之左下角,上声以朱点字之左上角,去声以朱点字之右上角,入声

---

① 饒宗頤解説『敦煌書法叢刊』、第六卷経史四、東京:二玄社、1985年。

以朱点字之右下角。

静嘉堂本亦以四角标注四声,其标注方式和敦煌本大体相近。汉字的声点区别四声。不同的是使用的是圆圈符号,圆圈线条很细,筑岛裕推测是用细小的竹子切开,切口蘸上墨印在纸卷上的,从外表上看这种推测可以成立。清音摁一个圈,浊音摁两个圈,两圈横向排列。像这种方法,在其他本子上很少见,只有石山寺藏本胎藏界念诵次第的室町时代中期加点本里可见在字旁加细圆圈以表示四声的类似方法。

静嘉堂本标注四声的位置,和巴黎藏毛诗诂训传第廿九第卅卷完全相同,即清音单圈,平声在字之左下角,上声在字之左上角,入声在字之右下角,去声在字之左上角;浊音双圈横列,平浊在字之左下角,上浊在字之左上角,入浊在字之右下角,去浊在字之右上角。另外,静嘉堂本还有以小圆点指示所注之字,而在假名后说明声调的,只有二三例。

按说日本学人诵书,不论是音读还是训读,均非按照汉语本身发音,而静嘉堂本有如此标注,对于实际诵读,究竟具有何种意义,尚需考索;而与巴黎藏《诗经》残卷对照,可以推测其做法来自唐宋抄本,似无须多疑。后来的印本不宜保留过多符号,便逐渐消失,而幸存至今的敦煌写本则成为其活化石,静嘉堂本《毛诗郑笺》亦可谓其变形化石。

训点符号有中圆点(·)、小圆点(.)等。

中圆点用于分章。在每章第一句第一字上部中间,表示一章开始。如《螽斯》:

- · 螽斯羽,诜诜兮,宜尔子孙,振振兮。
- · 螽斯羽,薨薨兮,宜尔子孙,绳绳兮。
- · 螽斯羽,揖揖兮,宜尔子孙,蛰蛰兮。

小圆点(即所谓"星点"),用于传、经、注文的停顿。点在停顿的字的下方中间,不过最后一句的末尾不点。如:

《兔罝》.后妃之化也.《关雎》之化行则莫不好德贤人众多也

"罝""也"下有.,表示读到此处当停顿。

小圆点点在字的左下方的，则表示倒读。

小圆点紧贴在字边的，根据位置不同，表示不同的假名，以辅助读解。同理，紧贴着字的周围所加的直角号"⌞""⌝"，短横线号"-"，短竖线号"｜"，斜线号"ノ""、"，也都根据位置不同，代表一至两个假名，兹不详述。

短竖线"｜"用作连接符号。用于上字与下字之间的中部，表示两字为一词，当合在一起读，即所谓"音合"。如《卷耳》第一章：

采采卷｜耳，不盈顷｜筐

"卷耳""顷筐"之间中部的"｜"线，表示两字为一词，当放在一起来解释，即所谓"训合"。如上句：

采｜采卷耳，不盈顷筐。

两个采字之间偏左边的竖线，表示两个"采"字是一个意思，不可分开来解。

在学界普遍认为抄写于平安时代的大念佛寺本里，可以看到用"、"来作为"音"字的省代号标注读音的情况，在静嘉堂本《毛诗郑笺》中笔者发现了类似的符号，如《宾之初筵》"其湛曰乐，各奏尔能。宾哉手仇，室人入又"，《笺》文的"仇读曰斠"，在"斠"字的左侧注有"⌞俱"二字（卷十四二百五十六行），意为"斠"读音"俱"，这里的"⌞"或即"、"。又如《采菽》"又何予之，玄衮及格黼"，"黼"字左侧有"⌞斧"（第十五卷二十九行），意为"黼"字音斧。从这里可以看出室町时代写本与平安时代写本的继承关系。

写本字的周围布满了符号，既有表示语序的"ヽ""レ""上中下""一二三"之类，也有插在字上的短横线"-"和直角号"⌞""⌝""、"，斜线号"ノ""、"，钩识号"√"等，它们都直接关乎文字的读解，兹不详述。

值得注意的是，宣贤使用的校勘符号和训读符号，和中国汉唐以来的句读符号，特别是与宋人校书时使用的符号有相通的地方。《长沙马王堆三号汉墓帛书》已用圆点号分章，收入《古逸丛书》中的宋刻本《南华真经注》有大量朱墨笔批注校异文字，如用小句圈号来标注异文、衍文、脱文，用斜线号"乀"表插入等。① 尽管它们与室町时代的校勘符号的关系仍需要深入探讨,大致说来,室町时代的学者是在深入钻研了汉唐以来的句读校勘经验的基础上,从模仿到创造,从而建立起一整套符号系统的。

由于静嘉堂本《毛诗郑笺》晚于平安时代大念佛寺抄本,而且还用宋本做过校勘,因而里面的俗字大大少于唐抄本和平安时代日本的重抄本。不过,也仍然保留了写本的文字特色。书写求快的心理反应在校勘文字中,就是尽量减少笔画或运笔转写的方向。正字和俗字同时使用的情况还相当普遍。

下面是这一写本中常见的部分俗字:

昏(昏)	员(員)	骗(騙)	祸(禍)	晋(晉)	初(初)	含(含)
犹(犹)	土(土)	社(社)	堂(堂)	民(民)	鸳(鴛)	怨(怨)
肆(肆)	建(建)	津(津)	升(升)	族(族)	休(休)	甞(甞)
鳞(鳞)	潦(潦)	卿(卿)	姊(姊)	壑(壑)	煮(煮)	杨(楊)
阳(陽)	畅(暢)	匡(匡)	脍(膾)	微(微)	谇(谇)	貌(貌)
貌(貌)	薐(薐)	舞(舞)	审(審)	函(函)	姬(姬)	熙(熙)
肇(肇)	鼎(鼎)	矜(矜)	舣(舣)	圆(圓)	说(說)	尊(尊)
蹲(蹲)	鐏(鐏)	遵(遵)	褒(褒)	噂(噂)	郑(鄭)	恶(惡)
富(富)	荫(蔭)	召(召)	晋(晉)	陶(陶)	樞(樞)	左(左)
栢(柏)	颠(颠)	巅(巔)	极(極)	满(满)	过(過)	往(往)
鼠(鼠)	瘋(瘋)	俾(俾)	庚(庚)	筐(筐)	鬼(鬼)	丑(丑)
稽(稽)	答(答)					

在题跋中,也有在汉语文法中掺入日语词汇的情况,如"见合"为对照、对看之意。

汉字周围的假名是日本学人读懂字句最重要的抓手,学习过日语的中国学者会发现,有些假名写法上与今天的规范写法略有不同。诚如筑岛屿所指出的那样,"ア""ウ""ワ"的最后一笔拉长,"シ"的最后一笔右上挑,"サ"有写作"七"的,"ス"有写作"爪"的,"ニ"有写作"尔"的,"ミ"有写作"ア"的,"ワ"有写作"禾"的。这些写法都与当时的日本人对汉字的接

---

① 袁晖、管锡华、岳方遂《汉语标点符号流变史》,湖北教育出版社,2002年,第59页。

受和运用有关,掌握了规律是不难理解的。例如日语读"和"作"ワ",写时省去了右版半部的"口",用"禾"去省代,"禾"也就成了"ワ"的代字,有了"ワ"的读音了。"龙"(左)读作"サ",省写上半部分的"ナ",只写下面的"七",就成了"サ"的省代字了。

明治时期,竹添光鸿著《毛诗会笺》,便是以卷子本为蓝本,以唐石经及延文古抄本校之。①

四、清原宣贤校订《毛诗郑笺》文献价值

静嘉堂本完全照搬宋本的说法,其实并不全面,这个本子也在很大程度上保留了古本的面貌。

据笔者所考,静嘉堂本属监本系统理由是该本与陈鳣在他的《宋本毛诗跋》中提到的宋刻本《监本纂图重言重意互注点校毛诗》中的异文,大体相同。陈鳣该文提到的本子,据断定为孝宗时刻本,刻画工整,纸墨精良,且原于监本。其避讳"慎"字缺笔,"敦"字则否,殆是孝宗时刻者。② 而静嘉堂本引以校勘的唐本,亦可推断为高宗、孝宗时代的本子,与陈氏所述监本年代相隔不远。不过,静嘉堂本慎字、敦字皆不缺笔,还有可能其比陈氏所言本子早些。如果将重抄过程中改动遗漏的情况考虑进来的话,又有不能猝然论定的一面。

如果不仅着眼于避讳,而从两个本子文字异同方面来考察的话,那么两个本子无形的关联便更加清楚。陈鳣认为:"此宋刻监本其传笺之足证今本之误处尤多,附释文亦多胜于今本。"他特别举出经文中那些与唐石经及宋相台本合的 28 例,说明此本之善。陈氏举例谈道:"惟'瑳'字石经作'磋',《说文》有'瑳'无'磋',此与相台本并作'瑳'为是。"而静嘉堂本也正作"瑳"。

关于《毛诗传笺》中的文字今本散佚的情况,罗振玉《毛郑诗斠议》多所举证。罗氏说:

---

① [日]竹添光鸿著《毛诗会笺》,台北:大通书局,1975 年。
② (清)陈鳣撰《经籍跋文·宋本毛诗跋》,载《宋版书考录》,北京图书馆出版社,2003 年,第 211 页。

考《传》《笺》之例，随文加释，不以已见于彼，便略于此。如《板》"及尔同僚""及尔游衍"，《笺》两见"及，与也"；《抑》诗"无不柔嘉""辑柔尔颜"，《笺》两见"柔，安也"。一篇之中，不惮繁复；又皆先释字义，后释句义，今本于字义训释之复见数出者多删削。冲远作《疏》，不能详考诸本，沿误至今；赖有《文选》注、《众经音义》诸书所引，足以正之。①

值得补充的是，除因写本转为印本时，后人以为重复而删节者外，在写本时代，也还可能存在抄写遗漏，原文不清而略去等原因，都可能造成《传》《笺》的散落。

罗振玉《毛郑诗斠议》主要以依据《文选注》《众经音义》以作考补。静嘉堂本保存的《毛诗传笺》资料，可以全面验证罗氏举证的可靠性。由于罗氏文未能见到完整的日本抄本，只能根据《文选注》《众经音义》中片段称引，所以《毛郑诗斠议》中未来得及列举的《传》《笺》佚文尚多。清原宣贤校勘的记录，是研究清家诗经学最基本的资料。

由于静嘉堂本是参照多种不同本子校勘过的本子，对于文字上的异同采用了照录的方式，而不是二者取一舍一的态度，所以对于今天研究宋本《毛诗郑笺》的多种样态，是十分难得的材料。概括言之，有以下五方面：

（1）有利于把握诸本的全貌。它反映的情况在其他元明时代的本子中已经无法看到，这有助于帮助我们了解抄本时代的诗经学多彩的历史。

（2）有利于推断讹误的原因。

（3）有利于理解《毛传》《郑笺》。

（4）有利于认识日本诗经学的两大系统。关于大江家的诗经学，由于资料短缺，研究较少，而静嘉堂本时有标注江家读法之文字，可管窥其异同。

（5）可用于与其他传入日本的《诗经》展开比较研究。

《诗经》文本主要是通过各种《诗经》著述传入日本，在其他典籍中也有不少引用《诗经》诗句和研究著述的材料，它们丰富了日本学人接受《诗经》的通道。它们之中有些在中国已经散佚，而保存在日本自古相传的唐抄本中。

---

① 罗振玉《毛郑诗斠议》，《晨风阁丛书》第一集之一，第1页。

金泽文库藏唐钞本《文选集注》中保存的李善注等，就包含着一些《毛诗》异文。卷九十三史孝山《出师颂》："允文允武，明诗悦礼。"李善注曰："《毛诗》曰：'允文允武，昭格列祖。'"李善所引诗句，今本《诗经》中《鲁颂·泮水》："允文允武，昭假烈祖。"于省吾《泽螺居诗经新证》："昭假烈祖（泮水）：大师虘豆：'用卲洛文祖考。'昭卲、假洛古通。"①

《召南·关雎》："君子好逑"，《唐钞本文选集注》卷六八曹子建《七启八首》李善注："《毛诗》曰：'君子好仇'。"静嘉堂本《毛诗郑笺》注："《大雅·绵》：'绵绵瓜瓞。'"《唐钞本文选集注》卷四八潘安仁《为贾谧作赠陆机一首》，"瓜瓞"作"苽䍗"。

静嘉堂本虽经清原宣贤精心校勘，相对讹误较少，但仍存在一些误写。如《大雅·行苇》《传》"耇，冻梨也"，静嘉堂本作"耇，冷黎也"。"黎"乃"梨"之误。又如《小雅·鹤鸣》："乐彼之园，爰有树檀，其下维萚"，"萚"字误作"藫"，以下《传》《笺》中的"萚"字皆误作"藫"。盖因《传》中有"萚，落也"，"藫"或受到"落"字影响涉下而讹。

在日本抄本中，类似情况较多。抄写校对之时，稍不留意，一眼看错，便会刀刃互换，鲁化为鱼，后世读诗者不免横生想象，郢书燕说，平添很多说诗故事，也是形意统一的汉字文化独具特色的一种有趣的现象。

第二节 《毛诗》足利写本研究序说

日本足利学校所藏《毛诗》室町时代写本两种，抄写《毛诗郑笺》，并将部分《释文》抄于所释字旁，有根据宋椠本校勘的文字，多在栏外抄写《毛诗正义》有关注疏（有摘录而非全文照抄的情况），可与山井鼎、物观所撰《七经孟子考文补遗》对照研究，更有裨于认知《诗经》在日本传播与接受的轨迹。目前有关这两种写本的研究尚十分匮乏，本文拟着重从写本学角度对其加以描述，为进一步解读与分析打下基础。

一、足利学校的《诗经》教育与研究

足利学校在下野国足利庄（现栃木县足利市），相传为平安初期（一说

---

① 于省吾《泽螺居诗经新证》，中华书局，1982年，第90页。

镰仓时代)创办的中世的高等教育机构,从室町时代到战国时代,事实上是关东地区的最高学府。教育的中心是儒学,其中易学尤为著名。学生来自北至奥羽、南达琉球的各地区,免收学费,但学生一旦入学便入僧籍。1530年足利学校曾遭火灾被毁。

学习"五经"是足利学校教育的核心,故该学校多有儒教经典类藏书。足利学校曾一度衰落,室町中期关东管领上杉宪实(1410？—1466)致力于复兴足利学校,于永享十一年(1439)重新修造足利学校,并于同年闰正月向足利学校献赠"五经"注疏。他在献赠"五经"注疏的状文中说"今故以'五经'疏本若干卷,安置学舍,从今讲习莫怠,则文化之行,自家达于乡,达于州,达于国家、天下也,可指日而俟矣"云云,期待通过足利学校的儒家经典教育来推进全国的文化建设。

据当时藏书目录所载,足利学校所藏诗类书籍有朱熹《诗集传》和李公凯《毛诗句解》。近代学者足利衍述根据现存的足利学校藏书目录以及室町时代文献中提到的书目等,列出的关于庆长(1596—1615)以前足利学校藏书的一览表中,包括了以下《诗经》类书籍：

《毛诗注疏》三○册,宋椠本,上杉宪实捐赠,现存。
《毛诗郑笺》七册,古抄残卷,现存。
《诗集传》二册,元椠残本,现存。
《毛诗抄》六册,古抄残本,现存。
《毛诗郑笺》一○册,古抄本,现存。
《毛诗序》一册,永禄十三年(1570)七世九华(七世庠主玉岗瑞玙)抄本,亡佚。
《毛诗句解》,亡佚。①

以上提到足利学校所藏有关《毛诗》书籍中,现存写本有两种,一种为七册,今日学界通称为"足利甲本";另一种十册,学界定为"足利乙本"。

谈到足利学校的《毛诗》古本,首先必须提到的是《四库全书》所收屈指可数的域外著述之一《七经孟子考文补遗》。山井鼎(1680—1728),于1718年担任纪州支藩伊予(今爱媛县)西条藩主松平赖渡的儒臣以后,受

---

① [日]足利衍述『鎌倉室町時代之儒教』、東京：日本古典全集刊行會、1932年、第661頁。

命前往足利学校,与根本武夷(1699—1764)一起,致力于古籍校勘,于1726 年完成了巨著《七经孟子考文》一书的编撰。该书对七经(《诗经》《书经》《易经》《礼记》《左传》《论语》《孝经》)和《孟子》的文字详加考证。此书完成后,被献给了西条侯。山井鼎于1728 年去世,同年西条侯制作了两部副本,其中一部献给了纪州家,另一部则献给了幕府。此后幕府德川吉宗又命荻生北溪(1673—1754)加以校补,作《补遗》,于1730 年12 月完成,1731 年6 月刊行。荻生北溪是著名学者荻生徂徕(1666—1728)的弟弟,号观。校补此书之举,据说也是采纳了徂徕的建议。能够说明这一经过的只有《七经孟子考文》的少数抄本。原在西条侯手里的写本,后来捐赠给了京都大学,世称西条侯本。加上《补遗》开始刊行之后,此书才得以广为流传。这是荻生北溪等人努力和德川吉宗支持的结果。

《七经孟子考文补遗》(以下简称《考文》),是日本校雠学的开山之作,也是东亚写本研究的先驱。其中的《诗经》部分,利用足利学校旧藏《毛诗》古本,对宋、明《诗经》刻本逐字校勘,给阮元等中国学者以远观日本古本之便,也推进了《诗经》考异和校勘工作。

阮元《十三经注疏校勘记》中经常提到的《考文》古本,即足利学校所传古写本。《七经孟子考文补遗凡例》(以下简称《凡例》)中称"有曰古本者,亦足利学校所藏书写本也"。在《凡例》列举的足利学校所藏各种写本中,就包括"《毛诗》二通,各十本"。《凡例》指出:"皆此方古博士家所传也。所以识者,其《礼记》书尾犹存永和年中清原良贤句读旧跋,又活字本《礼记》,其和训用朱点,别有一法(世所谓於古止点),非复今时专用假名者比,皆古博士家所授受者,而每卷末有落款之可征焉。盖亦俨然古时物也。"①

《凡例》接着说:"而凡古本,其经文、注文皆与宋板、明板颇有异同,助字甚伙,而其体例不一者,间或有之,岂亦展转书写之所输欤?"②

从《考文》下面的论述中可以看出,山井鼎通过古本与宋本及明万历本、崇祯本的对照,对古人经、注别行的解书情况有了很深的体会,他从正义单疏本的实际出发,认清了宋、明本与古本不同的原因,因而强调古本在校勘中的价值。他说:

---

① 《景印文渊阁四库全书》第 190 册,台北:台湾商务印书馆,1986 年,第 5 页。
② 《景印文渊阁四库全书》第 190 册,第 5 页。

第二章 翰墨《毛诗》

古人解书,各自别行,孔子之作《易传》,左氏之作《春秋传》,本不引经附传。故孔颖达云《石经》《公羊传》皆无经文,斯可以观也。后世尚简,就经为注,省学者两读者,或有之矣。

今按孔颖达作《五经正义》、陆德明作《经典释文》,自是一部书,而疏义不混于经传。后世梓者图其利便,萃见一处,嵌入各经传下,稍以己意改换增损,自是而后,本书终废,不可复见,大失本来之面目矣,可不叹乎!今阅《五经正义》本,宋板以下,经传错杂,标题不一,而其中稍有同异,后世学者卤莽灭裂,而不问可否、不知古式,甚则至有音义却混于注者而不省矣。臣向就足利学校雠古本,其本颇有不失古者。今记一端于此,以存其旧云尔。①

从这段文字中可以推测,山井鼎在足利学校看到了五经单疏本,即仅有正义,而无经、注,经是经,注是注,疏是疏,不似坊间流传的合刻本。他用以考异的足利古本,正是相对接近于原貌的单疏本。关于《诗经》古本的情况,书中较少交代,仅在说明体例时提到:

足利所传《毛诗》写本二通,以一通称古本,一通亦虽稍有同异,然多辗转书写所致也。今其有异者,号以一本云。②

有古本作参考,山井鼎对原来经、注、疏各自别行的情况做了分析,得出宋、明本中的"传""笺云"皆为由单疏本变为混刻本时所加的结论:

今本有"传"字者,后人加也,"笺云"二字,郑氏之旧所以别毛氏传也。而后世诸本加黑围者,亦失古意矣。体制全如古本,而为得真耳。③

这些现象,在今天来说或已成为常识,而当时却是山井鼎通过古本与

---

① 《景印文渊阁四库全书》第190册,第150页。
② 《景印文渊阁四库全书》第190策,1986年,第150页。
③ 《景印文渊阁四库全书》第190册,1986年,第151页。

宋、明本对照之后才看清楚的。今后的《毛诗正义》校勘工作,仍然不能忽视这些基本情况。

继山井鼎之后,足利学校所藏古本渐渐引起学界瞩目。江户末年涩江全善、森立之著《经籍访古志》八卷,载录足利本一种:

《毛诗郑笺》旧钞本,足利学校藏。系庆长以前书本,每册末记:"下野州足利学校常住洛之相国卜隐轩主人心甫传西堂寄附、庆长二十稔乙卯上巳后二(イナシ)日董席铁子叟寒松野释龙派禅珠志。"足利学又藏旧抄本一通,未见。①

引文中"二"字旁边所注"イナシ","イ"就是日语"イチ"(一)的缩写,"ナシ",意"無","イナシ"(一無)意即一本没有"二"字。《经籍访古志》原以写本流传,这是写本校勘的文字,指明该书有一种写本中无此"后"字。根据上述引文的描述,涩江全善看到的本子,就是现在学术界公认的足利乙本,他说"未见"的本子则是足利甲本。考乙本各册末尾的题记文字当"下野州足利学校常住洛之相国卜隐轩主人心甫传西堂寄附、庆长二十稔乙卯上巳后二日董席铁子叟寒松野释龙派禅珠志焉",《经籍访古志》脱一"焉"字。

长泽规矩也主编《足利学校善本图录》收录两种《毛诗》,一种为室町时代书写,十册,纵六强,横四、三,影印了卷一首页和卷二十尾页,卷二十尾页上有题记"下野州足利学校常住洛之相国卜隐轩主心甫和尚寄附、庆卯上巳后二日董席铁子叟主松野释志焉"。文中所录题记基本同上。又载录另一种为室町末书写,七册,纵六、四强,横五。② 从所影印的文字来看,前一种即学界所称足利乙本,后者则是足利甲本。

阿部隆一《本邦现存汉籍古写本类所载略目录》著录足利学校两种《毛诗》写本,一种为室町写十册;一种为室町末写,七册,缺卷十一、十二、十九、二〇。③ 前一种即足利乙本,后一种则为足利甲本。

综上所述,足利学校所藏古本两种,一种为室町末期书写,七册,今称

---

① 卷佐村八郎编『和漢名著解題選』第一卷、東京:ゆまに書房、1996年、第15頁。
② [日]長澤規矩也編『足利學校善本圖録』、東京:汲古書院、1983年、第17、18、19頁。
③ [日]阿部隆一『阿部隆一遺稿集』第一卷『宋元版篇』、東京:汲古書院、1993年、第215頁。

足利甲本，无题记；另一种为室町时期书写，十册，有"庆长二十稔乙卯"捐赠的题记，今称足利乙本。题记中出现的"庆长二十稔乙卯"，即公元1615年，写本书写应在此之前。也就是说它们都是室町时代博士家的写本。中华书局版《日本诗经古写本刻本汇编》影印的正是足利甲本（以下简称甲本）和足利乙本（简称乙本）两种。

二、甲本源流

文渊阁《四库全书》本《考文》书前提要中谈到《考文》所载足利本与《毛诗》今传本之异同说："《毛诗·鸤鸠》章：'予尾翛翛'，《经传沿革例》引监本、蜀本、越本作'翛翛'，今汲古阁本作'翛翛'，而此书不引'翛翛'一条。《生民》章笺：'吁谓张口鸣呼'，《经传沿革例》引余仁仲本'鸣'作'呜'，今汲古阁本作'呜'，而是书不引'呜'字一条。"该《提要》又称："考《经传沿革例》所载宋板二十一种，多不附《释文》。其附《释文》者，独有建本及蜀中大字本。此书载宋板《毛诗》《左传》，独附《释文》，则或为监本及蜀中大字本欤？又鼎称足利本乃统括古本，而所引古本如《尚书·舜典》注云'使各陈进治理之言'，古'理'作'礼'，而《六经正误》所引监本亦云'理'作'礼'，则知古本非无稽也。至所正《释文》错误，多称元文，不知元文为何本。今以通志堂所刊考之，一一皆合，盖徐本未出以前，其书已传入彼国矣。"并说："今考此书所列《尚书》与中国之本无异，又明丰坊伪造诸经，皆称海外之本，今考此书与坊本亦无一同，是亦足释千古之疑也。"①可见《七经孟子考文补遗》及足利学校所藏《诗经》写本的文献价值早已得到我国学者的关注，只是由于无由见到，不能展开深入研究。

"元文"一语，见于《凡例》中提及"有曰补脱者，《释文》所阙，乃据其元文补入之也"。据《四库提要》所说"元文"或当指通志堂刊本。

谨以《南有嘉鱼》为例，试将"考异"与甲本、乙本作一对照，相同者以〇为记，不同者×为记。

考异	甲本	乙本
考异古本序"太平君子"，"太平"下有"之"字	〇	〇

---

① 《景印文渊阁四库全书》第190册，1986年，第2—3页。

《注》言"南方水中有善鱼""善"作"嘉","鱼"下有"也"	×	○
"故贤者归往也","也"上有"之"字	×	○
"饮而安之"下,"宾以我安"下,"一宿之鸟"下,共有"也"。	×	○
"鱼游水貌"(三叶),"游"作"逰"	无	○
"李巡曰汕以薄汕鱼"(三叶右六行)作"汕以薄鱼也"	无	○

南山有台

"古本注'基趾'下有'也','以自尊显'下同"	无	○
"栲山樗"下有"也"字	无	○
"杻檍也","檍"下有"木"字	无	○
"枸枳","枸"下,"楰鼠梓"下,"耇老"下,并有"也"字	无	○

山井鼎手边常用的本子当为嘉靖本(闽版),京都大学人文科学研究所今藏留有山井鼎手迹的嘉靖本,而据《凡例》称,"此编所校,以崇祯本为主,参以诸本,以崇祯本世所尚也",并说明"有曰崇祯本者,乃明崇祯年中汲古阁刊《十三经注疏》,世流布本也"。不过,山井鼎在文中所说的流布本,却并不一定专指崇祯本,而是泛指明刊本。

关于甲本,长泽规矩也《足利学校贵重特别书目解题》载录《毛诗郑笺》二十卷,旧题汉毛亨传,郑玄笺,古写本,七册,室町末期写本,卷十一、十二以及卷十七至二十阙。七行十四字书写,有上层,旁注多摘抄《释文》《正义》,注文多"也"字,训点亦古风。有"野之国学"印。[①] 这里所谓"野之国学",即指足利学校,"野之国"为足利学校所在下野国(亦称下野州)的简称。

甲本中多有与《毛诗正义》校勘的文字。校勘文字中"作"常省作"乍"。《小明》:"心之忧矣,自诒伊戚。""戚"字左旁注:"正乍戚。"下面是出自经文和传文校勘的数例:

《采芑》:"方叔元老,克壮其猷。""猷"字旁注:"正作犹。"

《小明》:"昔我往矣,日月方燠。""燠"字旁注:"正作奥。"

《鼓钟》:"刺㓜(幽)王也。""钟"字旁注:"正作钟。"

《鼓钟》:"鼓钟锵⸗。""锵"字旁注:"正作将。"

《楚茨》:"或剥或烹,或肆或将。""烹"字旁注:"正作亨。"

[①] [日]長澤規矩也『長澤規矩也著作集』第四卷、東京:汲古書院、1983 年、第 306 頁。

《信南山》:"中田有庐,疆场有瓜,是剥是菹。""菹"字旁注:"正作葅。"

《车舝》:"式燕且誉,好尔无斁。""斁"字旁注:"正作射。"

《宾之初筵》:"钟鼓既设,举酬逸㪲。""酬"字旁注:"正作酬,市由反。"

《都人士》:"我弗见兮,云何盱矣。""弗"字旁注:"正作不。"

《何草不黄》:"何草不玄,何人不鳏?""鳏"字旁注:"正作矜。古顽反,注同。"

《大明》:"笃生武王,保右命尔,燮伐大商。""燮"字旁注:"正作燮,穌接反。"

《蓼萧》:"既见君子,我心写矣。"传:"我心写矣,输写其心。"在传文"我心写矣"下栏外加注:"四字无正戈(义)",即正义无"我心写矣"四字。

《六月》:"言周室微而复兴,美宣王之北伐也。"旁注:"或本有此注,定本集注并无。"

《谷风》:"刺幽(幽)王也,天下俗薄,朋友道绝焉。"传:"道绝,弃恩忘旧也。"旁注:"此注无正义。"

《菀柳》:"曷予靖之,居以凶矜。"传:"曷,何也。""何"字旁注:"正作害。"

从以上所举可知,多有正义用今字,甲本用古字,也有正义用正字,甲本用俗字的情况。甲本标注的异文,有些与《释文》中的一本相同:

《大东》:"睠言顾之,潸(潸)焉出涕。""睠"字旁注:"正作睠,音卷,本又作睠。"《释文》:"睠音卷。本又作睠。"

《甫田》:"以我齐明,与我牺羊,以社以方。""齐"字旁注:"正作齐。本又作粢,又作齍,同音资。"《释文》:"齐,本又作粢,又作齍,同音资。"

《鱼藻》:"王在在镐,恺乐饮酒。""恺"字旁注:"正作岂,本亦作恺。"《释文》:"岂,本亦作恺。"

甲本校勘文字多录异文。《北山》:"或不知叫号。"旁注:"本又作嚻。"今本作"本又作嘂"。嚻、嘂都是"叫"的俗字。《龙龛手镜》口部所载俗字中有"嘂"字。

甲本所据原本是何种本子,是一个至今猝然难以解决的问题,很可能原底本为唐代流行的一种俗本,也难免在流行过程中有所改动。甲本为我们提供的线索不多,值得注意的是有几处"桓"字阙笔,这是否说明原本即为宋本尚有待考证。

三、甲本文字述略

甲本正文的重文号基本只有两横点"〻"一种，如《下武》："永言孝思〻〻维则"，即"永言孝思，孝思维则。"（《下武》）也有重文号用于字中的情况，如《大田》："去其螟螣，及其蟊贼。"栏上抄录的正义文字中有"陆杌疏云"。"杌"即"機"字俗书。（案：当为陆璣）又如"乐"作"樂"，都是将上部左边的"幺"用重文号代换了。另外，在栏外抄写的正义中，还有一种重文号"ヽ"，作用与"〻"相同，见于《采菽》一诗栏外注。在乙本中，"ヽ"成为重文号的主体，这是两个本子显著的不同。

在字的左右两侧，经常可以见到"立"符，有时很像是"六"，这实际上是"音"字的省笔字，即"音"字少写了一横和下部的"日"字。这是为字标明读音时所使用的省笔字。如《小明》："我征徂西，至于艽野。""艽"字旁有"六求"二字，这正是《释文》中"艽音求"三字的简化，标明"艽"读如"求"。以下是《小明》中出现的以"立"标音的几个例子：

"至今则更夏暑冬寒矣"	更	立庚	意为"更"音"庚"
"心之忧矣，其毒太苦"	太	立泰	意为"太"音"泰"
"念彼共人，涕零如雨"	共	立恭	意为"共"音"恭"
"岂不怀归？畏此罪罟"	罟	立古	意为"罟"音"古"
"曷云其还？岁聿云莫"	莫	立暮	意为"莫"音"暮"

以上标音，皆出自《释文》。

甲本所用中圆圈（○）首先表示分章，划在每章首句第一字的上方中间。中圆圈还作为改正号，即在误写的字上划上中圆圈，表示此字当删。在句末常有将"也"字写成"之"的情况，实际上"之"字已划上中圆圈，表示接在下面的"也"字才是正确的。字下的小圆圈为补足号，划在漏写的字的下方中间，而将当补之字写在旁边。这些都与今天的习惯相同或相近。

甲本中时有夹杂古文的情况。如"当"，《康熙字典》引《字汇补》："古文歲字。见崔希裕《略古》。"又如"事"写作"叓"，《说文》："事，从史之省声。""叓"是古字"叟"的讹变。甲本书写者还偶用草书。如考（声）、

（无）、㬎（显）、㷰（然）等。一字中部分用草书的情况比全写草体更为多见。

甲本中的俗字较之平安时代书写的大念佛寺本《毛诗二南》等大幅减少，这很可能是与宋代刻本对照以后的结果，也就是说由于宋椠本经历了唐代中后期"正字"（依照《干禄字书》《五经文字》及唐石经改俗字为正字）的文字统一活动，书写正字成为常态，有些俗字只是由于书写习惯的残存或者书写者的个人爱好而侥幸挤进来，或者由于书写者不舍让旧本写法就此湮没而刻意保留，才得以夹杂在正字之中，正因为如此，正字和俗字往往混用，一字呈现多种写法，如"举"字，既有写成正字"举"的，也有写成俗字"㪯"的。《宾之初筵》："大侯既抗，弓矢斯张。"传："大侯，君侯也。抗，㪯也，有燕射之礼。"笺云："举者，㪯鹄而栖之于侯中也。"一句话中就有"举""㪯"两种写法。

甲本俗字明显少于乙本，而乙本被日本学界确定为室町时代末期书写。不过，甲本也有一些与乙本相同的俗字，属于元明时代文献中使用的俗字。如"能"作"㧱"（《车攻》："四黄既驾，两骖不猗。"栏上抄写正义"四黄至如破"："故令射者舍放其矢，物则如椎破物，㧱中而驶也。"）。"义"作"戈"（《蓼萧》："既见君子，我心写矣。"传："我心写矣，输写其心。"在传文"我心写矣"下栏外加注："四字无正戈"）。"胁"作"脅"（《车攻》："徒御不惊，大庖不盈。"栏外抄录正义引《说文》句中有"脅后髀前肉也。"）。这些都与乙本写法完全相同。据此推测，甲本与乙本书写的时间或相差并不太久。

甲本俗字中虽然有少数属繁化俗字，但最多的还是简化俗字。如"肃"作"肅"，"履"作"屐"等。简化的方式也非一种，有省略字中某些笔画者，如"难"字作"𧈧"，《苕之华》小序传："师旅并起者，诸侯或出师，或出旅以助王，距戎与夷也。大夫将师而处，见戎狄之侵周而闵之也。今当其𧈧，自伤近危亡也。""难"字左半部分中间部分笔画被省略，便写成了"𧈧"，这种写法多见于朝鲜李朝汉文小说。

各种部件的简化尤为醒目，如"灬"省作"一"，以下是各种其中部分部件的简化字例：

"彳"部件作"亻"：德（德） 后（后） 征（征） 得（得） 复（复） 覆（覆） 微（微） 御（御） 彼（彼）

"彡"部件作"彡":蓼(蓼)　彤(彤)　膠(膠)　穆(穆)

新井白石《同文通考·讹字》:"影(カゲ),影(エイ)也。凡从彡字,如形、彩、参、彦、雕、移等从彡,并非。"

"臣"部件作"ll":贤(賢)　盐(鹽)
"酉"部件作"酉":酌(酌)　醉(醉)　酢(酢)　醻(醻)

《同文通考·省文》:"酉(ユウ)。凡从酉字从酉,犹四作四、酉作西也,并非。"

"𦥯"部件作"䒑":营(營)　荣(榮)　莺(鶯)　劳(勞)

《同文通考·省文》:"劳(ラフ),勞也。劳(ラフ),同上。凡从𦥯字,如荣、萤、莹、莺等从艹、从䒑,并非。"

"𦥯"部件作"䒑":营(礐)　誉(譽)
"戋"部件作"戋":笺(箋)　贱(賤)　栈(棧)　拣(棧)　践(踐)
残(殘)
"吅"部件作"":惮(憚)　战(戰)　啴(嘽)　壤(壤)　讓(讓)
獸(獸)

《同文通考·省文》:"单(タン),單也。凡从单字,如弹、禅等从单,并非。"

"吅"部件作"":严(嚴)　俨(儼)　獵(獵)

《同文通考·省文》:"嚴(カン、ケン),嚴也。凡从嚴字,如儼(ケン)、巖(カン)从嚴,并非。嚴(ゲン、コン)、厳、嚴、嚴,并同。"

"门"部件作"门":闲(閑)　问(問)　闭(閉)　润(潤)　闻(聞)
"因"部件作"囙":恩(恩)　姻(姻)

第二章 翰墨《毛诗》

"矢"部件作"天":族(族)

《同文通考・讹字》:"族(ゾク),族也。"

"世"部件作"丗":渫(渫)　貰(貰)　媒(媒)　葉(葉)
"宾"部件作"寳":濵(滨)　嬪(嫔)
"臼"部件作"旧":舊(舊)　舅(舅)

《同文通考・省文》:"旧(キウ、ウス、フルシ),臼也。又借为旧字。凡从臼字如儿、舅、舊、舂等从旧,并非。"

"舀"部件作"㐬":滔(滔)　稻(稻)　謟(謟)

《同文通考・省文》:"㐬(ヨウ),舀也。凡从舀字如稻、焰等从㐬,并非。"

"巠"部件作"圣":圣(巠)

《同文通考・误用》:"圣(ケイ),巠也。凡从巠字,如经、轻、茎、颈等,俗从圣,非。○巠音经,水脉也。圣音窟,致力于地也。"

"夌"部件作"麦":陵(陵)

《同文通考・省文》:"陵(リャウ),陵也。凡从夌字,如凌、菱、绫等,从麦,并非。麦(ハクハ),俗麥字。"

"曷"部件作"㫚":褐(褐)　葛(葛)　揭(揭)　渴(渴)　遏(遏)　竭(竭)
"曾"部件作"曽":曽(曾)　繒(缯)　憎(憎)

《同文通考・讹字》:"曽,曾也。凡从曾字,如增、层等从曽,并非。"

"冓"部件作"苒":講(讲)　覯(觏)　構(构)

"口"部件作"厶":損(损)　隕(陨)　攘(攘)　讓(让)　鞈(鞈)
"风"部件作"凨":凨(风)

《同文通考·省文》:"凨(カセ),風(フウ)也。凡从风字从凨,并非。"

"鱼"部件作"𩵋":鮪(鲔)　鯉(鲤)　鱣(鳣)
"金"部件作"𠆢":劍(剑)　欽(钦)　驗(验)　險(险)

《同文通考·省文》:"僉(セン、シチ)、亼,亼(セン)也,并同。凡从亼者,如险、检、验、敛、剑等从僉、从亼,并非。"

"柬"部件作"東":諫(谏)

《同文通考·省文》:"煉(レン),煉也。如拣、炼等从東,并非。"

"番"部件作"畨":蕃(蕃)　幡(幡)　燔(燔)。"畨"为"番"的隶变字。

《五经文字》卷上:"番畨:上《说文》,下经典相承隶省,凡潘、蕃之类皆从畨。"《同文通考·省文》:"畨(ハン),番也。凡从番字如蟠、翻等从畨,并非。"

"兑"部件作"兊":稅(税)　說(说)　悅(悦)　脫(脱)
"臾"部件作"叓":楲(椴)　庾(庾)
"黽"部件作"䵷"或"黾":蠅(蝇)　鼈(鳖)
"虍"部件作"卢":虎(虎)　滹(滹)　虞(虞)　虡(虡)　處(处)
"肃"部件作"肃":肃(肃)　萧(萧)

《同文通考·省文》:"肃(シュク)肅也。凡从肅字从肃。从隶,并非。"

第二章 翰墨《毛诗》

"区"部件作"區":驅(驱)　漚(沤)　饇(饫)

　　《同文通考·省文》:"區(ク、マチマチ)、区(ク、マチマチ),并同。凡从區字如歐(ヲフ、チマタ)、鷗、樞、驅等从區、从区,并非。"

"喿"部件作"杲":操(操)　藻(藻)

　　《同文通考·省文》:"喿(サウ)、杲,喿也。并同。凡从喿字,如操、繰、澡、藻等从喿、从杲,并非。"

"愛"部件作"爱":爱(愛)
"亶"部件作"亶":亶(亶)　鱣(鱣)　檀(檀)

　　《同文通考·讹字》:"壇(タン),壇也。凡从亶字如檀、鸇等从亶,并非。"

"飛"部件作"飞":飞(飛)

　　《同文通考·省文》:"飞(トフ),飛也。凡从飛字从飞,并非。"

"厉"部件作"厉":厉(厉)

　　《同文通考·省文》:"厉(レイ),属也。凡从属字,如勵、礪、蠣、糲等皆从厉,并非。"

"卢"部件作"户":庐(庐)

　　《同文通考·省文》:"炉,爐也。凡从盧字如廬、蘆、臚、艫等从户,并非。"

"县"部件作"縣":縣(縣)　懸(懸)

《同文通考·省文》:"縣(アガタ),縣也。"

"忧"部件作"爱":爱(忧)　優(优)
"戀"部件作"亦":变(變)　娈(孌)　蛮(蠻)　鸾(鸞)

《同文通考·省文》:"变,變也。凡从戀字,如峦、弯、恋、蛮、銮、鸾等从亦,并非。"

"雚"部件作"雈":勸(勸)　覲(觀)　歡(歡)　權(權)　灌(灌)

《同文通考·省文》:"雈(クン),雚也。奮,同上。凡从雚字,如欢、权、灌等从雈、从奮,并非。"

雈则为雚的二次简化。

敦煌俗字中常见的偏旁混用现象,在甲本中屡见。如"敝""敵"相混,"日""月"相混(如"能"作"能","謂"作"謂"),甲本还有一些讹别字也值得注意,如"承"误作"羕"(ウケ),"烝"误作"蒸","盖"误作"蓋","廥"误作"瘤",皆为增笔而讹。"降"误作"降","隆"作"隆",或为与"际"字类化而来。

"品"型字,即三个同样部件以上一下二的方式排列时,以"ㄨ"省代。如下数例:

"桑"作"桒"。《南山有台》:"南山有桒,北山有杨。"

"藁"作"藁"。《绵》:"捄之陾陾,度之薨薨。"传:"捄,藁也。"

"壘"作"壘"。《蓼莪》:"缾之罄矣,维壘之耻。"传:"缾小而壘大。"

"琄"作"琄"。《瞻彼洛矣》:"君子至止,鞸琄有珌。"传:"……士琄琄而珌玼也。"

"酬"作"酬"。《宾之初筵》:"其未醉止,威仪反反。曰既醉止,威仪幡幡。舍其坐迁,屡舞僊僊。"笺云:"此言宾初即筵之时,能自敕戒以礼;至于旅酬而小人态出……"

《宾之初筵》:"三爵不识,矧敢多又。"笺云:"……献也,酬也,酢也。""酬"简化为"酬",实可视为两步走来:"酬"字右边的"州"字俗字作"ㄗㄗ"。见敦煌文献 P.3666《燕子赋》:"撩瞻(檐)噤(擒)去,须臾到ㄗㄗ。"

"羽"字被视为三个"习"的横向排列,出于美观考虑,位移作"品"型字,也就是说第一步完成了位移字"㗊",而后其中的下半部分被代之以"乂",便有了"叕"的写法,"酸"正是"酉"字旁与"叕"组合的结果。

四、通过"门内文字"解密乙本引证原典

长泽规矩也所撰《足利学校贵重特别书目解题》著录足利乙本,谓其书写九行二十字,有"敬复斋"的墨印,上层有传为九华、三要之墨迹,共十册,每册末有庆长二十年第十世龙派禅珠大同小异的题记。长泽规矩也还详录了各册题记。①

据长泽规矩也的说法,相传足利乙本上层为九华、三要所书。九华,即九华瑞玛,是足利学校第七代庠主(校长)玉岗瑞玛(1500—1578)在足利学校时的学名。九华是战国织丰时代的临济宗僧人,1550年始担任足利学校庠主,致力于复兴因战乱而衰败的足利学校教育。三要,即该校第九代庠主三要元佶。三要,又名闲室元佶(1548—1612),是活跃于安土桃山时代至江户初期的临济宗僧人,号闲室。称佶长老、闲室和尚。前后两位足利学校校长,均精通儒学、兵学。足利乙本是否确为两人所书,到底是谁书写的,虽难确考,也有可能只不过是一种附会。不过,身为临济宗的僧人,既与武家关系密切,而又讲习儒学,钻研诗学,也颇能看出那一时期《毛诗》传播者的特点。特别是闲室,在德川家康统治畿内时期曾在伏见圆光寺主持儒家典籍的印制,对近世初期文教事业贡献良多,本写本的"敬复斋"印正是他的藏书印,这个写本与他的关系耐人寻味。

各册题记大体相同。如第四册后题记"下野州足利学校常住洛之相国卜隐轩主心甫传西堂寄附、庆长二十稔乙卯上巳后二日董席铁子叟寒松埜衲龙派禅珠志焉"。这里记载了两件事,一是本写本的来历,是由谁捐赠的。"寄附",意为捐赠。野州,是足利学校所在地下野国(今栃木县)的中国式略称。根据上述题记,这一写本是僧人心甫所捐赠的。有关心甫的史料很少,根据《寒松稿》卷十三的记载,心甫为肥前小城郡三岳寺的僧人,是足利学校九代庠主闲室的弟子。②

---

① [日]長澤規矩也『長澤規矩也著作集』第四卷、東京:汲古書院、1983年、第305頁。
② [日]足利衍述『鎌倉室町時代之儒教』、第655頁。

二是什么时候、由谁写下题记的。题记是龙派禅珠（1549—1639）所书，龙派禅珠乃室町末期至江户初期的临济宗僧人，他继承所谓奇文禅才之法，于1602年始任足利学校庠主，1610年任镰仓建长寺住持。① 这个写本的题记都是他在庆长二十年，即1615年写下的。龙派禅珠号寒松，又号铁子，故题记中或自称"铁子叟寒松埜（野）衲"，或自称"寒松埜释"，或称"寒松叟"，均无大异。

《考文》中的"考异"部分，是山井鼎、物观用足利古本与宋本校勘的校记。该书"凡例"解释"考异"的内容说："字若句有所异而莫能识其孰可者，两存以广异闻也。但经文及注以古本为主，疏以宋板为主，以其多异同出入者为主也。"② 但"考异"中提到足利本，只言"古本"，而未分甲本、乙本，根据笔者比较，"考异"中有关文字异同的校记出自乙本者，大大多于出自甲本者，因而，对乙本的研究很值得重视。

根据乙本中的题记，可以知道这是庆长二十年由心甫捐赠给足利学校的。庆长二十年即1615年，所以这个写本是在此以前书写的。本文特就乙本文字加以考察，以厘清16世纪中日两国《诗经》学术交流的线索，并为构建汉字写本学提供资料贮备。

从平安时代起，《诗经》写本就有一些文字，是只有明经道的博士家才使用的，如日本国宝大念佛寺藏《毛诗郑笺残卷》中以"イ"来表示毛传的"传"字，以"ケ"来表示郑笺的"笺"字③，这种含义只有在经部写本中才呈现出来，它们应该归于明经道博士家自创和自用的"门内文字"。

平安时代直到室町时代经部写本的文字特点是"门内文字"与"门外文字"交叉。所谓"门外文字"就是当时通行的一般文字，所谓"门内文字"就是博士家学习和传授经学师生内部使用的文字。前者只要研究当时各种写本就可以懂得，而后者则需要钻研博士家的写本（或称抄本）才能读懂，它们就像门内约定俗成的暗号，解决的是经书的阅读问题。我们只有读懂了这两方面的文字，才能理解写本的全部信息。

以下主要依照乙本"门内文字"的解读，首先分析一下乙本对中国《诗经》文献的引用，考察哪些中国诗经学著述曾经影响过当时的博士家的

---

① ［日］足利衍述『鎌倉室町時代之儒教』，第628页。
② 《景印文渊阁四库全书》第190册，1986年，第4页。
③ 王晓平《日本汉籍古写本俗字研究与敦煌俗字研究的一致性——以日本国宝〈毛诗郑笺残卷〉为中心》，载《敦煌研究》2010年第1期。

《诗经》研究。

(1)《毛诗正义》。乙本卷十七《生民之什》目录后有题记："本行注以《正义》本印板一挍了"，表明该写本曾用《毛诗正义》做过校勘。乙本栏上与栏外有不少抄录《毛诗正义》的文字，以"正戈（义）云"或"正丨（"义"字的省代号）云"为标记，用"正戈"或"正"右侧有竖线"丨"标出此乃书名。显然，这个写本是用孔颖达《毛诗正义》单疏本来对《毛诗郑笺》校勘过的本子。

(2)《诗传通释》。《墓门》一诗栏上注："通尺云，墓门，凶（幽）僻之地，多生荆棘。"这里的"通尺"，即"通释"，乃指元代刘瑾《诗传通释》二十卷，该书大旨在于发明《集传》，与辅广《诗童子问》相近。《四库全书总目》对比两书称："广书皆循文演义，故所驳惟训解之辞，瑾书兼辨订故实，故所驳多考证之语。"在指出《通释》"征实之学不足"的同时，也正面肯定了它"研究义理究有渊源，议论亦颇笃实，于诗人美刺之旨，尚有所发明，未可径废"。瞿镛《铁琴铜剑楼藏书目》评其书曰："此书专宗《集传》，博采众说以证明之，其所辑录诸家，互相援引，习见者多，惟李宝之、刘辰翁为诸家所未及。诸序辩说……分列各章之后，其为例亦独殊。"《通释》是室町时代博士家十分看重的一部著述。

(3)《直言旁训毛诗句解》。《墓门》一诗栏上注有引《句解》的文字，《句解》当指元代李公凯《直言旁训毛诗句解》，该书国家图书馆藏元刻本，并有国家图书馆出版社2005年影印本。

(4)《诗传注疏》。《墓门》一诗栏上还有引录谢迭山《诗传注疏》的一条。是直接引述，还是转引，不详。

(5)《吕氏家塾读诗记》。《灵台》五章栏上注引《诗记》，即吕祖谦《吕氏家塾读诗记》。

(6)《诗集传》。在这个抄本中还多见"亲"与"全"两种引用书名，它们是指什么书呢？根据笔者考证，这当分别是指朱熹的《诗集传》和胡广的《诗经大全》。

先看"亲"字。这个写本有用"新注""新云"以引用朱熹《诗集传》之说。《棠棣》上栏有这样一段话：

> 新注曰：此诗首章，略言至亲莫如兄弟之意，次章乃以意外不测之事言之，以明兄弟之情，其切如此。三章但言急难（难），则浅于死丧

矣。至于四章,则又以其情意之甚薄,而犹有所不巨(能)已者言之。

"新注曰"以下,抄录的正是朱熹《诗集传》中《棠棣》诗后的分析。当时博士家将朱熹《诗集传》称为"新注",以与汉唐旧注相对。"新注曰"正反映的是这种习惯。由于书写者需要反复引用,不断提及书名不胜烦琐,于是便希图简化书写,正像清原宣贤等将"传"少写半边简化为"亻"。"笺"少写下部简化为"ケ"一样,足利乙本中"新"字少写半边写成"亲"。这种推测是否正确,兹举数例加以验证。

《鹿鸣之什诂训传第十六》首页栏上注:"亲注:雅者正也。正籴(乐)之歌也。其篇本有大小之殊,而先儒说又各有正变之别。以今考之,正小雅燕飨之籴(乐)也。正大雅会朝之籴(乐),受厘陈戒之辞也。故或欢欣和说,以尽群下之情,或恭敬齐庄,以发先王之恁(德)。词气(气)不同,音节亦异,多周公制作旸(时)所定也。及其变也,则夏(事)未必同,而各以其古(声)附之。其次序旸(时)世,则有不可考者也。"此段文字出自朱熹《诗集传》,只有个别字不同。末尾一句《诗集传》"也"字作"矣"。

由此可证"亲"乃"新"字之省代字。指新注,即宋人之注,相对于汉唐旧注而言,也是新传到日本的注释。"亲"字左侧有时以竖线表示书名。以此验之其余各处"亲云"引文,无不合。如:

《四牡》"翩翩者鵻,载飞载下",栏上有注:"亲:鵻,夫不也。今鹁鸠也。凡鸟之短尾者,皆鵻属。将,养也。"此句出《诗集传》。

《皇皇者华》:"駪駪征夫,每怀靡及。"栏上注:"亲:征夫,侍臣及其属也。"此句出《诗集传》。

(7)《诗经大全》。在甲本的栏外注中,多出现"全云"字样。"全"字右侧多有竖线,当为书名号。如《皇皇者华》:"我马维骆,六辔沃若。"栏上注:"全:沃若犹如濡。"右侧栏外注:"全云:辅氏曰,每悢(怀)靡及者,心也。诹、谋、度、询、者,事也,有是心则有是事矣。"那么,"全"是指什么书呢?

考《板》:"先民有言,询于刍荛。"栏外注引用了《大全》:"《孟子》二卷,《大全》云:刍,音初。荛,音饶。""孟子""大全"字右侧皆有竖线,标明其为书名。《大全》指《诗经大全》一书,当无疑义。《诗经大全》(一名《诗传大全》或《诗集传大全》,以下简称《大全》),胡广等奉敕撰。《五经大全》之一。成于永乐十三年(1415),颁行天下,成为明代科举考试的标准书之一。此书主要取材于元刘瑾《诗传通释》,去其冗蔓,改"瑾按"二字为"刘氏曰"三字。又稍变其体例,刘书以《小序》分隶于各篇,此书依朱熹《诗集传》原例将《小序》合为一篇,冠于卷首。自元延祐二年(1315),定朱熹《诗集传》为科举考试的定本,明沿元制,百年后复位朱传为功令,于是影响有明一代。

如果以上有关《诗经大全》的考证不误的话,那么就可以得出以下结论:

(1)《诗经大全》成书于永乐十三年(1415),按照当时的交通情况,传入日本并达到东部地区,形成一定影响,至少需要50年时间。依照江户时代学者的说法,日本的学风大抵追随200年前的中国,我们无论怎样短估《大全》传入日本所需时间,也不会比50年更短。这样看来,这个写本最早书写于15世纪后半叶,而不会在此之前。

(2)《四库全书总目》说:"有元一代之说诗者,无非朱传之笺疏,至延祐行科举法,遂定为功令,而明制因之。"《诗经大全》随之而影响扩大。这个写本很可能是受到明代风气的影响,才把《大全》摆在重要的地位。据榊原所藏文书,1439年,上杉宪实修建下野国足利学校,纳《五经注疏》。又据《鹿苑日录》记载,1499年,实隆向东福寺欢西堂借用《毛诗大全》三册。①《毛诗大全》极有可能就是《诗经大全》,那么这将是日本史料中有关《大全》的最早记载。综上所述,足利乙本书写的上限当为15世纪后半叶,下限则为17世纪初。室町时代一般是指足利尊于1336年在室町建立幕府到最后北朝统一南北朝的1573年,日本学者判定其书写为室町末年,应该说是可信的。

(3)在这个室町末年书写的《毛诗郑笺》之中,既有根据《毛诗正义》所作的解释,也有朱熹《诗集传》的新说,还引用了《大全》的说解。它不仅是《经》《传》《笺》的正文(课本),而且把重点也放在诗意的理解上,很像是博士讲《诗》的笔记或备课札记,这与甲本不同。

由此我们不难发现,在江户时代之前,《诗集传》和《诗经大全》便已经成为博士家讲授《诗经》的重要参考文献,这为江户时代朱子学进一步被尊为官学之后《诗集传》几乎遮蔽《毛诗郑笺》与《毛诗注疏》而安享独尊地位的盛况埋下了伏笔。认读写本文字是解读这一段学术交流史的第一步,

---

① 斯文會編『日本漢學年表』、東京:大修館書店、1977年、第29頁。

而那些"门内文字"恰是写本中最为关键的部分。

五、乙本文字符号的特点

在足利乙本中,有改行号"へ"(表示另起一行)和两种重文号"="和"ㄣ"值得注意。后者如《湛露》:"湛ㄣ露斯,在彼丰草。厌ㄣ夜饮,在宗载考。"顿点用于句末,也是栏外注的一个特点。乙本中还有一个常见的省代字"亠",用于注音。"亠"也是"门内文字"。

足利乙本的文字特点,可以概括为以下三点:

首先,折射了日本学者对中国古代文字的历史记忆。乙本中的古字有叓(事)、屮(草)、屵等。"岁"作"屵"。"正戈曰:于文王有所识,则不过二三屵也。《大戴礼》称文王十三生伯夷考,十五生武王,发明大姒之小于文王才二三屵耳。"因此,"岁"部件也作"屵"。"翙"作"翺"。《卷阿》:"凤凰于飞,翺=其羽,亦集爰止。"笺云:"凤凰徃飞翺=然。"《卷阿》:"凤凰于飞,翺=其羽,亦傅于天。"

乙本文字的"存古"现象,可能反映了博士家古本的原来面貌。

"时"作"旹"。《文王有声》:"丰水东注,维禹之绩。"笺云:"昔尧之旹,而丰水亦泛滥。""旹"是古字。《说文解字》:"旹,古文时,从日之作。"段玉裁《说文解字注》:"之,声也。小篆从寺,寺亦声也。汉隶亦有用旹者。""诗"作"訨"。"陈宛丘诂训传才十二　毛訨国风　郑氏笺　鱼藻之什诂训传第二十二　毛訨小雅　郑氏笺。"《说文解字》:"訨,古文诗省。"段玉裁《说文解字注》:"左从古文言,右从之省寸。"除了古本影响之外,书写者的癖好也是保存这种古字的原因。

其次,写本折射了宋明时代的文字面貌。张涌泉《汉语俗字研究》谈到"能"在宋明时代俗写为"㠯"的情形,他说:"又宋元以来俗书能旁多书作㠯,如态俗作㤟,摆俗作㧐(并见《京本通俗小说》)甚而能字俗亦作㠯。见《京本通俗小说·菩萨蛮》:敝寺僧多,座下有甲、乙、丙、丁、戊、己、庚、辛、壬、癸十个侍者,皆㠯作诗。"① "能"作"㠯",乙本中"㠯"字多次出现,如《皇矣》:"维此王季,因心则友;则友其兄,载笃其庆。"笺云:"……大伯以让为功美,王季乃㠯厚明之,使传世称之,亦其㤟(德)也。" "能"作"㠯"。

---

① 张涌泉《汉语俗字研究》,商务印书馆,2010年,第80页。

第二章　翰墨《毛诗》

乙本中出现古字和六朝唐代至宋明俗字甚多。在这些写法中，只有少数属于增添笔画的所谓"繁化字"，数目最多的是减少笔画的"简化字"。因此，下面着重对简化的方式举例归纳分析。

（1）简笔代换，即用简便的部件代替繁复的部件。

如以点代"口"。"句"作"勺"。"陈国十篇二十六章百二十四勺。""叟"作"叟"。《生民》:"或春或揄，或簸或蹂。释之叟（叟）叟，蒸之浮浮。"

"圣"字作"圣"。如《板》："靡圣管管，不实于亶。"《下武》："继文也。武王有圣德，复受天命，能昭先人之功焉。"《桑柔》："维此圣人，瞻言百里；维彼愚人，覆狂以喜。""圣"部件也作"圣"。《皇矣》："启之辟之，其柽其椐。"

"龙"作"竜"。"龙"部件也作"竜"。"宠"作"竉"。《蓼萧》："既见君子，为竜为光。"《传》："竜，竉也。""袭"作"襲"。《公刘》："其军三单，度其原隰。"《传》："三单，相襲也。"

（2）符号代替，一符多用，简省笔画。

张涌泉列举的符号有"文""米""刂""卜""又""⻀""ﾞ""ノ"数种，在足利学校《毛诗郑笺》古本中，除了"卜"尚未见到之外，其余几种省笔符号乙本都有使用，其中"⻀"使用较多，而且使用方式也有扩展，另外还有以上没有提到的省略号。以上现就"⻀"用法的扩大化予以说明，而后再介绍几种新符号。

【⻀】相同偏旁上下重叠时，下一偏旁俗书往往用两点表示省略，如乙本中"讒"作"讒"。"《角弓》，父兄刺幽（幽）王也。不亲九族而好谗佞，骨肉相怨，故作是诗也。"

"⻀"代"米"。"氣"作"气"。《荡》："文王曰咨，咨汝殷商，曾然于中国。"笺云："曾然，自矜气健之皃也。"

"⻀"代"巴"。"卷"作"卷"。《都人士》："彼都人士，垂带而厉。彼君子女，卷发如虿。"《都人士》："匪伊垂之带，则有余，匪伊卷之发，则有旟。"

"⻀"代"日"。"暮"作"莫"。《抑》："民之靡盈，夙知而莫成。"《传》："莫，晚也。""谓"作"谓"。这是因为"谓"俗作"谓"，故以"⻀"代换"日"后，即为此。《绵蛮》："道之云远，我劳如何？饮之食之，教之诲之。命（命）彼后车，谓之载之。""渭"作"渭"。《大明》："在洽之阳，在渭之涘。"传："洽，水也。渭，水也。"

"曹"作"曺"。 《下泉》,思治也。曺人疾共公侵刻其下民,不得其所,忧而思明王贤伯也。"

"會"作"㑹"。 《东门之枌》:"……男女弃其旧业,亟㑹于道路,歌舞于市井尔。"

"曾"作"曽"。 《荡》:"皋々訩々,曽不知其玷。"笺云:"玷,缺也。王政已大坏,小人在位,曽不知大道之缺。"《行苇》:"曽孙维主,酒醴维醽。"

"憎"作"憯"。《皇矣》:"上帝耆之,憯其式廓。乃眷西顾,此维于宅。"笺云:"耆。老也。天须假此二周养之至老,犹不变改,憯其中所用为恶者侵大,乃眷然运观四顾,见文王之德而与之居,言天意常在文王所也。"

【二】两横可代"口"。

"句"作"勾"。 《南有嘉鱼》:"君子有酒,嘉宾式燕以乐。"《释文》:"乐(乐)音洛,悇勾(句)五教反。"

两横可代"日"。 如"复"作"㞢"。《绵》:"古公亶父,陶㞢陶穴,未有家室。""履"作"屡"。《白华》:"有扁之石,屡之卑兮。"《生民》:"屡帝武敏歆,攸介攸止。载震载夙,载生载育,时维后稷。""覆"作"覄",《生民》:"诞寘之寒冰,鸟覄翼之。"传:"大鸟来,一翼覄之,以一翼藉之,人收取之。"

【乂】"乂"用于代换"品型字"的下部。

"攝"作"摂"。 《既醉》:"朋友攸摂,摂以威仪。"

"蟲"作"蚤""蚤"。 《出车》:"喓喓草蚤,趯趯阜螽。"《桑柔》:"嗟尔朋友,予岂不知而作？如彼飞蚤,时不弋获。"《云汉》:"旱既大甚。蕴隆蚤々。"

"脇"作"胢",亦作"胶"。 《抑》:"视尔友君子,辑柔尔颜,不遐有愆。"笺云:"柔,安。遐,远也。今视女之诸侯及卿大夫皆胢肩谄笑,以和安汝之颜色……"栏下注:"胶,正戈云:胎,本又作胶。"

"壘"作"圼"。 《泂酌》:"泂酌彼行潦,挹彼注兹,可以濯罍(罍)。"传:"濯,涤也。罍,祭器也。"

"櫐"作"纍"。 《南有嘉鱼》:"南有樛木,甘瓠纍(累)之。"

"虆"作"蔂"。 《绵》:"捄之陾陾,度之薨薨。"传:"捄,蔂也。""罍"作"垒"。《泂酌》:"泂酌彼行潦,挹彼注兹,可以濯垒。"

"鬷"作"臭"。《抑》:"内臭于中国,覃及鬼(鬼)方。"

"協"作"恊"。 《南有嘉鱼》:"君子有酒,嘉宾式燕以乐。"《释文》:

"㑣(乐)音洛,悷匀(句)五教反。"

"姦"作"爻"。《荡》:"流言以对,攘寇式内。"笺云:"王若问之,则又以对寇盗攘窃为爻宄,而王信之,使用夏(事)于内。"

"州"作"刕"。《蓼萧》:"泽及四海也。"序:"国在九刕(州)之外",《虞臣(书)》曰:"刕(州)有二师,外四海咸建五长也。"

"酬"作"酡"。《行苇》:"或献或酢,洗爵奠斝。"笺云:"主人洗爵酡客,客受而奠之部举也。"

【文】"举"作"䇿"。张涌泉《汉语俗字研究》谈道:"䇿"即"举"的简化俗字(上部的"文"为简化符号,"誉"俗字作"䛟",是其比),宋元以后写刻本古籍中经见。① 乙本"举"多作"䇿"。《烝民》:"人亦有言,德如輶毛。民鲜克䇿之。我仪图之。"《烝民》:"维仲山甫䇿之,爱莫助之。"

【夕】"夕"用于省代部件组合"巛"。

"樂"作"朶"。《鱼藻》:"刺幽(幽)王也,言万物失其性,王居镐京,将不能以自朶,故君子思古之武王焉。"《抑》:"昊天孔昭,我生靡朶,视尔梦梦,我心惨惨。"《韩奕》:"孔朶韩土,山泽吁吁。"新井白石《同文通考·省文》:"楽(カク、ラク),樂也。朶,同上,凡从乐字,如药、栎等从楽、从朶,并非。"乙本中"乐"部件作"朶"者甚多。如:

"瘵"作"㾰"。《横门》:"泌水洋洋,可以疗疾。"栏上注引正义:"案《说文》云:㾰,治也。疗或㾰字也。""正义云:朶本又作㾰。""药"作"茱"。《板》:"多将熇熇,不可救茱。""烁"作"㷫"。《桑柔》:"将采其刘,瘼此下民。"传:"刘,爆㷫(烁)而希也。"栏下注:"爆㷫(烁):叶之稀疏也。"

(3)字形构件比较繁杂的字,省略表面上看来不那么重要的构件。

"义"作"戈"。"正义"作"正戈"。"仪"作"伐"。《民劳》:"近慎威伐,以近有德。"传:"求近有佗也。"《板》:"威伐卒迷,善人载尸。"《抑》:"慎尔出话,敬尔威伐,无不柔嘉。"

(4)字写半边,以"偏"代全。

从正字的角度看,也可以说是残缺字。"雅"作"牙"。《韩奕》:"有熊有黑,有猫有虎。"栏上注:"《尔牙》曰虎窃毛曰戲。"《抑》:"借曰未知,亦聿既耄。"栏上注:"笺、传皆不解聿之戈(义)。《尔牙》训聿为述也,亦为自

---

① 张涌泉《汉语俗字研究》,第175页。

也。《绵》笺以聿为自,以此宜从自。"此为录正义原文。以上两例,"尔牙"皆为"尔雅"之省。"或"省作"戈","作"省作"乍"。《荡》:"投我以桃,报之以李。"《笺》云:"……投犹掷也。"栏上注:"掷戈乍摘,直亦(赤)反。""戈乍",即"或作"。

(5) 借用省笔字。

"德"作"㥁"。《大明》,文王有明㥁,故天复命武王也。传:"二垩相羡,日以广大,故明也。""文定厥祥,言大姒之有文㥁也。"《皇矣》:"维此王季,帝度其心。貊其德音,其㥁克明。"《皇矣》:"帝谓文王,予怀明㥁,不大声以色。"《抑》:"无言不雠,无㥁不报,惠于朋友,庶民小子。"

(6) 草书楷化。

"也"作"丫"。《民劳》:"我即尔谋,听我嚣嚣。"栏上注:"釈训:嚣嚣,傲丫。""傲丫",即"傲也"。"第"作"才"。"陈宛丘诂训传才十二　毛訳国风　郑氏笺　鱼藻之什诂训传第二十二　毛訳小雅　郑氏笺"。"楚"作"㚿"。《隰有苌楚》:"隰有苌楚,猗傩其枝。"《蜉蝣》:"蜉蝣之羽,衣裳㚿㚿。""柬"旁作"東"。"谏"作"諌"。《民劳》:"王欲玉汝,是用大諌。"《板》:"犹之未远,是用大諌。"

(7) 音近替代。

"释"与"尺"日语皆读作"シャク"。"睪"部件作"尺"。"释"作"尺"。《墓门》一诗栏上注:"通尺云,墓门,凶(幽)僻之地,多生活荆棘。""释"作"釈"。一八四页栏上注:"釈训:嚣嚣,傲丫(也)。"《生民》:"或舂或揄,或簸或蹂。釈之叟(溲)叟,蒸之浮浮。"

"择"作"択"。《皇矣》:"王此大邦,克顺克比。"传:"慈和徧服曰顺,择善而从曰比。"

"泽"作"沢"。《韩奕》:"孔乐韩土,山沢吁吁。"

"穫"作"荻"。《七月》:"八月其获,十月陨荻。"

"绎"作"紀"。《板》:"辞之辑矣,民之洽矣;民之紀矣,民之莫矣。"

"释"作"尸"。这是有将"尺"再次简化,减去一笔。《抑》:"荏染柔木,言缗之丝。"栏上注:"《尸言》云:'缗,纶也。'纶则绳之名。言缗之丝,正谓以丝为绳,被之于木,故云缗被,不训缗为被。"此为抄录正义语。其中的《尸言》,即《释言》。

六、从敦煌写本研究走向汉字写本学

乙本的大量俗字,与宋明俗字相同,也与朝鲜李朝汉文小说中的文字生态具有很多共同点,如多用古字,夹杂草书或者快书连笔写法,保留大量六朝、唐代直至宋明时代俗字写法等。它们都是研究包括俗字在内的中国文字在域外传播演化的宝贵文献。

乙本中有大量简化俗字,都可以在朝鲜李朝汉文小说中见到,特别是两者简化类型大体相同。例如,不少俗字采用了保留主体或字形轮廓而省略其中某些部分的写法。

【難】【㳃】"难"作"難"。乃省略左边中间部分而成。这在足利乙本中多见。《桑柔》:"其何能淑?载胥及溺。"笺云:"淑,善。胥,相。及,与。女若云此于政事,何能善乎?则女君臣相与陷溺于祸難也。"《大明》:"天難忱斯,不易(易)维王。"《笺》云:"天之意難信矣,不可改易者,天子也。""難"左边还可进一步简省而作"難",见《棠棣》栏上所引新注:"三章但言急難"和栏外所引正义"今在于急難之中"。这种简化方式用在"漢"字上,"漢"省作"㳃"。《云汉》,仍叔美宣王也。"《云汉》首章栏上注:"云㳃,天河也。自此至《常武》之六篇,宣王之变大雅。"

"难"字的这些写法,源于宋元俗字,①也多见于朝鲜李朝汉文小说。《兔公传》:"大王之病,深入骨髓,已成痼疾,虽越人之手,三山之药,必无寸效而難医。""此亦不難,但瞑目半饷,即当遂愿。""玉皇览毕,与诸仙杂议,莫敢難。"②

以上列举的乙本中的俗字,有些见于《宋元以来俗字谱》,也有一些是日本常见而在中国罕见甚至可能没有的写法。例如所谓"品型字"。"⩞"在内汉字中,这一部件出现频率不高,仅见于"皋""嗥""嗥""皞""皞""獔""暭""暭"等字中,而在乙本中颇多见。

江户时代新井白石所著《同文通考》是日本汉字研究的嚆矢,成书于日本正德年间。书中虽然没有使用"品型字"这样的说法,但对这类字多

---

① 刘复、李家瑞编《宋元以来俗字谱》,国立"中央"研究院历史语言研究所,1930年,第103页。

② [韩]金起東『筆寫本古典小說全集』第六卷、首爾:亞細亞文化社、1980年、第385頁。

有涉及。在该书《字考》部分，设置了"讹字"一项："本朝俗书讹字极多，不胜尽载"，收入"屒（セン），屐也。潹作滱（セン），并非。"又设"省文"一项，谈到："本朝俗字，一从简省，遂致乖谬者亦多。"其中分散收录了以下的字：

　　品（ヒン、オン、シナ）、呆（（ヒン、オン、シナ），品也。并同。凡从品字如區、蕚等从品、从呆，并非。

　　杲（サウ）、呆，杲也。并同。凡从杲字如操、繰、澡、藻等从杲、从呆，并非。

　　叐、歼，歼也。

　　炏（エン），焱（タチマチ）也。

　　畀（ルイ），畾也。凡從畾字如藟，櫑，壘，疊等從畀，并非。

　　綴（セツ），綴也。凡從叕（セツ）字如畷、錣等從叕，并非。

　　㕞（セツ），轟也。凡从轟字如攝、鎑等从㕞，并非。

　　胠（ヶフ、ワキ），脇也。悏亦从夾，并非。

　　苁（シャ）、荽（スイ），蕤。蕤俗蕊字。蘂、蘂、茮。并同。

　　曳（チウ），蟲也。

　　貝（ヒイ），贔也。

　　裏（卜、ロク），轟也。

　　有并非典型的"品型字"的，受到这种简化方式的影响也用这种方式来简化。如，"讹字"中列举的"兂（キ、イクハク），羌也。兂古幾字，如機、饑等从兂，并非"。该书所设"误用"一项，收录"本朝俗书，凡字形近似、谬写他字者"，其中收录了"刕（シウ），俗州字。〇刕，音离，割也"。以上皆引自早稻田大学藏写本《同文通考》。

　　上面这些写法多出现在乙本中，在朝鲜李朝汉文小说中也有一些。由此可以看出中日韩汉字交流的一个侧面。从起源来讲，"ㄨㄑ"虽然出自中国古字，但在日韩两国扩大了适用范围，广泛用于简化同类部件的写法中。这或许是因为域外的学人对汉字的繁难感受更深，书写中简省笔画的要求也更为迫切的缘故吧。

　　"品型字"写作"ㄨㄑ"保存在现代日语中的例子是"渋"字。在朝鲜李朝汉文小说里"ㄨㄑ"广泛用于"品型字"当中。如悏（悏）、裏（聾）、壨（壘）、盅

（蠱）（均见《鼠狱传》）、摄（攝）、唛（囑，见《红白花传》）、叠（疊，见《壬辰录》）等。如"天威震叠，无望生全，幸赖吕相之力，救得益生与万死"（《红白花传》）。还有进一步把这种符号扩展到两个相同的部件的情况，如"谗"作"譏"，"羁臣怨譏，久冒玷玉之诮"。"饞"作"饞"，"饥不饞于肥毛，宗元义而着说；病见丑于俗眼，子美悲而作诗"。"残杯以充饞欲。""辦"作"冰"，"鹑鸠则其性甚拙，何事可冰？"（以上均见《鼠狱传》）

中国使用的汉字和域外汉字，同归六书，形貌大同，相通性质大于差异性，各国汉字都具有内汉字族、近缘汉字族、仿汉字族以及相关的非汉字元号族，构成了一个同心圆，中国汉字在中间，日、韩、越汉字在周边。有了这样一个整体的概念，今后我们便可以分门别类总结规律，深入探讨。从各地区汉字的共同点之多来说，可谓"汉字一家亲"；而从各地区汉字的相异性来说，又可谓"各有一门庭"，我们需要的是对每一门庭的深知与精通。

由于写本是各国文化"寻根"的重要依据，近年来西方写本学方兴未艾，而汉字写本这一罕见文献宝库的研究任重道远，其成果备受国际学界瞩目。我们应在汉字写本研究中不落人后，展现中国学术实力，切实参与国际学术对话与竞争，并贡献于后代学术。在汉字写本研究数据库中，日藏《毛诗》写本的文献学价值也有待开掘。

第三章
《韩诗外传》

关于《韩诗外传》,《四库提要》说:"王世贞称《外传》引诗以证事,非引事以明诗,其说甚确。"《韩诗外传》虽是讲故事而后引《诗》以证,而非阐述经典的书,但这却是我国传授经典时常用的一种方式,其思维方式甚至影响到说故事的时候,也往往拿出名诗以增强感染力。《外传》其实最看重的是故事,这容易让人以为这些故事与诗歌密不可分,同根同理,其实有时并非如此。利用故事来传播经典,自然会增强趣味性,但也存在将原本没有必然联系的东西生拉硬扯在一起的情形。日本保存的有关《韩诗外传》的资料不多,这里仅举其中两种。

第一节 《群书治要·韩诗外传》

江户时代细井德明(1728—1801)刊行的《群书治要》传入我国,钱大昕《十驾斋养新录》卷下《群书治要》逐次列出全书各卷所收书籍,结尾谈到其书"前有尾张国校督臣细井德民序。题云天明五年乙巳春二月。未知当中国何年也"。钱大昕所见到的,就是所谓天明本。天明五年为1785年。

《群书治要》受到清代学者的重视,研究《韩诗外传》的学者,也用这个本子来与国内各种本子对校,赵怀玉的校和周廷寀的注都很重视《群书治要》中所收录的《韩诗外传》部分的异文,校勘中多有汲取。近代学者许维遹(1905—1951)撰写《韩诗外传》不仅对这两位学者有关引证充分关注,而且自己也对《群书治要》刻本的相关部分细心研读过。由于《群书治要》部分保存了初唐时期《韩诗外传》写本的面貌,所以上述学者利用它纠正了一些后世传本的错误,更重要的是丰富了对唐代以前传本的认知。

不过，这些学者都只能看到刻本，还无缘亲眼看到《群书治要》写本的原貌。宫内厅书陵部藏《群书治要》写本卷八中的《韩诗外传》部分，有清原教隆的训读校勘，这恰是天明刻本所没有完整反映的。《日本诗经古写本刻本汇编》影印的部分，如果与许维遹的《韩诗外传集释》一并研读，就可以对《韩诗外传》在初唐以前的流传有更多的理解。

《群书治要》的编辑目的，主要是为了治国安邦之用，是帝王为确立核心价值观而摘录典籍中的名言名段而编撰的，所以并不顾及原书的完整性，随意删节的情况比比皆是。书中保留了《韩诗外传》中一些很有价值的名言警句，有些至今不乏积极意义，如反对奢华，提倡节俭，主张自控物欲，重视人才等，也包含一些有益的人生哲理。但是，《韩诗外传》毕竟是以解诗为名而成书的，至少是以《诗》中的诗句作为全书的贯穿线的，而《群书治要》摘录的部分有些连诗句都被删去了，引用的只有为数不多的几处诗句。

《群书治要·韩诗外传》的研究，可以从异文开始。原件中多处文字与通行本不同。如第 412、413 行："可以为表仪者，师也。智可以砥砺，行（可，一本）以为辅檠者，人友也。""辅檠"，通行本作"辅弼"。"辅檠"本义为校正弓弩的器具，这里当指对人行为的匡正。汉桓宽《盐铁论·申韩》："是以圣人审于是非，察于治乱，故设明法，陈严刑，防止矫邪，若隐括之正弧剌也。"上引写本此句，赵善诒校云："《治要》《长短经》四皆引'砥'下'砺'字，'砥砺'与'辅弼'相对为文也。又，'弼'，《治要》引作'檠'，《长短经》引作'警'。""警""檠"形近，《长短经》误作"警"。"辅檠""辅弼"意皆通，如果这里只讲朋友对行为的正面影响的话，似以"辅檠"为佳。

第 377、378 行描述祸至时人的表情"干喉焦唇，仰天而叹，庶几乎望天之救也"，通行本作"庶几乎望其安也"。

写本中在校勘时用斜线表示异文或注释，如第 371 行"高墙丰上激下，未必崩也"，"激"字左旁注："微スコシキニスル"，"微"字上有斜线。这说明"激"字当作"微"字。

第 400、401 行中的"原天命则不惑，祸福不惑，祸福不惑则动静循理矣"中的"祸福"，两"祸"字左旁皆有斜线，下写"祸"字，注明写本中的"祸"，即"祸"，"祸"为古字，"祸"为今字。

由于《群书治要》只是节引原书，清原教隆便用流传到日本的本书来做校勘。在校勘中有使用省文（用省略笔画的字来省代笔画繁多的字）的情况,如以"书"的上部来省代"书"字,如第 381、382 行"君独不见鸡乎？头戴冠者,文也；足搏距者,武也",搏字左旁斜线下的"持モナル 本キ",意为《韩诗外传》刻本中作"持"。第 383 行"鸡虽有此五慝,君犹日沦(瀹字之讹)而食之","日沦"二字右侧有两个小圈,左边斜线下注"烹尔本キ",意为《韩诗外传》中此句此二字作"烹尔",全句为"君犹烹尔而食之"。

写本中还用"一本"来注明与该写本不同的异文。如第 412、413 行"智可以砥砺,行以为辅檠","行"字下中有小黑点,表示此处有遗漏,左旁注与"可,一本",意为一本"行"下有"可"字。

有几处还没有得到令人信服的解释。清原教隆用宋代刻本与原有传本校读时,也发现了有些不能解决的问题。如第 431 行"(有)兽名曰娄,更食更候(コウ)",栏上有"候,此字不审"字样,就是表明他对这个"候"字的含意不解。不审,即不详。天明本页作"更食更视",通行本此句作"更食而更视",维遹按:"《治要》引无'而'字,'视'作'候'。"考写本原文作"侯","侯"通"候",迎候之意。《周礼·春官·肆师》:"与祝侯禳于畺及郊。"贾公彦疏:"候者候迎善祥,禳者禳去殃气。"这里的"更食更候",或意为食不分家、轮流守候。第 487 行"(果园梨)栗,后宫妇女以相提挃,而士曾不得一尝",栏上有"挃,此字不审也"。考"挃"读作 dié,意同"揥",投掷之意。《集韵》:"又徒结切,音迭,摘也,与挃同。""挃",《广韵》《集韵》:"并徒结且,音迭,摘也。或作摘。"即"挃"与"摘"同意。"摘",《康熙字典》:"一曰投也。《史记·刺客传》:'荆轲废,乃以匕首摘秦王。'"注:"与揥同。古字耳。《庄子·胠箧》:'摘玉毁珠,小盗不起。'""挃",意同"摘","摘"为"揥"的古字,通行本径改古字"挃"为"揥"。维遹:"《治要》引'揥'作'挃','士'上有'而'字。"注意到《群书治要》刻本与通行本的不同,没有说明"挃""揥"的音异意同的关系。

第 488 行"绫纨绮縠,靡丽于堂,从风而弊",栏上注:"弊,此字不审也。""弊"为"弊"的俗字。敦煌文书斯 6631《辞父母赞文一本》:"汝等久作艰弊,劳力时多。"斯 610《启颜录》:"着故弊衣裳。""弊","弊"。

清原教隆校勘时用字左侧中部的小圆圈或"ヒ"(汉字"非"的日语读音)来表示修正,即表示此字为讹字或衍字,正字则注在字的右侧。他用"音"的半字"立"来标注日语读音。此外,还做了一些标注,表明他对原文的理解。第 388、399 行下栏的"私案:朝云朝廷；伍者,行伍；民者,庶民也",是对"貌美好,不以统朝伍民,而反蛊女从欲"一句中"朝""伍""民"

三字的解释,值得注意的是,通行本作"统朝苤民"。上栏有注"统,宋云,惣也,纪也,他综反",根据清原教隆对其他各数书的标注,这里的"宋"当指"宋韵",即《集韵》,是其全称《大宋重修广韵》的简称。此句的另一处栏上注"蛊ㇴ古,事也","ㇴ"是"音"字的省代字,即"蛊"读如"古"。第 376 行"诸侯交争,人移车驰,汩然祸至",栏上有注:"汩,古没反。丨,没也。又为笔反,水流也。"其中的竖线是省代所释"汩"字。通行本"汩"作"迫",迫、汩形近,汩然状祸之盛,迫然状祸之急,皆通。

今天看来,这些注释所引述的义项也不一定尽符合文中的原意。如第 373 行"草木根荄浅,未必撅也",栏上所引"撅,居越反,《说文》云:'手有所把也'"。"撅",这里当作"拔起"讲。第 529、530 行"于是楚王怉(ハウ)如也"。栏上注"怉王云布绞反,悖也","王"即"玉"字,是《玉篇》的省称。通行本不作"怉",而作"悒"。"包""邑"形近多相乱。该写本因文字而标注训读,如果文字有误,那么训读也就跟着走偏。第 501 行引《诗》"自求伊祜",出《鲁颂·泮水》,"祜"误书为"裕",旁注"ユタカニス",便是为"丰富、富足、宽绰"之意所做标注。

以下为《群书治要·韩诗外传》的繁体正字释录:

```
359  韓詩外傳（前頁）
360  楚莊王聽朝,罷宴。樊姬下堂而迎之,曰:"何罷
361  之宴乎?"莊王曰:"今者聽忠賢之言,無不知飢
362  倦也。"姬曰:"王之所謂忠賢者,諸侯之客與？中
363  國之士與?"莊王曰:"則沈令尹也。"樊姬掩口而
364  笑。王曰:"姬之所笑者,何等也?"姬曰:"妾得侍
365  於王,十有一年矣。然妾未嘗不遣人求美人
366  而進於王也,與妾同列者十人,賢於妾者
367  二人,妾豈不欲擅王之愛,專王之寵哉？不
368  敢以私願蔽衆美也。今沈令尹相楚數
369  年矣,未嘗見進賢而退不肖也,又焉得爲忠
370  賢乎?"莊王以樊姬之言告沈令尹。令尹進孫
371  叔敖。叔敖治楚三年,而楚國霸,樊姬之力也。
372  高牆豐上激下,未必崩也,降雨興,流潦至,
373  則崩必先矣;草木根荄淺,未必撅也,飄風
```

374 興,暴雨墜,則撅必先矣;君子居是國也,不崇
375 仁義,尊其賢臣,以理萬物,未必亡也,一旦有非
376 常之變,諸侯交爭,人趨車馳,泹然禍至,乃
377 始愁憂,乾喉焦唇,仰天而歎,庶幾乎望天
378 之救也,亦晚乎? ○田饒事魯哀公而不見
379 察,謂哀公曰:"臣將去君,黃鵠舉矣!"哀公曰:
380 "何謂也?"田饒曰:"君獨不見夫雞乎? 頭戴冠
381 者,文也;足搏距者,武也;敵在前敢鬥者,勇
382 也;見食相告者,仁也;守夜不失時者,信也。
383 雞雖有此五德,君猶日瀹而食之者,何也? 則
384 以其所從來者近也。夫黃鵠一舉千里,止君
385 園池,食君魚鱉,啄君黍粱,無此五者,君猶
386 貴之者,何也? 以其所從來者遠也。臣將去
387 君,黃鵠舉矣。"哀公曰:"止! 吾書子之言也。"
388 田饒曰:"臣聞食其食者,不毀其器;蔭其樹
389 者,不折其枝。有臣不用,何書其言爲?"遂去
390 之燕,燕以爲相。三年,燕政大平。哀公喟然大
391 息,爲之避寢三月。曰:"不慎其前,而悔其後,
392 何可復得?"   ○孔子曰:"士有五。有執尊貴者,有
393 家富厚者,有資勇悍者,有心智惠者,有
394 貌美好者。有執尊貴不以愛民行義理,
395 而反以暴傲;家富厚不以振窮救不足,而反
396 以侈靡無度;資勇悍不以衛上攻戰,而
397 反以侵淩私鬥;心智惠不以端計教,而反以
398 事奸飾詐;貌美好不以統朝伍民,而反以
399 蠱女從欲。此五者,所謂士失其美質也。
400 ○原天命,治心術,理好惡,適情性,而治道畢
401 矣。原天命則不惑禍福,不惑禍福則動靜
402 循理矣;治心術則不妄喜怒,不妄喜怒則
403 賞罰不阿矣;理好惡則不貪無用,不貪無
404 用則不以物害性矣;適情性則欲不
405 過節,欲不過節則養性知足矣。四

406 者不求於外，不假於人，及諸己而已矣。
407 天設其高，日月成明；地設其厚，而山陵
408 成居。上設其道，而事得序。人有六情，失
409 之則亂，從之和睦，故聖之教其民也，必
410 固其情而節之以禮，必從其欲而制之以義。
411 義簡而備，禮易而法，去情不遠，故民之從命速也。
412 智如原泉，行可以爲表儀者，人師也；智可以砥礪，行可以
413 爲輔榮者，人友也；據法守職，而不敢爲非者，人吏
414 也；當前快意，一呼再諾者，人隸也。故上主以師爲
415 佐，中主以友爲佐，下主以吏爲佐，危亡之主以隸
416 爲佐。欲觀其亡，必由其下。故同明者相見，同聽
417 者相聞，同志者相從。非賢者莫能用賢，故輔
418 佐左右，所任使，有存亡之機，得失之要也，可無慎
419 乎？昔者不出戶而知天下，不窺牖而知天道者，
420 非目能見乎千里之前，非耳能聞乎萬里之外，以
421 己之度度之也，以己之情量之也。己欲衣食焉，亦知天
422 下之欲衣食也；己欲安逸焉，亦知天下之欲安逸
423 也；己有好惡焉，亦知天下有好惡也。此三者，
424 聖王之所以不降席而往天下者也。故君子之
425 道忠恕而已矣。夫飢渴苦血氣，寒暑動肌膚，此四
426 者，民之大害也。大害不除，未可敢御也。四體不掩，則
427 鮮仁人；五臟空虛，則無立士。百姓內不乏食，外不患
428 寒，乃可御以禮矣。藍有青，而絲假之青於藍；地
429 有黃，而絲假之黃於地。藍青地黃，猶可假也；仁義
430 之士，可不假乎哉？東海之魚，名曰鰈，比目而行；北方有
431 獸，名曰婁，更食更候；南方有鳥，名曰兼，比翼飛。
432 夫鳥獸魚鰈猶知假，而況萬乘之主乎？而獨不知
433 比假天下之雄英俊士與之爲伍，則豈不痛哉？故
434 曰：以明扶明，則升於天；以明扶闇，則歸其人。兩瞽
435 相扶，不觸牆木，不陷井穽，則其幸也。福生於無
436 爲，而患生於多欲，故知足然後富從之；德宜君
437 人，然後貴從之。故貴爵而賤德者，雖爲天子，不貴

438 矣；貪物而不知止者，雖有天下，不富矣。夫土地
439 之生物不益，山澤之出財有盡。懷不富之心
440 而求不益之物，扶百倍之欲而求有盡之財，
441 是桀紂之所以失其位也。古者必有命民，民有
442 能敬長憐孤，取舍好讓居事力者，命於其君
443 命，然後得乘飾車並馬；未得命者不得乘，
444 乘皆有罰。故其民雖有餘財侈物而無禮義
445 功德，即無所用其餘財物，故其民皆興仁義而
446 賤財利，賤財利即不爭，不爭即強不淩弱，象不
447 暴寡。是唐虞之所以象典刑，而民莫犯法。民莫
448 犯法，而亂難止矣。○趙王使人於楚，鼓瑟而遣之，
449 曰："必如吾言，慎無失吾言。"使者受命，伏而不
450 起，曰："大王鼓瑟未嘗若今日之悲也。"王曰；"然。瑟
451 固方調。"使者曰："調則可記其柱？"王曰："不可。天
452 有燥濕，弦有緩急，柱有推移，不可記也。"使
453 者曰："臣請借此以喻。楚之去趙也，千有餘里，亦
454 有凶則吊之，吉則賀之，猶柱之有推移，不
455 可記也。故明王之使人也，必慎其所使，既使之，
456 任之以心，不任以辭也。"
457 ○趙簡子有臣曰周舍，立於門下三日三夜。簡
458 子使問之曰："子欲見寡人，何事？"周舍對曰："願
459 爲諤諤之臣，墨筆操牘，從君之過而日有記
460 也，月有成也，歲有效也。"簡子居則與之居，出則
461 與之出。居無幾何，而周舍死。簡子後與諸大
462 夫飲於洪波之臺。酒酣，簡子涕泣，諸大夫
463 皆出走，曰："臣有罪而不自知也。"簡子曰："大夫無
464 罪。昔者吾友周舍有言曰：'千羊之皮，不若一狐
465 之腋；象人之唯唯，不若直士之諤諤。'昔者紂
466 默默而亡，武王諤諤而昌。今自周舍之死，吾未
467 嘗聞吾過也。吾亡無日矣。是以寡人泣也。"
468 ○晉平公游於河而樂，曰："安得賢士與之樂此
469 也。"船人盍胥跪而對曰："主君亦不好士耳。夫珠

470 出於江海,玉出於崑山,無足而至者,猶主之
471 好之也;士有足而不至者,蓋主君無
472 好士之意耳。何患於無士乎?"公曰:"吾食客
473 門左千人,門右千人。朝食不足,夕收市賦;
474 暮食不足,朝收市賦,吾可謂不好士乎?"
475 盍胥對曰:"夫鴻鵠一舉千里,所持者
476 六翮耳。背上之毛,腹下之毳,益一把,飛不
477 爲加高;損一把,不爲加下。今君之食客,將皆
478 背上之毛,腹下之毳耳。《詩》曰:'謀夫孔多,是用
479 不就。'此之謂也。"○宋燕相齊見逐,罷歸之舍,召
480 門尉陳饒等廿六人,曰:"諸大夫有能與我
481 赴諸侯者乎?"陳饒等皆伏而不對。燕曰:"悲
482 乎哉!何士大夫易得而難用也?"陳饒對曰:
483 "非士大夫易得而難用,君弗能用也;君不
484 能用,則有不平之心,是失之己,而責諸人
485 也。"燕曰:"其説云何?"對曰:"三升之稷,不足於士,而
486 君雁鶩有餘粟,是君之一過也;果園梨
487 粟,後宮婦女以相提挃,而士曾不得一嘗,是
488 君之二過也。綾紈綺縠,靡麗於堂,從風而弊,
489 下曾不得以爲祿,是君之三過也。且夫財者,君之所
490 輕也;死者,士之所重也。君不能行君之所輕,而欲
491 使士致其所重,譬猶鉛刀畜之干將,用之不
492 亦難乎?"宋燕曰:"是燕之過也。"
493 ○魏文侯問狐卷子曰:"父賢足恃乎?"對曰:"不足。"
494 "子賢足恃乎?"對曰:"不足。""兄賢足有恃乎?"對曰:"不
495 足。""弟賢足恃乎?"對曰:"不足。""臣賢足恃乎?"對曰:
496 "不足。"文侯勃然作色而怒,曰:"何也?"對曰:"父賢
497 不過堯,而丹朱放;子賢不過舜,而瞽叟頑;兄賢
498 不過舜,而象敖;弟賢不過周公,而管叔誅;
499 臣賢不過湯武,而桀紂伐。望人者不至,恃人
500 者不久。君欲治,亦從身治,人何可恃乎?《詩》曰:'自
501 求伊祜',此之謂也。"

502 ○昔者田子方出，見老馬於道，喟然有志焉，以
503 問於御，曰："此何馬？"御曰："故公家畜也。疲而不
504 爲用，故出放之。"田子方曰："少盡其力，而老棄
505 其身，仁者不爲也。"束帛而贖之。窮士聞之，
506 知所歸心矣。
507 ○魏文侯問李克曰："人有惡乎？"對曰："有。夫貴者
508 即賤者惡之，富者則貧者惡之，智者則愚
509 者惡之。"文侯曰："行此三者，使人勿惡，可乎？"對
510 曰："可。臣聞貴而下賤，則象弗惡也；富能分貧，
511 則窮乏士弗惡也；智而教愚，則童蒙者不
512 惡也。"文侯曰："善。"人主之疾，十二有發，非有
513 賢醫，莫能治也。何謂十二發，曰：痿、壓、逆、張、滿、
514 支、隔、盲、煩、喘、痺、風，此之謂也。賢醫治之，若何？
515 曰：省事輕刑，則痿不作；無使小民飢寒，則壓不作；
516 無令財貨上流，則逆不作；無使倉廩積腐，則
517 張不作，無使府庫充實，則滿不作；無使
518 群臣縱恣，則支不作；無使下情不上通，則
519 隔不作；上振恤下，則盲不作；法令奉用，則
520 煩不作；無使下怨，則喘不作；無使賢人伏
521 匿，則痺不作；無使百姓歌吟誹謗，則風
522 不作。夫重臣群下者，人主之心腹支體也，心
523 腹支體無害，則人主無疾矣。故非有賢醫
524 莫能治也。人主皆有此十二疾，而不用賢醫，
525 則國非其國也。○齊景公使使于楚，楚王與之
526 上九重之臺，顧使者曰："齊亦有臺若此者
527 乎？"使者曰："吾君有治位之堂，立階三尺，茅
528 茨不剪，采椽不斲，猶以爲爲之者勞，居之
529 者泰。吾君惡有若此者乎？"於是楚王悒如也。

　　　　　　　　　　群書治要卷第八
　　　　　　　　依越州使君尊閣嚴命加訓點畢
　　　　　　　　　　前參河守清原

第二节　宝历和刻本《韩诗外传》

一、宝历和刻本属薛汝修本系统

《韩诗外传》，四库提要说："王世贞称《外传》引《诗》以证事，非引事以明《诗》，其说至确。"四库馆臣认为《外传》无关诗义，只把它附在经部《诗经》类的最后。《韩诗外传》的主要内容是讲故事，而后引用诗句，不过是增加故事的说理内容，所以其对诗句的理解，重在理而不在情，最多也是以情辅理，关心的并不在于对引文理解是否精准，重点是用故事来吸引人来听，有人听了，目的就大半完成。然而，今天阅读《韩诗外传》的理由，多是在于它记录的那些古代故事和传说，并可借以校勘诸子古籍。不过，从《诗经》的接受史来说，我们不妨视它为一种接受的管道，因为在阅读过程

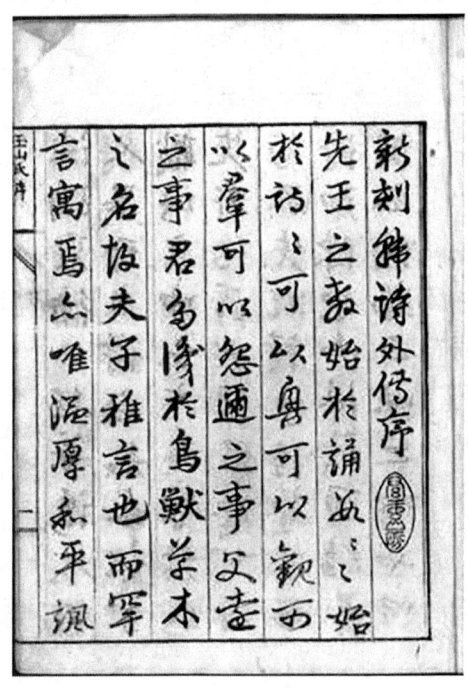

1825年日刊《韩诗外传》

中，至少让读者更多一个咀嚼回味诗句的机会。陈乔枞《韩诗遗说考·序》说："今观《外传》之文，记夫子之绪论与春秋杂说，或引诗以证事，或引事以明诗，使为法者章显，为戒者著明。虽非专于解经之作，要其触类引申，断章取义，皆有合于圣门商、赐言《诗》之义也。"认为《外传》继承了孔子、荀子说诗的方法，从《外传》论《诗》的角度看，也不妨视为汉代一种"读《诗》心得"。

《韩诗外传》研究，清人考订全书的以赵怀玉的校和周廷寀的注最为著名。日本所传《韩诗外传》，平安时代藤原佐世撰《日本国见在书目》的"诗家"，一开头就著录"《韩诗外传》十卷，韩婴撰"。本节考述的是江户中期的鸟山宗成的校本。

江户时代有关《韩诗外传》的研究，江口尚纯《江户时期〈诗经〉关系书目（第二次分类版）》，仅有如下数种：

（1）《韩诗外传引诗篇目》，一册，鸟山宇内，明和元年。（备考：据《大阪出版书籍目录》）

（2）《韩诗外传管见》，十卷，米良东峤，写本。（备考：天满宫，《韩诗外传管见》十卷，与《列子标注》合，《列子标注》一册）

（3）《韩诗外传考》，二卷补一卷，冈本保孝（况斋），亲笔本。（备考：静嘉堂文库）

（4）《韩诗外传标注》，西岛城山。（备考：《近代汉学者著述目录大成》）

（5）《韩诗外传辨》，四卷四册，冈本保孝，写本。（备考：京都大学）

（6）《校韩诗外传》，藤泽子山。（备考：《近世汉学者著作大事典》）

（7）《校注韩诗外传》十一册，川目直，亲笔本，写本。（备考：庆应大学斯道文库，亲笔稿本，附《逸文》一卷，《增韩诗外传》二卷）

（8）《齐鲁韩诗说》，林述斋。（备考：《近代汉学者著述目录大成》）[①]

以上所列，皆为写本。据现在掌握的材料，江户时代有关《韩诗外传》的和刻本很少，宝历九年的这个本子刊印并至今流传，可以说是难得的幸运。

和刻本《新刻韩诗外传》，有宝历九年（1759）原仪和撰写的序言：

[①] 张宝三、杨儒宾编《日本汉学研究续探：思想文化篇》，华东师范大学出版社，2008年，第67页。

先王之教，始于诵数，诵数之始于诗。诗可以兴，可以观，可以群，可以怨。迩之事父，远之事君，多识于鸟兽草木之名。故夫子雅言也，而罕言寓焉。亦唯温厚和平，讽咏弦歌，循循然善诱人，使人思而自得之。知来起予，职此之由。故古之学者必先于《诗》焉，然后经艺可陈。苟不先于《诗》乎，经艺不可得而陈也，亦后终面墙而已。故盐梅，五味之和也；四诗，六经之和也。

诸家之传，得失互有。燕人韩婴亦著内外传，惜矣《内传》不传，唯《外传》存其书，博采古人言行，引《诗》释之。其文赡，其辞缛。夫读者欣然忘疲，厌而饫之，愈嚼愈觉其味之弥长。于是乎，自经史而外，及诸子百家之言浑然以融乎《诗》，而无凝滞焉。其为义之府也昭昭矣。设令夫子而在乎，亦当曰："婴也，始可与言诗已矣。"

诸家训诂，局于一经，岂如韩之旁通贯综哉！元传山东张绰（？）士行云："《外传》杰出"，可谓知言矣。

己卯春，余从吾侯而东之，自上浪华矶，夜宿逆旅之舍。有人携是本来曰："是越鸟世章所校，今将上木，我乞子一言。"余年无耳顺，目有玄花，又不能五行俱下，加之跋涉之劳未除，灯下草草读数叶而已。且未几，其人将行以措辞。明发，仓皇上途。四月抵江都，不复以序为念。后数月，世章寄余诗及文，申以拙序之役。余复而读之，亦犹见其人乎！义遂不可固辞，因题其辞曰：草间之蛇翘首尺，其修短立见。余于校本亦未卒业，既已知其必有裨于学者也云。

宝历九年秋九月纪藩秋仪书于江都龙口头舍之中

文后有"原仪和印"。从序言来看，作者原仪和为纪州藩（今和歌山县）藩校的儒者。文中所说的"浪华"为古大阪的别称。作者鸟世章，即鸟山宗成，为南越人，南越指越前国（今福井县）南部。

又有宝历已卯年（1759）端午南越鸟宗成撰《韩诗外传序》：

孔门之说诗也，犹造父之御车，孙子之用兵也。进退步骤，奇正开阖，惟其意之所欲出焉。至矣，尽矣，其蔑以加于此矣。继之者，其惟孟子耶？其所谓不以文害辞，不以辞害志，以意逆志者，实开万世说诗之法也。自孟子没，寥寥乎亡闻哉。

降迨后世，引绳墨而论之，取性理以鼓之，则诗道几乎熄矣。独韩氏在汉文之世，著韩诗内外传，当斯时，孔门之泽未坠于地，贤不贤，识其大小。韩氏搜而鸠之。其文也，非老也，非庄也，非孟也，非荀也，非贾、董、两马也。秦汉之间，别构一家，乃为艺苑绝品。盖继孟子而兴者，岂非斯人欤？

　　惜乎《内传》既亡，《外传》孤行。余在乡之日，甚嗜韩诗。尝病《外传》之多衍脱谬误，读之使人不胜乙。反复校之，缮为善本。又伤《内传》之亡，妄不自揣，剽掠盗窃以拟之。琢字成辞，属辞成篇。篇凡五十余，犹未脱稿。固亦西施之颦、邯郸之步而已。

　　甲戌之春，城门失火，祸及弊庐。其校本拟稿，一夕为灰烬。余于是乎拍然而抃，嗌尔以笑曰："猗乎！祝融之神，藏吾之拙而夺之耶？抑亦韩氏之灵，怒吾之妄以火之邪？此二者固不可以臆度，则吾岂若已乎哉？"从兹绝笔，不复属意韩诗。

　　今也浮游浪华，暇日与六七兄弟读《外传》，亦皆苦其不可句也。是以校华刻数本，穷丹铅之用，旁添国字，授剞劂氏。非敢为冯妇也，聊便于童观耳。

宝历巳卯端午日
南越鸟宗成撰

鸟宗成认为孟子提出的"以意逆志"是"万世说诗之法"，然而在孟子之后，没有几人能够继承这种方法，说诗者或"引绳墨而论之"，或"取性理以鼓之，则诗道几乎熄矣"。

这个本子载"济南陈明序"：

　　文之在世，如风行水上，变态无定，惟载道者可贵也，外此艺焉尔！六经之文，浑涵如天，万象森列，不可尚已。至孔孟继六经而作其文，广大渊弘，中间每取《易》《诗》《书》中之要语，而推广之。阐幽微显，以尽其蕴，则道从此出矣。夫何韩婴处乎汉孝文之世，遭秦火绝学之余，乃能衍诗作传，命意布词，一仿孔孟之文。凡诸诗言约旨远者，悉肆力极致，上推天人之理，下及万物之情，以尽其意，文则严整简古，厉世范俗，皆顺于道，宛然圣门家法。岂汉世人物之所遽能邪？然生在当时以《诗》名与鲁申培、齐辕固二诗并列于世，亦尝以《易》作传授人,今已不传,而其诗亦亡,又因以概叹天下之遗书于无穷也。嗟乎!韩生不见于经传,故世鲜闻。今薛子汝修笃学嗜诗,乃于先曾大父黄门公笥中得此书,爱其文古,而锓诸梓以传于世,其用心不亦可嘉也乎?

从这篇序言,可以知道这个本子的原本属薛汝修芙蓉泉书屋本。明末薛汝修本,有陈明序,皇明贵为秘本,诸家竞刊凡20余种。鸟山宗成是以传入日本的薛汝修本为底本校勘训读的。序言后录《韩诗外传引〈诗〉篇目》,从上述江口尚纯书目中所列第一项看,是鸟山宇内所撰,明和元年(1764)曾刊行单行本。鸟宗成、鸟山宇内当为一人,自古以来,日本学人好将自己的名字以"中国文人化",鸟宗成也是一个这样的称谓。

根据书末题记,宝历九年本当为京都(所谓"皇都")与江户(所谓"东都")两地书肆联合刊刻发行,又据封底该"宽政十二年庚申正月发行、文政八年乙酉十月补刻",署名"大阪心斋桥通安土町书林加贺屋善藏梓",即大阪心斋桥的书肆于1800年和1825年曾两次翻刻发行,可以推测,鸟宗成整理的这个本子,是江户中后期流通很广的《韩诗外传》完本。

二、宝历和刻本《韩诗外传》的校勘价值

清人多利用《韩诗外传》以校《毛诗》。俞樾《古书疑义举例》六十五《重文作二画而致误例》云:"古人遇重文,止于字下加二画以识之,传写乃有致误者。如《诗·硕鼠篇》:'逝将去女,适彼乐土;乐土乐土,爰得我直。'《韩诗外传》两引此文,并作'逝将去女,适彼乐土;适彼乐土,爰得我所。'又引次章亦云:'逝将去女,适彼乐国;适彼乐国,爰得我直。'此当以《韩诗》为正。《诗》中叠句成文者甚多。如《中谷有蓷篇》叠'慨其叹矣'两句,《丘中有麻》篇叠'彼留子嗟'两句,皆是也。毛、韩本当不异。因叠句从省不书,止作'适＝彼＝乐＝土',传写误作'乐土乐土'耳。下二章同此。"[1]于省吾也谈到过同一个问题。[2]

鸟宗成对《韩诗外传》文字作了考订。对于《韩诗外传》的文献学研

---

[1] 俞樾等《古书疑义举例五种》,中华书局,1983年,第105页。
[2] 于省吾《泽螺居诗经新证》,中华书局,1982年,第13页。

究,宝历和刻本《韩诗外传》还会有参照价值。今人许维遹收集了有关校注材料和不同版本,并旁及诸子、类书和其他材料,撰成《韩诗外传集释》,所收集和参照的版本中,就有薛汝修芙蓉泉书屋本。

宝历和刻本所录异文,可供校勘参照。如卷六第八章:"仁以为质,义以为理,开口无不可以为人法式者。"栏上注:"一本'理'作'秉','开口'作'言行'。"接下第九章"子曰:'不学而好思,虽知不广矣;学而慢其身,虽学不尊矣。"栏上注:"一本'广'作'确'。"鸟宗成所见,不见于今本,其中含可取之处。

《韩诗外传》卷一第三章最后,程荣、胡文焕、唐琳、钟惺本皆脱"抽觔以授子贡"的"授"字至引诗"汉有游女"的"游"字,共三百零六字,其不脱者唯薛汝修芙蓉泉书屋本、沈辨之野竹斋本、毛子晋汲古阁本。薛本每叶十八行,行十八字,每章首行顶格,次行以下皆低一格,故每叶三百零六字。此章所脱,乃薛本之第二叶。再看上述日本刻本,亦不脱此三百零六字,此本亦每行十八字,每章首行顶格,此行以下皆低一格。不同的是,由于每行尚有训点的文字占去空间,故每叶不是十八行,而只有十行而已。另外,书中栏上偶出校记,说明不同版本文字的不同。如卷三第二十五章"障防而清",文中作"漳沥",上栏注"漳沥,一作障防",则传入日本的本子也有作"障防"者。

封底尚有题记,曰"鸟山宇内校,宽政十二年庚申正月发行,文政八年乙酉十月补刻",又曰"书板大阪心斋桥通安土町加贺屋善藏梓"。

第四章
日藏《诗经》与和刻本

日本所藏《诗经》中国传本的载录，见于江户后期与明治时代成书对汉籍穷搜苦索编撰的书籍考中。1856年成书的涩江全善、森立之所著写本《经籍访古志》、1905年图书刊行会刊行的近藤正斋所著《正斋书籍考》以及同年民友社刊行的岛田翰所撰《古文旧书考》（北京图书馆影印时更名为《汉籍善本考》）对于日本各地收藏的《诗经》宋元明清刻本都有载录。其中最为珍贵的当属足利学校所藏宋椠《毛诗注疏》单疏本，被内藤湖南称为"天壤间孤本"，所作《恭仁山庄四宝诗》第一首："白首名场甘伏雌，保残守缺慕经师。收来天壤间孤本，宋椠珍篇单疏《诗》。"有关《诗经》的和刻本也有一些已影印出版，为今后的研究提供了资料。

第一节　苏辙：《颍滨先生诗集传》

苏辙（1039—1112）是文学史上唐宋八大家之一，同时以一部《诗集传》在经学史上也占有一席之地。他号曰颍滨遗老，所以《诗集传》也称《颍滨先生诗集传》，从苏辙所撰《颍滨遗老传》中所说的"平生好读《诗》《春秋》，病先儒多失其旨，欲更为传"来看，苏辙撰写《诗集传》起于对先儒说诗失旨的不满，著《诗集传》，就是要把《诗经》研究回归到经的实际内涵之中。

本书有宋椠本，北京图书馆藏有宋淳熙刻本，为海内外珍籍。流传很广的则是明万历二十五年焦竑主持翻刻的《两苏经解》本。此本由毕氏刻，题名为《颍滨先生诗集传》，共十九卷，每半叶十行，每行二十一字，白口，左右双栏，单鱼尾，上象鼻刻书名，下象鼻刻字数。《两苏经解》是《东坡易林传》九卷、《书传》二十卷及《颍滨先生诗集传》十九卷、《春秋集解》

十二卷的合刻本，有万历二十五年焦竑序。北京国家图书馆、北京大学图书馆、故宫博物院图书馆、浙江杭州大学图书馆、湖南省图书馆、台北"中央"图书馆、日本内阁文库、静嘉堂文库等，京都大学图书馆均藏有明万历二十五年毕氏刻本一部。1980年，京都同朋舍曾影印出版京都大学所藏《两苏经解》（全四册），收入京都大学汉籍善本丛书。

苏辙《诗集传》诸家书目如《郡斋读书记》《宋史·艺文志》《文献通考》皆作二十卷，清《四库全书》著录"内府藏本"亦二十卷，然文渊阁本则实为十九卷，明刻《两苏经解》本亦十九卷。洪湛侯据北京图书馆所藏宋淳熙刻本与《四库》文渊阁互核，发现淳熙刻本卷目第十一、十二两卷误合为一卷（第十一卷），此本为清乾隆内府未能搜及，四库馆臣据书目定为二十卷，誊抄时又据明刊十九卷抄录，则出现著录与书籍矛盾的现象。这里影印的明刻本《两苏经解》已为十九卷本，而焦竑《国史经籍志》则作"《颍滨诗传》二十卷"，有可能他著录时照搬了前人之说，而刻入《两苏经解》时依照的是手边所有的本子。

苏辙《诗集传》何时传入日本，虽然尚难确考，可以推测的是，最晚室町时代末期，随着朱熹代表的新学逐渐被清原家学者所吸收，苏辙有关《诗经》的论说也会为当时的学人所关注。江户初期大儒林罗山（1583—1657）之子林鹅峰（1618—1680）所撰《诗训异同》，除了大量引用朱、毛、郑之外，也较多引用孔疏、吕氏《读诗记》《黄氏日抄》等，其中也用"子由曰"的形式，引用了苏辙的诗说。① 江户末期，涩江全善、森立之撰《经籍访古志》，未录苏辙《诗集传》传本，有可能当时此书流传甚少。

茅坤《颍滨文抄》（《唐宋八大家文抄》卷一六四）收有苏辙《诗说》。《诗说》凝缩了苏辙对于《诗经》研究的基本看法。茅坤这部书在江户时代即有流通，明治时代也有翻刻。1884年，小野湖山校订的沈德潜所编《唐宋八大家读本抄》由横山源太郎刊印，1893年，赤尾戒三编《唐宋八家文抄》刊行。在汉诗文作者心目中苏辙的诗文享有盛名，而关注他的《诗集传》的主要是研究经学的学者。

朱熹《朱子语录》卷十八评价苏辙的《诗经》研究曾赞许说："子由诗解好处多。"清《四库全书总目》评曰："辙于毛氏之学，亦不激不随，务持其平者。"不过，也有学者对此书评价不甚高，如周中孚《郑堂读书记》卷八则认

---

① ［日］江口尚纯「林鵞峰の詩経関係著述考略」，『詩経研究』第三十一号。

为:"其所为集解,亦不过融洽旧说,以就简约,未见有出人意表者。"然而,从《诗经》宋学发展的轨迹来看,苏辙《诗集传》仍是一部不能绕过的著述。洪湛侯《诗经学史》从三方面概括后人对苏辙《诗集传》的评说,即"怀疑《诗序》,仅采首句";"诠释篇名,别有见解";"论诗释词,每多创见",①可谓简明扼要。这里,着重探讨一下此书传入日本之后的传播和影响。

给日本学者印象最深的,当是在苏辙《诗集传》中对《诗序》的质疑。诚如清人皮锡瑞所言,"《论诗》比他经尤难明"②。一千位读诗者,就会读出一千部《诗经》。经是第一位的,形形色色的阐释和注解都不能不退居二位。《诗序》也不过在这些阐释之作中占其一位。《郑笺》《孔疏》却将《诗序》与经仅仅粘贴在一起,解诗时不是以诗察《序》,而是凭《序》测经。唐代韩愈最早提出:"子夏不序《诗》",将《诗序》与子夏做了剥离,而唐代成伯玙《毛诗指说》最早提出只采用《诗序》首句的主张,将《诗序》再做切割,认为"子夏惟裁首句耳。……其下皆是毛公自以诗中之意系其辞也"。至北宋欧阳修将它的主张具体化,首创仅录《诗序》首句之例,对于《诗序》中自己认为不必要的字,还动手删除,这对于苏辙怀疑《诗序》,仅采首句的做法可能是直接的影响源。可以说,打破《诗序》不可动摇的地位,既不是苏辙一锤之功,也非苏辙首功,但苏辙的确也给了重重一锤。

苏辙提出:"东汉《儒林传》曰:卫弘从谢曼卿受学,作《毛诗序》,善得《风》《雅》之旨,至今传于世。隋《经籍志》曰:先儒相承谓《毛诗序》子夏所创,毛公及卫敬仲又加润益。古说本如此,故予存其一言而已。曰:是诗言是事也,而尽去其余,独采其可者见于今传。"他对子夏作《序》之说提出质疑,把它看成后世附会的说法:"世传以为出于子夏,予窃疑之。子夏尝言《诗》于仲尼,仲尼称之,故后世之谓《诗》者附之。"认为如是古序,决不会如此详细,今传之序已被经师所附益,"是以其言时有反复烦重,类非一人之辞者,凡此皆毛氏之学,而卫宏之所集录也"。欧阳修、苏辙以及朱熹相继对盲从《诗序》的思维定式的挑战,启示后来的研究者直接进入《诗经》研究的深水区,而不必为《诗序》死死束缚。

苏辙对自己认为《诗序》首句难以尽括全诗旨意的地方,往往加以补充,加注"毛诗之序曰",以补首句之所未备,又或在所引首句之下,加写些

---

① 洪湛侯《诗经学史》,中华书局,2002年,第324—328页。
② (清)皮锡瑞《经学通论》,华夏出版社,2011年,第157页。

文字,把诗意说得更清楚。对于他认为《诗序》纯属误说的《山有扶苏》《采薇》等篇,也以自己的体会加以驳斥。

对于有些《诗经》研究中的老问题,苏辙拿出了新看法,同时也还提出了一些历来疏解《诗经》著述很少涉及的新问题。周南、召南之分的问题,属前者一例;篇名问题,属后者一例。关于周南、召南之分,苏辙提出周公治内、召公治外一说,后被朱熹部分吸收。篇名问题,则苏辙是较早关注者之一。苏辙说:"《小旻》《小宛》《小弁》《小明》四诗,皆以小名篇,所以别其为《小雅》也。其在《小雅》者谓之小,故其在《大雅》者谓之《召旻》《大明》,独《宛》《弁》阙焉,意者孔子删之矣,虽去其大而其小者犹谓之小,盖即用其旧也。"(据朱熹《诗集传》引)又说:"首章称旻天,卒章称召公,故谓之《召旻》,以别《小旻》而已。"有些问题属于当时学人中的"热点"问题,如关于《诗经》编次问题,欧阳修、王安石都发表了意见,苏辙自立一说,这些都可以放在宋代竞立新说的经学大环境中去审视。

江户时代学者太田锦城(1765—1825)在论及《诗序》作者问题时强调"学者宜论其说本经也否,其《传》源子夏与否,非所问也",同时也指出,"《序》首二句出于先秦也明矣""《序》首两句及《小雅总论》出于先秦也"。明治时代著名学者竹添光鸿(1842—1917)《毛诗会笺》则明确把"《序》首二语"视为先秦之说,他在该书总论中表明:"参考诸论,定《序》首二语为毛苌以前所传古序,以下续申之词为毛苌以后经师所附。"太田锦城和竹添光鸿沿袭了程大昌《考古编》之说,分《大序》《小序》,以发序两语为《小序》,两语以外续申之者为《大序》。其说正本于苏辙,而渊源于成伯玙。

白川静(1910—2006)是日本20世纪《诗经研究》屈指可数的研究者。在他所著《诗经》一书中谈到宋代新的合理主义精神兴起,对毛郑诗学投以怀疑目光,苏辙撰《诗集传》主张诗序为卫宏所辑录,非先秦之学,进而南宋朱子在《诗集传》中采取全面否定毛郑之说的态度。① 在《兴研究》一书中,注意到苏辙对比兴的说解,引用了苏辙的定义:"兴者,当时所见,有动乎中,非后人所得知,而关雎之类有取义者,皆比而非兴。"他解读苏辙的定义,取义者皆是比,而不是兴,那么不是取义的是否都是兴,搞不懂苏辙是什么看法。认为兴是产生于诗人特殊体验当中的纯属个人性的,非后人可知的,这就陷入不可知论了。一般皆认为是兴的,而苏辙却是将兴意不

---

① [日]白川静『白川静著作集』第九卷、東京:平凡社、2000年、第200頁。

明者当作比，而将起兴之辞看来比喻上与主题无关的，定义为兴。①

在《诗经研究通论》一书中，白川静说，苏辙撰《诗集传》二十卷，谓《诗序》之繁重者乃卫宏之所集录，非毛公之旧，只取首句，其余悉数删除而不顾，且对《诗序》首句也时有疑问，例如《干旄》篇说："此三诗小序皆以为文公时，盖见其列于《定中》《载驰》之间故耳，他无所考也。"采取一种大体认同其解释的不彻底的态度，所以《四库提要》卷一五评价说："则辙于毛氏之学，亦不激不随，务持其平者。"但《诗序》的权威也大大下降了，撰有《诗论》的程大昌以后，祖述这种批判的人辈出，至南宋就有学者主张全废《诗序》了。②

苏辙对《诗经》分章也提出新说。如《载驰》一篇，毛郑分为五章，一章六句，二章章四句，一章六句，一章八句。苏辙引用《左传》襄公十九年穆叔见叔向赋《载驰》四章，用"控于大邦"以下二句，于是改而分其为四章。以后朱熹《诗集传》也分为四章，二章章六句，二章章八句，而日本学者白川静认为《左传》所载赋诗故事是否原本存在值得怀疑，故不取苏辙之说，而从诗的形式上看将其分为六章，一章六句，以下两章四句。③ 这些都出于对原诗的不同理解。

第二节　顾梦麟:《诗经说约》校点本

明末清初顾梦麟所撰《诗经说约》，我国馆藏甚少，《日本诗经古写本刻本汇编》将日本1669年刊印的校点本影印出版，以供《诗经》研究之用。

一、顾梦麟及其《诗经说约》诸本

顾梦麟（1585—1653），字麟士，号织帘居士，江南太仓人。世居双凤，后徙常熟唐市，明末著名经学家、诗人。

顾梦麟生于明末万历十三年，崇祯副贡生，终生未仕。当时社会动荡、经学积衰，天启四年（1624），梦麟与郡中名士张采、杨廷枢、朱隗等11人组

---

① ［日］白川静『白川静著作集』第九卷、第261—262页。
② ［日］白川静『白川静著作集』第十卷、東京：平凡社、2000年、第37页。
③ ［日］白川静『白川静著作集』第十卷、第222页。

织复社。明亡,顾梦麟蛰居乡间,绝迹城市,入清后隐居不出,潜心于著述。梦麟无子嗣,以程新之子程湄为子。

顾梦麟所著《四书说约》《诗经说约》(以下简称《说约》)、《四书十一经通考》均为当时科举重要参考书,为学子所必读,影响甚巨。另有《织帘居士文集》四卷、《诗集》四卷、《谭艺录》二卷、《中庵琐录》一卷、《双凤里志》八卷。

与顾梦麟并称的杨彝(1583—1661),字子常,号谷园,常熟人。应社创始人之一,唐市学派创始人,复社眉目。早年为钱谦益门下。子常尝与梦麟反复诘难,申明圣人之经意,以解学者之惑,天下翕然。相从称颂"杨顾",后在其所建凤基园创"应社",世谓"唐市学派"。明亡(1644)杜门却扫,一意著述。与本籍同门顾炎武有往来。顺治八年(1651),顾炎武游四方,杨彝为亭林送行,与顾梦麟、万寿祺、归庄等21人写成《为顾宁人征天下书籍启后》。

顾梦麟编撰《说约》,曾与好友杨彝共同考论,也曾与社友共同商讨,所以每卷卷首署名"太仓顾梦麟纂述、常熟杨彝参订",全书目录后又载录师友张玉笥等53人及校阅门人成角征等53人姓名。

《明史·艺文志》未著录《说约》一书,《千顷堂书目》亦未著录,《四库全书》未收。朱彝尊《经义考》著录。大概清代乾隆以后,本书不再流传,但距本书之出尚不足30年,日本即予翻刻,长期在日本流传。《续修四库全书》收入,并撰写了提要。所以,本书在国内不

江户时代刊本《诗经说约》

传已有百年。

《说约》各种刊本的各处藏本均列为珍籍、善本,读者极难见到。1986年台湾曾影印,2002年《诗经要籍集成》曾据崇祯织帘居刊本影印。而日本刻本,不论是在我国还是日本,仍很难寻觅,所幸笔者在京都古书展销会觅得一部,大喜过望,当即购得,得以收入《日本诗经古写本刻本汇编》。

此本卷末书"宽文己酉孟冬即日芳野屋权三清刊",宽文己酉,即宽文九年,即1669年。不过,这并不是单纯的翻刻本,而是训点本,于研究中日诗经学之学术交流尤为可贵。

二、《说约》的"教辅"性质与学术含量

自明初颁行《诗传大全》以来,一百年来,虽也有几家有名的通行的经解,却无不因袭朱熹《诗集传》注解。《说约》28卷,是明末科举考试的重要参考书,所以也是明末清初最为流行的《诗经》流行读本。

顾梦麟认为,需要一部便于童子学习的《诗经》研究之书,这种书不应过于冗长,能够"合《传》《笺》《疏》及宋元以来诸说家于紫阳学撰一者附丽焉,旁见侧出,令广所开发,其曩象、节候、疆域、谱系、礼乐、器物、卉木、禽虫,小注未具者,则采之《尚书》《左氏传》《国语》《三礼》《尔雅》诸编,益拓其证据",即能博采众说,而后能以先秦古籍来补充《诗集传》中对各类知识注释不够完备的内容,做到便于查考阅读。然而写这样的书,恰恰是大学者不屑为而小学者不能为的事情。这部书不同于一般的"时艺"著作,黄宗羲为顾氏所写的墓志,将《说约》与以往那些书做了比较,说那些书"于朱子之所有者无余蕴,所无者无傤入也。然则各自成书,意为骈拇,辞或枝指",而"自《说约》出而诸书俱废,博士倚席而讲,诸生帖坐而听者,皆先生之说也"。可见《说约》在明末受到饱学之士与求学诸生两方面的欢迎。

《续修四库全书总目提要》介绍本书编纂体例说:"每篇首列经文,次摘采诸家之说,融会训释,以归于至善;又次则附以己见。或训诂文字,或订正音读,或诠释诗旨,大抵皆以朱子《集传》为宗,而折中于毛、郑诸家之说。"本书封底的两行小字就表明了该书以朱熹《诗集传》为主而杂采诸家说解的立场:"《注疏》《大全》及《本义》《诗传》《诗缉》《读诗记》《疏义》《语类》《通缉》《合传》及《臆说》间附。"意思是当时《诗经》最有影响的一

批著述的重要见解均已收录其中。

明思宗崇祯十五年（1642）顾梦麟写的《诗经说约》序，谈到了毛、郑以来诸家注解的得失。他认为前人注解，均不能尽如人意，朱熹《诗集传》始达到较好水平。而《大全》却忽略了它有关比兴的论述，所以他以《集传》为本，又补充朱子与各家比兴之说，以及《集传》疏漏的名物考释，兼间以个人见解，并力求便于学者阅览。

《说约》将诗韵作为析意之抓手。在序言中谈到这个问题时说：

> 至诗有篇、有章、有句，因而有连、有转、有截，其体势、意思皆依韵脚。韵所未协，虽句已歇，理即未止，如《关雎》首章四句，"洲""逑"韵也，两句为连。《葛覃》首章六句，"萋""喈"韵也，三句为连。《关雎》触物兴人，《葛覃》赋葛及鸟，皆天然位置也。离之曰"在河之洲""窈窕淑女""维叶萋萋""黄鸟于飞"，无诗矣。无诗则无文，故韵之显然白者，不待言也；即其未白，方言、古文皆可以意通类求之而得矣。韵既得，则诗人之节族，先民之界画，亦俱得。①

江户时代中村兰林《读诗要领》曾批评世间学者只依赖《诗经说约》去理解《诗集传》，但在《诗音》部分也引述了梦麟这一段话：

> 一言正之曰：有韵而后有诗，有诗而后有文。虽纵之横之，冲之撞之无非诗，无非文也。

《说约》以"麟按"来表明自己的意见，其中不乏卓见。《说约》对比兴的说解，格外受到40年后问世的姜文英所撰《诗经正解》的好评，其在凡例中称：

> 诗中赋比兴，其体不同，如一章之中，有全是比者，有一二句比，下便说正意者，有正兴、反兴、或兴至两句、或兴至四句、六句、八句者，诸讲非不详明，惟杨、顾《说约》审辨不遗余力，是书多采之。②

---

① 楊子甞、顧麟士兩先生手授『詩経説約』第一冊、芳野屋權三清刊、1669年、第4—5頁。
② 姜我英、吴搽右彙輯、［日］菅野侗校訂『合参析講詩経正解』、日本1885年刊本、第2頁。

用今天的话来说，《说约》就是明末清初的《诗经》"教辅类"书，但这并不意味着学术含量必低，在明末同类汇辑类《诗经》著述中，《说约》属于较好的一部。《续修四库全书总目提要》说："大旨以诸家《诗》说卷帙浩繁，难以披寻，因采诸说，辑为一编，名曰《说约》，言约取其说之善者也。核其所取，虽仅采《集传》及《大全》或纂成书，然别择调和，颇具苦心，故其持论类皆和平，能无区分门户之见，且又时时自出新论。"

朱彝尊《经义考》引吴周瑾对《诗经说约》的评价说："是书亦举子菟园册也，然于经义颇有发明。"明代朱熹学说定为一尊，《诗集传》是极具权威性的法定传本，明代后期学者已不满于朱学，有些《诗经》说解突破了朱学，出现了"欣赏派的诗解"，却皆未能获得朝野认可而广泛流传，《说约》杂采众说，并成为科举考试的重要参考书。对于学术进步，起到过推动作用。

三、《说约》的体例与训点

《说约》引用了宋明多家诗说，又以"麟按"独述已见，各家之书以及"麟按"旁皆有长方形标记。每家的著述均以简称相称，不论是《毛传》《郑笺》《孔疏》《释文》《集传》《大全》（明胡广等撰《诗经大全》二十卷）这些学习《诗经》者熟知的书籍，还是其他明人著述，第一次出现时在引用之后，对作者和书名均做了最简要的说明。这些书在书前的序言中多已提到。下面先引他的说明，再略作补充，以减少阅读时翻检之劳。

《毛传》："毛苌著。"

《郑笺》："郑氏玄。"

《释文》："陆德明著。"

《孔疏》："孔氏颖达。"

《严缉》："严氏粲《诗缉》。"宋严粲所撰《诗缉》三十六卷。

《吕记》："吕祖谦著《读诗记》。"宋吕祖谦《吕氏家塾读诗记》三十二卷。

《语类》："《朱子语类》也。"

《疏义》："朱氏公迁者著，《大全》所从本也。"元末朱公迁所撰《诗经疏义》。公迁，字克升，江西乐平人，发明朱子《诗集传》而作，如注之有疏，故明《疏义》。

《苏传》:"苏氏辙。"宋苏辙《(颖滨先生)诗集传》十九卷。

《欧义》(《本义》):"欧阳修著《本义》。"宋欧阳修《诗本义》十五卷,附《郑氏诗谱补亡》一卷。

《通解》:"黄佐著。"明黄佐撰《诗传通解》二十五卷。

《讲意》:"即陆聚冈《讲意》,大致本《通解》。"

《辑录》:"王氏逢著,附《疏义》。"元末王逢及门人何英,采众说补朱公迁《诗经疏义》,逢所作题《辑录》,亦名《诗传义》《诗传会通》,英所补题《增释》。

《说通》:"沈守正著。"明沈守正(1572—1623)所撰《诗经说通》十三卷。

《六帖》:"徐光启著。"明徐光启(1562—1633)撰制义书《毛诗六帖讲意》,用于科举考试的参考读本。

解诗时引用最多的是以上这些书,至于"麟按"中引用的就不限于这些书了,如宋王应麟《诗地理考》、丰坊的《鲁诗世学》、双峰饶氏等。

本书是训点本,每一字的周围布满表明读法和语法关系的符号,如"レ""一、二、三""甲乙"等以颠倒语序等,兹不赘述,这里仅就与原文理解最密切的几种符号做简要说明。

字与字之间中间的短竖线"丨",为连词符,表明两字为一词,不可分开来解。如果虚字当属上字读,短竖线"丨"则画在上字下左侧。

两字相同,后一字以重文号"彡"省代。

圆圈号有大、中、小三种。大圆圈号用于分章,从每首诗的第二章标起,标在第一字之前。中圆圈号用于注文分节,标在两段注文之间,以区别注文中涉及的不同话题。小圆圈号用于注文中停顿与断句,如果句尾有"也"字,也有标在"也"字的前一字上的情况。有时小圆圈号也用作着重号,点在强调、引起注意的字句的右侧。

顿点号"、"用法与小圆圈号有交叉,即用于停顿与着重强调。

竖窄长条号"‖",用于标注引用的书名和人名,标于字的右侧。

四、《说约》与中日诗经学

《诗经说约》问世之后,以其实用而受到学子青睐,以后还出现了相近的汇辑之书。《诗经汇诂》二十四卷(两江总督采进本)即为其中之一。对于范芳编撰的这本书,四库提要谓:"清朝范芳撰。芳字令则,如皋人。其书大旨以朱子《集传》为主,而衷诸常熟杨彝、太仓顾梦麟之说。盖彝与梦麟同辑《诗经说约》者也。全书共1250余番,约60万言。采摭非不详赡,而本意为科举而设,于《经》义究鲜发明。"从明末以后到清代,陆续出现了几部科举考试用的《诗经》参考书,大都采引《说约》的说解,可见其影响长久。

康熙年间,姜我英、吴荪石撰《诗经正解》是明末汇辑类《诗经》著述的延伸,葛筠为该书所作的序言中说:"历来解诗者不一家,而未得其正,不能阐发圣之遗蕴,则解经之难也。至子尝、麟士《说约》《金丹》二刻,考析详明,宗旨晓邑,举世推之以为指南。"又将《诗经正解》视为继《说约》之后的佳作:"是书也,更能删其芜杂,补其未备,参以管见,关婵众美,而成一书,前有杨顾,后有姜吴,其为功于风雅,非浅也。"序言中所说的"子尝、麟士"和"杨顾",系指杨彝、顾梦麟。《诗经正解》直接引用顾梦麟之说者达数十处,还多处以"上玉刘氏"或"珩按"的名义引用《说约》的纂序者刘日珩(字上玉)的说法。

台湾学者蒋秋华遍查各处书目,知《说约》流传有四种版本:

一是明崇祯十五年(1642)太仓顾梦麟织帘居刊本二十八卷,今藏台北中研院傅斯年图书馆、复旦大学图书馆、山东大学图书馆、日本内阁文库。

二是清雍正十一年(1733)赠言堂刻本三十一卷,题《参补说约大全》,今藏中国科学院图书馆。

三是日本宽文九年(1669)京都芳野屋权兵卫据明崇祯顾氏织帘居本重刊本二十八卷,今藏华东师大图书馆、杭州大学图书馆、湖北省图书馆、辽宁省图书馆、台北中研院文哲所图书馆。

四是京都出云寺和泉掾后印本二十八卷,上有批注及大正七年(1918)3月30日松轩识语。今藏日本东京大学总合图书馆、日本内阁文库。①

《说约》传入日本以后,颇得学人青睐,诚如日本学者辻本雅史所指出,17世纪前期,日本学人可以读到的儒学教材,主要是从明代中国和朝鲜传入的出版物。在东亚汉字文化圈,儒学这一学问在中国和朝鲜都是由科举制度所规定了的,因此,传入日本的出版物大多是科举应试的朱子学

---

① 夏传才、董治安主编《诗经要籍提要》,北京:学苑出版社,2003年,第169页。

的学习参考书。在这样的情况下，"17世纪前期日本儒者手中的儒学书籍，主要是从明代中国、朝鲜舶载而来的教材。它们不是直接从四书五经等的朱子学原典去理解朱子学，而是通过同时代的对四书五经集注的大量注释书籍（即所谓朱子学学习参考书）去理解朱子学的。"①了解了这一点，就不难理解，像《说约》这样的书在构建日本江户时期学者《诗经》学知识结构中的特殊作用了。

《说约》之名，在日本除了《诗经说约》之外，又被称为《诗集传说约》《诗经》等。今存日本的主要有以下六种本子：

（1）《纂序诗经说约集注》八卷四册，附朱熹《诗集传》，顾梦麟辑，刘日珩订，内题《文治堂三订诗经说约集注》，为服部南郭手泽本，出版时间、地点不详，收入服部文库，今藏早稻田大学附属图书馆。

内有大方朱印"杭州鼓楼外读书坊段朗然钟畏侯发行"，大字书名"文治堂三订诗经说约集注》，旁有题跋："顾、杨两先生《说约》一书，久为海内宗主。间有挂漏，得上玉先生纂序之，其次第条贯，直使《说约》《集注》相得益彰，称葩经之全璧也。本坊严加校刻，一字一点，具有苦心。允不朽之盛事，非世俗之北伦，识者辨诸。"前载《诗集传序》，后署：

金陵吴郡顾梦麟麟士辑西陵陈淏子扶摇参
浦阳刘日珩上玉订汪桓殿武

据《江苏艺文志》，参与纂序的刘日珩，字子玉，江苏江浦人，顺治十五年（1658）岁贡，初授推官，后改四川石泉知县，平生潜心为学，娴于著述。参与整理的陈扶摇，字淏子，别号西湖花隐，今传所著《花镜》等。

（2）《诗经说约》二十八卷，三条通堺町（京都），出云寺松柏堂，出版时间不明。早稻田大学附属图书馆有藏。

（3）《诗经说约》二十八卷，三条通町西へ入町（京都）河南仪兵卫，出版时间不明。宽文九年刊本的重印本。早稻田大学附属图书馆有藏。

（4）《诗经说约》二十八卷，京都芳野屋权兵卫，有崇祯壬午（1642）年序、宽文九年刊本的重印本。早稻田大学附属图书馆、京都大学附属图书

① ［日］辻本雅史著「素読の教育文化——テキストの身体化」、中村春作等編『続訓読論——東アジア漢文世界の形成』、東京：勉誠出版、2010年、第84頁。

馆、同志社大学图书馆、今出川图书馆有藏。

（5）《诗经说约》二十八卷，堺屋敷，宽文九年刊本的重印本。

（6）《诗经说约》二十八卷，出云寺和泉掾，宽文九年刊本的重印本。据吴门张淑籁本刊。

另外，上智大学图书馆、九州岛大学图书馆以及地方图书馆也藏有《说约》的和刻本。以上各本的关系虽还有待于深入考察，但已说明《说约》在传入日本之后，曾被多次刊印，是一部在学子中流传颇广，甚至占有了某种权威地位的书。

松永昌易撰《头注诗经集注》以及后来铃木温校订《再刻头书诗经集注》多处引用《诗经说约》之说。伴随朱子学的流行，前者在江户初期和中期有较大影响。直到幕府末年，后者还有翻刻。

延享二年（1745），49岁的中村兰林（1697—1761），姓藤原氏，名明远。鉴于前贤关于《诗经》诸问题"寻其渊源，发其余蕴，教夫学之者知其总要"的见解散见于群书，不便学习，便将这些议论"采而辑之，汇而成编"，写成《读诗要领》一书。其中对朱熹《诗集传》给予了很高评价，指出其中也存在"考据之谬，或过求之高，失其主意"的地方，同时也批评世间学者因为不能"究原乎注疏，寻流乎众家"而不识《诗集传》"其功之所功，其失之所失"。他特别谈到一般学者对《诗经大全》《诗经说约》二书的过分信从与依赖：

> 大抵世之学者，唯朱传是从，古注众家废而不读，反就晚明之末疏而用所谓《大全》《说约》等，以为其羽翼，信而尊之，讲而不废。嗟乎！陋哉，其为见也。古人有诗曰："欲穷千里目，更上一层楼"，诚哉斯言也。①

兰林曾随室鸠巢学习朱子学，而重考据，学风接近古学派，对朱子也有所批评。他对当时学《诗》途径的批评，也从侧面反映了《诗经大全》《诗经说约》在江户初期与中期在一般学人中普遍流行的情况。中井履轩所著《诗雕题》等对《说约》也多有引述，可见在江户时代很多研读《诗经》的学者中，《说约》是一部案头必备的书。

---

① ［日］關儀一郎編『日本儒林叢書』第五卷、東京：鳳出版、第28頁。

第三节　菅野侗:《诗经正解》

清人姜我英、吴荪右所著《诗经正解》，收引宋明《诗经》著述极为丰富，其中多有散佚不存者，是研究《诗经》宋学传统的重要资料。此书虽今存深柳堂康熙年间刊本，然公私所藏极鲜，日本安政五年(1858)长谷川三郎等刊行的会辅馆教授菅野侗的校订本，是现存较少的一个本子。

一、《诗经正解》的版本与作者

姜我英，名文灿，字我英，江苏丹阳人。吴荪右，名荃，1700年进士。《诗经正解》(以下简称《正解》)是《诗经》考据学著作，首为诗经字画辨疑；次为天文、舆地、服饰、礼乐、器具、车马、兵制诸图考；次为姓氏、草木、禽兽、鳞介诸考，内容门类繁多。《四库全书总目提要》(存目)评论："大抵袭《六经图》及《名物疏》诸书而为之，其训释亦颇浅易。"该书在逐篇讲释之前，尚有两册，一册包括大序、类题辨异备说、诗经字画辨疑、深柳堂诗经图考目录，另一册为《深柳堂诗经人物考》《姓氏考》，而后方从《国风》开始讲析。菅野侗校订本没有前两册。

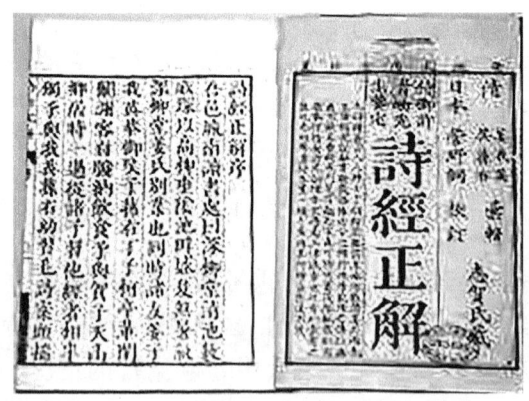

江户时代刊本《诗经正解》

日刊本《正解》33卷，封面题签《合参析讲诗经正解》，安政五年（1854）刊，木活字，志贺氏藏，大33册。

内署"清姜我英、吴荪右汇辑，日本菅野侗校订，侍御许青屿鉴定"，封底题"安政戊午孟春发兑"，又详标有关刊行的担当者，由此可知是由"浅州御藏前长谷川和三郎两国药研堀奎晖阁秀治郎两国吉川町文会堂佐助"制本，由"浅州御藏前经训堂喜一郎"担任"卖弘"（销售和宣传），由"奎晖阁"担任"植字"（排版）的。从这些署名来看，当时的书铺相互有密切的协作关系，书铺兼管策划、印制和销售，而且对于宣传销售相当重视，有专人负责。

书中所载"会辅馆教授菅野侗"撰写的"附言"说："此书刻本极鲜，是以校订，不得如意，加旃原书断简漫灭，有不可读者，如其一二字间，照前后文义以足之，或至数字不可辨者，不敢妄以意补之。"又说："篇中误字祖袒、析折之类，往往有之，但校订未精，刷印已了，不可奈何，且活板点句读者鲜矣。今点句以便童蒙，而又为之所误者亦不鲜，读者请恕焉。""不可奈何"即"无可奈何"。这里涉及江户时期汉籍活版、整版印刷的消长。江户中期活版印刷兴盛，汉籍也因出书速度增速而加快了流传，不过汉籍需要训读，而活字印刷字里行间空隙狭小，装不下假名和各种训读符号，所以"活版点句读者鲜"。江户末期整版印刷抬头正是适用读书人对训读的需要。本书为训点整版本，更加适于一般读者学习。

江户文献中有关本书校订者会辅馆教授菅野侗的资料很少。会辅馆，即会辅堂，为江户中期浪人、儒者菅野兼山（1680—1747）于享保八年（1723）得到幕府用地、资金等方面的支持而在江户深川创立的乡校（地方学校），面向武士与町人传授学问。兼山出生于武藏埼玉郡。名彰，字子襄、直义，通称彦兵卫，曾师从古学派伊藤仁斋与三宅尚斋。会辅一词，出自《论语·颜渊篇》："曾子曰：'君子以文会友，以友辅仁。'"子菅野勘平，曾在朱子学派中的山崎暗斋派学者三宅尚斋（1662—1741）的培根、达支堂读书，故子承父业，继父之职任会辅堂教授。1800年成书的《秋雨谈》提到勘平"菅兼山男，会辅书院教授"，"讲性理，学校之任，亦为老头巾之长也"，可知其中坚守朱子学之立场。其余关于会辅馆的资料极少，按照日本儒者世袭的传统，从年代算，菅野侗可能是菅野勘平之子或养子，接任勘平而担任教授，是朱子学派学者。

在葛筠撰写的序言中曾经谈到吴荃"既有《四书正解》一书，问世不胫而走天下矣",吴荃《四书正解》在江户时代便已经传至日本,日本有 1697 年和刻本,也就是说那正是吴荃中进士的前三年,很可能是该书成书不久便不知何种机缘传入日本,并立即引起书商的关注,将其翻刻。

二、《正解》流传日本的缘由

《正解》是姜我英、吴荪右两人从 1679 年春至 1683 年冬花了整整五年的时间汇辑成书,书前载有葛筠 1684 年撰写的序言。

该书悉依朱熹《诗集传》,是谓"正解",即各家讲本中凡属与朱熹之说不合者,则为别解,不予采纳;所谓"析讲"则是诗篇各章之意、通章之旨,皆予以分析讲解,"句疏字解,发奥剖疑";所谓"合参",则是"合诸家之解释而参以己意"之意。

本书虽以是否与《诗集传》一致为选择依据,对《毛传》和小序并非一概排斥。每首诗皆前有《传》,引录《子贡诗传》(即相传为端木赐所撰的《诗传孔氏传》一卷,《凡例》所谓"端木氏《诗传》",子贡,即端木赐)之相关诗旨之说,《序》以录《毛诗》之《小序》《全旨》三项,以把握全诗内容,而后分章逐句讲解。每章先论析赋比兴并解释重点词语,而后以《合参》综述各家并己意,为避烦琐,其中并不注明其说来源,但在后面的《析讲》中分析该章比兴寓意时,引述他人说法时多言其所本。在录全诗章数与各章字书之后,录朱熹的诗旨概述,并介绍与朱熹说法不同的"别解"。

诚如全书前面所载类似广告语的短文中所标榜的,本书确定了两个卖点,一作为科举考试备考之用的参考书,二是作为文士学诗撰文的鉴赏用书,即"操觚应制,固等奉作指南;诗苑词坛,亦宜遵为玉律"。在书中也多引用制义、时论,凡例中明确说明"制义、时论剖析字句,论断人事,最多发明",因而"或录取全篇,或采其数语",此乃瞄准考生市场所做的声明。出版者要求此书充分照顾初学和通才两种不同需要,而作者便一方面在体例设计和讲解方式上尽可能避免繁复,一方面在讲解论断引证时宁繁无简、宁详无略,在博采众说、折中去取之间略尽苦心,这些都是为了做到既"有裨举业",又能于"诗家"有"小补"。

本书在众多《毛诗》著述中,"一以江晋(缙)云先生之《衍义》为主,参之众说,附以臆见",众多看法实出自江环的《诗经衍义》。江环,明嘉靖至万历间人,字缙云,福建云霄菁美村人。幼年好学,父渭对其教督甚严,到入县学时已颇有名气。万历十年（1582）乡试中举人，万历十四年登进士。曾先后任平湖县令和贵州道监察御史，不畏权势与显贵，弘正抑邪。他潜心钻研《诗经》，所著《诗经衍义》被认为深刻阐发了朱熹传本的内在精华，奉为正宗范本。明末清初，邑人以他的著述有功于后世而请将其配祀于朱文公祠。《诗经衍义》很早便传入日本，据江口尚纯所述，林家（大学头）藏江环《新镌晋云江先生诗经阐蒙衍义集注》，高野山释迦门院藏《重订晋云江先生阐蒙衍义集注》。

　　《正解》所引"诗柄"是指朱熹概括介绍《诗经》诗篇大意的文字。清崔述《读风偶识》卷一："余见世人读《诗》，当初学时，即取诗柄连经文合读之。"自注："朱子集传略说本篇大意者，俗谓之诗柄。"

　　江户时期《诗经》研究者的基本队伍是那些在官学、藩校、乡校乃至私塾中任教的儒者，而以官学教授和藩儒为核心，他们的首要工作是教授门生，向他们传授儒家经典。如何让弟子读懂和理解训读的中国经籍是他们撰述的重点。《正解》以《诗集传》为讲析的基础，正与江户时期《诗经》研究的主流相一致，而它采用的体例，条块清楚，合参部分综合各家而自圆其说，简洁而易于理解。凡是与《诗经》相关的事物，时令天文、山川疆域、祀典食货、服饰器用、宫室人物之类，靡不旁搜博考。这恰是一部适用于各类学校教学的参考书所必备的内容。

　　《正解》凡例中说："大抵诗人作诗本于吟咏性情，初无艰深莫测之旨，是书之解不浅不深，期于合诗人之性情而止，若探微测渺，故为穿凿，则吾岂敢？"由于姜我英旨在"合于诗人之性情"，所以书中也收录了一些鉴赏和个人揣摩诗意的见解，如《頍弁》中收录了齐朱孩的一段话："情拟松萝，时惟雪霰，二三兄弟，不觉尽醉，相顾凄然，说到一日无常，簌簌下数行矣，亦乐极之悲也。"这样的说解富有文学意味。全书评议的文风，或许使菅野佝感到这是一部对讲解《诗经》有用的参考书，因而校勘付梓，在江户等地流传。

三、《正解》所引明代《诗经》要籍

　　《诗经正解》属于讲义汇辑类著述，以博采众说而以意裁断为务，采摭博杂，如同专学的"艺文类聚"或"专学全书"。它所涉及的内容，不限于解经，"凡说诗之法，读诗之诀，四始六义之说，大小序之辨，诗乐之论，字韵之

异,体画之疑,写经之讹,朱注援引解说之误,以及若篇目,若歌诀,若类题,辨异诸刻,俱学者所宜究心",全都不弃。从内容上说,已经超出单纯经学的范围,今天看来正是一部跨学科的文献汇编。

汇辑者为能做到读者一书在手,便能总览《诗经》之学全貌,引述了很多宋元明各代学者对《诗经》展开学术研究写下的言说,也收录了不少文学家鉴赏《诗经》的议论,由于它们分散于各类著述,包括学者、诗人的文集之中,有些后人很少见到或不易查找。宋明时代的理学家如程颐(1033—1107)、杨时(1063—1135)、张栻(1133—1180)、饶鲁(1193—1264)、湛若水(1466—1560)等,自幼博览群籍,在为官治学之余,不免读《诗》为愉,也多撰文借说《诗》以言性理。他们的这类书籍,格外受到姜、吴二人重视,也多被引入诗篇的说解之中。而这些人的《诗经》研究著述散佚或零落,尚未充分整理,特别是宋代学人的论述,搜寻起来更为困难。与戴复古同时的华严谷,其诗说后人多有只言片言的引述,《诗经正解》称为"华谷严氏",引述较多,可供参考。

明代《诗经》研究著述可谓汗牛充栋,《正解》所引录研究家数以百计,其中不乏名臣和著名文士之说。《诗集传》宛如一口大鼎,各派诗说,或为"正解",或为"别解",以诗之篇、章、句为次,尽纳于内,如钟伯敬、唐顺之、瞿昆湖、顾邻初、倪玉汝等人皆在其中,一些今天名不见经传的文士,只要有一见之得,也不予丢弃。从朱子学派诗经研究的统治地位这一意义上看,说《正解》为我们提供了半部有明一代与清初的《诗经》学史的资料也不算太离谱。

不过,《诗经正解》引用诸儒之说,不拘序次先后,一以解经为序,"有书郡号者,有直书某氏者",颇不一致。它虽有面向初学者的一面,但也和其他中国古代经籍研究著述一样,引用他人之说多不录书名,称人多言出生而不道全名,给今天的研读者带来不便,加之日本刊本又往往在人名、地名上出错,要想为引述内容追根寻源就颇不易。下面谨将书中所引部分诗说的简称和全称加以对照,以减读者翻检之劳,以为继续全面考订之开篇。

东莱吕氏　　宋吕祖谦,撰《吕氏家塾读诗记》。
严缉　　宋严粲,撰《诗缉》。
龟山杨氏　　宋杨时,号龟山先生,撰《诗辨疑》一卷,有《龟山文集》。
程子　　宋程颐,撰《伊川诗说》二卷。

南轩张氏、张南轩　　宋张栻,号南轩,有《南轩文集》。
止斋陈氏　　宋陈傅良,号止斋,撰《毛诗解诂》二十卷。
叠山谢氏　　宋谢枋得,号叠山,撰《诗传注疏》三卷
眉山苏氏、苏传　　宋苏辙,四川眉山人,撰《诗集传》。
双峰饶氏　　宋饶鲁,号双峰,撰《五经讲义》。
安成刘氏　　元刘瑾,安城人,撰《诗传通释》。
庆源辅氏　　辅广,南宋庆源人,撰《诗童子问》。
戴氏《鼠璞》　　宋戴埴撰《鼠璞》一卷。
丰城朱氏　　明朱善,江西丰城人,撰《诗解颐》。
《大全》　　明胡广等撰《诗经大全》二十卷。
《通解》　　明黄佐撰《诗经通解》二十五卷。
《说通》　　明沈守正撰《诗经说通》三十卷。
《疏义》　　元朱公迁撰《诗经疏义》二十卷。
《六帖》　　明徐光启撰《诗经六帖》《诗经六帖重订》十四卷。
《鲁诗世学》　　明丰坊撰《鲁诗世学》。
麟士　　明顾梦麟,字麟,撰《诗经说约》。
上玉刘氏、珩　　清刘日珩,字上玉,纂序《诗经说约》。
邹虎臣　　明邹之麟,撰《新镌邹虎臣先生诗经翼注讲意》四卷。
湛若水　　明湛若水,撰《诗厘正》二十卷。
叶台山　　明叶向高,号台山,撰《叶太史参补古今大方诗经十全》十五卷,《纲领》一卷,图一卷,《诗经讲意举业便读》。
徐士彰《翼说》　　明徐常吉,字士彰,撰《诗经翼说》(亦名《毛诗翼说》)。
朱郁仪《诗故》　　明朱谋㙔,字郁仪,撰《诗故》十卷。
陆聚冈　　明陆聚冈,著《诗经讲意》。

《正解》原文有断简漫灭、字迹不清有不可读之处,菅野侗除了对考虑前后文意可以确定者补足之外,对数字不可辨者,并未以妄意补上。实际上其中所引《子贡诗传》多处有阙文,这些是《子贡诗传》原有的,《正解》照录而已,现尚无法补齐。另外,所引《子贡诗传》时有古字,如埜(野)、昏(婚)、畔(叛)、耑(专):

《行露》：埜（野）人强昏（婚），不得而讼，女氏终拒之，赋《行露》。
《野有死麕》：埜（野）人求昏（婚），而不能其礼，女氏拒之，赋《野有死麕》。
《雄雉》：管叔将畔（叛），太夫谏之，赋《雄雉》。
《匏有苦叶》：管叔以殷畔（叛），邶人风之，赋《匏有苦叶》。
《十月之交》：皇父端（专）政。赋《十月之交》。

篇名也有几处与《毛诗》不同，如《毛诗·齐风·还》，《子贡诗传》作《营》；《毛诗·齐风·卢令》，《子贡诗传》作《卢》；《豳风》作《邠风》；《祈父》作《祈招》；《节南山》作《节》；《雨无正》作《雨其极》，均非《正解》引用之误。

清代初年，姜我英等学者对宋明《诗经》学研究的回顾和总结，体现了张扬文化传统、唤醒民族学术记忆的诉求。宋明理学家或深受其影响的文学家，通过《诗经》来阐发和引证他们对性、欲、情、理等复杂关系的表述。经过宋明时代的多次论争，清初的姜文英等人更倾向于二程的表述。在《蟋蟀》一篇之末章，姜我英引用了程子的话：“人虽不能无欲，然当有以制之，无以制之，而惟欲之从，则人道废，而入于禽兽矣。以道制欲，则能顺命。”这种“以道制欲”的观念成为姜文英等人解释性爱和婚姻行为准则的一个标准。在日本江户时代，也有不少学者在《诗经》研究中既肯定欲的合理性和必然性，也主张合理节制"人欲"，而不采纳"存天理，灭人欲"的极化表述。

《正解》是解读宋明《诗经》，特别是宋明理学与《诗经》研究关系的重要资料。在我国近现代《诗经》研究中，宋学式学术操作的印迹相当明显。理学家将《诗经》作为"思想文学"来阐释，在方法论上，既与汉唐学者将其作为"政用文学"来阐释的做法有某种沿袭关系，而又有所不同。虽然近代以来的《诗经》研究在观念和方法上都发生了巨变，然而如果我们和邻国日本的同类研究略作比较，就不难发现这种历史影响的惯性在我们中间仍然是时有时无、时隐时现。

第五章
《诗集传》的异色解读

赴日的元明禅僧和赴华的室町镰仓的禅僧将《诗集传》及其他宋明时代的《诗经》著述带到了日本,但《诗集传》真正取代日本保存下来的《毛传》《郑笺》成为必读经书,还是江户时代以后的事情。朱熹的劝善惩恶说、淫诗说、《国风》"民俗歌谣之诗说"、六义说等,成为读《诗》的纲领,而他对每首诗诗义的说解,也成为大多数读《诗》者的导向。由于朱子学之中,因地域、师承关系、学术思想不同而各有差异,对《诗集传》的翻译和解读之著难以一言以蔽之,更重要的,朱子学在江户时代与其明清两代的作用,实不宜同日而语。

第一节 松永昌易:《再刻头书诗经集注》

日本江户时代是朱熹《诗集传》风行学界的时代,出现过多种《诗集传》的注释和讲义,日本人撰写的《诗经》研究著述也多围绕《诗集传》展开。《再刻头书诗经集注》是其中一个流传时间很长并广泛用作教材的本子。

一、松永昌易与朱子《诗经》学

松永昌易(1619—1680),江户前期儒者,藤原惺窝门下四大弟子(所谓四天王)林罗山、那波活所、松永尺五、堀杏庵中的松永尺五之长子,号春秋馆、寸云子,居于京都西洞院。继承父亲的春秋馆,擅俳谐。

松永昌易的父亲松永尺五(1592—1657),是江户初期著名学者。庆安元年(1648)天皇诏于禁阙南赐予数十弓地,建讲习堂,该堂建成后,石川丈三作《燕贺诗》，其小序有"幸得此地，去天尺五，可谓荣路之阶，吉祥之宅"，"去天尺五"语取杜诗之句"去天只尺五"之意，其号出于此。尺五著有《四书私考》《七书备考》《七书谚解》《无免录抄》《棠阴比事》《彝伦抄》《杜诗抄》《陈书谚解》《五经私考》等。松永尺五提出的"三纲五常说"最为著名。

松永昌易的著述也很多，主要有：

《易经集注》，程颐传，朱熹本义，松永昌易标注。
《三体诗法》，周弼选，圆至注，裴庾增注，松永昌易校。
《周易传义》八册，宽文四年（1664）。
《春秋集注》十五册，宽文四年（1664）。
《书经集注》六册，蔡沈撰，宽文四年（1664）。
《礼记集说》十五册，陈澔著，今村八兵卫，享保九年（1724）。
《本朝文粹》，藤原明衡编，松永昌易校。

《头书诗经集注》是松永昌易采摭元明诸儒之说编就的一部朱熹《诗集传》的导读类著述。笔者所藏《首书诗经集注》为享保九年（1724年）京都今村八兵卫板，"首书"，后亦作"头书"。笔者所藏本第七册末尾有松永昌易的短跋："右诗三百十一篇，朱子《集传》之考证评注者。余教授之暇，采摭元明诸儒之说，以便同志后学之徒者也。讲习堂寸云子昌易谨书焉。"可见他撰著本书的目的，就是为了给阅读《诗集传》的后世学子提供方便，他对诸儒众说的选择无疑也折射了当时日本学人接受宋明诗说的某些特点。

纵观江户时代三百年间直到明治时期，多数儒者提到《诗经》，脑海里浮现最多的不是《毛诗郑笺》，而是朱熹的《诗集传》，也称为《诗经集注》。《诗经集注》有多种日本刻本，至今有传的包括播磨屋胜五郎板的嘉永五年刊本、河内屋佐助板的宽政三年刊本、近江屋平助等板的庆应元年刊本等，中村惕斋还著有《笔记诗集传》，有明和元年刊本。在众多的《诗集传》和刻本中，松永昌易所撰《头书诗经集注》尤为引人注目。

江户初期的《诗经》研究，朱熹《诗集传》一统天下。这一时期，从思想层面上说，出于统一意识形态的需要，积极树立朱子学的权威，《诗集传》具有统一教材的性质；从学术层面讲，过往的战乱时期萎缩于清原家等少数世袭家族的学术传统,需要调整与更新,开始发展适应于町人社会的儒家教育和学术,首先需要的是学术积累。尽管日本江户时代的诗学和儒学著述,具有很强的普及性和世俗性,而这一特点在初期就更为明显。正因为如此,我们很难从林恕的《诗经私考》《诗经别考》、松永昌易的《头书诗经集注》等找到属于作者的独特见解,而这也正是那一时期《诗经》研究走过的必要阶段。那时的儒官、藩儒和乡学教授既是教育者,也是研究者,他们的很多著述首先是面向门生学习需求的,这也形成了当时经学著述的"教辅"性特点。

松永昌易所校《头书诗经集传》从江户初期便开始流行,以后多次重刻。《日本诗经古写本刻本汇编》影印的是署名"大阪书林积玉圃、宋荣堂合梓"的铃木温再校的《再刻头书诗经集注》。书封底标注:"宽文四甲辰岁九月吉辰、宽政三辛亥岁五月再刻、庆应乙丑岁六月三刻,元治再刻。"可知本书初刻是1664年,再刻为1791年,三刻已是江户末期的1865年。元治指1864年至1865年。这样看来,本书就是1865年刊本。由此可见,松永昌易注释的《诗集传》在日本流传近于百年。

所谓头书(toutyuu, kashiragaki),亦名首书、头注,是指写在本文上栏的词语解释、评点和解说,也称冠注。本书的"头书"是松永昌易所作,头注部分除了引用各种文献来对本文加以补正之外,也有针对朱熹注释所做的注释,如在《大雅·抑》的注的末尾,朱熹曾经引述侯苞的说法,侯苞是何人,未予说明。松永昌易为此加了注解:"侯苞,撰《韩诗翼要》十卷者也。"

铃木温在校勘此书的时候,也把一些校勘文字加在了栏上。这些对于了解《诗集传》的日本版本是有一定参考价值的。《再刻头书诗经集注》有铃木温撰写的跋:

> 标注五经集注者,平安书肆郁文堂所刊行也。而行于世日久,印版磨灭,且旧点国读纷扰繁碎,学者尝苦读,而《诗传》殊甚矣。于此谋再刻,来乞校正。余则从望楠轩所藏之本,正其国读,刈烦从简,一以不失《传》义,而便乎诵读为要。若夫《标注》与《传》之旨相背驰也,存而循旧者。将鸣寸云子之勤,而又使乌菟雉兔者往焉。其至刳厥氏之屡失工也,犹似蚊蝇驱扑之患,有不可堪者,读者恕诸。
>
> 　　　　　　　　　　宽政辛亥之秋　寻思斋铃木温记

铃木温生平不详,"铃木温""铃木寻思斋"之名见于日本《国书总目录》第六卷、第七卷,铃木温的著述有:

《头书诗经集注》八卷,宽文四年(1664),野田庄右卫门刊。

《新刻头书诗经集注》八卷,宽政三年(1791),今村八兵卫刊,内阁文库藏。

《再刻头书诗经集注》八卷,庆应元年(1865),秋田屋太右卫门等刊,岩手大学图书馆藏。

《申学士校诗经大全》二十卷,林信胜点,承应二年(1653),吉文字屋庄右卫门刊,八户市立图书馆藏。

《头书诗经集注》除了有上述刊本外,明治时期尚有刊本,大阪嵩山堂,出版年月不明,大阪书林、汲书房明治九年(1876)印刷,藏早稻田大学图书馆。

二、明代《诗经》学的东传

《再刻头书诗经集注》头注引用最多的有四部书,那就是胡广《诗经大全》、江环《诗经衍义》、徐奋鹏《诗经删补》和顾梦麒的《诗经说约》。

胡广(1370—1418)的《诗经大全》。该书抄袭刘瑾《诗传通释》,稍变体例,略作增补。《四库全书总目·诗经大全》:"故有元一代说诗者,无非朱传之义疏。至延祐行科举法,遂订为功令,而明制因之。广等是书,亦主于羽翼朱传,遵宪典也。然元人笃守师传,有所阐明,皆由心得。明则靖难以后,耆儒宿学,略已丧亡。广等无所与谋,乃剽窃旧文以应诏。此书名为官修,实为元安城刘瑾所著《诗传通释》而稍损益之。"顾炎武《日知录》:"当日儒臣奉旨修《四书五经大全》,颁餐钱,给笔札,书成之日,赐金迁秩,所费国家者不知凡几。将谓此书既成,可以章一代教学之功,启百世儒林之绪,而仅取已成之书,抄誊一过,上欺朝廷,下诳士人,唐宋之时有是事乎?岂非骨鲠之臣已空于建文之代?而制义初行,一时人士尽弃宋元以来所传之实学,上下相蒙,以饕禄利,而莫之问也!呜呼!经学之废,实自此始。"

江环所著《诗经衍义》,江户时前期已传入日本。江环是明嘉靖至万

第五章 《诗集传》的异色解读

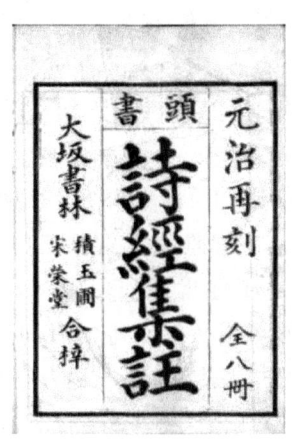

1864年刊《诗经集注》

历间人,字缙云,福建云霄莆美村人。幼年好学,官至贵州道监察御史,在检举弹劾中不畏权势与显贵,弘正抑邪,数次不顾个人安危营救被捕的朝臣。他潜心钻研诗经,所著《诗经衍义》被奉为正宗范本,明末清初,邑人以他的著述有功于后世而请将其配祀于朱文公祠。

徐奋鹏《诗经删补》,亦称《诗经铎振》。此书初刊于万历四十年(1612),万历四十四年重刊。《凡例》申明"解《诗》以朱《传》为主",而《诗经大全》可"备朱《传》所未及处",然而《大全》及现有资料繁富,不便于学习,所以他加以删冗补缺。本书有明万历刊本,现藏日本。台北中研院文哲所有缩微胶卷。

从松永昌易头书的选择来看,他不仅注重对诗句字词的解释,而且看重从文学上体味和鉴赏诗句的情感内涵。他多次从以上各书引用李白、韩愈、黄庭坚等唐宋诗歌,引证《诗经》诗篇描绘情境相同的诗句,同时尽可能引用一些文学家的观点或者从文学的角度对诗句予以分析的观点。他多引杨慎的《杨升庵文集》中的观点,不仅《战国策》《史记》《汉书》中,甚至《博物志》《容斋随笔》《琅琊代醉编》等书中有关《诗经》的见解也都收了进来,对《诗经衍义》的引用,集中在不多的徐常吉、谢枋得等几位文人学者的诗说上。

顾梦麒(1585—1653)《诗经说约》,今存明崇祯十五年(1642)太仓顾梦麟织帘居刊本二十八卷和清代雍正十一年(1733)赠言堂刻本三十一卷。传入日本后受到学人欢迎,先后翻刻,所谓"和刻本"有日本宽文九年(1669)京都芳野屋权兵卫刻本,底本即为上述崇祯顾氏织帘居刊本。另外还有京都出云寺和泉掾后印本二十八卷,上有批注及大正七年(1918)三月三十日松轩识语。

除了这些《诗经》研究著述之外,值得注意的还有对明代哲学家罗钦顺《困知记》的几处引述。罗钦顺(1466—1547)仿照张载《正蒙》方式而撰著此书,是作者哲学思想的总结。书名出自《论语》"困而知之"一语,意指苦心钻研所得。全书六卷，其中《困知记》两卷成书于嘉靖七年（1528）。该书除有明清刊本之外，传入日本后受到重视，今传有日本万治元年（1658）刊本。《困知记》是批判心学、改造理学的重要著作，对于研究理学演变史具有重要价值。作者自述著述的目的在于"继续垂危之绪，明斥似是之非，盖无所不用其诚"（《罗整庵自志》），明确表示一心要继承儒家传统，抨击各种似是而非的理论。在天理与人欲问题上，他摒弃"存天理，去人欲"的理论，提出了理欲统一的学说，对于明清之际唯物主义思潮的兴起起了重要作用。在《头书诗经集注》中恰恰引述了他批评陆象山"以欲为恶"的观念，肯定《诗经》对人情世态的真实写照。伊藤仁斋等学者对"诚"的推崇和对"诗写人情"的肯定，无疑受到明代思想家的影响。《头书诗经集注》等日本江户时代撰著的引述，为我们提供的信息，给了我们把握这种影响的抓手。

在正文之前，松永昌易还引用了《初学记》《经籍志》《读书录》《诗经衍义》对《诗经》一书内容的评述，其中值得注意的是《读书录》中"《诗》一经，性情二字括尽"一句。《读书录》是明代哲学家薛瑄（1389—1465）的重要著作，共二十二卷，是薛一生读书、讲学的笔记，编成于景泰七年（1456）以后。据黄宗羲说，此书大意是为《太极图说》《西铭》《正蒙》作义疏，多重复，未经删改，"盖惟体验身心，非欲成书也"。

《读书录》所讨论的虽是程朱理学中的问题，并推崇朱熹，但对朱熹思想作了修正和发展。在理气、道器、太极、阴阳的关系问题上，薛不完全同意朱熹的观点，而主张理在气中，道在器中，太极在阴阳中，并公开批判"未有天地之先，毕竟先有此理"以及理能生气的说法。书中提出"一气流行，一本也"的命题，为后来罗钦顺等人所发展。但在人性问题上他完全接受了朱熹的思想，宣扬"后性说"。《读书录》有明万历二十四年刻本，清乾隆十一年刻本分《读书录》《续读书录》各十一卷。

罗钦顺认为，程子将人心当作"人欲"的这种说法"看得过了"，"去"人欲的讲法"也似乎偏重"。欲望是人性固有的要求，把欲完全看成"恶"是不对的，欲望产生不仅有必然性，而且有合理性。

下面是该书引用的其他文献：

书中简称	作者	全书名
音释	（元）许谦	《诗集传音释》
通解	（明）黄佐	《诗经通解》

徐氏《笔精》　　（明）徐𤊹　　《笔精》

三、《诗集传》与江户诗经学的变迁

江户时期各学派的消长和学风转换，最直接地反映在《诗经》研究上，而对《诗集传》的态度则最能折射这种学风的演进。朱子作为官学的标志，固然接受了最高的赞誉，在一定时期，《诗集传》却成为徂徕学派的众矢之的。江户时代的儒者对《诗集传》从最初的埋头研读、一味信从，到渐生疑窦、质疑迭出，到后来有人出来讥嘲抨击，尽管古学派、朱子学派、折中学派各有区别，但从整体来说，学者们在朱子面前经历了从师视、友视到轻视的态度转换。然而，一个不争的事实是，各派学者在各个阶段对《诗集传》实际上都有所汲取，在古学派某些学者对《诗集传》的批评中，则都受到明代学者的影响。

在江户时代的《诗经》著述中，以研读《诗集传》为基础成书者占有相当大的比重，其中又尤以讲释朱说、略述心得的面向生徒而写作的居多。西依墨山的《诗集传讲义》（别称《诗经讲义》）和《诗传师说》、中村习斋的《诗集传讲谊》（写本，别称《诗集传讲义》）、金子霜山（济民）的《诗集传纂要》（别称《诗传纂要》）、三宅重固（尚斋）的《诗集传师说》、若林强斋的《诗集传师说》（写本）、市野迷庵的《诗集传笔录》（亲笔草稿本）、笠原章的《诗集传蒙钞》（亲笔本，别称《诗集传蒙钞》）①等，不胜枚举。

笼统而言，江户学人对《诗集传》的态度可以分为三类。一类可以称为"师朱派"，即取《诗集传》而弃《传》《笺》《正义》。对于江户时代的学者来说，《传》《笺》不够清晰，而《注疏》又过于繁复，相比之下，《诗集传》对《诗经》研究诸问题的阐述就清晰明快得多。林鹅峰撰《诗书序考》谈到关于"六义"的各种说法，认为"朱子有三经三纬之说以来，六义大分明，而先儒之说皆废矣"②。

对待诗序的态度，往往将学者分为两类。尊序者，自然不会赞赏朱熹的废序解诗，而推崇《诗集传》者，多半首先看重他的这一点。无穷会专门

---

① ［日］江口尚纯著《江户时期〈诗经〉研究的动向之一：以大田锦城为主》，附录《江户时期〈诗经〉关系书目（第二次分类版）》，载《日本汉学研究初探：思想文化篇》，上海：华东师范大学出版社，2008年，第47—73页。

② ［日］江口尚纯著「林鵝峰の詩経関係著述考略」、『詩経研究』第31号、2006年、第2頁。

图书馆神习文库藏冈井赤城（？—1803）所撰写本《诗疑二二卷》对朱熹废序而将《序》从诗中切割出来的功绩赞赏有加：

> 凡释诗，以朱氏为良。盖以其废《序》而不取也。……唯其信序过诗，宁使《诗》不能为《诗》，不欲使《序》不能为序，于是矫辞夺意，委曲以求合于《序》。风人之旨遂微，悲哉！朱子生千岁之下，能断然乎排之，而后诗得其为诗，序不得复与诗并行，风人之旨得伸于千岁之上，其功伟矣。故余尝于诸释诗者，独表朱氏以为良者，为是故也。①

江户初期的学者大都将《诗集传》视为《诗经》第一书，朱熹对《诗经》诗歌一般原理的论述几成套语。中村兰林（藤原明远，1697—1761）《读诗要领》大段引述朱子驳序之说，而后也说：

> 《诗序》之作，出于汉儒者，叶、郑二氏始可辨之，而其害诗意之义，至朱子而论定，其功可谓大矣。若程伊川、若吕东莱，皆尊信其《序》，而不容疑于其间，恐智者之一失而已。若夫马端临者，以博究之才，犹左袒乎诗《序》，辨析亹亹，与朱子争矣，吾无取焉耳。②

第二类可谓"质朱派"，即在肯定朱氏废序有功的同时，对其全面排斥小序的立场提出质疑。伊藤仁斋在《语孟字义》下不仅肯定了朱熹以后的学者"多言《小序》不可尽废"，"其说皆有明据"，而且补充了自己的意见："若废《小序》而悉据经文，则事多有害于义者。"③

增岛兰园（1769—1839）曾撰《诗序质朱》，既对朱熹的卓识加以赞叹，而又批评朱熹所谓"凿空妄语，以诳后人"的结论"非至公之论"，主张"序不可尽据，而舍序不可为诗也"。为了纠正朱熹的偏差，他要"取辩说之未安者，以质朱子于九原"。

再有一类可谓"弃朱派"，即将《诗集传》视为病入膏肓、不可救药的病

---

① ［日］江口尚純著「岡井赤城『詩疑二二卷』について」、『詩経研究』第28号、2003年、第2頁。
② ［日］關儀一郎編『日本儒林叢書』第五卷、東京：鳳出版、1978年、第11—40頁。
③ ［日］吉川幸次郎著、清水茂校注『伊藤仁齋　伊藤東涯』、東京：岩波書店、1971年、第157頁。

体,只有揭示它的病症,丢开了事。持这种态度的,以太宰春台(1680—1747)最为激烈。在举世学人诵读《诗集传》之时,春台要独树一帜,不免用词偏激。他专门撰写《朱氏诗传膏肓》一文,不仅直斥朱熹不知诗,而且对《诗集传》的注释方式也多有微词。太宰春台格外不满于注释中夹入议论和评语,认为"议论无关乎诗","注外议论,亦外传体",同时把诗之叠章者均视为变文协韵,不赞成朱熹"泥其变文,以深其义"①的做法。

伊藤仁斋(1627—1705)的"人情诗说"在很大程度上是宋明学者关于诗写人情之说的日本化。仁斋所谓"人情尽乎诗……苟从人情则行,违人情则废。苟不从人情,则犹使人当夏而裘,方冬而葛","诗以吟咏性情为本,俗则能尽情。琢磨多甚,斫伤性情,真气都剥落尽矣,所谓七日混沌死也"。②伊藤仁斋之子东涯所说"《诗》之作,皆直叙人情,凡悲欢忧乐,物情世态,皆于是乎写焉",正是明代许多《诗经》研究者常说的话。

对《诗集传》的关注大大超出了《诗经》研究的范围,朱熹关于劝善惩恶的议论,成为论述诗歌产生和功用经常抛出的话题。堀景山(1688—1757)在《不尽言》中说:

> 大凡圣人之教,自然不出五伦之外。今日世界之人相交,无不在于五伦之中。所谓人情者,五伦之外无人情也。所谓诗之所出,乃就人之五伦、朝夕相交之事,人之七情发动,郁积于心,不能自已,不觉间自然发而为词者也。朱子《诗经》序中所谓"发于咨嗟咏叹之余"者,诗之本意也。今日所谓诗者,心中刻意编造者,罕有可谓真诗者。

这里借用朱熹之言,反对虚情假意的诗风,但更主要的,则是借助对朱熹有关"思无邪"解释和读诗可以感发善心、惩戒恶念的诗功效论的批评,来阐明自己关于执政者当以诗歌认知人情的看法。他说朱熹对"思无邪"的解释不得要领,牵强附会。③堀景山着重谈到他与宋儒在"人欲"看法上的分析,强调"欲乃人情也。无欲则非人之谓也。若欲乃天性自然者,则为

---

① [日]關儀一郎編『日本儒林叢書』第四卷、東京:鳳出版、1978 年、第 11—40 頁。
② [日]吉川幸次郎著、清水茂校注『伊藤仁齋 伊藤東涯』、東京:岩波書店、1971 年、第 279 頁。
③ [日]植谷元、水田紀夫、日野龍夫著『仁齋日札 だばれ草 不盡言 無可有郷』、東京:岩波書店、2000 年、第 202—212 頁。

人生而无欲者无一人也。无欲者,木石之类也"。人之有欲虽非恶事,但是如果放纵而为,违背义理,做下坏事,那就谓之私欲,成了恶了。① 这样的观点,正与前面提到的明代学者薛瑄、罗钦顺等人相近。

朱熹在《论语集注·子路篇》"子曰诵诗三百"章谈到"物理"与"人情"的关系,说"诗本人情,该物理,可以验风俗之盛衰,见政治之得失",而荻生徂徕在《论语征》同一处却谈到:"朱子解诗以义理,故此曰本人情,言主人情而教义理,是其所以下'本'字也。其意谓非义理不可以为教,故不能离义理而解诗矣。是不知诗者也。夫诗悉人情,岂有义理之可言乎?"②

对《诗集传》开始持怀疑态度的人,也多从明人著述中吸取支撑力量。兰泽南城(1792—1860)所撰《三百篇原意》谈到《诗集传》的不足,就引用了杨升庵的一段话:"朱子尝云:'平生传注《大学》《中庸》《论语》。所得为多。《易》与《诗》,所得仅如鸡肋。'盖不满于《本义》《集传》也。今世乃规规然一不敢议,岂朱子所望于后贤之心乎?"③杨升庵用朱子本人的话来打破学人对《诗集传》的迷信,这给兰泽南城以进一步思考的勇气。

伊藤东涯撰《读诗要领》,对朱子的"劝善惩恶"之说,从考源的角度提出质疑,他说,《论语》《孟子》均无劝惩之说,《礼记》等书亦无其说。因而"大抵三百篇,有领会其中性情者,而无以恶心道出恶语者"④,委婉地拒斥"淫诗"之说。

江户初期谈论《诗集传》几乎是《诗经》论议者唯一的话题,直到伊藤仁斋、荻生徂徕的古学派兴起,《毛传》《郑笺》《孔疏》几乎无人问津。徂徕弟子山井鼎和徂徕之弟物观著《七经孟子考文》,《诗经》古写本才重新引起学者注目。即使这样,《诗集传》仍是很多学者学习《诗经》最主要的教材。铃木温校定的《再刻头注诗经集注》的流行,为我们展示了江户时代《诗经》研究主流的一面。

第二节　冈白驹:《毛诗补义》

江户初期的冈白驹算得上是一位杂家,他在读《诗集传》的同时,也读

---

① 『仁齋日札　だばれ草　不盡言　無可有郷』、第 21 頁。
② [日]小川環樹訳注『論語徴』2、東京:平凡社、1994 年、第 159—160 頁。
③ [日]内山知也著「蘭澤南城の詩経学」、『詩経研究』第八號、1983 年、第 1—7 頁。
④ [日]關儀一郎編『日本儒林叢書』第五卷、東京:鳳出版、1978 年、第 10 頁。

了一些宋明时代其他学者有关《诗经》的著述,所著《毛诗补义》博取诸家,注重文学鉴赏与分析,反映了《诗经》研究的新风气。

一、冈白驹的学术生涯

冈白驹(1692—1767),字千里、太仲,号龙州,生于播州网干(属今兵库县),晚年为肥前莲池藩儒。著述甚丰。与冈岛冠山同为译介中国白话小说的先驱,其对"三言"作训解的《小说精言》《小说奇言》是白话小说最早的日语译作之一。

冈白驹本在故乡以医为业,后放弃行医,到江户专以儒行。当时江户已出现喜欢中国白话小说的读者,于是白驹积极参与白话小说的翻译介绍,"都下群然传之,其名噪于一时"。同时也进行经学研究,可谓经学与俗学并举。一方面著有《周易解》《书经二典解》等解经之书,一方面又有《译准开口笑语》《笺注蒙求》等著述。江村北海《日本诗史》对此颇有微词,说白驹恐怕后人以文士观己,则传注《诗》《书》《论》《孟》,以崇其名,说他是"已急于名,又好胜人,故其所论说,引证不精,且以臆见勇断疑义,或剿袭他人说,以为其著作,虽取快于一时,难免识者指摘,余为千里深惜之云"。①

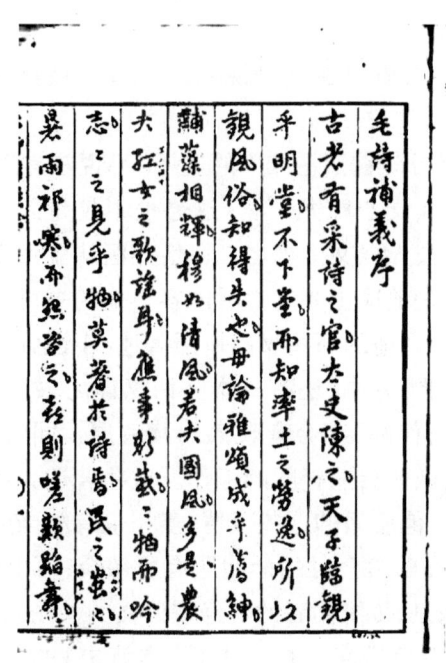

冈白驹撰《毛诗补义》

关于龙洲所著《毛诗补义》,《先哲丛谈》谓:"龙洲著者甚多,《诗经毛传补义》,治诗者以为便。近

---

① [日]池田四郎次郎编『日本詩話叢書』第一卷、東京:龍吟社、1997年、第248頁。

时绳温卿称之曰:'就龙洲著述中尤为善。'"肯定其著有便于学人。而古贺精里《偶记》引泽田一斋之说,则讥其抄袭明人之说,云:"又其《毛诗补义》《子衿》篇(郑风)下,朱子以《子衿》为淫奔之诗,及作《白鹿洞赋》,却从《毛诗》,讥显相互矛盾。平生见读白驹之《洞赋》,窃疑此论必属踏袭。其后,检郝京山《经解》,其说俨然。《毛传补义》亦剿京山。"

《毛诗补义》在冈白驹的著述中占有重要地位。1763 年,龟井南溟前来拜访 72 岁的冈白驹,曾作诗追忆这次难忘的会面:

当面交臂洛城隅, 黄发苍颜志气孤;
仕国愧同文史寀, 受廛甘作小人儒。
三觿二注开蒙学, 明律清谟课象胥;
旷逸乐天天不负, 果然老蚌吐双珠。

"三觿"是指冈白驹所作的《左传觿》《史记觿》《世说觿》,"二注"就是他所作的《毛诗补义》和《蒙求笺注》。①

龙洲著述既多且杂,从《水浒传译解》、"三言"的选译"小说三言",再到《荀子觿》等研究,还曾校正句读《文心雕龙》等。这恐怕不仅是因为他的兴趣广泛,或者急于成名而又怕被人以文士视之。在他弃医从儒而没有正式跻身藩儒之中以前,著述可能是他最主要的生活内容。他的书可能是出于他对市场需求的判断而完成的。他的那些汉语口语著述、小说翻译和小说语言研究著述,以及《笺注蒙求》等书,还有日本笑话汉译之书《译准开口笑语》《奇谈一笑》这样的通俗作品,都会有较大的读者层。同时,他本人也在观察着当时的学术需求,做些拾遗补阙的工作。这些著述大都还是与今天所说的广义的文学有关。他所做的这些事情,互相也有相当的关联。他用汉文写作,又有训译之作,自然会对翻译问题有所领会,写出《助辞译通》这样的书也不为怪。但是,从传统儒者的尊经重诗文的立场来看,有些事情就出了格,或尚缺精深,不免遭来江村北海《日本诗史》的酷评。应该说,在江户中期,冈白驹做了不少有益于中日文学交流的事情。冈白驹可以说是一个富有商业意识兼公众意识的杂学家。他的《笺注蒙求》由

---

① [日]岡白駒、沢田一齋施訓、尾形仂解説『小説三言』、東京:ゆまに書房、1976 年、第 914 頁。

于适应广大读者的需要，从他在世到他去世之后的明治时期，再版翻刻的版本不胜枚举，至今还有多种本子在旧书铺不难见到，可见不仅再版次数可观，连远离文化中心的鹿儿岛也有藏本，而且每次印数也会不少。这正是他多年熟悉读者心理的结果。他的书至今还在日本翻刻影印，就说明了这些工作的意义。

龙洲对《诗经》的研究，重视文学上的鉴赏和分析就是这种联系的一个点。《毛诗补义》之所以能够做到"治诗者以为便"，也是因为全书说解简洁，注释不多，诗后以"案"来逐章疏通诗意，考证要言不烦，引述较少，没有过多脱离诗句的议论，这也可以看成是他了解读者需求的处理方式。

二、《毛诗补义》的版本和内容

冈白驹撰，全十册，十二卷，题签作"诗经毛传补义"，版心作"毛诗补义"，1746年冈白驹55岁时刊行。序作"延享乙丑中秋望　西播冈白驹撰"，卷末有"延享三年丙寅春发行，京都书房风月堂左卫门登梓"，是由风月堂庄左卫门刊行的。

《毛诗补义》十二册，第一册为《诗谱》，前题"汉赵人毛公传，日本西播冈白驹补义"。延享三年，为1746年。本书有作者自序，要在阐明"君子不达乎人情世态不能为政"，而"诗可以观人情，莫所不至焉"，这正是古学派对《诗经》核心价值的理解。

　　古者有采诗之官，太史陈之，天子临观乎明堂，不下堂而知率土之劳逸，所以观风俗，知得失也。毋论雅颂成乎荐绅，黼藻相辉，穆如清风；若夫国风，多是农夫红女之歌谣耳。应事斯感，感物而吟志，志之见乎物，莫著于诗焉。

　　民之蚩蚩，暑雨祁寒而怨咨之，喜则嗟叹蹈舞，哀则窭辟有摽，托物纾郁，依微规谏，委曲宛转，亡所不有焉。尽人情世态，又莫详于诗焉。君子不达乎人情世态，不能为政。故曰：不为《周南》《召南》，其犹正墙面而立也与！是举篇首而该众国也。或嫌郑卫淫慢，亦人情焉耳。夫子恶乱雅乐者，恶其声也，如恶其诗，盍蚤删之矣！惟似而非者，可以乱真。夫淫媒之词，与《雅》《颂》夐别，何得能乱《雅》邪？盖《桑中》可以知卫之乱，《溱洧》可以观郑之衰。在朝廷而知闾巷之态，居治世而观衰乱之风。国史明乎得失之迹,诗可以观人情,莫所不至焉。仍人情之所必有,而以此之善,何诗不可之教?故素绚后礼,切琢知来,三百之蔽,所以归无邪也。

宋儒谬以郑声为郑诗,至乎《桑中》《溱洧》而穷矣。于是逦谓淫媟可以创人之逸志。吾恐其劝百而讽一也。圣人之教,弗当若是迂。春秋大夫赋诗观志,酬酢乎宾策,吐纳乎身文,各从其所取,触类旁通,谓之断章取义。仲尼没而征言绝,诗分为四,盖断章之渐成家尔。《鸱鸮》之说乎《书》,《硕人》《载驰》《清人》《黄鸟》之见乎《左氏》,一诗自有一诗之标题。不尔,虽孔子亦焉能凿空臆揣?独毛公之学,縣来子夏,与《尚书》《左氏》《仪礼》《孟子》合,三家蚤湮没,而《毛诗》传乎今者,真故之以先圣咸灵,天之所佑,羽陵之蠹,不敢蚀圣宝。舍是伥伥然乎去圣千五百年之后,妄揣作者之意就其说,虽高乎,竟是郢书燕说已。

序言中接着说明自己撰写《补义》的意图,他不满于《毛传》过于简约,而《郑笺》中有背离诗意之处,自己则是要以《尔雅》来补充《毛诗》的训诂:

余少治《毛诗》,惟恨《传》简,康成虽羽翼,与其义差池。尝据《尔雅》补训诂,辑诸家之得毛旨者,勒为一书。昔彦和欲取重于沈尚书,负策干车。余则异乎是撰。夫酝藉高蹈,浮慧惊心,弗诣弗通,执者不移,胡龂龂乎当世?即上诸梓,以俟知音千载尔。

龙洲表明自己撰著此书,并非为了取悦世人,实意在获得后世知音的理解。

龙洲反对朱传,主张遵循《毛传》理解古义,而又有感于《毛传》简略,故作《补义》以拾遗补缺。各诗皆录序、录诗,摘录《孔疏》要点,以简明的语释插为间注,而后附以案语,亦有一些说明各章意义的文字。案语中屡引明人何楷《诗经世本古义》之说。他对学诗以通人情,从而为政之助的阐述,显然是和从伊藤仁斋到熊蕃山等人之说相通的。

该书《目录》后,为《毛诗补义附录》,略序曰:"毛公传《诗》,惟撮厥要已,援引有所原,语亦简矣。不通其义,安得其意?乃据《孔疏》,旁考它书,以释其义,其具于补义中者,此不复赘。"他主张读《诗》论世,在《静女》

篇后说："读其诗而论其世,可谓善读《诗》者也。"对于朱熹的"劝惩诗"说和"淫诗"说颇多批评,但也吸收了他认为算是读诗论世的见解。

三、《毛诗补义》与宋明诗学

冈白驹在《泽陂》案中引吕祖谦"正风变风说",吕氏认为"正风之所以为正者,举其正者以劝之,变风之所以为变者,举其不正者以告诫之"。在《二子乘舟》一诗的解说中,又说:"殊不知学诗之道,不过达于人情世态、世运事变而已。故曰可以兴,可以观,可以群。若不达于人情世态、世运事变,则奚以在朝廷而识民之风俗,在君子而识小人之心,在盛代而识衰世之俗哉!"

这种读《诗》以通达人情世态的观点,贯穿在他对诗篇的全部认识中。所以他对宋明《诗经》著述的引用,也都侧重在其中对世态人情的阐释上。他在诗篇分析中反复说明,为政者不了解风俗人情便不能为政,而《诗经》正是最好的世态人情教科书,这正是《诗经》的教育效果,而试图通过《诗经》去劝善惩恶则是难以奏效的。在《泽陂》篇后他再一次重申了他在序言中阐述的观点:"愚谓诗之为教,不过达于人情世态、世运事变而已矣。君子不达人情世态,不能为政,其言道之升降、时之治乱、俗之污隆,于是乎此,固则是已;至云举其正者以劝之,举其不正者以戒之,则吾恐其劝百以戒一也,圣人取诗不若是迂矣。"这实际上只不过重复的是伊藤仁斋、荻生徂徕关于中日诗歌异国同趣、诗写人情之说的主要观点,从客观上是将中国诗歌当作当代日本人可以互读共赏艺术作品来看待,提示人们把注意力集中到人性的共同点上去。

龙洲引用的宋儒诗经说,包括朱熹、吕祖谦、辅广、严粲、陆佃、黄震、欧阳修、谢枋得、董鼎等,而以吕祖谦为最多。他引用明代《诗经》之说的数目远远超过宋儒之说,其中属于晚明者亦不少。除了朱善、何楷、郝敬、杨慎、徐光启等著名文士的著述以外,还有一些在《诗经》研究方面名气不甚大,或者至今还不太被瞩目的文士的著述,如董鼎、陈际泰、胡胤嘉等。其中以邹忠胤为最多。

邹忠胤(1613年进士),著有《诗传阐》二十三卷《阐余》二卷,见《四库存目丛书》,今北京国家图书馆存明崇祯刻本。冈白驹在《都人士》《黍苗》《匏有苦叶》《旄丘》《有狐》《采菽》《都人士》《黍苗》等诸多诗篇的解释中,都引用了邹氏之说。龙洲认为，邹氏之说，"虽多不可信者，而非后世朱传之陋"，还引述了他对《毛诗》错简的看法："三百篇概多错简，学者不得古本见之，即心知其错，无敢出一语以相证。"从内心表示赞同。

徐笔洞（峒），即徐奋鹏，字自溟，人称笔峒先生。明临川（今属江西）人。讲学授徒，四方从学者众。曾著《诗经删补》，有《徐笔峒先生文集》。冈白驹于《大叔于田》中录其说解："'戒其伤女'之言，是戒其伤于虎乎？戒其伤于公乎？信可思可醒。"

焦竑（1540—1620）是晚明著名学者，承接与发展了晚明"泰州学派"的思想革新运动，主张"学道者当扫尽古人刍狗，从自己胸中辟出一片天地"，打破程朱理学死守教条，把圣人看成不可企及的"圣人思想至上"对人们思想的束缚。他将考证书籍时发现的错误，汇编为《俗书勘误》一书。冈白驹在解释《抑》："匪面命之，言提其耳"时，引用了他的说法："焦竑曰提音抵，'言提其耳'，言附耳以教之也。邹忠胤云此解甚确，且于'匪面命'意关切。《淮南子》云'握火提人，反先之热'，亦此义也。"

邓元锡（1527—1592），著有《五经绎》等，见《四库总目》，冈白驹数引其说。徐光启（1562—1633）著有《毛诗六帖讲意》，冈白驹于《公刘》引其论君臣宴饮之别："徐光启云：大凡创业君臣与守成异。承平既久，阶陛森严，君臣之分，不患不明，特患帝远堂高，九阍万里，上德下情，不相谙悉，故燕饮之设，主于导和。创业之君，与其臣披榛斩棘，沐雨栉风，奥翅家人父子，上下之情，不患不通，特患分义不明，粗率简易。如汉初饮酒争功，醉或拔剑击柱。故燕饮之设，主于辨分。周之诗，一则曰'嘉宾式燕'，一则曰'不醉无归'，而此诗独言'君之亲之'，时各有所重也。"

龙洲所引，有时不举作者名，而举书名。如多处引《诗志》《诗弋》《诗测》《诗揆》等。考范王孙著《诗志》二十六卷（《四库存目丛书》），而《诗揆》《诗弋》《诗测》皆为佚书，见《诗志》引。于《东山》解说，冈白驹引《诗志》云："人世间唯闺情旅况，最为千古伤心之事，然种种旅况，即是种种闺情。归士在途遇雨，人以为一人受之，不如鉴已两人受之，但征途尚有感慨可叙，而室中独写怨于景象而已。"这样的情感是可以超越民族的。江户时代了无战火，人们似乎很难体会战乱中家庭亲人的离恨之忧、丧亲之痛。在《葛生》一篇之后，龙洲便引用唐诗来说明诗境："夫兵凶战危，锋镝之下，肝脑涂中原，膏液润野草。夫从军未还，寂寞闺中，梦魂驰千里之外，未知其生存否？唐人诗云：'可怜无定河边骨，犹是春闺梦里人'，读之俾人为酸鼻。"

龙洲的《诗经》研究,从外部来说,主要接受明代学者的影响;从内部来说,则是伊藤仁斋、荻生徂徕等古文辞派的影响。特别是前者中那些从文学角度阐释《诗经》价值的论述,和他将《诗经》研究与诗歌鉴赏联系起来,后者对"人情"的提倡,对于形成从《诗经》体味人情、又以"人情"阐释《诗经》的方法起到关键作用。用这样的方法,去超越时间和空间的隔膜,缩小与古代中国诗歌的历史距离和名物风俗的差异,最大限度地提高江户时代读者与上古诗歌的共鸣。他将《诗经》的认知价值限定在体恤民风民情上,而看轻其中教化功能,从某种意义上正反映了江户儒学本质特点一个方面。儒学的作用充其量是供为政者参考,而不可能成为控制全民的意识形态。或许古文辞派正是正视了这样的现实,才通过格外强调"诗道人情"的积极意义,来为自己的《诗经》研究取得合适的地位。

第三节 中井履轩:《诗雕题》

在日本朱子学派中,中井履轩《诗雕题》是一部代表性的著述。江户中后期,大阪商业发展迅速,文化上也奋起直追,与江户、京都相互呼应。在儒学教育和经学研究方面,中井履轩之父创立并由其兄积善和他本人先后主持的怀德堂,学风兼有尊奉传统与标新求变两面,在坚持朱子学的前提下也适当吸收了阳明学的某些方面,在《诗经》研究中则与宋代王柏与明代丰坊等人相投合。在重视文本的同时,对《诗集传》多发异议,主张删节《毛诗》中不利教化的篇目。这些都与古学派的荻生徂徕和伊藤仁斋不尽相同,实质上反映出当时大阪学人不拘陈说、独树一帜的张力。

一、中井履轩和他的学问

中井履轩(1732—1817),名积德,字处叔,号履轩。生于大阪。履轩之号,出《周易》"履卦九二"《爻辞》:"履道坦坦,幽人贞吉。"《象传》:"幽人贞吉,中不自乱也。"履轩与其兄竹山师从于五井兰洲学习朱子学,而长于文史,雅好折中群书,不合意虽硕儒亦起而辩驳,未必墨守宋学。履轩用力于考察经旨,手不释卷,于先秦古籍多有创获,虽立说时有改定字句,不免独断之诽,仍不失为幕府末年儒学大家之称。

《近世先哲丛谈》(以下简称《丛谈》)记述履轩"志气高尚,交不苟合,不妄出户,自号幽人,以隐居放言自居,谈论奇僻,动辄骇人听。有书生来谒,则曰:'汝先学饮酒,而后可以学文,否则郁闷发病而死矣'"。松平和泉侯遣使来欲召履轩,履轩避而不见。古贺精里评之曰:"履轩,天下伟人也,似段干木。"相传怀德堂聚会,有人跟履轩打招呼,说:"近来繁忙,疏于问候。"履轩回答:"不来正好。"其孤高如此。

履轩善草隶,人来乞书,决不许与。《丛谈》又说他"所著书编,皆不录己名,又不辄示人焉,曰'我俟后之子'云。文辞圆活,甚有奇致,以为东坡后无文,为诗必用古韵,不奉沈约之政"。

履轩姿貌魁秀,器宇旷远,睨视一世,然"与人语及民间孝子孙孙事状,动容称赞,藉藉不已,竹山亦然,而履轩为甚云"。

关于履轩的学术思想与著述,《丛谈》记述:"履轩尝谓曰:'四书五经,性理大全,可谓儒者厄矣。'其放言类此。履轩自少至老,矻矻考索,手不释卷,始著《雕题略》,晚又著《七经逢原》,发明经旨,盖致精罙其俦,岿然别为一家,然而不求人知也。"

履轩的经学研究,有扎实的文献学基础。对《中庸》的研究,伊藤仁斋曾指出书中有后人插入的字句,而履轩对其中说加以驳难,提出著名的"错简说"。今人市川本太郎所著《日本儒教史》谈到履轩的学术成就,说:"如《七经雕题》《七经逢原》等著述,为日本经学开一新生面。又有《通语》这样的历史著述,发表了他的尊王斥霸的主张,据说赖山阳《日本外史》所论往往胚胎于履轩的思想。从他平生尊崇楠公,对赤穗义士赞不绝口来看,可以知道他是一位喜好忠孝节义的人。"①

履轩著述等身,多达百二十余种。经学研究以折中为主,除了经学著述外,大部头著述有《履轩先生雕题汉书》五十卷、《履轩先生雕题后汉书》六十卷、《履轩先生雕题三国志》四十卷、《履轩先生雕题晋书》五十三卷。

中井履轩对天文学、解剖学等西洋科学也有很深造诣。与其兄竹山共同为大阪怀德堂的兴盛良多贡献,竹山去世后坚守怀德堂书院教授弟子,每月数次为弟子讲授《尚书》,又创设私塾水哉馆。履轩自命为理想之华胥国之王,写出论述统治方法的《华胥国物语》。履轩去世后,谥文清先生,赠从四位,葬于大阪东区上本町誓愿寺内。履轩和父亲及兄长相继主

---

① [日]市川本太郎著『日本儒教史(五)近世篇下』、東京:汲古書院、1995年。

持的怀德堂，从1724年创立以来直至1869年关闭的146年间，一直与江户的昌平校并驾齐驱，成为关西地区教育和儒学研究的重镇。

二、《七经雕题》与《诗雕题》

履轩所著有关经学的著述主要有《七经雕题》《七经雕题略》《七经逢源》三类。

第一类《七经雕题》五十六卷，是将《四书集注》与《五经新注》本中不合原文的部分用朱笔抹去，另为之注，写在栏外。其中包括《学庸雕题》一卷、《左氏雕题》十五卷、《诗雕题》七卷并附卷、《周易雕题》三卷并附卷、《尚书雕题》六卷并附卷、《孟子雕题》二卷、《礼记雕题》二十卷、《论语雕题》二卷。

《七经雕题》中有些内容是不同时间写入的，也有前后矛盾和重复之处，不便阅读，于是就净写别本，这就是第二类的《雕题略》十九卷了。包括《易雕题略》三卷、《左氏雕题略》三卷、《诗雕题略》三卷、《尚书略雕题》二卷、《中庸雕题略》一卷、《孟子雕题略》二卷、《礼雕题略》三卷、《论语雕题略》二卷。

时至晚年，履轩再将《雕题略》整理，成为《七经逢原》三十二卷，其中包括《古诗古色》一卷、《古诗得所编》一卷、《古诗逢原》七卷、《左传逢原》六卷、《周易逢原》一卷、《尚书逢原》一卷、《大学杂议》一卷、《中庸逢原》一卷、《孟子逢原》七卷、《论语逢原》四卷。

关于《诗经》的著述，就是《诗雕题》《诗雕题略》与《古诗逢原》三种。

在他的曾孙天生所撰写的《七经逢原序》中谈到《古诗逢原》时说："古《诗》孔子删本灭于秦火，韩鲁毛诗未历夫子之删。试删三十八篇，《雅颂》之混淆，亦颇厘正。曰：嗟乎！吾何人敢僭圣之业乎哉！盖欲以与学者讲明焉，作《古诗逢原》。"

《诗雕题》有大阪大学怀德堂文库本复刻刊行会影印本，为吉川弘文馆1995年刊。书后附录有肱冈泰典等撰写的《本书底本的书志》、南昌宏的《大阪大学怀德堂文库所藏〈诗雕题〉诸本》、山口澄子《〈古诗得所编〉与〈古诗古色〉》、肱冈泰典《中井履轩的文学观》和横久保义洋《〈诗雕题〉里的先人说》，对《诗雕题》做了初步探讨。

中井履轩论《诗》，最值得注意的特点是理学论诗、删诗活动和"讽诵涵泳"的鉴赏方法。

中井履轩以理学说诗,如说:"安成刘氏曰:此言学者格物致知之功之事也。"八集夹注:"此言诗者之诚意,正心,修齐,治平之道。"他提倡道德修养,认为"忠、信两字,大抵诚之一字矣,时有浅深而已",同时又用商人的功利主义去反对虚谈义理,对《诗经》之用的看法,也不无实用主义色彩。

在以理说诗方面,中井履轩大得朱子之精神,但也并非对《集传》没有批评。《关雎》一诗,朱熹曾引用汉代匡衡的说法:"窈窕淑女,君子好逑。言能致其贞淑,不贰其操,情欲之感无介乎容仪,宴私之意不形乎动静。夫然后可以配至尊而为宗庙主。此纲纪之首,王教之端也",称道其"可谓善说诗矣"。而中井履轩则认为"匡衡以小人之事相比拟,论贤者之不然,恐贤者之喷饭也。岂善说诗者也? 故《集传》不当采入"①。

关于《周南》诸篇,朱熹沿袭《毛传》之说,每与后妃挂钩,而中井则将其看作"妇人通情",他认为朱熹说《葛覃》为周家后妃之诗,是为无证,其他诸侯夫人皆得赋。"此后人睹其连于《关雎》,故定作周后妃耳。恐不可作硬说,《卷耳》篇仿此。"他说《葛覃》所写的是:"衣服新成,必有爱重之意,及其重习御之多,生厌憎之意,是又妇人通情,不必因垢弊也。今以亲其劳,故冀其不如斯耳。"

中井履轩主张删诗,自编与《毛诗》和《诗集传》不同的新本子。《古诗得所编》和《古诗古色》就是根据这种想法编出的《诗经》删节本。《古诗得所编》,其名出自《论语·子罕》:"吾自卫返鲁,然后乐正,雅颂各得其所。"

关于删诗的理由,他多次做过说明:

> 按汉儒取淫诗足三百篇,明诸儒多言之,盖皆祖王鲁斋也。是说不可易,余又有疑焉。孔子屡称诗三百,而后儒皆以三百为孔子删定之篇数,乌知斯语必皆出于晚年删诗之后也。且纵令出于删诗之后,泛然称诗之篇数,何必舍天下公共之篇数而举自己删定之篇数,是于人情亦觉不妥。由是观之,三百篇,盖诗之原数也,而孔子删之篇数较减矣。后儒不之察,必以三百为删本,谬矣。则乌知汉儒未足淫诗之前,非孔子之删本也。若王鲁斋仍用司马迁三千三百之说为可信,是

---

① 大阪大學懷德堂文庫復刻刊行會監修『詩雕題』、東京:吉川弘文館、1995年、第18頁。

第五章 《诗集传》的异色解读

则未尽矣,况其他乎?①

他又说:

盖三百篇,诗之原数,故孔子屡称诗三百矣,即孔子删之,其数减焉,仅有二百余篇。意二百删本,唯弟子授受,其书不多,若三百原本则满天下,家贮人诵,其罹乎焚坑之祸而厪厪存焉者。吾不能保其必弟子授受删本也,殆满天下原本耳,推之事情可知已。后儒徒眩乎三百之数,不揣其本而趋其末,不参诸事情而求诸胸臆,宜乎其失之。②

中井主张将鲁诗删去,理由是鲁诗是"借诗"。他在《诗雕题》中说:"借礼若斯,纵令有微善,岂曰予足云哉!况所存四篇之文,无足观者,于先王礼乐教化,何所与哉!"③《古诗逢原》再次把《鲁颂》中的《駉》作为"借诗"删去,并说:"借诗之当删,不劳哓哓。"(《豳风·鸱鸮》第四章履轩注:"哓哓,急遽之声。")

执意对《诗经》再动手术,履轩并非始作俑者。早在宋代,王柏就主张删去《诗经》中的淫诗,出发点是"卫道",更好发挥教化作用。明代李经论《诗经教考》也主张对《诗经》大动斧钺,说:"以上无益之诗及淫乱之诗,劝戒无章,非尼父之典矣。非尼父之典何也?秦焚之后三百阙,而汉儒以删诗补之也。"大旨同于王柏,而"卫道"之志似乎比王柏更彻底。履轩在《诗雕题附卷》中列举的程敏政、金仁山、王阳明、吴苏原的观点,都主张删去那些不利于教化的诗篇。

不过王柏等人并没有亲自动手重编《诗经》,而履轩却实践了自己的删诗主张,编出了《古诗得所编》和《古诗古色》这两个既不同于《毛诗》,又不同于《诗集传》的本子,所选篇目基本一致而略有不同。

朱熹诠释《诗经》核心问题和方法论,是他提出的"讽诵涵泳"。在这一点上,中井履轩也"涵泳篇章,寻绎文义,辨别前说,以求确解"。他认为孔子所说的《关雎》之美,是指色音而言,而不是像后世儒者挖空心思从思

---

① 大阪大學懷德堂文庫復刻刊行會監修『詩雕題』、第 319 頁。
② 大阪大學懷德堂文庫復刻刊行會監修『詩雕題』、第 320 頁。
③ 大阪大学懷德堂文庫復刊刊行會監修『詩雕題』、第 274 頁。

想道德方面找出的各种理由,他说:"仲尼屡称《关雎》之美,是故先儒解是诗尽思极力,唯恐不及。然仲尼所美,皆在色音上,后世不可得而知焉。岂可于字句上求焉哉!诸解皆失于太重。"

《诗集传》在对字词的解释上,虽多从《毛传》,但有时也会根据对全篇的理解,加入自己的想象。如解释《关雎》"窈窕淑女",就说"窈窕,幽闲之意。淑,善也。女者,未嫁之称。盖指文王之妃太姒为处子时而言也"。强调"淑女"是"处子"。而履轩则认为:"凡新嫁娘之羞涩,天下之通情也。无贵贱,无古今,唯以观稗官小说、唐诗及催妆花烛之诸词可观。"因而推断说:"淑女,犹言淑人也,不必作处女之女,观'窈窕淑女''钟鼓乐之'可见也。"[1]朱熹之所以强调"处子",实源于中国士大夫根深蒂固的贞操观念,而在日本,从奈良平安时代的"访妻制"开始,就不把所谓的"贞操"放在眼里,对于当时的贵族来说,女子的持节自守,反而会使自己的情欲遭受抗拒。朱熹一见"淑女",就想到是"处子",是一种自然反应,中国当时乃至很长时期以后的读者都可能以为是理所当然,而中井履轩则从另一种文化孕育的潜意识中敏感地发现其中的问题。然而,他提出的依据则是稗官小说和唐诗,他所说的稗官小说,也多指传入日本的明代白话小说,这又说明他不满足于自己的直觉判断,而希望从中国文学本身找到有说服力的证据。

日本的和歌有句无篇,而中国的诗歌,篇中有章,章中有句,诗意要在整体中把握,解诗者也注重说明各章的关系,而不仅仅是就句论句,亮点要在全篇中显现。《诗集传》也很注意说明各章联系。中村履轩在品味这方面言说的同时,也尽力提出自己的见解。对《关雎》一篇,他解释各章内容:"首章但叙太姒有令淑之德,传闻之时也,非于其至始知其令淑。太姒有令淑宜配君子之德,而方在父母之家,故以关关雎鸠,兴之在洲,在彼处也,自我望之,与望淑女之在家意象相似。下句虽不言在家,然未见而状其德,则望在彼者之意分明矣。故二章初叙求之,首章在求之前,非传闻之时而何?"分析全篇结构,则说:"特叙事前后交错者亦有之,然是诗自远而近,自疏而亲,章章句句,鳞次鸿渐,有不可紊者,善读者知之。"[2]

不仅对《诗集传》中井履轩读得细,对《传》也时出新见。如《葛覃》:

---

[1] 大阪大學懷德堂文庫復刻刊行會監修『詩雕題』、第18頁。
[2] 大阪大學懷德堂文庫復刻刊行會監修『詩雕題』、第18頁。

"黄鸟于飞,集于灌木,其鸣喈喈。"《传》曰:"喈喈,和声之远闻也。"中井履轩则指出:"喈喈,和声也,不必下'远闻'两字。"①《传》中的"远闻",是言其鸣声响亮,《毛传》多此"远闻"二字,还是与前句"葛之覃兮,施于中谷,维叶萋萋"中的葛藤蔓延之远相呼应的。中井履轩注重于字意,《毛传》和《诗集传》等更注重于其字在各章和全篇的作用,这是思维方式不同所致。

三、履轩诗经观与明清《诗经》学

根据横久保义洋统计,《诗雕题》引书宋人著述11种:元人1种、明清人11种(含《子贡诗传》《申培诗说》)、日本人著述2种、未详6种(亦含宋以前的本子),共31种;引学人之说,宋人26人、明清人46人、日人2人、仅举其姓者19人、未详5人,共计104人。人名最晚的是清初顾炎武,在《诗雕题附言》中还提到《池北偶谈》。

履轩时有误记书名、人名的情况,引用时也并非都是原文照录,有时述说大义而已。他频繁引述,超过30次的有宋人严粲、元人朱公迁(字克升,著有《诗经疏义》)、明人何楷(字玄子,著《诗经世本古义》)、顾梦麟(字麟士,著《诗经说约》)、徐光启(字玄扈,著《诗六帖讲意》)、陈子龙(字卧子,著《诗经蒙引》),此外还有冯复京(字嗣宗,著《六家诗名物疏》)、黄佐(著《诗传通解》、徐常吉(字儆弦,著《诗经翼说》)等。

横久保义洋还特别注意到履轩多次引用丰坊的诗说,这是很值得讨论的。丰坊(1492—1593)为王阳明的入室弟子,著有《诗说解颐》四十卷,其为人不拘法理,读经看重文本,以史解诗,频出新说。履轩重编《诗经》之举,多受到丰坊打乱原有编排顺序做法的影响。

《诗雕题》多处引用丰坊《鲁诗世说》,不加案语,实为赞成其说,但对丰坊改字解经之说却很少引用,对有些说法在肯定合理成分之后也加以辩驳。履轩自己也不避立异,如他解释《小雅·白驹》中的"皎皎白驹,在彼空谷"一句中的"空谷",就说是指所适之地,即朝鲜。当时那里人民稀少,廨舍不设,故曰空谷,且束刍之外一无所有。他提出,箕子执朝鲜,这首《白驹》诗就是那时所作,箕子一去便踏上不归路,所以诗中表达的爱惜之情就格外深厚。并补充说,当时朝鲜在鸭绿之西,辽水之东,与今天的朝鲜韩地

---

① 大阪大學懷德堂文庫復刻刊行會監修『詩雕題』、第19頁。

不同。他还主张把这首诗放到"正雅"当中。① 他能提出这样的立异之见，很可能是从丰坊等人标举新说之中获得了打破陈说的勇气。

和江户时代的很多学人一样，对于《诗经》中句式重复而各章换字的所谓"叠咏"，履轩不太喜欢《诗集传》强为分别深说其义的做法。《诗集传》说《魏风·陟岵》中的"岵"是"山无草木"，"屺"是"山有草木"，履轩说："盖山有草木生焉，是山之常而其性也，何必别讨名号也。'有'当作'多'。盖屺岵是一，失训诂也，遂致纷纭，阙之可也。"②日本几乎找不到无草木之山了。身处闹市的履轩的自然体验和想象不会出现荒山秃岭的形象，但更重要的是他厌恶繁缛解诗的习惯，让他对诗篇中变文换韵的文字喜欢做简单化处理。

与履轩《诗经》研究关系最密切的无疑是明代《诗经》学，这可以与日本现存《诗经》文献放在一起来探讨。他引用的一些文献，如董氏《诗故》、程序《葩经衍义》、黄佐《诗传通解》等，今在日本仍有传本，有的反在中国十分罕见。像邹泉（号峄山）所著《诗经折衷讲义》四卷，履轩多次引用，《经义考》注未见，杨晋龙云存日本，笔者尚未寻得，只能从履轩所引窥其大概了。

履轩以经学为业，闲暇偶为戏作，著有《昔昔春秋》，糅合桃太郎征讨鬼岛、猿蟹合战等日本传说，以爷公、桃公为主要角色，采一经一传，据年月系之的《春秋》体例，杂以严肃之褒贬。现收入王三庆等编《日本汉文小说丛刊》第一辑③。

---

① 大阪大學懷德堂文庫復刻刊行會監修『詩雕題』、第147頁。
② 大阪大學懷德堂文庫復刻刊行會監修『詩雕題』、第85頁。
③ 王三庆、庄雅州、陈庆浩、[日]内山知也主编《日本汉文小说丛刊》第一辑第四册，台北：学生书局，2003年，第103—151页。

第六章
古学派与折中学派的《诗经》著述

古学派与折中学派皆是从朱子学转变而来,他们对《诗经》的研究更多吸取明清两代学者在考据与文学阐释方面的新观点,打破了朱子学一家独大的局面。荻生徂徕认为,五经之中的《诗经》,是与日本的和歌之类一样的东西,即使是别有治身心、说道理的书,也不是讲治国、治天下的书,①并评说《诗集传》在朱子著述中算是差劲的一种。② 他的学生太宰春台走得更远,干脆将《诗集传》一笔抹杀,说朱熹不懂读《诗》。古学派和折中学派注意从语言文字与文学方面予以开拓,其中特别注意到日本保留的《诗经》写本的文献价值。皆川淇园撰《诗经助字考》,细井平洲用子贡诗说来回归古学。明治时代竹添光鸿《毛诗会笺》中也可以看到这种风气的延续。

第一节　片山兼山:《毛诗正文山子点》

现代以前传入日本的中国典籍,一般要经过一道被称为"训读"的加工程序才能被学人读解,《诗经》也概莫能外。《毛诗正文山子点》由江户时代折中派学者片山兼山训点,是江户中后期影响较为深远的《毛诗》本子,它不仅展示了《诗经》训读的基本特征,而且为后人提供了认知日本《诗经》教育、传播和流传的一扇窗口。

---

① ［日］中村幸彦校注『近世文学論集』、東京:岩波書店、1978 年、第 169 頁。
② ［日］中村幸彦校注『近世文学論集』、第 169 頁。

一、片山兼山与"山子点"

片山兼山(1730—1782),是折中学派的创始人,属于这个学派的有太田锦城、龟田鹏斋、蓝泽南城、仁井田好古等。

片山兼山出生于上野国平井邑(今属群马县)的一个富农家庭,名世璠,字叔瑟,号兼山,通称东造。他曾从师于鹈殿士宁、服部南郭,治荻生徂徕的萱园学,后渐不满于徂徕的古文辞学,开始参斟汉唐古注,并吸收宋明诸儒之说,提倡折中学。片山兼山,人仿中国诸子的称呼,称之为"山子",也就把他的学问称之为"山子学"。片山曾为《荀子》《左传》等典籍作校释,他所标注的《文选正文》《古文孝经标注》《古文孝经孔传参疏》等,都是当时比较流行的本子。

片山兼山17岁游学江户,寄寓于汉诗文家鹈殿士宁(1710—1774)塾中,不仅从师勤学诗文,而且学习射术,是学业、射术兼优的所谓"两强子"。鹈殿士宁乃著名汉诗文家服部南郭的高足,自视甚高,对兼山却格外器重。不过兼山偏不好所谓修辞之学,一心专修经义,日诵万言,精力过人。士宁不无遗憾,曾说兼山不是终身追从自己而"株守吾说之器识"。经士宁介绍,兼山结识了秋山玉山(1702—1764),并随玉山到了熊本,寄居于庠校时习馆,两年后,再度返回士宁身边。

当时尊奉荻生徂徕的人,都以徂徕所著《辩道》《学则》《论语征》等为教材,兼山对这些书籍也曾刻苦研习不倦,并面见徂徕嫡传弟子宇佐美灊水(1710—1774),为宇佐美灊水所赏识。宇佐美灊水对其师徂徕之学说确信不疑,不论得失,多方维护,单纯竭力羽翼,以发挥其旨为己任。数年后,兼山对宇佐美灊水唯以维持徂徕遗教为务的做法渐生不满,转而致力于考证经史,纠正谬误,明辨是非,遂离开宇佐美灊水,寄寓于远山氏,弃诗文之学,专门教授经义,以古注疏训导弟子,而又不拘泥其说,揭开了所谓"折中学"兴起的序幕。

根据《先哲丛谈续编》(下简称《续编》)的记载,片山兼山常读秦汉以上书,精究积博,研讨经义,不遗余力,以是为一家。《续编》认为日本以前没有人在经义上下功夫,后来那些讲习经学的人"往往而出,皆以兼山之所考援为依据,虽有少异同,莫以加焉。"并描述折中学派兴起的盛况说:

兼山自寄寓远山氏，生徒渐多，既歇弃修辞之业，专以经义教授其学。虽以古注疏训导子弟，不敢拘泥之。近时所谓折中学者，始起于此。井金峨、丰岛丰洲、山本北山等相继唱和，至今益隆，博究汉宋诸家之书，采其所长，不必做门户之见，折中众说，极致稳当，号曰折中学派。虽是气运之然，其实兼山及金峨为之先鞭，江户之学为之一变。

兼山之学既出自徂徕古学派，而后却反戈一击，对其末流毫不留情，自然遭到徂徕后学的回击，而兼山却不予理会。《续编》说：

兼山常以排击蘐园学为己任，辩驳谤訾，无所忌避，故蘐社余流视如仇雠，至指以为奸儒，而兼山敢不校之，曰："吾为道义发之也，世间自当有巨眼之人。"①

从兼山离开宇佐美灂水至死仅12年，讲业虽不甚多，而名声极高，震荡一世。他为人豪迈卓宕，好议先贤，故忌者多。村上等六侯相继来聘，执弟子之礼，受读经艺，欲以厚禄招致，兼山绝不肯就。其时尾张侯以宗室亲藩之尊，好学不倦，在市谷邸内开设继述馆，在名古屋建立明伦堂教授子弟，兼山任其教督。兼山曾校刻我国佚书唐魏征等人所编《群书治要》，大业未果而殁。

片山兼山著述甚多，《续编》列举说：

兼山草《古文互证》廿四卷，悉就魏晋以上诸书举训诂之异同，彼此相照，以类编次，以四声韵字考索之可得所引之字，其方甚便矣，先是字书所未曾有也。兼山殁后三十年，文化中清仪征阮元《经籍纂诂》百卷，《补遗》百卷八套六十四本始舶来，其所创思之体裁，虽隔各地，时有早晚，暗自符合，可谓伟矣。

兼山于戴记中表章《学记》一篇，并《学》《庸》《孝经》，谓之家塾之四书，奉其学者至今以此为诵读始。其他《易》《书》《诗》《三礼》《论》《孟》《孝经》《千字文》《文选》皆附译于正文刊行，坊间呼"山子

---

① ［日］東條耕子蔵書『先哲叢談続編』2、東京：国史研究会、1917年、第158頁。

点",至今盛行于世。①

《诗经》研究方面,著有《毛诗类考》8卷。另外现存著述还有:

太宰春台、片山兼山标注《古文孝经标注》一册,东京:嵩山堂,1883年刊,宽政六年(1794)刊再刻。

片山兼山著《古文孝经参疏》三卷三册,嵩山堂刊。宽政元年(1789)、天明八年(1788)原题签。

片山兼山著、山中佑之辑《古文孝经参疏》三册,葛山寿,荻原万世校,嵩山堂小林新兵卫刊,宽政元年(1789)。

片山兼山训点《古文尚书正文》二卷二册,安永五年原题签,集思堂藏刻,天保十一年(1840)春。

片山兼山训点《孟子正文》七卷三册,原装题签,青萝馆,安永九年(1780)。

片山兼山训点《孟子正文》七卷三册,原装题签,和泉屋金右兵卫,安永九年(1780)。

萧统撰、片山兼山点《文选正文》十二册,风月堂,文政十一年(1828)。

萧统撰、片山兼山点《文选正文》,大阪:冈岛真七刊,1881年。

从现存片山兼山的著述来看,他校点的古代文献占有较高的比例。可见他是很看重校点的学术意义的。在他去世之后,著述还能一再重刻,在很大程度上得益于他的弟子们的努力。《续编》说:"兼山虽岁不耳顺殁,门下多知命之士,陈焕章(字子文,号谷山,小田氏,越后人)……等数人祖述师说,终始不变,号曰山子学,至今维持其遗教者不少,是亦近世为门户者所稀有也。"称赞弟子们积极主动发扬先师之学罕见而可贵。其实,这正像宇佐美灊水传授徂徕之学一样,在汉学与社会生活存在较远距离的生态环境中,儒者们师生相继、薪火相传的接力棒,曾是汉学的各种流派得以不绝如缕的重要因素。兼山不满60去世,而他的弟子们正好年富春秋,这种年龄结构也有利于他的学术影响能在最有利的时间很快延伸下去。

---

① [日]東條耕子藏書『先哲叢談続編』2、第159—160頁。

二、《毛诗正文山子点》的版本与流传

在《诗经》研究方面,片山兼山所点校的《毛诗正文》流通长达 40 多年,这从《毛诗正文山子点》的重校本的题记中,可以得到证实。

《毛诗正文山子点》三册天明刊本,封面注明"山子点",全三册,封底注明"兼山先生点""集思堂藏樱",并有"至于海隅,不许翻刻"八字,表明当时书商的版权保护意识。山子,即片山兼山。内署"山子国读,若山田弸,笠间松伸胤同校,东都久保谦重订"。江户时期的学人仿照中国文人,名字之前冠以出生地,若山、笠间、东都分别就是今天的和歌山县、茨城县中西部和京都市,而校订者田弸、松伸胤、久保谦也都是日本人姓名的中国式的称谓,生卒年不详。

首页为鸟居忠见撰写的序"诗书正文序",其中说:

> 幽厉之后,王道衰,礼文息,而节族废。孔子论《诗》《书》,正礼乐,千载之下,其粲然者,六经是也,而奥突之间,筐席之上,敛然圣王之道具焉,学者之务莫先焉。

> 兼山先生授六经,常患旧读助声之烦,施训点于《诗》《书》,以便童蒙。《诗》从毛苌,《书》从孔安国,不少加私,行将及《易》《礼》,无何先生逝矣。可叹哉!

> 田子文者,同社之老成也。来谓余曰:"梁木虽坏,二三兄弟今犹昔也,各木铎于东西,绪业日兴,《诗》《书》亦从行,曰诗书之上木,将使公为之序,而辞以不敏。属者二三兄弟相言及于此,其志在成先师之意,公盍达其志乎?"忠见曰:"善哉,子之言也。于我心有戚然。先师命焉,兄弟亦云焉,我敢不然焉哉!"遂以其言为序。

篇末署"天明甲辰春三月鸟居忠见谨识",并有两个方印:"鸟忠见印"和"字曰忠恕"印,末尾署"竹冈井庸拜书",下有"肃印"印。天明甲辰即 1784 年。为《正文》撰写序言的鸟居忠见(1750—1794)是下野壬生藩(在今栃木县)藩主的嫡子。他本是第三代藩主鸟居忠意的第四子,母亲为侧室,其兄早亡,侄子又被废嫡,忠见于 1794 年被立为壬生藩嫡子,但在继位之前,却于这一年去世。

集思堂藏刻本第三册书后又载田焕章题记：

国读助声之猥，《诗》《书》二经殊甚，如涂涂之附，若猬毛之磔。宜矣，读者有买椟还珠之患也。古云诵《诗》，斯岂可诵欤？我山夫子之授《毛诗》也，其译简便，使人易诵，不亦说乎？世之习旧读者，观之其何异乎披（拨）云雾而睹白日，不亦快乎！

田焕章谨识 焕章（印）

撰写这篇题记的"田焕章"，就是前引《续编》提到的片山兼山的弟子"陈焕章"，也就是序言中所说的"田子文"。在古汉语中，"田""陈"通，这里也模仿了这样的说法。田焕章称其业师为"山夫子"，并在此称谓前空一格以表示特别的敬意。

《先哲丛谈续编》说兼山去世后他的弟子们"祖述师说，终始不变"，陈焕章是其中第一人，他在此书的传播中也起到了重要的推进作用。陈焕章对鸟居忠见说："梁木虽坏，二三兄弟今犹昔也，各木铎于东西。"正是说虽然兼山已经去世，但他的弟子们却仍旧一如既往，为发展他的学术事业而东西奔走。《礼记·檀弓上》："孔子蚤作，负手曳杖，消摇于门。歌曰：'泰山其颓乎？梁木其坏乎？哲人其萎乎？'"可见陈焕章和同门师友视兼山为身负重任的杰出人物，并立志光大他的《诗经》研究成果，在兼山去世两年后积极推进《毛诗正文》的校订出版工作。他感到以往训读的方法，给原文增添了很多日语中特有的助词，就像粘上的泥巴（"如涂涂之附"，出《毛诗·小雅·角弓》："如涂涂附"）和碎刺猬毛一样杂乱，令读者被那些原文中没有的助词所捆绑，而忽略了原典的内容，这在《诗经》和《尚书》的训读中尤为严重，而兼山的训点恰恰具有因简便而容易诵读的长处。

片山兼山训点的《毛诗正文》，又有文政四年（1821）刻本，有文政二年（1819）秋"肥后樱山恭"撰写的《重刻诗书正文序》。肥后，即今熊本县。在樱山恭看来，片山兼山对《诗经》的训点的原则就是简易：

二帝三王之道，戴（载）在六经，仲尼修之，故历代学者为口实。唯是吾吉备氏之读，读毕义通。巧则巧也，至若夫以国字旧注助声于左右，则童蒙之朝诵夕读，以谙诵为业者，亦苦其猥杂。兼山先生有观于斯，从孔、毛二传而译《诗》《书》二种。唯以简易之从，不毫加其私。

当时二三子校之,以公诸世,是以东西南北皆以为便。

在今前版磨灭,鲁阙为鱼。吾筑水先生闵之,使嗣子伯益重订之。伯益既卒业,质诸先生曰:"磨灭固有之,虽然当时二三君子所校,似有少遗漏,若之何?"先生曰:"其然乎?千虑一失,智者有之,况《诗》《书》数万言,焉知无少遗漏乎?是以使汝重订之而已。"伯益于是补阙拾遗,一字多义而相栉比易混淆者,标出陆氏音义,以一辨之,而后始合兼山先生之宿志。恭也亲见知之,故书其事以为序。

文中提到的"筑水先生",当为江户中后期的儒者久保筑水(1759—1835),名爱,字君节,通称庄左卫门,曾师从于片山兼山,信浓(今长野县)人,一说安艺(今广岛县)人。著有《学庸精义》《论语集义》《淮南子注考》等,并有《荀子增注》一书,乃是为片山兼山所编杨倞《荀子》作的增注、校勘。

此书有文政二年久保谦撰写的跋:

山子国读行四十余年,使海内一改其音,可谓尽善。即而前版磨灭,《诗》《书》二经文字不明,虽然,家塾童蒙朝夕诵读,有误之者。家翁曰:"立表既正,犹当水有溺者。吾儒一二遗老,非山子学之表乎?而今如此,安知他家之不误哉!汝重订之。"谦于是点画误者正之,助声阙者补之,圈发遗者加之,一二音义易误者,揭陆德明音义,翻刻之以便学者。虽然,校书之难,古人譬之拂几上尘,则余岂知无有一二遗漏哉!后来君子正之,庶几山子之忠臣矣。

文政二年巳卯秋九月
东都久保谦谨识
谦(印)伯益(印)

久保谦说是父亲让他来做校订工作的,可以知道久保谦就是前引樱山恭序言中所说的筑水先生的儿子伯益。本书的校订者姓久保,名谦,字伯益。文政二年是1819年。久保谦的跋说:"山子国读行四十年,使海内一改其音。"可以知道片山兼山训点的《毛诗》在此前40年间广为流传,改变了前人的《毛诗》读法。所谓"国读",就是用日语来读,尽可能避开难读汉语的音训,而更多使用日语中的词汇。这可以说是较之一般的训读更进一步的翻译,适用于家塾童蒙朝夕诵读。久保谦受其父之嘱,重新加以校订,延续了"山子国读"的影响。

三、"国读"与《诗经》翻译

本书序言中所说的"国读",意为日语读法,即如何用日语来诵读。

日本人为了读懂中国典籍而发明了所谓"训读"的方法,设定了一套符号作为工具,这些符号不仅规定了阅读的顺序,而且在很大程度上展演了文字的读法和意义,由此将阅读程序化,也就为复杂的汉语阅读赋予了可操作性。应该说,这种可操作性的形成,是对两种语言语法和词汇长期考察和阅读实践积累的结果。这些符号,一般被称为训点。训点将原来用汉语读出的文字用日语诵读,也就是将原文日本化了,从本质上说就是一种翻译,与今天一般所说的翻译的不同点,就是原文保留原貌,不做更改,也可以说是一种借助原有文字的特殊翻译。"山子点"也就是片山兼山的《诗经》翻译。

本书采用了一般训点通行的符号,包括"レ点""一二点""甲乙点"等,它们都是用来标明语序的。这些全用到以后,仍然不能明确顺序的复杂句,还有所谓"天地人点",即将"天""地""人"三字书于字的左下部。汉文短句多,所有的训点符号都出现的情况相对少见,出现这种情况时,阅读便显得十分繁杂。

以上这些符号,一般叫作"返り点",或者"返り仮名"。"返り"是折返之意,这一命名标志着它们的主要作用是颠倒反复以标明语序。另外,尚有所谓"送り点"或者"送り仮名(添え仮名)",书于字的右下部,是将片假名小字书于倒读字的右下部。"送り"是添加之意,意思是添加在末尾,末尾的读音清楚了,由词尾就可以判定词性和词义,词的读法也就清楚了。在书志学的文献中,如果说"有返送",那么就表示这本书做了训读。

片假名用于标注读法,所标注的助词也就表示了词与词之间的语法关系。除了五十音图的片假名之外,本书尚用到了重文号"ヽ"和直角号"⌐",前者表示与前一假名相同的假名,后者是"コト"两字的合写,即所谓"合字"。

在本书中还经常使用竖线"丨"和圈句号"○"。其中竖线"丨"用作连接号。一般置于两字右侧中间,表示这两个字是一个词语,不可分读分解。

如《诗大序》中的"后妃""嗟叹""永歌""亡国""乱世""风化""风刺""礼义",两字右侧中间皆以"丨"线表示连读。也有"丨"线置于两字左侧中间的,此则表示虚词与实词的连读。如《诗大序》首句"关雎,后妃之德也,风之始也,所以风天下而正夫妇也"一句,"德也""始也""所以"两字中间的"丨"线,均表示不可分开来读。

圈句号分三种。大圈句号用于诗篇的分章。如《关雎》:

关关雎鸠在河之洲窈窕淑女君子好逑〇参差荇菜左右流之窈窕淑女寤寐求之〇求之不得寤寐思服悠哉悠哉辗转反侧〇参差荇菜左右采之窈窕淑女琴瑟友之〇参差荇菜左右芼之窈窕淑女钟鼓乐之

"关雎五章,故言三章"。山子采用了分五章的做法,中间用了四个大圈句号表示分章。这种用法实得之于宋版书。《四部丛刊》第四册所收静嘉堂文库藏宋本《诗集传》卷三《鹑之奔奔》:

鹑之奔奔鹊之彊彊人之无良我以为兄〇鹊之彊彊鹑之奔奔人之无良我以为君

此诗"二章章四句",中间用了一个大圈句号,表示分章。

中圈句号用于短句,置于句字的右侧中间,实际上相当于句读中的"读"的作用。如"关雎○后妃之德也○风之始也○所以风天下而正夫妇也○"一句,在"雎"和后面的三个"也"字右侧中间都有中圈句号,表示到这个字当停顿。

小圈句号表示发音,也就是久保谦跋中所提到的"圈发遗者加之"的"圈发"。圈发,是以圈标注声调的方法。唐代以来,我国曾有在字四旁加点或圈以表示四声的做法,明之曰"点发"或"圈发"。说见唐人张守节《史记正义·发字例》和清人钱大昕《十驾斋养新录》卷五"四声圈发"。

由于钱大昕除其中所举四十二字例外,全文引用了张守节的说法,这里谨将《十驾斋养新录》中的"四声圈发"录于下:

张守节《史记正义·发字例》云:"古书字少,假借盖多。字或数音,观义点发,皆依平、上、去、入。若发平声,每从寅起。(寅、申、巳、亥当四维之位。平起寅,则上在巳、去在申、入在亥也。)又一字三、四音者,同声异唤,一处共发,恐难辨别。故略举四十二字,如字初音者皆为正字,不须点发。"盖自齐、梁人分别四声,而读经史者因有点发之例。观守节所言,知初唐已盛行之矣。

宋以来改点为圈,如相台岳氏刊《五经》,于一字异音皆加圈识之。①

这里所谓"观义点发",一般指对于多音字,就其字义,观于书之若何用法。敦煌写卷中可见以朱点字之四角以表示四声的注音形式。潘重规先生在《巴黎藏毛诗诂训传第廿九第卅卷题记》一文中就指出:"以朱点发四声之制颇早。通例,平声以朱点字之左下角,上声以朱点字之左上角,去声以朱点字之右上角,入声以朱点字之右下角。"他具体举出了《巴黎藏毛诗诂训传第二十九》中《閟宫》《那》《殷武》等篇朱点发四声的例子。本书中对于多音字就用小圈句号来表示。

值得注意的是,在久保谦撰写的跋中,特别提到"圈发者加之",这说明江户时代的儒者不仅沿用着我国唐宋时代的圈发标音的方法,而且还一直在使用"圈发"这一术语,把它看成校书必不可少的程序。

四、由"国读"看江户时代《诗经》翻译史

在樱山恭为文政二年本《毛诗正文》撰写的序言中,首先谈到六经传入日本之后,吉备真备发明了训读的方法,这种方法虽然巧妙,却也有杂乱而不容易为初学幼童掌握的弊病,而片山兼山的"国译"却以其简易而使读者免受猥杂之苦。显然,樱山恭是从翻译史和教育史的角度来评价"山子点"的贡献的。

江户时代刊行了很多加上训点的汉籍,同一典籍的不同训点,正反映了不同的解读。就四书五经而言,就有所谓文之点、道春点、安昌点、由的点、闇斋点等。在《诗经》研究中,影响较大的有藤原惺窝(1561—1619)、林道春(1583—1657)、松永昌易(1619—1680)等人所做的训点,它们分别被称为惺窝点、道春点和昌易点。

---

① 钱大昕著、杨勇军整理《十驾斋养新录》,上海书店出版社,2011年,第82页。

《申学士校正诗经大全》二十卷，林信胜点，承应二年，吉文字屋庄右卫门刊，八户市图书馆藏，岩手大学图书馆藏。

《诗经》（《新刻校正五经》中）二卷，林信胜点，宽文元年，宽文十一年，东北大学图书馆藏，八户市立图书馆藏。

《诗经正文》二卷，林鹅峰，内阁文库藏。

《林家正本诗经》，林家点，宽政三年，须原屋茂兵卫刊。

《诗训异同》一册，林鹅峰，宽文十年刊，内阁文库藏。

《诗经》传惺窝点，宽永五年，安田安昌刊（《和刻本经书集成》第一辑所收）。

林罗山训点的《诗经大全》，卷末有林罗山亲笔题跋，被盐村耕称为"了解林罗山训点的最确实的资料"，今藏于西尾市岩濑文库。此外尚有署名"江都东山先生订正"的《诗经古注标注》等。

如果将山子点和相传为藤原惺窝点略作比较，就可以看出两者对《诗经》（以下简称"藤原点"）理解的细微差别。收入长泽规矩也所编《和刻本经书集成》第一辑的这个本子，书尾题"昔宽永五历岁次著，雍执除之正月，洛阳乌丸通大炊町安田安昌，新刊于容膝亭"，可知是宽永五年刊本的京都重刊本。宽永五年，即1628年，那时研读《诗集传》的学者还相当有限，藤原惺窝的训读做到了尽可能周到。如《关雎》首章，每一个词语皆标明了读法，看着假名和训读符号，就可以直接读出：

アヒヤワラケルトタル　　ミットリノ　　カワノス二　　アリ
ュホヒカナルトタル　ヨキムスメハ　　ムマキヒトノ　　ヨキタクヒナリ

由于藤原惺窝给每一个第一次出现的词句都标注了读法，有些同时注明了音读和训读，给初学者很大方便。而山子点就简略得多。这反映了学者研读《诗经》的不同阶段，或者说反映了译者对读者接受能力的判断。藤原惺窝可能更多地为初次进入《诗经》阅读的学人着想，而山子点的训点中包含了更多的研究因素，其中对圈发的重视，显然考虑的是深入研究的需要。林罗山、藤原惺窝为朱熹《诗集传》所做的训点，掀开了该书在日本流传的篇章，而久保谦校订山子点《诗经》的刊行，则是江户中后期"回归朱子"思潮的产物。

江户时代儒学得到数百年少有的际遇，《诗经》的教育催生出对译读的需要。和镰仓室町时代不同，《诗经》的读者不再局限于世袭的家族，昌平阪官学之外，各藩的藩校乃至乡校、私人开办的学塾，以及寺子屋，学习《诗经》的学子都需要能够用于诵读的教材。林罗山《诗经大全》的刊行，正适应了他们的需要。林罗山不仅对诗句做了训点，而且对笺疏文字也都做了全面解读，虽然处理还比较简略，但已经大大方便了学子。

　　享保年间中村惕斋认识到《诗经》"苟非以国字解释之，则不能使初学喻其意矣，况使彼有得兴、观、群、怨、忠、孝之益乎"，便就朱熹《诗集传》撰《诗经示蒙句解》一书。他的方法是"揭举原文，以国字释之，使其篇章词句之情委曲明畅，审密详尽，而至于草木鸟兽，亦知诗所谓某物，即为本邦某物，是故读者不待深思强索而欣欣骎骎，能通其意。虽卯角之童，茹蘆之妇，而一听其说焉，则怡然解颐，所谓兴观群怨忠孝之益，亦庶几得之于此矣。"

　　江户后期广泛流行的《经典余师·诗经》已向真正的《诗经》口语翻译大大迈出了一步。菅原胤长在序言中首先谈到读经需有师，而"通邑大都固然不乏其师，若夫僻邑寒乡，求师而不得，徒费岁月者，实可悯哉"，对于一般学者来说，"高论之无益，不如卑论之有益"，因而便"以国字解《论语》《孝经》等书"，"学者获而读之，则虽僻邑寒乡，岂不有余师哉！"这突出地表达了一种普及意识。该书不仅每个字都用假名标出读音，而且在诗句之后，加上了日语解释，这表明训点者的预期读者不一定谙熟汉文，可以是能读通日语的初学者。编者对《诗经》做了最通俗的解释，将诗定为民间的歌谣，如同日本的和歌，是执政之人认知上下人情之第一义，通过它来了解老少男女贵贱贫富之人情，并介绍《国风》其词雅而与日本的《万叶集》相类似。

　　《经典余师·诗经》诗句除了有训读标记之外，还在上部栏外，为汉字标了读音。如《关雎》第一章，栏外部注：

　　　　關關（くわんくわん）たる雎鳩（しょきゅう）河（かわ）之（の）洲（そ）在（ある）窈窕（ようてう）淑女（じゅくじょ）君子（くんし）の好逑（こうきゅう）。

　　从本质上说训读就是一种翻译，不过是一种保留原有文字的特殊翻译

罢了。训读者作为译者,也各有其翻译策略。然而,训读毕竟和一般意义上的翻译有很大不同。白川静在谈到这种不同时说:

> 翻译就不能不是个性化的,一定会主张不会是谁读都相同的公约数式的翻译。训读就不一样了。例如,"国破山河在",谁读都是"国破れて山河在",也用不着特意去麻烦大学问家。但是,最出色的翻译,恐怕又只有一个。会有几种译法,谁都会说是不完善的,这样说来,要说谁读都一样的,就是汉文训读法了。这仍然不能不说是最出色的译法了。不过,从这种训读法里面感觉到什么,那就转为理解的问题了。①

他认为,近现代的翻译都是作者与读者在互动,"训读法的对象中国古典却不是像希腊语、拉丁语那样的动的世界。训读文具备不动的文体。只要用那种训读法去读,《史记》、杜甫、李白,谁读都一样,也就是由于这种训读法被国语化了,与读日本古典没有特别的不一样。外国文献、作品以这样安定的形式,也就是作品于译文在固定的关系上来理解的,恐怕找不到另外的例子吧。由于这种方法,日本的先人们将中国古典完全移植到国语领域,能够为己所有"②。白川静把训读作为文学再生的方法,由这样以"不动"的视角来看待佐藤春夫等人对中国古典诗歌所做的"国语式的移植和再生",那么他们的译诗,与其说是原诗本身,不如说是译者受到原诗触发而写出来的东西。译诗与原诗别有一番诗趣,却不能取代用训读来读的趣味。自《怀风藻》以来,中国诗歌就用这种方法来鉴赏以及这样作诗,一直支撑着对汉字的感觉的,实际上恐怕正是这种优雅的训读传统。

一位日本《论语》研究者说:"学习外国古典用那一国的语言,这是理所当然的。但是只要是中国古典,我们祖先发明了训读这种直译法,没有语言学的帮助也能够接受中国古代的睿智。进而汉文训读造就了日语的骨骼,也有削除赘肉的功用。丢弃训读,不就是全盘否定我们祖先创造的一项文化遗产吗?我认为,还是让中国语音学习的'中国古典'的研究和用训读学习的'在日本的中国古典的接受'的研究共存为好。"和因为追求

---

① [日]白川静『漢字百話』、東京:中央公論社、2002 年、第 230 頁。
② [日]白川静『漢字百話』、第 230 頁。

中国古典的现代语译而全盘否定训读的"追新者"不同,与因维护训读的传统地位而拒绝新译的"尊古派"不同,这种主张两者并存、各司其职的看法,是大多数古典文学研究者能够接受的。作为中国文学研究者,除了通过这些训读去解开日本人接受中国典籍特殊过程的奥秘之外,还可以借用这些版本,作文献研究之资。

第二节 龟井昭阳:《毛诗考》

一、龟井昭阳及其《毛诗考》

龟井昭阳(1773—1836)出生于福冈唐人町。他的父亲是著名学者龟井南冥(1743—1814),讳鲁,字道载,号南溟,是九州岛地区著名的儒学者、医生、教育家、汉诗人。曾创建甘棠馆教授生徒,门人中有广濑淡窗等著名学者。南溟学术上追随荻生徂徕的萱园学派,即所谓"古文辞派",对盛极一时的官方朱子学派持批评态度,医学上则属山胁东洋一派。

昭阳的学问受到父亲的影响,在他所著的《家学小言》中曾经谈到父亲的著述:"先考年甫十五,及知命之年,《论语语由》成,以余不肖观之,先考之所议论,实百世之格言也。"广濑淡窗曾经对父子二人的学问做过一番对比,说昭阳之学风,专主其父之说,其经术文章,远出其父之上,然名誉却不及其父之半。曾有人评论说,昭阳之学问远胜父亲,度量却不及,就像是伊藤东涯和他的父亲伊藤仁斋一样。①

昭阳13岁随父亲谒见秋月侯,15岁已有文名,19岁游德山,学于藩儒役蓝泉。著《成国治要》。其父为之序,谓:"其文也富腴,古色可掬;其论也详密,尽而不污。知时也明,谋事也周,献替秩然,宛见成功。"自序中说:"天下大业,出乎天下士焉,而天下一人耳;国家大功,成乎国家士焉,而国家一人耳。昱生海陬,长僻陋,天资戆愚,不能伍于世君子。夙奉父教,潜心圣经,尚论万古。嘤嘤然悲古道残缺,异说沸滿;忧文人无术,闵圣教不振,窃不自揣,有志于斯道,远思圣人礼乐之化,叹近世民人之失道,窃有见

---

① [日]廣瀨淡窗著、日田郡教育會編「儒林評」『淡窗全集』、日田郡教育會、1926年。

于时,因述《成国治要》十二编。"①时在弱冠,而见识过人。经学文章,皆有凌驾其父者。

龟井之学,发源于徂徕,研习孔门之学,经世致用,轻霸尊王,后来福冈藩尊王之风兴,有昭阳的影响。其著《海防微言》序:"时有古今之异,势有强弱之异,以古论今,难矣","今予得罪闲居,恐惧不堪,风月之外,于人事无以发言,然事关国家,不顾区区私情"。又有《吊菊池寂阿》诗:"城南一片石,五百年前人;白日照忠义,春风苔尚新。"

赖山阳曾来拜访,两人诗酒相交。《伟人豪杰言行录》载《龟井昭阳示〈蒙史〉于赖山阳》:"龟井昭阳作《蒙史》,述本朝上古事,其体仿《书》之《典谟》。赖山阳访昭阳时,示之。其文佶屈聱牙,山阳不得句读而止。其后昭阳语人曰:'山阳虽可与语《史记》《左传》,未可语其他之书也。才学兼备,难矣哉!'"②

广濑淡窗著《儒林评》,谈到昭阳的性格,称许其行状谨严,并以其居父丧三年,全依古礼,无一省略处为例证。不过,昭阳的性格似乎还有另一面。《伟人豪杰言行录》又载《龟井昭阳兄弟豪放》,译录于下:

> 龟井昭阳(昱)有二弟,曰大壮、大年。三人皆有文名,而皆豪放,有父道载之风。大年最甚。秋月侯(黑田家)尝设书画会,以儒臣原震平招三人,三人从门生五六人,担大尊赴秋月,路得猪一头、鸡五六只,并赍而行行,高唱唐音,旁若无人。会散,其夜宿原家,翌早诸人未起,大年在被中,频呼门生。曰:"何事?"入其室见之,大年曰:"借大碗来!"乃如其言,满酌冷酒,倾之五六碗,而后出寝。其言豪放不拘。③

昭阳著述十数种。根据广濑淡窗的记述,昭阳自壮年闭门闲居,用力于著述,数十年如一日,不与世儒通交,亦不喜欢见俗人,所以名声没父亲大,教育门人,很有父亲的作风,但所培育的人才也没有父亲多。

---

① [日]益田祐之著「龜井昭陽先生事略」『毛詩考』、東京:安井敬一郎景印、1934年。
② 南梁居士編『偉人豪傑言行錄』、東京:求光閣書店、1911年、97—98頁。
③ 南梁居士編『偉人豪傑言行錄』、第105—106頁。

二、《毛诗考》与日本古学派

龟井热衷古学,躬行不懈,有"君子儒"之称。他主张顺应时变,加强海防。其识邃高迈,发前人之未发。其父曾以"学医者,业也;修道者,志也。业不可不精,志不可不高"相激励,期待甚高。然身居偏远,常有壮志难酬之叹。在他写给赖山阳的信中说:"仆生来失意,四顾无可语者,得尊兄为友,此生不虚也。"

在他所著的《家学小言》中,对当时盛行的朱子学和萱园学派都有所议论。对于物氏,即荻生徂徕的学问,他的看法是,在以古言求取古义上面,方法论上是成功的,但具体操作中却有鲁莽牵强之失。他说:"以古言征古义,物氏得之。然其所征多卤莽,多牵合固滞,多诬,因其才识堂堂,而少文理密察也。然以宋儒之明德为人心之虚灵不昧,其徒或未辨。今六百年,甚哉!"(第二十章)萱园学派的后学,对于前人将宋儒的性理明德全当成糊涂账缺乏分析。昭阳本人则认为徂徕学派和朱子学派代表了各自不同的学风,适宜于不同的阶层,具体来说,就是萱园之学的探求古义,适宜于职掌行政的实务派,而朱子学的讲求义理,则是适宜于超越实务的人文思想追求者;前者用于上层的君王士大夫,后者则可用于下层的士庶学人。如果要越过界限去用它们,就不能不有所选择遗弃。他首先指出,学者们把朱(朱子学)、物(萱园派)当作绝对对立的两种学说,并非笃论,两者实际上是互有得失的。朱子和徂徕都是不同凡响的伟人,而在思想上却各有所蔽:

学者相互掎龁。以朱、物为怨敌深仇,然互有得失,人物皆非常之器也。要之,朱氏之徒能小慼近思,矫性企高,淑愿不察,其蔽愚也,饰也,贼也;物氏之徒乃曰:"此我天命,气质岂可变乎哉?"故细行略自恕,多出放逸不检者,以惊世人。夫物氏之规模大也,其学睎子路,所志在于君子儒,君大夫用之,则国子从其性之所近,各自欲得为一人物。使其人也,亦任其官,朱类其方。国家以强富可矣。近世东肥之灵感公则其人也。朱氏之学睎曾子,方正敦厚也,然议论刻薄琐屑。《通鉴纲目》中无完人。君大夫用之,则规行矩步,逊言恭色是也。然求备于一人,不容异己者,好令人桎梏气质,谨愿如一,庶官雷同瓦合,国家无不衰者。故朱氏之风,宜于士庶,以其过寡也。以之施于君大夫,则不可无取舍;物氏之风宜于君大夫,以其器用人才也,若施之于青衿,则不可无取舍。此二氏之大分也。然非远识有度量者,不能知物氏,其言疏暴多也。

昭阳虽然对朱子学和萱学都有所批评,并主张在具体运用中各有取舍,但他最后强调的是,徂徕之学胜在大处,非有远见卓识者不能正确评价,而世人对他的评论有很多粗暴疏漏的地方。萱园之学是以造就子路那样的人才为目标的,而朱子之学是以造就曾子那样的人才为目标的。

《辨道》是荻生徂徕阐述经学思想的一部主要著述,其中也表明了作者的诗经观。徂徕把《诗经》看作解读世情物态的百科全书,其第 22 则说:"大抵《诗》之所言,上自庙堂,下至委巷,以及诸侯之邦,贵贱男女,贤愚美丑,何非所有。世变邦俗,人情物态,可得观之。"作为徂徕学派的后继者,龟井昭阳在接受徂徕思想的同时,对《辨道》的某些说法也抱有不同看法。《读辨道》就《辨道》提出的问题说明自己的见解。

对于《辨道》的《诗经》论述,龟井昭阳在第 22 则中首先指出,徂徕关于《诗经》的议论,几乎全是出自对《国风》的概括,而没有把《雅》《颂》算在内。

先王四术之说,物子之明通也。祇其所为说《诗》,大抵率《国风》耳。谓《雅》《颂》何?且四教,本诸先王立论,则变风乃文周所不知,厪厪《二南》,可以尽《诗》乎?噫,物子过矣。①

论《诗经》仅论《国风》,论《国风》又仅限于《二南》,这可以说是抓住了徂徕《诗经》论的症结,许多片面的议论正是建立在对半部《诗经》的阅读之上。应该指出的是,这并不是徂徕一人的问题,许多江户时代乃至后来的学者,都很容易将对《国风》的感受视为整部《诗经》。

徂徕本来是反对依《诗序》说诗的,曾在《辨道》中说:"《诗》本无定义,何必守《序》之所言,以为不易之说乎?"对此,龟井昭阳批驳说:

---

① [日]赖惟勤校注『徂徕學派』、東京:岩波書店、1972 年、第 481 頁。

物子不知《序》之所以为《序》，凭虚驾说耳。且其言《诗》，亦概宋人怗滞之见，眆洸洋不迫之解以拓之。

《诗》本无定义也，抑且无定义也乎？《大学解》论《淇奥》篇曰："《序》者因《国语》武公有睿圣之称，为美武公，然乌知其非美康叔也，又乌知其非美文武成康也。列国而必不美文武成康，是文武之德化狭哉！且此篇主前王，故此所引，以为美文武成康可矣。如是暴议论，何楷以后，盖一人耳。风雅之蟊贼也。

夫物子英气奕奕，以见其大自熹（喜），神机所发，如龙泉太阿，蟠根错节。骤然以断，于是乎唯见其所断，纵横言之，又不遑顾其外患后祸也。是以荒唐之多，差池之大，遂使后人棍批焉，蹂踏焉，无复知其美者，岂非不小心而近思之报乎？《传》曰："审吾所以适人，适，人之所以来我也。"余未见投以桃，而不报以李者焉。①

徂徕认为："《大序》乃《关雎》之解，古人偶于《关雎》敷衍以长之耳。"龟井昭阳则认为："余案此文不确。《大序》乃《关雎》之序，不可谓《关雎》之解也。《关雎》开卷第一首，故于其序说诗，说音，说六义，说变风，而及《周南》《召南》，不可谓偶然敷衍也。物子不信《序》，故其于《关雎》之《序》，亦如蒙耳乎尔。"徂徕又说："后儒不解事，析为大小序，可笑之甚也。"龟井昭阳则指出："又当改作'后儒析为大小序'非矣'。曰不解事，曰可笑之甚，漫笔语录，用之不妨；辨道者，君子之丕业，不宜羼白面书生之语。"②

昭阳坚持遵序品诗，对各篇诗旨不背离，不另创新说，认为《诗序》非秦汉人所能为，在《魏风·汾沮洳》序"汾沮洳，刺俭也"之后，议论说："高古哉！岂秦汉人所能系乎？"在遵序不疑的基础上，昭阳着眼于诗篇内部与外部的关联作整体把握，如他对《魏风》各篇便做了如下总结："《葛屦》啬于衣，《汾沮洳》《园有桃》啬于食。《陟岵》悲于外，《十亩》穷于内，侵削相匹。《伐檀》贪而君子屈于下，《硕鼠》贪而君子退于上。"

徂徕又说："诗之事，皆零碎猥杂，自然不生矜持之心。"龟井昭阳认为，这仍然是徂徕只在以《国风》论诗：

---

① ［日］赖惟勤校注『徂徕学派』、第481页。
② ［日］赖惟勤校注『徂徕学派』、第481—483页。

在先王之世，国风唯"二南"、《七月》耳，而《小雅》二十二篇，《大雅》十八篇，《周颂》三十一篇，皆严然王者之事，其义正与典谟誓诰相发，又何零碎猥杂之有？物子动乃以零碎猥杂、田畯红女为口实，宜哉，其至《诗》《书》义之府而窘乎！①

昭阳对足利古本的引用，也可以间接说明他与徂徕学派的关系。山井鼎、物观利用足利本所撰《七经孟子考文并补遗》考订《毛诗》，使江户中后期的《诗经》研究者受到激励，在《毛诗考》中，昭阳多次引用足利本来校勘《经》《传》文字。《齐风·南山》《传》："刺襄公也。鸟兽之行，淫乎其妹，大夫遇是恶，作诗而去之。"根据足利本，"恶"字后有"也"字，昭阳将其补入《传》文，并随文注曰："也字，据足利古本，句末无助字，插之中间，变文也。"认为这个"也"字具有改变语气的作用。《七经孟子考文》之成，曾经得到徂徕的支持和赞许，显然昭阳同样认为，足利古本保存的异文是很值得重视的资料。

三、《毛诗考》解诗

《毛诗考》首先对《经》《序》《传》文字加以考订，如《陈风·株林》首章："胡为乎株林？从夏南兮。"昭阳注："《疏》云定本无'兮'字。案：孔氏书有'兮'字，疏文可证。汲古本脱之。余则从孔氏原本。"考证中虽少引孔疏，昭阳显然对孔疏也曾仔细研读过。

龟井昭阳论诗，有三点值得注意，一曰坚持古《传》，二曰诗礼一体，三曰以"人情"逆意。

受唐代学风影响，三家诗在日本流传很少，独尊《毛诗》之风延续至江户末期，昭阳亦不例外，独尊《毛诗》。在《毛诗考》卷一开始便说："三家说不合古书，汉儒未知《毛诗》，其说皆出自三家，故汉人著作中，论《诗》者大易惑人，可戒。"昭阳认为，诗《传》乃"古大师所传，非后人以臆附会之"。（《鸡鸣》传后）解诗不能脱离古传，在《终风》一篇说解中说："非古传何以知？"在《溱洧》篇后感叹："至哉，古之《传》乎！实与《序》符契。"

---

① ［日］赖惟勤校注『徂徠學派』、第482頁。

昭阳认为，诗即是礼，孔子所说的志之所至，也就是诗之所至；诗之所至，礼亦至，所以诗三百，无非就是礼之诗，所以他不赞成郑风淫诗之说，《桑中》《溱洧》也都是"君子忧国忠孝之发，比金石内宗庙，一也"。

《毛诗考》解诗多在维护《毛传》的前提下对诗意从人情方向予以阐述。他对《摽有梅》诗意的理解，不赞同"女急求男"的通行说法，而把它看成是"摽梅之女，待而不求者，有所自安"的写照："辟农夫之待时，深耕其田耳，而不负水灌之者，知灵雨必至也。不知是义而曰急求男，妄矣。且是诗人吟咏男女得以及时之美者，非女自作也。绎序说哉！"解《雄雉》"瞻彼日月，悠悠我思"，说其意在于"见日月之移，而思君子之不日不月也。此情至之语，可感而通已"。认为诗人的情感，是与今人相通的。

《毛诗考》解诗，能够悉心体味诗意，揣摩诗人心意，诠释诗境，不拘泥于字句之意。这里不妨以其对《氓》中诗意的解说为例。解"氓之蚩蚩"，谓"初未面相识，故溯其初，而为是怨辞也。蚩蚩，毛曰敦厚，朱曰无知，皆通，但主其有可信之色"。解"送子涉淇，至于顿丘"，谓"子来而搂我，故我起而从之，然草率之行，虑有阻扰，故归而告家人，至此而别"。解"匪我愆期，子无良媒"：

> 顿丘之别，结言如是。氓本欲直奔为犬子文君，然女则有待于父母媒妁，故至顿丘而反。氓不悦，故女曰："此非我敢愆前约之期也。子无媒而搂我，顾念事情，是谋不得不延数月耳。"

解"乘彼垝垣，以望复关"：

> 别后之相思也。何必说及期乎？复关，盖关门名，照上涉淇，表出氓所居，是篇设一去妇实境咏之，所以与它篇异也。

龟井解诗，顾及篇中各句联系，展开联想，如解"既见复关，载笑载言"，谓"氓来则敛泪言笑，否则不言不笑矣。顿丘之后，氓亦源源而来，是六句所以悔与士耽也"。解"以我车来，以我贿迁"，又联系后面被逐的态度，而谓"是女虽初私约夫迎之，妻从之，则父母许之，兄弟可之可知矣，如是则宜若可宝室家然。此诗人模写之妙也"。

作为一个外国研究者，龟井昭阳调动他从中国典籍中获得的知识来对诗句中描绘的场景展开想象。《邶风·击鼓》一诗中第三、四两章"爰居爰处？爰丧其马？于以求之？于林之下。""死生契阔，于子成说。执子之手，与子偕老。"《笺》《疏》分别对两章做出解说，认为前面是写失马。后面写从军之士与伍相约，同甘共苦，以相存救，而昭阳设想了一个完整的情节。根据他的描绘，抒情主人公既为散卒孤征而无所依，居于此，处于彼，又亡其马，流离之忧，极于斯。求马不得，屏营间忽遇乡人，亦是被弃同怨者，于是相语死生成说，执其手，期以偕老。他提出这种说法的依据，正是在《左传》中的申鲜虞出奔途中丧马、《国语·吴语》中的吴王故事："王亲独行，屏营彷徨于山林之中，三日乃见其涓人畴。王呼之曰：'余不食三日矣。'畴趋而进，王枕其股以寝于地。"①昭阳认为诗中描绘的正是同样与此相似的"散卒苦中一快"的故事，将两部分连贯起来理解，突出了诗的人情味，可备一说。

龟井昭阳虽解释力图简洁易懂，但此书预想读者是当时熟悉汉文经籍的儒者，所以文中常用经籍语。如在解《园有桃》"园有桃，其实之殽"时，说："俭啬成俗，马乘而鸡豚，伐冰而牛羊，唯利是趋，故极言之。"这里的"马乘"和"伐冰"均指贵族之家。"伐冰"，凿取冰块。古代唯有卿大夫以上的贵族丧祭得以用冰，因以"伐冰"称达官贵族，《礼记·大学》："伐冰之家，不畜牛羊。"郑玄注："卿大夫以上丧祭用冰。"亦省作"伐冰"。龟井昭阳这里是说乘马伐冰的达官贵人，也养鸡养豚，养牛养羊。

四、训读符号与写本阅读

龟井昭阳《毛诗考》，本以写本传，1934年龟井昭阳、德永玉泉诞辰百年纪念予以影印，书后有昭阳玄孙写的"叙"，并附有赖山阳当年给昭阳的信件。

在这个写本中，多用省代号，还有着各种表明日语阅读方式即所谓训读的符号，这些符号有时和文字连为一体。

省代号就是省略文字的符号，最多的就是重文号，就是遇到重复的文字用"乙"来代替，如《扬之水》："扬之水，白石粼粼"，书中写成"扬之水，白石粼乙"，"乙"即读同前一个字"粼"。

---

① 《国语》（下），上海古籍出版社，1978年，第598页。

"々",亦是重文号,同"乙",日语中至今保留这种写法。《毛诗考》中也有用的,如《草虫》:"喓々艹虫,趯々阜偭螽。"两个"々"字分别省代了"喓"字和"趯"字。

"｜"有时也用作重文号,如"明｜",即"明明"。"｜"有时表示由上下文可以判断的字。

句读符号:

"、",断句符,写在字的右部偏下,表示至此当断开为一句,如上引"俭啬成俗,马乘而鸡豚,伐冰而牛羊,唯利是趋,故极言之",其中"俗""豚""羊""趋""也"诸字右下均有"、",表示这些字皆为断句处。

小一点的"○",写在经文和传文字的右侧,表示句读,如《君子偕老》:"君子偕老刺卫夫人也""老"字样和"也"字右侧皆有"○",表示当读作:"君子偕老,刺卫夫人也。"

"｜",连字符,写在上一字下部中间位置,表示相连两字为一词。如"哀"字下中紧连一"｜",下为"鸣"字,则当"哀鸣"连读。

有时省代号与训读符连在了一起,读的时候要注意分辨。如《园有桃》"园有桃,其实之殽",解释此句的文字最后一句"其诗句岂丅乙指君刺之乎?"其中"丅"字其实是"一"字下有一连字符"｜",表示"一"与下面的"乙"为一个词,当连读,但看上去就像是"丅"字了。这句话就是"其诗句岂一一指君刺之乎?"

稍大一点的"○",经文中字右侧的"○",表示韵脚,如《樛木》:"南有樛木,葛藟累之。乐只君子,福履绥之。""累""绥"字右侧皆有"○",表示韵脚在此二字上,而不在句尾的"之"字上。作为作者注释解说文字的双行小字中的"○"则表示分段,即一个新的部分的开始,与前文解说的内容不同,属于另一个话题,也有作为补充或者说明所据的。

训读符号。日本人为了训译汉籍,设定了一套符号作为工具,这些符号不仅规定了阅读的顺序,而且在很大程度上展演了文字的读法和意义,由此将阅读程序化,也就对复杂的汉语阅读赋予了可操作性。应该说,这种可操作性的形成,是对两种语言语法和词汇长期考察和阅读实践积累的结果。这些符号,一般被称为训点。

现行的训点中,有"レ点""一二点""上下点""甲乙点"等,把它们称为"点",可能来源于中国的以点作句读的方法的"ヲコト点",而实际上它们已并非是"点"一种形式了,而是文字或符号。现在通行的训点,主要依据的是 1912 年 3 月 29 日官报刊登的《文部省有关汉文的调查报告》所作出的规定。这些符号的使用方法如下：

"レ点"用于仅一字倒读的情况，一般看似置于上字的左下部，严密说来则是置于下字的左肩。在江户时代后期和明治时代的版本中，还多将"レ点"置于行末。

"一二点"用于两字以上倒读的情况，先读之字左下部书"一"字，后读之字左下部书"二"字。如果需要明确倒读顺序的字更多，也有再补以"三"乃至"四"的情况。

"上下点"用于再进而跳过"レ点""一二点"倒读部分去读的情况，"上""下"书于倒读字的左下部，如果层次更多，还有"上""中""下"置于倒读字左下部的情况。

"甲乙点"用于"レ点""一二点""上下点"都不够用的情况，多者还可以见到"甲""乙""丙""丁"同时出现于倒读字左下部。

这些全用到以后，仍然不能明确顺序的复杂句，还有所谓"天地人点"，即将"天""地""人"三字书于字的左下部。汉文短句多，所有的训点符号都出现的情况相对少见，出现这种情况时，阅读便显得十分繁杂。

以上这些符号，一般还叫作"返り点"，或者"返り仮名"。

诚如河上肇所说：日本读汉诗，"送り仮名"是否得当，往往就是"死活的问题"①。因为词尾标注错了，也就是对诗意理解不当。

在日本第二次世界大战之前刊行的汉籍中，还可以看到一些特殊的字形，这些字可以看作是某些假名词语的省代号。例如，以"﹁"省代"コト"二字，以"｜キ"省代"トキ"二字，以"｜モ"省代"トモ（ドモ）"，以"〆"省代"シテ"二字。"﹁""｜キ""｜モ""〆"均被称为"合字（ごうじ）"，由于它们所省代的"コト"等字具有重要的语法作用，使用频率高，所以在书写时有了它们便大为节省了时间，与其将它们看作一般的合字，不如将它们视为省代号。不难看出日本训译中的省代号，在方法论上与敦煌写卷中也使用各种省代号有很多共同点。虽然在现今的教科书上已经不再使用这些省代号，但抛开它们就难以理清训读的发生史。

上面这些符号与中国典籍的关系，是值得探讨的问题。中国古籍中在段落的开头有用"﹁"表示的，也有在段落的最末尾用"﹂"表示段落结束，

---

① ［日］杉原四郎編『河上肇評論集』、東京：岩波書店、1987 年、第 270 頁。

下面的文字是属于另一段落的内容。① 在中国古籍中也常用"｜"线来作为连接符号。在明清刻本中仍有这种用法，也就是在一行的末尾文字字数不够，刻板偶尔出现空余时，就在该行最后的空格，雕上一竖，表示要连接下一行文字。这和日本训读中在两字中间加上一竖，表示两字是复合词，不应分开来读，作用虽不完全一样，但在表连接的意义上，仍有共同之处。

在写本中，还保留了一些古字、俗字或异体字，比较多见的如：

皃（貌）　徃（往）　甭（尔）　夛（多）　俤（侈）　賓（宾）　哆（哆）
恶（恶）　岢（曷）　忩（恐）　謟（谄）　栢（柏）　甥（舅）　闵（闻）
艹（草）　怨（怨）　乗（承）　忻（所）　蘓（苏）　㲋（发）　辞（辞）
侯（侯）　藝（艺）　忘（忘）　亾（亡）　鵠（鹤）　單（单）　廃（废）
嘽（嘽）

敦煌俗字通例在这个写本中很常见，如"臼"的部件均写作"旧"（如"寫"字作"冩"，"舊"字作"㫗"），"口"部件写作"厶"（如"雖"字作"雖"，"隕"作"隕"）等。

有的字，似乎使用并不普遍，如忩（愈）等。《出车》《传》："出车，劳还率也。"昭阳解说谓"师还而犒之，故无凬厉之意"。这里的"凬"字当为"风"字之草书讹变。"风厉"，风迅疾猛烈。晋张协《七命》："车雷震而风厉，马鹿超而龙骧。"李善注："风厉，言疾也。"三国魏曹植《七启》："腾山奔壑，风厉飘举。"昭阳是说《出车》无迅疾之风。敦煌写卷中"风"有写作"尾"的，见于S.2073《庐山远公话》，也是"风"的草书讹变，可以作为旁证。

有些是日语的写法，这些写法源头是中国隋唐俗字，在中国早已不用，而在现代日语中仍然保留着，如：

発（发）　沢（泽）　気（气）　実（实）　両（两）　帰（归）
渇（渴）　葛（葛）　賛（赞）　労（劳）　観（观）

---

① 曾良《古籍文字抄写特点补遗》，收入曾良《敦煌文献丛札》，浙江古籍出版社，2010年，第223页。

第三节 东条一堂:《诗经标识》

一、东条一堂的经学研究

东条一堂(1778—1857),今千叶县人,名弘,字子毅,通称文藏,幼字称和七郎。1778年出生于上总国长狭郡八幡村。家中世代为豪农,父亲医术高超。一堂为其二子。一堂16岁到京都入皆川淇园门下,后回到江户,与朝川善庵、羽仓简堂、佐藤一斋、龟田绫濑、尾藤二洲等名儒交往,后被聘为弘前藩藩校稽古馆督学,不久再次返回。曾居于汤岛,住所邻近昌平校,他开塾教授,著书甚丰。学校教官、生徒等执贽求教者甚多。后移居神田玉池,旗下之士杉浦出云守正义,博览群书,以精通濂洛之学著称,一日拜访一堂,问难昼夜,遂服一堂,改行束修之礼。一堂为人温厚深重,识度高迈,以明德自命。

一堂著述近四十余种,与经书相关,其中特别以《孝经》与《四书》为中心。他的著述包括写本与刻本,保存至今的颇多。以《孝经》为例,便有《孝经郑氏解》(郑玄解,清洪颐煊补证,东条弘增考,早稻田大学藏写本)、《孝经两造简孚》(蝶赢窟,江户后期版;小林新兵卫,明治时期刻本)、《孝经纂要》《孝经孔传辨伪》等。另外尚有经学知言系列和标识系列,前者有《中庸知言》(写本)、《论语知言》(写本)、《学庸知言》等,后者包括《尚书标识》(写本)、《诗经标识》《周易标识》(写本)、《左传标识》(写本)、《荀子标识》(写本)、《大学标识》(写本)、《老子标识》等,尚有《经学备考》《系辞答问》《性命答问》《学范初编》《易经解》一卷、《字义文理》①《井田考》《助字考》《道德辨》《一堂读书法》《待问录》等。主要著述收于《东条一堂著作集》,为东京原三七1963年刊行,又有阿加通校订本,书籍文物流通会刊行。写本则以早稻田大学图书馆收藏居多。

所著《五辨》,内有道德辨、生命辨、天人辨、有无辨、虚静辨。首页载其所作《劝学文》:

---

① [日]市川本太郎著『日本儒教史』(五)、東京:汲古書院、1995年、第340頁。

百物虽昌,孰独不朽?夫唯学乎?天长地久。斯文不丧,永赞天牖。学之所贵,德行是首。游夏虽多,抑为之后;况在后生,宁可不厚。圣人既去,世无善诱。出仕横议,六经刍狗。玩物丧志,率流诗酒。藉口斯文,若苗有莠。嗟女小子,行不敢苟。德斯立矣,器可大受。

名照竹帛,以显父母。①

二、《诗经标识》与古学派诗经研究

《诗经标识》为东条一堂的经学备考之一。原为写本,是一堂73岁至74岁时其门人从他的札记中抄录的,未经本人审阅。故讹误迭见,翻刻时做过补订。

《诗经标识》以朱熹《诗集传》为底本,开头概述《诗经》之传来及《诗序》之作者,以下大体根据《诗集传》顺序,各篇先引先人之说以资参考,随时以"按""弘按"发表己见,引用《毛诗郑笺》《毛诗正义》、郑樵《诗传》和《辨妄》、吕祖谦《读诗记》、刘谨《诗传通释》、何楷《世本古义》、程大昌《诗论》、王应麟《诗考》和《地理考》、洪迈《容斋随笔》、严粲《诗缉》、季本《诗说解颐》、黄佐《诗传通解》、邹忠胤《诗传阐》、杨慎《升庵外集》、胡应麟《笔丛》以及罗愿、陈祥造、辅广、苏辙等宋明学者之说。广涉汉唐,出入诸家。唐宋元明诸书,其中何楷《诗经世本古义》占有不小比重。在他引用的研究者中还有胡胤嘉、陈际泰、陆佃、顾麟士、陈元亮、徐光启、刘瑾、邓元锡等人。由于他们的书在日本有传,所以日本学人读到后,便用到自己的研究中。在冈白驹的《毛诗补义》中也可以见到邹忠胤、陈际泰等人的名字。书籍的跨国传播常常带有偶然性,而学人所接触的异国学术著述也就不乏偶然给予的缘分,也正因为如此,跨国学术影响研究也就决不能站在一边想当然而为之。

明代诗经学的影响依然很大,清人著述还少被当时学者见到,一堂所引用的也只有毛奇龄《毛诗写官记》、姚际恒《古今伪书考》、陈启源《毛诗稽古编》以及王念孙关于字义的考证等,虽然数目不多,但一堂采用的方法

---

① [日]東條一堂著、杉浦正義記『五弁』、東京:廣文堂書店、1904年、第1頁。

与清代的考据派已有接近的趋势。引用未必原句，多有删改，又有只取文义者。

诗篇解释，先举先人诸解，而后遍求先秦两汉古书有关资料，旁征博引，以求确解。名物训诂，必以《尔雅》《说文》为本，又及段成式《酉阳杂俎》、罗愿《尔雅翼》、徐光启《毛诗六帖》之说，至草木虫鱼之名，皆取慎重体味的态度。虽引清人著述不多，但与清代乾嘉学风多有相通。体例与马瑞辰《毛诗传笺通释》最为相近。不过本书仅为著者研究手记，而非专门著述，故不及马氏之书详密精审。

东条一堂对《诗经》中相同句法、文法的诗句，顺手拈来，详举而不厌其烦，模拟辨析，以推的解。如《泉水》："诗中多用遐字。又遐、瑕通用。如'心乎爱矣，遐不谓矣''乐之君子，遐不眉寿''不瑕有害''不遐有佐''不遐有愆'之类是也。'遐不''不遐'文异义同。"①又如《螽斯》，说："鹿斯、鷽斯、露斯，皆为助字，则螽斯亦为助字可见。"②著者的这种方法与刘师培《毛诗诗词例举要》有相通之处。仁井田好古《毛诗补传》还没有采用这样的方法。

本书虽以朱熹《诗集传》为底本，但否定朱说者并不鲜见。如《小宛》"中原有菽"，朱子谓"菽"与"淑"通，故以为兴善道，人皆可行，而一堂则认为这两句只不过以兴"螟蛉"二句，如果按照朱熹的说法，则与"螟蛉"二句为两件事了，遂批评"朱子说诗，往往过巧。古人作诗，本不如此纤细也"。③ 对于重章叠句，他认为："诗叠章者，大抵皆同意，特以反复咏叹之也。其为异辞者，亦唯以便韵已。"④

对于比兴，他的理解比较单纯，说："诗人取兴，其意本甚浅，而说诗者常失诸深。如'关关雎鸠'，大抵取其'洲'与'逑'相呼为韵，因言洲而言雎鸠，因雎鸠言关关，不过以少寓和乐之意耳。""毛郑于比兴二体，每屑屑乎必求其义而不措，皆牵强妄凿，一无可取。"⑤

一堂对《诗经》的理解，以"寓言说"为代表。他说："诗人之于情，犹庄周之于理。理与情，虚也。虚者，难以喻，故不得不假事以实之、以发之也。

---

① 東條弘著『詩經標識』、東京：書籍文物流通會、1963 年、第 77 頁。
② 東條弘著『詩經標識』、第 27 頁。
③ 東條弘著『詩經標識』、第 230 頁。
④ 東條弘著『詩經標識』、第 127 頁。
⑤ 東條弘著『詩經標識』、第 20 頁。

古人于庄周之言,目之以为寓言,特不知诗亦寓言也。故凡陟岨送野、采蘋采蘩之类,皆为虚设之言。读诗者,已得其情,则宜略其言可也,乃始为以辞不害意矣。"①

《玄鸟》一诗,一堂的解说是:"简狄吞卵生契,其事虽似恢诞,盖古来所传如此,故诗人取以作颂耳。不必问其古实有此事与否,犹后世如牵牛、织女、嫦娥及神仙之说,诗人皆取以入诗中,而不必核其实也。自毛苌、蔡邕辈而下,诸儒多不敢(取)神怪之说,特不知诗人但取古来所传,不必核其实,古今同一轨也。朱子不从毛,可谓卓矣。"②

一堂说诗,多受太宰纯(号春台,1680—1747)影响。在全书中仅引用了太宰纯的《读朱氏集传》和《朱氏诗传膏肓》。太宰春台曾师从古学派鼻祖荻生徂徕,在萱园学派中以经学见长,著述数十种。在《六经略说》《诗书古训》等书中,反复阐明徂徕派对六经的根本看法,即"圣人之道在六经,六经者先圣王治天下之道也",并引述赵衰语"《诗》《书》者,义之府也",表明他对《诗》《书》的核心认识。他以功利言仁,故极力反对宋儒心法之说,论诗谈文,攻伐虚饰之风,甚至对抒情中的夸张、铺陈、反复与修饰都大加排斥。在对诗文研究中,只讲就实言事,不容想象测度,所著《文论》《诗论》,不仅主张放逐宋儒过重义理之说,甚至对文学研究中的想象成分也力主剔除,可以说是经学方法的"纯净派"。他作为攻评朱熹《诗集传》的骁将,在《读朱氏诗传》中酣畅淋漓地叙述了他对诗歌就是要抒发真实坦荡无伪、毫无造作的情感的主张,认为劝善惩恶是《春秋》主旨而不可套用于《诗经》。③ 他所撰《朱氏诗传膏肓》,对朱熹的注中夹杂冗长的议论、评语极为反感,反对无关于诗注的议论,认为"诗外议论,不宜间诸注解焉。"对于朱熹对叠章换字的说解中过多谈论义理的做法主张删除干净,他说:"诗之叠章者,固皆便问协韵,晦庵既知之,而犹时泥其变文,以深其义,何哉?"④批评"宋儒泥于经言,而自生固滞之弊"。⑤ 这种批评出于他对虚言的厌恶:"人者,实物也;义理者,虚名也。古人言必实。如宋儒好言义

---

① 東條弘著『詩經標識』、第16頁。
② 東條弘著『詩經標識』、第328頁。
③ 王晓平著《日本诗经学史》,学苑出版社,2009年,第190—192页。
④ [日]關儀一郎編『日本儒林叢書』第四卷、東京:鳳出版、1971年、第26頁。
⑤ [日]關儀一郎編『日本儒林叢書』第四卷、東京:鳳出版、1971年、第40頁。

理,徒虚说耳。虚说者,佛氏之道也。"①这些说法,一方面将文学研究当作纯粹的技术操作,对于其中所含的艺术内容排斥过度,有对官学朱子学矫枉过正之嫌,另一方面也是为朴学之风吹入学界敞窗开门。《文会杂记》称道太宰纯校书精密,对《左传》《史记》《汉书》等皆字字精读,一笔一画不肯放过,又好抄书为乐。② 这些作风都反映到他对《诗经》的研究中。

在对《诗经》的根本态度上,一堂也主张和劝善惩恶之说划清界限。他引述春台之说:"夫劝善惩恶者,《春秋》之旨也。仲尼乃以是说诗,岂不误哉!"③一堂指出:"朱子劝善之说,本郑玄《诗谱》'惩恶而劝善',见于《左传》成十四年。"他对春台的"叠章韵"说,格外抱有同感,引春台之说谓:

> 古诗叠章者,所以反复咏叹也。叠章则必换韵。换韵者,未必有异义焉。特其辞,时有浅深、轻重耳,然亦偶尔也。晦庵说诗,必欲其义一章重一章,乃过求义理之病也。④

一堂在《麟趾》《甘棠》《北风》《采葛》《羔裘》《沔水》等诗篇的解释中,都引用了春台有关朱子过求义理的说法,特别是对叠字换韵之处强求深浅的说法。这些说法至少在破除旧说上是颇为有力的。比如《羔裘》,春台说:"以豹皮饰裘,取其文也。岂取其武而有力哉! 必如晦庵所云,则狐为妖媚之兽,服狐裘者,亦妖媚如之与?"

一堂对春台反对过于议论的态度也很赞赏。春台认为:"注外议论,亦外传之体也,削之可也。"这里所说的议论,多是今日所说的阐释。在注解中夹进议论,并不始于朱熹,毛苌、郑玄、孔颖达都有不少议论,就在注解之中。太宰春台觉得注解中加上了议论,就使得注解冗长可厌。一般日本人的注解自不用说,解经文字,亦不甚喜欢议论。而中国的注解者,往往习惯借机发挥,或者觉得不挖掘一下深意,便不能说清楚。尽管也有如皮锡瑞在《诗经通考》中所说:"解经是朴学,不得用巧思;解经须确凭,不得任臆说也。"但一般来说,对偶尔的议论还是比较宽容的,不至于像太宰春台那

---

① [日]關儀一郎編『日本儒林叢書』第四卷、第40頁。
② 通俗教育研究會編『逸話文庫』第四冊、東京:大倉書店、1911年、第88—99頁。
③ 東條弘著『詩經標識』、第17頁。
④ 東條弘著『詩經標識』、第31頁。

样感到不能忍受,在注释中掺进源于"巧思"的几句议论,多觉得未尝不可。至于有些议论成癖的人,更不会轻易放过借题发挥的机会。不喜议论,在日本学人中本是比较普遍的倾向,只不过他们说得更多一些。

本书采用笔记形式,引书多指出学者名而不指出书名,不便于翻检,有时作者之名亦以封号代替,如称董仲舒为董子,称张载为张子等,这虽然还是依照中国习惯,今天的读者反而会感到陌生。

第四节 安井息轩:《毛诗辑疏》

一、安井息轩及其学术

安井息轩(1799—1876),名衡,字仲平,号清泷、足轩、息轩。日向(今宫崎县)人。江户末期儒学者。

息轩青年时代(1820年)离家赴大阪,与篠崎小竹交游,后因兄长故去,返回故乡,继承父业。1824年再向江户入昌平黉,师事松崎慊堂。松崎慊堂为一世宿儒,于人不轻易赞许,然语其生徒曰:"安井生,古人也,吾岂可弟子视乎?"考订石经时,多询于息轩。1826年饫肥侯东觐,息轩为侍读。1830年饫肥藩校创立。父沧州任教授,息轩任助教。时年32岁,受命巡览九州岛,著《观风钞》,藩侯知其可用,引以参与机务,欲革除旧弊,却不为权要所喜。以父忧,决意告假,东行再入昌平黉,广交名士。1847年藩侯再会。其后任新开设的饫肥藩校助教。1862年与盐谷宕阴、芳野金陵同任昌平黉教授。老年专事著述。曾开设"三计塾"专注培养人才,塾取"一日之计在于晨,一年之计在于春,一生之计在少年"之意,前后生徒达2000人。

安井息轩是位个性鲜明的学者。《近世先哲丛谈》这样记述他的外貌、抱负与才华:

> 息轩长不满六尺,面有痘疤,貌寝而识明,色温而气刚。饫肥僻在西南海隅,土习朴陋,不喜文事。息轩独发奋读书,矻矻匪懈,曰:"吾治六经,欲开物成务。不幸吾道不行,托之文字,则当求知己于天下后世。若夫区区毁誉,不足以置齿牙。"年甫逾冠,东游大阪,见篠崎小

竹。小竹与语,大惊,赋诗赠之。

后至江户,入昌黉。赘松崎慊堂之门。慊堂一世宿儒,于人慎许可,语其徒曰:"安井生,古人也。吾岂可弟子视乎?"其考订石经,多询之息轩云。

关于息轩的学问和为人,《近世先哲丛谈》记述:

息轩笃信好古,钻研经史,尤用力汉唐注疏,参以众说,考据精核,能发先儒所未发。作文取法唐宋,上溯秦汉,古色苍然,笔力扛鼎,旁晓算数。尝曰:"圣门六艺,数居其一。经国行军,莫不由焉。近世学者高谈性命,曾不解二五为十,沿流讨源,宋儒不得不任其责。"门人有问洋教是非者,为撰《辨妄》一卷。然至天文、地理、工技、算数,则参取洋说,可以见其持论之公矣。

息轩性淡泊,俭素自奉。殊嗜围棋。客至则默坐下子,忘机于输赢之外。其宰白河也,吏胥来贺,粲然华服,各赍酒馔至。息轩垢衣弊袴,延与对局,绐以疏栎,乃愧赧(赧)去。更相告诫。未赴任,而邑俗去奢趋俭云。①

这里说息轩好围棋,《伟人豪杰言行录》第170则载《安井息轩、藤森天山之围棋仿佛寒山拾得》颇有趣味,译录如下:

安井息轩、藤森天山于文会之席,相与围棋。息轩痘疱满面,其身脊反而如倒;天山近视,俯而如舐楸枰(楸枰,棋盘。古时多用楸木制作,故名。——笔者注)。旁人评之,二先生之围棋之状,仿佛寒山拾得也。②

明治时代的外务大臣陆奥宗光等为息轩门生。安井息轩被视为江户儒学集大成者。

息轩著述,有《管子纂诂》十二卷、《左传辑释》十一卷、《周礼补疏》十

---

① [日]松村操编『近世先哲叢談』第4册、武田傳右門刊再版、1898年、第41—44页。
② 南梁居士编『偉人豪傑言行錄』、東京:求光閣書店、1911年、第164—165页。

一卷、《书说摘要》四卷、《战国策补正》二卷、《辨妄》一卷、《毛诗辑疏》十一卷、《孟子定本》六卷、《论语集说》六卷、《读书余适》《息轩遗稿》等。幕府末年，著《海防私议》，主张加强国家防务，又致力于推广养蚕缫丝技术。他还撰有《弁妄》，从儒家立场驳斥基督教的妄诞。①

安井息轩是较早为中国学者所知的日本学者之一。1870年，他所著《管子纂诂补》刊行，江苏苏松太兵供备道浙江应宝时撰写的序文称："余受而读之，作而曰：'伟哉！仲平！人人苦其庞杂无序之书，而竟能厘正于东海之邦耶！"赞叹说："世有读仲平之注，平心和气，屡举众说，互相印证，而以讲求文字者，讲求典章制度、礼乐韬钤、政刑法律，而删其繁芜，撷其菁英，经之以经纬之以孔孟之训，其有裨于世，讵浅鲜乎！"②

给予安井息轩最高评价的当数黄遵宪。黄遵宪在为安井息轩所著《读书余适》撰写的序言中说自己未渡东海，即闻安井息轩之名，逮来江户，则安井殁既二年，不及相见。他说："余读其著作，体大思精，殊有我朝诸老之风，信为日本第一儒者。物茂卿、赖子成辈，恐不足比数也。"甚至认为安井的学问超过了荻生徂徕和赖山阳辈。又称道《读书余适》："余受而读之，纪事必核，择言必雅，譬如狮子搏兔，虽曰游戏，未尝不用全力；又譬之画龙者，烟云变灭，不得睹者其全体，而一鳞一甲，亦望而知其为龙也，学问之道，固视其根柢何如，能者不能以自掩，不能者亦不能以袭取，信哉。"③清末孙诒让《籀顾述林》卷五《札迻序》中谈到近代钜儒修学好古，校刊旧籍的业绩时，也曾说："风尚大昌，覃及异域，若安井衡、蒲版圆所笺校虽疏浅，亦资考证。"④

黄遵宪对息轩文章评价甚高，对所作《送田子家序》一文评曰："借水喻学，妙在得之实历。有倜傥气而无冗漫，如此方称老手。"深惜其才，对其所作《送释文亮》评曰："安井息轩议论长于文章。此经世之才可大用。惜乎！"⑤感叹其才能未能为世所用。文章得到黄遵宪这样高评价的日本文人，是不多的。在对息轩《鬼神论》的批语中，黄遵宪甚至说："扶桑近世文

---

① ［日］中村幸彦、冈田武彦校注『近世後期儒家集』、東京：岩波書店、1972年、第245—274頁。
② 王宝平编著《日本典籍清人序跋集》，上海辞书出版社，2010年，第96页。
③ 王宝平编著《日本典籍清人序跋集》，第99页。
④ 转引自张舜徽《中国古代史籍校读法》，上海古籍出版社，1980年，第150页。
⑤ ［日］石川鸿斋批撰，沈文荧、黄遵宪合评『再刻日本文章軌範』明治時期刻本卷之二、第20頁。

章,最以息轩氏为巨擘。其论事皆切中肯綮,而深入奥窍。无儒生迂腐之谭,无策士纵横之习,真若可坐而言,起而行者,理足故也。"①黄遵宪对息轩的《性论》《鬼神论》等文章都曾予以肯定。

息轩所著《管子纂诂》,清末传入中国,俞樾《春在堂随笔》卷七记述1877年竹添光鸿前来杭州,两人对话中有如下一节:

  余因问贵国昔年有安井平仲著《管子纂诂》者,亦识其人否？曰:"此仆所师事也。客岁九月以病卒。此翁死而吾国读书种子绝矣。治古文者则尚有之。"其余所言尚多,不能尽录。②

二、《毛诗辑疏》的版本

《毛诗辑疏》十二卷以《毛传》《郑笺》为基础,引清人陈启源之说解诗,收入1932年刊行的《崇文丛书》十一册。日本国会图书馆尚藏有息轩所著《毛诗集说》六卷写本,别为一书。《辑疏》乃为《集说》基础上所著,却未尽而终,只至《小雅》。

息轩于1875年在为子孙所写的《睡余漫笔》(收于《日本儒林丛书》第二卷)中说,《诗经》舍《序》《传》则难读,但《序》《传》古奥,假借字尤多,初学难懂,应助之以清人之著述。他所撰《毛诗辑疏》只写到《小雅》,就因为眼疾而未能竟其业,希望自己的子孙将来能够继续完成此书。

三、《毛诗辑疏》的《诗经》研究

《毛诗辑疏》以《毛诗正义》为中心,搜集其他注释,加上息轩的案语。《毛诗集说》不太引《毛诗正义》,多引陈启源等清儒之说,重点在释词,而《毛诗辑疏》则注重诗篇的解释,以《诗序》为线索,辨明诗意。本书通过《毛诗正义》来理解《诗经》,对诗意的解释没有脱离经学的束缚,很少新说。

---

① 郭真义、郑海麟编著《黄遵宪题批日人汉籍》,中华书局,2009年,第9页。
② 俞樾《春在堂丛书》七十六、《春在堂随笔》七,凤凰出版社,2010年。

日本国会图书馆所藏《息轩先生文集》三卷写本中有《诗亡然后春秋作说》一文,谈道:"《诗》则多出于田畯红女之口,其辞繁,其事杂,又时有不可为训者。读之若游百货之市,珍怪炫目,而无知所适从也。"这或许就是《诗经》研究吸引他的原因。由于痛感前人之说不足以说清诗句的本来意义,安井很注意从搞懂每一字的本义入手,去突破对全诗的认识。其中对字句的解说,不乏新意。《狡童》:"维子之故,使我不能息也。"《传》:"忧不能息也。"衡案:"忧读为嚘。嚘,气逆也。息,喘也。言气逆不能呼吸,忧之甚也。"此取段玉裁说。段言此诗"忧不能息","忧"读为"嚘"。有时息轩还能联系日本的情况,补充说明诗意所在。《扬之水》:"扬之水,不流束蒲。"《传》:"蒲,草也。"《笺》:"蒲,柳也。"《正义》:"以首章言薪,下言蒲楚是薪之木名,不宜为草,故郑易《传》为柳。"安井表示赞成焦循等人维护《传》说的看法,并以日本为例:"盖古远山林之地,皆以草为薪,今我泽国,往往亦然。"

安井始终把廓清《郑笺》和《正义》中误解《传》意的内容,视为自己的使命,为此,他对《郑笺》读得格外细心。《氓》:"三岁为妇。"《笺》:"有舅姑为妇。"衡案:"妇,夫妇之妇,谓为之妻,不必言舅姑有无。"显然《郑笺》之说有些节外生枝,不如"衡案"简明直接。

从《毛诗辑疏》一书看,安井息轩对清儒的《诗经》研究,相当熟悉,也钻研颇深。所引诸说,以陈启源、李黼平、戴震、段玉裁等最多,此外王念孙、王引之、惠栋、惠周惕、臧镛堂(臧庸)、毛奇龄、卢文弨、焦循、阮元等皆多引述。不仅如此,有些今人很少注意的清人著述,安井息轩也多引其说。例如广东南海人曾钊(1791—1854),道光五年拔贡生,调钦州学正,积书万卷,好讲经济之学。一说生于乾隆末,享年六十岁以上。见《清史列传》卷六九,《碑传集补》卷四一。所著《诗毛郑异同辩》,《毛诗辑疏》中多次引述其说。又如臧庸(1767—1811),本名镛堂,武进人。学术精审,阮元编纂《经籍纂诂》多赖其力。一生未仕,以诸生终。有《拜经日记》《拜经堂文集》。见《清史列传》卷六六,《国朝先正事略》卷三三。安井息轩也多次引用其说。臧庸、曾钊等人,距安井不远,属于当时的当代学术。从这些情况来看,一方面说明安井息轩对清人最新的研究成果是何等留意,一方面也可以看出当时中国书籍传入日本是何等迅速及时。

书中多处引用"倎颐炫"之说。"倎颐炫",或为"洪颐煊"之误。洪颐煊(1765—1833),字旌贤,号筠轩,晚号倦舫老人,浙江临海人。精经训,贯穿子史，有多种考据学著述。其《古文叙录》三卷，谓汉贾、郑诸儒所注群经皆古文，自魏王肃始变古。晋宋六朝郑学虽存，往往乖其师法，因以西汉为断，详载其原委。《毛诗辑疏》原以写本流传，收入《崇文丛书》时方据写本整理，疑"倅"与"洪"草书形近而讹，"炫"通"煊"，故"洪颐煊"在全书都被误作"倅颐炫"。

对于诗中字词，安井广采清儒诸说，而以"衡案"表述自己的训解，对于诗句之意，在列出相关见解之后，往往以"衡谓"申述己见。其中不乏明快通达之说。如《关雎》："窈窕淑女，寤寐求之。"《毛传》解"寤"为"觉"，即醒来的意思，解"寐"为"寝"，是睡觉的意思，而《郑笺》说："后妃觉寐，则常求此贤女欲与之共己职也。"安井则说："寐，眠也。《传》训'寝'者，以眠中不能求也。然则'寤寐'犹言起卧，《传》意当然。"而《郑笺》之说，"其意反浅"，主张将"寤寐"当作一词，而不作割裂之训，其言甚确。有些说法，不同于传统说法，也可备为一说。如同诗"寤寐思服"，安井谓"服"亦为"思"意，引《庄子》"吾服女也甚忘"注："服者，思存之谓也。"《中庸》曰："得一善，拳拳服膺。"而推论说："盖服如服衣、服药，凡着用身心者，皆谓之服。思人者，服之心而不忘，故云'服，思之也'。"

清人对诗意理解的推进，多得益于对古代文字语音的新认识。安井息轩在解诗时，也处处尝试运用以声求意的方法。如《终风》："寤言不寐，愿言则怀。"《毛传》："怀，伤也。"，陈启源谓此"盖言及此则伤心也"。安井认为"陈说迂甚，不可从也"，而提出"怀、坏，皆乎乖切，坏、伤皆训毁，音同则义通"。类似的说解，后来为竹添光鸿多有引用。

息轩也多利用《毛诗》异文之间的音同音近关系，来辅助对诗意的探究。《樛木》："乐只君子，福履绥之。"其中的"只"字之解，陈启源引《说文》："只，语已词，从口，众气下引。"安井就进一步解释说："只，语已词，本无意义，故《左传》引《诗》，'只'作'旨'，可见特取其声而已。而《郑笺》诗训'是'，杜解传训'美'，皆非也。"至于后面还加上"乐只君子，谓君子心恒乐易，言后妃和谐众妾，闺门辑睦，故君子之心，恒能乐易，而福禄安之也"，则是按照《小序》说法敷衍其说，终究不能看透汉儒给诗意解释注入的"添加剂"。

安井息轩博览清人《诗经》研究之书，而解诗时博采众说，斟酌考定。以己意裁断。取舍标准，不问其说出自何人，其人著述多寡，文名大小，言说轻重，一以自己是否认为符合诗意。例如，对于《鹊巢》："维鹊有巢，维鸠方之"中的"方"字,戴震读为"房",训为"居";段玉裁读为"甫",王引之读为"放",训"依",安井以为皆未得经传之意,唯倖颐炫训"并",《传》:"方,有之也"为一句,尤为稳当。焦循亦训"方"为"并",而释之曰;"就与国君相偶言也",《传》意当然。倖颐炫引《荀子·致仕篇》:"莫不明通方起",杨倞注:"方起,并起。"《淮南子·泛论训》乃为"裔丈方版"。在清人《诗经》研究著述中,戴、段、王等人名气都很大,而倖颐炫的书则少有人知。身居异国的安井息轩对于各种非学术因素所知甚少,也就只有就其说论高下,倒是更便于做到平心而论。就是对于引用最多的陈启源的说法,安井息轩也多有批评。有些书在中国流传并非很广,但在日本有传,安井也不弃其说,例如汉儒李巡、宋人胡一桂等人的说法,安井也时有引用,这实际上采取的是折中学派的治学态度,可以说是江户后期类似百科全书式的兼收并蓄学风在《诗经》研究中的反映。

安井息轩虽然对于诗篇的解释没有跳出清人的藩篱,但对各家之说,特别是文字的考据,是经过严肃认真的独立思考的。特别是对于日本所藏古本和山井鼎《七经孟子考文》,尤为看重。《相鼠》:"相鼠有齿,人而无止。"《郑笺》有"《孝经》:容止可观"等十字,安井谓:"闵本、监本、毛本'可观'下有'无止则虽居尊无礼节也十字',山井鼎云:'此亦释文混入于注者也',今从足利本、小字本、相台本。"

阮元认为足利本不过是据宋本所抄录,故往往不予信从,而以孔颖达《毛诗正义》为据否定足利本。《破斧》:"既破我斧,又缺我斨。"《毛传》:"隋銎曰斧。"足利学校古本曰"斧下有'方銎曰斨'四字",与《毛诗正义》所引合。而阮元《校勘记》却认为这是古本受《毛诗正义》影响而导致的错误。安井对此甚为不满。在《破斧》注中,他说:

《校勘记》以《七月》《正义》为误,谓古本采彼《正义》而致误。不知我古本传自隋初,历世宝守,不敢移易一字,不类朱明以后,任意增损经传,岂能采孔颖达《正义》而补之哉!足利学又有宋板《注疏》,其《书》《易》《戴记》板心,有剞劂氏李忠、王定名氏。此二人亦见淳熙板《荀子》及《东坡集》。则此三经为淳熙中所刻,而《周易》第十三卷,有陆子遹手书跋,云:"端平二年正月十日,镜阳嗣隐陆子遹,遵先书手标,以手点传之,时大雪始晴,谨记。"子遹,陆务观第六子,先书手标,谓务观。此最可宝重。其余虽系附《释文》本,据板式书样,亦皆纯然

第六章 古学派与折中学派的《诗经》著述

宋板。而《校勘记》以为朱明嘉靖间所翻刻,肆其丑诋。①

安井息轩还特别对《校勘记》存在问题的原因,按照自己的分析做了说明:

> 阮元著《校勘记》,撰(选)生员有才学者,各付一经。《毛诗》乃嘉应李恒春所校。就其所言而视之,其人教(傲)很自用,不能潜心求至当,性又偏僻,有意于抑我所传诸善本,以故谬误最多。阮元晚年欲废《校勘记》,良有以也。②

关于唐代以前写本的情况,学者多有不明之处,有些也就不甚在意。安井对于那些细节往往多想一步。例如,段玉裁曾说各本章句在篇后,而安井看到孔颖达说过定本章句在篇后,那么孔氏正义本章句在前可知,又联想到杜甫《曲江三章章五句》为题书于前,知唐本多如此,因而他的《辑疏》,也就采用章数句数注在前面的做法。这其实也是按照日本所传古写本多见的形式来处理的。安井在字句考订上,多从足利古本,这和阮元等学者斟酌参照的态度不尽相同。事实上,阮元对于山井鼎所考,也是相当重视的,在《校勘记》中已经吸收其说颇多。

樱井宏行认为:"合理主义、理想主义者息轩,通过《毛诗》理解《诗经》是诗,但仍不能不认为它是'经'的一部分,在《诗序》得不到合理解释的情况下,依然作为'经'而加上按语。如果能够回到'诗'上来的话,或许也会做出不同的解释,看看经书以外注释的犀利,更新自己的想法。"③《诗经》研究不仅需要技术层面的操作,也需要感动、妙悟和艺术鉴赏。江户时代的儒官尽管孜孜不倦,然而似乎在技术操作层面力才用尽,轮到"艺术"层面便如强弩之末。这并不是安井息轩个人的缺陷,作为江户时代最后的《诗经》研究著论之一,《毛诗辑疏》仍有许多地方可圈可点。

---

① [日]安井息軒『毛詩輯疏』卷七、東京:崇文院、1935 年、第 25—26 頁。
② [日]安井息軒『毛詩輯疏』卷七、第 26 頁。台湾大通书局版删去了"就其所言而视之"至"有意于抑我所传诸善本,以故"三十六字。
③ 詩経學會編《詩経關係書目解題(六)》,『詩経研究』第 12 號,第 27—28 頁。

第五节 竹添光鸿:《毛诗会笺》

一、竹添光鸿的《诗经》研究

竹添光鸿(1841—1917),名光鸿,字渐卿,通称进一郎,别号独抱楼。肥后(今熊本县)天草人。光鸿曾在藩校时习馆学习,又到长崎学过洋学。曾入木下犀潭门下,与井上毅、冈松瓮谷并称。明治维新后进入官场,1875年入修史局,同年11月,随公使森有礼到中国驻北京公馆,次年5月,与津田亮一起向西游历巴蜀。1877年3月,竹添光鸿携全家游杭州西湖,访俞樾未遇,又往苏州,得以相见。

当时两人有诗相和。竹添光鸿之诗曰:

《呈俞(荫甫)太史》(太史主讲西湖经舍,著述等身)
霁月光风满讲帷,　　熏陶自恨及门迟;
汉唐以下无经学,　　许郑之间有友师。
金印终输经国业,　　尘心不系钓鱼丝;
玉堂若使神仙老,　　辜负湖山晴雨奇。①

俞樾则和诗曰:

日本儒官竹添渐卿(光鸿)以诗见赠,次韵酬之:
东瀛仙客驻幨帷,　　游览都忘归计迟;
万里云山具入画(以所著《栈云峡雨日记》求序),
一门风雅自相师(闻眷属随行)。
青衫旧恨关时局,　　黄绢新词斗邑丝;
自愧迂疏章句士,　　感君欣赏奈无奇。②

---

① (清)俞樾编、佐野正巳解説『東瀛詩選』、東京:汲古書院、1981年、第486頁。
② (清)俞樾编、佐野正巳解説『東瀛詩選』、第481頁。

俞樾自注："井井之内子同行,亦能诗,故有一门风雅之句。"

俞樾欣然为竹添光鸿《栈云峡雨日记》作序。竹添光鸿后脱离政界,专心著述。其幼年即随父受四书五经,治学初奉程朱,中年师事安井息轩,晚年则专攻考据之学。

竹添光鸿出生在幕府末年,亲眼见到"脱亚入欧"的风潮中汉学受到的几近覆灭的冲击。俞樾在《春在堂随笔七》中,曾详细地记录了竹添光鸿和他笔谈中谈及"国事"的一段话,正道出了一个旧儒学者苦涩的心境:

> 十年以前,封建为治,列国皆有学宫,而诸国之士,皆是爵禄者。自幼入学宫肄业,从其学之浅深而列之位,故文学颇盛。自封建废而诸侯失国,士亦削禄,列国学宫多用西学,以谋仕进之快捷方式,孔孟之道几乎扫地一时,殆有焚书之议。近时风俗偷薄,庙堂亦颇悔误,稍知圣道,故圣学、洋学混为一途,终不能复昔时之盛。

这里所说的"学宫",是指昌平坂学问所藩校及乡校,它们分别支撑着官学、藩学与乡学,此外尚有遍布城乡的家塾与寺子屋,汉学是其主要教育内容。明治初年文化转型,延续数百年的教育体制一朝崩溃,学府关门,经籍贱卖,像竹添光鸿这样自幼接受汉学教育的青年进入了新的教育体制,看到的是"圣学、洋学混为一途"的局面。竹添光鸿还对俞樾说:"此番归国后,必当再来中国,然朝廷之许与否,不可知。若不得请,惟有退而授读田间,以避西风之逼人也。"由此可知,竹添光鸿早有随时退出政坛治学度日的想法。

1882年,竹添光鸿出任朝鲜公使,由于京城之变而失势,撰写汉文《纪韩京之变》以纪其事。1893年任帝国大学教授,1985年退职,以后专事著述,再未出仕。1902年完成《左氏会笺》,并于1914年由此而获得文学博士学位,其时已年过古稀,为其去世三年之前。所著尚有《论语会笺》《独抱楼遗稿》等。

二、《毛诗会笺》中的考据和诗说

竹添光鸿著《会笺》,以卷子本为蓝本,以唐石经及延文古抄本校之。他说:

此书以卷子本为蓝本，以唐石经及延文古抄本校之。卷子本则承安四年清原赖业加点，尔来世世相传授至宣贤。宣贤自永正中讲之，至天文四年毕。卷末记其年月日。卷中旁记本有"折无"等字，又间有阙画宋讳者。按其所原，盖据家本。传写之际，以古抄本及板本对校。此不特此卷子，如《左传》卷子本亦然。其所谓折本，盖指宋椠本。而宋椠中所阙画字，往往混入，非其书即原于宋椠本也。①

　　根据这段话可以判定，他所说的卷子本，正是清原宣贤校定的本子。这段话已经将这个本子的特点说清楚。清原宣贤《毛诗郑笺》写本有久原本和静嘉堂本等，根据以上所述，笔者考订，他所说的卷子本正是静嘉堂本。其证据正是卷末的题记。

　　《毛诗会笺》卷一录有历年的题记，这正是静嘉堂本所独有，久原本与此不同。第一卷录出原卷子本，即静嘉堂本卷一末尾所有的题记，最后一句是"永正十八年五月六日于月露寺亚相亭讲尺了五ケ度"。"讲尺"，即"讲释"，"五ケ度"即五次。这句话是说永正十八年五月六日在月露寺亚相亭，分五次把卷一讲解完毕。（第184页）静嘉堂本卷二末尾也有题记，其最后是"大永元年十月九日于月露寺亚相亭讲尺了四ケ度从三位清原宣贤"。（第150页）

　　《会笺》不取《十三经注疏·毛诗正义》中的《毛诗郑笺》，除由于不专取《郑笺》，而采取众说，自为发明之意外，也是因为阮元当时没有看到清原宣贤的写本，而光鸿以为此本更接近古本。不过，此书只录《经》《序》《传》，而未录《笺》，在转录写本制成印本的过程，也存在不得不改变字形的情况。尽管如此，在利用写本展开《诗经》研究方面，《会笺》仍是不能不提到的一本专著。

　　其中文字，多引延文古抄本，而此本今已不知存于何处，故书中所引，亦颇可贵。延文是1356至1361年年号，时当我国元朝至正十六年至二十一年，从《会笺》所引看，大体是《毛诗郑笺》完抄本，早于静嘉堂本一百多年，如能寻得，当为至宝。

　　《会笺》序说，所采日本近儒说，有日本中井积德、龟井昱、仁井田好

---

① 竹添光鸿《毛诗会笺》，台北：大通书局，1970年，第20页。

古、古贺煜、安井衡等人。这里主要是指下列作者的如下著述：

中井履轩（名积德）《毛诗雕题附言》一卷，写本，别称《诗雕题附言》（备考：怀德堂文库，阪大）；《诗经雕题》三卷，亲笔批改本，写本；《诗经雕题略》，三卷，写本（备考：大阪府）；《诗经闻书》，九册（备考：国会）。

龟井昭阳（昱）《诗经古序翼》别称《古序翼》（影印本《龟井南溟·昭阳全集》所收，苇书房）；《毛诗考》二十六卷，十册，天保四年（九州岛大学藏有亲笔本，早稻田大学等亦有藏，有1934年复制本，户畑安川敬一郎景印）。

仁井田好古《毛诗补传》三十卷首一卷十六册，刊本，文政六年序，天保五年刊，别称《诗经毛传补义》（题签）（备考：国会等）。

古贺侗庵（煜）《朱子诗传思问续编》三卷，写本，别称《读朱传质疑思问续编》《读朱传质疑》（备考：内阁文库，文久三年写，等）；《毛诗刘传稿》一册，亲笔本（备考：宫内厅书陵部）。

安井息轩（衡）《毛诗集说》六册，写本（备考：国会）；《毛诗详说》十册（备考：总目录，写）；《毛诗辑疏》，十二卷（备考：在《崇文丛书》内）。

另外尚有太田锦城（元贞）等人的著述。

文字音韵方面，有顾炎武《诗本音》、王夫之《诗经协韵辨》、顾广誉《学诗详说》《学诗正诂》。

传说方面，有陈启源《毛诗稽古编》、戴震《毛郑诗考正》《杲溪诗经补注》、段玉裁《毛诗故训传定本》、焦循《毛诗补疏》、胡承珙《毛诗后笺》、马瑞辰《毛诗传笺通释》、陈奂《诗毛氏传疏》《毛诗说》《郑氏笺考证》、李黼平《毛诗䌷义》、俞樾《毛诗平议》《达斋诗说》、姜炳璋《诗序广义》。

天文地理名物制度，有赵佑《诗细》《毛诗草木疏校正》等，思辨学派王夫之《诗绎》等，今文诗学魏源《诗古微》等。

以上是竹添光鸿序说中所提到的，《序说》中没有提到而书中引用的还有阮元《毛诗注疏校勘记》；文字音韵方面有孔广森的《诗声类》、吴树声《诗小学》；传说方面有成僎《诗说考略》、严虞惇《读书质疑》、顾镇《虞东学诗》等；天文地理制度有金鹗《求古录》等；思辨学派有崔述《读风偶识》等。

《会笺》"其体例一沿《左氏会笺》，以求合于讽喻之义"。自言"苟有步《毛诗》者，随得随采，复者删之，散者属之，综贯诸家之说，以期于会通"。对于竹添光鸿《左氏会笺》，现代学者冈村繁曾撰文称《会笺》有剽窃龟井昭阳之嫌，读者在研读之时不妨留意分辨。

《会笺》前有《序说》，首先引郑玄《诗谱》、王肃、韩愈、成伯玙、王安石、王得臣、曹粹中诸人之说，以说明自己对《诗序》的总体看法。他认为，《毛序》首二句为毛苌以前所传古序，以下续申之词为毛苌以后经师所附，所以自己因此采录诸家说，阐明其义。竹添光鸿在自己的《序说》中，还引大田元贞、元马端临、明郝敬之说以论《诗序》，引崔述之说以论删诗，引魏源之说以论读诗之法，引明贺贻孙、成僎之说以论诗皆入乐，引王夫之、顾炎武、严虞惇、成僎之说以论叶韵。

《毛诗序》首两句及《小雅》总论出自先秦，是竹添光鸿的基本看法，这决定了他对《传》《笺》和《正义》的态度。他首先引用了大田元贞（锦城）所论，而后申述己说。大田认为，《序》《由庚》等六章与《仪礼》合，证明其源流子夏，而竹添光鸿则认为：

> 愚按毛说与诸书合，是其所长也。虽然，谓之源流子夏者，阿所好耳。班史《艺文志》云："又有毛公之学，自谓子夏所传，河间献王好之，未得立。"言"自谓"则毛托子夏，是自重其学之言，岂足据之以信其真然哉！学者宜论其说合本经也否，其《传》源子夏与否，非所问也。
>
> 然则《诗序》之作，其终不可知也邪？按郑氏之《笺》，解亡诗，以为诸序本合为一编，毛公作《传》之日，始分置各篇之前首。夫六亡诗义，唯是二句，例推众篇，则如《关雎》，后妃之德也"、"《葛覃》，后妃之本也"，亦唯两句耳。众篇之义合编为一，名以诗义，又犹《书》《易》《史》《汉》《鸿烈》《法言》序别为一编，而至毛公始分判之，以置诸篇之首。则《序》首二句出于先秦也明矣。且《六月》序总论《小雅》诸篇，其编第与毛推改者异，而与《乡饮酒》《燕礼》同，则《序》首两句及《小雅》总论出于先秦也，增明矣。①

在明治时代的《诗经》研究中，《会笺》是最注意吸收清代考据成果的著述。对于马瑞辰《毛诗传笺通释》，他曾认真研读，多处引用。例如，《式微》："微君子之躬，胡为乎泥中？"马瑞辰认为，古字"躬"与"穷"通，此诗

---

① 竹添光鸿《毛诗会笺》，第6页。

"微君之躬","躬"亦"穷"之省借,言微君之穷困,犹上章"微君之故","故"为患难也。《会笺》吸收了马瑞辰的这个看法,对诗意做了较让人信服的解释。

竹添光鸿在中国游历的经历,有助于他正确理解中国的语言。《会笺》对音韵说解虽然不多,其中也有一些值得重视的见解。《燕燕》:"燕燕于飞,上下其音。之子于归,远送于南。瞻望弗及,实劳我心。"关于此章押韵的情况,明人赵佑(?—1800)认为,古韵侵覃通,故音、南、心为韵,此例非一。不过,《释文》则谓"南"如字,沈云协句,宜乃林反,盖后世叶音之滥觞也。陆德明认为这是古人韵缓,不烦改字。竹添光鸿列举了以上看法之后,说:

> 愚谓亦不尽韵缓,只是古人方言原有如此者,不消强叶,即如《绿衣》末章,"风"与"云"韵,而今山西人语,"风"字犹作"芬"音也。①

或许是竹添光鸿因为在中国游历期间,亲耳听到山西人的发音,使他联想到《诗经》中的押韵,才使他采用方言来解释音、南、心为韵的现象。

《会笺》在每篇末,或从全篇结构的角度对各章内容加以分析,或鉴赏加评论。如在《无羊》一篇末尾,评述其写法之妙,谓"此诗形容数言,皆曲尽物态,似画出牛羊之图,所谓诗中有画者,而牧事之成,每在言外,亦所谓如灯取影,横见侧出,文笔之至妙者也"。由此进而展开对畜牧业重要性的论述:

> 折中云:昔先王物土之宜,以养万民,故原隰沃衍,以艺五谷;林麓沮洳,以蕃六畜,所以尽山泽之利,而佐耕稼所不及也。匪特此也,六畜之粪,皆可肥田,而牛羊之功更大,故畜牧之家,瘠土成沃,禾苗必茂,是牧事成而致丰年。非惟天时,实人事也。一人如此,则一家溱溱;人人如此,则天下富庶矣。②

竹添光鸿读书的方法,注重"书不尽言,是以论其世",又赞赏毛公"非

---

① 竹添光鸿《毛诗会笺》,第205页。
② 竹添光鸿《毛诗会笺》,第1192页。

独见其情于意言之表者",所以时有跳出诗句议论世事者。上述议论,不仅是借先王幻境述说畜牧于民生之紧要,而且也在描绘自己心目中的天下富庶的乐园。一方面,有关农业与畜牧业相互补充的思想,不能不说其中有着近代早期农业思想的影响,同时也不难看出,竹添光鸿不能忘怀的,毕竟仍然是农耕社会的和谐。

他欣赏《泉水》的写法:"通诗都是空中图画,忽然溯往,忽然摹今。四章中举地名者九,几乎梦绕河山矣。"①"本是意不可归,却始终不肯说出,只虚拟去反,竟用'不瑕有害'四字逗转。末章又以淡写轻描之笔结之,蕴藉柔厚,以为绝调。"②不难看出,作为一位爱诗家,竹添光鸿往往利用鉴赏唐诗的方法,来体味诗篇的写法。他对《泉水》中用数个地名来体现一种行走节奏的分析,就很可能是从李白《峨眉山月歌》中一连用五个地名所取得艺术效果中受到了启发。在李白的那首诗中,通过接连出现的地名,表现出长江飞流直下的迅疾,也凸显出诗人的乡愁,而《泉水》则在四章中九举地名,也写出了梦绕魂牵的感受。

对《葛生》一篇的鉴赏,是写得比较好的。其诗"葛生蒙楚,蔹蔓于野"《传》曰:"葛生延而蒙楚,蔹生蔓于野,喻妇人外成于他家。"《会笺》则认为前两句是互文,葛言生则蔹亦生,蔹言蔓则葛亦蔓。葛言蒙则蔹亦蒙;蔹言于野则葛亦于野。并分析说,这里连写三物,荒冢累累,祭妇悲哀之景,宛然在目,江淹所谓"蔓草萦骨,拱木敛魂,亦自此出"③。

又解"角枕粲兮,锦衾烂兮;予美亡此,谁与独旦",说是"因闺中之枕衾粲烂,盖念荒冢之荆棘凄凉也。角、锦,美其辞耳。诗所指宜广,而新昏(婚)之别更可伤,此举其新以见其旧也。极惨苦事,忽插极鲜艳语更难堪"。④ 从角枕、锦衾意象,体会出其间的温情,再联想到荒冢的孤寂,竹添光鸿从中体会出诗句以极喜之事写出极惨之苦的用心。

从上面的例子不难看出,竹添光鸿身为汉诗人,在说解诗意的时候,是很有意鉴赏文字之美的。这就不同于一般经学家。在《出车》诗之后,他写下了一段类似导读的文字,将作品的特点用富有色彩的语言给读者做了归纳:

---

① 竹添光鸿《毛诗会笺》,第 274 页。
② 竹添光鸿《毛诗会笺》,第 279 页。
③ 竹添光鸿《毛诗会笺》,第 704 页。
④ 竹添光鸿《毛诗会笺》,第 705 页。

《笺》曰:"劳还帅诗",句句是大将举止。出师尚严,读首三章,便凛如秋霜;凯归贵和,读后三章,便蔼如春露。其间有整有暇,有勤有慎,有咸有断。"我出我车",责任专也;"自天子所",宠命渥也;"忧心悄悄",临事惧也;"执讯获丑",恩威著也。全是专阃气象,一字移《杕杜》不得。①

这些阐述诗意的文字,语汇丰富,讲究修辞,多用排比、比喻等手法,从某种意义上说,竹添光鸿在用笺注作诗。和那些语言枯涩的笺疏文字相比,《会笺》是比较具有可读性的。明治时期汉文虽然受到新文风的打压,但从历史上看,那时的汉文实际上到达了最高点。他总结《葛生》的诗意说:

于野于域,百岁之后,其居其室,明是哀死丧也。咏一嫠妇,而著国之死丧若泽蕉,是诗人之志也。夫驱之强战,而杀人之夫,使其妻抱无涯之荼毒,不仁甚矣。诗人殊为是哀惨凶语以警之,非寻常离旷。程子以为思存者,天下岂有其夫尚存,而遽言茔域者乎?②

在说解此诗时,竹添光鸿还充分发挥了熟悉《左传》之长,以《左传》战例否定此诗是写"战而死,暴骨他国"的说法:

或谓战而死,暴骨他国,安有茔域在其郊野?不知春秋时,战败者多弃其尸,如二陵之暴骨,邲之战,楚欲作京观,是也。若战而获胜,或不至甚败,凡将士死国,必载其尸而还,如齐杞梁战死于莒,其妻迎其丧;鲁公为与其嬖僮汪锜乘,皆死皆殡;臧武仲败于狐骀,国人迎丧者皆髽;献公攻战,所至皆克,为国死事者,正如秦白起所云,战死之士厚葬之,是也。又何疑于茔域乎?③

---

① 竹添光鸿《毛诗会笺》,第 1022 页。
② 竹添光鸿《毛诗会笺》,第 703—704 页。
③ 竹添光鸿《毛诗会笺》,第 704 页。

不过，这种鉴赏文字，也时有因与《毛传》凑合而显得牵强者。《黍离》一篇，《毛传》谓"闵周室之颠覆"，故竹添光鸿便由"彼黍离离，彼稷之苗"的"彼"是实指宗庙宫室，认为此首二句"谓黍稷皆离离而方苗也"。又说"下二章放此，不指宫室，第曰彼，彼字中凄凉满目，《序》所谓尽为禾黍是也"。①

在解释诗中的比兴时，《会笺》时出新意。《野有蔓草》："野有蔓草，零露漙兮"，《会笺》谓："比也。草之所以能延蔓，被盛露也；民之所以能蕃息，蒙君泽也。咏蔓草零露者，与蓼萧同义，喻君泽之下流也。喻诸侯则曰蓼萧，萧，香草也；喻庶人则曰蔓草，蔓草者，众无名之草。风人之托物，可谓精矣。"②

说比兴，有时他能联系民俗。如说《绸缪》"绸缪束薪，三星在天"是比："诗人每以薪喻昏姻，如《汉广》'翘翘错薪'，《南山》'析薪如之何'是也。薪木各别植，束之则合而为一把，犹男女异性，配之则合而为一体，故以束薪喻嫁娶也。"③

今天的人们完全有理由批评竹添光鸿没有摆脱旧经学的影响，对《诗经》篇意仍然信从《诗序》之说，似乎明治期间的社会大变动和文化思潮的震荡丝毫没有在《会笺》中留下痕迹。竹添光鸿本人一度处在政治的旋涡之中，晚年闭门著述，是把经学研究当作现实社会生活以外的一人独有的别一世界来看待的，似乎绝不把现实中所思所想带入学术研究中来，所以几乎看不到他借《诗经》来明显地议论现实政治的文字。只是有些地方间接地接触到有限的近代知识和观念。例如前面引述的在《无羊》一诗的说解中谈到畜牧业与农业的关系。又如，在《击鼓》一篇的说解中论战争：

> 夫兵，凶器；战，危事也。寡人之妻，孤人之子，独人父母，其肝脑涂地之状，有目不忍见也；其冤痛号呼之声，有耳不忍闻也。而喜军功而勤远略者，尚踊跃于用兵，读《击鼓》之卒章，亦可以恻然止矣。④

这里看来也只是儒家常见的反对战争的议论。当时"踊跃用兵"者，不是

---

① 竹添光鸿《毛诗会笺》，第 433 页。
② 竹添光鸿《毛诗会笺》，第 559 页。
③ 竹添光鸿《毛诗会笺》，第 682 页。
④ 竹添光鸿《毛诗会笺》，第 223 页。

别人,恰恰是推行"富国强兵"政策的日本政府。日本先后吞并琉球群岛,策动所谓朝鲜"独立",并把侵略的战火烧向中国。我们不能从竹添光鸿这些议论推出他反对日本政府亚洲政策的结论,他所说的"踊跃用兵者",只不过是泛指古今好战者。

《会笺》重视对全诗作总括性的结构分析。如对《木瓜》一诗最后分析了全篇的内容和手法:

> 三章一意,并虚拟之词,言有人贻我以木瓜,其恩意感刻不忘,我欲报之以琼琚也。惠有大于木瓜者,却以木瓜为言,是降一格衬托法。琼琚足以报矣,却说匪报,是进一层翩剥法。①

三、《毛诗会笺》刊行与影响

江口尚纯著《江户时期〈诗经〉关系书目》(第二次分类版)录竹添光鸿所著《毛诗会笺序说》,亲笔稿本一册(备考:都立诸桥),又录《毛诗会笺》亲笔稿本等{备考:都立诸桥[亲笔朱订稿本,存二册(卷十一、九末阙),1962年目录著录为:卷三、十七亲笔稿本。二十卷第二次亲笔稿本]、静嘉堂[题"毛诗"(《毛诗会笺》稿本)二十卷,竹添光鸿会笺写(亲笔)]}。② 由此可知,《毛诗会笺》竹添光鸿的亲笔稿本于东京都立诸桥图书馆和静嘉堂文库均有收藏。

竹添光鸿生前并没有看到《毛诗会笺》的刊行。这本书的前十卷是由其养子竹添履信(1900—1934)主持印制的。履信是竹添光鸿女婿嘉纳治五郎(1860—1938)的长子,过继给光鸿作养子。江瀚(1853—1931)曾为之作序,字叔海,别号石翁山民,福建长汀人。1893年主持重庆东川书院,1905年任江苏高等学堂监督,1912年任京师图书馆馆长。在此期间曾到日本访问,见到竹添光鸿的女婿嘉纳治五郎。

江瀚在民国9年撰写的序言,既谈到了自己对《会笺》的评价,也说明

---

① 竹添光鸿《毛诗会笺》,第423页。
② 张宝三、杨儒宾编《日本汉学研究续探:思想文化篇》,上海:华东师范大学出版社,2008年,第55、64页。

了《会笺》刊行的缘由。可以看出,江瀚注目的是竹添光鸿对字句的理解:

> 日本竹添进一郎先生撰《毛诗会笺》若干卷,虽以《毛传》为主,实兼采汉、宋,不立门户,务在平心静气,融会贯通,往往有所阐明,深得诗人言外之旨。其于名物训诂诠释,亦极详悉。①

他举出陈硕甫《诗毛氏传疏》,原意在申毛,顾于《葛覃》一篇,从惠元龙之说,述毛而轻信不根之词,显与毛戾,而《会笺》则谓《序》"躬俭"以下,就既嫁之后而言之。凡史所称躬履节俭,纺绩瀚濯者,惟王后贵人始以是称之,未有处子在母家而称躬俭节用者也。是为卓见。称许是书有功《毛诗》而为后学之宝筏。序言言及刊行《会笺》经纬:

> 往者余游日本,与先生失之交臂,迨去春重至东京,则先生已归道山。晤先生之女夫嘉纳治五郎校长,语及先生遗著,其《左传会笺》已刊行,尚有《毛诗会笺》《论语会笺》二书,嘉纳君将先取《毛诗会笺》,续印以传,属余作序,越年乃为序之余,对兹编既自惭荒落,尤于吾国经学之衰,不能无感云。②

竹添光鸿《毛诗会笺》二十卷,除有上海商务印书馆本外,尚有1920年4月东京排印本,1928年8月松云堂书店本,后来还有台北大通书局1970年版,大五册。

与陈奂《诗毛氏传疏》相同的是,《会笺》以《毛传》为研究对象,有尊《序》《传》的倾向。不同的是,陈奂重点在于为《传》作文字和诗意的疏解,吸收鉴赏方面的成果,而《会笺》更多从诗学的角度进行阐发。在各种新思想如狂潮一样涌来的时代,竹添光鸿以独自坚守的态度,写下的这部《会笺》,力图将传统经学与文学的研究结合起来,在研究方法上,考证、阐释、鉴赏三者合一,在日本《诗经》研究史上,可以称得上是新旧诗经学过渡的桥梁。

明治时代的文明开化运动,带来了西方文学的翻译高潮,学人陶醉于

---

① 竹添光鸿《毛诗会笺》,第1页。
② 竹添光鸿《毛诗会笺》,第1—3页。

西方文学。在引进新的外来思想的同时,一切旧学问遭到严厉质疑,其中汉学也被视为阻碍新学的罪魁祸首。福泽谕吉在《福翁百话》中将所谓"学问无益说"的根源,归结为"数百年我日本国流行的汉学之迂阔,已为世人所厌",所以只要一听人说起"学问",就相信那是空谈,所以打一开始就不去问学问的意义了。① 面对一切对汉学的指斥,旧汉学显得毫无还手之力。

19世纪80年代,出现了一些反欧化主义的学者,并出现了国粹主义的团体,渐渐有人从扭转欧化带来的道德危机的立场,提出复兴汉学的主张,也还有文人学者从追溯日本文化源流的角度,提倡对"支那文学"的研究。作家高山樗牛在《汉学之衰颓》一文中,就曾指责那些欧化主义者,不懂得罗马、希腊的古代文学是当今欧洲文学的渊源,而日本文学的基础实际上就是"支那文学"。在竹添光鸿的有些文章中,也曾表现出对西方文明的强烈对抗,如在他为送别友人前往巴黎参观博览会而撰写的序文中就这样勉励友人:"子试观其市,绿眼红髯,气扬扬而视耽耽者,皆虎狼也。子辈目击其状而归报吾君吾相,曰:'市有虎狼,白昼群行,吮人之脑,不毙不已,我宁为管、庄子,勿为鱼肉,彼不出力而我自割,彼不出薪而我自烹,以饱其口腹,非计之得者也。'吾君吾相于是乎知所戒,国体以巩,国力以加强,则子辈之于此行,其利于我邦,顾不尤大哉!"② 即便在他政治上失势之后,诗文也都流露出激扬的民族主义情感,中国经学研究是他风雨之后寻求心灵安宁的最后避风港,也是他在政治上败下阵来之后证实自身价值的桃源。

东京帝国大学文科大学汉文学科及其选科的毕业生,以后陆续成为新汉学的中坚,他们新撰写的中国文学史,对历来被轻视的戏剧小说给予了崭新的评价。

回顾明治时代40多年的《诗经》研究,颇让人感到荒凉寂寞。高山樗牛在上述文章中,谈到《诗经》,说"通览《诗经》,可视为纯粹抒情诗者甚少,多寄托着教训之义",又说后世"支那文学"继承了这种实利主义、形式主义精神。③ 这代表了当时青年知识分子对中国文学的一般认识。在明

---

① 三浦叶『明治の漢学』、東京:汲古書院、1998年、第99頁。
② 佃清太郎编『皇朝大家文章典範』下、東京:秀美堂、1894年、第42頁。
③ [日]三浦叶『明治の漢学』、東京:汲古書院、1998年、第99頁。

治时代撰写的几种新文学史中,除了同文社发行的《支那文学》有文学博士重野安绎撰写的《诗经》略详之外,其余对《诗经》描述都甚为简略。见于载录的有关《诗经》的著述,不过以下数种:

《斯文学会讲义笔记》,斯文会编,1882—1885 年,《诗经》部分由广濑范治执笔。
《诗经正义》第 1—10,广濑范治校,东京:温故堂,1882 年。
《五经讲义·诗经之部》,内田春瑞,东京:中外堂,1883 年。
《诗经讲义》,小宫山南梁,东京:博文馆,1894 年。
《诗经讲义》上,下,根本通明讲,根本通明编,东京:博文馆,1911 年。

以上五书中,有两部出自广濑范治之手。广濑范治曾任京都典事兼学监,1882 年至 1884 年间任过山梨师范学校校长。提倡西方新学的人对《诗经》不懂并不屑一顾,而那些在维新前就从师专修过《诗经》的人则对新学的思路相当陌生,这便使那些有数的有关《诗经》的论述,处于旧汉学与新学的隔离带之中。

在这个时期,也出现了一些对《诗经》做概述介绍的文章,如:

《读诗经》,小柳司气太,《东洋哲学》第 1 篇 8 号,1894 年。
《论诗经》,久保天随,《帝国文学》,第 9 卷 4 号,1903 年。
《诗经通考》,大江文城,《东亚之光》,第 2 卷 8 号,1907 年。
《读诗琐言》,泷川龟太郎,《东亚研究》,第 3 卷 1 号;同刊第 3 卷 3 号;同刊第 3 卷 4 号,均为 1913 年刊出。

保存至今的这类著述这样少,当然首先是因为汉学的衰落,在欧风渐盛的情势下,学者不仅面临着如何适应新制度的焦虑,更要为生计而担忧。明治初年,藩校尚存,学塾尚在,接受过汉学训练的学子,也还创作了为数可观的汉诗文和汉小说,多少也有些能独守寂寞的人,仍在那里读《毛诗》,治《诗集传》,然而他们写出来的文字,却很少有可能刊印,即使得以刊印,也难以逃脱被打捆卖废纸的厄运。因为汉学先是被边缘化,而后就被"垃圾化"了,到了甲午战争之后,随着中国文化被彻底矮化,《诗经》研究者也就变得寥寥可数了。

不过，明治时期，中日交通的管道渐通，日本文士来中土的多了起来，开始有了向中国学者直接讨教的机会。俞樾(1821—1907)就是较早向日人传播诗经学的学者之一。俞樾尝受学于长洲陈奂，治经学以高邮王氏夫子为宗，自云大要在正句读、审字义、通古文假借，寓苏州，主讲苏州紫阳、上海求志等书院。其声誉远及日本。

从明治时代《诗经》研究的总体情况来看，竹添光鸿的《毛诗会笺》无疑是代表当时最高研究水平的著述。竹添光鸿在华期间和很多官僚、文人有交往，李鸿章等曾为他所作《栈云霞雨日记并诗草》撰写序言。竹添光鸿的著述在我国出版的有《栈云霞雨日记并诗草》等。

第七章
读诗要领

明治维新以前,日本汉学发展始终处于统治集团的扶植之下,不论是奈良平安时代以来的学者世袭制,还是江户时代的朱子学大盛,都得到皇族或幕府的关注。其中不可忽视学校在这一传承、延展过程中的作用。学者撰写的经学书,很多是为学生写作、在教学过程中使用的。《读诗要领》这一类书,往往摘录中国学者的言论,提纲挈领地介绍各个问题代表性的论说,发表自己的意见。这一类著述,有很大一部分抄录自传入日本的《诗经》研究著述,由此可以窥见明清诗经学传播的实况。

在今天日本汉学界,仍有大学者为普通读者写概论、指南之类书的传统。吉川幸次郎在 20 世纪 60 年代所著译的《诗经国风》的解说,是一篇简明的"读诗要领"。[①] 白川静在研究《诗经》之余,也为一般读者撰写了概论性质的《诗经——中国古代歌谣》,1970 年收入中公新书。

第一节 伊藤东涯:《读诗要领》

江户中期,伊藤家三代,即伊藤仁斋(1627—1705)、伊藤东涯(1670—1736)、伊藤善韶(1730—1804)经营古义堂,倡导《诗经》人情说,其中伊藤东涯承上启下,发挥了重要作用。他是仁斋的长子,字原藏、源藏、元藏,号东涯,又号慥慥斋,谥号绍述先生。作为温厚长者,支撑父亲和弟弟的事业,奠定了古义学的基础,他编辑刊行父亲的遗著,自己也有《训幼字义》等著述,主要从事汉语、中国制度史、儒家史等研究,与当时的大学者新井白石、荻生徂徕等过从甚密。东涯之号,因古义堂位于京都堀川东岸而得

---

① 吉川幸次郎『詩経國風』上、東京:岩波書店、1964 年、第 5—22 頁。

之。东涯三子善韶,号东所,亦学而有成,为三河国举母藩藩校崇化馆第一代学头,有多种著述传世,曾为东涯校订《读诗要领》。

一、《语孟字义·诗凡三条》

伊藤仁斋在其著述中,多次提到读《诗经》在于知人情。他的主要看法见于所著《语孟字义》中的《诗凡三条》。《语孟字义》是所著《论语字义》《孟子字义》的附录,是《论语》《孟子》字义的总论部分,就两书涉及的概念和问题提纲挈领予以阐述。在江户时代以前,日本还没有系统性这样强的专著。该书归纳了对六经的看法,其中在梳理孔子有关《诗经》言论的同时,也提出了自己有关诗教、诗用的看法。《诗凡三条》主要论及读诗之法、六义、美刺三点:

(一)读诗之法,善者可以感发人之善心,恶者亦可以惩创人之逸志,固也。然而诗之用,本不在作者之本意,而在读者之所感如何。盖诗之情,千汇万态,愈出愈无穷。高者见之,则为之高;卑者见之,则为之卑。为圆为方,随其所遇;或大或小,从其所见。《棠棣》之诗,淫奔之辞也。夫子取之,以明道之甚迩;《旱麓》之诗,咏歌文王之德也。子思引之,以明道之无所不在。"忧心悄悄,愠于群小。"卫庄姜之怨不获于其君也。孟子引之,以为孔子之事。"他人有心,予忖度之。"大夫伤于谗而诉于天也。齐宣王引之,以嘉孟子之能察己之心也。学者观此,可以悟读诗之法矣。夫子特许子贡、子夏以始可与言诗已矣者,盖以非二子之颖悟文学不足以尽诗之情也。是读诗之法也。若《郑笺》《朱传》,徒著作诗之来由,而不知本之于古人读诗之法,惜哉!

(二)诗有六义,曰风赋比兴雅颂,是也。《郑笺》《朱传》,皆以国风、二雅、三颂为三经,赋比兴为三纬,诸家终不能改其说。愚窃谓,国风、雅、颂是诗之体,非义。如《郑笺》《朱传》之说,则是诗只有三义,而无六义。又只当以风雅颂比兴为叙,而不可言风赋比兴雅颂。《周礼》《大序》,皆以风赋比兴雅颂为叙,则三经三纬之说,最可疑焉。

予故谓诗六义亦当不在作者之意,而在读者之所用如何。盖风赋是一类,比兴是一类,雅颂是一类。风赋在寻常之所用,比兴在临时而寓意,雅颂取于音声。何以言之?观《左氏传》,列国士大夫,以诗赠答,皆曰赋某诗,或曰赋某诗第几章。如此,则三百篇皆可以为赋。《论语》曰"可以兴",则三百篇亦可以为兴。《周礼》有豳雅、豳颂之称,而《豳风》一诗,或以为雅,或以为颂,则三百篇亦可以为雅、为颂。故一诗各具六义,而六义通于三百篇之中。古人用诗之法,岂不大且广乎?而于风赋比兴雅颂之叙,其义又自分明矣。

又按:《周礼》大师以六义教王之弟子,若《郑笺》《朱传》所谓,则鲰生小子,皆可能通其义,奚待大师之教乎?

(三)诗有美刺。盖诗之作,有有作者者,有无作者者。大抵当时不知谁人所作,或作诗以讽人之淫,或本无此事而托词以见其情,朝野流传,以相咏歌耳。非专有意美某人,刺某人也。后之录诗者,或国史,或采诗官,撮其大意,为某诗美某人,某诗刺某人,今之《小序》,是也。而朱子悉废《小序》,而直据经文,以著其义,然后之诸儒,多言《小序》不可废焉。其说皆有明据。愚又谓若废《小序》而悉据经文,则事多有害于义者。《桑中》诗曰:"云谁之思,美孟姜矣。"二章曰:"云谁之思,美孟弋矣。"三章曰:"云谁之思,美孟庸矣。"如朱子之所说,则是一人而相期约于三人乎?三人各有所期约乎?《丘中有麻》诗曰:"丘中有麻,彼留子嗟。"又曰:"丘中有麦,彼留子国。"《山有扶苏》曰:"不见子都,乃见狂且。"又曰:"不见子充,乃见狡童。"是一人而私二人乎?二人各有所私乎?若谓二人各有所私,则此一首诗而出于二人之手也;若谓一人而私二人,则一幽僻地,不可同留二人也。羞恶之心,人皆有之,虽淫奔者,不可自发其奸,其不相通也如此。故悉废《小序》,而直据经文,则《国风》诸篇,类皆为淫奔者之所自作,而美刺之旨不明矣。故曰:事多有害于义者,正为此也。①

清人皮锡瑞《经学通论》论《诗》比他经尤难明,他说:"《诗》为人人童而习之经,而《诗》比他经尤难明。其所以难明者,《诗》本讽喻,非同质言。前人既不质言,后人何从推测?就《诗》而论,有作诗之意,有赋诗之意。"②作诗之意与赋诗之意本不是一回事。将两者混为一谈,常常纠缠不

---

① 吉川幸次郎、清水茂校注『伊藤仁斎 伊藤東涯』、東京:岩波書店、1971年、第153—155頁。
② (清)皮锡瑞著,周春健校注《经学通论》,华夏出版社,2011年,第157页。

清。辨明前者,免不了有许多推测的成分,而解析后者,有具体场景可供参照,较易说清楚。伊藤仁斋以上讲读诗之法、六义、美刺,核心是怎样读诗才能有益于当下。他讲读《诗》以知人情,前提是日本与中国人情相通,中国的诗与日本的和歌也是同理同趣,因而,日本的治人者就可以通过对《诗经》的解读,了解日本一般民众的人情世故,不至于因误判而乱政。在《和歌四种高妙序》中,他说:"诗与和歌,一源而殊派,同情而异用。故以和歌之说,施之于诗,靡所不可;以诗之评,推之和歌亦然。两者同条共贯,一一吻合。"①这里所说的"诗",既指中国诗歌,也包括日本人以中国诗歌规范用汉语所做的汉诗,当然也包括《诗经》。正是这种"诗歌同一论",构成了仁斋论《诗》的基础。

在仁斋的学说中,"情"具有极高的地位与普世性。所谓"情之至,道也",将"情"的最高点等同于道,所谓"情无古今,无华夷",具有超越时空与民族差异的力量。在《语孟字义》的"总论四经"部分,直截了当地说:"六经之学,其邃哉,而夫子雅言,独在《诗》《书》者,何哉? 夫人情无古今,无华夷,一也。苟从人情则行,违人情则废;苟不从人情,则犹使人当夏而裘,方冬而葛,虽一旦从之,然后必废焉。故立教施政者,必不可不读《诗》《书》也。"②由此,他将《诗》定为政治的教科书,也是人生的教科书,说"不读《诗》则不能以立教"。《诗》《书》有平易近情的特点,"使人易从易行","故自《诗》《书》入者,其意平而无诡异邪僻之行;若夫好邪说暴行、高远不可及之术者,必不知自《诗》《书》入者也,若佛老禅儒之说是也。"③这里他把是否从《诗》《书》入门视为圣贤之道与邪说暴行的分水岭,将《诗经》视为立教之本,而又注意到《诗》与《书》的不同读法以及对于人的不同影响,其说甚为明快。在江户中后期,朱子学作为官方之学影响深远,古学派不能不处于少数派的地位,而仁斋读《诗》以知人情的观点仍然能够影响一些儒者,也与他这种平易的表述有关系。

---

① 吉川幸次郎、清水茂校注『伊藤仁斋 伊藤東涯』、東京:岩波書店、1971 年、第 153—155 頁。
② 吉川幸次郎、清水茂校注『伊藤仁斋 伊藤東涯』、第 159 頁。
③ 吉川幸次郎、清水茂校注『伊藤仁斋 伊藤東涯』、第 160 頁。

二、《古今学变》

《古今学变》是伊藤东涯一部读经札记似的重要著述,采用以经籍为据追溯本义的思路,以史为序,梳理其对性理道德等一系列问题的看法,其中多处以《诗经》为话题,展开哲学思考。如以《大雅·皇矣》:"帝迁明德,串夷载路","维此王季,帝度其心,貊其德音,其德克明";《大雅·烝民》:"天生烝民,有物有则。民之秉彝,好是懿德"等探究古人的"德"思想,认为懿德即仁义之道。其中在论及孔子有关《诗经》的言论时,主要祖述其父的观点:"今玩夫子说诗诸语,大抵言通人情、谙世态,以与人交。"强调读《诗》与读他经不同。

伊藤东涯《古今学变》中论及孔子关于《诗经》的言论时,首先指出:"诗则人之所思,陈之于言。风俗之盛衰,人情之险夷,以至节物气候之变,鸟兽草木之名,莫不具备。不读此,则不能处事接人,以与之言。"①在列举孔子那些有关《诗经》的言论之后,他比较全面地阐述了"诗以道人情"的观点。他说:

> 胤按:自古《诗》《书》并称,而夫子言诗之语最详,载于鲁论者凡五章。先儒说诗,有感发惩创之言。见其正者以为法,邪者以为戒也。今玩夫子说诗诸语,大抵言通人情、谙世态,以与人交,则可以事君,可以事父,可以授之以政,可以使于四方而专对。兴观群怨,各有所感。而未尝有惩创之说。
>
> 然则诗以道人情,其言虽出《庄子》,而此一语亦足括三百篇之大旨。大抵诗之为经,与《语》《孟》不同。《语》《孟》二书,为诸侯、大夫及门人弟子,甄别是非,明其趋舍,耳提面命,莫非教也。诗则不然。欣戚悲欢,各抒由衷,施之声音,风动四方。故曰:诗言志,歌永言,声依永,律和声。是知诗本非教人之书,而体贴人情以交人,此诗之所以为教也。
>
> 先儒不察,必欲与《语》《孟》同科,存其法戒。故有感发惩创之说。此不得其解。说者又曰:古者诗三千余篇,至孔子去其重,取可施

---

① 吉川幸次郎、清水茂校注『伊藤仁斎 伊藤東涯』、第458頁。

礼义三百五篇。其言始见于《史记·世家》，而后世学者之所取信。然观夫子之言曰"乐正，雅颂各得其所"而已。盖谓当时淫哇盛行，雅颂失叙，故夫子自卫归鲁，参伍修定，以复其旧耳，未言删三千而三百之也。且观《春秋》内外传所载，列国士大夫赋诗，率皆今三百篇诗，而阙为逸诗者甚希，而夫子亦屡屡言三百篇，则知夫子以前诗之存者，亦不过此数者。假使夫子自删，岂可执以为称也哉？此亦不可不知焉。①

对于孔子所言"兴于诗，立于礼，成于乐"之说，东涯阐释说：

胤按：此夫子列诗礼乐三者，以示进德修业之叙也。诗以道人情，观世变，读之则可以感发人之志意，故先之以兴于诗。而礼者所以检束威仪，乐者所以陶写性情。故立于礼、成于乐次之。古昔之言礼乐，犹后之读书讲理也。而夫子屡以诗与礼并言，此其所以列举三者乎。②

东涯继承了仁斋《诗经》大别于《论语》《孟子》的观点，认为诗贵在各抒由衷，如实吐露心声，而读《诗经》正是由此领悟人际交往的道理，而不必像读《论语》《孟子》之类的经书那样将所谓"法戒"放在心上。读《诗》就不必追究"法戒"之事。东涯将孔子有关《诗经》用的说法，简单明快地归结为"体贴人情以交人"七字之中，唯其如此，凡需"与人交"者，皆可从读《诗经》中获益。也就由此将宋儒所谓"惩创"之说送进垃圾箱里。这样的说法，意在将日本读《诗经》者从所谓"法戒""惩创"中解放出来，有益于《诗经》在更广泛的范围内流传，为《诗经》走出儒者的书斋，走向町人打开了大门。

三、《读诗要领》

伊藤东涯撰有《读诗要领》一卷，《诗经正文》二卷，《诗经说约校正》二

---

① 吉川幸次郎、清水茂校注『伊藤仁斎　伊藤東涯』、第459頁。
② 吉川幸次郎、清水茂校注『伊藤仁斎　伊藤東涯』、第464頁。

十八卷。《读诗要领》，由其子善韶编订，收于《日本儒林丛书》。全书23则，用日语写成。江户前期，儒者著书，多用汉文，著者的预想读者都是能读懂汉文的学者。尽管他们的教学是用日语，但著书却采用与日常语言完全不同的汉文，唯此才能显示学者的造诣。那些绝大多数用假名少用汉字写成的书，读书对象自然就定位为妇女儿童，而夹杂汉文的假名著述，即所谓"和汉混淆体"的对象则是读过些书的人，是学问的门外汉、初学者，先生为弟子写的书，多采用这样的文体。《读诗要领》正是这样的书。

全书27则，下面依照其顺序，或述其大意，或全条译出，以说明与同时期中国《诗经》研究的关系。

第1则，简述《诗经》研究史，称宋以前之书为旧注，而后说至宋有苏东坡、吕东莱之注。至朱子，据毛郑之传，合东坡、东莱之注，折中而为一家之注，名《诗集传》，自汉以来，此方之诗，皆据《毛诗》之本而无异同。

第2则，辨删诗之说，引郑樵《通志》之说，否定孔子删诗之说。

第3至第7则论六义，举诗句为例，论其分类，最后引程子之说："诗有六体，需篇篇求之。或有兼备者，或有偏得一二者"。

第8则论"诗无邪"。

第9则论读诗之用，认为孔子讲学《诗》有很大好处，而在今日，好像看不出有那样的好处，毕竟诗是写人情的，若不懂人情，到世间就不会与人交往。

第10则是对"诗道人情"观点的进一步阐释，兹译录如下：

子曰："小子何莫学夫诗也"一章，夫子讲诗道，最详明也。"迩之事父，远之事君"，君父乃人伦中之大要。事君父时，吾之上者皆同在其中，我之乡党朋友，下则我之妻子臣妾皆在其中。会读《诗》，通世间人情，则自生温厚和平之气，与人交，不道无理之事。即便遭遇无礼，亦不深责。斯时，事君父无不忠不孝之事。故谓迩之事父，远之事君。言可以兴，如"兴于诗"之"兴"。读诗，则感之兴发。如前所详论。言"可以观"，"观"如大观、壮观之"观"。观览世间之人物也。诗乃曲尽人情之故也。如观览山水风烟。知世间之人林林种种也。言"可以群"，"群"如群而不党之"群"。与众人相交往也。固执者或不合群者，与多人相遇，区区小事亦求全责备，多坏了交情。若通人情，与多人交往，不与相争，全交无损也。言"可以怨"，如怨慕之"怨"。

相处亲密,怨也,相交之时,或过我之门而不入,无也,若亲密者,则怨其不入也。孟子所谓"亲之过大,而不怨愈疏也"之类也。言读《诗》,以看重于人,如斯则有怨也。兴观群之外,又将此一怨视为《诗》之利益,尤有味矣。后世之人,难以领略也。其余波,言多识于鸟兽草木之名。此如世上谚语所言,边咏歌,边记住名所。世俗一等之人,读《庭训往来》,知各地物产名物,亦学问也。在其之上,读诗,多知鸟兽草木之名,同也。以上言诗之教。

第11则,言《书》与《诗》之读法不同:

《书经》载圣帝明王之政事,明治国平天下之道。《论语》《孟子》,明是非邪正之分,示修己治人之方。《书经》君道也;《论语》《孟子》师道也;《诗经》非此二义,唯明风俗人情,而非教示是非善恶之书。读此书者,讽诵吟咏,思人情物态,可得温厚和平之趣。故自古尊此为经,与《书经》并称诗书云。夫子雅言,岂缘此乎?

第12则,论"温柔敦厚"与"诗之失愚":

《礼记·经解篇》论五经之事云:"温柔敦厚,《诗》之教也。"又曰:"诗之失愚。"又曰:"温柔敦厚而不愚,则深于诗者也。"方悫注云:"温柔敦厚而溺其志,则失于自用矣。故诗之失愚。"此言尤明也。读诗之时,通人情故万事柔和,无粗暴之举。然不论何事,泥于一方,必有其弊。读诗以为一味温柔即佳,无论何事唯加宽宥,即便理当匡正之事亦欲息事宁人,必为愚也。如言"好仁不好学,其蔽也愚"。例如子弟等之好逸乐,以为后生一时亦可如斯,置之不顾,不予制止,后则为无赖少年,灭身毁家,为世人讥诮。岂非愚哉!由此,读《诗》得温柔敦厚之气象,且无流于愚之弊,则可谓深于诗道者也,善言诗道者也,可谓古之遗言矣。

第13则,论《庄子》"诗以道人情":

《庄子》说五经之事,谓诗以道人情。杨子《法言·寡见》篇又云:

"说志者,莫辨乎诗。"皆同理,谓《诗》乃述面面之志、尽人情之书也。庄子虽异端之书,以此一语道破诗之道,先儒以来常加引用。诗之言虽有种种,皆凝缩于道人情之一句。世上之事,若公开责以法律义理,或不得不分辨不然之理由,如深察其内证,或有不得已犯法得罪,获世间之诮。若不领会此理,与世交与人处、从政治罪,遇事不知变通①,则不得人心。夫子所谓"诵诗三百",诚有理矣。后汉吴祐邪?掾吏掠物赠父,谓之观过知仁而释之。②

卓茂谓"律设大法,礼顺人情"③,暗合此意欤?

第14则解读《孟子》"王者之迹息而诗亡"。
第15则论"劝善惩恶"之说。
第16则由所谓"淫奔之说",说明"劝惩之说,不合诗旨"。
第17则评所谓圣人删诗以留万世之教,引王阳明等人之说,强调"诗道人情,乃古今通论也",而情有各种,室家之情亦在其中,故言情欲、情窦。"然则郑卫之载淫奔之诗,乃《诗经》之眼目也。'可以观'云云,岂非此邪?先儒必彰显《论》《孟》《书》经等之道德仁义之旨,视为揭示法则之书,故有此疑也。"

第18则论后世解诗不究本义、唯穷义理之弊:

后世之读诗者,唯据先儒之注解,穷其义理。读古诗,不拘本义,种种变通而用之。因此,无才识学问之人,难以遽然领会其诀。若非子贡、子夏者,夫子亦不言"可与言诗"也。《左传》有断章取义之说,一句两句之语,在一章之内,义理如此;若取二句而用时,便为各别之事而言之。"战战兢兢"之词,在《诗·小旻》篇,忧时乱也。曾子引此告小子时,为平生谨身之事。随宜转用皆如此。

---

① 原文作"物こと木おりにして",疑有误。"木"或为"束"字之讹,故意译之。
② 《后汉书·吴祐传》:"啬夫孙性私赋民钱,市衣以进其父,父得而怒曰:'有君如是,何忍欺之!'促归伏罪。性惭惧,诣阁持衣自首。祐屏左右问其故,性具谈父言。祐使归谢其父,还以衣遗之。"
③ 《后汉书·卓茂传》:"茂笑曰:'律设大法,礼顺人情。今我以礼教汝,汝必无怨恶;以律治汝,何所措其手足乎?一门之内,小者可论,大者可杀也。且归念之!'"

第 19 则丘琼山、吕东莱、钟伯敬之说,论读诗之法,强调诗为活物。

第 20 则引田汝成《诗序》之说,以明断章取义之实:

　　此事虽自古言之,唯先儒未予以表章。由此,学者知此者鲜矣。明丘琼山《大学衍义补》七十四卷有此论,引东莱吕氏言曰:"读诗之法,在随文以寻意。用诗之妙,又在断章而取义也。"又钟伯敬诗论亦有此说,曰:"诗活物也。游夏以后,自汉至宋,无不说诗者,不必皆有当于诗,而皆可以说诗。其皆可以说诗者,即在不必皆有当于诗之中,非说诗者之能如是,而诗之为物,不能不如是也。"皆文繁,故不录。昔先君子倡学之日,作诗论专发明此旨。此纸唯誊写此二论。末附自论一册。论刊在家集之内,不具举。其大旨曰:"诗活物(下略)。"《论语古义》亦言明此意。言"诗活物也"一句,宜取用钟伯敬之言。

　　上说,林未轩《史纲疑辨》内载有玉阳田汝成诗序。此与上说同也。其文云:"大抵古人学诗,得意于言外,脱略其词,而超悟要妙。初不问泥于柄旨之所存也。故'衣锦絅衣',本以美庄姜之态尔,而因以发为己谨独之学;'深厉浅揭',本以刺淫奔尔,而因以讥相时行止之义;'绵蛮黄鸟,止于丘隅',行者之慨叹尔,而因以推物各得所之象;'高山仰止,景行行止',旅人之览兴尔,而因以讽见贤思齐之感。斯皆曲畅旁通,断章取义,初不拘柄旨之所存也。"此说亦明矣。

第 21 则由孔子赞扬子贡说起,论及学问研究,即治《诗》方法。

第 22 则论断章取义,以《晋书·后妃传》、宋人张文潜之文引《诗》与日本和歌引前人和歌,皆不尽合本意,以明古人说《诗》之旨。

第 23 则以《沧浪歌》与屈原《渔父》之转用为例,回到"一诗各具六义",再论《诗》之随宜转用。

第 24 则重点评述朱子多"郑声淫"的曲解:

　　所谓郑声淫,《集注》云:"郑声,郑国之音。"又曰:"恶郑声,恐其乱雅乐也。"《集注》云:"郑声,淫乐也;雅,正乐也。"此注解明白也。《诗经集传·郑风》注云:"郑卫之乐,皆为淫声。然以诗考之,卫诗三十有九,而淫奔之诗,才四之一;郑诗二十有一,而淫奔之诗,已不翅七之五。卫犹为男悦女之词,而郑皆为女惑男之语。卫人犹多刺讥惩创之意,而郑人几于荡然无复羞愧悔悟之萌。是则郑声之淫,有甚于卫矣。故夫子论为邦,独以郑声为戒,而不及卫。盖举重而言,固自有次第也。诗可以观,岂不信哉!"据是,《诗》之言中,赋淫奔之事,谓之郑声,《论语》之谓郑声也。于此宜知。然所谓郑声,专就音声之上而言,而非言语之淫正。云商声,云秦声,其国之音调也。吴歌、巴歈、越吟、郢曲之类,斯皆诸国之曲调也。郑国之音声淫靡,人人整日沉溺于中,故而云郑声淫,云远郑声,淫未必即沉溺于色之淫。谓之音声流于和乐,如水之溢。以所谓"《关雎》乐而不淫"可知。音声如优于和乐,必流于淫。若以词言之,如《清庙》《生民》,正诗之词,即便如何欢喜,岂可变而成淫乎?《礼记·乐记篇》云:"郑卫之音,亡国之音也。其音比于慢矣。"是愈发明白也。夫子亦不言郑诗而言郑声,《礼记》亦言"郑卫之音"云云。谓"其音比于慢"。郑声专就声而言,彼是证据明矣。

第25则,论《孟子》"恶郑声,恐其乱雅乐也"。

第26则再论"郑声非郑诗"。引田汝成之说:"玉阳田汝成《放郑声论》,载于《史纲辨疑》,其略曰:'郑声非郑诗也。声者,乐之主也,邪正之所由也。故乐有五音,音有六律。六律之外,变为淫声,于是乎有繁手杂弄,萦喁嫚引,依窃律吕,穷巧极妙,务以悦人者,惟难为最。故孔子曰:吾恶似是而非者。'其意亦明矣。"

最后一则,论诗与乐之不同。

东涯对《诗经》诸问题加以归纳整理的时候,明代文学家《诗经》观的影响,有时大于经学家们的见解。田汝成、钟伯敬等人关于"诗活物"之说,成为他的重要依据。

为了拉近读者与《诗经》的距离,东涯也在尝试用学生身边的例子来讲读《诗》赏《诗》的道理。在谈到孔子所说的"多识鸟兽草木之名"时,他引用了日本谚语"咏和歌,知名胜",说世俗一等之人,读《庭训往来》就知道各地物产名物。这也是学问,与读《诗》知鸟兽草木之名诗一样的。《庭训往来》是一部书信样书,是教人怎样写书信的,也是当时读书人广泛使用的文化教材。东涯引用日本读书人熟悉的书,来说明读《诗》兴观群怨等之外的"余波"——多识鸟兽草木之名的好处,意在加深接受者的印象。在谈到赋诗之意未必与同于诗之原意时,他举出三条听雪轩(三条西实隆,

1455—1537)《令女教训》两次引用和歌来说明道理的时候,用的实际上是转义的例子,来说明古人说诗之旨,可以与前面举出的《晋书·后妃传序》和宋张耒(字文潜)《送秦少章赴临安薄序》中的引《诗》皆非《诗》之本义的例子相呼应。

第二节 伊藤明远:《读诗要领》

中村兰林所撰《读诗要领》一卷,就诗原、采诗、诗六义、诗序、诗教、诗传诸题,类抄诸家之说,附以己意。为作者 49 岁时所作。兰林本姓藤原,名明远,故《读诗要领》署名藤原明远。又有藤原兰林、藤原深藏等名。通称深藏、玄春,字子晦,号兰林、盈进斋,藤原明远是他的本名。

兰林之父玄悦,为幕府医官。兰林曾师从室鸠巢学习朱子学。《新编先哲丛谈》卷二有关于中村兰林的如下记述:

> 父玄悦为大府医。兰林自少师事室鸠巢,一意耽学,胸中更无世务。对不读书者,则唯一叙寒暄耳,绝无他预。世以为痴呆。
>
> 初兰林称玄春,承父之后为医官,能修其业,然心不之屑也。尝叹曰:"士君子济世,奚翅医哉!"乃上言乞为儒家,不允①。居数年,命以侍医行经筵事。虽处于特恩,亦非其志也。延享四年正月十九日,特命政医擢儒员,兰林时年五十一。盖偃旗武以降,自医而转职,兰林一人云。
>
> 兰林虽学于鸠巢,不必守宋说,稍出新意。宽延元年,与韩使笔语,议朱子者甚多。韩国使言:"足下之论,毋乃为仁斋伊藤氏之所误乎②?"著有《学山录》《讲习余笔》《读诗要领》等书籍。③

兰林著有《学山录》6 卷、《闲窗杂录》(写本)等。兰林在其师室鸠巢过世后,每月忌日必赴室家,拜鸠巢之家庙,室家当日特为之扫除。室鸠巢去世 16 年后,兰林为纪念室鸠巢,主持刊行了鸠巢遗作《骏台杂话》,并亲自撰

---

① "允",原文作"兄",疑为"允"字之讹,故改。
② "乎",原文作"守",疑为"乎"字之讹,故改。
③ 谷壮太郎编『新編先哲叢談』卷二、江島喜兵衞等、1884 年、第 30—31 頁。

写序言,回忆室鸠巢讲学时"一时游门之士,皆虚往而实归""明远虽不敏,执经下座,窃与有闻焉"①,怀念之情溢于言表。

《读诗要领》作于日本延享二年,公元1745年,也就是清乾隆十年。书前有自序:

> 诗之教亦大矣,而得其纲领,此为学之要。苟或不然,则泛泛乎徒读焉而已。虽精且勤,安见其能跃如也。凡前贤之说,寻其渊源,发其余蕴,教夫学之者知其总要者,往往散见乎群书,而穷乡晚进,乏于典籍,莫知有其说之可则,不一而足。于是乎,採而辑之,汇而成编,以备考索。因名曰《读诗要领》。嗟乎! 以余之浅见,敢为之取舍,未知当否。但世之君子补遗漏而正谬误,使可得而传焉,则可矣。
> 　　　　　　延享二年乙丑夏五月丙申
> 　　东都　直学士藤原明远深藏识

《读诗要领》署名"东都直学士藤原明远编"。东都,即江户。直学士为直讲的中式说法。直讲是在大学寮里协助博士或助教担任讲授经书课程的明经道教官。

本书分诗原、诗删次、诗六义、汉四家诗、诗序、诗教、读诗、诗音、诗传共九项,摘引各家之说,而对于其中四个问题,附录了己见。关于诗删次,兰林说:

> 明远曰:古者诗三千余篇,何其多也! 其所删次止三百十一篇,何其少也。或以为三千之说未可信也;或以为三千之数未可为非也;或以为夫子无意删之,唯取得其声者也;或以为所收者逸而所删者存也,众说纷纷,未见定论。
>
> 夫生乎千载之下,而议乎千载之上,宜乎其说之不归于一也。
>
> 以余观之,诗果三千篇邪? 则十删其九,固吾所不解也。有周列国,非惟藤、薛,未尝取其一诗,而止十五国,亦吾所不解也。其雅训者往往在所逸,而猥陋者多在所存,亦吾所不解也。得其声者而取之之言,复有何证左? 吾不敢信也。其就序说而言取舍者,盖马氏尊信《小序》而然尔。吾亦不敢信也。

---

① 室鸠巢著,森銑三校注『駿台雑話』、東京:岩波書店、1996年、第9頁。

窃谓马迁去古不远，其三千之说，或似可信，然以《论语》"诗三百"之言而证之，则不合矣。但夫子就其删定之数而言之，不可亦知，且六经折中于夫子，而诗亦在其所修，则岂无删正之者哉？惟不至三千之多而已。意者今之所传，出秦火之后，而非必孔子之旧，则其不免亡脱舛误。而汉儒或赝作以补其阙，或漫採以足其数者，未必为无也。

善乎荀卿有言，曰："信信信也，疑疑亦信也。"吾今于读诗乎亦言之矣。①

关于诗六义，兰林说：

明远曰：六义之说，权舆乎周官，敷衍乎《大序》，后之言诗者从焉。今会通众说而言之。风雅颂，乃诗之体而为经也，赋比兴乃诗之辞而为纬也。所谓风者，以土风言之，而不必风化之谓。其声、其制一若此者，名之曰风。是徒歌而非乐也。所谓雅颂者，以乐节言之，而其音、其体一若此者，名之曰雅颂。是被诸管弦者也。今程氏之说，辨析周悉，多可从者。而周召之有南称，从前所说亦未为稳。程氏独断乎以为乐名者，实可谓卓见矣。而二雅就其政言大小言正变者，证诸其诗，诚有不合者，而未敢信其必然，则郑、章二氏之所议，有不可得免者矣。按《吕览·音律篇》有言，曰：塗山氏之女，待禹于塗山之阳，乃作歌。歌曰：候人猗兮！实始作为南音，周公及召公取风焉，以为《周南》《召南》。是亦南为乐名之一证也，意者程氏或本此而言也欤？②

关于诗序，兰林说：

明远曰：诗序之作，出于汉儒者，叶、郑二氏始克辨之，而其害诗意之义，至朱子而论定，其功可谓大矣。若程伊川，若吕东莱，皆尊信其序，而不容疑于其间，恐智者之一失而已。若夫马端临者，以博究之才，犹左袒乎《诗序》，辨析叠叠，与朱子争矣。吾无取焉耳。马氏之说

---

① 關儀一郎編『日本儒林叢書』第五卷、東京：鳳出版、第5—6頁。
② 關儀一郎編『日本儒林叢書』第五卷、第11頁。

具见《文献通考》。①

关于诗教，兰林的看法是：

> 明远曰：诗之为用，以观风俗，以识人情，达其政事，施其声乐，而劝惩之说，古未之闻。但观汉王式谏昌邑王以诗之言，则是以劝惩而为说者也。自是而后，《隋书》少发其义，宋欧阳氏又以是言圣人之教，而至朱子盛倡之。于是乎，后之论诗者，皆以劝惩为第一义，无复措异辞乎其间。
>
> 夫劝善而惩恶，夫子之所以修《春秋》也，而与《诗》固不相关，然则其删次之，以与《易》《书》《春秋》并传之万世者，亦无取乎劝戒之意邪？曰是未必然，而亦未必不然也。盖圣人之教，千言万语，要莫非使人择善而执之，恶不善而改之也。大抵以理义告之，时有难入者，而就人情喻之多易感者，此自然之势也。今夫诗者或兴于怨刺，或发于忧思，或愤郁之所蕴，或喜乐之所动，皆陶冶乎性灵，而出诸其口者也。人人同具此情况，而不可得已。则其感而入焉者，安得不深且切也。是以世之读诗者，苟遇其善者也，岂无感发兴起，以生其善心者乎？苟遇其恶者也，岂无惭惧修省，以格其非心者乎？其所得于《诗》，于是乎为大矣。然则圣人之存教，亦未必无劝戒之意，而后儒之所言，实发圣人之蕴者欤？②

关于诗传，对朱熹《诗集传》、欧阳修《诗本义》、吕祖谦《吕氏读诗记》给予了很高评价：

> 明远曰：朱子《集传》，其于名物训诂，则从毛郑者，十居七八，而至于其言诗意，则又博采众说，而从其长者。或以其所自得而述之，未尝以穿凿附会而解之。要归于简约平易而后已。自有诗传以来，莫出其右者。盖集而大成者也。虽然，其间或考证之谬，或过求之高，失其主意者，亦未必无也。是以读《朱传》者，莫究源乎注疏，寻流乎众家，

---

① 關儀一郎編『日本儒林叢書』第五卷、第18頁。
② 關儀一郎編『日本儒林叢書』第五卷、第21頁。

而知其所由本,则安能识其功之所功,其失之所失哉!大抵世之学者,唯《朱传》是从,古注众家废而不读,反就晚师之末疏,而用所谓《大全》《说约》等,以为其羽翼,信而尊之,讲而不废。嗟乎!陋哉!其为见也。古人有诗曰:"欲穷千里目,更上一层楼。"诚哉!言也。

又曰:注疏之后,先于《朱传》而诗解之杰出者,吾于宋得二家而已。曰欧氏之《诗本义》,曰吕氏之《读诗记》是也。盖欧氏之为书,务订毛郑穿凿之失,而不拘其旧轨,别出一机轴,以言其新意。虽有未尽善,然其足采者多。故朱子据其说者,往往而有。吕氏之为书,一宗毛郑,而旁及众家,其剪缀之简约,其贯穿之精巧,殆如出一手,但尊信《小序》,与不取叶韵,是其所失也。而与朱子之传,其主意固有不同矣。虽然朱子亦从吕氏之所采者,不一而足,则善学者审异以致同,亦在乎其中矣。余断以谓,凡读《朱传》者,不可不读注疏也,不可不读《诗本义》也,不可不读《读诗记》也。①

兰林引用最多的除了《正义》《释文》等相关文献外,就是宋代理学家的诗论,其中包括王鲁斋(王柏)的《诗疑》,理学家张横渠(张载),程伊川的《诗传》,欧阳修的《诗本义》,北宋理学家、教育家、书法家游定夫,《石林诗话》的作者叶少蕴(名梦得,字少蕴),北宋学者谢上蔡(名良佐,人称上蔡先生或谢上蔡,1050—1103),学者章俊卿的《稗编》,宋末元初著名音乐家兼理学家熊朋来②等对《诗经》相关问题的见解,同时也包括郑渔仲(郑樵,1104—1162)的《六经奥论》、南宋王伯厚(应麟,别号伯厚)的《困学纪闻》、宋元之际著名史学家马端临的《文献通考》这些超出《诗经》专书以外的书中提及相关问题的观点。可以看出,兰林读得最多的,还是宋代的《诗经》研究著述。

相比之下,兰林引用的明代著述只有不多的几种。兰林引用的明末清初顾梦麟的《诗经说约》,采摘诸家之说,约取其意,凡二十八卷。洪湛侯《诗经学史》评价此书:"明代朱熹学派的著作,质量自不能与宋末和元朝同日而语,尤其明朝中期以后,朱学更是萎靡不振。顾氏的《诗经说约》,

---

① 關儀一郎編『日本儒林叢書』第五卷、第28—29頁。
② 宋亡后,熊朋来不肯到元廷做官,情愿当个郡学教师,抚琴咏诗以托情志。教学之暇,选《诗经》中的古诗,谱写20多首新曲,收于他所编的《瑟谱》中。现存世的作品有《伐檀》《考槃》《七月》,以《伐檀》为代表作。

确较同时诸家为善,谓为明代朱学之鲁殿灵光,其庶几乎!"而当朱学在本土萎靡之同时,日本朱子学却经历另一种本土化进程,《诗经说约》有和刻本流行,受到学者青睐。

在"诗传"一目兰林引用了三种明人著述,一是明人王鏊《震泽长语》中所见王济之的评价、薛敬轩(薛瑄,号敬轩)的《读书录》、胡敬斋(胡居仁)的《居业录》的评价,皆是对《集传》的赞许。另外,他还从唐顺之《荆州稗编》中大段转引了宋章俊卿有关六义的论述。

但是,兰林在对《诗经》研究方法的思考,又已经突破了宋代理学家的藩篱。在对诗歌本质的看法上,兰林受到明朝中叶著名政治家、理学家、史学家、经济学家丘仲深(1418—1495)《大学衍义补》①的影响最为醒目。他不仅在"诗原"一目两次引用丘仲深的意见,更在"读诗"一目,大段大段摘引了书中关于"诗之作也,原于天理之固有,出于天趣之自然,作之者应口而出声,赋之者随宜而应用"的卓见。

第三节　岗田钦:《七经札记·诗》

岗田钦(1792—1838),字彦辅,号煌亭,江户末期儒者。下总(今千叶县及茨城县南部)人。

岗田钦所著《七经札记》,有1836年和泉屋金右卫门等刊本、出版年不详的小杉文右卫门等刊本、江户末期大阪心斋桥群凤堂刊本等,后收入《日本儒林丛书》。又有《圣学私言》,书中有1822年序,原忠贞、高维直校,有文政五年,即1822年刊本,现收入《日本随笔大成》。岗田钦尚校《清经解一斑》六卷,有江户后期丁子屋平兵卫、和泉屋吉兵卫刊本。早稻田大学图书馆等藏其《七经札记》心斋桥浪花书林刊本三册。

《七经札记》,署下总岗田钦稿,保田笃、下山昇同校。下总,即千叶县及茨城县南部。卷之四为《诗经》部分。这一部分引用的宋明诗经学文献,包括如下著述:

---

① 丘仲深广集诸子百家有关治国济民之说,依据西山大儒真德秀的《大学衍义》,增补了160卷,形成了巨著《大学衍义补》。在这部著作中,他"以相当明确的形式提出了劳动决定价值"的论点。俄国的思想家列宁称其为"中国15世纪经济思想的杰出代表人物"。其思想有继承孔子的"天何言哉,四时行焉,百物生焉,天何言哉"的自由经济思想,提倡取用有度,主张"互市立法"等。

明人袁仁(1479—1546)《毛诗或问》
杨慎(1488—1559)《丹铅录》
季本(1485—1563)《诗说解颐》
何焯(1661—1722)《义门读书记》
焦周(生卒年不详)《焦氏说楛》

除清圣祖、清高宗之说之外,引用的清人之书有:

高士奇《1645—1704》《天禄识余》
方苞(望溪)(1668—1749)《诗义补正》
许伯政(1700—1841)《诗深》
卢文弨(1719—1795)《钟山札记》
戴震(1724—1777)《毛郑诗考》《诗经补注》

兹将相关部分选录如下:

诗

《汉书·艺文志》云:"古者采诗之官,王者所以观风俗,知得失,自考正也。孔子纯取周诗,上采殷,下取鲁,凡三百五篇,遭秦而全者,以其讽诵,不独在竹帛也。"

孔子删诗之说,始于司马氏迁。曰古者诗三千篇,去其重,取其施礼义者三百五篇(《史记·孔子世家》)。按夫子言:"予自卫反鲁,然后乐正,雅颂各得其所。"而未尝曰:"予删诗也。"则夫子修诗而已,非删诗也。夫子之修诗,与其修《春秋》固无以异也。

关于诗序

诗序之作,说者不一,郑氏玄、王氏肃以为子夏,而序中所引高子,盖战国人,且大序之说,验之经而多不合,则其以为创乎子夏者非矣。《大序》所谓政有小大,故有《小雅》焉,有《大雅》焉。南言化自北而南也,变风发乎情,止乎礼义之类,严粲《诗缉》、郑樵《六经奥论》、程大昌《诗论》、杨慎《升庵外集》、顾炎武《日知录》等,辨之悉矣。

唐成伯瑜以为毛公,而邱光庭《兼明书》,举《郑风·出其东门》篇谓《毛传》与序不符。曹粹中《放斋诗说》,亦举《召南·羔羊》《曹风·鸤鸠》《卫风·君子偕老》篇谓传意、序意不相应。序若出于毛,则安得相违戾,是续申之语,出于毛后之明证。则其以为出于毛者,亦无稽之说也。

发端一语,如《葛覃》后妃之本也,《鸿雁》美宣王也之类,是为古序。二句以下是为续序。此说苏氏辙倡之,王氏得臣、程氏大昌、李氏抒从而和之,是最为确论矣。《后汉书·儒林传》云:卫宏从谢曼卿相受学,作《毛诗序》。《隋书·经籍志》云:子夏所创,毛公及卫敬仲更加润色。然则今之续序,为宏之搀入也。粲然明白。

全废序者,郑氏樵、王氏质,而和之者朱子,至其作《集传》,昌言排击而系之篇末。然朱子同时如吕氏祖谦、陈氏傅良、叶氏适,皆以同志之交,各持异议。黄氏震笃信朱子,而所作《日抄》亦伸序说,则人心是非之公,有不可得而磨灭者也。杨氏慎《丹铅录》谓文公因吕成公太尊《小序》,遂尽变其说,《四库全书简明目录》亦云:朱子解诗,其初稿亦用《小序》,后与吕祖谦相争,遂改从《小序》。则朱说固非持平之论也。要之,古序多可从,续序多附会。学者以意逆志,择其善者而从之,是学诗之第一义也。

《关雎》

后儒又多有疑猛鸷之物,不可以兴淑女者。考诗中比兴,如《螽斯》,但取于众多,雎鸠取于和鸣有别,皆不必泥其物类。刘勰《文心雕龙》云:"雎鸠有别,故后妃方德;尸鸠贞一,故夫人取义。"义取其贞,无从于夷禽;德贵有别,不嫌于鸷鸟,(比兴)得之矣。

按:《管锥编》关于"比喻有两柄而复具多边"的论述,恰道出个中奥秘。他说:"盖事物一而已,然非止一性一能,遂不限于一功一效。取譬者用心或别,着眼因殊,指同而旨则异;故一事物之象可以孑立应多,守常处变。"①又说:"一物之体,可面面观,立喻者各取所需,每举一而不及余;读者倘见喻起意,横出旁申,苏轼《日喻》所嘲盲者扣槃得声,扪烛得形,无以异尔。"②

《卷耳》 同上

此盖怀人之诗。《集传》因拘幽而作,最得其旨矣。按:《左传》论官人之亟而借引之曰:嗟人怀人,寘彼周行。能官人也。又解之曰:王及公侯伯子男,各居其列,所谓周行也。续序遂影附之云:求审官,知臣下之勤劳,内有进贤之心,而无险陂私谒之意,朝夕思念至于忧勤也。是大不然。《周易》家人六二云:无所遂在中馈,贞吉。《斯干》云:"无非无仪,唯酒食是议,无父母贻罹。"妇人之道,尽于此矣。又曾子曰:"君子思不出其位。"(《论语·宪问》)夫求贤审官,君相之先务,纲纪四方,莫大乎此。若妇人而朝夕思念,为此出位之谋,则所谓"妇无公事,休其蚕职"(《大雅·瞻仰》)。宗周所以亡也。岂所以为太姒哉!凡古人赋诗、引诗,多断章取义,不得据此而误诗本义矣。

简兮 《邶风》

焦氏《周说楛》云:"柬兮柬兮,方将万舞兮。"子贡、《毛诗》皆以为伶官诗。申公云:"柬,伶官名,耻居乱邦,故自呼而叹曰:柬兮柬兮,汝乃白昼而舞于此乎?政如《东观汉记》淮阴侯抚胸叹云:"信乎信乎,碌碌乃与哙为伍乎!"毛本讹柬为简。(按:柬、简古字通。《毛诗》非讹。)故《朱传》以简傲释之误矣。近时清高士奇《天禄识余》主张此说,直截平易似是。

莫赤匪狐,莫黑匪乌。《邶风》

季氏本云:"狐妖邪而善媚人,乌贪残而善攫物,皆不祥而可恶者也。狐色赤,君大夫之服纁裳者似之;乌色黑,君大夫之服玄衣者似之。故以比卫之君臣也。"(《诗说解颐》)《钦定诗义折中》亦用此说,觉于比喻义最切矣。

---

① 钱锺书《管锥编》第一册,北京:中华书局,1979年,第39页。
② 钱锺书《管锥编》第一册,第40页。

爱而不见 《邶风·静女》

何氏焯云："爱，《说文》作僾，仿佛也。"(《义门读书记》)

星言夙驾 《鄘风·定之方中》

姚氏姬传云：古晴字，本作姓，姓亦可作星。若星辰字，自作曐。《诗》"星言夙驾"，《释文》引《韩诗》云："星，精也。"精，明精之谓也。其星言即晴字。甫晴即驾，足以为勤矣。若见星而行，乃罪人与奔丧者之事，卫文固不得为也。又《尔雅》："四时和为通正。"《论衡》作"四气和为景星。"星亦今晴，故为四时气和之名也。

按：马瑞辰《毛诗传笺通释》考释甚详。①

相鼠 《邶风》

《关尹子》云："圣人师拱鼠制礼。"(《三极》) 韩氏愈《城南联句》云："礼鼠拱而立。"(《韩文》)《埤雅》云："今一种鼠，见人则交其前足而拱，谓之礼鼠，亦谓之拱鼠。"(《释虫》) 此盖诗人之所以起兴也。若不然，则凡兽皆有皮、有齿、有四体，何必鼠哉？余于是知诗人之比兴不偶然矣。

芄兰 《卫风》

《古序》：芄兰，刺惠公也。《集传》不从而曰：此诗不知所谓。按闵二年《左传》云：初惠公之即位也少。杜注云：盖年十五六。诗所谓童子也。

木瓜 《卫风》

古序云：美齐桓公也。朱子改以为男女赠答之诗。其意盖谓序说无史传可征。然诗中又无见颇邪淫泆之意，则何以知其男女相悦之辞乎？子夏传云：朋友相赠贶木瓜。孔子曰：吾于木瓜见苞苴之礼行。(《孔丛子·记义》) 则古序亦为有据。

---

① 马瑞辰《毛诗传笺通释》(上)，北京：中华书局，1989年，第184—185页。

将仲子 《郑风》

古序：刺庄公也。《集传》引《甫田》郑氏之说云："此淫奔者之辞。"徐氏文靖非之云："按仲子祭仲也。毋逾我里。逾，过也。所谓都城过百雉，国之害也。毋折我树杞。仲子云：毋使滋蔓。公曰：姑待之是也。畏我父母，公所谓姜氏欲之，焉辟害也。"诗人意婉切，而《甫田》郑氏臆料以为淫奔之诗，何也。

载猃歇骄 《秦风·驷驖》

《毛传》："歇骄，田犬也。"《集传》从之，是矣。王雪山、戴岷隐、严华谷三家，皆以为田毕游园。载猃于辎车，以歇其骄逸（季本《诗说解颐》引之）。《释文》云："歇猲，本又作猲獢。"张衡《西京赋》："属车之遶，载猃猲獢。"善注引《毛诗》。亦作"猃猲獢"，字皆从犬。且《尔雅》云："长喙猃，短喙猲獢。"（《释兽》）三家之妄，不辨而明矣。

蜉蝣掘阅 《曹风·蜉蝣》

《毛传》："掘阅，容阅也。"《郑笺》："掘地解阅也，谓其始生。"义未明鬯。故《集传》云："掘阅，义未详。"

按："阅"字疑"阙"字之讹。《管子》云："北郭有掘阙而得龟者。"《山权数》阙，穿也。《左氏》隐元年："阙地及泉。"襄二十一年："阙地下冰。"《吴语》："阙为石郭之类是也。"掘阙，谓掘穿而出于穴也。又按：季本《诗说解颐》引《管子》云："掘阅而得玉。"清王棠《知新录》、高宗《诗义折中》，皆用其说。但《管子》中未见其语。盖传讹也。

马瑞辰《毛诗传笺通释》考，掘字通阙，阅读为穴，此诗"掘阅"亦当训穿穴。① 马氏对上文所引诸条，多有涉及，指出《左传》"若阙地及泉"，即掘地及泉也。《管子·山权数》篇"北郭有掘阅而得龟者"，即穿穴而得龟也。

熠耀宵行 同《东山》

《毛传》："熠耀，萤火也。"《集传》更为"明不定貌"。盖因下文

---

① 马瑞辰撰，陈金生点校《毛诗传笺通释》（上），北京：中华书局，1989 年，第 436—437 页。

"熠耀其羽"也。然崔豹《古今注》、李时珍《本草纲目》、陆佃《埤雅》并云：萤一名熠耀。又潘岳《秋兴赋》："熠耀飞于阶闼。"张华《励志诗》"熠耀宵流"，李陵《别苏武》诗"熠耀东南飞"，皆谓萤火也。但下文以熠耀为鲜明貌者，犹《小雅》"有莺其羽"（《桑扈》）《孟子》"白鸟鹤鹤"（《梁惠王》）之例。曹植《七启》"戴金摇之熠耀"，亦谓此也。

众是鱼矣　《小雅·无羊》

卢氏文弨云：余友丁希曾谓：众乃螽字之省。《说文》作䖵，与蚃同。《左氏》《谷梁》春秋桓五年螽，《公羊》经作蜙。蜙实蝗类。凡池湖泽陂中鱼啸子，皆近岸傍浅水处。若遇岁旱，水不能复其故处，土为风日所燥，鱼子蠕蠕而出，即变为蝗虫以害苗。自大河以北，土人皆知之。今蜙不为蝗而为鱼，故以为丰年之征。

余按此说昔人未尝道过，而实确不可易。如旐是旟矣。旐与旟，相为类而小异耳。一则人少，一则人多，故占为室家溱溱，义顺而词显。若云众人化而为鱼，则太怪甚矣。虽梦境迷离，无有定象，而其占为丰年，虽曲为之解，终不似旐旟之占，人人皆可领会。今释为蜙，则事皆目验，义并贯通。且证之《公羊》《说文》而皆合，信可释千古之疑矣。（《钟山札记》）

第八章
启蒙与授业

　　研究与翻译是一个硬币的两面,谁也离不开谁。对于国外经典翻译来说,这种研究除了对经典文本、异国文化的研究之外,还包括对自己接受对象、预想读者文化需求与接受能力的研究。江户时代教育的发展,使《诗经》在专门学人之外也有了读者群,标榜为妇女儿童和一般穷乡僻壤读者阅读而编写的《诗经》读物,需要充分删节那些不易被顺畅接受的部分,《郑笺》以礼说诗,《毛传》将《左传》故事与《国风》挂钩的说解,都需要足够的知识准备,一般读者即使知道故事与诗篇的关系,也难以理解那些故事的整体文化内涵。江户时代那些最流行的《诗经》著述,与明清两代的《诗经》著述有很大的不同,但它们却是《诗经》走向武儒、町人的功臣。

　　这一类书也用于藩校教学。本章所论及的谣曲《周南》是一篇很有特色的"戏作"(游戏诗文,也指江户后期的一种通俗小说)。尽管关于它的作者和创作环境今天所知甚少,也不知道它是否真正被排练和演出,但从其对《周南》的表现来看,很像是一个系列课本剧,可以想见,它的作者是一个曾经钻研过《周南》而又竭力想将其核心内容用谣曲的形式表现、演示出来的人。

明治时代绘画中描绘的学塾

第一节　中村惕斋:《诗经示蒙句解》

中村惕斋(1629—1702),名之钦,字敬甫,小字仲二郎,号惕斋,京都人,江户前期的程朱学者,出生于商人家庭,却对金钱毫无兴趣,淡泊名利,弃俗务,绝交游,专心学问,据称人格与京都古义堂伊藤仁斋相媲美,而博学则过之。著书达 80 种,而以《四书示蒙句解》27 卷为最重要,他的《训蒙图汇》是日本最早的百科事典。他忠实于朱熹的性理学,长于考证,对诗经学最重要的贡献,是将《诗集传》翻译成日语的《诗经示蒙句解》。

中村亦写作仲邨,《先哲丛谈》载:"惕斋自为童子时,厚重不好嬉戏,七八岁受句读于乡师,不烦督责。及长,惟务笃实,不喜浮靡。先世住市中,而惕斋厌其喧嚣,迁居幽地,日杜门潜心大业,诸论学谈说之外,不敢为泛交。"诚如加藤周一在《日本文学史序说》中所说,17 世纪末的町人,特别是大都会的商人,恐怕是对两件事有浓厚的兴趣:性的快乐与挣钱。井原西鹤就是写出町人的性的快乐与挣钱这两面现实的最早作家。① 惕斋恰好生于商业日渐发达的京都,而且是殷富的商人家庭,他却因爱读书而走向治学之路,选择了简单平淡的生活:

> 惕斋于功名财利,淡然无情。虽少长于贾竖之间,不知物价。其家世素封也,而盈缩无所答。尝为管长所赃墨,亲串欲以鸣官,惕斋不可,曰:"以私财损人性命,不慈莫大焉。"从是家道日涒,而亦不为意。
>
> 惕斋凡所学靡不通晓,天文地理,尺牍量衡类,皆能究极之,而尤邃于礼。其处家行己,吉凶及日用之间,一轨于古道,言动不苟,践履足则。又审音律,其所发明者,虽当世达者钦服之。

惕斋行状一卷,首载其肖像及惕斋自题诗。其诗云:

利名双字胡为者,　　亿万民生俱策驱。
奢蕫弃材懔世计,　　考槃林曲永言娱。②

---

① 加藤周一『日本文学史序説』、東京:筑摩書房、1980 年、第 105—106 頁。
② 原善著『先哲叢談』、國史研究會、1916 年,第 74—75 頁。

惕斋奉性理学，以诚敬为本，深非时辈涉异说。其教人以《小学》《近思录》，开卷之惓惓，至老不少息。室鸠巢与和角某书曰："惕斋一生崇信程朱，始终不绝，可谓近世之醇儒者。老夫虽不敢自比先辈，其崇信程朱，则不多让焉。"雨森芳洲《橘窗茶话》在谈到当时的学风时，曾提及少年时代的求学经历，说："余少岁时，以明经为志，如中村、米川诸儒，固不可以博学名之，然其立身卓伟，自修谨严，亦可以为笃行乡先生，今则无斯人也。"①对中村惕斋的人格由衷钦佩。

惕斋少伊藤仁斋二岁，颉颃齐名，当世称曰："惕斋难兄，仁斋难弟。"

惕斋饶著书，其《笔记》《诗集》传后所记四十五部，凡三百十八卷。其所著有《讲学笔记》《五经笔记》《四书笔记》《四书钞说》《读易要领》《三器通考》《三器考略》《慎终疏节》《追远疏节》《本朝学制考》等。室鸠巢曾为作《中村氏五经笔记序》：

> 闻洛下宿儒有中村惕斋先生，隐居讲经于家，一皆崇尚朱子。其于《五经》《论》《孟》等书，皆有笔记，笃学之人也。其后惕斋已没，京师之学大变，今三十年犹使人感慕先辈之风而不能自已。

在惕斋的著述中，有一部女诫书《姬镜》，书名取女子镜鉴之意，收罗中日古今名媛故事，使人谓之"其克裨世教，莫过此书"，室鸠巢以其不载义经静，引"采葑采菲，无以下体"以尤之。《先哲丛谈》则认为"要惟遗一烈女耳，何害此篇？"

雨森芳洲《橘窗茶话》卷之中说："余童卯时，米川仪兵卫、中村迪斋、藤井懒斋，俱以经学教授京师，信从者众。"②其中提到的中村迪斋，即中村惕斋，乃因日语中"惕""迪"发音相同而讹。

《诗经示蒙句解》，十八卷，享保三年（1718）刊，收入1925年早稻田大学出版部出版的《汉籍国字解全书》第5册。"示蒙"，就是教导童蒙之意。这表明了本书的教科书性质。原书有增田谦之（益夫）叙。

---

① 日本随筆大成編輯部『日本随筆大成』第二期 7、東京：吉川弘文館、1994 年、第 384 頁。
② 日本随筆大成編輯部『日本随筆大成』第二期 7、第 378 頁。

一、中村惕斋其人与《诗经示蒙句解》

《诗经示蒙句解》原本是在中村惕斋弃世10余年后,由其子孟干刊行的。从叙中可以看出,中村惕斋以朱熹《诗集传》为主并吸收其他《诗经》研究资料编译的这本书,也是为了让"丱角之童、茹芦之妇"也能容易地获得兴、观、群、怨之益。中村惕斋充分为学童着想,对诗句逐字标注假名读音,详标训读,对朱熹的注解和其他资料文字,也尽可能多用假名而少用汉字,很便于阅读理解。

书前有阿阳(在今德岛县)人增田谦之(1663—1743)撰写的序。增田谦之,通称平内,字益夫,号立轩。由阿波国赴京都师从中村惕斋学儒学,惕斋去世后,袭承师业。归乡后为儒官,享誉学界。其序曰:

诗经示蒙句解叙

昔者夫子之教门人也,诗书执礼皆恒言也,而其于诗,尤屡言,曰:"小子何莫学夫诗?诗,可以观,可以群,可以怨。迩之事父,远之事君;多识于鸟兽草木之名。"由是观之,诗者,孔门之所先,而学者之所急也。然去古既远,邦域亦殊;且诗之为言,婉微曲折,苟非以国字解释之,则不能使初学喻其意矣,况使彼有得兴、观、群、怨、忠、孝之益乎!

惕斋先生尝有忧焉。是以赖朱子《集传》为演《示蒙句解》一篇。揭举原文,以国字释之,使其篇章辞句之情,委曲明畅,审密详尽,而至于草木鸟兽,亦知诗所谓某物,即为本邦某物。是故读者不待深思强索,而欣欣骎骎,能通其意,虽丱角之童、茹芦(蘆)之妇,而一听其说焉,则怡然解颐,所谓兴、观、群、怨、忠、孝之益,亦庶几得之于此矣。然则以夫子之诗之教施之于本邦者,岂浅狭乎哉!先生弃世后十余年,其子孟干将附诸剞劂氏,使予叙其事;予虽谫劣,而沐于先生之泽者深矣,不可以辞也,于是乎书。

享保戊戌中冬既望　阿阳后学增田谦之益夫

本书的大部分属于对《诗集传》的"连译带改",或称"改译"。这种翻译方式,至今还有存在的理由。美国的中国现代文学翻译家葛浩文在

2014年4月22日《东方早报》与中国作家座谈时说:"英文和中文可以说是天壤之别的两种语言,真要逐字翻译,不但让人读不下去,而且更会对不起原著和作者。"其实,汉语与日语的转换也存在逐字翻译的困惑。对于与《诗经》从未相遇的人来说,对任何《诗经》研究者著述逐字翻译的译本,偶读可能读不进去。早稻田大学1926年刊行的《诗经示蒙句解》,署名"中村惕斋讲述",而不署"中村惕斋译",或许正是避免对是否属于翻译的纠缠。

中村以《诗集传》为底本,绝大多数文字系据此编译,《国风》部分连《诗集传》所引张氏、杨氏、范氏、刘氏、吕氏、胡氏、王氏诸说,也基本照译不遗,一般也都保留《诗集传》中关于这些说法引自谁人的文字。只有个别过于难懂的引文,才予以省略,未予译出。如《曹风》最后一篇《下泉》之后,《诗集传》中引用了程子"易剥之为卦也,诸阳消剥已尽,独有上九一爻尚存"以下,因为涉及艰涩的《易经》,中村将这段引文舍弃不译,盖以为这些议论离一般读者太远,舍去亦无碍大局。① 朱熹引这一段话,为了说明为何《下泉》为变风之终,中村也就将这种看法保留了下来:"乱极则自当思治,故众心愿戴于君子,君子得与也。《诗》《匪风》《下泉》,所以居变风之终。"至《小雅》部分以后,这一类引用文字多删去"王氏""程氏"之类的出处,而径直译出其说,不译出的部分也渐有增加。从整体上来说,基本可以看作《诗集传》的一个编译本。

在译解中,中村突出了朱熹《诗集传》劝善惩恶的诗教观。朱熹说《静女》是"淫奔期会之诗",既然如此,为什么《诗经》中还要保留这样的诗呢?中村在《静女》一诗之前,作了这样的说明:"凡此经载淫奸污秽之诗,乃令人不堪其难看而厌恶,感动其憎恨邪恶之心也。特别是此等之诗,若为挑逗之男子自作,忘却羞耻之甚,宜越发厌恶、憎恨焉。凡无礼不义、谗佞邪恶之诗杂取之,皆此意也。况读好诗,生善心,对此则好恶之情渐切渐深,共归于性情之正,诗之教,然也。"②先将《诗经》分为好诗、恶诗,而后又将情诗定为淫诗,由此导出读好诗接受正面感化,读恶诗接受反面教育的公式,为所谓劝善惩恶《诗经》说找到一个最简单的操作模式。后来太宰春

---

① 早稻田大學出版部編『漢籍國字解全書第五卷』、東京:早稻田大學出版部、1926年、第198—199頁。
② 早稻田大學出版部編『漢籍國字解全書第五卷』、第70頁。

台等力攻朱熹《诗集传》的学者,火力就主要集中在对这种教化逻辑上。

在《诗集传》的基础上,中村也补充一些鉴赏文字。《邶风·燕燕》一诗引朱子称赞此诗文字之美"词气温和,义理精密",自秦以来罕见,"譬如画工一般,直是写得它精神出"。① 此说出于《朱子语类》。

中村还增加了一些表现手法的说解。《卷耳》末章最后说:"此章之意,亦与上章同,只换词以言。凡诗章重复同一词者,乃其思深,故仅言一回,以为意未道尽,反复言之。大抵始终之间,其意渐渐深切也。"对于所谓叠咏体加以概括分析。这是参照《毛诗正义·卷耳》中下面这段话的意思译写的:"诗本蓄志发愤,情寄于辞,故有意不尽,重章以申殷勤。"钱锺书《管锥编》谈到《摽有梅》三章"语虽异而情相类"时说:"此重章之易词申意(varied iteration)者。'重章'之名本《卷耳》次章《正义》。先秦说理散文中好重章叠节,或易词申意,或循序渐进者,《墨子》是也。"②《正义》对重章的说解,发挥的是汉语言凝意结、宜于短句的特点,而中村的说解发挥的是日语字钩词连、宜于长句的特点,在用词上也有文白之分。

《桃夭》一诗末章,中村解释说:"诗人始见花,起兴,反复称叹,故两章变文,及实,又及叶。兴之体,如是者众,非别有义。"《毛诗正义》只说了"以异章而变文耳",中村之说省略了考据文字,简洁明了。

《小雅·蓼莪》:"父兮生我,母兮鞠我。"中村解释中说:"此二句,亦兼母之生、父之鞠之意。"③说明两句乃互文见义。"互文"之说,见于《文选》李善注。钱锺书《管锥编》引《恨赋》:"或有孤臣危涕,孽子坠心。"后说:"按《文选》李善注:'然心当云危,涕当云坠;江氏爱奇,故互文以见义。'"又引《别赋》:"心折骨惊",善注:"亦互文也。"《泣赋》亦云:"虑尺折而寸断。"说:"语资如'枕流漱石''喫衣著饭'等,实此类(catachresis)耳。"④中村或从《文选》李善注中知道"互文"之说,以解释"父兮生我,母兮鞠我"的特殊句法。

中村增添的和歌之说,也是为了丰富对《诗经》表现手法的理解。朱熹分别在《关雎》《葛覃》《樛木》中说明了赋比兴的概念:"赋者,敷陈其事而直言之也。""比者,以彼物比此物也。""兴者,先言他物以引起所咏之词

---

① 早稲田大學出版部編『漢籍國字解全書第五卷』、第47—48頁。
② 钱锺书《管锥编》第一册,北京:中华书局,1979年,第76页。
③ 早稲田大學出版部編『漢籍國字解全書第五卷』、第3頁。
④ 钱锺书《管锥编》第四册,北京:中华书局,1979年,第1413页。

也。"中村将它们放在一起,在《关雎》中就一并说明,并且各自以和歌中的相应说法来对应,说"赋"就是和歌中的"かぞへうた","比"就是和歌的"なずらへうた","兴"就是和歌中的"たとへうた"。① 以上所举,皆最早见于《万叶集》。

二、"反兴说"与"反比说"

中村译解中多提到所谓"反兴"。《召南·殷其靁》:"殷其靁,在南山之阳。何斯违斯,莫敢或遑。振振君子,归哉归哉!"《集传》:"兴也。殷,靁声也。山南曰阳,何斯,斯此人也。违斯,斯此所也。遑,暇也。振振,信厚也。南国被文王之化,妇人以其君子从役在外而思念之,故作此诗。言殷殷然靁声则在南山之阳矣。何此君子独去此而不敢少暇乎?"中村似乎觉得朱子之说,尚未明了两句的关系,故补译为:"殷殷之雷,本无定所,却在南山之阳,不去他处;唯此夫君,居无所定,却何以离此处而忘彼处,不敢少暇乎? 念其勤劳,凡此体谓之反兴。"这里所说的反兴,是以相反的事物来取兴。起兴之物与所抒发的情感不是直接对应的关系,人情与外物之理相反,多借人不如物之叹,来突出抒情者的反向情感。见美而思美,闻喜而喜,是为兴;而见美而思丑,闻喜而悲,或为中村所说的"反兴"了。中村亦采"反比"之说,认为《小雅·白华》中的"鸳鸯在梁,戢其左翼",是以鸳鸯一心一意、雌雄相依,不失其常,以反比王(幽王)夫妇之情薄。

正兴、反兴之说,多载于顾梦麟《诗经说约》。这部书是江户儒者读《诗经》最重要的教材之一,中村将其置于座右,译解时随时参照,是不难推想的事。

中村在解释词语与诗意,虽然主要依据的是《诗集传》,但也参照了一些前人的其他著述,为译解作补充,有些属于字句的考释。如《小雅·四月》:"匪鹑匪鸢,翰飞戾天。"中村据《说文》,认为"鹑"当作"鵰",日本叫作"わし",鵰和鸢一样都是能飞得很高的飞禽。有的属于进一步阐发诗教。他于《邶风·二子乘舟》引"三山李氏"之论圣人存此诗以戒垂后世之意,从楚平王说到唐明皇,大谈淫乱之祸。② 考所谓"三山李氏",当指宋人

---

① 早稻田大學出版部編『漢籍國字解全書第五卷』、第12頁。
② 早稻田大學出版部編『漢籍國字解全書第五卷』、第72頁。

李樗,李樗字迂仲,一作若林,"其学以孝悌忠信,穷经博古为主",学者称迂斋先生,又称三山先生,著有《毛诗解》三十六卷,与黄櫄《诗解》合称《毛诗李黄集解》。《小雅·鼓钟》,朱熹说"此诗之义未详",下引王氏之说。中村云:"此诗之义未详,今据苏氏、王氏之说,大略释之。"

如何译解《诗经》中的鸟兽草木名是一个必须解决的问题,它们有些是日本也有的,有些则是日本没有的,两者如能对应,自然好办,而有些无法对应的,也需要用相似的东西来提供想象的依据。如果只靠训读,可能说不清楚。在江户中后期,也出现过一些专门研究《诗经》名物的书,如冈玄达鉴定、江村如圭撰《诗经名物辨解》(有 1731 年自序)、渊景山《诗疏图解》(有 1776 年识语)、冈元凤纂辑《毛诗品物图考》(有 1784 年序)①、小野兰山加注日本名称。清原野雪樵撰《诗经名物图说》(1808 年版)、细井徇著《诗经名物图》(1874 年版)②等。中村在译解中引入"和名"即日本俗名,是这种研究的先行者。以下是书中提到的几种和名:

《召南·草虫》:"喓喓草虫,趯趯阜螽。" 草蟲は、蟲の名、今のはたをりめなり、俗に誤てきりぎりすと称す。

按:"はたをりめ","はたおりめ(機織女)","きりぎりす"(螽蟖)之古名。

《小雅·我行其野》:"我行其野,言采其蓫。" 蓫は、悪菜の名、しと訓ず、俗に云ぎしぎしなり。③

按:"ぎしぎし",植物名,羊蹄。

《小雅·小宛》:"宛彼鸣鸠,翰飞戾天。" 鳴鳩は、班鳩なり、いかるがと訓ず、はとの類、俗につちくれと云なり。④

---

① 冈元凤纂辑、王承略点校解说《毛诗品物图考》,济南:山东画报出版社,2002 年。
② 细井徇《诗经名物图》,杭州:浙江人民美术出版社,2015 年。
③ 早稲田大學出版部編『漢籍國字解全書第五卷』、第 275 頁。
④ 早稲田大學出版部編『漢籍國字解全書第五卷』、第 307 頁。

按:"つちくれ",当指"つちくればと(土塊鳩・壤鳩)","さじばと(雉鳩)"的异名。

《小雅・小宛》:"螟蛉有子,蜾蠃负之。" 螟蛉とは、桑の木にある、青き小蟲なり、あらむしと訓ず、俗に尺とりと云者に似たり。①

按:"尺とり",即"尺とりむし(尺取虫・尺蠖虫)",尺蠖。此谓螟蛉是与尺蠖类似的昆虫。

如果诗句中没有难懂的词语,中村就直接译成流畅的日语;如果难解的词语,而在日语俗语中又有类似的说法,他就顺手拈来,以冲淡原词的陌生感。

《周南・汉广》:"未见君子,惄如调饥。" 惄はうへたる意思、俗语のひだるきなり。

按:ひだるき,即ひだるい(饑)。文语ひだるし。饿得慌,饿的没劲儿,引申为欲望、特别是性欲旺盛。

《豳风・伐柯》:"伐柯伐柯,其则不远。" 則は法なり、俗に手本と云義なり。②

按:用日语"手本"(てほん)解释"则",手本有字帖、画帖、范本与模范、榜样等意。

《小雅・白驹》:"所谓伊人,於焉嘉客。" 嘉客は、俗に珍客と云が如し。③

按:ちんきゃく,稀客。

---

① 早稻田大學出版部編『漢籍國字解全書第五卷』、第308頁。
② 早稻田大學出版部編『漢籍國字解全書第五卷』、第218頁。
③ 早稻田大學出版部編『漢籍國字解全書第五卷』、第273頁。

《小雅·巧言》:"巧言如簧,颜之厚矣。" 顔の厚きとは、かたくなしくて、恥を知らざることを云、俗に面皮(メンヒ)の厚きと、云が如し。

按:"面皮厚(あつ)し",厚脸皮,不害臊。日语的这一俗语实出《开元遗事》。日语中尚有"鉄面皮(てつめんぴ)""鉄面(てつめん)"等词语,皆厚颜之意。

三、"国字解"与《诗经》翻译

同一时期与本书类似的书,还有宇野东山(1735—1813)根据《郑笺》译述的《毛诗国字解》,有天明年间(1781—1789)与1913年博文馆刊本。东山放弃世代行医的家业,向清水江东学习古学,著有《四书国字辨》《论语国字辨》等。

雨森芳洲《橘窗茶话》中谈到治学的方法时说:"夫圣贤之道存乎书,书之意在言,言之义在字。字学不可以不明。然字学不可以徒得,必也。既能博学,又兼能诗、能文,擅名域内,如先生门下鸠巢等诸人者,可以当中华人百分之一,又难矣。今世所谓经生家者,仅读《四书》小学等书,讨论讲说,略觉超出庸众,则抗颜为师,以明经自负。彼其字且不识,意何由而通?意且不通,圣贤之道何由而明?此乃所口者穷理,而穷理之学未曾讲也。故其为学也,固陋褊执,见识皆窊,终不过是斗筲之器耳。岂非吾人之所当戒励者哉!"[1]感慨世已无中村惕斋那样躬行自修的学者。雨森这一番话,强调读书识字、通意,切中江户时代中期以来朱子学末流空谈性理的弊害,堪称卓见。其言之理,又不仅适用于其时之学,即于今日之我们,也不乏一读的价值。即使是写面向一般读者的书,也需力求讲得准,不在前人面前做念错经的歪嘴和尚,也需从识字、通意入手,这岂不是显而易见的吗?

四、朱子学与《诗集传》对日本文化的贡献度

源了圆在他的《德川思想小史》将朱子学在江户时代的贡献归纳为五

---

[1] 日本随筆大成編輯部編『日本随筆大成』第二期7、第383—384頁。

个方面,即:朱子学对于日本社会世俗化有所贡献,应社会要求,进行了人伦教育;将社会的上下差别、自身出生的身份作为与生俱来的东西来接受,其中日本朱子学的人伦道德,特别具有安分守己的性质;不能忽略朱子学所阐述的"修身齐家治国平天下"的教诲,对武士唤起了对"公"的责任感;朱子学对尊王论有所影响;朱子学所具有的合理侧面对德川社会也有所影响;幕府末年维新时期,朱子学的道理起到了自然法的作用,成为接受西方国家平等思想的基础。①

具体到朱熹的《诗集传》,对于日本儒家文化的传播以及《诗经》研究与普及,均产生过很大的影响。《诗集传》可以说是德川时代阅读最为广泛的《诗经》著述。在此之前的五山时代,翻遍《五山文学全集》,也很少能找到有关《诗经》的诗文。虽然室町、镰仓时代有清原家等屈指可数的几家在研习经学,也曾有人积极汲取新传入的宋学,毕竟是极少数人的事情。伴随德川幕府儒学、朱子学的提倡,《诗经》才更多走进读书人的视野。较之逐句疏解的《毛诗正义》,《诗集传》还具有说解简洁、更易接受的优点。这对于域外的接受者来说,尤其不可小觑。

中村惕斋有关经学的著述,多是对朱子学的介绍或启蒙之作,其学说主要见于讲学的笔记。在他去世(时年74岁)前不久,曾作绝句:"上与圣人龄算等,下如真儒享年同。德功全尔无成得,唯有信斯不易衷。"并附言:"呵呵一笑归去。"②

第二节　溪百年:《经典余师·诗经》

近年,日本太空社影印出版了200多年前普及儒学经典的著述《经典余师集成》,全书共十卷,第一辑六卷已经刊行,多达4600多页。第二辑即将出版。原书对四书五经用假名加以注释解说,集成中所收各书,均有小泉吉永所做的详尽解说,包括了对底本书志、书名、书型、作者、年代、备考等重要内容。刊行者认为,《经典余师》是江户后期天明、宽政年间掀起汉籍自学热的畅销书,是能够自学儒教(四书五经等)的庶民期待的教材。它的口号就是"不须老师"。江户时代提倡"报德思想",推动农业复兴政

---

① 源了圆著『徳川思想小史』、東京:中央公論社、1984年、第24—27頁。
② 市川本太郎著『日本儒學史』四１近世篇、東京:汲古書院、1994年、第120頁。

策的农政家二宫金次郎,历来被日本政府树立为"好学儿童"的楷模,据说当年就是从读这一套书开始走上成功道路的。与此同时,《经典余师》在传播儒学经典中的作用,也引起了汉文化圈学界的关注。铃木俊幸《江户读书热:自学的读者与书籍流通》①对此书作了评介,他还撰写了《经典余师考》②。这样一部面向一般读者撰写的经典普及读物,在它问世近两个半世纪的时候,仍然具有这样的影响,当然不是偶然的。

《经典余师》各卷完全不同于当时儒者用汉文撰写的满篇难懂汉字的著述,而改用假名,用庶民能够理解的语言,对儒家经典进行尽可能通俗的翻译与解说,集成第一辑第五卷与第六卷收入的是《诗经》部分。江户后期自学儒学的人,很多就是靠这部书获得有关《诗经》的知识并理解中国最古老的诗歌的。生活在今天中国的我们,特别是曾经逆境有过自学经历的人们,对那位为偏远地区自学者着想的作者,对他在著述中关照无师可拜、无书可读、无书会读的困学者的点点滴滴,也会感到亲近。

溪百年(1754—1831),赞岐(今香山县)人,本姓河田,名世尊,字士达,通称大六、亲大、大录、玉海舍主等。师事菊池黄山,后游学于江户、京都、大阪,仕于因幡鸟取藩,教授于藩校尚德馆,精通兵学,为该藩荻野流炮术的开山鼻祖。他钦慕水户德川光圀的学问,著有《天朝史鉴》《天朝史略》。享年78岁,其墓在日香寺。

溪百年最重要的著作,是他撰写的《经典余师》系列。这一套书,始于1786年刊行的"四书",继而《孝经》《大学》《四书序之部》《诗经》《孙子》《易经》《书经》《近思录》《孝经》等相继刊出,成为江户时代的畅销书。其中《诗经》八册,为宽政五年(1793年)刻本。另有《七书正文》传世,1855年文荣堂、文金堂合梓本。明治时代这些书也曾由宝文馆、千代田书店等刊印,2009年更有太空社的影印本全十部六十卷五十一册问世。

溪百年自述其自学撰述之情怀:"世尊不佞生于海隅,育于渔樵,身不习礼义,固无意显达。且伏枕与岁相半,病间读书适意而已。……其余间著《经典余师》二十五卷,狂简之言,虽卑卑焉,庶乎为蒙士为学之一助。"③

笔者所藏正是初刊本,第一册封面背面署赞岐百年先生述,_{经典余师}诗经之

---

① 铃木俊幸『江戸の読書熱:自学する読者と書籍流通』、平凡社、2007年。
② 铃木俊幸「經典餘師」、載『一橋論叢』134巻4号、日本評論社、2005年10月。
③ 溪百年『經典餘師集成一』、東京:太空社、2009年、第31頁。

部(八卷),浪华书林(称鸱堂利涉堂)刻,乃为大阪所刻。第八册末尾,标明了刊行时间为宽政五癸丑年四月,后书有"大阪书林(柏原屋与左卫门/柏原屋嘉兵卫)",乃发行者。封底还标明"三都发行书肆",即江户、京都、大阪三地共六家书店。当时此三地的书店,已经有了连锁经营的规模,所以大阪刊刻的书,在江户、京都也都不难买到。这也是《经典余师》能够畅销各地的保障。从《经典余师》的出现及流通,不仅可以窥见江户时代儒学在官学之外的一个侧面,而且可以重新认识儒学与江户后期与明治时代文化转型的密切关系。

一、面向穷乡僻壤自学者的经学教科书

《经典余师》丛书每种前均载有菅原胤长撰写的序言,兹录于下,并分段标点:

> 先王之道,存乎七经也,炳如日星。然或有不知不解者,何也？不善读故也。所以读而不善读何也？不得其师故也。是以古之学者,必择师而后日知其所未知,骎骎乎以进。传曰:三王四代,唯其师,其斯之谓欤？
>
> 通邑大都,固不乏其师,若夫僻邑寒乡,求师而不得,徒费岁月者,实可悯哉。
>
> 溪世尊有慨于兹,谓高论之无益,不如卑论之有益也。因以国字解《论语》《孝经》等书,谆谆不置,名曰《经典余师》,学者获而读之,则虽僻邑寒乡,岂不有余师哉。因介乞余序,为题以语云。
>
> 天明丙午仲秋
正二位菅原胤长

有关菅原胤长的资料很少,只从滨宫天满宫收藏的文物知道,1796年他补任权大纳言。序言中赞许溪百年之书,可以让穷乡僻壤的读书人也能得到指教,《经典余师》的刊行与推广,或者与这位高官的支持不无关系。

或许在溪百年之前,还没有人将这么多经书的俗解当作一项事业来做,溪百年必然投入了相当多的精力。在江户时代的日本,包括史书、小说之类的中国书籍,都急急忙忙地在做俗译的工作,译成日文(往往是译编)的这些书拥有广大的读者群。读者群也从江户、京都、大阪等大都市逐渐扩大到各藩藩校及其周围。各藩藩校也在进行经学教育,而教育条件却可能远远比不

上大都市。溪百年来自并不繁华的赞岐,这使他从中找到了自己的价值。

在全书开头,即有他撰写的附言,包括《读书之大意》《读书法》《读书之德》《大成至圣文宣皇帝孔夫子略传》①等,涉及学术思想、读书方法等基本问题,意在为初学者指引门径。

《经典余师·诗经》第八册,即最后一册末尾,录有如下用汉语撰写的短文:

> 夫诗之为德也,可以兴,可以观,可以怨,迩之事父,远之事君,多识于鸟兽草木之名。云人不可不学,而在上之人,最为当务之急。夫在九重之内,而临巢穴之民,悠远相隔,如胡越然,欲通下情,不亦难乎? 知稼穑之艰难,知小人之依而后可以言治。盖相通人情,莫如诗矣,此夫子之所以列于经也。

这是溪百年在书中留下的唯一的一段汉文。可以视为溪百年自撰的后记,通过说明在上之人读《诗》以知下情的道理,来确认自己的儒者身份,表明自己所著之书,不仅是面向一般读书人的,也是"在上之人"所需要的。

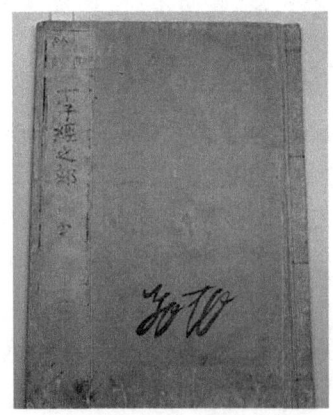

江户时代刊本《经典余师》

1786 年刊《经典余师·诗经》序(王晓平藏)

---

① 溪百年『經典餘師』、日本国文学资料馆藏、豊田屋宇左衛門等出版、文久元年(1861)、第3—10頁。

江户时代学人学习《诗经》,用得最多的课本是朱熹的《诗集传》。该书在经学书中算是好读的,其中仍有不少引经据典之语,足以让异国初学者望而生畏,至于要读懂《毛传》《郑笺》和孔颖达的《毛诗正义》,那就需要更长时间的钻研。就是当时最流行的明人顾梦麟的《诗经说约》那样的书,不是专门研究《诗经》的人,也是很难啃动的。这些书中大量难懂的汉字和层层叠叠的陌生词语,是将初学者、自学者挡在门外的重峦叠嶂。溪百年顺应德川幕府提倡儒学的需要,将《诗经》等儒家经典用较为浅显的日语假名编译出来,本身是一个创举。因为即便在教育相当普及的江户中后期,汉学者撰写汉学文章也多用汉文,即便是学者的随笔,也是在假名中夹杂众多的汉语词汇,单纯的假名文体被视为妇女儿童专用的通俗娱乐书的文体,各种假名小说与和歌,自然不能与儒学相提并论,就是所谓"国学"学者,也会避免纯假名文体,总之,假名似乎与汉学不是一家人。溪百年用假名译编经书,自然面临很多语言处理问题,如怎样尽可能少用汉语专用名词,佶屈聱牙的汉语结构怎样简化,繁难的注释如何简明化等,要做好这些事情,除了钻研经书之外,就还需要对翻译技巧、文字处理等问题进行一番考量,这绝不是一件随随便便就能做好的事情。

二、溪百年的《诗经》研究

如同今日的外国古代经典翻译一样,翻译本身就带有很强的学术性。这是因为,译文传达的就是译者对经典的理解,译者对原典的识读,对其审视的深度,是决定译文面貌首屈一指的因素。译者对原典的介绍,本身含有文化操纵的意义。在《经典余师·诗经》开头,溪百年这样介绍《诗经》:

> 诗者,民间之谣,各地之歌也。昔日周代,国之诸侯,收取歌谣献于天子,天子令音乐之官演奏之,以察当地之风俗,地方之人情也。今为教,备经书,凡上之立,为政务者,以知上下人情为第一义也,人情者,老少、男女、贵贱、贫富者之情也。

一上来他所强调的就是读《诗》,以"知上下人情为第一义"。由此,将《诗经》价值定义为"知人情",这正是伊藤仁斋一派所提倡的"人情说"。这也是溪百年解诗的宗旨。接着介绍《国风》:

> 国风一,言如风之所触,人情之动也。诗之国风、二雅、颂之四者之第一番也。在上者第一事也。人情者,喜怒哀乐爱恶欲之七也。诗之善者,在高位而知下贱之情,身处富贵,而知道贫穷之情,见善劝之,见恶惩之,其辞古雅,本邦《万叶》和歌之类也。

溪百年虽然强调所谓人情,就是人的喜怒哀乐爱恶欲这七种情感,但同时也不忘突出一下读《诗》要劝善惩恶。作为一部面向最多数读者的教科书读物,本身要求最大限度地包容本领域的基本常识,而不是特别凸显某一种主张。朱熹《诗集传》仍是当时最具影响力的《诗经》研究著述,溪百年自然多引以为据。不过,从对各首诗篇的解释来看,溪百年又并非专从《诗集传》。

溪百年对每首诗,在诗题之下,都以一两句或几句简短的话,说明该诗写的是什么,这很像是《毛诗》的《小序》,今人高亨的《诗经今注》也采用了这样的做法,这可以让读诗者在读诗之前对大意有一个基本的把握。虽然说诗无达诂,但给一个提示,放出一个想象的空间,当然是有助于读者的领会的。《诗集传》往往把这一部分内容放在第一章的诗句解释中,或者在诗后引用别人的看法,当然也是一种方式,不过对于初学者或者不能耐着性子读完全诗后再去追问写了什么的人来说,就不如《毛传》开门见山了。溪百年显然是选择了《小序》的做法。

下面将所说诗意,部分译出,以见其解诗之一斑:

《唐风·无衣》:曲沃桓叔既已夺国,乃贿赂周天子,欲求赐侯伯官爵之命服,无礼倨慢之至也。

《秦风·车邻》:秦嬴氏本夷狄也。自襄公乃为诸侯,始有车马之备,国人喜而夸美赋之也。

《秦风·驷驖》:秦襄公狩猎之出,美其车马武备之壮盛也。

《秦风·小戎》:秦襄公之时,受天子之命,征伐西戎,美其军卒之盛,又军士之妻思念其夫而作之也。

《秦风·蒹葭》:言寻访所思之人,终未见之也。

《秦风·终南》:秦国之人赞君有德之诗也。

《秦风·晨风》:言妇人见鹰之归林,念其夫久而未归也。

《秦风·无衣》：平生之交义，皆又一大事，而未必苦乐相同，是言交结之厚。

《陈风·月出》：思有德之人之词也。

《陈风·株林》：刺陈灵公无道，通于其大夫夏征舒之母也。母其采邑名株林，夏征舒字子南，故谓之夏南。

《陈风·泽陂》：言思君子而不得遇之也。

《小雅·白驹》：未能留住贤者以振兴其土地，惜之而作也。

《小雅·蓼莪》：述世衰民贫，父母无养之词也。

《小雅·黄鸟》：昔有一人，自离本国，前往他国，居住已久，欲归故里，假黄鸟而言之。

《小雅·大东》：东宫诸侯为周所侵赋征不已，国衰民苦，故谭国大夫作此诗也。

《大雅·荡》：言周之天下大坏，政道弃置，纲纪亦绝。是亦言厉王之事也。

《大雅·瞻卬》：刺其时幽王恶逆，长沉溺于褒姒之色，国家大乱也。

《周颂·访落》：于先祖之庙所，与众臣下相谋划也，其乐歌也。

《周颂·敬之》：成王受其群臣之劝诫，述其言也。

《周颂·小毖》：求助于群臣之意也。言《访落》之诗心也。

《周颂·载芟》：祭祀天地农作之祖，祭祀四方之神明、社之神明之乐歌也。

大体说来，溪百年接受了伊藤仁斋、伊藤东涯、荻生徂徕的"诗道人情说"，在《诗集传》的基础上，对诗篇加以领会，再以简明的语言进行概括。他不属于拥《序》派，但也并非对《序》一概信从。

三、引"汉"入"和"，化难为易的技术处理

对于江户时代的人们来说，不论是《毛诗正义》还是《诗集传》，都不是能够轻松地读下去的。而要拉近读者与《诗经》的关系，溪百年有很多技术性问题需要解决。在这方面，他沿用了日本文化中常见的思维，就是以存旧图新、新旧并存的方式，为《诗经》的日语表达闯出一条路。

溪百年将诗篇的训读放在了栏上,这是让训读这种文字不变的翻译方式继续辅助读解,在这一点他也有一点创造,那就是把训读中不读的虚词,直接用圆圈圈起来,而不是像平安时代以来常有的做法,在该字右侧或左侧写上"师说不读"的字样。

如《齐风·鸡鸣》首章:

雞 既に鳴 ㉯ 朝既に盈 ㉯ 雞 則わち鳴に匪 蒼蠅之聲なり
(にはとりすで なく あさ みつ にはとりすな なく からずそうよう こえ)

原文中使用的是江户时代通行的假名写法,这里引用时皆改为当今规范写法。在训读中,不读的虚词很多,一般常见的有乎、也、兮、矣、于、而、焉、哉等。

思　《周南·汉广》:"不可方㊀。"《小雅·无羊》:"尔羊来㊀,其角濈濈;尔牛来思,其耳湿湿。"

只　《鄘风·柏舟》中的"不谅人㊀。"《邶风·燕燕》:"仲氏任㊀。"

止　《召南·草虫》:"亦既见㊀。"

于　《邶风·柏舟》:"愠㊀群小。"《邶风·燕燕》:"远送㊀野。"

则　《邶风·匏有苦叶》:"深㊀厉,浅㊀揭。"

且　《唐风·椒聊》:"椒聊㊀,远条㊀。"

只且　《邶风·北风》:"其虚其邪,既亟㊀㊀。"

斯　《豳风·破斧》:"哀我人㊀,亦孔之将。"

者　《秦风·黄鸟》:"彼苍㊀天,歼我良人。"

迈(已)　《大雅·崧高》:"往㊀望舅,南土是保。"

於　《鄘风·载驰》:"驱马悠悠,言至㊀漕。"《周颂·载见》:"烈文辟公,绥以多福,俾缉熙㊀纯嘏。"

与 《商颂·那》:"猗与那与,置我鞉鼓。"

与中村惕斋《诗经示蒙句解》不同,溪百年几乎不离开诗句去解释诗中的词语,因为那是专门研究《诗经》的人才需要的,而一般读者只需知其大意就足矣。对于每一首诗的正文,溪百年则采用了分章翻译的方式,而非一句一句拆开说解,这是为了避免繁复的注释,给人以碎片的印象。如《何草不黄》第一章:"何草不黄?何日不行?何人不将?经营四方。"

现将百年的译解用现代假名转录于下:

何を見ても黄ざる草なくとは春の青草より秋冬の黄む季節にいたりまで春になり始終軍役にくるしむがゆえに何日となく不行となく何までも一人として軍役に将らき不きのなくとぞ誠に徳を用て治るということなく年中四方の国々を経営するにのみくるしむなりとぞ

《大雅·生民》:"鸟乃去矣,后稷呱矣。实覃实訏(许),厥声载路。"

鳥飛去ば后稷呱たまふそのくちこの子次第に覃許てその声高く路のほとりに載きこえきこえとぞ

文中"覃"作"覃","訏"作"許"。

溪百年对诗篇大意的把握,很多来自《小序》,也有遵从《诗集传》的。总的来说,都经过他自己的思考,而非纯从一家。这无疑是受到朱熹"涵咏文本,求诗本义"解诗主张的影响。

溪百年说《郑风·褰裳》:"欲使将弃我者回心定意之戏谑之歌词也。"《毛传》:"思见正也。狂童恣行,国人思大国之正己也。"把这首诗扯到小国大国关系上去了。《诗集传》则细说:"淫女语其思者,子惠然而思我,则将褰裳而涉溱以从子,子不我思,则岂无他人之可从,而必于子哉。狂童之狂也且,亦谑之之辞。"开头便给抒情主人公戴上了一顶"淫女"的帽子,但毕竟看出了"狂童"之类不过是调情的游戏。溪百年的说法,显然对《集传》之说有肯定的成分,又很简洁地概括了全诗的大意。高亨说这首诗写的是:"一个女子告诫她的恋人说,你不爱我,我就爱别人。这是情人之间的戏谑之词。"说法与溪百年相近,也堪称言简意赅,贴近诗意。

溪百年说《郑风·风雨》:"世乱道衰,叹息不止,思贤德之君子也。"这与《小序》所说的"思君子也。乱世则思君子,不改其度也"大体相近,而与《诗集传》所说的"淫奔之女言当此之时见其所期之人而心悦也"不同。

溪百年说《郑风·子衿》:"世道衰落,学校之法混乱。诸生散乱,有归于故乡者。其滞留者,思欲归去者之词也。"《小序》说此诗"刺学校废也。乱世则学校不修焉"。与《诗集传》则认为"此亦淫奔之诗"的意见相左。

溪百年说《郑风·野有蔓草》:"世道衰落,兵乱相继,婚姻之事散乱,时节失却,述其出门邂逅之怡悦也。"《小序》说是"思遇时也。君之泽不下流,民劳于兵革,男女失时,思不期而会焉"。《诗集传》对此诗没有特别戴上"淫诗"的帽子,只是串讲了诗句:"言野有蔓草,则零露溥矣。有美一人,则清扬婉亦,邂逅相遇,则得以适我愿矣。"说诗中呈现的是"男女相遇于野田草露之间"的画面。

溪百年说《郑风·溱洧》:"溱与洧二川在郑国,此诗亦上篇之意,又言兵乱之事稍静,故游之焉。"《小序》说此诗"刺乱也。兵革不息,男女相弃,淫风大行,莫之能救焉"。《诗集传》也断之为"此诗淫奔者自叙之词"。三者在对此诗所描写的场面似乎有相近的见解,而叙述却不尽相同。溪百年既不把这看似平常的画面提升到"淫风大行"的普遍性上,也没有给那渡河的男女视为"淫奔者"。按照溪百年的说法,该诗只不过写了一段再平常不过的日常情感。

第四册于《小雅》之始,说明风雅之别:"曰风,曰雅,体之异也。风者,于言语之外有意味。雅者,正直称述其事。《大雅》者,用于天子诸侯之会朝祭祀等之乐歌也。《小雅》者,用于群臣宾客燕饗之时之乐歌也。"第八册开头释颂:"颂诗者,宗庙之乐歌也。成其功,扬其德告于神明也。颂字者,注作形容也。御德之形容也。"

钱锺书谈到翻译的"讹"时说:"翻译总是以原作的那一国语文为出发点而以译成的这一国语文为到达点。从最初出发以至终竟到达,这是很艰辛的历程。一路上颠顿风尘,遭遇风险,不免有所遗失或受些损伤。因此,译文总有失真和走样的地方,在意义和口吻上违背或不很贴合原文。"[①] 作

---

① 钱锺书《钱锺书散文》,浙江文艺出版社,1997年,第271页。

为较早将《诗经》译成日语的译者,溪百年在翻译过程中的失真和走样已不能免,他同时还要考虑这种译解是否通俗,为了凑合读者的知识水准,不能不放弃有难度的说法,在这一过程中,是取是舍,必须在尽量不离原诗和让人明白之间寻求平衡,其中夹生不顺和遗弃过分的地方也就俯拾皆是了。从文字的角度讲,不够规范的现象也时有所见,如"褒姒"作"褒似","边境"作"边竟","猃狁"作"獵狁"等,都不乏其例。

四、《经典余师》与经学传播

《经典余师》在江户后期流传较广,书名甚至出现在当时的黄表纸(一种通俗小说形式)中。台湾学者金培懿指出,《经典余师》的解经方法,"一言以蔽之,主要是以'和文语脉'取代'汉文语脉'。"他还指出:"由于《经典余师》的出现,日本一般庶民也可以自学中国儒家经典,于是儒家思想、儒家伦理终于有机会真正普及到一般民间社会。借此,日本庶民也开始直接接触来自中国的儒家经典,以及书中所描绘的整体世界。但要注意的是,若大多数的日本庶民所接触的中国儒家经典就是《经典余师》,则江户庶民所理解的儒家经典之伦理道德思想、价值主张,恐怕已是相当日本化的,特别是价值认同上几乎完全归属于日本文化。"[①]

《经典余师》问世之后,一再重印。明治维新前夕的文久元年(1861年)刊行本卷首载有积翠陈人撰写的序言,指出该书与那些令人厌烦的说教型学问不同,读来轻松而不劳倦,其文曰:

> 当今文华大开也,市井童儿诵经书,牧童渔父亦吟诗,升平之余泽可仰焉。虽然,边鄙山家,远境之庶民乏师。适来京师而学,其劳其烦不可言。今此书之为作也,解经典意为国字,令仅知国字者识圣经贤传之旨,以为初学阶梯焉。伟哉!此书之作,万世不朽之大功也。
>
> 时安政四丁巳孟阳积翠陈人题[②]

---

① 金培懿《庶民经学到天朝正学——以溪百年〈经典余师·四书〉为考察核心》,载《岭南学报》复刊号。
② 溪百年『經典餘師』、日本国文学資料館藏、豊田屋宇左衛門等出版、第1頁。

明治时代的《诗经余师》刊本

序言强调穷乡僻壤的学人借此也能自学经书。即便在明治维新之后，该书仍有相当大的读者群。这一传播之功，得到江户中后期与明治维新后学者的公认。在一些学者的记述中，可以找到他们对《经典余师》传播情况的证言：

> 自购四书《经典余师》，摘字撮句，潜心诵读，渐通大义。自是折节履道，砥砺不息，谓读书万卷，不如实践躬行。①
> ——小野太三郎（1840—1912）

> 襄《经典余师》行于世，开村童里蒙自读经书之道。②
> ——松川半山（1818—1882）

> 溪世尊为何许人也不详，想来盖居于两京边一学究。……其以平

---

① 和田文次郎编『小野君慈善録』、石川縣：共潤會、1890 年、第 2 頁。
② 好華堂野亭注解、松川半山繪圖『上層繪入大學童子訓·序』、京都：林芳兵衛、1945 年。

易卑近之方法,试将孔门圣教注入一般人之头脑,独具慧眼。维新以前,有志于独学初学圣教者,无不以此书为阶梯,浴其恩惠者,后年为大学者之人亦非少数无疑。盖世尊其人,绝非有卓识高见者,其功却远胜于其他享有盛名之诸儒先生。①

——宫崎三昧《论语经典余师》序

最后一则引文,摘自1909年宫崎三昧为翻刻《经典余师·论语》而撰写的序言。20世纪初,《论语》等儒家经典再次热起来,《经典余师》以平易文字解读《论语》的书再次获得关注。21世纪之后,《经典余师集成》得以出版,也是因为东亚未来文化发展走向以及儒家在东亚文化中的地位问题,引起了一部分学者的思考。

对于《经典余师》的当代评价,颇令人寻味。市川本太郎的《日本儒学史》对这样一部普及性质的书,只字未提,似乎不太有兴趣,而研究教育史的高桥敏在他的《江户的教育力》一书中指出:"简单就能读汉文,结果书生就变成了懒人,相反,街镇上、村子里的寺子屋里的'笔子'(当时对学生的称呼)却受到恩惠。《经典余师》畅销正与寺子屋的诞生、普及成正比。"②其实,问题并不在于普及类的书籍是否需要,而在于如何将普及的事业逐渐推向成熟。几十年间甚至百年以上流行的就是这样一部经典教材,而没有溪百年的后继者为之纠谬解疑,继续与提升面向一般读者著述的水准,这或许是更为遗憾的事情。书生变成懒人,固然不利于学术的发展,这当然不能归咎于简单读懂汉文的普及教材,而学者懒于在写作适用于初学者与自学者的著述上下苦功夫,则同样不利于学术的发展。学术教育与学术普及,同样需要薪火相传,持续积累。只有先行者而无后继者,也无法将其推向更高的境界。从这一点说,《经典余师》虽然畅销百年,但两百年前的溪百年也不能免于孤独。为了将更多的青年人吸收到学术队伍中来,学人需要研究怎样将书写得既有学术含量,而又好懂、有趣这样一门学问,百年的《经典余师》还算好懂,却并不能说有趣,简洁是它的得胜之道,而这正是当时乃至现在的日本读者普遍欣赏的趣味。

一个国家对于外国文化经典的接受,读者群一般会呈梯形状,梯形的

---

① 溪世尊著,宫崎三昧校『論語餘師』、東京:日吉丸書房,1909年、第1頁。
② 高桥敏著『江戸の教育力』、東京:筑摩書房、2007年。

上边，是少数直接或者通过译文接近原著的人们，而下边则是连译文读来都有困难的人们。依照现时人们与那一经典的文化距离，而上下边的比例也或大不相同。如同我们去读《圣经》《古兰经》等一样，对于大多数人来说，读对译本再次阐释的书，更容易接受。所以，写好译解之书，也是扩大下边、缩小上小边的差距的办法。《经典余师》所做的工作，至今值得回忆，其意义也正在这里。

第三节 《毛诗》课本剧：谣曲《周南》

谣曲《葛覃》等四篇，原为福王流宗家（宗家即一门的核心之家）福王茂十郎所藏，为日本近世后期抄本，既未分节也没有句读，只标明了部分角色，显然是一个稿本。题作《国风十五篇之中第一周南之部》（以下简称谣曲《周南》），另外还有题《一关雎·二葛覃·三卷耳·四樛木》，四个作品的本文还都给各个题目标明了日语读法。抄本由《周南》十五篇构成，不过只有上述四篇编成了谣曲，剩下的只录了原诗，而这四篇也显得形态并不完整，最后的《樛木》还缺了一页。笔者读到的是收入《古典文库》中由田中允编的《未刊谣曲集·续七》。①

《古典文库》收入的作品，大致是尚未整理研究的资料，这里谈到的四个与《诗经》有关的谣曲也很少有人留意。

能剧在日语中就叫作"能"，是一种以镰仓后期形成的歌舞为主体的戏剧形态的表演艺术。"能"本来是能力、才能的意思，后来从这个意义派生出来用以指称"艺能"，即艺术表演的才能，再变而为"艺能"之一的歌舞剧的表演形式。它大致是源于从平安时代到镰仓后期流行的一种以唐散乐为母胎的滑稽解颐的杂艺——猿乐（猿乐恐是散乐的讹转），由猿乐的演员去掉表演中的滑稽成分而发展成为新的剧种。

谣曲是指能的词章、台本，也指与词章配合的曲调，与舞蹈、道白一起作为能的三个要素。

我们看到的这四个谣曲，就是能的四个剧目。但关于作品产生的时间，笔者没有读到任何记述。我们只有根据谣曲的内容和形式做一个大体的推测。

---

① 田中允编『未刊謠曲集・續七』、東京：古典文庫、1990 年、第 431—562 頁。

至于它们的作者,是否上演以及上演的情况,则似乎是很难考定的了。不过,作者能够想到将《周南》编为能上演,显然是一位喜爱《诗经》的剧作者。

这四个剧本都是按照《毛传》对诗篇内容的解释将原诗戏曲化的。

作者的主旨相当明确,那就是通过人物的歌唱进行教化。这四个谣曲虽然都试图围绕《诗序》的说法展开教化内容,但作者也在竭力将它们与日本神道思想和佛教传统融合起来。

能是文学与音乐舞蹈表演的综合艺术,作者在将《周南》编为谣曲时必须考虑充分利用多种表演形式。唱词中自然流露出日本诗歌睹物兴叹、好咏寂寥的抒情特点。《樛木》中的隐士大赞惟此山中寂寥,胜于浮世扰扰,山路上满耳者樵歌牧笛之声,遮眼者竹烟松雾之色,此景何其静寂。《卷耳》也不乏山野之趣的渲染。

狂言是能剧中活跃与调节气氛的重要部分。在能的表演中,歌唱的角色都是面无表情的,只有狂言演员逗趣的语言和夸张的表情连连逗起观客的笑声。在上面这四个相当"主题先行"的剧目中,作者也想设计滑稽逗趣的台词,《樛木》中隐士与田夫正在谈话,跑上来两个扮演猎人的狂言演员,说此深山本无人迹,他们莫不是狐狸成精?就是作者力图打破说教的沉闷,给观客放松的间隙。

为便于今后的研究,下面根据《未刊谣曲集·续七》将四个剧本全文录出,原本编者所作校勘,均以括号为记。底本多有虫蛀之处,依原本以口表示阙字。原文中的俗字、讹字,一般不予改正,而在页下注加以说明,以求保存原貌。对于原文括号内的注释,如有不同看法,也在页下注中予以提示。唱词中多重复语句,原文竖排,重复部分用重文号,此录文则转录出重复部分。

一、《葛覃》

《葛覃》的剧情是一位云游僧人在树下小憩,见到女子们在采葛,不知何用,便向村翁打听,由此引出周南第二篇《葛覃》,发挥起妇教来:

> 僧人:此乃《葛覃》之诗,周文王后妃之作也。后妃虽身份尊贵,
> 老翁:却谓女有女功,垂教后世;

僧人：虽有富家，
老翁：却躬行节俭；
僧人：虽为年长，
老翁：却敬家中老女；
僧人：嘘寒问暖之心。
老翁：今虽侍奉文王；
僧人：却关爱故乡父母。
老翁：皆其德之厚，人所不及也。

《诗序》说："葛覃，后妃之本也。后妃在父母家，则志在于女功之事。躬俭节用，服浣濯之衣，尊敬师傅，则可以归安父母，化天下以妇道也。"谣曲以上部分只是把《毛传》之说变成了僧人与老翁的唱词。

ワキ「是は諸国見の僧にて候、我此ほど何国ともなくめぐり候所に、所々の人機不同なること区々なり、あるひは仏縁厚き所もあり、又は悪業になをも馴（れ）し所もありて、更に定（ま）ることなし、けふは此所に休らひ、国民の機辺をはかりみうずると思ひ候

女（次第）花ちるあとの青葉山、青葉山、若葉すゞしき峯の雲、（サシ）いかにかたがた聞（き）給へ、此晴晴しき四方の空、野辺にいでたるわざは、わざ（濁点底本にあり）わざにさへあるべきに、わらはが業を此中に。いとなむことも何故ぞ、（下歌）身にあまりあるうれしさを、ともに悦ぶけふの業、（上歌）葛かづら、長き日影にかりとらん、かりとらん、生しげりにたる時ならば、いざともどもにかりとらん、山の麓の野辺に今、皆うちつれて急ぐ（傍訓のグは不要）なり、急ぐなり、（下歌）いでいで葛を刈（り）とらん、刈（り）とらん、たぐりたぐりに葛かづら、こなたをかりてつたひゆき、又はあなたの葛かづら、引（き）よせたぐり取たぐり取に、束束て肩にかけ、いざや家路に帰らん、帰らん

ワキ「あらふしぎや、是なる女の所作を見れば、唯一すじに葛かづらを刈（り）とり（「とり」は「とるは」とあるべき所）、何の故にてあるやらん、猶々此所に休らひ、里人に尋（ね）ばやと思ひ候、シ

第八章　启蒙与授业

テ「年久しくも住(み)なれし甲斐あり、明の月ならで最中過(ぎ)ぬる老が身の、明暮野べに立出(で)て、此里人の業をのみ見(る)に、引受(け)し老がたのしみ、　ワキ「いかに是なる翁に尋(ね)申(す)べきことの候、　シテ「何事にて候ぞ、　ワキ「我此木陰に休らふうちに、いとなまめける女打(ち)つれ来り、ともども歌をうたひて葛かづらを刈(り)とる業、いとしほらしく見えけるは、いか成ことにて有(る)やらん、　シテ「めづらしからぬ問(ひ)事哉、布に織(る)べき女の業、　ワキ「いとしほらしき此里の、女のみちやみちのくの、細布絡といふものか、　シテ「はやくもしろしめされたり、葛かづらにて織(る)ならば、葛布とこそいふべきなり、此葛布を織(り)なして、絺とし綌とし年年の、あつさをしのぐ衣手に、かゝる業こそ女の道、ふしんははらし給へかしかし(「かし」不審)、　ワキ(カカル)此里人の俗(傍訓ナラハシの訛り)は、世のつねならぬ事なりと、　シテ「さとし給へる御聖、あふぐも中々おろかなれど、(カカル)我此里に年をへて、今迄ながら老(い)ぬれど、此ならはせは何故と、(同下歌?)問(ふ)人もなき此里の、けふめづらしく御僧に、こたふることも此年迄、すみながらへし徳ならん

　(上歌?)翁がむかし紅顔の、いとけなかりしころまでは、此一里に道もなし、おのれおのれに生(ひ)しげる、茨かやはらあしはらの、まじる荒野のごとくなるを、たゞ。かりこめし此里に、道をひらきしまつりごと、今葛かづらを刈(る)ことの、謂をしばし語語るべし、よき折なれば御僧も、しばらく待(た)せ給へかし、里のおのこも聞(か)まほし、生残りたる老が身の、後のかたみになら坂の、この手がしはのふた表、里も道たち我もたち、立(ち)ならびたる物ごとは、直なればこそ、立(ち)もこそすれ、いざ里人をいざなはんと、賤がいほりに入(り)にけり、けり　　中入

　狂言二三人(狂言オモ)「是は此里の百姓にて候、さて皆皆早く御出(で)候もの哉、　(アド)「なふなふ誰殿、只今は里の翁より申され候ゆへ、是まで参りて候が、例の教訓にて候か、　(オモ)「いかにも其通(り)にてヲリヤル、そなたはとかく教訓のことを嘲給ふは、よからぬことにてヲリヤルぞ。　(アド)「みどもは何もあざけ

りは致さぬ、（オモ）「まだ其やうにいわるゝか、今すでに例の教訓と例の字をいわるゝじやもの、（アド）「はて例の字を申（す）が何ぞ（「何かで」とも読める）嘲ごとでヲリヤルか、（オモ）「例の字があざけりごとではなけれども、例の教訓といわるゝ音声があざけりに聞（こ）ゆ（「る」脱か）、（アド）「さてむつかしきことをいわるゝものかな、（オモ）「いやなふかたがた左やうのことを論ぜばつくることは有（る）まじ、畢竟①翁が教訓の通（り）にさへ致さば、何の子細もあるまじ、今朝かたがたを始（め）、みどもが女どもまでも打（ち）つれて葛かづら（濁点底本にあり）を刈（り）、女事を互におこたらず、男分の我々どもは、それぞれの所作をいたす時は、翁のいわるゝおしへに少しも違ふまじ、なんとさふではあるまいか、（アド）「其通り其通り、（オモ）「時にけふは旅僧がおはしまして、葛をとることを問（は）るゝゆへに、葛覃の詩を申（す）べし、旅僧にむかふて申（す）事故、翁が申（す）事（「と」脱か）違へば、旅僧も聞（い）てゐられふ筈はなきゆへ、かねがね翁が申（す）所違はぬ証拠に、我々共に出（で）て聞（く）といわるゝことじやが、なんと親切なことではあるまひか、（アド）「さればのこと隣里の人々のいふには、そちの翁は聖人の生まかはりと申（す）ことでヲリヤル、（オモ）「いやはや我々の親々に聞（け）ば、此里五六十年以前までは、隣里郷党どもわけもなき事にてありしが、此翁此里へ生ま出（で）てより、年わかな時より此里をしめされしより、今かくの通（り）の風義②と成（り）たりとうけ給（は）る、（アド）「何れも其義③は承（り）及（び）たることじや、（オモ）「なんと翁のおしへ通りを、末永くつたわるやうにありたい事でヲリヤル、（アド）「いや何かと申（す）中に、翁が見えた、いざこなたへ座をいたさふ

ワキ「（上歌）夏木立、しげりあひたる木のもとに、木のもとに、しばし休らふ旅衣、ひとへに今の物語、聞（か）まほしくも待（ち）居たり、待（ち）居たり

---

① 畢竟：旁注"ひつきやう"。"畢"为"畢"的简化字，"畢竟"即"畢竟"。
② 風義：風儀。
③ 義：儀。

第八章　启蒙与授业

　　後シテ(サシ)　あら待久しく有(る)らんと、心は急ぐ老が身の、足よは車の力なく、よろめき出(づ)る此姿

　　ワキ(カカル)　先にみゝえし衣手を、あらため衣の其すがた、老をいとわぬ有様は、いか成事にてあるやらん、シテ(サシ?)此一里の道びきは、聖の文を敷ならべ、其物語を謂とて、しばし衣裳をかりにきて、すでに詩経をひらきけり、(同中ノリ的平ノリ?)葛之覃兮、中谷に施、維葉萋々たり、黄鳥于飛(び)て、灌木に集る、其鳴こゑ喈々たり、葛之覃兮、中谷に施、是を刈(り)是を濩、絺と爲綌と爲、之を服て斁こと無、言に師氏に告て、言に帰んと言ことを告、薄我私ぎぬを汚、薄我衣ぎぬを澣む、害か澣害をか否ん、父母に帰寧せんと、此詩国風周南の、其二めにおきつらね、葛覃といふ詩なるべし、是をおしへてなす業の、其九牛が一毛の、とゝきしことをみそなはし、老を楽しむことならめ、我はよりくる年の浪、庶幾は御僧の、しめしを猶もたのむなり、たのむなり

　　ワキ(カカル?)　此葛覃の詩といふは、周の文王后妃の作、尊き身にしあるなれど、シテ　女は女の業あるとの、後の世までのおしへ草、ワキ「富(み)さかへたる家なれど、シテ　其振舞は倹やか、ワキ　后妃は年の積れども、シテ　家の老女を敬ひて、ワキ　とひ尋ねつる心の中、シテ　今文王にかしづけども、ワキ　古郷①の父母を愛しむ、シテ　皆其徳の厚きこと、人の及ばぬことならめ、(同中ノリ的ノリ?)月日ヲ送るけふことは(「は」は「に」の誤りで、「ごとに」か)唯つゞまやか(濁点底本にあり)なるべしや、老をうやまひ礼をなし、我なす業はおこたらず、勉ことの其本を、おしへんために葛覃を、もろこし人はうたふなり、いでいでさらば里人よ、翁が申(す)も御僧の、こたへ給ふもひとつなり、いよいよ道をかたむべし、いでや御僧もつかれなむ、しばらく休み給へかし、賤が庵へ伴はん、伴はん

---

①　古郷:故郷。

二、《关雎》

《关雎》一开始,伊势海上前往参拜伊势神宫天照大神的人与艄公的对话,引出主要场景伊势神宫。伊势神宫在今三重县伊势市,是皇室的宗庙,是皇大神宫(内宫)与丰受大神宫(外宫)的总称。皇大神宫供奉的天照大神,是传说中的高天原的祖神,也是皇室的祖神。日本中世伊势神宫神主度会氏曾创立神道说,即所谓"伊势神道",其中便主张在神道中吸收儒佛二教。

作者将《诗经》首篇《关雎》的剧目安排在这里显然是有深意的。参拜者在这里大讲夫妇之道,文王后妃之德,还借那里供奉的宝镜唱出镜照善恶、神灵感应的主题。《诗序》说:"《关雎》,后妃之德也。风之始也。所以风天下而正夫妇也,故用之乡人焉,用之邦国焉。"作者似乎以为只有在伊势神宫这样的地方,来说解这关乎乡人邦国的诗篇才能显示其根本意义。

ワキ(次第)すぐなる道をしたひ行、したひ行、神の御前に参らん、詞「我此程志願あるにより、天照大神へ一七日参籠申さばやと思ひ候、船路行(上歌)日の本の、国も豊にすみなして、すみなして、民の里里うるはしく、みえわたりたる浦のなみ、静けき空に帆をあげて、伊勢の海にそ(「そ」は「も」とあるべき所)着(き)にけり、着(き)にけり

舟頭狂言「舟が着(き)て候御上り候へ、 ワキ(サシ)伝へ聞(く)伊勢の海辺を詠むれば、出(づ)る朝日そ(「そ」は「も」とあるべき所)曇りなく(「き」を消して「く」と改む)、長閑に照るやあまてらす、神の宮居に参らんと、道行(上歌)いそぐ心は一筋に、一筋に、二見の浦をあとにして、浜辺をつたひ行(く)程に、神の御前に着(き)にけり、着(き)にけり、詞「先急(い)で参らふずるにて候、あら有難や候、まことに天照大神の宮居さこそ有(る)べけれ、先々此所に休らひ、宮人を相待(ち)、参籠のやうす尋(ね)ばやと思ひ候

宮人(次第)千早振、神のみまへに仕(へ)こし、神のみまへに

第八章　启蒙与授业

仕(へ)こし、朝夕清き小忌衣
　　ワキ「いかに宮人に申(す)べき事の候、　宮人「何事にて候ぞ、
　　ワキ「我志願ありて一七日参籠申(し)たき間、神拝の様子御おし
へ候へ、宮人「あら奇特なる事かな、こなたへ渡り候へ、　ワキ「心
得申(し)候、　宮人「是にて終夜を申され候へ、　ワキ(カカル)
既に更(け)行(く)夜あらしの。音もしづけき宮ばしら、立(ち)な
らびたる其中に、(地上歌？)しばしまどろむかりまくら、かりま
くら、(地？)中にも人は長なれば、ことにめぐみも浅からぬ、汝儒
業をむねとして、夫婦の道を学ばんとて、年月こゝろをつくせしに、
思ふねがひも渚の千鳥、声ばかりにて其鳥を、心のうちにとり得ん
とて、いのる心ぞしほらしき
　　ワキ「夢とも見えずうつゝともなく、しばしまどろむ其隙に、さ
もうづ高き姿にて、我心願をしろしめすは、いかなる事にて有(る)
やらん、　(シテ)「嗚呼おろかなるかな我こそは、汝に道を教へん
とて、是まであらわれ出(で)たるなり、　ワキ(カカル)あら嬉し
やと座を立(ち)て、　シテ　恭敬あつく、　ワキ　叩首(傍訓はコ
ウシユの誤りであろう)百拝、　シテ　よく聞よ、(同音クリ？)
あめつちの、ひらけしはじめ神の代に、あまの浮橋のもとにして、伊
弉①諾、伊弉冊の尊、とつぎおしへ鳥②をみて、陰陽和合の道はじま
りし、(シテサシ？)穴嬉哉遇、可美乙女子と、よみ給ひしは是和
歌の、はじめと申(す)なり、(同？)それより此かた日をかさね、年
を(「を」は「の」とあるべき所)續りて、人代にいたれり、礼義こまか
にそなわれり、(クセ？)汝は儒業を、むねとすること、何か替りの
なきゆゑに、儒教をもつて教育ゆべし、周の文王后妃の、まじわり
を、世々の夫婦の鏡とす、関雎は、たのしむで淫せず、かなしみて傷
らずとは、聖の言葉よに広し、文王后妃の徳沢は、いひも尽せぬこと
ぞかし、関々たる雎鳩は、河の洲にあり、是を思ふに今まさに、窈窕

---
① 弉：奘的异体字。
② とつぎおしへ鳥：とつぎおしえどり（嫁教鳥），鶺鴒。

たる淑女は、君子の好逑なりと、聖人聖女のまじはりゆゑ、夫婦の道のますかゞみ①、すがたをうつすよのならひ、后妃は内のまつりごと、おこたりもなく折々は、あさゞ（「ゞ」の濁点底本にあり）の草の長短、水の流れにしたがひて、あふさきるさも定めなく、（シテ上゛?）とりどり取（る）やそなへもの、（同゛?）ねてもさめても是のみを、もとむる心一すじに。わするゝ隙もなきゆゑに、これをもとめて得ざらねば、ねてもさめてもわすれぬ、悠なる哉や悠なる哉、転でんとして反則②す、又取る（り）得ての悦びは、窈窕たる淑女は、琴瑟これを友にて、（シテ上゛?）参差たる、行菜③、（同゛?）左右これを芼（「芼」虫喰のため詩経原典による判読、傍訓もモウらしく、ウ虫喰のため読めず）す、窈窕たる叔女④、鐘鼓これをたのしむと、世の人ごとの言の葉も、今に残りしをしへ草、生そだてつる人の道、今日のもとまで伝へ来る

（ロンギ地）今委しく此道を、聞（こ）へしことの嬉しさは、闇きやみぢにともし火を、照らされ給ふごとくなり、（シテ）夫婦の道をきかましと、思ふ心も我ならず、めぐみとゞきししるしなり、（地）実人間の生たちは、あしからざらん物ごとに、馴（れ）て半はあしけれど、あまてるめぐみ深きゆゑ、きゝう（「う」は「た」の誤りか）る今の嬉しさよ、いざ帰らんとあゆみ口口（口口虫喰、「ゆく」か）、たもとをとゞめ名残なを、おしめどつきぬ物語、いまは御名をきかまほしと、いへどもいはぬくちなしの、色にもみえぬ神心、さらば我名をかたるべし、頓て神楽を奏しつゝ、其時名をもなのるべし、暫（く）待（た）せ給ふべしと、いひすてゝこそ入（り）にけり（「けれ」とあるべき所）、入（り）にけり（中入）

間狂言宮守二三人（狂言オモ）「是は当社の宮守にて候ひし（「ひし」はない方がよい）が、俄に神楽を奏せらるゝとて、用意を致すべきよし仰（せ）候程に、口ケ敷（口難読。イソガシキと読むか）

---

① ますかゞみ：ますかがみ（真澄鏡），清澈透明的镜子。
② 反則：反側。
③ 行菜：荇菜。
④ 叔女，淑女。

ことにて候、夫に付(き)唯今かたわらにて承(り)候へば、夫婦の道を御物語(り)候程に、我らどももはじめて承りて候、（ワキ）「いや尋ね度事の候、只今承(り)候夫婦の道とやらに、関々たる雎鳩は河の洲に有(り)とは、何の事にて候ぞ、（オモ）「みどもが承(り)及(び)たるは、みさごとりといふ水鳥は、おし鳥のごとく夫婦のつがひたる鳥なりしが、なくこゑもいとゞやわらかにして、中よく日々を送る。又くれがたには別々になりて宿り木に帰る、又此雎鳩といふ鳥は、つがひあひおろれたる姿を見たる人もなきゆゑに、夫婦の情口口もそなはりたる鳥なればとて、周の文王后妃の間も、其ごとくといふことにて、関々たる雎鳩は河の洲にありと、はじめにたとへかけていふたる（「いひたる」とあるべきか）言葉と聞(え)たり、（狂言アド）「フ、口①口口漸々合点が参り（「り」は「つ」とあるべきか）た、（オモ）「これこれかやうの咄しを致して居ては時尅②うつるべし、はやはや神楽の用意をいたすべし、（アド）「いやなふいやなふ、此神楽は何の為にて候ひけるぞや、（オモ）「人間の道を聞(き)学ばんと思ふ人の志が尊さに、口口ひの神楽にて候、（アド）「さてさてたのしき神楽にて候ぞ、皆々そひで用意いたすべく候

ワキ（サシ）宮守達はとりどりに、神の広前きよめして、（上歌）頓て神楽を奏すなり、奏すなり、今の御名を聞(く)まじと、心をすまし待(ち)居たり、待(ち)居たり

後シテ（サシ）鏡（「鏡」虫喰あり難読）は正直の本源一物を蓄ざれば、私の心なく万像③を照(ら)すに、是非善悪の心顕はれずといふことなし、向ふに随(つ)て更に私なし、汝人道の極意をしらんと思ふ志ざし、八百よろづの神達、何れか感応せざるはなし、こゝによつて悦びの舞袖、すでに拍子にかゝりけり（神楽？）

（地下ノリ的平ノリ?）あらあら尊やとして、人の道口口口求(む)るに、心をこらすまれ人を、あふぐもつきぬ事ぞかし、いざ我

---

① 口：虫蛀缺字，下同。
② 尅：刻。
③ 万像：万象。

こぞは日の本に、天照(る)神と唱へつゝ、口口神体を顕すなりと、
いふかと思へばかりねせし、宮居に夢はさめにけり、さめにけり

日本文学家习惯将中日两国引起共鸣的作品放在一起并观同论,以突出两者的同趣同理。如果中国有,而日本没有,也要找一个相近或再造一个来说道,这种做法在江户时代尤为多见。《关雎》是《诗经》的第一篇,堪称"华夏第一歌",往往被视为中国诗歌的源头,而《古事记》中开头记述的神代伊弉诺、伊弉册结合时所咏的和歌,也被视为日本和歌的开端。《关雎》以雎鸠起兴,而《古事记》中的这个故事本没有鸟类登场,但在《日本书纪》的一个本子里,也就增添了一个鸟类角色。

一书曰:阴神先唱曰:"美哉,善少男!"时以阴神先言,故为不祥,更复改巡,则阳神先唱曰:"美哉,善少女!"遂将合交,而不知其术。时有鹡鸰,飞来摇其首尾,二神见而学之,即得交道。①

在谣曲《关雎》中,便提到了上面的故事,唱词中有:"于天地开辟之初之神代,于天之浮桥下,伊弉诺、伊弉册尊,见鹡鸰而开阴阳和合之道,咏和歌,是为和歌之始。自那以后,日累月积,至于人代,礼仪悉备。汝以儒业为本,为不移不渝,宜以儒教教之。以文王后妃之交,为世代夫妇之镜。所谓《关雎》乐而不淫,哀而不伤,圣贤之言语,愈加广被;文王后妃之德泽,言之不尽也。"

三、《樛木》

谣曲《樛木》描写一位入山者遇一田夫,看到缠树的葛藤,两人便谈论起治国修身齐家的道理。那田夫道:"我等田夫,见此葛藤缠树之状,则思臣君之亲父子之睦当如此藤也。"而从那入山者上场便口吟的诗句"谷静才闻山鸟语,梯危斜踏峡猿声。胜地本来无定主,大都山属爱山人"来看,很像一位隐士。剧中还有猎人作为狂言角色出场。这些人物的出现都为

---

① 坂本太郎、家永三郎、井上光贞、大野晋校注『日本書紀』上、東京:岩波書店、2000 年、第 85 頁。

了体现"虽然身份低贱,若悟正道,天地亦当感应"的观念。

　　ワキ(次第)けふも山路にきこりせむ、きこりせむ、賤が業こそ物うけれ、「是は此山里に住(む)者にて候が、けふもまた山に入(り)。賤が業をもいとなまばやと思ひ候、(サシ)ふもとの野べの花ずゝき、ほのかにみゆる秋の色、二人(上歌)わび(濁点底本にあり)しらず、ましらななきそあし曳の、あし曳の、山路をふかく行(く)空の、峯もふもとも秋ぎりの、さほの山べを立(ち)かくし、見る人もなき奥山の、もみぢのにしき色いろに、染(め)なす秋のけしきかな、けしきかな

　　ワキ詞「暫(く)此所に休らひ、山のけしきを詠めばやと思ひ候、ワキツレ(サシ)谷静にして纔に山鳥の語を聞、梯危して斜に峽猿の声を踏、ワキ本来定(ま)る主なし、大都山は山を愛する人に、属すると伝へ聞(き)しも是ならん、同(下歌?)山の姿谷の流れ、此山川の秋のいろ、我身ひとつにあらねども、我身のためと詠めけり、詠めけり、

　　ツレ「あれにみえたるまがり木に、蔦のまとひしけしき、蔦に心ありてまとひしや、又上なる欅木(ギの濁点底本にあり)の蔦をとらんとさがりたるや、いかなることにて有(る)やらん、ワキ「上なる木々のこがらしに馴(れ)て枝たるものなるに、折からすその蔦かづら、風になびきてまとふ也、ツレ「仰(せ)は尤(も)道理なれど、草木国土悉皆成仏と聞(く)時は、草木とても心あり、彼欅木と蔦かづら、思ひあふたる有様は、何か謂の有(る)べきなり、ワキ「物になぞらへ見るならば、面白かりしことならん、ツレ「我ら田ぷに此かづら、木々にまとひし有様は、臣と君とのしたしみや、親子の中のむしましさは、今此かづらのごとくなりと、(カカル?)思ふ計の問ひごと也、(同下歌?)実頼もしくことならめ。よろづの物を見るにつけ、聞(く)につけてもなぞらへて、人の道をもさとらしむ、此うへもなきみさほかな、みさほかな

　　シテ(サシ)山里は物の淋しきことこそあれ、よのうきより

はすみよけり、山路耳に満てるものは樵歌牧笛の声、眼に遮者は竹煙松霧の色、あら物静のけしきやな

「いかにあれなる人々、木々にかつらのまとひしに、我も心のあるなれば、申さんために来りたり、ワキ「いさ老人の謂れとは、ツレ(カカル?)いかなることにて有(る)やらん、ワキ「其ことの葉をきかまほし、(シテカカル?)いにしへ周の文王の后妃官女を使ふに隔(て)なく、君にすゝむるいつくしみ、(地下歌?)こゝによつて官女達、彼樛木のかづらえを見て、其ことの葉を詠じたり、南に樛木あり、葛藟これを纍り、楽しひかな君子、福履これを綏ず、南に樛木あり、葛藟これに荒へり、楽しひかな君子、福履これを将ん、南に樛木あり、葛藟これ縈り、楽しひかな君子、福履これを成せりと、三章にいふ官女が詩、今に残りし此言葉、よの弄びと成(り)にけり

ワキ「我らごときの山賤の、義理をわきましう力なし、ツレ「とてものことに其言葉(「を」があつた方がよい)やわらげ聞(か)せて給ふべし、シテ「しる人多(き)樛木を、家に帰りてよの人に委しくとはせ給ふべし、ワキ二人「あら力なき仰やな、家にかへりし道芝に、もしや死しても有(る)ならば、後のうらみと成(り)ぬらん、シテ「実しほらしき山がつの、朝に道を聞(き)とりて、夕に死すとも可なるべしと、(地下歌?)聖のことば捨(て)られし、さほどに慕ふ此義理を、何かおしまん申(す)べし、暫(く)こゝに待給へ、我も姿をあらはして、此物がたりを申(す)べし、べし中入

狂言狩人「さてさてよき物を見つけて候あいだ、二つ玉をもて打(ち)とらんと思ひしに、けうがるものに出(で)あひたをされて候、是は何たることにて候や、けふは仕合もなく候程に、家にかへり出直さうと存(ず)る、や、これに里人のましますは、何の為にて候ぞ、みれば威義①を正しくなされ候事ふしんに存(じ)候、ワキ「我らは待人の候あいだ、是にたゝずみて候、(狂言)「あら笑止や、此をく山に人のあることなし、これはまさしく狐狸にわうわくせらるゝならん、いざ我につゞひて帰り給へ、まことに今我を打(ち)たをせ

---

① 威義：威儀。

しものゝ候が、もしやその者にて候か、それならばあやしき事にて候ぞ。ワキ「然らば其様子語つて聞(か)せ候へ、(狂言)「こゝろへ申(し)候

　「我よきものを見付(け)しより、二つ玉をも打(ち)とらんと思ひし所、うしろより老人来り、けふはめづらしき吉日にて候間、殺生をとゞむべしといふ、何者なれば我所作をとゞむるぞ、さきがけ(「がけ」難読)せられしことの無念さよと、老人を手ごめにせん思ひしに、かへりて我をおひたおす、命をひろふ計にて、是までにげさりて候、もしさやうの人にて候か、いやいや此物がたり申(す)も中々身ぶるひがいたして候、みどもは先々(「先に」の誤りか)かへるべし、やがておかへりあらうずるにて候

　ワキ「ふしぎや今の老人の、姿をあらはしまみへんとは、（カカル）実唯人とは思はれず、(上歌)さらば木かげに休らひて、休らひて、猶物がたりを聞(か)まし(「し」に濁点あるは誤りであろう)と、威義を正しく(「く」は「て」の誤りか)礼をなし、かの老人を待(ち)居たり、待(ち)居たり

　後シテ(一声)ぬれてほす、山路の菊の露のまに、いかでか我は、ちよをへぬらん、(サシ)頼もしや賤しきしづの見なれども、正しき道をさとりしこと、天地も感応あるべきなり

　ワキ「かの老人を待つるに、さもけしからぬ有様にて、見えつる人は誰やらん、猶もふしんに思ふや、シテ「さきにまみえし老人の、姿を顕し参りたり、いざ物がたりを申(す)べし

　（クリ地）夫文王の官女達、后妃の徳を嘆じつるに、彼文王と后妃との、まじはり給ふ君と君、いともかしこく立(ち)ならぶ、みすのうちこそゆかしけれ、（シテサシ?）女はしたのねたみな口、(同?)みもとまぢかくより添ふる。はしたしたに至る迄、恵を口ふ嬉しさを、唯たのしめるよそほひは、いひも尽せぬことぞかし、（クセ）あの南なる木々のうち、まがりてさがる枝ごとに、まとひかゝりし此葛、おんむつましさめうがなや(「冥加無や」の意)、あの南なるまがり木を、おゝひふさげしゑだごとに、めぐませ給ふ

此かづら、おんむつましさ冥加なや、(シテ上ヵ?)このむつましさ
を楽しめる、君のみさほにもよふされ、(同ヵ?)今まで、しらぬ人の
道、たゞおのづから身になれて、ともに正しき宮づかへ、此うれしさ
をなにゝ、たとへといふときは、樛木の詩を和解て(ヤハラグテ? ワ
カイシテ?)い口この、日のもとの言葉也、あらあらいへばかくなら
め。猶奥ふかき山中の、ことの葉草もしをるれど、時刻うつりてカ
なし、すでに嵐に吹(き)おつる、木の葉ごろもの舞の袖
　　(ワカ)ヵことのねに、峯の(以下落丁①)

此剧两个配角先登场,他们自称山里人,一边沿着山路进入深山,一边观赏红叶,赞叹"谷静才闻山鸟语,梯危斜踏峡猿声"的美景。看到樛木葛藤,便想到草木国土皆成佛的道理,由此即物感悟:"我等虽是田野村夫,亦知葛藤缠绕樛木之状,臣下君王之亲、父子之睦,又如今之葛藤也。"主角登场,感叹山中寂寥:"山路满耳者樵歌牧笛之声,遮眼者竹烟松雾之色。"谈起"昔日周文王之后妃,使官女不隔阂,荐于君王。由此官女们见此葛覃,咏唱其叶"。在吟诵《葛覃》之后,还介绍说:"此三章官女之诗,流传于今,世人赏玩。"配角则引用"朝闻道夕死可矣",表示身虽低贱,亦当领教此番义理。合唱的歌词中,突出主题:"文王之众官女,赞叹后妃之德,彼文王与后妃之交,君与君,何等贤明哉!"在四个剧目中,《葛覃》虽有脱页,但情节基本完整,唱词科白也较有文采。

四、《卷耳》

《诗序》说:"《卷耳》,后妃之志也。又当辅佐君子,求贤审官,知臣下之勤劳。内有进贤之志,而无险波私谒之心,朝夕思念,至于忧勤也。"谣曲《卷耳》的主角即"仕手",就是周文王的后妃。"胁"即配角,辅助主角的角色则是周文王的女官和臣下。剧情是文王去了南国,后妃苦苦思慕,女官们为了陪她散心,和她一同到郊野采集卷耳,后妃在那里咏出《卷耳》一诗,引出君德妇道的议论。女官称赞这是佳作,足以流传后世,道出君王之德、夫妇之道

---

① 落丁:脱页,缺页。

之本。于是听到音乐响起,那是君王归来,官人们出朱门迎接。

　　シテ女「是は周の文王の后妃にて候、切て我君文王は、月をかさねて南国にくだり、ほとりはいづくいかなるらん、唯面影を慕なりとはいふものの、いかがせん女心のおろかさよ、ツレ女二人(かかル?)いでいで后妃の御心慰めんとて、賤が業いざいとなまんと、(上歌)野辺にいで、とてもとりとるはゝこ草、はゝこ草、我も我も(「も」は衍)ととりとどりに、取り集(め)たる籠の中、此道すぢやあのほとり、皆手をそろへとりどりに、すそやたもとやつま結び、后妃のうさをはらさむと、女女の今の業、野べのながめもつきすまじ、つきすまじ。

　　ツレ女「いかに后妃に申(す)べき事の候、君を思ひの御操、よの常ならぬ御事なん共、やがて帰国は有(る)べきなり、尊慮を安くおはしませ、シテ女(かかル?)あらやさしの人々や、我をなぐさむことの葉の、(同下歌?)さかへをまつのこのもとに、ちとせをこめて結びにし、深きゑにしの中①なるを、わすゝこともなかりかり、なかりけり。

　　ワキ「是は周の文王の臣下にて候、今日は四方のけしきも長閑にて、后妃は野べへ遊覧あり、時剋②うつりし程なるに、唯今御迎(へ)に参らばやと思ひ候、(下歌?)春霞、遠山もとの夕煙、立出(で)見れば花鳥の、けしきは実も常ならぬ、時のめぐみぞゆたかなる

　　詞「やああれにまします人々こそ、御内の女官なるべしや、御迎に参りたり、后妃へ申(し)給へかし、シテ女「あら頼もしの御事や、さらば帰館をいたすべし、皆々こなたへ来り候へ、ワキ「いかに申(し)上(げ)候、今日の御遊覧尊慮に叶ひ候か、時刻うつりて候間、卒度御迎に参りては候へども、未日高く候へば、暫(く)ひかへ申(す)べし、シテ女「いや限りなき我思ひ、帰館の時剋もあるなれば、いざ帰らんと立(ち)出(づ)る、ワキ「こたへ申(す)は恐(れ)あ

---

① 中:仲。
② 時剋:時刻。

れど、今限りなき我思ひと、仰(せ)下さる御ことは、何の思ひに有(る)やらん、シテ女「はやくも咎(め)給ふ物かな、はづかしながら申(す)べし、(カカル゛?)けふ此野べにはゝこ草、摘(み)とる事にいひよせて、たゞ君をのみこひ慕ひ、そなたの空を峯の雲、山にのぼりてみまくほしく思へど、つらき此道を伴ふ人もあるらんと、せんかたなくも唯うつゝなき有様ゆゑ、思ひがけなき今の言葉、とがめ給ふもはづかしや、(地下歌?)女心のおろかさを、とがめ給ふな人々よ、夫のつかれくるしむを、思ひやるこそ道ならめ、是につきても我思ひ、一首の詩作あるべきなり、はづかしながら聞(き)給へ、いひてうさをもはらすべし、もはらすべし。

ワキ「あら尊き御事かな、感涙肝にめいじて候、厚き尊慮のお詠吟、はやくもあそばされ候へ、是にて拝聴申(す)べし、(地クリ)夫けふごとのそなへ物とゝのふことは女の義、其折からに我君を思ひ慕へる心より、つたなき一首を口ずさむ、(シテサシ)巻耳を采とる頃筐にも盈ず、(同)嗟我人を懐ふて彼周行に寘①、彼崔嵬(「嵬」は「鬼」とあるべきか)に陟ば、我馬虺隤たり、我姑彼金罍を酌で維以て永懐不、彼高岡に陟ば、我馬玄黄たり、(クセ?)我姑彼、兕觥を酌で、維以て永(く)傷不、彼砠に陟(れ)ば、我馬瘏ぬ。我僕痡ぬらん、云か何と呼たり、(シテ上)実うへもなき御作なり、(同?)後の世までも、御言葉、つたへのこさん君の徳、夫婦の道の本ならめ

シテ(ロンギ?)かくいふことも我君を、思ひ煩ふせつなさゆゑ、唯一すじにしたふなり、(地)いともかしこきみこゝろの、思ひはつきぬことぞかし、(シテ)はや時うつる此野べに、(同)さらば、御車すゝめけり、付(き)そふ女官もさきをおひ、朱門にむかふ楽の声(楽?)

(シテワカ?)いと竹の、すぐなる御代に大君の、めぐみを受

---

① 寘："置"的俗写。

(け)し嬉しさよ、(同中ノリ的平ノリ?) いざ還御の声声に、官人朱門に出(で)むかひ、出(で)むかひ、還御の列をうちそろへ、御簾の中にぞ入(り)にける、ける。

五、谣曲《周南》的课本剧特征

在语文教学中,许多优秀教师常常采用课本剧的方式,使教学更为生动有趣。课本剧就是把课本中叙事性的文章改编为戏剧形式,以戏剧语言来表达主题。改写时会注意保留原意,不至于使课本内容面目全非。在当下语文教学中,有学者主张倡导课本剧进课堂,以课本剧为载体,提高语文教学质量。

以上四部谣曲,具有鲜明的课本剧特征,堪称日本古老的《毛诗》课本剧。

那么,这四个剧本可能产生于什么时代呢?

根据加藤周一的说法,17世纪之后,"能"与"狂言"的情况是这样的:"能"是主角戴假面、歌舞配合科白(何为重点,因曲目而异),伴以乐队和合唱队("地谣")的豪华假面歌剧;而"狂言"则是不用假面(时有例外)。多少有些歌舞但以快言快语与模仿秀为主、没有伴奏与合唱队(时有例外)的少人数笑剧。14—15世纪的"能"的脚本,从这一时代的写本来看,都是相当固定的东西,但"狂言"只有口传的梗概,其他皆由表演者即兴发挥。现存的脚本用语,"能"是高度样式化的,相反,"狂言"用的是当时口语,单纯、明快、生动活泼。出场人物,"能"表演的是超自然的存在(神、鬼、天狗、亡灵等),还有昔日传说中的人物(平安时代有名的男女、《平家物语》中的武将,以后时代的传说人物等),而在"狂言"里,则主要是同时代地方上的名人(大名、小名)、他们的跟班(太郎冠者、次郎冠者)、盲人、盗人、法师、农夫、工匠等,以及与他们有关系的女人们,既没有超自然的存在,也没有传说中的人物。同时代的统治者(武士的最上层、贵族、高僧)也不登场,有跟班的以"大名"为最高,几乎都是其以下阶层的人物。"能"世界的背景是统治层,而"狂言"世界的背景则在大众。[1]

---

[1] 加藤周一『日本文學史序説』上、東京:筑摩書房、1980年、第297頁。

以上四个剧本,当在17世纪以后。谣曲《葛覃》中的僧人一上场便自报家门,口称佛缘恶事之类,老翁也有红颜少年顿为衰翁的无常之叹;《樛木》中的"连"(配角)见树木而称"草木国土悉成佛",这些都显示了将儒家诗说与神佛观念杂糅的特点。作者是三教齐备,各有各的用处,毫不深究其中的差异。从内容看,里面有神佛的内容,但其中有明显的儒家思想,江户初期开始提倡儒教,产生如下的言论便不足为奇:"汝以儒业为本,为不移不渝,宜以儒教教之。以文王后妃之交,为世代夫妇之镜。所谓《关雎》乐而不淫,哀而不伤,圣贤之言语,愈加广被;文王后妃之德泽,言之不尽也。"

从对《诗经》的说解来看,基本不出《毛诗序》,但对其阐释已相当平易,这说明儒家经典的普及工作已为一部分儒者所重视。

能和狂言,剧本短小,舞台也很小,伴奏的音乐只有一笛一鼓,登场人物少,而且表演也不甚复杂。笔者在箱根与奈良兴福寺观看的能剧表演,即使武打的场面,既看不到精彩的跟斗、旋转,也没有高难度的技巧,连武士拼杀,对杀的双方刀剑也不相接触,在那里对空晃来晃去。这样经济的形式,很适合课本剧的表演。《诗经》虽然不是故事,但《毛序》将每首诗与历史挂钩,诗变成了历史故事中人物的吟唱,也就赋予了诗篇故事性、现场感。上述四个谣曲,在诗序的基础上,对故事作了符合谣曲表演规范的处理。

每一剧以首诗为中心,涉及了不懂诗书的下层人物,由他们对诗意提出问题,再由有学问的人向他们作解答。《关雎》中宫室的看门人听到《关雎》讲的是夫妇之道,便提问:"夫妇之道,我等头回听说。""有一事相问,今日所言夫妇之道,'关关雎鸠,在河之洲',乃言何事?"剧中借人物作了解释:"所问甚好。雎鸠水鸟,犹如鸳鸯,夫妻成对之鸟也。鸣声亦和柔可嘉,和睦度日,日暮相别,归于宿木。且此雎鸠之鸟,成双成对,见者无有生畏者,夫妇之情深意切之鸟焉。周文王后妃之间,亦如之。关关雎鸠,在河之洲,诗开头之比喻也。"这里连诗句采用的比兴手法也一并作了解释。在说明了诗意之后,往往还不忘以剧中人物的口吻,点明其教训意义。《卷耳》里称许该诗"实乃无上之佳作,此言传于后世而不绝,乃君王之德、夫妇之道之本也",《关雎》中称赞"窈窕淑女,君子好逑",乃"圣人圣女之交,故夫妇之道之真澄镜,映照姿容,世之楷模",皆如点评。

第九章
接受与享受

接受(日语称作"受容")和享受是认同经典的两种状态。接受先于享受,享受高于接受。接受意味着对经典的理解,享受则包括将经典的某些部分视为自身所有而享用。接受是将其拿来装进篮子里,而享受则是从篮子里拿出来品尝咀嚼。对《诗经》的享受,就是在生活中经常想起它,吟诵它,以它为基础来构思作品。那些围绕《诗经》创作的诗文等作品,就可以称作"文艺《诗经》",它们是享受《诗经》的产物。平安时代释奠讲授《诗经》之后以《诗经》为题目写作的诗歌,江户时期以《诗经》为内容的戏作,都保留着那时人们享受《诗经》的余香。

平安时代与江户时代《诗经》的享受者身份不同,前者是皇族、贵族中学习经书的人,后者是藩儒、町儒,是与庶民生活更近一些的人。经典在广泛流传之后,渗透到公众中间,它的世俗化就变成了一道风景。这种世俗化,既是伴随着经典普及的结果,带有某种必然性,这是因为大众接受经典的本身就是多种多样的,不可能完全符合传播者的初衷,同时,这种世俗化也体现了传播者将经典推向更广泛生活领域的意图。

从平安时代起,汉学者们便不断在自己的诗文创作中,使用出自《诗经》的语汇和表现手法。他们或直接引用《诗经》的原语原句,或将《诗经》用语节缩、拼接、组合而成为用典,或袭用《诗经》篇名,约举诗篇大义,移用诗序诗传的理念。在平安时代汉诗人都良香的诗文中,既有"在藻""照临""罔极""高山仰止""伤如之何"这样的直接引用,也有将《诗经》语汇镕铸的"流笔""涧藻""愆忘""弃背"等新语,还有取自《诗经》理念精神的"蘋藻之礼""松萝之义""白华之志"这样使人马上使人联想到《诗经》的某一篇或某一类诗篇意象的语汇。从日本汉诗文中,我们可以深入解读汉诗文作者接受与享受《诗经》的细节。

我国古代文人时有以文为戏之举,杜甫有《戏作寄上汉中王二首》等。日本文学史上也把江户时代后期的通俗小说通称为戏作。儒者也有用《诗经》为材料戏作者,还有一些戏作实际上是以作者的学《诗》心得为基础的,《诗经》是这些戏作的触媒。这些戏作的出现,反映了《诗经》对这些学人志趣的影响。由于《诗经》广为阅读,在当时俗气最旺的川柳中,也有出自它的作品。安藤圆秀在《诗经随笔》中就曾举出一首:"この子ここにとつぐでよく流(やぶ)るなり。"①便出自《周南・桃夭》:"之子于归,宜其室家。"前面的"この子ここにとつぐで"便是"之子于归"的训读,而后面的"流(やぶ)るなり",汉字与假名各表一意,构成流淌一样柔美的意思。这种由《诗经》中的诗句引发构思而带有文字游戏性质的俳句,也可视为《诗经》的戏作。

第一节　释奠赋诗

一、野相公《奉右大臣藤原》

《本朝文粹》卷第七载野相公《奉右大臣藤原三守》:

奉右大臣
藤原三守
学生小野篁诚惶诚恐谨言
　　窃以仁山受尘,滔汉之势寔峙;智水容露,浴日之润良流。是以尼父结好于縲绁之生,吕公附嫔于驿亭之士。刚柔之位,不可得失;配偶之道,其来尚矣。传承贤第十二娘,四德无双,六行不阙,所谓君子之好仇,良人之高媛者也。篁才非马卿,弹琴未能;身非凤史,吹箫犹拙。独对寒窗,恨日月之易过;孤卧冷席,叹长夜之不曙。幸愿蒙府君之恩许,共同穴偕老之义。不堪宵蛾拂烛之迷,敢切朝藿向曦之务。篁诚惶诚恐谨言。②

---

① 安藤圆秀『詩経随筆』、東京:學徒援護會、1948年、第107頁。
② 周斌、李修余主编《日本汉诗文总集》第一辑第一册,四川大学出版社,2015年,第278页。

小野篁（802—852），称野相公，参议岑守之子。少年时专习弓马，令嵯峨天皇赞叹。822 年奉文章生试及第，曾参与编撰《令义解》，834 年被任命为遣唐副使，称病不行，贬谪隐岐国。后召还，历官参议。所著有《野相公集》五卷。所作汉诗收于《经国集》《扶桑集》《和汉朗咏集》等，《日本诗纪》中收入诗 9 首，句 12，《古今和歌集》收入和歌 6 首。

《今昔物语集》第二十《本朝佛法》第四十五篇记述了一个关于小野篁的著名故事，说他是阎王驾前的臣子。故事讲他为大学寮学生时，因为某事获罪朝廷。当时，西三条大臣良相作为参议从旁周旋。小野篁心中暗自感激。多年后，小野篁做了参议，良相参议也做了大臣。有一次，大臣身染重病，数日后随即死亡。他死后，即被阎王差使的鬼卒抓到阎王殿上问罪。身为冥官的小野篁在阎王面前，替大臣说了好话，阎王让将他放回，良相大臣刚要跟鬼卒走，就苏醒过来。众人都知道小野篁是阎王座前的官员，经常到冥府去，对他都不禁望而生畏。① 学界普遍认为，这个故事与我国唐代唐临《冥报记》中柳智感日在朝廷、夜为冥官故事的影响有关系。而故事中说小野篁在学生期间犯事，或许是联想到他拒绝担任遣唐副使被流放到隐岐的事情而设计的情节。《江谈抄》《三国传记》等书也有同类故事。②

以上所录，为小野篁写给右大臣藤原三守的一封书信，请求他将第十二女嫁给自己。值得注意的是，在信中"所谓君子好仇，良人之高媛"一句，"君子好仇"出自《诗经·周南·关雎》。在《毛诗正义》中，这一句作"君子好逑"，而《释文》："逑音求，毛云：'匹也'，本亦作仇，音同。郑云：'怨耦曰仇'。""仇"，小字本、相台本同。阮校："案《释文》云'好逑音求，毛云匹也，本亦作仇'也。正义本笺字未有明文，当亦与《释文》本同。臧琳《经义杂记》云：'笺既不云逑当为仇，则说异而字同。'其说非也。凡笺于经字以为假借字者多不言读为，而显其为假借有二例焉：一则仍用经字，但于训诂中显；一则于训释中竟改其字以显之。二者皆不言读为也。于训释中竟改其字者，人每不得其例，今随条说之，以去其症结；其仍用经字，但于训诂中显之者，人所易晓，不悉说焉。臧琳又以为'遍考《毛诗·兔罝》《无衣》《皇矣》等，逑匹之逑皆作仇，此经作逑，出后人私改'，亦非也。凡《毛氏诗》经中之字例不画一，他经用'仇'，此经用'逑'，不嫌同训，未可

---

① 北京编译社译，张龙妹校注《今昔物语集》下，人民文学出版社，2008 年，第 677—678 页。
② 小峰和明校注『今昔物語集』四、東京：岩波書店、1994 年、第 309 頁。

据彼改此。《说文》'迷'下云'又曰怨匹曰迷',正说迷为怨匹字之假借,其《释文》所载亦作仇者,是依笺改经。"阮元说"经中之字例不画一"是完全正确的,这也是写本文字的一个重要特点,但他说《释文》"所载亦作仇者,是依笺改经",却未必确当。小野篁看到的《诗经》本子,或许就作"君子好仇",这或许是诸多传入日本的《诗经》本子中的一种。每一个写本都有一副独特的面孔,同一文献的各种写本某一点的某一字,都可能不一样。是否可以断定,小野篁看到的这个本子,是不同于《毛诗正义》本的俗本?如果不是小野篁记"错"写"混"的话,就存在着这样的可能性。

在这篇书信中,引用了孔子、吕尚、司马相如、萧史弄玉等"配偶之道"的典故,还用到"同穴""偕老"等出自《诗经》的词语,而基本的观念,正是出自《周南·关雎》。

二、菅原道真:《仲春释奠,听讲〈毛诗〉,同赋发言为诗》

释奠是古代在学校设置酒食以奠祭先圣先师的一种典礼。《礼记·王制》:"出征执有罪,反释奠于学,以讯馘告。"《礼记·文王世子》:"凡学,春官释奠于其先师,秋冬亦如之。凡始立学者,必释奠于先圣先师。"郑玄注:"释奠者,设荐馔酌奠而已。"《北周·周纪下·太祖文帝》:"二月丁巳,帝幸路门学,行释奠礼。"

在日本奈良时代的《养老令》中已经规定释奠是祭祀孔子的祭典,每年春秋举行两次。平安时代的史书已有关于大学寮举行释奠活动的记载。《续日本后纪》卷四记载,仁明天皇承和四年(834)秋天举行了释奠:"戊寅是日,释奠后朝也。天皇御堂宸殿,唤明经硕儒鸿生,升殿递令讲义,毕赐禄有差。"卷七还记载了四年后秋天的释奠:"八月丁亥,释奠文宣王也,戊子,天皇御紫宸殿,召大学博士学生等十一人,递令论难昨日所讲《尚书》之义,赐禄有差。"《三代实录》记述了贞观十二年(870)春天举行的释奠:"七日丁亥,释奠如常,八日戊子,天皇御紫宸殿中,令明经博士、学士等论议,亲王已下参议已上侍焉。礼毕,赐博士、学生禄等,各有差。"[1]根据这些记载,可以知道释奠当天要由大学博士或其他学者讲授经书中的一种,释奠的第二天,还会就所讲授的经书在宫廷中加以讨论。这是古代日本大

---

[1] 市川本太郎『日本儒教史』(二)中古篇、東京:汲古書院、1991年、第29頁。

学的文化节,但它不仅是大学寮和师生们的事情,依照天皇之命,亲王以下、参议以上也要参加,其中包括奖励学术的内容。从平安时代留下的有关诗文看,释奠讲经后,要举行宴会,并就有关经书出题赋诗。

日本史书也有在此项活动中讲授《毛诗》的记载。如《三代实录》中记载贞观二年(860)二月六日举行的释奠:"六日丁亥,释奠如常,直讲从六位下苅田首安雄讲《毛诗》,文人赋诗。"

中国有关释奠的诗歌,见于《文馆词林》等书。《文馆词林》卷第一六所载南齐陆琏《皇太子释奠一首》等,均为四言诗。

菅原道真(845—903)《仲春释奠,听讲〈毛诗〉,同赋发言为诗》:

举手斟王泽,	形言见《国风》。
嘉鱼因孔至,	洙水待春通。
谏尽文章下,	情抒讽咏中。
颂声犹不寝,	将发天平功。①

据《三代实录》,是在贞观十一年(869年)二月九日丁酉举行的释奠。

平安时代释奠时的讲经活动,常被拿来与汉明帝白虎观的讲论《五经》相提并论。大江匡衡曾作诗以纪念仲秋释奠活动:"昔汉明帝聚诸儒于白虎观,讲论《五经》疑义,我朝承和圣主,当仲秋释奠,翌日召明经儒士并弟子等,于紫宸殿,解释滞疑,以成流例。余列侍臣,倾耳感心。"并赋诗曰:"白虎观中谈义日,紫宸殿上解疑时。永平故事承和例,累代相传不失期。"②尽管紫宸殿上释奠讲经在参与者的规模和水平上可能相差甚远,但匡衡还是相信,它们对于经书世代相传都具有同样的意义。匡衡本人对于《诗经》的钻研也可以从其诗作中略见一斑。所作《七言九月尽日同赋送秋笔砚中应制》序言开头便说:"夫本朝者,诗国也。文章昌则主寿,礼乐兴则世治。"③将诗与礼乐教化、世治主寿系于一线。又在《冬日于州庙赋诗》的小序中开头就化用了《毛诗正义序》中的语句"夫诗者,群德之祖,万福之宗也。动天地,感鬼神,莫先于诗焉"④,叙述自己率领门生在学校院

---

① 川口久雄校注『菅家文草・菅家後集』、東京:岩波書店;1978 年、第 136 頁。
② 塙保己一編纂『群書類従』第九輯、東京:平文社、1992 年、第 217 頁。
③ 塙保己一編纂『群書類従』第九輯、東京:平文社、1992 年、第 208 頁。
④ 塙保己一編纂『群書類従』第九輯、第 215 頁。

边聊命笔砚,赋诗言志。

大江匡衡(952—1012)《仲春释奠,听讲〈毛诗〉,同赋仁及草木》:

卧柳自然随世起,　　幽兰未必被人知。
偶逢天爱无偏党,　　暖露柔风不失宜。①

释奠在平安时代不仅被看成发展儒学和学校教育的重要手段,还被提高到关乎国家治乱的高度来认识。大江匡衡在《仲春释奠,听讲古文〈孝经〉,同赋孝德本一首并序》中说:"夫释奠者,国家之洪规,阙里之荣观。"用诗的语言,描绘了汉晋以来释奠中"洒杏坛之幽砌,讲苔壁之古文。讲经之士,抠衣于前;避席之生,执卷在后"②的文化景观。清和天皇以前,释奠只在京城的大学寮中举行,而在贞观二年(860)十二月,连地方的国学堂也开始有了释奠礼,事见《三代实录》卷四:"八日癸丑,新修释奠式,领下七道诸国,先是播磨国,博士正八位上和迩部臣宅继申请曰:'谨案大唐开元礼,大学国子州县各有释奠式,今此间唯有大学式,无诸国式。'所谓大学式,则因修开元礼,大学国子之式,具载奠祭之礼,明定进退度。"③

藤原敦光(1063—1144)曾作《赋鼠》诗:

相鼠无牙只有皮,　　穿垣奔走欲何为?
云晴鸢鸢心偷畏,　　灯暗猫来命殆危。
应似默官忘耻辱,　　更同贪禄失威仪。
若逢卫国文公化,　　定判才疏行又亏。④

敦光为明衡之子,敦基之弟,天性廉直,轻财重才,所作文笔诗句,满柜二十合(盒),时称文章之美,不耻先祖,官至大学头、式部大辅。历来说诗者以为《鄘风·相鼠》以偷食苟得、不知廉耻之鼠喻尊位者不知威仪,以为《魏风·硕鼠》以蚕食于民、食而畏热的大鼠喻君王重敛贪婪。敦光《赋鼠》诗袭用了这两首诗的比喻,讽刺身边的默官,诗中也可看出白居易讽喻

---

① 市河宽斋编、後藤昭雄解说『日本诗纪』、东京:吉川弘文馆、2000年、第300页。
② 塙保己一编纂『群书类従』第九辑、第215页。
③ 市川本太郎『日本儒教史』(二)中古篇、东京:汲古书院、1991年、第81页。
④ 市川宽斋编、後藤昭雄解说『日本诗纪』、东京:吉川弘文馆、2000年、第345页。

诗的影响。

三、菅三品《仲春释奠，〈毛诗〉讲后，赋诗者志之所之》

《本朝文粹》卷九载菅三品《仲春释奠，〈毛诗〉讲后，赋诗者志之所之序》：

> 释奠者，盖先王所以奉圣钦贤、崇师重道之大典也。是以仲月之春，初丁之日，散苾芬于和风之砌，明德惟馨；奏铿锵于媚景之庭，声乐以正。于是礼毕讲经，讲罢开宴。盈耳者四百年之风雅，洋洋犹遗；解颐者三千人之生徒，济济未散。夫诗之为言志也，发于心，牵于物，寻其所本，偏是为志，名其所之，乃是曰诗。触绪而动，待感而形。始则踯躅于胸臆之间，渐以流离于唇吻之外。王泽之及四海也，性水澄兮幽咽绝；德辉之滞一隅也，情窦暗兮怨旷生。至若彼鸟兽鱼虫，栖于美刺之思；雪月花草，助其哀乐之音。则莫不言者、闻者，两尽襟怀；乃君乃臣，共取炯诫。爰知虽发自丹府之地，遂归乎玄化之基者也。国家德被瀛表，仁洽寰中。《菀柳》《隰桑》之风，寂寞于岁月；《汝坟》《汉广》之咏，衍溢乎康衢。至矣盛矣，太平之化，不可得而称计者也。请歌治世之言，将贻采诗之职云尔。①

"解颐"，身延山久寺藏本作"解頤"。② "頤"同"颐"。《韩非子·喻老》："白公胜虑乱，罢朝，倒杖而策锐贯頤。"陈奇猷集释："顾广圻曰：《淮南子·道德训》《列子·说符篇》作'罢朝而立，倒杖策，錣上贯颐'。按頤即颐之别体也。"一本作"颐"。故"解頤"，同"解颐"。

《本朝文粹》卷九目录作《毛诗讲后，赋诗者志之所之诗序一首》，而正文标题少一"序"字。《本朝文粹》仅收其序。《扶桑集》载其诗《仲春释奠，〈毛诗〉讲后，赋诗者志之所之》：

---

① 周斌、李修余主编《日本汉诗文总集》第一辑第一册，四川大学出版社，2015 年，第 325—326 页。
② 大曽根章介、金原理、後藤昭雄校注『本朝文粋』、東京：岩波書店、1996 年、第 185 頁。

闻说篇三百，	盖皆志所之。
孕音凝在意，	牵物散如期。
动入风云色，	抽为草木词。
当初庭训绝，	唯咏《蓼莪》诗。①

菅三品（899—981），菅原文时，高规之次子，雅规之弟。文才博洽，名震一时。与大江朝纲并称，世有菅江一双之目，天庆中对策及第，历任内记、右中弁、式部大辅等，加文章博士。

在担任内记的十余年间，菅原文时曾匡正各地祭祀的神祇名号之讹和名阶之误。从担任弁官起，便依照诏命参与《叙位略例》及目录、《撰国史所》的编撰。954 年村上天皇向群臣询问有关政治的意见，957 年菅原文时提出《意见封事三个条》。981 年叙从三位，故世称菅三品。同年 9 月去世，享年 83 岁。《袋草纸》记述了文时觉得写得不好的诗文，反而被门弟庆滋保胤大加赞赏的故事。所作汉诗文，除收入《本朝文粹》之外，尚收于《扶桑集》《和汉朗咏集》中，另外，《拾遗和歌集》收入他所作的和歌一首。

《扶桑集》尚载菅原雅规同题诗：

在心为志发为诗，	诗句何非志所之。
意绪乱来谁得解，	毫端书出不相欺。
《飙风》吹送酬恩日，	《湛露》流传颂德时。
玄化悠悠情虑乐，	咏声自作治安词。②

"在心"，《日本儒教史》误作"存心"。此句出《诗序》："在心为志，发言为诗"。"谁得解"，《群书类从》本作"谁解□"，《日本儒学史》等亦引作"谁解□"。"酬恩"，内阁文库本、祐德文库本、松浦史料博物馆本、《群书类从》本均作"酬思"，当为"酬恩"。上句"颂德"，为《诗序》："颂者，美盛德之形容"之缩语，"颂德"与"酬恩"相对。"酬恩"，谓报答恩德。唐罗隐《青山庙》诗："市箫声咽迹崎岖，雪耻酬恩此丈夫。"

"玄化"，圣德教化。汉蔡邕《陈留太守行小黄县颂》："有辜小罪，放死

---

① 田坂顺子『扶桑集——校本と索引』、福冈：櫂歌书房、1985 年、第 70 页。
② 田坂顺子『扶桑集——校本と索引』、第 70—71 页。

从生。玄化洽矣,黔首用宁。"《文选·左思〈魏都赋〉》:"玄化所甄,国风所禀。"张铣注:"玄,圣;甄,成也。言皆圣化所成。"《文选》是平安时代文章道学人重点学习的书,雅规诗中的"玄化"或正出于这篇《魏都赋》。

"情虑",内阁文库本、祐德文库本、松浦史料博物馆、静嘉堂本、《群书类从》本皆作"清虑"。疑当作"清虑"。"清虑",思虑的敬词。晋陆机《吊魏武帝文》:"纡广念于履组,尘清虑于余香。"南朝宋颜延之《重释何衡阳书》:"故前谓自非体合天地,无以元应斯弘,知研其清虑,未肯存同。"

"凯风",彰考馆本作"飑风"。"飑",同"凯",《龙龛手镜》风部:"飑,口海反,南风也。"

四、藤原雅材《五言　仲春释奠,听讲〈毛诗〉,同赋鹤鸣九皋》

《本朝文粹》卷十一"鸟"部载藤原雅材《仲春释奠,听讲〈毛诗〉,赋鹤鸣九皋诗序》:

> 夫礼者,国家之洪典,列圣传规;学者教化之本源,尊师设礼。是以春王夏历,仲月初丁,陈俎豆于雍宫,荐蘋蘩于孔庙。簪缨搏节,如观阙里之庭;金石连音,谁俟灵光之壁。既而祠官之奠既毕,讲肆之筵旁开。方领圆冠,拥洙川而鳞萃;发朦启滞,移邹邑而雁行。
>
> 观夫阳鸟标奇,灵禽拔俗。志在千里,凌寥廓而非遥;声鸣九皋,彻窈冥而渐闻。望回翔于蓬岛,霞袂未逢;思控驭于茆山,霜毛徒老。华池殊其饮啄,紫府隔以封疆。好音弥清,犹警凉秋之晓露;幽咽不罢,岂潜暗夜之阴云?玉羽虽隐其栖,苍昊自惊其听者也。于时山阿只驰蒲轮之聘,野外谁见草泽之遗云尔。①

藤原雅材,生卒年不详,957 年为文章得业生。鱼名之末孙,经臣之子,官右少辨。《日本诗纪》收诗四首。

本文前部分铺陈释奠的盛况,后部分咏鹤。《小雅·鹤鸣》:"鹤鸣,诲宣王也。""鹤鸣于九皋,声闻于天。"《毛传》:"言身隐而名著也。"《韩诗外

---

① 周斌、李修余主编《日本汉诗文总集》第一辑第一册,四川大学出版社,2015 年,第 360—361 页。

传》:"晋平公游于西河而乐。曰:'安得贤士与之乐此也?'船人盍胥跪而对曰:'主君亦不好士耳。夫珠出于江海,玉出于昆山。无足而至者,犹主君之好也。士有足而不至者,盖主君无好士之意耳。何患于无士乎?'平公曰:'吾食客门左千人,门右千人。朝食不足,夕收市赋;暮食不足,朝收市赋。吾可谓不好士乎?'盍胥对曰:'夫鸿鹄一举千里,所恃者六翮尔。背上之毛,腹下之毳,益一把,飞不为加高;损一把,飞不为加下。今君之食客,门左门右各千人,亦有六翮在其中矣。将皆背上之毛,腹下之毳耶?'"①上文"观夫阳鸟标奇,灵禽拔俗,志在千里。凌寥廓而非遥,声闻九皋;彻窈冥而渐闻",所描写高洁脱俗、志向高远的鹤,以及其所象征的雅士贤才,其源头都可以追溯到《毛诗》与《韩诗外传》。

阳鸟、灵禽,并指鹤。《初学记》引淮南八公《相鹤经》:"鹤者,阳鸟也,而游于阴,因金气依火精以自养。"灵禽,同仙禽。鲍照《舞鹤赋》:"散幽经以验物,伟胎化之仙禽。"

鹤是隐逸的象征。文中的"思控驭于茆山,霜毛徒老","茆"同"茅","茆山"即"茅山"。《初学记》卷三十《鸟部·鹤第二》亦引李遵太《元真人茅君内传》曰:"茅盈留句曲山,告二弟曰:'吾去有局任,不复得数相往来。'父老歌曰:'茅山连金穴,江湖据下流。三神乘白鹤,各居一山头。佳雨灌得稻,陆田亦复周。妻子保堂室,使我百无忧。白鹤翔金穴,何时复来游。'"茅山,在江苏省句容县东南,原名句曲山,相传汉茅盈与弟衷固采药修道于此,固改名茅山。《南史·隐逸传下·陶弘景》:"止于句曲山,恒曰……昔汉有三茅君得道来掌此山,故谓之茅山。"在这里,茅山之鹤亦象征高洁的隐士。

本文用语多本于鲍照《舞鹤赋》,以下左出本文,右出《舞鹤赋》:

蓬岛	望迴翔于蓬岛	指蓬壶而翻翰
霜毛	霜毛徒老	叠霜毛而弄影
玉羽	玉羽虽隐其栖	振玉羽而临霞

《小雅·鹤鸣》:"鹤鸣九皋,声闻于天。"这一诗句像为后世的鹤乐曲弹出了第一个音符,开始了积极、向上、明朗、高亢的主旋律。在中国诗歌

---

① (汉)韩婴撰、许维遹校释《韩诗外传集释》,中华书局,2005年,第235—236页。

中,鹤意味着隐逸之外,更是不甘平庸、壮志凌云的励志鸟,即使到了现代,鹤不再与隐士联系在一起了,鸣声依然激励着那些尚过着平凡生活的人。不鸣意味着低调的生活,鸣声则是高贵灵魂的呼叫。在日本诗歌中,也不乏形近的象征意义。

据村山吉广《诗经鉴赏》介绍,冈山县备前市闲谷学校内有"鹤鸣门"。闲谷学校是原备前藩建立的学校,是日本最早的庶民教育场所,据称也是"世界最古老的公立学校"。"鹤鸣门"很像中国的牌楼,开门时会发出鹤鸣似的声音。① 学校内有门曰"鹤鸣",或许也有教育学生树立高远志向的寓意。另外,现在长崎县有私立鹤鸣女子高等学校,福冈工业高等专门学校内有鹤鸣寮,皆是教育机关以"鹤鸣"之名励志的例子。

第二节 小田谷山:《越风石臼歌》

草堂主人安藤圆秀《诗经随笔》中有一篇《越风石臼歌》,文中说:"有一本书叫《越风石臼歌》,这是江户时期天明年间出版的书,将越后国民谣,仿照《诗经》注释,加以解释。"

越后是日本的旧地名,相当于现在除佐渡岛以外的新潟县的全境。

关于《越后石臼歌》,村山吉广曾撰短文予以简介。据村山吉广说,东京大学图书馆所藏原书和新潟县县立图书馆的本子,都是一卷本,末尾题"唐训诂江户风",附载江户俗谣的汉译,都是译为五言绝句,没有版权页,有安永十年(1781)春三月河保定的序。由此可以知道,该书成书于18世纪末期。②

安藤圆秀介绍这本书说:

> 关于这本书的来历,笔者完全没有谈论的资格,又根据这本书的序文,一共有十二卷,而笔者仅看到第一卷,到底有没有十二卷的完本,无从知晓。仅以这第一卷的知识,就对这本书说三道四,未免冒昧,其实我介绍这本书的目的,是想看一看《诗经》本身在我国文坛上的影响。③

---

① 村山吉広『詩経の鑑賞』、東京:二玄社、2005年、第237頁。
② 村山吉廣撰、收入『目加田誠著作集』第2卷、東京:龍溪書舍、1983年、月報2。
③ 安藤圓秀『詩経随筆』、東京:學徒援護會、1948年、第98頁。

安藤圆秀著《诗经随笔》

安藤圆秀同时指出,该书问世的安永天明年间,中国历史上的故事、诗文已经渗透到大众的常识当中。这本书从序文看,像是极其认真的著述,但实际上是出于一位兼通汉文、汉学素养很高的著者的一本戏作。文中交织着不知羞臊的卑猥之语。《诗经》被当作儒学经书,而变成了这本书这样戏作的资料,这让人感到一种讽刺,尤其是江户时代学者,一语道破《诗经·国风》就是日本的俗谣(よしこの),也就是今天的"都都逸"(どどいつ),《诗经》受到这样的对待,绝不是什么不可思议的事情。①

这里所说的都都逸,是从幕府末年到明治年间庶民中流行的一种小调,虽然与今天所说的歌谣曲相似,但不同的是,并非每一首都要谱新曲,而是有基本固定的旋律,当然不同的演唱者也可能做些变化,但曲调大体相同。歌词都是七音与五音交替的韵文。歌词内容要道破细微的人情,语言要打趣。它们虽然是在庶民中间流传,但创作者却不是蜗居里的大老粗,而是懂得风流的读书人。由于它原本起源于花街柳巷,所以多与艳遇、色情有关但又不陷于粗野猥亵,主要采用语词漂亮而略露情色的技法,被视为"象征幕府末年有些颓废的都市文化被洗练的一面的韵文形式"②。

一、《越风石臼歌》作者考

《越后石臼歌》的作者,署名为"谷山 陈焕章子文编"。考江户中后期有儒者小田谷山(1739—1804),字子文,号谷山,本姓佐藤,又名陈焕章,

---

① 安藤圆秀『詩経隨筆』、第 98 頁。
② 村上哲见『漢詩と日本人』、東京:講談社、1994 年、第 246 頁。

越后（今新泻县）人。曾到江户师从片山兼山，于四谷开塾授业。著有《周易古传》《尚书古传》《毛诗古传》等。中国古代"田"通"陈"，陈焕章是小田古山仿照中国古人为自己起的中国风格的名字。从出生地和他的著述中有与《诗经》相关的《毛诗古传》来看，《越风石臼歌》出自小田谷山之手，应该是没有疑问的。再考，小田出身于新潟县中颈城郡吉川町竹直。壮年从师片山兼山，学成后回乡。为人旷达，好谐谑，玩世不恭，不拘小节，自适为生，曾为乡里之里正。见郡吏驾巡村镇，便以"乃下乡问民疾苦乎？"使其搜刮无由。又于户外置竹数根，郡吏问其原由，即答曰："如卿等所为不正，即以此一击。"然而终不堪郡吏压迫，只能离乡远走。曾将三百余石的田亩全部分给村民，而后移居江户，开塾授业。他著有《毛诗古传》，并校订了片山兼山《毛诗山子点》。从这一点来说，他对《诗经》是相当熟悉的。

由于小田子文又姓佐藤，所以还给自己起了一个中国范儿的名字"滕子文"，大田南亩有《寄怀北越滕子文》：

词场杯酒结交深， 一诺偏论万古心。
慷慨曾开燕市饮， 萧条苦忆越人吟。
白山霜雪初寒外， 沧海烟波落日阴。
两地邮书非不达， 寻常多是易浮沉。
忆昨春风北雁归， 天涯秋尽好音稀。
故人江海情空切， 明月关山梦不违。
纵愧躞蹀趋要路， 宁将书剑老庭闱。
期君倘游方志□（一字缺）， 重向都门试客衣。

诗中的"越人吟"，或为双关，既用中国典故，也因滕子文来自越后，而指他对家乡民谣的感情。

二、从《诗经》到《越风石臼歌》

《越后石臼歌》的序言，首先大讲诗歌与治国平天下的关系，主要是发挥《诗大序》以来的儒家诗歌理论，但也有值得注意的地方，那就是作者最后毕竟归结到诗歌就是人抒发自己喜怒哀乐的情性的产物上来。

昔者明王之治天下，必以平正。谓先正其心，而后天下平。是故去忧莫若乐，节乐莫若礼。礼乐，德之则也。正德莫若诗，诗以正心。其心正，而后其事治。正者安之也，则者象之也。安之者，心也；象之者，心也。正而安，则而象。故治而平。

　夫人戴大圆，履大方，鉴大清，视大明。心安于中，事治于外。虽有贵贱上下，无人而不有心者。心之官思，思之所发为诗。

　诗者，歌也。言志以永言。故治则安以乐，乱则怨以怒。心之中又有心。一往一来，相代于前。无物不喜怒哀乐。心藏斯四者，情性所吟咏，无不诗歌者。

　予欲遍采国风，详观好恶。越后田子文所采录作解诂。其辞美，其音雅。盖所删定五百首，足以辨土风。先时服仲英尝赏之曰："越后国风，不减吴歌。田子文解，足传后世。"遂曰：世变俗易，以今观古。方言俗语，委巷歌谣，多不可解者，惜哉！《源氏》《伊势》之二语，《古今》《拾遗》之诸集，当其世训诂以传，有甚可观者。至今千载之下，衣服器械，古之有而今之亡者，不知何者。家君亦曰：以国字作者，又解以国字，其解不通，宛如异方之书，譬若令红毛人言，令虾夷人译之，令天竺人听。非重译，谁得晤之？以今言，解古辞，衣服言语，月移岁换，以枘之方，纳凿之圆，何得入焉？

　予善田子文录而解之，懿其志，嘉其事。其词雅驯，有三百篇之遗音；读斯编，足以观越后之国风。国有人哉！盖越俗有心所忧闷而作，其心之中又有心，启发愤懑，润饰言辞。启发者心也，润饰者心也。其俗美哉！

　诗者志之所之也。在心为志，诗以言志，歌以永言，古之道也。因謦欬对而雕刻之，总十二卷。藏之名山大川，传之通邑大都。梓在日本桥之南。

　　　　安永辛丑春三月　东都河保定并书①

　接着作者便表示自己有心广泛收集地方民谣，而田子文正还对收集到的作品都加了训释，删定的民谣竟有五百首之多，足以了解民风。并且引用服仲英的话，赞扬越后的民谣可以与中国南朝时代的吴歌相媲美。

---

①　高野辰之编『日本歌謡集成』（第十一卷）、東京：東京堂、1942年、第405頁。

他感叹由于时代的变迁,加上方言俗语的原因,这些"委巷歌谣"有许多很难懂。又说日本平安时代的文学作品《源氏物语》《伊势物语》《古今和歌集》《拾遗和歌集》等,靠着当时的训诂流传至今,今天的人们才能够欣赏它们,然而当时的器物,由于古今不同,今天已经不知其详的也不知道有多少。

为了强调田子文用汉文为越后民谣作训诂工作的必要性,作者引用其父的观点,认为如果用日文来为日文文学作品作训解,反而会让人费解,就像西人讲话,让北海道的土著民族虾夷人翻译给印度人听,谁能听明白?用今天的话去解释古语,难免如圆凿而方枘,龃龉而难入。因而对田子文的做法表示赞赏。

作者说用汉文作训解要比用日文训解更利于流传,这在今天看来似乎不可理解。这首先是因为作者看到了表音的假名无法在发音变化的情况下仍然传达意义,无法超越方言俗语与古今音的限制的现象,感到汉文训诂能够将千年以前所有而今天已不存在的器物,也明明白白地告诉今人,这无疑是作者阅读《毛传》之类的书籍而与《源氏物语》等书的日文训解对比以后的感受,可以看成是接受中国训诂学影响的结果。

更重要的是,作者是将越后的民谣与《诗经》中的《国风》等量齐观,想让它们也能为更多有汉文修养的人认可。

三、《越风石臼歌》释录

兹将《越风石臼歌》释录如下,假名照录,汉文悉改为我国简体字并重新标点。

《越风石臼歌》卷一
谷山陈焕章子文解
东都河保定兴夫校

染川之什诂训第一
和歌三十一言,徒歌二十六言,俳歌十七言,皆人世之所移易,政刑之所举错。千载之下,坐而观之也。善哉!先王之采,以观土风,居然而能辨八方。和歌,王孙公子之所赏,而庶人不得为之。饰其貌,文其辞。俳歌,逸民闲人所能,而君子不得作之。薙其发,奇其衣。徒歌,越俗之所传,石臼屑粟,偶尔挽之。说以忘劳,粉末食之。其词二十六言。吟咏情性,遣其思者也。

思ひ染川わたらぬさきはかほど深きと白浪た

染川,水名。染始同;白浪,与弗知同。谓渐至深也。其始浅,其衷深,其终溺,人情所不免也。溺水犹可拯也,溺人不可拯也。古人所发叹于斯也。

染て悔しや藍紫にもとの白地がましぢやもの

染初逢也。和言初染同;藍与逢同。紫与村里同。村落疏也,市井密也。逢藍会同,谓不私市井之人,而私村落之人,相逢之不数也。悔不慎其始也。白地谓不知也。斯歌即敦忠之意,彼以三十一言,此以二十六言,体裁不同,抒怀何异?俳谐十七言、十四言,乐府引曲,古诗歌行,近体五七言律绝,皆此之意。唯安以乐,与怨以怒之别而已。墨子所悲,岂是乎?

つとめする身に实の有らば花に子の登る山吹に

勤谓青楼之娼、鬻淫为业者也。其女日夜恣淫欲,故情不一,是以妖态万状,无情实矣。然此言非无疑,睹貌而相说者,人之情也。虽曰怜金而不怜人,吾不信也。按此歌词,处女非讽情人也,妓女绳情人之辞也。由是观之,剜臂以誓,之死矢靡慝,反情之薄也。

小野の小町よ露深草の垣に立名は吹く嵐

小野小町,美人也。善三十一言歌,名施天下。帝宠无类。然性淫乱,搂以和歌,无情不适。深草少将,闻而慕之,欲一当之,见而欢之,愿肌触之。日夜钦美,思切中心,寄怀于歌词而赠之。小町不顾视之。少将夜夜穿垣窥之。小町私见而戏曰:"来百则从之。"少将喜而信之,往九十九夜,至则期欲毕,志将遂,其喜不可胜言。明夜之期,长如数十年,愈而眠,车转坠,压杀之。小町明日出见之,愍不胜悲,其哀伤感动人。自是小町,怏怏然心不乐,色衰宠还歇,妒深人亦弃,至死不能忘于怀云。

第九章　接受与享受

此歌文辞深远。假借二人，反复议论，言不出二十六，而深草少将、小野小町之情态，溢于言外，以达己之思，而施于后世也。盖男子之所作，怨女子之不从也。女骄而侮己，叹情未达，而人口籍（藉）甚，小町以比彼，少将以当己，人言以喻岚，刺处女骄侮也。立名于垣，谓少将往而所倚之墙也。欲之小町之所，而立于岩墙之下，体未触于肌肤，而人言訇訇；名立于垣上，实仆于车下。名实之失，可怜之至也。是及门未至家，升堂不入室。嗟乎！其室则迩，其人则远。岂不尔思，子不我即。死而又死，所以使人痛惜也。

私はけやきで木は堅けれど人の槻の木になれなれと
　　樫，木名。木气同，坚固同。人谓他人。槻，木名，与余同。樫、槻相似，故兴木，木谓气质也。昔有刚腹（愎）者，与人争曰："纵有槻子，何如樫实。"槻有子，甘美食之，补脾胃；樫无实，枝叶相类，木皮相肖，大数十围。然樫者固，槻者弱，刚柔各异。

竹にふしある浮世はいやよ人の檻がき結たがる
　　竹有节，谓不通也。浮世，浮与忧同。竹节之间曰余，余与世同。槛垣之槛，与增同。结与言同。叹人言之甚，欲会不能也。故会不数也，与其恐人言，不如无私。凡物有形而有影，宜哉！人之疾，而诽谤之，然似恐而实不恐，诡诡之声音颜色，距人于未然，骂其人曰："不洗己碗，而涤人之器；不芸吾田，而粪邻之地。不为可为，而致不可致。佚乐无度，终废万事。能距谏，以罪言者，妇人之情也。"按此歌词在意不恐人言，可丑之甚也。《诗》曰："仲可怀也，人之多言，亦可畏也。"是妇人之态也。

思ふこころのいつはりなきは虎と見る箭の石に立つ
　　用熊陶子事，盖不知身之贱，慕贵家之女也。至诚感神，何以不遂？又李广射雕之事，皆诚而精，则石犹饮羽，况于人乎？
　　吾州之野人传云：人或有务于耕稼者，早旦往田，执杵以为耒，耕田三亩余，手足疲倦，将休息，检之即杵也。惊愕怪之，再耕之，不能复耕也。其初为耒，操心专一，力行不疑，是以杵为耒之用；既知非耒，则杵亦不能为耒也。何则？心为之主也。

又有一人，蚤晏将薙草，执曲木以为镰，刈草七八束，觉刃之涩，将砺之，用砥石磨之，肤与石不亲，怪而熟视之，见一木之卷曲。再刈之。又不得薙草。

是皆诚与精，通于天，诚乎此者，刑乎彼也，其心无伪，则何难之有！

思ひかけたら無験にはせまい石に立つ箭の有ときく

是必男子之言，有难焉之意，然箭之彻，石犹没羽，况于肉乎？

石に立つ箭の有とは聞けどなぜに届かぬ我思ひ

届，至也。叹吾思未遂也。届遂和言同。盖斯男性急，怒女之决志，不早从己欲也。此女持两端，而首鼠于贫富之间，非关美恶矣。思不遂者，无金银以射之也。金银之射人，捷于矢。

もみぢ蹈む鹿憎ひといへど恋の文かく筆と成る

黄叶谓茂美知。爱其人，及屋乌；憎其僧，及袈裟。人情乎？人情也。

染传之什十首首二十六言
富士之什诂训第二

富士のすそ野に朝貌うへて露と花との色くらべ

朝貌，谓牵牛花也。富士山之麓，四方旷野，周遭千里。谓之裾野。和歌所咏，千载不可易也。其山高峻。堪四彼三山，六其五岳，而三仙山，不能争其麓；五大岳，不得敌其秀。状若芙蓉之花，故一名芙蓉山，又曰不二山，言一而不二也。真天下之名山哉！其神也灵也。五岳三山，何得比焉？此歌之意，叹可仰而不可慕也。种牵牛花，何必富士裾野？以至微之花，对至高之山，盖以贱且短命，慕贵且长寿也。然则不高尚其志，愿难得之货乎？故言花与露争色，以遣己之情而已。花以比芙蓉山，露以喻区区一身。

或曰：牵牛之花，日出而萎，岂得引蔓，而施于绝顶哉？

あはてくもりし心の鏡遇て霽さむうたがひを
　　　不遇而瞳。其诗曰："一日不见，如三月兮。"遇而霁。其诗曰："既见君子，云何不喜?!"会则霁，别而瞳，处女之情也。心镜，佛语。缠绵四肢，绸缪百骸，不可须臾离也。可离非情也。故霁时不来，疑惑忽生，虽霁复瞳，死而后已，然则何益？谁谓人性善，或曰恶。予于是见人之性，同一致，无善恶。

君は松むし私はこふろぎといひて鈴虫ふりすつる
　　　松虫，虫名。松与待同。蟋蟀，不无相通，与来相近。铃虫其音铃铃，如振金策，因名焉。此歌戏谑之辞，且无用之言。

君は我身を秋虫にてもまたぞこふろぎ時々に
　　　前篇之对，其意屈曲，秋与饱同。蟋蟀犹曰来也。假辞于鸟兽草木，及寒暑四时，多遣宿怀，抒畜思者。

花に短冊つけるはよいが餘所に主有る枝おるな
　　　隐语也，男女嬉游，讽谏情人，使之解语，盖情之易通，无近于色者，速邮之传命。

君はさやけき十六夜月よ私は廿日の月をまつ
　　　月着同，十六夜月，出于戌时，其来则凤，恐人之知也。二十夜月，出于亥刻，将寝之时，此隐语也。如谓月有二而实为同月，是妙入神之处，岂欲莫而不愿凤哉！以十六与二十之月倒语论时之迟速，微而显，婉而成章也。

君はうぐひす私はほととぎす誰もはつねの身を瘦す
　　　君者莺，宇与忧音同，喻忧心有忡，言"忧心悄悄，愠于群小"也。郭公，辅土者，热焦之貌，女子过时不嫁之言也。初音初寝同。身瘦，憔悴枯槁，不胜忧苦。红颜美少之男女，始相通，辗转反侧，相共悟语，忧乐相半，俱恐他人之奸，疑信战子（于）胸中，宜乎憔悴，饮食不下喉。

わきてつらきは山杜鵑声も形もいづこぞや

远不若迩,离不若会,会则娱乐,远则忧苦,此歌有乖迕于彼心。其家邻,其人隔,所谓堂上远于百里,堂下远于千里,门廷(庭)远于万里,叹欲见而不见也。杜鹃有二种,其一冲天飞鸣,其一隐于茂树,其声闻,而形不可见,山杜鹃盖谓此乎?

どふかかふかの待夜の所作に来るかこぬかの畳算
　　畳,席也。手持烟管,放之席上,俯则来,仰则不来,算犹占也。盖鸡卜唾占之类也。又无心推指于席上,数其目,目偶则来,奇则不来,待之切,占来不来,人情所宜然也。

桔梗の手拭おとせばひろふ直に受れば人が居る
　　桔梗,草名。花色紫翠,可甚爱怜,拟为染色。美女红白之颜,尚之以桔梗色之手拭,人观之,皆曰好,遗路则拾之,直受则人知之,巧诈似浅,而其意深远也。直,易折之语;折,恐人之谁何?或曰直犹亲也,受读为授,言男女不亲授,阳执礼,而阴行邪也。

　　富士之什十首首二十六言
　　碁槃之什第三

ごばん引よせ昼寝の夢に白と黒との智恵くらべ
　　梦里争术,互竞风流,以相欢娱。古人有昼寝,而梦游于华胥国者,神游而已,是亦神争也。岂容胜负于其间哉!不知喜胜,不知怒负,不亦乐乎?

紺のふくさに鬢伽羅こめておとす振にて君にやる
　　绀色方巾,裹物之绢,纳鬓奇罗,而佯遗以赠情人也。此亦前篇之答。鬓奇罗,谓香膏也,以调鬓者,己既用之,有余而赠之。纳者裹而缄之,遗者与之,佯遗而实与也。

程の有とは恋路じやないぞ近き遠きはいはぬこと
　　非言远近险易也。执志纯一,何为不成?吉行百里,军行三十里,足行有程也。恋路无程也。何则?行不以足而以情也。

越俗谓阴茎为中趾,以居左右两大足之中也。言中趾所行,不知几千万里,其怒之发,山河之险,不足畏也;盗贼之难,不足惮也;雷霆之激,不足恐也;风雨之烈,不足苦也。足力何得及焉?故万金之产,可破也;千里之郭,可崩也;百乘之家,可倾也。虽有汤池铁城,不縶中趾者亡;虽囷仓实,府库充,不维中趾者灭。子侮其亲,臣叛其主,父放其子,己缢其首,皆縶维之不固,暴怒之不制,而从中趾之欲也。或曰:心之在体,君之位也,九窍之有职官之分也,其君令,其官从,君不敬位,失其体,非中趾之所知也。

《诗》曰:"谁谓宋远,曾不崇朝。"盖卫趾(至)宋,数百里,思而不止,其何远之有? 行则至,是亦恋路也,论远近妄哉!

あかね染には藍にて重ぬ色の深きをこひといふ

茜,不厌同,藍逢同,恋慕之甚曰情,情浓同,欲相久之词。

恋をするなら猩猩緋染めたとひ朽ても色さめぬ

猩猩緋染,染色名,猩与生音同。言猩猩之血,取以染缯,缯赦色不渝。兴者,与子偕老,之死矢靡它,百岁之后,归于其居,死则同穴,生生相从。读曲懊恼之歌,皆斯意,未知文生于情,情生于文,使人悽然,增伉俪之重,古今之人情,无不践此域者。

恋をするなら露草染に藍の重なる深き色

露草,染色之名,三以藍汁湛之,其色好雅,尤可爱也。藍爱同,湛缯一再,而重之斯三,则其染色之深,赦色不渝,以喻他人欲奸之,而爱侬之深,不能奸也。

君は野にさくあざみの花よ見ればやさしやよればさす

野花笑平原,非为人不见而不艳也;君子修道德,非为人不知而不务也。阿佐美,草名,多棘。见之则可爱,取之则可畏。君子易近,不可狎之意。此谓情不亲,而拒人之甚也。

高き思ひは朝顔ならず既に裾野へよる君は

思犹志也,志高则情深,情深则思笃。朝颜,谓牵牛花也。引蔓似欲高极天也。裾野，谓富士山下也。朝颜，兴志之高，望大也；裾野，比美人之衣裳，取裾在下，已之所欲，亦在于下也。

よるべなき身は夢こそたのめ打な妻戸を夜の雨

　　寡妇之哀吟也。其意可悲哉！与伊川歌，啼时惊妾梦同。彼言莺儿，此言夜雨。妇女之情，以梦为宝，不信真而信梦，言不可见之人，恃梦以见之。然则何宝如之，浅之为妇女，不信可恃，而恃不可信，古今皆然。郑长者有言，神遇为梦，形接为事，故昼想夜梦，神形所遇。

雪になりたや函根の雪にとけて流れてけはひ水

　　函根，在相模州，与伊豆州境，设关，消冰释也。假妆坂，在相模州，妓女窟，古昔有虎少将者，美人也。曾我五郎时宗爱之，相怜将死，后人钦之，闻之古老，曰时宗遭世之丧乱，为饰矛戟甲铠，欲得三百金，然金非降于天，非涌于地，筋力勤苦之所得也。偷乐苟且之非所得也。千谋百虑，不知所出焉。虎少将闻之，有戚戚于其心，撞无间之钟，而要之。传云：撞其钟者，忽得其所欲之物，虽然终身偿其责，不得安其心。

　　不在远，即在此，非有钟名无间者，心专志一，则所撞之物皆为无间。金石匏土、丝竹革木，无物非其钟。又云：无间，地狱之名，执志之纯，精通于地狱，金为之碎，釜为之出，故身死而魂沉于无间地狱，服其罪，虽有其名，无行其实者。虎少将把杓击洗水钵。其音铿然，其母在楼上，见其苦困，不堪感动，掷三百金，散乱空中，三金于此，五金于彼，终赎其所质之物，又饰矛戟甲铠，以为军容。或曰撞无间钟者，美人千鸟，非虎少将矣。千鸟忱梶原源太景季，无三百之金而狼狈急遽，然无所求焉。褰衣袖，祷上下之神祇，举杓击石盘，相靡生火，金下于高楼，飞火交黄金，翻于檐前，辉于盘上，于是乎千鸟其喜可知也。

　　诸子所传，多龃龉者，未知孰是，斯歌男子之辞，所思住假妆坂，已为函根山白雪，春风冰释，逐桃花水，流到美人之所也。其情甚鄙，其词甚都，有妖冶之闲雅，无君子之操行。

　　　　　　　　　　　　　碁檠之什十首首二十六言

　　　　　　　　　　　　　越风石臼歌卷一终

四、《国风》与《越风》的链接

卷一分"染川之什诂训第一""富士之什诂训第二""碁槃之什诂训第三"三部分，显然是模仿《诗经》的体例，而开头有一段文字，则是要起《诗大序》的作用。

这里谈到 31 字的和歌，26 字的徒歌和 17 字的俳歌（今称俳句）三种诗体的不同，说和歌是贵族所欣赏，一般庶民不能为之；俳歌是市井闲人所作，有教养的文人不屑为之；而徒歌则是越后的农民们在用石臼舂米的时候歌唱的民谣，唱着它们高兴起来就忘了劳累，而舂出来的米就是他们的食物。所以他说，徒歌就是他们吟咏情性、排遣思虑的歌声。

围绕一首民谣，田子文就像毛公为《诗经》作《传》一样，先讲述了一个小野小町与深草大将的悲剧故事，而后又如同郑玄作《笺》，疏通文字，最后还像朱熹作《集传》，加了点鉴赏评论文字。

平安时代的"访婚制"很像中国云南摩梭人的"走婚"，男子得到女子的应允，夜间便能到女子房中共度良宵，天一亮则必须离开，而事前往往需要以和歌来沟通关系。深草大将深爱小野小町，而小野小町却要他到墙外等一百个晚上才肯相见，不巧就在这第一百夜，过度疲劳的深草大将却车翻人亡，徒然给小野留下无限惆怅。最后田子文借《诗经》中的"其室则迩，其人则远""岂不尔思，子不我即"来表述自己的惋惜。

在每一首被田子文称为"越后国风"的和歌下面，都有他用汉文写的"解诂"。解诂的主要内容便是释词明意。和歌中有所谓"掛け言葉"，略同于中国诗歌中的谐音双关。田子文多以双关语诠释和歌内涵。如说"月着同"，是说日语中"月"的发音与表"到来"义的"着"发音均为"つき"，因而咏月亦双关"到来"。"松与待同"，是说"松"与"待"均发音"まつ"，咏松则双关"等待"。"木气同""浮与忧同"等。均属此类以声求训，并用汉字扩展与丰富联想的鉴赏方法。

古代记录和歌诞生的"万叶假名"，是借用汉字音义来为日语标记的方法，其中多有一个汉字标记一个日语发音的。田子文也借用了这种方法来为和歌注入新解。在一首咏红叶（日语作"黄葉"）的和歌解诂中，他说："黄葉謂茂美知"，意谓黄叶一词便是"茂美知"，即将"黄葉（もみじ）"分解成了繁茂、美好、懂得这样三个充满爱意的层次，并由此生发出"爱其人，及屋乌;憎其僧,及袈裟"的议论。

田子文时而从多音的日语词中抽出一音来借音发挥。"君者莺,宇与忧音同",是将四音的"莺"一词分解成四个汉字,取首音"う"用汉字"宇"标音,因"宇"与"忧"音同,所以鸣莺便唤起忧伤的情感,所谓"喻忧心有忡"是也。这种解释,不免有牵强之嫌。然而,田子文由此引向《诗经》中的诗句(《邶风·击鼓》:"忧心有忡")可谓用心良苦。这样一种解诂,可以看成作者从跨文化角度运用毛诗诂训方式所做的尝试。这种尝试,既是日本的,也是中国的,具有中日诗歌两方面知识的读者,会从中品味到交融的乐趣。

第三节　佚名:《唐训诂江户风》

佚名《唐训诂江户风》收入《日本歌谣集成》第十一卷。① 共收五言汉诗38首,现录于下,每首诗前面的号码为笔者所加。

唐训诂江户风
五言绝句,七十八首,江户之言,平仄能调,应知大都之豪华,天府之富。
1.御用车留外,现金悬直亡。　　横町新道际,明日女中汤。
2.小便无用札,此处不遗尘。　　马骨初持店,三轩向两邻。
3.菜饭女川侧,男山田乐焚。　　即席御料理,一人前百文。
4.菜饭邻田乐,男山对女川。　　囊中南镣出,艺者二人前。
5.虎皮裈不取,女子气中桥。　　久物相场好,常谈复每朝。
6.生荞深大寺,豆腐有山悬。　　名物且无类,蒲烧江户前。
7.扬弓先塞目,千客万人来。　　窃食簀张里,吉原甘露梅。
8.干木扬枝卖,军书讲释师。　　名人止源水,皆拂御山时。
9.引越女房美,一言犹未曾。　　主人田舍者,千客万来灯。
10.花开天气好,只待大钟鸣。　　今日御装束,松原昼饭行。
11.爱宕御缘日,春风火用心。　　吉原新细见,武鉴袖中探。
12.今夜先梳发,明朝欲入汤。　　铁浆红粉傅,将出复新妆。
13.店赁滞三月,大家催足严。　　钓舟今夜约,明日早张帆。

① 高野辰之编『日本歌謡集成』第十一卷、東京:東京堂、1942年、第422—425頁。

第九章 接受与享受

14. 和尚平生吝，室中多匿鱼。 一文犹惜费，御畜渍芝居。
15. 一丁灯疾走，呼暖去窗前。 名代盐梅好，猗嗟旨御田。
16. 万金犹未慊，贪欲出家身。 妄念妨成佛，苏生御圣人。
17. 芝金杉有绪，幸手屋衣裳。 依所应为绘，东男京女郎。
18. 佛神精进一，上下口相侵。 四季御斋日，群呼尻用心。
19. 旃檀二叶香，若殿入镰仓。 白拵风吹靡，大当榁里场。
20. 吾殿有乘出，獭皮尻马行。 早朝初待客，例刻御都城。
21. 水切薪高直，札悬明日休。 绳张沙利上，御用外车留。
22. 舟有游山语，芝居构矢仓。 侍亲言膝下，何事女为郎。
23. 三四月更代，町家大有商。 年中毂不绝，江户御蕃昌。
24. 主人江户子，寒暑未曾知。 家内芝居咄，女房偷乐肌。
25. 女房振舞好，宾客若云霞。 里是乌丸巷，枇杷叶本家。
26. 名传为大蚬，春盛业平桥。 能似阿娘隐，小僧居内招。
27. 亲分无腹脏，中酌两方尤。 兔角先堪忍，三三拍手休。
28. 播磨锅早速，相模女承知。 国各有风俗，声音不可移。
29. 承娘以名剑，觉悟问如何。 御宝物纷失，当番油断多。
30. 身代谁人始，父言心拜居。 谕娘忠孝道，觉悟且何如。
31. 去年娘破瓜，山伏乱如麻。 猿子桥骚动，七创心夜叉。
32. 一蓑非女意，诚说赠山吹。 欲告华无实，哀哉世未知。
33. 扬诘兼斋日，大骚身上伤。 佛神皆立愿，亲类悉勘当。
34. 高声何马骨，御用大寒朝。 人子宜怜爱，立身今富饶。
35. 折节机嫌候，驰回当世人。 一箱添熨斗，先拂御须尘。
36. 光德寺虽大，何由无里门。 女郎憎不再，诇客有流言。
37. 河伯多贪穴，雷公窃攫脐。 人谁无好恶，酒色古今迷。
38. 饮食出诗会，奥方生子颜。 即题无趣向，复不出来还。

唐训诂江户风　止

或曰：当作"外车止"，为"车留外"，拙矣。答曰：工也。《八仙歌》，贺知章去姓，当作"白酒一斗诗百篇"，夫李白一斗，李白芥人形一斗。而非酒也。

窃食，家语在厄。

名人，吕子观学。

传 方言：男女之际，未知一丁灯。

　　御田，女名。善净瑠理（璃），人悦暖且旨，独言而行，以音出于口，听者誉之，曰唐茄子御田。

　　笺 田：颠之误也。夏曰所颠，冬曰御颠，暑曰冷，寒曰暖。一曰：今卖荞麦者，曰颠屋，同一物。

　　名代者，夏冬，名之变更也。

　　疎 一丁灯，谓烛也。

　　凡食，涂味噌者，豆腐曰田乐，鱼曰鱼田，蒟蒻曰御田，唯茄子曰鹬烧。昔和尚，嗜鹬之茄子烧，故茄子不言田也。穴堀家，说误也。

　　汉《卫绾传》："实无他肠。"《桑柔》诗："自有肺肠。"

　　《诗序》："移风俗。"

　　《周语》上："召公以其子，代宣王，吕子适咸同。"《古乐府》："莫愁破瓜时。"谓女十六。

　　吉原待客，冢宰斋日。或曰：冢宰对客，吉原斋日，作《待客篇》。或作《斋日论》。

　　此章写"鹑之奔奔"，有三百篇余响，千古绝调。

　　　　　　　　　　　　　　　詢。昭和十一年。（以上头注）

　　诗后所附，原来是写在栏上的注解，日语中称为"头注"。

　　笔者寡闻，尚未读到有关此作的任何考述，即就阅读后的心得，作以下简要说明。

　　这 38 首汉诗，不属于一般意义完全遵循中国古典诗歌规范的汉诗，而属于所谓狂诗。狂诗是在江户中后期流行的一种以滑稽为主的汉诗体，多用俗语，大体押韵及合乎平仄。青木正儿指出："滑稽感来自于矛盾律，狂诗的本质，实际上是由于诗意的内容与诗体的形式之间的矛盾而酿成的滑稽感。"[1]青木正儿还将狂诗的滑稽写法分为四类：讽刺、放言、弄言、拟作。

　　一般意义上的汉诗，首先要求语言要完全采用汉语，而狂诗却打破了这个规矩，在诗中多穿插日语，它们虽然在字形上看来与汉语没有什么不同，但意思却很不一样。如第 13 首中的"大家"（おおや），意为房东。"催

---

[1] 青木正儿『青木正儿全集』第二卷、東京：春秋社、1970 年、第 294 頁。

足",即催促。"店赁滞三月,大家催足严",就是房租滞纳了三个月,房东催逼很紧。这首诗说尽管有房东催租,也不耽误自己出去玩。第3首写江户的饭菜馆,"一人前"即一份,"即席御料理,一人前百文"就是说到饭馆就吃,一份要钱百文。诗中还多用俗语,涉及男女之事的,还多用隐语。

《唐训诂江户风》是一篇将《诗经》浮世化以后才可能出现的戏作。

首先,从题目来看。题名中的"风"显然与"国风"的"风"同义,也就是用汉诗译写的江户地方的风谣。作者自注:"五言绝句七十八首,江户之言,平仄能调,应知大都之繁华,天府之富。"实际上现存只有38首,似是作者依照江户民谣改作的汉诗。像当时许多日本狂诗一样,诗中多夹杂日语的汉字语汇,38首之后有若干小注,但到底是注的哪一首诗的哪些词却没有明确标记。

那么,为什么会有"江户风"的说法呢?也就是说为什么会将江户风看成如同十五《国风》一样的东西呢?

其次,从内容来看。全38首诗中,写江户风情,如风俗、物产、市井风貌、人情世故,突出大都会的繁华。地点如商铺、剧场、妓院、寺院,人物如町人、僧侣、妻女等,从体裁来说,颇类于中国的竹枝词。作者在具体改写这些民谣的时候,头脑中也时时在与《诗经·国风》相比较。自注中有"诗序,移风俗"一条,看来是为第28首诗所注作的注。诗中的"锅",指地位低的女子,女佣,婢女。这里的早速、承知都是日语词汇,分别是麻利、听话的意思。播磨(今兵库县的一部分,属关西)的丫头动作麻利,相模(今神奈川县西南部,属关东)的女孩乖巧听话,各地有各地的风俗,而各地的方言也是不好改换的。诗中借用了诗序中诗歌可以"移风俗"的说法,而原来民谣的本意显然是说关东关西各有民风,连女子的性情也各有特点。

鲁迅在《且介亭杂文·门外文谈》中说:"就是《诗经》的《国风》里的东西,好许多也是不识字的无名氏作品,因为比较的优秀,大家口口相传的。"

再次,从对传、笺、疏形式的模仿来看,也是模仿《毛诗正义》的。头注中的 传、笺、疏,其中"疏",即"疏"。传:"男女之际,谓之一丁灯。"这是为第15首所作的注,说明"一丁灯"是与性有关的隐语。接在后面的"御田,女名。善净瑠理(璃),人悦暖且旨,独言而行,以音出于口,听者誉之,曰唐茄子御田"。也是为这一首所做的注,说明"御田"是表演净瑠璃(一种木偶戏)的女子。这也是"传",而下一个 箋:"颠之误也。夏曰所颠,冬曰御颠,暑曰泠,寒曰暖。一曰:今卖荞麦者,曰颠屋,同一物。"则是对上面的"御田"一词中的"田"的考证,说"田"字当为"颠"字之讹。"名代",本义是为代上司办事的人,这首诗里是"夏冬"之意,也以 箋 的形式来作解释。"一丁灯"的原意是蜡烛,这首诗不是用的本义,故以 疏 的形式来作进一步说解。于此,将《毛诗正义》解诗的方法表演了一遍。我们可以读懂这首诗了。

注中还有一条:"此章写鹑之奔奔,有三百篇余响,千古绝调。"在这一条之后,还有一条:"诟,昭十一年。"《诗序》说:"《鹑之奔奔》,刺卫宣姜也,卫人以为宣姜鹑鹊之不如也。"也就是把它看作讽刺淫乱的诗。《唐训诂江户风》中第 36 首或许就是田子文盛赞的"有三百篇余响"的"千古绝调"。

上引田子文的注有误,"诟"当出《左传》昭公二十年:"子死亡有命,余不忍其诟。"杜预注:"诟,耻也。""诟",同"诉"。"里门",即"后门"。寺院本不是女郎频频出入的地方,却恨其没有后门不能自由出入,流言正传告着其中的淫情。田子文以为,这首民谣与《鹑之奔奔》异曲同工。

可以说,对《诗经·国风》的理解,是决定作者看待江户民谣眼光的重要因素。第 15 首的末句"猗嗟旨御田","猗嗟"出《齐风·猗嗟》,叹词。

《唐训诂江户风》反映的是繁华的商业都市江户的风情,从料理佳肴、澡堂戏院,到吉原妓院、寺院僧侣,皆欲写出其繁华气象,特别涉及町人的娱乐生活,如讲说"军谈"(战争故事)的讲释师和各种艺人的活跃,都有咏唱。其中很可能有纯属作者为记录都会风情而自作的。将这些一律标为"江户风",可见作者将自己的作品归属于《国风》的苗裔是毫不踌躇的。

第四节 大久保纲浦:《诗经新体诗选》

鲁迅在《且介亭杂文·门外文谈》中的一段话,既是论现代白话诗,实际上也间接涉及《诗经》的现代口语翻译:"就是周朝的什么'关关雎鸠,在河之洲,窈窕淑女,君子好逑'罢,它是《诗经》里的头一篇,所以吓得我们只好磕头佩服,假如先前未曾有过这样的一篇诗,现在的新诗人用这意思做一首白话诗,到无论什么副刊上去投稿试试罢,我看十分之九要被编辑者塞进字纸篓去的。'漂亮的好小姐呀,是少爷的好一对儿!'什么话呢?"假如当时有人想把《关雎》翻译成白话,就很可能遇到这样的窘境。将"窈窕淑女,君子好逑"译成"漂亮的好小姐,是少爷的好一对儿",虽然意思不算大走,但毕竟让人觉得不像诗,如果不这样译,又怎样译才能让人读后感到《关雎》就是一首好诗呢?这说明,要让今天读者产生与古代读者读《关雎》相近的感受,已经是很不容易的事情。当下读者与古代读者之间文化上的隔阂已很难跨越,如果再加上不同民族文化的隔阂,那么翻译的难度就成倍增加了。特别是在这种翻译还没有先例可循的情况下,就像是在黑暗中摸出一条路来,很需要翻译者好好考虑一下翻译的策略了。

在两种文化距离辽远、隔阂深重的时候,翻译的探路者往往不得不避难就易,不采用纯翻译的做法,而从改写做起。日本明治时代的文化与中国周代文化的距离实在太远,而译者又感到有必要、应该也有可能让当时的读者感受《诗经》的魅力,选择将其改写成当时的新诗,就成为一种化不可能为可能的选择。

早稻田大学图书馆藏大久保纲浦著《诗经新体诗选》,有东京文学同志会 1901 年刊本。笔者所藏为东京蓝外堂 1910 年刊本。两种本子内容相同,封皮不同,前者有彩色绘画,后者仅有作者、书名与出版者。前者封底署名作者为大久保源次郎,盖纲浦为其字,而源次郎为其名。大久保纲浦或为早稻田大学教师,今国会图书馆收藏他与石桥藏五郎共著共编、博报堂 1901 年刊行的《二宫先生报德唱歌》。

一、《诗经》与新体诗相遇

新体诗的推手一是西欧诗歌,一是译诗。所谓新体诗,是与日本传统汉诗、和歌相对而在明治时期创作的一种新诗的总称。明治之前,也曾有三三两两的尝试,一般则将 1882 年由丸善书店刊行、收入矢田部良吉,外山正一、井上哲次郎三位学者所做的西欧诗歌翻译以及追随其后创作的《新体诗抄》,视为"新体诗"一词的源头。这些诗,在采用七音、五音句式这一点与传统短诗别无二致,但诗中注入了近代感情与事象。以后,1885年刊行的汤浅半月的《十二石冢》,1887 年问世的山田美妙、尾崎红叶所编

《新体诗选》，1888年刊行的落合直文所作《孝女白菊之歌》，1889年刊行的大和田建树的《渔火》、北村透谷的《楚囚之歌》等故事诗、叙事诗，都力图为诗打开新境界。1889年森鸥外、小金井喜美子、落合直文等新诗社同人创作的《於母影》①，得到新诗人们的喝彩，伊藤信吉称赞其"将迄今未有的美感带进了诗的世界"。1897年8月岛崎藤村的《嫩菜集》②被认为是在诗中表达近代精神的开山之作。在他的周围，还有宫崎潮处子、中西梅花、北村透谷、与谢野铁干、土井晚翠等新体诗诗人，他们仍然以七音、五音为基调，逐渐也采用二音、四音、六音等音数律，诗的情绪与节奏也趋于复杂。大久保纲浦的《诗经新体诗选》的创作，大致就在这个时期。

新体诗的诗人在吸收西欧诗歌这一外来诗体的同时，也有一些诗人注重从中国传统诗歌中吸收灵感。

在大久保纲浦创作《诗经新体诗选》的时候，蒲原有明等进行的变革也正在展开。与谢野夫妇的浪漫主义诗歌通过他们1900年创刊的机关刊物《明星》，影响不断扩大。北原白秋、石川啄木、高村光太郎等新诗人辈出。1905年山田敏的译诗集《海潮音》③，介绍了欧洲的象征派，同年蒲原有明的《春鸟集》、翌年蒲田泣堇的《白羊宫》等，更深刻地挖掘诗人内心的象征诗问世，1907年川路柳虹的《尘溜》开启了口语诗的先河，所谓近代诗的时代揭开了序幕。"新体诗"之名渐渐淡出，而代之以单称"诗"或"近代诗"。在大久保纲浦的《诗经新体诗选》由蓝外堂再版的时候，已是新体诗谢幕的前夕了。

二、《诗经新体诗》释录

兹将《诗经新体诗》全文释录，原文中每诗前附经文，此处删去，编号为原文所有。

　　　　《国风》一　　《周南》一之一　　《关雎》三章
　　　一　　呼ひつ呼はれつれぶしに　　鳴くや小島のみさご鳥

---

① 『日本の詩歌』28、『訳詩集』、中央公論社、1966年、第5—19頁。
② 島崎藤村『藤村集』、東京：角川文庫、1979年、第18—29頁。島崎藤村自選『藤村詩抄』、東京：岩波書店、1984年、第15—24頁。
③ 『日本の詩歌』28、『訳詩集』、第20—57頁。

	雄雌ただしくむつまじく	遊ふ風情を見るにつけ
二	あのたをやかな乙女にて	賢き徳の在しまする
	大姒妃こそ文王の	善好逑①にありつるよ
三	川に遊ひてながみじか	流れに生へるあさゞ草
	左へ右へもとむなる	心の如く后妃には
四	つねにさがしき女をば	求めて共に内治め
	賢人挙げて文王の	助けなさんと思ふ故
五	寤めの時も寐し間も	思ひつゝけて得んものと
	心砕きて忘れねば	思ひ沈みてやるせなし
六	願ふは此の草摘みとりて	芼薦めなばさぞやぞや
	朝な夕なに喜びて	琴にもかへて友とせん
七	此の草青みに入れもせば	さこそ喜び喜びて
	鐘や鼓のそれよりも	まして親むことぞかし

《葛覃》

	夏の初めになりもせば	葛のかつらや蔓も覃
一	谷の中までつたひ行き	葉もうるはしく茂るなり
二	時こそよけれと黄鳥は	飛ひ来るなり灌木
	春も駘蕩の風情にて	声和かに鳴き渡る
三	葛の葉色も莫々と	しげれる頃になりぬれば
	是を刈りとり湯に入れて	濩たて績て布となし
四	絺きも綌もそれぞれに	衣裳となして斁はすは
	乙女の時より妻たるの	女の職を習ふなり
五	女は一たひ帰ぎては	みだりに父母帰省こと
	ならぬと言ふは常なれど	諸侯の娘はぜひなくも
六	師氏の姆のゆるし得て	もしも我家へ帰りなば
	新衣常服の差別なく	よごれを澣め洗ひなし

---

① "善好逑",右旁注"好き伉儷"。

七　　ひたすら質素倹約を　　　　　身に行ひて忘れずに
　　　常は洗ひし衣着て　　　　　　父母を帰寧は孝心よ

《巻耳》

一　　后妃の心常日頃　　　　　　王のお為めに賢臣を
　　　見出し得れは周の世の　　　盛りを添ゆることなりと
二　　心を悩ましましませば　　　春の弥生の野に出でゝ
　　　をなもみ草を摘みとれど　　僅かの筐にも盈たざりき
三　　彼の遠国に行きたまひ　　　嶮岨の山を陟ゆるとき
　　　大夫の馬もつかれ果て　　　倒るる苦しみ如何ならん
四　　もしもかくなる難義をば　　なされ玉ひしその折は
　　　苦を慰むる一献の　　　　　酒をも召され玉ふなら
五　　少しは苦労も忘るれど　　　酒や遊ひを禁められし
　　　御性質にましませば　　　　殊更心の傷まるゝ
六　　彼の高山の鋭きを　　　　　陟ゆれば黒き馬さへも
　　　黄色となりて苦しむに　　　かかる難義に其の時は
七　　角にて飾り付けられし　　　盃とりて酒をくみ
　　　心を慰めたまひなば　　　　斯くは心を傷めまじ
八　　彼の石山を陟ゆるとき　　　馬も難所に瘁れ果て
　　　馬引く僕も痛るらん　　　　これを思へば思ふほど
九　　胸に溜りし憂さつらさ　　　日さへ出でず我身にも
　　　何れを何れと分けかぬる　　げにも呼しき哀みよ

《樛木》

一　　南の方に古木あり　　　　　茂る枝葉に葛や蔦
　　　まとまり纍る如くにて　　　下萬民は文王の
二　　恵みになつきて育つなり　　されは君子の幸ひは
　　　千代萬代の末までも　　　　めでたく盛ゆ楽しみの
三　　言葉に尽きぬことならめ　　南の方に古木あり

	纏ひつきたる葛や藟	次第に枝葉も茂り来て
四	終にその木荒ふ(おお)如く	君子の徳はひろがりき
	南の方に古木あり	纏ひつきたる葛や藟
五	蔓も次第に延びければ	終にその木にからまりて
	縈(めぐ)るが如く文王と	太姒妃との福徳を
六	助け守りて幾千代の	末の末までいやさかへ
	子々孫々も多くなり	大業成就なしたまふ

《螽斯》

一	いなごは一度(ど)九十九の	子をうみ中も睦ましく
	幾萬となく数知れず	羽ばたきなし飛ぶ如く
二	子々孫々のさかゆるは	げにさかんなることならめ
	いなごの飛ぶや薨々(ごうごう)と	むらがり集り数多く
三	子々孫々絶えざるは	げにつながれる縄なるか
	いなごの飛ぶやあつまりて	中むつましきそのさまは
四	子々孫々の和かに	おびただしきが如くなり
	されば妻たり妾たらば	いさごに劣らぬ心して
五	嫉妬の心なきやうに	中よく睦みて子や孫の
	多くさかへし文王の	后妃大姒を鑑みよ

《桃夭》

一	春も半ばになりぬれば	桃の若木は伸び伸びて
	花咲き乱れ夭(う)はしく	灼(ひか)り照して山を焼く
二	頃しもよけれ昏礼の	式を行ふその姿
	花にもましてうるはしく	夫の家に在るときは
三	家内内外(うちそと)睦しく	宜しくとゝのへ治めかし
	早や夭(う)しき花落ちて	盛んに実をば結びしは
四	徳の至るに喩ふべし	若葉の日々に美しく
	盛んに茂れるそのさまは	行ひよきに喩ふなり

《兔罝》

一　殷の暴逆厭ひてや　　　　　賢者は逃れて山中の
　　獵師と身をばやつしつ　　　姦智の兎をとらへんと
二　罝張る㭬木打こむる　　　　音さへ高く丁々と
　　姿もいとゞ肅めり　　　　　今はや聖の御代となり
三　文王天下取りたまひ　　　　たけき武夫用ゐる
　　中にも呂尚や散宜生　　　　王を助けてうしろだて
四　敵を防ぎて天晴れの　　　　功名てがら立てたりき
　　あちらこちらも行ふなる　　道の傍に罝を張る
五　その有様や肅めり　　　　　さすればたけき武夫は
　　上に罝れて文王の　　　　　好き一対の君臣よ
六　林の中は奥深く　　　　　　見る事さへもならざるに
　　罝張りけれは静まりて　　　たけき武夫出て来り
七　主従となりて頼もしく　　　機密のことまで明すなる
　　君の為めには腹心の　　　　よき臣下とはなりにけり

《芣苢》

一　野辺の遊びてわむれて　　　あちらこちらと歩みつく
　　芣菅草摘み取るは　　　　　子宝多く持ため
二　むかし宮女の孕むとき　　　席の上に戯れて
　　気血めぐらすよしを聞く　　いま野にあそび此の草を
三　取るは子孫の生育を　　　　楽しむ故にありつるよ
　　さればこれをば采りひろひ　筐に満たせて落ぬれば
四　掇ひ片手に穂をおさへ　　　片手に実をは捋りみてゝ
　　袺や襭にもはさみ入れ　　　我か家をさして帰るなり

《汉广》

一　南に高きのありて　　　　　その枝や葉は上に向き
　　垂れたることのあらざれば　雨風暑さもよけること

二	ならざるのみか休むさへ	ならぬといへる気高さは
	さがしき潔き貞女の	喩へを引ける言の葉か
三	漢水あたりも殷の代は	風俗あしく公卿方の
	貴娘（むすめご）なども花や月	そゞろ歩みきに恋人と
四	手をとり杖を曳くときく	今文王の御代となり
	聖徳四方（よも）に行きとゞき	風俗よろしくなりければ
五	卑しき賤の遊女も	操正しくなりゆきて
	礼なく契るものもなし	あの漢水は美しく
六	広き川ゆへ泳（くゞ）りても	向の岸へ渡らんと
	あせれどならぬ言の葉は	女の操正しきと
七	潔らかなるに喩へける	あの漢水は長ければ
	二つの舟を並ぶとも	とても渡るに甲斐なしと
八	いふ言の葉も同じこと	婦女の操の清ければ
	連添ふことのならざるを	喩へてよみし歌こゝろ
九	薪とすべき木々の中	高く目立て秀てたる
	生長しやしき牡荊（にんじん）の	木をとり薪となさんとは
十	漢水ほとりあるくなる	女は行ひきよくして
	薪とすべきもの多き	中にていとも行ひの
十一	すぐれしものを娶らんの	歌の意（こゝろ）にありつるよ
	若しも我家へ嫁（よめい）りて	くるゝをいなみたまはずば
十二	古礼にかんがみ親迎の	礼とりなして自からは
	馬に秣（まくさ）をかひ終て	すぐに迎ひに行くぞかし
十三	あの漢水は美しく	広き川ゆへ泳りても
	向ふの岸へ渡り得ず	あの漢水は長ければ
十四	二つの舟を並ぶとも	とても渡るに甲斐もなし
	薪となるべき草の中	高く目立て秀てたる
十五	あの蔞（ぬまよもぎ）刈らんとは	女の多きその中に
	行ひけだかき尤物（よきもの）を	娶らん歌の意（こゝろ）かや

十六	もしも此方へ媒^{よめい}りて	くるゝをいなみたまはずは
	古礼に則り親迎の	礼とりなして自からは
十七	小馬に秣をかひ終へて	すぐに迎ひに行くなるぞ
	あの漢水は美しく	広き川ゆへ泳りても
十八	向ふの岸へ渡り得ず	あの漢水は長ければ
	二つの舟を並ぶとも	とても渡るに甲斐もなし

《汝坟》

一	大夫の役目かふむりて	南の果てのかたほこり
	汝水といへる川墳^{つつみ}	したがひ行きて大木の
二	条^{えだ}や小木の枚^{みき}を切る	卑しき勤めをなし終て
	早く帰りを待つなれど	何の便りもあらざりき
三	されど妾はいつの日か	夫^{おつと}に逢はれぬことなしと
	それのみ楽しみ貞守り	公事^{おほやけごと}を重んじて
四	怨言^{うらみ}をいはず一筋に	夫を思ふは朝うゑて
	食事をいそぐ如くなり	去る年汝水の川墳^{つつみ}
五	随ひ行きて大木の	条切り口の蘖^{ひこばえ}を
	今年になりて切る如く	一度涙に袖をば
六	別ちてより二年の	月日を越て帰る今日
	妾をいとひ見棄ずに	愛てらる心の嬉しさよ
七	流れ早きを遡る	鲂魚^{なまがつを}すら骨折りて
	苦しむ故に尾より血の	出づるか如く夫には
八	此の乱世に生れ来て	つらき役目を西東
	顔色さへもやせほそり	時も時とて王室は
九	紂王暴逆無道にて	もしも萬一我夫に
	過ちにてもあるならば	火にも燬かるゝ苦しみの
十	手ひどき罪を得るのみか	恋しなつかし父母の
	身にも及ぼす心して	それを恐れて慎めり

《麟之趾》

一	獣の中麒麟こそ	仁愛深く生草も
	趾にて踏まぬ心あり	太平の世に出づと聞く
二	今文王の公子達の	生まれながらに盛んなる
	才徳威儀の備はるは	げに太平の麒麟なり
三	獣の中の麒麟こそ	定に侵す勇あれど
	妄りにつかはぬ心あり	太平の世に出づと聞く
四	今文王の子や孫は	生れながらに才徳の
	自然にすぐれ在しますは	げに太平の麒麟なり
五	獣の中の麒麟こそ	角にて侵す勇あれど
	妄りに見せぬ心あり	太平の世に出づときく
六	今文王の一族は	皆な聖徳の備りて
	揃ひてすぐれ在しますは	げに太平の麒麟なり

（趾=あし、公子達=きんだち、生草=いきくさ、定=ひたひ）

三、《诗经》与日本现代诗歌

《诗经新体诗选》将古老《诗经》的翻译与新体诗创作结合起来，在视训读为中国古典诗歌唯一读解方式的时候，将近代翻译与近代诗歌的概念引入《诗经》读解之中，自然会遇到很多问题。首当其冲必须解决的是向读者传达怎样的诗情。译者在翻译之前，必须搞清楚这首诗到底写的是什么，为此，译者显然读过《毛传》和《诗集传》这些书。而后，他选择了将《毛传》《诗集传》的解释注入对原句理解中的方法，也就是说，呈现在读者面前的不仅是诗句本身，而且还有后人对诗意的阐释。这是一种"以注助译"的解释性翻译。

《兔置》一首，《小序》："后妃之化也。《关雎》之化行，则莫不好德，贤人众多也。"

《诗经新体诗选》

没有说出诗中的张网捕兔与后妃之化有什么关系,是将"肃肃兔罝,椓之丁丁"看作"先言"之"他物",本不一定与"赳赳武夫,公侯干城"有什么不能脱钩的联系。而《郑笺》则将其强拉在一起,说:"罝兔之人,虽贱之事,犹能恭敬,则是贤人众多,足举微以见著也。"《集传》大体沿袭了上述"贤才众多"之说,更接近《小序》,说:"化行俗美,贤才众多,虽罝兔之野人,而其才可用犹如此。故诗人因所事以起兴而美之,而文王德化之盛,因可见也。"将罝兔之人仍看作山野中的贤人,用以证明贤人众多,只是没有像《小序》那样与什么后妃之德硬扯在一块儿。大久保纲浦似乎觉得这些解释都很牵强,于是将罝兔之人说成是殷商时代逃到山里的贤人,到了文王时代才成为君王的武将。现试译如下:

殷之暴逆可恶啊, 贤人东逃又西遁。
做个山里的猎户, 想要捕捉到狡兔。

张开网钉好木桩, 声音响亮丁丁丁。
举动也越发小心, 神圣时代今来临。

文王要夺取天下, 起用威武的猛将,
中有吕尚、散宜生, 在身后辅佐大王。

防范敌人来进攻, 一心要功名辉煌。
到这里又到那里, 在路边张开罗网。

那模样小心翼翼, 好个雄赳赳武将。
有文王高高在上, 好一对君贤臣强。

林子里草密树深, 连东西也看不清。
张好网一片寂静, 勇猛武将要来临。

成了主从靠得住, 机密事一说就通。
一心为了君王事, 就要做心腹良臣。

这里不仅拉出了吕尚,而且并举出一个不那么知名的散宜生,他是西周开国功臣,是"文王四友"之一,与姜尚、太颠等同救西伯姬昌。其说盖源出《墨子·尚贤》:"武王有闳夭、泰颠、南宫括、散宜生,而天下和。"大久保纲浦在这为数不多的尝试中,不仅调动了他有关《诗经》的知识,也调动了他关于周代文化的其他知识。在他看来,这种对原诗文本的干预,会让诗歌更丰满,而不必过问是否破坏了原诗的内容。

《芣苢》一诗,《小序》说:"《芣苢》,后妃之美也。和平则夫人乐有子矣。"大久保纲浦在诗中描绘了夫人们采集芣苢的欢乐场景,还将"后妃"译成"宫女",增加了她们怀孕后在席上嬉戏的想象:

《芣苢》

从前宫女怀孩子,	席子上玩耍嬉戏。
听说能活血舒气,	现在就野游采集。
采来为养子育孙,	欢欢喜喜有原因。
采呀采呀别落下,	装满筐子手不停。

《汉广》一诗,《小序》说:"《汉广》,德广所及也。文王之道被于南国,美化行乎江、汉之域,无思犯礼,求而不可得也。"大久保纲浦则以游女(日语中指妓女)也变得懂节操来表现文王德化的影响力。

手牵手,拄着手杖,
今天已是文王的世道。
他的圣德普被四方,
风俗也已变得醇好。

连卑贱的游女,
操行也开始不邪不离。
再没有无礼的相好,
那一条汉水美丽。

古代文人往往习惯于从过往找梦想,在面临种种政治问题的时候,就将美好的愿景寄托在古代的贤君德政、盛世良谋的赞美上。《小序》对《周南》的说解，就贯穿着对文王功德的崇拜。大久保纲浦的新体诗大大突出了这一点。尽管由于资料缺乏，无法深入分析他这样做的深意，不过，可以肯定的是，他这样做，确是有当下性的。

《诗经新体诗选》严格说来，不能算是翻译。作者将书名这样确定，或许也就是意识到这一点。他实际上是根据自己对诗的理解试作了几首新体诗。这些诗基本上用的是口语，只有少数诸如文王、后妃之类的专用名词。它们出现在"言文一致"运动之后，是一种勇敢的尝试。作者大概是想让那些对新体诗感兴趣的读者，也能对古老的《诗经》感兴趣，让能读日语白话诗的读者，也品味一下周诗的味道。钱锺书先生谈到翻译在文化交流中的作用时说："它是个居间者或联络员，介绍大家去认识外国作品，引诱大家去爱好外国作品，仿佛做媒似的，使国与国之间缔结了'文学因缘'，缔结了国与国之间唯一的较少反目、吵嘴、分手挥拳等危险的'因缘'。"①在明治维新之前，《诗经》是儒学者的必读书，而到了明治维新之后，《诗经》越来越远离一般知识分子的阅读范围，大久保纲浦是想用新出现的新体诗让读书人与《诗经》重续前缘。

《诗经新体诗选》虽然只"译"出 11 首诗，只占《诗经》很少一部分，是一部未完成的译诗选，却是现存明治时代唯一的《诗经》选译本，比寺内章明《国调周诗》早 16 年，比冈田正三译《诗经》早 32 年，可谓《诗经》近代日语翻译的先声。

关于大久保纲浦的生平与思想，我们所能看到的资料接近于零，只能知道他著有《二宫先生报德唱歌》。考所谓"二宫先生报德"，当指江户末期的农民思想家、"报德思想"的倡导者、"报德仕法"农村复兴政策的指导者二宫尊德(1787—1856)。从这一点看来，至少我们不难想见，大久保纲浦在明治末期对于乡村与农民问题有所接触与思考。同时，明治末年的所谓"报德社运动"，已被纳入政府所谓国民道德重建的轨道②。从当时或稍后出版的所谓"二宫先生报德唱歌"，如 1908 年教育新闻社刊石原万岳著、田村虎藏曲《二宫尊德：报德唱歌》，1912 年洛阳堂刊行的芳贺矢一著、南能卫曲、花天仲之助编《报德唱歌：先帝敕语奉旨》等来看，核心内容已是遵守旧道德以报效天皇。这与《诗经新体诗》中所表达的思想是十分一致的。

---

① 钱锺书《钱锺书散文》，浙江文艺出版社，1997 年，第 272 页。
② 源了圓『德川思想小史』、東京：中央公論社、1984 年、第 172 頁。

人们在谈论中国古典诗歌海外传播的时候,理雅各、韦利、庞德的名字如雷贯耳。值得一提的是,他们翻译的传播效果,也给了日本学者很大的启发和自信。不过,在日本也有像大久保纲浦这样的探路者,尽管他的译诗很少,传播范围有限,但他的努力却也有值得珍视的地方。

本章论及的释奠赋诗,在作品产生的时代尚属高端稀声,而从《越风石臼歌》到《唐训诂江户风》,再到《诗经新体诗选》就不同了。既非出自名家之手,又非严正的论说,只不过是深林幽径的小花、溪涧岩石的苔藓,但也显示了《诗经》的生命力与适应力,其中或许也有与当代读者的阅读心理相通的东西。一部经典,只有在得到深爱之后,才会跳出无声无生命的书本,走进人们观察与体悟现实生活的眼神之中。从这一点出发,这些小草苔藓,也有值得我们一瞥的价值。

第十章
白川静《诗经》研究

尽管白川静用"孤诣独往"来概括自己的学术境遇,但他生前仍然获得了一位日本学者从官方那里所能获得的最高荣誉。1998年11月,在他88岁的时候,他荣获了"文化功劳者"称号,2004年,又获得了文化勋章。学界和媒体给了他很高评价,称他从中国在东亚地域具有文化类型性这一广阔视野,对中国最古老的文字资料殷商甲骨文、金文进行了体系化的研究,开创了中日文化独创性的研究。尤其他对数万片甲骨资料、金文进行摹写,完成了别人难以完成的基础性工作,对汉字原义进行了字形学的体系化,从字形入手来分析甲骨文、金文这些草创期汉字形成的宗教、咒术的背景,试图纠正《说文解字》对汉字本义说解的错误,将其60余年的研究成果,汇聚在《字统》《字训》《字通》这三大辞书之中,向世人展现了汉文化的无穷魅力。

1910年出生于日本福井县的白川静,1943年肄业于立命馆大学文学部,成为一位具有鲜明个性的学者。在中国古代文化研究遭到冷落的年代,他主持油印了自己的三大部《诗经》研究教材。在20世纪60年代末的学潮中,大学里教师靠边站,学生说了算,他不改直言的秉性,每日照常夜读不辍。在他有了些名气之后,也会为要动身去东京领奖一日未读书而惋惜。他从探讨日本古代文化的奥秘出发,走进中国文化研究的大门,在研究中国古代文化、文字的每一

《白川静著作集》第十卷《诗经》

步,又时时回望着阐释日本文化的需要,这给他的《诗经》研究,也涂抹上了一层厚厚的日本文化的色彩。

对于他的文字学、他的《诗经》研究,也都有过批评的声音,也有人直言他所到达的程度不高。然而,要真正读懂他也不是一件容易的事情。白川文字学和白川诗经学,两者相互映衬,是两座并立的山峰。那上面所有的沟壑土石、花草树木,都不能轻易看过。白川静虽然已经远去,但他的学术成果所代表的20世纪后半叶日本中国学的学风,却仍有值得后来人珍视的地方。

第一节 《诗经》

小南一郎在谈到东京学派与京都学派的差异时说:"我想说的是:东京的学问,不论右派还是左派,都有政治化的倾向。但是,京都的学问只关注于人类的文化活动与精神活动。"他谈到自己的研究方法时,说:"就我自己的研究而言,带有浓厚的所谓'现代'社会环境之色彩。研究者自身的立场,会对其研究有很大的影响。我自己在分析文化现象时,比民族学(文化人类学)更加重视的是民俗学的视野。柳田国男的民俗学,或者是宫本常一的《被忘却的日本人》(《忘れられた日本人》)等著作,给我的影响很大。"①生活在同一城市的白川静与小南一郎的研究领域不同,但从研究关注的焦点以及接受柳田国男等人民俗学影响方面,倒颇有共同点。

一、折口民俗学与《诗经》研究的新视角

白川静(1910—2006)最初接触到《诗经》,还是在1925年给人家做帮工的时候,那时主家的藏书中,有《国译汉文大成》,他读了收在里面的《诗经》《楚辞》《唐诗选》等。当时他的记性很好,抄写了《离骚》原文就开始背诵,后来他回忆这一段经历,感到记住了那些东西,大有好处。唐诗中那些名篇,大体也背诵下来了。1927年,因为生病,辞别了主家,回到了故乡家中静养。近处有人在县政府担任书记官,很爱读汉诗和《万叶集》这样

---

① 童岭《从〈楚辞〉到唐传奇:矛盾之上,产生伟大作品——小南一郎先生访谈录》,载《中华读书报》2015年12月16日第9版。

的书。白川静就从他那里又借来《诗集传》等,自己抄写下来,从中学到很多东西。从那以后,《诗经》就一直伴随着他走过人生之路。数年后,他对《经义述闻》等书,都是一边读,一边做卡片,又通过《皇清经解》,了解了清代诗经学。

白川静师从桥本循(1890—1988)。桥本循字芦北,1949 年以《汉魏六朝文学思想论》获博士学位,主要著作有《中国文学思想考》(秋田屋,1948年)、《中国文学思想管见》(朋友书店,1982)、《芦北山人诗草》(立命馆大学文学部中国文学研究室,1982),《诗经》研究方面的著述有《世界文学大系第八·诗经国风》(筑摩书房,1961)。白川静曾著有《芦北先生遗事》纪念自己的恩师。芦北 90 岁时曾赋诗:"秋雨春风九十年,饮餐吐纳共安便。平生学古无攸用,赢得遐龄逾昔贤。"说自己享有超过古代先贤的高寿,是从"学古"中来。白川静在年过米寿(八十八岁)之时尚在笔耕,这一点和他的恩师颇为相近,或许也有同样的感触吧。

明治维新以后,日本民俗学研究出现了柳田国男、折口信夫两位开风气的学者。柳田国男(1875—1962),民俗学著作有《石神问答》《远野物语》《山岛民谭集》《木绵以前之事》《妹之力》《海上之道》等。周作人曾撰文介绍柳田国男的《远野物语》,称赞柳田国男的著述兼有学术价值与文章之美,特别指出,在民俗学还很消沉的时候,"这实在是柳田氏,使这种学问发达起来","柳田氏治学朴质无华,而文笔精美,令人喜读","但在日本新兴的乡土研究上,柳田氏的开荒辟地的功的确不小,即此也就足使我们佩服的了"。① 柳田的高徒折口信夫(1887—1953),又名释迢空。治古代学,学问领域广泛,国语学、民俗学、宗教学、艺能史均有建树。主要代表作有《古代研究》《口译万叶集》《日本文学发生序说》等。学界普遍认为,柳田通过对民俗现象的探讨,赋予合理的说解,以追溯日本文化的起源,带有归纳的倾向,而折口则想定在他提出的独创性概念中存在日本文化的起源,由此阐明各种现象,带有演绎的性质。

这两位学者对日本古代民俗与文化的研究,对于白川静研究的影响都很大。多年以后,在总结自己的学术道路时,白川静回忆说:"当时日本的古典研究,柳田、折口两人的民俗研究最富有魅力,很容易找到,我都读过。《古事记》《日本书纪》有津田左右吉的一系列研究,他的启蒙性、批判性的

---

① 周作人著,钟叔河编《知堂书话》上,岳麓书社,1988 年,第 155—157 页。

研究方法,是我不怎么熟悉的。津田左右吉史学过于外形化,而且民俗学方法也很卓越,但是他与对象过于密切,缺乏外部的视点。探讨我国古代,不是有必要稍微离开一点,从东亚世界的视点去做吗?我国文化的形成,源于外部很大的刺激和影响,这是显而易见的。怎样一边与外部相对处,一边形成自我,这不是重要的视点吗?为此,必须详细知道中国古老时代的社会与文化,以及其历史发展。"①

柳田与折口,特别是折口,两人的民俗学成为白川静探索日本古代文化与中国古代文化的入口。由于折口在《万叶集》、古代民谣等领域中的业绩,其影响就更为直接。

二、《万叶集》与《诗经》的比较研究

白川静从同为古代歌谣这一点出发,来阐明《诗经》与《万叶集》的可比性,在探明诗篇本义的过程中,常常将两者相较并观,既为折口等对《万叶集》的解读找到旁证,也借助这种解读试图为《诗经》各篇寻找到不同于旧说的新解。这种跨越,既不同于一般的影响研究,也不同于一般的平行研究,可以说是一种在特别看重中日文学共同点基础上的特殊平行研究。白川静也吸收了一些葛兰言与闻一多的观点。在他看来,如果葛兰言的方法是社会学的话,那么闻一多的方法则是民俗学的。后者的《诗经新义》《诗经通义》看似札记,范围也限于二南或邶鄘卫,未及《诗经》全部,不能算研究完成,但对于作为民谣的意想与表达方法,给予了敏锐的观照就结婚祝颂诗里的鱼、恋爱诗里的饮食等,已经做了新解的尝试。②

白川静所著《诗经》中,多处引用柳田、折口的民俗学与文学研究成果。该书1970年1月由中央公论社出版,1974年由杜正胜译成汉语,由台北幼狮月刊社作为幼狮月刊丛书之一种刊行。全书分六章,分别是《古代歌谣世界》《山川歌谣》《诗篇展开与恋爱诗》《社会与生活》《贵族社会的繁荣与衰落》《诗篇传承与诗经学》。

白川静认为,诗篇研究,为了正确解读,首先需要训诂学研究。特别是诗篇一直由乐师传承,之后又用作教材,加上特殊读法和方言,假借字很

---

① 白川靜『文字遊心』、東京:平凡社、2002年、第445頁。
② 白川靜『白川靜著作集』第9卷『詩経』Ⅰ、東京:平凡社、2000年、第202頁。

多，如《陈风·衡门》中的"乐饥"，《毛传》说是"可以乐道而忘饥"，乐为"瘵"的假借字，是疗治的意思，"饥"为男女之欲，"乐饥"是密会喜悦的意思。存在很多像这样妨碍理解诗篇的误解。①

其次是发想与表达方式的问题。"发想"是一个日语词，在日本诗歌研究中十分常见。据《日本国语大辞典》，发想是指"将思想情感构建成某种形态予以表达。又，其构建出的想法"，意与汉语中的意想、构思以及佛教中的发意等词相近，又有所区别。这里姑且原词照录。白川静认为如果不理解诗篇中诸如采草、伐薪的民俗意义，它们所具有的发想、表达方式的意思就会被漏看，把它们当作一种隐喻，做出瞎子摸象似的解释。如《周南·卷耳》"采采卷耳，不盈顷筐"，是为旅人安魂而进行的摘草活动。《毛传》说是"忧者之兴也"，是为贤者不为世用而慨叹。理解兴的发想，是匡正从来错误的诗篇解释的中心课题。②

白川静主张将诗篇放在当时的社会现实条件下去探究，不明了诗篇的时代，就会做出游离于当时现实的解释。《周南》《召南》《豳风》需要辨明其历史地理，才能理解各篇的特点。《大雅》《小雅》是贵族社会的诗，抓住诗篇形成的社会性背景就特别重要。由同时代资料的青铜器铭文的编年知识去推定诗篇的时期，就能正确把握诗中所咏唱的事实。为打破诗经研究的沉寂，有必要寻找新的视点和新的资料。③

白川静特别强调，诗篇中所歌唱的事物和行为，都与古代思维有直接关联，这是因为很多都带有所谓象征性的意义，而且这种象征性的意义，是与当时的思维和生活习惯紧密结合在一起的。采草是一种预祝性质的行为，唱到玉、衣服的时候，就意味着与佩戴、穿戴它们的人有着灵魂上的，有时甚至是超越灵魂的交涉，唱到风雨等自然现象的时候，也不是作为某种心情状态的比喻，而是具体事物的象征。说到表现（表达方式）与事实，被表现的东西就是事实本身，两者就是一种不容分离的融即关系。白川静列举了一系列《万叶集》与《诗经》中的看起来相似的例证，来证明这种不同于今日诗歌表现的"物"与"灵"的关系。例如，他认为《邶风·绿衣》是一首悼亡歌，"绿衣黄裳"是亡人的遗物。古代人以为衣服包裹着人的灵魂，

---

① 白川静『白川静著作集』第9卷『詩経』Ⅰ、第12頁。
② 白川静『白川静著作集』第9卷『詩経』Ⅰ、第13頁。
③ 白川静『白川静著作集』第9卷『詩経』Ⅰ、第13頁。

是人的灵魂的本身，所以分别时也会睹衣思人。男女相别也会赠送衣物以盟誓，《唐风·无衣》就是一首以衣物寄托爱情的诗，而《郑风·缁衣》同样唱的是以衣相赠寄情。衣服、饮食，在民谣中都事关男女之情，特别是唱到饮食的诗，有不少是极为大胆的调情，如《郑风·狡童》。此外，如《陈风·衡门》写幽会、《邶风·谷风》写离婚，都有食鱼、捕鱼的诗句。在阐明自己的见解时，白川静总能在《万叶集》中找到类似的和歌。

　　《万叶集》与《诗经》的相较并观，与此相关的就是古代习俗的相较并观。中国古代有所谓"招魂续魄"，这与日本的"魂振"（たまふり）相似，《论语·先进篇》中提到的"舞雩"活动，类似于日本的"歌垣"。所谓歌垣，指古代男女在山上或集市上相聚饮食舞蹈、搭讪对歌，是性解放的时候，它本为农耕预祝仪礼的一环，也是一种求婚的场合，后来被娱乐化了。这与今天我国一些少数民族举行的对歌、歌圩、歌场等节庆活动多有类似。在白川静列举的举行"歌垣"的地点，不仅包括《郑风·溱洧》中的溱洧水边、《郑风·野有蔓草》中的零露之所、《郑风·出其东门》中的东门、《郑风·有女同车》也是男女同车前往的歌唱；而且《陈风》中十首诗几乎都是歌垣的歌，诗中出现的东门、宛丘，无不与此相关。于此，白川静引用了日本奈良时代的《常陆国风土记》作为旁证，那里记载在筑波岳"东峰四方磐石，升降决讫。其侧流泉，冬夏不绝。自阪以东，诸国男女，春花开时，秋叶黄节，相携骈阗，饮食齎赍，骑步登临，游乐栖迟"①。

三、《诗经》与古文字

在白川静《诗经》一书末尾，作者这样阐述自己的意图：

> 本书在诗篇中将重点置于《国风》，这正是因为我考虑到，对于作为古代歌谣的民俗学课题，《国风》是更为丰饶的宝库，在与我国古代歌谣的比较方面也很重要。不仅如此，我还认为，一边让古代歌谣贴近其生活感情，一边恢复诗篇所具有的感动，复苏已经成为"化石"的"诗"里的某种生命，乃是阐明中国文学所谓原生性的特质上的第一

---

① 竹内理三编『寧樂遺文』下卷、東京：東京堂、1997年、第788頁。

件工作。将诗篇作为中国文学的原点予以正确定位,正是我的意图所在。《诗》里也有"它山之石,可以攻玉"(《小雅·鹤鸣》)的诗句。我坚持希望,由喜爱我国古代歌谣的人们,让中国古代歌谣的诗篇,作为更具有亲近感的东西,被更加广泛地阅读。①

白川静在中学任职期间,就已经钻研了郭沫若的《卜辞通纂》《两周金文辞大系考释》。他认为,中国古典之中,资料性最高的是《诗经》《书经》和《春秋左氏传》三本书,其中《诗经》《书经》在清代考证学当中,文本批判性研究自不消说,句式训诂方面也还有很多问题,也就是说还没有充分读懂,所以首先只有将清代考证学成果作为出发点。他陆陆续续读过王念孙《经义述闻》、段玉裁《说文解字注》等。他把文字当作古代的百科全书,写出的有关文字学方面的著作有《金文通释》(白鹤美术馆)、《说文新义》(五典书院)、《字统》《字训》《文字逍遥》《文字游心》等。在这些书中,他经常引用《诗经》中的用法来为其文字分析作证。这一点,也与一般的比较文学研究者只关注文学方面的比较不同。在学科越分越细、各学科各学派各自分割现象越来越严重的日本学界,白川静的研究很长时间看上去"和者盖寡",虽然时有怀疑与批评之声,但有分量的评骘论析之著似乎始终没有问世。对于白川静文字学与诗经学这一份学术遗产,还没有人去爬罗剔决,刮垢磨光。

白川静从古文字入手,试图揭示文字、宗教与文学之间的内部联系,这种研究影响了京都学派的一些更年轻的学者。京都大学文学博士中钵雅量在他所著《中国的祭祀与文学》中的第六章《诗经里的神婚仪礼》②,探讨了丰收预祝祭里的神婚仪礼、桑树下的神婚仪礼、神婚仪礼的意义、动物神进行的神婚仪礼等问题,文中除引用闻一多《诗经通义》《高唐神女传说之分析》《说鱼》等相关论述之外,也引用了白川静《农事诗研究》《媚蛊关系字说》《字统》等书中的观点,特别是白川静由文字分析得出的结论,被当作《诗经》中吐露的神婚仪礼信息的有力证据。

在1972年出版的《孔子传》中,白川静分析了孔子的诗经观。孔子说:"诵诗三百,授之以政,不达;使于四方,不能专对;虽多,亦奚以为?"(《论

---

① 白川静『白川静著作集』第9卷『詩経』I、2000年、第207页。
② 中鉢雅量『中国の祭祀と文学』、東京:創文社、1989年、第143—167页。

语·子路》),首先是把《诗》视为通达政事的道路,孔子所说的"诗以兴"的"兴",就是"兴于诗,立于礼,成于乐"所说的那个"兴",是日语"さとる"的意思,即敞开心扉。唯有敞开心扉,才能理解他人,而理解他人乃是共同经营的基础。只有在立于彼此理解之上的世界,才会有诉诸感情的咏叹。咏叹即"怨",乃是由感情倾斜而产生出来的,这就是孔子对诗的理解。这种对诗的理解,对感情的共鸣,正是与事父、事君的人伦之道相联系的。白川静特别提请读者注意的是,孔子对"诗"定义为"兴于诗",即将其定义为人性情的自然叙述,为人相互之间的理解,他进而又谈到:"诗三百,一言以蔽之,曰思无邪。"将"诗"的本质提高到纯粹感情世界的高度。"思无邪"见于《鲁颂》,本来"思"是语辞,而孔子似乎解为"思想"的"思"吧。孔子将音乐视为终究的东西,作为超越所有表象媒介的纯粹美好的形象,举出乐章,"闻韶,三月不知肉味",又说《韶》"尽美矣,又尽善矣"(《论语·八佾》),说人形成的最终阶段是"成于乐",正是于此看出了美与善结合的最高形式。但这种诗与乐的理解,无疑来自乐师传承,不过在意义把握上,孔子的理解恐怕又超越了乐师传承。白川静认为孔子是在所有东西里不断寻求其终极意义的人。①

白川静对孔子诗经论的这些分析,也可以看出他本人对《诗经》的认识,即从人的形成,人本身的发展来看待诗歌作用。这正是今天我们读《诗经》,不放弃诗歌,不放弃诗性思维的根本原因。在白川静这样评价孔子的时候,正是中国"批林批孔"在报刊广播里热火朝天的时候,白川静的《孔子传》也一度出现在报纸上,作为被批判的对象。孔子那些谈"诗"的话,曾经被作为"克己复礼"的文字罪证频频上报,更不会留意到白川静着眼于人本身的诗经观的分析。今天我们重读这些话,其意义不在于肯定它还是否定它,而是因为有关人本身发展的思考,是我们不能不思考的问题,我们应该从前人的各种智慧中汲取这种思考的资源。

四、白川静诗经研究的学术史评价

兴膳宏主编的《为了学习中国文学的人》将白川静《中国古代文学(一)——从神话到〈楚辞〉》和《诗经——中国古代的歌谣》两部书,与吉

---

① 白川静『孔子伝』、東京:中央公論社、1972年、第99—101页。

川幸次郎《诗经国风》、高田真治《诗经》、目加田诚《诗经·楚辞》与《歌之始·诗经》、中岛绿《诗经》同列为研究《诗经》的参考书①。

白川静在运用古文字材料方面有开拓之功，但在利用金文方面仍留下很大空间。家井真在他的《诗经原义研究》中说："在我国，松本雅明、白川静、目加田诚、赤冢忠、水上静夫的大部头研究，可观者很多，但是，以上研究大多因为不把《诗经》成书、中国诗歌的发生作为问题，所以不在研究中使用作为《诗经》先行乃至同时代资料的金文，这是很遗憾的。为什么呢？因为在研究《诗经》的时候，除了经文资料以外，同时代的资料并不存在。"②在家井真的研究中，便试图更多地运用金文资料。

在中国古代文学研究中，较之唐宋、元明清的研究者队伍，进入先秦领域的人只能算是少数，何况是在异国日本。再说同样是研究先秦文学，愿意或能够从文字入手去做的，就更是少数中的少数了。白川静说自己是"孤诣独往"，这并不夸张，学术发展需要交流与合作，这是毫无疑义的。然而，也有不得不"千里走单骑"的时候。如果学术志趣已定，这时也不必心虚。"学者如牛毛，成者如麟角"，至于能否成功，那就要看各方面的条件了。白川静写了大部头的字书，也为一般读者写过一些文字简洁、相对好懂的文库本，从这些书中能够感受他一种谈学论道的快乐。判断他的学术成果，可能还需要些时日，但分享他的快乐，是眼下就可以做到的。学问这东西，真心喜欢，更容易得到真货，否则，产出再多，对读书人本人的人生来说，又有多大意义呢？在炒作热点的时代，有些学问可能永远是凉凉的，缩在热点之外，那就让它待在该待的地方吧——只是不要去打扰它、践踏它就好。

第二节 《兴研究》

1919年，葛兰言的《中国古代的祭祀与歌谣》问世，1942年由内田智雄译成日语，弘文馆出版。葛兰言的主要看法是，《诗经》，特别是《国风》中大部分诗篇，都是农民在田园季节祭祀时青年男女唱和的情歌或民谣，自古以来诗序和传笺以及数以百计注释家解释的那种证明并且鼓吹的古已

---

① 興膳宏『中国文学を学ぶ人のために』、京都：世界思想社、1994年、第298—299页。
② 家井真『「詩経」の原義的研究』、東京：研文出版、2004年、第9页。

有之的传统道德,都属子虚乌有。为此,葛兰言还引用了云南、贵州等地的民俗民歌为证。葛兰言通过对越南歌舞的社会学研究,对兴做出了象征主义的解释。例如,他认为《桃夭》之诗中的桃花,象征着少女的美丽,实际上赞美了妇德,而对于为什么诗中出现的是桃花而不是别的什么花,葛兰言似乎没有再作进一步的思考。在白川静看来,葛兰言专注的田园祭祀活动,只不过是全部祭祀活动的一个部分,要探明兴的起源和本质,必须对那一时代的各类祭祀和民俗加以整体的考察,他所要进行的工作正在于此。

1958 年,松本雅明《关于诗经诸篇形成的研究》出版,本文 950 页,加上索引长达千页。据该书序言,作者于 1955 年 3 月末,曾奔赴靠近日本最南端的奄美大岛,亲眼见到那里保留的民间歌舞,采录歌谣 230 首,后来又从山本达郎那里得知安南托姆村也遗存有相类似的歌舞,通过与这些歌舞的比较,松本雅明对兴提出了所谓"气氛象征说",即认为,在诗篇中,兴作为导入部分,起到的是预先提示诗篇气氛的作用。白川静觉得,松本雅明的气氛象征说,对于《诗经》中兴已变质为修辞手段的形式来说是恰当的,却不能充分说明至此之前的情况。

1960 年 6 月,白川静完成了他为博士生授课的讲稿《稿本诗经研究通论篇》,为硕士生授课的讲稿《稿本诗经研究解释篇》,作为这两部讲稿的别册,还撰写了《兴研究》。这样的书稿,如果得不到文部省的资助,是无法得到出版机会的。于是白川静将其刻印,装订成册,分发给学生,也分送给相关图书馆、阅览室和同好。笔者第一次读到这些书,正是 1990 年在立命馆大学文学部的阅览室里,不禁为先生的敬业精神深深感动,对《兴研究》的论点印象尤为深刻。2000 年出版的《白川静著作集》第 9 卷《诗经》Ⅱ收入了这部《兴研究》。

《兴研究》包括序说,兴的古典性理解与近时的研究,歌谣的原初的性格与诗篇,祭事关系的诗与兴的发想,祭礼关系的诗与兴的发想,恋爱诗与兴的发想,社会诗、生活诗与兴的发想,兴的发想的起源及其展开这样几部分。白川静的基本观点认为兴的发想是在原始心性之中作为咒的发想而形成的,随着这种宗教性心意的衰落,而得以变质为情绪性地导入诗歌思维的发想。也就是说,它具有自身历史性的发展。不用说,历史性的东西在其形成中就具有构造的深刻性,因而,在其研究中就有必要进行构造性分析。兴在毛郑以来都作为单纯的修辞问题,而在其根本上,还包含着上述歌谣的发生史的问题,古代思维与民俗的问题,以及诗篇本身发展问题,将这里问题放在一起,不进行构造性的理解,要想把握它的本质,就是困难的。①《兴研究》以兴的发想与古代思维、民俗的关系为主,在必要的时候也涉及一些发生史的问题,特别是就诗篇的民俗学理解提出了自己的见解。

在《兴研究》一书的结语部分,白川静从以下五个方面概括阐述了自己的主要观点:第一,兴的发想起源的形态,具有咒语的性质。它与其原初性质就是咒语这一现象相关联。现今存在的诗篇中,《周颂》作为庙歌的性质,有些地方传递了古老的性质,大体是向祖灵或其他神灵祝祷的意思。颂本来原意就是诉之于神,后来颂被看作赞颂之意,多被看成祝祷时用作赞颂语的转义。这和日本的祝词里包含着很多称辞是一样的。颂是向神诉说之辞,就要称呼神灵,使其接受其祝祷的内容。如《维清》以下几篇,富有赞颂之辞,而在这些篇中,从颂的原义来看,却可以看到有形式化进展的地方。从这一点来说,《小毖》一篇中或许有些地方向我们传递了古老咒语的形式,而且,迎接客神的仪礼等也可以认为是具有古老传承的元素。在这种意义上,《有客》《振鹭》等,虽然表面上是平易明了的,但作为仪礼,或许传递了古老的样式。颂不仅是有面向神灵、客神的,也有像《时迈》"怀柔百神,及河乔岳"那样面向"百神河岳"的。还有《般》那样称说山川的诗篇。《周颂》是在州庙里祭祀的诗,虽说以百神河岳为对象的歌谣几乎并不存在,但在被视为天子出幸的诗《大雅·卷阿》里却也可以看到"百神尔主矣"这样的诗句。山川、圣地各处都各有神灵,很容易推察临事就要举行镇魂的仪式。

《有客》是招抚客神的仪式,还有《振鹭》是咏唱其奉仕者的诗篇。咏唱这些诗篇,就是为了安抚客神。朱子将两首诗都看作赋,毛郑说《振鹭》是兴,实际上既不是兴,也不是赋,它包含着作用于客神的咒语的性质,是要神显灵,要安抚神。即使不是直接要神显灵,也要对神起作用。在《振鹭》里,鹭是客神,作为鸟形灵装扮成白鹭,也可以像《小雅·鱼藻》那样是鱼,像《鲁颂·有駜》那样是由乘物来表现。《大雅·凫鹥》里的凫鹥,《小雅·南有嘉鱼》里的雏,则是现身鸟形灵,也是起源于这种观念的表达。它们作为神灵的表象,唤出神灵,让神显灵,作用于神灵。在古老的咒的表现里,就具有这种起源的形式。它们大体被解释为兴的形式,但它们本来并

---

① 白川静『白川静著作集』第 10 卷『詩経』Ⅱ、東京:平凡社、2000 年、第 572 頁。

不是出于修辞的要求作为发想形式而形成的,可以看到,作用于其视为对象的神灵,或者作为对其仪式背景里所有的神灵镇魂意义的话语,都是起源于置于章首的咒语的。《鱼藻》《凫鹥》,不这样解释就说不通。总的来说,在见于祭祀系列的诗里的兴里面,多有传递这种兴的起源的性质,特别是鸟兽虫鱼之类,往往作为有灵之物,被用作神灵的表象,被当作神附体的神木,楚薪也是同样。兴的发想常常置于章首,而且有时具有与主文脉络不明这种近于独立的形式,就是因为这一部分至少是在发生上具有作用于神灵的咒语性质。

第二,兴的发想本质,具有预祝性质,预祝是面向未来祝祷理应实现之事、或者理应回避之事的咒术,可以说它占据了咒术的最大领域。预祝行为在生活中演变为习俗,具有作为民俗的形态了。采薪、采草之俗,就存在于作为"诗"的发想而显现的典型形式之中。它们也作为新年进山仪式、或者季节之初的招魂续魄仪式来举行,而多样分化,并显现出广泛的习俗。就是在日本古代,也可以看到与之极为类似的民俗。在民俗中,相当多具有季节性活动的预祝意义,葛兰言作为"诗"的起源来思考祭祀活动,如祭祀活动中的舞蹈诗,即便是其中一种形态,也并没有包括一切民间活动,特别是作为民谣的发想,就不能不在根本上思考民俗的一般情况。可以说招魂续魄就是中国古代民俗的核心。这一招魂续魄的观念,构成了民俗的根基。采薪、采草这种具有预想意义的东西,也在这一范围之中。可以说季节性活动几乎都与此相关。在日本民俗中,振魂、镇魂也具有重要意义。伴信友《镇魂传》以来,为许多民俗学者所瞩目。从隆重的祭祀仪式,到极为日常的习俗,多具有作用于自身之灵、外物之灵的意义。

采薪、采草之俗,在祭祀系列的诗篇里,在恋爱诗、征役诗当中都可以看到,都具有预祝的意义。作为预祝,在每件事情当中,恐怕都是现实中举行的民俗性的。它们原原本本用到诗的发想当中,在诗里唱到它们。它们与行为本身,依然被看作是具有预祝意义的,继而就逐渐成了一个定式。《小雅·采绿》采草估算日子这种预先占卜的意义,算而不准,歌谣失掉了本为咒语这种性质,但在征役诗等将其作为发想还在运用,我们难以知道征人是否也把这样的行为当作预祝,但它们依然用在这种发想当中,歌唱它们,汲取了预祝的意义。采薪、采草本来就是预祝,歌唱它们也有预祝的意思,但是后来它们就作为发想的形式而定型化了。

不只是采薪、采草、投果、饮食,或者赠衣、赠玉,在其表达的背后,全有古老的习俗。由于民俗一般是永远传承的,所以这些发想、表达的由来,也可以追溯到《诗经》时代,被称为兴的发想本质,具有这种民俗意义,是本来作为咒语而后来作为发想定型化的特殊样式。

第三,在兴的发想里,以古代表象、或民俗为背景的元素,普遍传递而来古老的形式,鸟兽虫鱼各具神性,树木有神灵附体,雷为男、鱼为女的表象,都可以说是来自古代观念。其中那些与神性相连的,事实上都见于早期的诗篇里,又如见于征役诗里的鸟,也并非寄托了征人的心象,而是存在着征旅之际用鸟来预先占卜的习俗。如果认为它在征役诗里赋予了一个定型的话,那么它仍然是出于这一个系列的。草木用于祝颂、预祝的时候,它们作为生命力的表象或作为神附体的表象,就具有了预祝意义。举其名、述其状而歌之,也就有了祝颂之意,在这些场合,草木与诗也可以说一并处于咒物与咒语这样的关系当中了。祝颂时《秦风·终南》这种问答形式,由"瞻彼□□"这种定式所表现的瞻望的即兴形式,即产生于古老时的祝颂形式,不能认为它们是作为诗的发想而重新产生的形式。如果不把它们发想基础上所具有的古代表象、民俗,以及其先行形态这些问题也考虑在内,就难以理解它们,难以把握兴的发想性质。

第四,可以认为,在兴的发想里,自然作为象喻,或者作为自然本身所有而出现,一般是其崭新的形式。如果将作为心象描写,人的感情投入自然景象里的场合称之为象喻的话,那么鸟之孤飞,鱼潜于渊,草木凋落或者其孤特之身影,风雨晦冥等,被视为心象表达的场合,它们就成了象喻,因而自然从神性之物中剥离,自然表现为人感情的投影,作为对自然的内心态度,与融即性的原始心性不同。它们就大体相当于葛兰言所说的象喻了。它们既不能视为兴的起源,也不能视为兴的本质。它们是兴的发想已经接近于修辞性质的形式了,失去了作为咒语功能作用于对象,以及给予诗歌这种基调的兴的发想的本质了,业已变质了。这些兴,开始成为修辞手段。

鸟兽之类都成为比喻之类的发想,也同样属于新的时期。例如狐、鹈喻男,鸱鸮皆被拟人化,其中可以看到寓言似的动物,讽刺性很显著。寓言就有教训性,多产生出谚语、格言。诗篇里谚语式的词语里,也可以看到狐、鸟、兔、猱等,而且几乎都是在社会诗、政治诗里。它们和祭事诗系列里的鸟兽完全异质,具有与后来战国时期诸子文章中的寓言相联系的性质。因而这些也是远离兴的发想的起源、本质的,倒不如说是它们显示了兴衰落了的形态。

我国学者对兴的研究在20世纪80年代之后渐趋深入。赵沛霖《兴的起源——历史积淀与诗歌艺术》不仅对兴的艺术形式在起源时与宗教、神话之间的内在联系进行了全面阐述,并从"积淀"是美的各个领域发展的一个共同特征这一观点出发,揭示了诗歌艺术与宗教、神话之间的内在继承关系。① 白川静《兴研究》早于赵著20年,赵沛霖在写作本书时也并没有读到过白川静的《兴研究》。这两部书探讨的问题多有交叉,而研究阐述的方法与话语形式则颇多不同。白川之著侧重于以诗考兴的文献考证,赵著侧重于诗的美学阐发,反映了20世纪后半期的中日《诗经》兴研究的不同取向,而其中相互印证与违和之处,都会为今后的兴研究提供启示。

第三节 《诗经研究通论篇》

白川静《诗经研究通论篇》要解决的核心问题是诗篇的形成与发展的问题。在序说部分论及研究史与研究方法,在对方法论加以反省的过程中构建《诗经》研究史。在他看来,对古代歌谣的诗篇研究,以单纯的训诂注释的方法早已不能解开问题的症结。今后的课题是引入古代社会、古代文化的研究法,将其综合性地适用于古代歌谣的理解。葛兰言所尝试的社会学方法,在季节性的祭礼方面,力图捕捉古代村落生活的一个侧面,而祭礼在古代村落生活上终究是季节性的、一时性的,作为规定古代人感情与思维的东西,更要考虑一般的生活与规范本身。它们处于其生活的根柢,作为"诗"思维的基础,应当探讨规定"诗"所表达的、更为基础性的古代人所体验的世界,这终究是民俗学、宗教学的课题。

一、《国风》与故事诗

第一章《国风的地域性与诗篇的特质》,指出至少二南与豳在地域上存在疑问,而且二南与豳风的诗篇,与其余的《国风》存在明显差异。关于召南,白川静在卜辞金文中寻找召族的踪迹,试图证明它正是河南西部,曾

---

① 赵沛霖《兴的起源——历史积淀与诗歌艺术》,中国社会科学出版社,1987年,第247—254页。

被称为召方的古国之后、周初召公奭的根据地。周南则在周初曾为周东方经营中心的、周公一族原本所在的成周、周南作为其采地，与召南相接。二南的诗，在祭事、祭礼等歌谣中，多保留氏族社会时代的遗响，另一方面，其诗也有贵族性，雅与风相通，在二南诗里最为显著。

第二章《故事诗研究》。"故事"，在原文中白川静使用了"说话"一词，这是一个源自中国而在日本文学史上确立的说法，大体与汉语中的"故事"相近。"说话"是神话、传说、民间故事的总称。日本文学史上的"说话文学"，广义上是指神话、传说、民间故事为素材而具有文学性的作品，包括叙事文学、中古歌物语等。狭义则指这一类故事集，虽尚少个性，艺术价值不高，却反映了庶民日常生活的原貌，具有历史资料的价值。这一章探讨的是《国风》与各国故事之间的关系。《国风》诸篇中，有《毛诗序》于其确立的时期曾有过的列国故事相结合的解释。宋代以来多有疑序派，但整体上辨明其附会也并非易事，其说至今仍颇具权威。这样来理解古代民谣《国风》自有其理由，而从将"诗"作为文学的立场来看，首先就有必要对此加以剖析。白川静指出，在所有故事诗中，可以确认与故事相关的诗，唯有《鄘风·载驰》一篇，它当然不是故事当事者所咏唱的，恐怕是在某种场合演绎该故事时歌唱的。

故事诗的故事，主要几乎都见于《左传》《国语》。这些故事性的解释，《毛诗》多于三家诗，属于文学系统，《毛诗》《诗序》特别是与《左传》之间相互有关联，对故事诗的分析就有必要上溯至对《左传》故事的分析。白川静的结论是，诗篇故事诗的解释，绝不与诗篇原义相符。

二、农事诗研究

第三章《农事诗研究》以农事诗为中心，从社会经济史侧面来把握当时社会，思考诗篇反映了怎样的生产关系。白川静认为，诗篇研究必须搞清楚形成诗篇的社会基础。见于《周颂》的《臣工》《噫嘻》《载芟》《良耜》诸篇的农耕形态，常被作为证明当时生产关系的资料加以引用。但是，把见于这些诗篇的农耕形态当作原封不动无限定地显示一般状态的东西的想法，却是非常危险的，而实际上人们多毫不介意地这样做。《周颂》不用说是周室的庙歌，是奉献给祖庙的祭祀歌谣，因而，忽视具有这种限定的诗篇性质，便不能理解见于其中的农耕形态。同时，只要不是建立在诗篇整体的理解上,恐怕便会错看这些诗篇的性质。①

白川静一一论述了《周颂》中的相关诗篇。他认为,《臣工》属于庙歌,诗中展示的是将嘉禾奉献给神的、具有斋田性质的神事仪礼的农耕。《噫嘻》的最后一句"十千维耦"曾被解释为多达两万人的奴隶的集体耕作,作为奴隶制说的一个有力证据。而白川静却认为,既然这种大规模的集体耕作是当时一般农耕形态的话,就不能不说当时的生产关系到达了相当高度发达的有意识经营的阶段,然而,两万奴隶的集体耕作这种解释作为这首诗的解释,究竟是否正确,或者由这首诗究竟能不能推定当时一般的农耕形态也就是和诗中所说是一样的,还存在许多问题。他认为这首诗决不能说明使用奴隶进行农耕的事实。他引用《国语·周语上》里关于千亩藉田之礼的详细记述,指出其与《载芟》可以并观的地方甚多,认为藉田的本质,毕竟在于它是仪礼性的农耕这一点。他一再强调:

> 诚如以上所述,见于《周颂》的农耕形态,是各有其特殊目的的,或者具有立足于氏族传统仪礼意义的,不一定表明当时一般生产形态,因而,从这些诗篇拣出其中一两句论述当时的生产形态,以及进一步论述一般生产关系,不能不说多有陷入将特殊一般化的谬论。将本来见于这些诗篇的农耕形态,视为与当时一般的,或者支配性的形态毫不相干的完全孤立的事物,也未必妥当。因为进行这种形态的农耕基础,或许曾经作为一般形态存在,不搞清楚这种状态在当时一般生产关系之中占有怎样的位置,也是难以做出如此评价的。不能仅就这些具有周室庙歌这种极其特殊的诗篇,超出它们的制约去探寻一般的事实。②

从探寻一般生产关系的角度,白川静对《小雅》中的农事诗《楚茨》《信南山》《甫山》《大田》加以考察。他认为,《甫田》《大田》均是收获时的祝贺歌,恐怕用作了农耕歌,歌唱者是从事农耕的农夫,而又是在协同的生活之中歌唱的,在对公田与私田、曾孙与农夫、曾孙与妇子、田、方与社等关系之后,白川静指出,《甫田》《大田》里描写的农耕,与见于《周颂》诸篇各自特殊形态的农耕不同,是为了生产本身而进行的农耕。如果把见于《周

---

① 白川静『白川静著作集』第 10 卷『詩経』Ⅱ、東京:平凡社、2000 年、第 294 頁。
② 白川静『白川静著作集』第 10 卷『詩経』Ⅱ、第 316 頁。

颂》的农事诗,作为包括王室关系的特殊仪礼,或者具有特殊形态的仪礼,看作第一类型的话,那么,由《甫田》《大田》等代表的农耕形态,从在西周畿内贵族氏族之间一般进行的祭祀共同体的氏族共耕,到家父长制,再到具备发展到领主经营体内的倾向,则可以看作第二类型,和这两者不同的,则是见于《国风》里的地方性的形态。

白川静以《豳风·七月》为中心,论述了畿内以外的地方农耕形态,认为《七月》是一首——陈述一年之中农事的劳动歌,并不是咏唱在奴隶主重重压迫下呻吟的憎恨、反抗、哀怨、绝望之情的诗歌:

  农夫们在农耕结束之后,在宫室干活,岁末整理场圃,在公堂上举行饮宴,在这首诗里,农夫们是否参加饮宴,并不明确,但氏族共耕时代的农耕,当然会在那里举办共同圣餐,操办对共同祖先的祭祀,在领主就是族长,作为家父长由氏族长远共同经营农圃的时代,公堂里的收获节,全体族人获得了解放,而到族长变成了领主,变成了世袭贵族的时候,那时收获节的活动变成了领主的特权,氏族共同的祭祀就变成了领主的祭祀。特别变成了他们的祭祖活动。在以曾孙为祭祀中心的《甫田》《大田》里边,这种祭田的性质变得明显了,而在《周颂》的《载芟》《良耜》里,它变成了王室特权的祭祀。①

白川静从整体上,把当时地方典型的生产关系形态分为三类,即豳地古老氏族经营的形态,陕西畿内作为它的发展形态的意识经营形态,以及在周南及其移动诸地区迁入贵族与原住农民的多层性形态。

三、三颂研究、南、风、雅、颂与诗乐

王国维曾撰《周大武乐章考》《说勺舞、象舞》(收入《观堂集林》卷二)对《大武》乐章与《周颂》诗篇的关系作周密考证。认定"《武》乐六成",相应地其诗也应有六篇,除去《左传》曾提及的《武》《赉》《桓》三篇外,根据《礼记·祭统》等古文献资料,考订《周颂·昊天有成命》《般》《酌》均属《武》乐,并拟定其顺序为:《昊天有成命》《武》《酌》《桓》《赉》和《般》。在

---

① 白川静『白川静著作集』第10卷『詩経』Ⅱ、第331頁。

第四章《三颂研究》中，白川静认为，从各篇内容来考察，难以首肯六篇合为一乐章的说法。颂诗皆为舞诗、乐诗之说未必确当，在对于大武舞、象舞的乐章里，不当以声诗充此。颂诗的本质，并非与舞乐相对，不如说在于调节祭祀之间的仪容，从《周颂》各篇内容来看，几篇组合而为一特定乐章的看法，究竟难以成立。

第五章《南·风·雅·颂》考察南、风、雅、颂各自的本义。白川静认为，周南、召南或是从其地域及南国而言，本为地域名。南有乐器、乐调、种族、地域等多种含义。

风古属方神，存在掌其风土吉凶的风神这样的观念，四方风神之名亦见于卜辞。《山海经》里也记载有掌风土吉凶风神，那些有遍满空间、游行四方的精灵式的东西的地方，皆为风神所支配。风发出的就是它的声音。"南风不竞""多死声"这样的说法就是这个意思。正如古代歌谣本来具有咒的性质，语言直接被视为有灵异的东西一样，歌谣也被当作咒歌，这种观念古已有之，风或许是传递这种古老的歌谣观念的词，它可以让我们看到古代歌谣所具有的原初性质。

古书中雅、夏通用的例子很多，舞乐之名称夏者也不少。就此而言，雅的本义由夏而来。夏自古以来是西北地区的名称，后袭用其名，诸侯也称为夏，夏字表现神事舞容，且与雅字通用。雅后来又用以指称夏系诸侯的乐器、乐调，因为周族的诗也称为雅，到周的贵族社会发展起来，雅就有了堂上贵族的歌的意思。其起源与南一章是地方性的。

白川静对阮元所说的颂为舞容的看法表示怀疑。认为颂字从公，从页，页为仪容，而公的初形表示举行宗庙仪式。颂的原义是在宗庙里诉诸祖灵，即含有讼的意思。颂诗大体是以祝祷之辞告于神灵。大凡所谓祝册，都是向祖灵哀诉为本义，只为悦神而罗列祝颂美辞，献舞容，荐酒荐，祭祀目的正在于祝告哀述，《周颂》的内容大体有这样的性质。至于《鲁颂》《商颂》，以事功告神求福佑者，形式和内容都与《周颂》不同。

南、风、雅、颂的意义，未必是以这样的原义流通，自然产生了一些惯用的意思。辨明本义，对于理解本来的意思，理解诗篇的意义，都具有参考价值。

第六章《诗与乐》探讨诗与乐的关系。白川静对诗入乐之说，提出了疑问，指出存在仪礼与诗篇内容未必一致的情况，警告说，从仪礼结合反过来解释诗是极为危险的。这种结合未必是原本就有的，有些是后世礼家所为。《大武》乐章也是如此。诗虽然未必入乐，但《采薇》《出车》《杕杜》这些被视为军队进出的诗,实际上是军卒所歌唱的军歌,大凡"诗"与仪礼结合不过是后来的事情。诗与乐的关系,不如就诗篇的性质及其发展的系列来探求,可以得出合符事实的结果,但未必就一定是那样仪礼化。

四、诗的发想与表达

第七章《诗的发想与表达》指出,兴是发想的中心问题。兴的本质不是单纯的修辞法,起源于更古老时代的歌谣所具有的咒的性质。这是本章的根本立场。例如,诗是借草木繁茂、祝颂君子,起源于更古老时代具有咒的性质的祝词,祭事诗里的鱼鸟之类,由来于视其为祖灵变形的古代观念,这些古代观念构成背景,形成了古代社会种种习俗,而兴的本质并非应气氛象征这样的要求而产生,而是植根于更基本的古代人的生活体验。在古代歌谣中,直接与主题结合的种种发想,大体是以这样的民俗为背景的,因而必须究明其发想的基础。

在古代歌谣,特别是在民谣中,即便未必有民俗背景,里面也都有独特的表达方式,还有当时的用语,与后世用法不同,被赋予特殊意义。这些表达方式、用语的问题,不可等闲视之。例如,饮食、饥渴,关乎男女之情,用作隐语。若不正确理解这些词语,就不可能解开诗的意思。翱翔、游遨等语,大致是用于武事、游猎的用语,无视它们,就难解其诗。

发想与表达方式问题,是诗篇解释的关键。尽管就构成其发想基础的生活习俗来看待,但历来这一问题大致作为兴这一修辞问题来把握,存在背离问题本质的缺憾。关于这个问题,在白川静《兴研究》一书中,有更为详尽的论述。

第八章《雅俗诗篇的展开》论述雅颂诗篇的发展。《周颂》是西周后期镐京辟雍落成,镐京诸宫庙相继完备时成篇的。这与西周后期贵族社会确立世袭制,在安定秩序下享有繁荣这一事实相对应,因而《周颂》乃如旧说,很难认为是成康以前的诗,其中也有天之降丧、祈求祖灵佑助的内容,也有后期以降的诗。

祭祖十分隆重,随着礼仪整备,也诞生了称述祖先功业的诗篇。那就是《大雅》中那些述说先公先王事功的故事传承诗篇。这种风气也波及有力的诸家之间。被视为宣王朝前后的《崧高》以下各篇传承诗,称述这种祖业的诗歌,在隆重祭祖、指望子孙也享受祭祀的时代之外,就难以找到这样的诗篇。歌谣本来是伴随古代祭祀以及宗教性仪式而成篇的,从这一情况来说,诗的发展,可以祭祀诗为中心来探求其系列。祭事之后,按照古代族食的惯例,还要举行飨宴,而且在飨宴之时要演唱祝贺、赞扬族长领主的诗,还要由氏族长老传授氏族相关传统、氏族伦理等的知识,进行训诫,由此可以追寻祭事诗、飨宴诗、祝颂诗、教训诗的系列,而这些系列大致可以通过各类诗篇加以征考。农事诗与之相近。在收获的节日里,同样举行祭祖、飨宴、祝颂,恐怕在西周贵族社会安享繁荣的时代,这些诗篇祝福、赞颂了当时的繁荣。

然而不久,繁荣社会呈现出衰乱的征兆。贵族生活一如既往,扑向豪奢,但其土地经济未必能相应增长,围绕土地领有,政治权利展开争夺,社会内部分化,随着社会纽带趋于松弛,贫富强弱之差扩大,社会安定度丧失,一直平安无事的外族也进入活动期,北方猃狁南下入侵,与之相呼应,东南诸夷爆发叛乱,因讨伐勘定而被迫付出莫大的军事消耗,民生涂炭之苦见于战争征戍诗的哀伤,都反映了这样的现实。饥馑、地震等天灾,日蚀等异变也有发生,生活秩序被破坏,人心剧烈动摇,人们为自卫而不择手段,谗言、谮言、讹言四起,西周社会在精神上业已崩溃,咏唱社会苦的社会诗,包括政治主张的政治诗,可以看成这一时期的作品。在系列上看,它们可以看成是从祭事诗、教训诗发展而来。

另外,还有从各个侧面咏唱西周贵族生活的诗篇,作为与西周社会推移相对应的诗篇的发展,大体可以考虑以上诸系列,而且这种展开,在《大雅》里面也大体可以这样看。

列国民谣十五《国风》,西周贵族社会孕育的《周颂》《大雅》《小雅》,都是在特定历史时期形成的。也就是说,《国风》表达了殷周革命以来伴随东方社会出现的古代氏族社会渐次解体,在长期的古代共同体之中封闭于集团表象之下的生活感情自由解放的喜悦,以及由此而得以品味的不安与哀伤。《大雅》《小雅》是西周后期以趋于繁荣的贵族社会生活为背景而形成的时代赞歌,是其衰乱与崩溃的挽歌,这种时代感情,全像历史一次性似的,仅出现在特定的历史时期,因而,诗篇的形成,其文学样式的形成,诗篇在这种意义上,的确是历史的产物,是展示其时代样式的文学。

五、《关雎》章法

白川静认为,《周南》诗篇所具有的古雅格调,由来于其诗所产生的地域的历史的社会的性质,由来于其地域社会构造所具有的古代性质。白川静对《关雎》一篇的解读,见于他所著的四种《诗经》研究著述中,这里综合在一起,以窥其诗篇阐释之一斑。

《关雎》是以"参差荇菜"为前面三章祭事诗为基础,再加上包含"关关雎鸠""求之不得"的两章的其他诗复合修改而成为一首恋爱诗的形式。祭事诗的痕迹也保存在"参差"二句与流、采、芼等动词以及琴瑟、钟鼓等词语里。"诗"在用作堂上房中之乐时,一般多要经过改编,特别是在乐歌里这种倾向尤为显著。二南之诗很早便被用作乐歌,二南与雅和乐歌之间有很深的交涉关系。①

荇菜是水草,"涧溪沼沚之毛,蘋蘩蕴藻之类",本来"可荐于鬼神,可羞于王公"(《左传·隐公三年》)。荇菜是宗庙祭祀之用、为供荐而采集的,《传》说"乃能共荇菜,备庶物,以事宗庙也",正是这个意思。"参差荇菜,左右流之"与"窈窕淑女,寤寐求之"在形式上是对应的,取兴的发想形式,内容上不具有对应关系。《朱传》讲左右无力、寤寐无时相对应,一般来说,兴不是取某一部分的对应,以这首诗而言,取荇菜行为的本身与求淑女构成整体上的对应,其中有场面上的关联,有作为发想的兴的本质。此这一意义上讲,从无力、无时对举,朱熹想在其中看出兴意,还有不够彻底的地方,不如像毛郑那样,不看作兴的说法更接近些。恐怕这一章原形里"窈窕淑女"不是爱情对象,而是祭祀的奉献者,《召南·采薇》里有"有齐季女"这样的斋女,采荇同采蘋、采蘩一样,在原诗中是祭祀者的行为。

流之、采之、芼之,本来都是指为侑荐于宗庙的采草的词语,"流,择"(《尔雅·释诂》),"流"恐为"敹"之假借,字从攴从㪔,㪔同"审",《玉篇》:"简也,择也。"毛本字为捋,《说文》下:"捋,择也。"本来正如"毛六牲"(《周礼·春官·小宗伯》),义为"择毛"(同,郑注),《正义》引孙炎亦作择菜义。此皆为侑荐于宗庙而审择荇菜之意,那么借此而用于寤寐求淑女的兴里,正是诗本来的样子。②

琴瑟、钟鼓,多是为神而奏,娱神所用,《鄘风·定之方中》"爰伐琴瑟",造楚宫时先要准备作琴瑟(《小雅·甫田》),"琴瑟击鼓,以御田祖"用于农祭。当然也用于迎接宾客(《小雅·鹿鸣》),用于夫妻和美(《郑

---

① 白川静『白川静著作集』第10卷『詩経』Ⅱ、第85頁。
② 白川静『白川静著作集』第10卷『詩経』Ⅱ、第457頁。

风·女曰鸡鸣》《小雅·棠棣》)。钟鼓本来是作娱神,起源于宗庙乐器。即琴瑟钟鼓本来都是侑乐神灵的,淑女就是季女、斋女。在歌谣被改编为恋爱诗的时候,原诗祭事诗的用语、形式在某种程度上被保留了下来,成为现在的形态,至少如上的解释容易理解,否则便难以说明荇菜在诗中出现的理由。可与原诗对应的是《召南》的《采蘩》《采蘋》,可以认为《关雎》原型的"荇菜"三章,恐怕是与《采蘩》《采蘋》相似的形式,这恐怕是周公采邑的领民奉献于公宫祭祀时歌唱的,由以公宫为中心祭祀仪礼的歌谣,转而改编成为房中乐了。①

20世纪80年代以来,我国学者运用文化人类学方法探讨《诗经》起源与性质得失互见。赵沛霖在评论叶舒宪《诗经的文化阐释——中国诗歌的发生研究》时指出该书将《诗经》时代提前到了原始宗教盛行的原始时代,"在对《诗经》很多作品的把握上存在着宗教化的偏差,严重地歪曲了作品的基本性质和内容"②。将这些话移用到白川静的一些论述中可说大体合适。在《诗经》研究中,文化人类学的方法如何才能运用得切当准确,少出偏差,依然是摆在研究者面前的难题。

白川静从青年时代起,就立志通过甲骨文、金文、文字学、古典学、古代文学来对《诗经》进行全面研究。他的《稿本诗经研究通论篇》本是为博士生授课而撰写的讲稿,曾与为硕士生授课而撰写的《稿本诗经研究解释篇》以及别册《兴研究》同时油印分发,由于《解释篇》相对浅显,得以先刊行出版,而《通论篇》《兴研究》则沉寂二十年未得刊行。

第四节 《诗经国风》

西汉董仲舒《春秋繁露·精华》说"《诗》无达诂",对于中国学者来说,给《诗经》各篇一个通达的解释,似乎就是一个不可能的任务。也正是因为它的困难,反而引起一代一代的学人前传后递的努力。当《诗经》传入国外的时候,又有了很多不同文化背景的学者加入到这类猜想的工作中。如果就此表述一下,那就是"《诗经》有外诂",所谓"外诂",就是从中华文

---

① 白川静『白川静著作集』第10卷『詩経』Ⅱ、第458页。
② 赵沛霖《现代学术文化思潮与诗经研究——二十世纪诗经研究史》,学苑出版社,2006年,第253页。

化外部所做的解释。

　　《诗经》的外译,当然离不开"外诂",所以这种翻译必然带有很强的学术性。也就是,要想做《诗经》的译者,必须先做《诗经》的研究者,至少对《诗经》历代研究著述有相当的理解,对中国古代文化有相当的理解。而日本近代以来的《诗经》翻译者,首先可以举出两种人。一种是中国文学的研究家,另一种则虽不是以中国古代文学为专业,却是对日本现代文学有较高造诣的学者。前者以吉川幸次郎、目加田诚、白川静等为代表,后者以哲学家冈田正三、小说家海音寺潮五郎等为代表。此外,还有一种,是日本的歌人、俳人,他们希望从《诗经》中汲取营养,通过译写来丰富和歌、俳句的语言和表现手法,给越来越单调、沉滞的日本民族诗歌带去创新的动力。这以大久保纲浦、寺内章明、金子兜太等为代表。这三种译者,对《诗经》的翻译或改写各有贡献,其译作也就呈现出不同的面貌。

一、读《诗经》六十年　译《诗经》六十年

　　1990 年,岩波文库收入的白川静《诗经国风》,注入了译者数十年研究《诗经》的心得。白川静序言中,谈到自己摸索《诗经》翻译的过程:

> 　　我每次读《诗经》,都试着去翻译,用铅笔写下来,涂了再写,涂了再写,最早的诗篇尝试着用仿古调,随着时代往后,再逐渐口语化,因为想要尽量准确,尽量好懂,靠近原诗的表达。这样一本书今天要刊行了,大体是我心目中要看到的东西,因为我是想站在对原诗正确理解之上,往后有写诗才能的人,就能充分挥洒他们的译笔了。

　　接着,他还谈到自己的《诗经》情结:

> 　　从与《诗经》相遇,已经超过六十年了。离我期待的《诗经》研究,还没有达到一半。不久我就将八十岁了,但是对于《诗经》世界,我还有一份割不断的挚爱。因而,我决定将此书奉献给世人。[①]

---

① 白川静『詩経国風』、東京:岩波書店、1990 年、第 485 頁。

在这本书序言中，白川静对《诗经》阐释学提出了自己的主张，他认为，诗歌从属于同时代的表达方式，有寓意的作品就要确实搞清它的寓意，原原本本理解它所具有的思想形态。而这些往往随着时代的变化，其同时性被打破，意识形态发生变化，而变得难以理解。他举出《万叶集》中两首赴任途中写景的作品，今天看起来没有什么含义，而实际上却有着仪礼的意思，也就是赞美美景，与地灵接交，是一种与其进行灵的接触的手段，表达十分满足之意，以此悦神，保障旅人的安全，具有招魂续魄的意义。在《诗经》中虽然没有单纯写景的诗篇，但咏唱自然也具有咒的意义。例如《唐风·扬之水》："扬之水，白石凿凿。素衣朱襮，从子之沃。既见君子，云何不夷。"就是咏唱水占成功而得重逢的喜悦的民谣。水占的时候，柴不堵塞，露出白石，表明预祝成功。在沃的河畔，得以重逢。第三章的"我闻有命，不敢以告人"，诗的本来意思说是"我明白你的心意，但我不会跟人说出来"，这是一首情歌。① 旧说将其附会于晋昭公，说它写的是昭公分国以封沃，沃盛强，昭公微弱，国人将叛而归沃。

《鄘风·君子偕老》，《小序》："刺卫夫人也。夫人淫乱，失事君子之道，故陈人君之德、服饰之盛，宜与君子偕老也。"白川静认为，这完全是误解，糟蹋了这首美好的诗。他认为，这是早逝的王妃的诗。理解这首诗的关键在于"子之不淑"一句。"不淑"，旧释为"不善"。实为吊唁之语。吊唁之时言"如何不淑"，见于《礼记·杂记》上。"淑"字同"弔""盄"。白川静举金文《卯毁》为证，又引《左传》哀公十六年传："孔子卒，公诔之曰：'昊天不弔，不愁遗一老，俾屏余一人以在位，茕茕余在疚。'""昊天不弔"亦见于《尚书》中的《大诰》《多士》《君奭》，《诗经》中的《节南山》《瞻仰》。此说可从。杨伯峻《春秋左传注解》亦注："弔即金文叔字，善也。"

《秦风·小戎》，《小序》说是"美襄公也。备其兵甲，以讨西戎。西戎方强，而征伐不休，国人则矜其车甲，妇人能闵其君子焉"。白川静认为，这是一首悼亡诗，恐怕叙述以殡葬行列为主，末章思念死者生前的情况。他对首章中的"言念君子，温其如玉。在其板屋，乱我心曲"另出新解。在《汉书·地理志下》，板屋指西戎的居所，而白川静认为，在西戎地区有死者尸体置于板屋，待其风化，而后收敛尸骨埋葬的风俗。殡以复葬为前提，"死""葬"两字都是收敛尸骨的意思。殡而后葬，是中国葬俗的基本特点。

---

① 白川静『詩経国風』、第15—18頁。

在西北各民族至今保留着殡于板屋的遗俗。同时，䙴、遷、僊这几个字都是殡而迁移其尸骨的意思，中国古俗的存在，从文字学上也可以推测。在《文字游心》一书中，白川静进一步谈道：

> 这种迁尸的风俗与焚尸的风俗相重合，就产生了登仙的思考，而且想到灵魂登仙时，会出现翩跹起舞的状态。再早，祖灵登天的想法，在古老的卜辞时代就有了，因而对于祭祀在天之灵，就采用了䄕祀这样的火祭的形式，在祭火形式的做法里，有些地方与民族宗教诸观念有很深的关联。①

他把这四句诗译成：

ああ　　あの君よ
温として玉の如き人
いまかりもがりしたまふ
わが心　　千々に乱るる②

二、能译出来的与译不出来的

我国古代佛经翻译家道安曾提出译胡为秦的五失本说，其中有一失是"胡经尚质，秦人好文，传可众心，非文不合"，是说印度佛经与中华文章有质、文之别，这种语言、文风与审美意识的差异，是译者很难逾越的障碍。将汉语诗歌译成日语诗歌，也会遇到同一性质的问题，不过差异的情况可能相反。《诗经》中不少异形同义词，在日语中很难找到足够的词语与之对译。

《鄘风·鹑之奔奔》，白川静解读为："老婆唱老公。哪个是鹌鹑，哪个是喜鹊，分不清楚，总之是有夫妻相。人都骂他不是个东西，损人的话说他

---

① 白川静『文字遊心』、東京：平凡社、2002年、第236頁。
② 白川静訳注『詩経国風』、東京：平凡社、1990年、第374頁。

臭他就臭。一半是痴人说梦似的歌。"①

  鶉の奔々たる　　　　　　　鶉はぴょんぴょん
  鵲の彊々たる　　　　　　　鵲はがやがや
  人の良無き　　　　　　　　この人でなしが
  我以て兄と為す　　　　　　わたしの亭主です

  鵲の彊々たる　　　　　　　鵲はがやがや
  鶉の奔々たる　　　　　　　鶉はぴょんぴょん
  人の良無き　　　　　　　　この人でなしが
  我以て兄と為す　　　　　　わたしの亭主です

  "我以为兄""我以为君"皆译作"わたしの亭主です",对原文的"我以为兄""我以为君"不加区别,这也许是译者的无奈之举。
  在两种文化之间,总会有些不能靠翻译来彻底沟通的东西,也许这些东西会随着交流的深化而减少,但我们处于交流的某个阶段时,都会不时感受到它们对交流的梗阻作用。冈田正三在将《国风》翻译成日语的时候,碰到这类问题时,偶然也采用过"溜之乎也"的办法。他将《唐风·椒聊》译成《山椒》,而后说:"此诗诗意很弱,因作为译诗有日本人不可理解的性质,故省略。"后面有将《秦风·终南》(《终南山》)、《曹风·候人》(《警固の者ども》)、《曹风·下泉》(《泉》)、《豳风·七月》(《七月》也都只译出篇名,诗则予以"省略"而不再说明理由。是否完全属于"日本人不可理解",尚难肯定,但这种"省略"的处理方式,如果是摘译,尚无可厚非,但如果是全译,那便不能列入选项了。译者必须绞尽脑汁,来寻求沟通两种文化的办法。对于负责任的译者来说,一处不通,便如马路拥堵,血管阻塞,只有尽心而为,不可逃遁。
  《郑风·遵大路》:"遵大路兮,掺执子之袪兮,无我恶兮,不寁故也。""遵大路兮,掺执子之手兮,无我魗兮,不寁好也。"白川静译作:

  大路に遵って　　　　　　　町の大路で追いかけて

---

① 白川静訳注『詩経国風』、東京:平凡社、1990年、第183頁。

子の袪を摻執す　　　　　　　ぬしの袪にしがみつく
我を悪むことなかれ　　　　　うとましく思わないで
故を奎かざればなり　　　　　ふるいなじみの仲なのに

大路に遵って　　　　　　　　町の大路で追いかけて
子の手を摻執す　　　　　　　ぬしの手にしがみつく
我を魗しとすることなかれ　　いやらしいと思わないで
好を奎かざればなり　　　　　したしい二人の仲なのに①

他解读说:"情歌,在街上大路和老相好一边追跑一边挑逗的调情歌。王念孙说,路为道之讹。"

《唐风·羔裘》:"羔裘豹袪,自我人居居。岂无他人,维子之故。""羔裘豹褒,自我人究究。岂无他人,维子之好。"白川静译作:

羔裘豹袪　　　　　　　　　　羔裘に豹の袖口
我が人を自ふること居々たり　倨つて人をこき使う
豈他人無からむや　　　　　　他に仕える所もないでないが
これ子の故なればなり　　　　ただ古なじみだからです

羔裘豹褒　　　　　　　　　　羔裘に豹の袖口
我が人を自ふること究々たり　こせこせと人をこき使う
豈他人無からむや　　　　　　他に仕える所もないでないが
これ子の好なればなり　　　　ただ古いよしみだからです②

《魏风·伐檀》,白川静认为,诗篇的内容是:"一边伐木,一边抒发对领主的不满,自己一无所有,农民、猎人的收成都被拿走,院子里囤积着粮食,挂着猎物,领主在那里好吃好喝,享乐享福,这是一首批判领主剥削的歌。一般都将素食、素餐、素飧解释为白吃白喝,不干活,坐享其成,有了这样的训诫语,一篇就诗趣全无,劳动歌里当然不会掺和进来这样道学者似

---

① 白川静訳注『詩経国風』、第265—266頁。
② 白川静訳注『詩経国風』、東京:平凡社、1990年、第355頁。

的教诫,不说'老爷们吃香喝辣'就不对劲。因此我把素食、素餐、素飧解成粗食、粗餐、粗飧。"并说:"旧说有矛盾,改字解释情不得已。"①

《魏风·硕鼠》,白川静认为:"把领主比喻成大老鼠,拒绝他的剥削,要另谋生路。是农民的叛逆歌。想到自己遭受到的残酷剥削,走到哪里也都是乐园了。诗中表现的是一种尖锐的对立关系。但里面也有一股好好歹歹都能活下去的轻松劲头,不像诗篇内容那样严厉,其中也还是有乐天的情调。即便作为劳动歌,也是好唱好听的。"有几分揶揄在里面,补救了深刻性。"②

《邶风·凯风》,《小序》:"凯风,美孝子也。卫之淫风流行,虽有七子之母,犹不能安其室,故美七子能尽其孝道,以慰其母心,而成其志尔。"白川静认为,这首诗表达的是母亲劳苦,子女不能报答其恩情的愧疚之情,理由是按照小序的说法,那么诗中的"母氏圣善"便不恰当了,有失真率。他推测,当时或有什么传世的母子故事,诗篇咏唱的就是那个故事。诗中的"凯风""棘心"写的是母子关系,"寒泉"表现严酷的生活环境,"黄鸟"是抚慰心灵的意思。在不知道这首诗背景的时候,最好还是就诗的表达去理解。

《周南·汉广》和《秦风·蒹葭》都被白川静视为祭祀水神的歌。祭祀仪式,采用跟踪为神婚而出游的女神的形式,但女神躲开了祭祀者的追踪,平安地完成了神婚,祭祀仪式结束。《汉广》以"汉有游女"点出神来,而《蒹葭》则采用的是"所谓伊人"这种很含混的表达方式。祭祀诗产生于秋冬之际举行的秋祭。③

在《文字游心》一书中,白川静认为,巫祝王是君王最古老的形态,担负共同体命运的巫祝者代表共同体事神,同时又作为神的代位者传达神意。这种古老时代的记忆,没有在文字上留下来,找不到表示巫祝王本身的字。《尔雅·释诂》:"林、烝、天、帝、皇、王、后、辟、公、侯,君也。""林"以下十字皆训作"君也",这个"君"从字形上看时保存巫祝王面影的一个字。《小雅·宾之初筵》:"百礼既至,有壬有林。"《传》:"壬,大。林,君也。"从句法上看,林、君均言状态。林,多,即群之意。烝,《大雅·文王有声》第一、二章的末句:"文王烝哉。"与第五、六章末句:"皇王烝哉"语意重复,《经典释文》引《韩诗》:"烝,美也。"可从。④

---

① 白川静訳注『詩経国風』、第332—333頁。
② 白川静訳注『詩経国風』、第336頁。
③ 白川静訳注『詩経国風』、第381—382頁。
④ 白川静『文字遊心』、東京:平凡社、2002年、第293—294頁。

三、游心文字　逍遥译诗

白川静和日本许多现代从事中国古典诗歌翻译的学者一样，每一首诗都给予读者两种译文，一种是近乎古代沿袭下来的训读的译文，一种是近乎接受西方现代自由诗影响而形成的现代语译文。如果视前者为连文字形态都保留不变的"异化"策略的话，后者就是尽可能本土化的"归化"策略。两者同时并存，由于它们都是历史欣赏习惯的延续，所以就可以两头顾到。喜欢传统训读的，不至于责怪后者离原文太远；喜欢现代范儿的，也不必嫌弃前者的不好懂。前者依字而立训，后者依意不依言。同时，不论是训读风的译文还是现代诗风的译文，其实都有不断改进的空间。白川静在处理这两方面译文时，也汲取了从冈田正三、海音寺潮五郎、吉川幸次郎、目加田诚等人的一些好译案。比如人名，《将仲子》中的"将仲子"三字译成"ねえ仲さん"，呼唤情人的语气出来了，但"仲"读作"チウ"，还是汉语音读，或许是受吉川幸次郎译成"じろうさんおねがい"的启发，白川静就译成了"どうか次郎さん"，采用了日本女子温柔委婉的口气，就像余冠英将其译成"小二哥"，读来很有味道。

译诗不易，也正因为不易，其中也就别有一番滋味。将其译成现代诗的过程，也有训读无法品味的乐趣。如《邶风·击鼓》中的"执子之手，与子偕老"，训读作"子の手を執りて　子と偕に老いんと"，虽也雅致，却少深情。冈田正三第一次为之赋予日本味："思へば汝が手をとりて、翁媼の末までと"①，回译过来，就是"我想拉着你的手，一直到老翁老媪的最后"。目加田诚将全章一气呵成，译作："死も生くるも離るるも　かの日の誓い　汝が手を　執りて汝ともろともに　老いむと言いしことも夢。"②回译过来是："生也好，死也好，分离也好，那一天的誓言，拉着你的手，梦想与你一同到老。"白川静似乎比冈田、目加田诚译文又向口语化迈前了一步："あなたの手をとつて　ともしらがまでと思つたが"③，回译过来就是"我要拉着你的手，一直到白发苍苍"。这和余冠英所译的"'生和死都在一

---

① 冈田正之译『诗经』、东京：第一书房、1926年、第75页。
② 目加田诚译『うたの始め　诗经』、东京：平凡社、1982年、第43页。
③ 白川静译注『诗经国风』、第133页。

块',我和你誓言不改。让咱俩手儿相搀,活到老永不分开",以及今天我们歌唱的"我能想到最浪漫的事,就是和你慢慢变老",情意相通而情味有异。

武田雅哉在为《文字游心》撰写的解说中说:"白川静氏的视线,就像不知古代与现代,还有日本与中国时空壁垒似的痛快地往还。从而,与甲骨文、金文这些苍古文字自由自在交流的白川静氏,时而也对我们活生生直面的'国语'问题、'训'的问题,毫不客气地加以批评。不能不说他笔墨自在流淌,真是源于'游'的精神。"①

白川静主张,"有寓意的东西,就要把它当作有寓意的东西,发想的种种形式就要把它当作各自形式的东西,不走样地去理解它"②,所以他竭力去挖掘诗篇中草木鸟兽以及人的一举一动的寓意。在他看来,《诗经》时代乃至前《诗经》时代,人们都抱有天有灵、地有灵、万物皆有灵的观念,而诗歌也是一种用歌声打通人与万物之灵、天地之神的手段。的确,我们不应把今天的观念强加于古人,而应该去理解那一时代诗歌的真正寓意。然而,这种寓意又是无法对证的,在通往这种寓意的旅途中,白川静不能不用自己的思维与想象去填补空白,而他处处引用日本民俗学派学者对《万叶集》的分析来作为旁证,也有"日冠中戴"不相吻合的可能,许多结论还有待于新出土的文字和其他文物的证实。

白川静多次谈到《万叶集》与《诗经》比较研究的价值。从时间与空间来说,两者实际上相距很远,就像是一条长绳的两头,但白川静希望将这两头并在一起来观察,这就需要找到一个对折的点。如果存在这个点的话,那就是他所说的相似的历史时代。在《诗经国风》的序言中,他以最简练的方式,说明了自己的观点:

> 我认为,《诗经》和《万叶集》,在其诞生时代的历史性质上,有相似的地方。它们都诞生于由此转移至历史时代的、古代社会崩溃过程中。古代氏族制在崩溃,而且取而代之的新秩序,尚未充分达到体制化。在一种危机的状况中,人们处于被其解放的喜悦与对不安定的现实的忧惧之中。我想,那就是古代诗歌时间。因此,我认为,为了将《诗经》中的诗篇放在这样特定的历史、社会状况之中来把握,与《万

---

① 白川静『文字遊心』、第502頁。
② 白川静訳注『詩経国風』、第17—18頁。

叶集》的比较文学的研究方式是行之有效的。特别是作为它们的共通项，尝试采用了民俗学的方法。葛兰言对西南诸族的民歌、歌垣之俗的社会学考察，用于了《诗经》研究。松本雅明将奄美大岛的八月舞研究作为了《诗经》诗篇研究巨大之支柱。但是，我确信，在探讨《诗经》的时候，与其历史性质最为接近的《万叶集》的比较研究，是成果最为丰饶的。①

　　如果在世界范围内寻找可以切实与《诗经》展开多方面比较研究的对象的话，《万叶集》很可能是首选。无论从两者在两国文学史上的位置、两者产生时代的类似性，还是说两者诞生时文化发展的阶段性来看，都有优先考虑的理由。然而，关于两者诞生时代的历史性质上，也存在极大的差异，《诗经》时代以及前《诗经》时代的社会变迁，较之《万叶集》时代要复杂多样得多。由于《万叶集》短歌和长歌形式与内容的限制，较之《诗经》来说，表达的生活内容也要狭隘得多。如果说与《国风》的比较，还可以多有收获的话，而要在《万叶集》中找到《大雅》《小雅》中那些社会性、政治性较强的作品，便可能空手而归。应该说，《诗经》与《万叶集》的比较研究，将来可能还会有很多事情可以做，但只见其同，不见其异，或者只见其异，不见其同，都可能走偏。

　　由于《诗经》是最古老的的文献之一，白川静也把它当作中国文化之源、日本文化之源来看待，这样对白川诗经学的评价，就与评价者对汉字、儒学等问题的态度与立场有关系了。在日本，对某一学派、某一学者、某一著作众声喧哗，褒贬不一，各执一词，可以说是常态，而对汉字、儒学的看法，也各不相同。既有像白川静这样强调汉字、儒学对日本文化发展影响的，也有将汉字看作"难对付的遗产"的，强调"儒学之毒"的。对于白川诗经学，也有人正在"为礼赞白川静敲起警钟"，准备揭露其"错误百出"。今天，全面系统清理白川静学术遗产的著述还没有问世，说明这样的学术操作过程还没有完成。这激励后来者不仅要好好研读传世的先秦典籍，而且要掌握新出土的文物的知识，并在中国民俗学方面做足功课。

---

① 白川静訳注『詩経国風』、第42—43頁。

附　录

《万叶集》对《诗经》的借鉴[*]

我国最早的诗歌总集《诗经》，编成于约2500年前的春秋时代，收集了周初到春秋中叶约500年间的合乐歌词，其产生地域相当于今天陕西、山西、河南、河北、山东、湖北数省的广大地区。作者既有人民群众也有贵族士大夫。这部作品，对我国后代文学产生了多方面的影响。

在《诗经》产生以后约1000年的唐代，在与我国一衣带水的日本，伴随着两国长期的文化交流，诞生了一部宏伟的和歌总集——《万叶集》。

《万叶集》共收和歌约4500首，最古老的作品产生于仁德天皇在世时代，最晚的和歌产生于淳仁帝时。这期间约440年。其作者上至天皇，下至广大普通民众。作者包括以大和（今奈良县，日本古国）诸地方为中心，直到陆奥、东国、北陆、九州各地的和歌作者和来这些地方旅行的人。《万叶集》的诞生标志着日本文学发展跨进了一个崭新的阶段。它是日本文学发展的第一个里程碑。

《万叶集》和《诗经》在思想、艺术和艺术价值方面，都有一些共同点。《万叶集》编撰本身和其中一些作品，还曾受到《诗经》的影响。同时，这两部古典文学作品，又都表现出各自文学的民族特色。对它们进行对比研究，可以帮助我们窥见古代中日两国文学交流之一斑。在这篇短文中，仅就《万叶集》对《诗经》的借鉴问题，谈一点不成熟的看法。

---

[*] 初载《外国文学研究》1981年第4期，先后收入卢蔚秋《东方比较文学论文集》，湖南文艺出版社，1987年；李达三、刘介民主编《中外比较文学研究》，台湾学生书局，1992年。

一

　　《万叶集》和《诗经》具有一些共同的特点。首先是它们的丰富性。两部歌集所收诗歌，作者十分广泛，诗歌多方面地描写了现实生活，表现了不同阶级和阶层的人们的切实感受。《诗经》的作者，既有天子诸侯的贴身近臣、史官、武将，也有猎手、农夫、弃妇、乞丐。那些出于下层的反剥削、反压迫的诗歌，反映了当时社会生活中本质的现象，那些来自民间的情歌，歌颂了劳动人民纯洁、真挚、淳朴的爱情；那些产生于统治阶级内部的怨刺之作，揭示了社会动乱及统治阶级内部的矛盾；那些下层官吏抒发内心忧愤不平的诗歌，勾勒出一幅社会上苦乐不均、劳逸悬殊的画图。这些诗篇从不同侧面，为我们展示出广阔的人生画卷。

　　同样，《万叶集》的作者从身份和阶级来看，上至天皇，下至东国地方的农民、军人、流浪女子。这样广搜博采，使《万叶集》和歌具有丰富多彩的内容。和《万叶集》相比，《敕撰集》选歌就显得狭隘和死板得多。从《万叶集》中，我们看到"班田制"下农民饥寒交迫的惨状，也可以读到被征调而远离家乡的防人对恋人的思念。我们为富士山下迷人的风光所陶醉，也为东国女子缠绵的情意所打动。皇族的作品使我们看到当时激烈派阀斗争的影子，宫廷诗人们的作品字里行间吐露着苦闷和哀痛。可以说，一部《万叶集》是当时社会的一个缩影。

　　在艺术上，这两部歌集都具有多种风格的美。《诗经》中，特别是《小雅》和《国风》中那些优秀篇章，如《板》《荡》的怨深恨切，《大东》《鸿雁》的不平之鸣，《采薇》《黄鸟》的声情凄婉，《硕鼠》《伐檀》的炽烈反抗，以及《野有死麕》《静女》的脉脉深情，都会使我们受到巨大感染。《万叶集》中，除收了大量短歌外，还收集了旋头歌、佛足石歌等。歌集有着《人代集》以下诗集中看不到的千姿百态。柿本人麻吕的作品使人感受到壮阔宏大的美，如名山大川在人目前，东歌、防人歌使人看到素朴敦厚的美，如山野清风轻拂人面。这些都是后代和歌史上缺乏的独特的东西。《万叶集》反映社会生活的广阔、选材的丰富、语言的多样、情趣的复杂，使后世一些歌人和评论家如正冈子规和左千夫等倍加赞赏和推崇。

　　其次，在于它们的现实主义精神。除了那些谄媚权贵的作品外，《诗经》中的优秀篇章都恰如刘勰所说："风雅之兴，志思蓄愤，而吟咏情性，以讽其上，以为情而造文也。"这些诗篇，不是达官贵人、骚人墨客的无病呻吟，而是人们把诗歌创作和政治紧密联系起来，针砭社会，讽喻假恶丑、赞颂真善美的"言志"之作。这种现实主义精神，影响着历代进步诗人，促进了大量具有讽刺意义的作品产生。和这十分相近的是真实性，也就是子规赞为"真诚"这一点，也是《万叶集》的娴熟特色。不少歌人的创作毫无虚情假意，反映社会不加粉饰，吐露真情实感而不忸怩作态，读者能从歌中听到歌人心声和脉搏跳动，从而受到强烈感染。除去奈良中期以后的宴饮、相闻、季节歌以外，《万叶集》中大部分和歌充满了现实主义精神，在表现手法上，也采用"写实"手法，往往是选取现实生活中的素材，真实地抒情写意，而不是着眼于再现梦幻、陈述空想、臆构虚境。

对于民歌的重视，为两部诗集在文学史上增添了灿烂的光彩。《诗经》中的《国风》和《小雅》中与风诗相近的作品，或痛斥剥削者、寄生虫，或咏歌狩猎、耕作和采集，或赞美始终不渝的爱情。同是恋歌，有大胆率直的表白，也有微妙细腻的心理活动；有活泼纯真的对话，也有弃妇、赘婿的悔怨。这些民歌，玲珑剔透，闪耀着迷人的艺术之光，它们风格各异，而具有共同特色：健康、真率、淳朴。《万叶集》中，卷十四的东歌、卷二十的防人歌、卷十三的歌谣，都是产生于山乡水滨的民谣。这些民谣，直接描写了生活在底层的人民的喜怒哀乐，带着浓郁的生活气息。他们直接使用方言和乡音，抒写他们健康的生活情趣。从这些歌谣中，我们可以直接感受到日本劳动人民淳朴、真挚、善良的情怀。它们和《诗经》中的优秀诗篇一样，是"饥者歌其食，劳者歌其事"之作，其健康、纯真的情感，是那些高踞于朝堂之上的贵族文学、侍从文学无法相比的。在《万叶集》以后的日本古典歌集中，很难找到这样多优秀的民谣了。

第三，这两部歌集都产生于各自民族文学发展的幼年期，今天都具有极重要的研究价值。《诗经》为我们研究我国古代社会的历史、经济、音韵、文字，甚至地理、生物等提供了丰富的材料。同样，《万叶集》除了艺术价值之外，还有着重要的学术价值，它和《日本书纪》《古事记》一起，理所当然地被作为了解古代历史、风俗习惯、思想等的重要材料。特别是在探索古代日本语言学及日本文学史研究方面，它可以称得上最集中的资料了。即探寻日本长歌衰亡、短歌诞生、日本民族文学意识的发生、古代文学的性质等，都必须回顾《万叶集》。

看来，中国的《诗经》和日本的《万叶集》在某些方面确是"何其相似如兄弟"。这当然不纯属历史巧合。仅从文学角度讲,从日本内部看,和歌到万叶时代已有很大发展,有可能编撰这样一部规模宏大的和歌集;从外部影响来看,唐朝是我国诗歌空前繁荣的时代。日本为了吸收汉文化,进行了巨大努力。汉文学的影响,推动和促进了日本民族文学的发展。读完《万叶集》,我们可以想见,当时人们是怀着怎样浓厚兴趣和强烈求知渴望,学习着中国古代和当时的文艺作品。他们写的诗,像唐诗一样深入浅出、明白如话;他们作的文,骈四俪六,辞彩华艳,颇具齐梁遗风,也正反映了初唐文风。当时人们从唐文学中吸收了多方面有益的东西,也从中国古典文学作品,其中包括《诗经》中吸取了多方面有益的东西:真实地反映社会现实的"写实"精神,比兴表现手法,对民歌的喜爱,大量汉语俗语的运用,这种借鉴和学习,成为《万叶集》能够编撰完成的重要条件之一。

二

我们今天阅读《万叶集》,仍然可以找到许多足以说明它对《诗经》有所借鉴的论据。这首先表现在语汇上。正冈子规认为,大量运用汉语俗语是《万叶集》的特点之一。在《万叶集》中,就有一些语汇,直接来源于《诗经》。如卷七的"羁旅作歌":

夏日忙刈麻,烟波浩荞海上郡,在那大海滨,绿竹如篑百鸟鸣,喊妹妹不应。

这里的"绿竹如篑",出自《卫风·淇奥》:"瞻彼淇奥,绿竹如篑。"又如十一卷的"寄物陈思":

隔窗望,皎皎明月光。山风动吹夜,思君意深长。

这里,描写明月照耀,用的是日语"照临"一词,脱胎于汉语"照临"一词,这恰恰出自《诗经·邶风·日月》:"日居月诸,照临下土。"

再如,卷十二的"悲别歌",原文是:

京师边　君者去之乎　孰解乎　言经绪兮　结乎觧毛

意译如下：

阿哥你不在，你去京城人在外，谁来解衣带，让我来解懒得解，没精又打采。

这首短歌描写心爱的人远去之后心烦意乱的情景，和《卫风·伯兮》宛如姊妹篇。"自伯之东，首如飞蓬；岂无膏沐，谁适为容。"心上人出门了，连打扮的心思都没有了，生活也好像变得索然无味了。一种深深的怀念之情在凝练的诗句中吐露出来。在这里，作者把"吾经绪兮"写成"言经绪兮"，让"言"来代替"吾"，可能是受了郑笺的影响。郑玄把《诗经》中不少本来用作语首助词、语中助词的"言"字，都解作"我"。

《周南·葛覃》："言告师氏，言告言归。"
《郑笺》："言，我也。重言我者，尊重师教也。"
《周南·芣苢》："采采芣苢，薄言采之。"
《郑笺》："薄言，我薄。"
《卫风·氓》："言既遂矣，至于暴矣。"
《郑笺》："言，我也。遂，犹久也。"

像这样直接从《诗经》中吸取的语汇，如"鸡鸣""展转"等，还可以举出一些。

从表现手法上看，重视比喻，是《万叶集》受《诗经》影响的又一个重要方面，《诗经》里大量运用比兴手法，获得显著的艺术效果，对后代文学产生了不小影响。齐梁时期刘勰在《文心雕龙》中对比兴做了专篇论述，并以《诗经》为例，对比兴作用、要求做了比较全面的论述。赋比兴作为我国古代诗歌创作的一个优良传统，引起日本歌人的注意。《万叶集》中，有一种被称为"譬喻歌"的相闻歌，是完全借用他物以言志的一种体裁。作者并不直抒胸臆，而是把借用来的他物作为主体。在被称为"寄物陈思"的相闻歌中，也使用着比喻手法。在这些和歌中，有的比喻和《诗经》中使用的比兴，具有相同或相近的含意。

"关关雎鸠，在河之洲。窈窕淑女，君子好逑。"《关雎》是《诗经》的首篇。诗中以河洲之中的雎鸠成双成对和谐地鸣叫起兴,赞美有情人幸福的结合。在这里,雎鸠这种常在江边水中捕鱼的水鸟是爱情美好的象征,在《万叶集》中,雎鸠或写成"水沙儿",或写成"三佐吴""三沙吴""美沙",它被作为美丽的形象出现在爱情的画图中。如卷十一的《寄物陈思》:

> 雎鸠在海滨,大海茫茫波涛涌,拍岸浪纷纷,不知你亦往何方,我的心上人。

又如卷十二的《寄物陈思》:

> 飞落雎鸠鸟,深深海底长海藻,海藻名"莫名",阿哥芳名决不讲,母父虽知晓。

卷十二的《悲别歌》:

> 雎鸠在洲畔,洲畔有条离岸船,桨起船去远。心上人儿可在船,日后难相见。

这首歌作为送别诗,还使我们想起《邶风·二子乘舟》:

二子乘舟,	他们俩坐着一条船,
泛泛其景;	水上的船影摇颠颠;
愿言思子,	对他们心头多牵挂,
中心养养。	为他们揪心心不安。
二子乘舟,	他们两坐着一条船,
泛泛其逝;	小船儿飘飘欲行远;
愿言思子,	对他们心头多挂牵,
不瑕有害。	他们该不会遭祸患。

《邶风·二子乘舟》和《悲别歌》在表现手法上是相同的,都是抓住水边送别、行舟远去的一瞬间心中的感受,抒写离情别绪和对重新相会的

祝愿。

在《诗经》中,棠棣以它那色彩艳丽、芳香扑鼻的繁花,给人留下美好印象。《召南·何彼秾矣》,诗人是这样申请盛赞它秾丽的花姿:

何彼秾矣,	它多么艳丽惹人爱,
唐棣之华;	那正是唐棣花儿开;
曷不肃雍,	那车铃响得多和美,
王姬之车。	正是那王姬车儿来。

《毛传》:"兴也。秾犹戎戎也。唐棣,栘也。"《郑笺》:"何乎彼戎戎者乃栘之华。兴者,喻王姬颜色之美盛。"作者由唐棣美艳联想到王姬的美貌,为诗涂上一层欢快的色彩。又如《小雅·棠棣》:

棠棣之华,	棠棣花儿朵朵明丽,
鄂不韡韡;	花萼也就光彩照人;
凡今之人,	当今世上所有人们,
莫如兄弟。	有谁能比兄弟更亲?

诗人从棠棣芳香明丽的花朵起笔,写到兄弟之间美好的情谊,棠棣使人产生美的联想。在《万叶集》中,棠棣也同样使我们赏心悦目,总是和美好事物联系在一起。如卷十二:

棠棣花,如阿妹,身着红妆,梦中曾会面。

不仅如此,它还被用来作为艳丽的粉红色颜色的代称,被作为某些词的枕词(和歌中冠在某词尚用以修饰或调整语调并无实义的词)。

类似的例子不胜枚举。如遍地蔓延、连绵不断的葛藤,被用来比喻缠绵不绝的情意,或被用来比喻游子远离故土和亲人四方漂泊的遭遇;往下弯曲的樛木覆盖着葛藤,被用来比喻福禄代代相继等。这些比喻,恰恰是在《诗经》中首先出现,并在后代被人多次引用。

在《诗经》中,那些怨刺之作曾使许多后世有进步倾向的作家产生强烈共鸣。这些诗篇是作者满怀忧国忧民之情奋笔直书的,对最高统治者的荒淫无耻、糊涂昏庸、反复无常、听信谗言、任用小人提出控诉,对劳动人民的苦痛表示了同情。这些诗篇促人惊醒,让人们把视野从统治阶级的上层转向劳动群众。在《万叶集》中,我们从山上忆良的作品中,可以感受到这种强烈忧愤。山上忆良曾被任命为遣唐少录(遣唐随员)来过中国。他学识渊博,从他后期诗作中,可以看到儒家思想的巨大影响。他写的《贫穷问答歌》直接承袭了《诗经》的现实主义精神。

《贫穷问答歌》是一首由两个贫苦农民对话组成的长歌,写"班田制"下穷困潦倒的农民,在寒冷的风雪之夜,御寒无术,冻馁难熬,手持答杖的里长还来追逼骚扰。作者描写一家妻儿老小在破败矮屋里挨冻受饿的情景:"灶里无火炊烟断,锅里有蛛网丝缠。"这和《豳风·七月》里"无衣无褐,何以卒岁"的控诉,情感相通。《豳风·东山》曾用"伊威在室,蠨蛸在户,町疃鹿场,熠耀宵行"极写征人离家之后故园荒芜。作者抓住屋里的潮虫,门上的蜘蛛,院内的鹿迹,飘动的燐火,写尽了庭院冷落和荒凉。而在《贫穷问答歌》中,作者用寒夜中灶无烟火,锅有蛛网,人忘炊爨,写出了久已绝粮的惨状。两诗作者都是用典型化的细节来表达凄楚、哀怨的愁苦之情。《贫穷问答歌》激愤地质问:

虽云天地广,
何以于我却狭褊?
虽云日月明,
何以照我无光焰?

读到这里,我们自然会想起"谓天盖高,不敢不跼;谓地盖厚,不敢不蹐"(《小雅·正月》)的有力揭露。这种从现实生活痛苦遭遇中体察到的对天地、日月信仰的动摇,是可贵的,都是作者对不平现实强烈不满的反映。

在《贫穷问答歌》的结尾,作者愤怒喊出:"难飞高,身非鸟。"这和《邶风·柏舟》中的"静言思之,不能奋飞"同样蕴藏着反抗的火焰:他们都想离开这丑恶的现实,飞往自己心目中的理想王国,然而却找不到实现这个愿望的道路。

我们从《万叶集》中运用的汉语俗语、比兴方法和某些作品的思想及艺术技巧看,《万叶集》的编撰者和某些和歌,对于《诗经》是有所借鉴的。

这里需要说明的是,《万叶集》受汉文学的影响是多方面的,不仅是《诗经》这一部书在那里孤立地起作用。同时,《万叶集》采用的是日本人民喜闻乐见的和歌形式,描绘的是日本民族的社会生活,抒发的是自己的民族感情。他们的借鉴是大胆的、多方面的。

　　回顾唐代日中两国文学交流,对照研究《诗经》和《万叶集》,对我们很有启发。我们为自己的祖先编撰的一部伟大的《诗经》自豪,在世界文学宝库中,它的确堪称光彩夺目的明珠,值得我们珍视。同时,我们对日本民族吸收外国文化所做的惊人努力,深感钦佩。《万叶集》的一些作者喜爱本民族文学传统,而又勇于对外国先进文化实行"拿来主义",繁荣了民族文学的百花园。他们的经验对于我们今天创造社会主义新文艺的伟大事业来说,不也是很有意义的吗?

浅论叠咏体*

在清代有关《诗经》的著述中，姚际恒的《诗经通论》是较早注意从文学角度对《诗经》进行研究的著作之一。他对于《诗经》表现形式研究的贡献之一，就是注意到《诗经》特别是《国风》多采用重章叠句的手法，并第一次把采用这种手法的诗，称之为叠咏体。这对于解决《诗经》中某些诗中有关章句方面的问题，研究《诗经》与音乐的关系，以及我国民歌在形式上的特点等都很有意义。

《诗经》这一诗形方面的特点，格外引起国外学者的兴趣。青木正儿（1887—1964）在《中国文学概说》第三章论及《诗经》时特别就此加以讨论。据他统计，《国风》160篇中，叠咏体诗有133篇，《小雅》74篇中此体有42篇，《大雅》31篇中此体有5篇，《颂》40篇中此体有2篇。而此体之诗，以一篇由二章构成或三章构成者最多。② 他撰写的《诗经章法独是》③对诗篇原貌的推想，也基本根据的是对叠咏体分析的结果。

一

所谓叠咏体，指的是这样一种形式，即在包括两章或两章以上的诗作中，各章不仅句数相同，而且其对应的诗句具有相同的节奏和句式，某些短语或诗句重复出现。例如《周南·桃夭》，全诗三章，每章四句，每章均是如下格式：

  桃之夭夭，   □□□□。
  之子于归，   宜其室家。

像上面这样全诗每章均为叠咏，各对应诗句只有少数词语略有不同，可视为叠咏基本型。笔者粗略统计，《诗经》中这种基本型的诗篇多达136

---

* 原载《内蒙古师院学报》1982年第2期。
② 青木正儿著，隋树森译《中国文学概说》，重庆出版社，1982年，第62页。
③ 青木正児『青木正児全集』第二卷、東京：春秋社、1970年、第393—408頁。

首,占诗 305 篇的 45%。这其中除《商颂》和全部不分章的《周颂》外,十五《国风》《小雅》《大雅》中均有采用叠咏体的,而又以《国风》160 篇中最多,有 109 篇,占全部《国风》160 篇中的 68%。以章数言,全诗三章叠咏者为最多,有 87 篇,占全部纯叠咏体 136 篇的 64%。以纯叠咏体诗的作者言,不仅有农夫、虞人、役徒、征夫、弃妇,而且有卿士大夫、诸侯王公。如《秦风·渭阳》全诗叠咏,作者送其"舅氏",以路车、乘黄、琼瑰、玉佩相赠。路车即古代诸侯之车,可以知作者身居侯位。《大雅·民劳》全诗四章叠咏,《诗序》说是此为召穆公刺厉王之诗,朱熹《诗集传》说是同列相戒之辞,通观全诗,作者显然是统治阶级上层人物。以纯叠咏体诗的内容而言,不仅有劳动者控诉剥削、揭露黑暗、讴歌爱情、赞美劳动的诗,而且有表现贵族宴饮游乐、婚丧嫁娶、田猎征伐生活的作品。可见,在《诗经》时代,叠咏的表现手法不仅为劳动人民所喜闻乐见,而且社会各阶层的人们都爱用它来表达自己的情感。

《国风》《小雅》《大雅》《鲁颂》为什么有这样多的叠咏体诗?这首先当然应从古代诗歌与音乐舞蹈的密切关系来解释。《诗经》各篇都是合乐歌唱的,其中《商颂》《周颂》产生的时代较早,是属于宫廷用的祭歌,其曲调可能是由乐师谱制创作或改编整理的。这些祭祀乐曲高雅、隆重,使用场合有限,可由乐官编改以适应讲史实、唱传说、颂先祖、夸功德的需要。这大概便是多数祭祀歌不分章因而也就无所谓叠咏的原因。元赵惠在《诗辨说》中指出:

> 《周颂》章句,与《风》《雅》之体不同,其音不必协,其句不必齐,其章亦不可分也。盖尝考之,《乐记》曰:"《清庙》之歌,一倡而三叹,有遗音者矣。"此正谓《周颂》也。按:古乐录有辞有声,倡者举辞,和者举声。"一唱而三叹",则和声之最多者也。今其三和之谱不存,而一倡之辞独载,此其所以寂寥简短,聱牙龃龉,而不可易知欤?

赵惠说明了《周颂》其音不协、其句不齐、其章不分的原因。然而,流传于民间的乐调则不同,它是由许多无名音乐家哼唱出来的。我国传统民歌大多短小而精巧。流传至今的信天游、花儿、爬山调以及许多南方民歌都只有为数不多的乐句。这极有限的容量,往往不能适应抒情的需要。我们看到倾诉情感的需要和乐调容量的矛盾,看到诗人激动时联想活跃的特点,对于叠咏产生便不会感到奇怪了。

　　历来经学家对叠咏诗的说解多穿凿附会,胶柱鼓瑟,他们背离民歌的抒情特点,以儒教思想对叠咏之词进行种种曲解。《周南·桃夭》歌者以眼前艳丽的桃花起兴,又自然联想到叶之盛、实之繁,正是感情激越时展开联想的表现。这种联想,贯注着一种对未来美好事物向往的情感,使听之者感到生机勃勃、充满希望。如从表达祝贺新人室家和睦的美意来说,一章足矣,然而却不能充分传达歌者的盛情。对于这样的叠咏之句,《毛传》则强设喻意,认为诗中实为喻德,叶为喻"形体至盛",一篇欢快热情的祝婚歌便被说得学究气十足,毫无生趣。

　　对于叠咏体的出现,我们除了必须注意到短小的民间乐曲的影响外,还要考虑《诗经》时代民歌创作的群众性。流传于民间的曲调,虽然在长期流传过程中会发生某些变化,但和活泼性强得多且更易于创作的歌词相比,又显得十分稳定,一支小曲,往往会产生多种歌词。这些歌词的创作带有相互模仿的性质。若干种歌词可能保留某些共同之处,如果将它们搜集整理下来,便会成为叠咏体的诗篇。

　　了解了民歌创作的群众性和不断滋生繁育的情况,便可以揭示某些古人百思不得其解的秘密。例如《王风·丘中有麻》：

　　　　丘中有麻,　　　　彼留子嗟。
　　　　彼留子嗟,　　　　将其来施施。

　　　　丘中有麦,　　　　彼留子国,
　　　　彼留子国,　　　　将其来食。

　　　　丘中有李,　　　　彼留之子,
　　　　彼留之子,　　　　贻我佩玖。

　　此诗《小序》谓"思贤",似非。《诗集传》谓"妇人望其所与私者",其说可从。然而姚际恒却不以为然,他说:"一妇人望二男子来,不知如何行淫法? 言之大污齿。"这首诗在流传过程中,可能形成了这样一种格式:

　　　　丘中有□,　　　　彼留□□,

彼留□□，　　□□□□。

演唱者只要把自己心爱男子的姓名加上，便规定了诗押的韵，也就在一定程度上决定了其余可变化的词语。《鄘风·桑中》《郑风·山有扶苏》同样也可以这样解释。它们都是每章有固定格式，每章有自己的作者，流行之后，又以定型格式被人们所利用。

叠咏是将同一曲调反复歌唱的产物，是歌者反复抒发某种感情的工具。每一章相对应的句子，唱的是同样的曲调，需要相同的语言节奏。汉语有极强的构词能力和丰富的同义词、近义词及同类语，叠咏时语意虽重复，但变换的词语、新的声韵，仍然给人以一种新鲜感，这便为叠咏形式提供了称心如意的"建筑材料"。《诗经》时代，便是叠咏体蓬勃发展的时代。像《周南·芣苢》这样只变换少数几字的形式为《诗经》时代所特有，这大概跟那个时代汉语单音词占多数有关。

在《国风》中，采用叠咏体的诗，不仅包括了部分劳动人民的口头创作，而且有一部分诸侯、贵族及社会上其他各阶层人们的作品。这说明，当时的贵族、文人对于这种来自民间的形式，还没有采取鄙夷、排斥和敌视的态度，他们在自己的创作中，借用了叠咏体，模仿民歌体作为自己的抒情手段；另一种可能是，贵族们使用的音乐有的来自民间，《兔罝》《鹊巢》《采蘩》《采蘋》《甘棠》《羔羊》《何彼襛矣》均是采用叠咏体的贵族作品，至于那些下层官吏和士卒，他们和民歌的关系可能更密切些。用叠咏体写出的《小星》《北门》等，带有民歌色彩的诗更是比较自然的。除了《国风》《小雅》外，在《大雅》中，《凫鹥》《泂酌》《民劳》等亦有通篇叠咏的。贵族和文人们学习这种表现手法，还有意进行某种变化：在表达内心某种冲动时采用叠咏体，在叠咏之前或之后，也可能只保持节奏和字数相对而不用叠咏，造成一种叠与不叠同存于一篇的情况，这些诗，在形式上较叠咏的诗来，可以说是一种发展和进步。同时仅叠咏各章开端的诗也产生了。这种形式完全能达到强化各章联系的目的。例如《小雅·采薇》首章开端言"采薇采薇，薇亦作止。曰归曰归，岁亦莫止"，次章开端言"采薇采薇，薇亦刚止，曰归曰归，虽亦阳止"。把对征夫空叹岁月流逝而归家无期的痛苦心情的描写贯穿在征战生活的追忆中。叠咏的形式使作者开篇迅速进入抒情，使读者获得深刻印象。相同语境的回应和重现，有力地加深着接受者的感受。

叠咏繁盛的时代，它甚至进入了"神圣"的庙堂。《鲁颂》每篇数章，每章首句都与上章同。如《駉》每章都以"駉駉牡马"起头,《有駜》三章均以"有駜有駜"起首,是典型的叠咏体。《泮水》前三章首句用"思乐泮水",《閟宫》前五章(除第四章十六句外——《集传》注:内第四章脱一句,信然)每章十七句,后数章稍有变化,大体上是较整齐的。可以说,叠咏是诗歌发展到一个特定阶段的产物,它已经远远脱离了"歌话"及即兴问答歌的阶段,而走向字句整齐、乐曲稳定的时期。当时人们运用这种诗体就能充分抒发自己的情感,反映那时的社会生活。可以推断,在《诗经》以前,我国诗歌发展已经走过漫长的道路,只可惜我们现在还无从知道它的详情。

二

叠咏体在歌唱中的意义是使每一段(即章)歌词都与曲调紧密结合,融为和谐的一体,叠咏每一章都是将某一曲调从头至尾演唱一遍,除此之外,作为歌词,它在文学上又有哪些作用呢?

叠咏的主要作用,简单来说,便是通过相同的句式和表达方式,达到扩展联想、增强情感的节奏性、密切各章各句各词的内在联系,以使抒情气氛更加浓烈的目的。

在《诗经》中这样的例子是很多的。表达欢快情绪的《周南·芣苢》通篇只六字变换,而招邀俦侣,从事始终,一一如绘。闻一多先生在《匡斋尺牍》中为我们展现了诗中所描绘的画面:夏天,芣苢结子了,满山谷是采芣苢的妇女,满山谷响着歌声。表达忧伤情感的《王风·黍离》,反复歌咏,自见其凄怆追恨之意出人意表,使我们仿佛看到被忧虑压得喘不过气来的歌者,神情恍惚地一次又一次地呼唤苍天,以病态的心理,揣度着人们,反反复复讲着人们听厌了那几句话。叠咏的这种抒情效果,除了依赖于重复的作用外,还取决于各句变化部分的某种联系。

每一种民间曲调在流传过程中,都可能像滚雪球似的,产生许多叠咏的歌词来。这些歌词有的因种种原因会"行之不远",失去流传的机会,有的则会口耳相传,四方流播。后来的演唱者,在连续唱出几章时,会根据自己的理解不断加工并选择先唱哪一章更好些,民歌的整理者也会在众多的歌词中择其中意者编入诗集,将原来孤立的段(即章)加以比较,分其先后,各章便产生了新的联系。这种联系,或似阶梯,或似桥梁,或似引线,都会增强诗的艺术感染力,密切诗的内在结构。这便是姚际恒所说"风诗多叠咏体,然其用字自有先后、浅深之不同"的原因。

　　由浅至深、由寡至众、由小至大的排列,使人在对比中领会诗的高潮。《王风·采葛》极写相思的痛苦,首章言"一日不见,如三月兮",次章言"一日不见,如三秋兮",末章言"一日不见,如三岁兮",使我们感到恋人的心情像越烧越旺的烈火,飞流直下的洪涛。诗歌在感情的高峰上戛然而止。《召南·摽有梅》更为巧妙,三章叠咏,均用摽梅作比,首章言"其实七兮",次章言"其实三兮",末章已"顷筐墍之"。诗中女子对于追求自己"庶士"的渴望亦在飞速增长,从"迨其吉兮",到"迨其今兮",最后直至希望他能马上前来求婚——"迨其谓之"。诗歌情绪的节奏在迅速加快,心情急切的程度犹如直线上升,就像登梯似地升高,我们仿佛可以听到歌者的心越来越激烈地跳荡。诗在歌者心声的最强音处结束。在这里,叠咏的形式,如同一把准确的标尺把歌者感情激烈的程度鲜明地标示出来,我们绝不会感到诗中重复的累赘,其巧处,恰在寓变于不变的形式之中。

　　按照事物发展的先后顺序,后者以事物发展过程为内在联系,来排列各章,可以更加清晰地显露出感情发展的脉络。例如《王风·中谷有蓷》是写一妇女哀悼自己死去丈夫的诗篇,全诗三章。姚际恒在谈到各章内在联系时,指出:"先言'艰难',夫贫也;再言'不淑',夫死也。《礼》:'问死曰如何不淑'。末更无可言,故变文曰:'何嗟及矣','干''脩''湿',由浅及深,'叹''欷''泣'亦然。"

　　由近及远、由此及彼、由点及面的排列使人多方受到感情潮水的冲击,当各章变化的部分在意义上并没有浅深、先后的差异时,往往叠咏使我们在反复吟唱之中,看到更多相似的画面,接触到更多同类印象,如同漫步于长廊,泛舟于大海,歌者的心情也就得到更充分的表达。《郑风·将仲子》,歌者恳求仲子不要攀折她家的树,首章言"畏我父母",次章言"畏我诸兄",末章言"畏人之言",通过三次复唱,我们仿佛看到,从亲人到邻居所有的人都在注视着歌者,她感到处于舆论包围之中,然而对于仲子的爱却仍深深埋在心底。《秦风·蒹葭》写在歌者的幻觉之中,心爱的"伊人"在蒹葭白露的神境里时隐时现,首章言"宛在水中央",次章言其"宛在水中坻",我们仿佛看到歌者在曲折漫长的道路上奔走,到处追寻心目中的恋人,而他的恋人却可望不可即。诗的意境景色凄清,烟波万状,歌者满怀希望地捕捉却始终不能去到恋人身旁。这里,复唱的作用正在于复沓之中反复抒情,歌者眼中的恋人在复唱中给人越来越深刻的印象。有时叠咏体的诗也在几章叠咏分别言之的基础上，由最后一章来作概括、升华、扩展，或笔锋一转，把读者引向一个新境界。

叠咏除了使抒情在相同形式中向深度或广度两个方面发展外，亦有使诗成篇、抒情丰满的功效。有的叠咏之章，变换的只是一些同义词，两章在意义上差别不十分细微，如《陈风·东门之杨》：

东门之杨，　　　　其叶牂牂；
昏以为期，　　　　明星煌煌。

东门之杨，　　　　其叶肺肺；
昏以为期，　　　　明星晢晢。

《毛传》曰："牂牂然，盛貌。"又曰："肺肺犹牂牂也，晢晢犹煌煌也。"《魏风·十亩之间》《魏风·羔裘》与此一类。这些诗如只录其一章，其意义已完全表达清楚。但是，大概采录者认为言之已尽而情未尽，只录一章会使人感到孤章无偶，因而录其两章。虽然诗中变换的只是连歌叠词，却富有一种音乐美。久而久之，形成一种欣赏习惯，《国风》搜集的诗篇其章数的特点也就产生了。这就是"无独有偶"。风诗中凡是两章的诗共36首全部都是叠咏体，160篇风诗没有一篇是仅有一章的。

在叠咏体诗中，副歌式反复也常常表现出明显的艺术效果，例如《周南·汉广》一诗每章末四句叠唱，诗人那种求偶失望的心情在长歌浩叹的叠唱中表现得十分浓烈，那可望不可即的汉上游女的形象在每章中重复出现，久久萦绕在读者脑海中。姚际恒赞叹此诗"三章一字不换，此方谓之'一唱三叹'"。吴闿生在《诗义会通》一书中亦指出《汉广》"后四句咏叹淫溢，韵味无穷"。此可谓恰切中肯的评论。

三

了解《诗经》时代诗与音乐的关系，了解叠咏体诗歌的特点和重章叠句的抒情效果，对于研究《诗经》章法和训诂亦是很有意义的。

从音乐角度讲，凡叠咏之章一定是用同一种乐调来演唱的，在为诗分章时，除去考虑内容之外，当然也应重视上面这一因素。例如《鄘风·载驰》，有这样几种分章法：

《毛传》	五章	六句	四句	四句	六句	八句
《集传》	四章	六句	八句		六句	
《诗毛氏传》	五章	六句	八句		四句	四句

很明显，这里分歧主要在于第七至十句及第二十一句至结束。第七至第十四句为：

既不我嘉，　　　不能旋反。
视而不臧，　　　我思不远。
既不我嘉，　　　不能旋济。
视尔不臧，　　　我思不閟。

第七至十句、第十一至十四句采用了叠咏，应分为两章。《毛传》正是这样分的。陈奂分诗为五章，将第七句开始的两章叠咏合成了一章，而且五章中每章有四、六、八句三种形式，即必须用三种乐调来演唱，与原诗内容和情感不甚相符，根据诗意和韵律，最后八句需"一分为二"。纵观全诗，实可分为两部分，每部分三章，一章六句，二章四句。两部分都是用两种乐调来演唱的。即：

六句　四句　四句　　六句　四句　四句

二章四句叠咏部分用统一乐调来演唱。若细致分析一下全诗内容，亦是一致的。北京大学《先秦文学史参考资料》等书便采用了这样的分章法。各章仅有少数字句变动的那些诗是叠咏体中最基本、最单纯的形式，这种形式的诗因为有复叠部分存在，自然易于记忆，但另一方面亦易于忘却——忘却了这变动的少数字。也就等于忘却了全章，诗也就残缺了，从诗的流传到《诗经》最后编订，又经历了不短的时间。

鲁迅在《集外集·选本》译文中说："孔子究竟删过《诗》没有，我不能确说，但看它先《风》后《雅》而末《颂》，排得这么整齐，恐怕至少总也费过乐师的手脚，是中国现存的最古的诗选。"长期流传和整理的结果，使有些诗失去了它的原始面目。在《诗经》中确有这种残缺之诗,后来的整理者便把它们杂入别诗之中,使各章字句不齐,内容龃龉,后世读者和研究者为之大伤脑筋,了解了叠咏体的某些特点,有助于推想它们的本来面目,这里就《周南·关雎》《鄘风·君子于役》《曹风·下泉》为例,介绍一下前人根据叠咏的特点,对诗之章句研究的一些看法。

《关雎》全诗分章,《毛传》《郑笺》各执一说,《毛传》《集传》云《关雎》三章一章四句,二章章八句,《郑笺》云《关雎》五章,章四句。言三章者,是看出了首章起兴与后面复唱的起兴不同,言《关雎》五章者则为求得各章句数一致。这两种分法都不甚得当,叠咏部分没有处于相同地位。因而,便有人根据现代歌曲副歌的情况,推想"关关雎鸠,在河之洲。窈窕淑女,君子好逑"是各章来头的副歌,而"求之不得,寤寐思服。优哉游哉,辗转反侧",是各章结尾的副歌。全诗主体分三章:

1. 参差荇菜,　　　左右采之。
   窈窕淑女,　　　寤寐求之。
2. 参差荇菜,　　　左右采之,
   窈窕淑女,　　　琴瑟友之。
3. 参差荇菜,　　　左右芼之。
   窈窕淑女,　　　钟鼓乐之。

持这种设想的人认为:"盖古人以复辞既各章皆同,故只列于首章而将次章以后之复辞删省之,惟列其变易之辞(如"参差荇菜"四句),则辞有变易者也。顾当时必有应当重读之标识于复词之前。后嬴秦焚坑,汉儒传经,多半口授,遂将其复辞之标识遗之,致分章之法,人各异辞,而《关雎》一篇遂不可读矣。"这种说法注意到章法整齐方可入乐的特点。然而,纵观全诗,似仅是贵族祝婚之歌,内容单纯,可知原来曲调亦不繁缛,上述说法似将原作设想得太复杂了些。

对《关雎》一诗,青木正儿在《诗经章法独是》一文提出更为大胆的假设,认为《关雎》是由两首叠咏体的诗接缀而成。前三章为:

1. 关关雎鸠,　　　在河之洲。
   窈窕淑女,　　　君子好逑。

```
2.关关雎鸠,        □□□□。
  窈窕淑女。       □□□□。
3.求之不得,        寤寐思服。
  悠哉悠哉,        辗转反侧。
```

余下三章为另一首诗。青木正儿的推想虽尚无确证,但仍可以说是言之成理的,从内容和押韵情况看,亦是可以说通的。

《君子偕老》一诗,历来研究者都从《毛传》,将其分为三章,一章七句,一章九句,一章八句。试观察一下全诗,第二章、第三章极似叠咏体。若将第二章"不屑髢也"句后的"玉之瑱也"移入第一章"象服是宜"之后,则各章均为八句,第二、三章便成为名副其实的叠咏体:

```
1.君子偕老,        副笄六珈。
  委委佗佗,        如山如河。
  象服之宜,        玉之瑱之。
  子之不淑,        云如之何。
2.玼兮玼兮,        其之翟也。
  鬒发如云,        不屑髢也。
  象之掃也,        扬且之晳也。
  胡然而天也,      胡然而帝也。
3.瑳兮瑳兮,        其之展也。
  蒙彼绉絺,        是绁袢也。
  子之清扬,        扬且之颜也。
  展如之人兮,      邦之媛也。
```

下面再从内容上分析。《毛传》:"副者,后夫人之首饰,编发为之。笄,衡笄也。珈笄,饰之最盛者,所以别尊卑。"象服,《毛传》:"尊者所以为饰。"陈奂《诗毛氏传疏》云:"象服,未闻,疑此即袆衣也。象,古豫字。"《说文》:"豫,饰也,象服犹饰服,服之以画绘为饰者。"瑱,《毛传》释为"塞耳"。《说文解字》:"瑱,以玉充耳也。"陈奂言:"妇人亦有笄,故亦有瑱。笄为玉笄,故瑱亦为玉瑱。"从上面解释看,将"玉之瑱也"置于"象服之宜"之后,首章是统一的,全章都是讲首饰、衣饰之繁盛。第二章"鬒发如云,不屑髢也",《毛传》:"鬒,黑发也。如云,言美长也。""象之揥也",《毛传》:"揥,所以摘发也。"其间抽去"玉之瑱也"一句,第二章中间部分全是围绕发美、发饰而言,十分妥帖自然,看来,这种推想与全诗内容、结构是相符的。可以说《君子偕老》应分为三章,各章均为八句,后两章为叠咏体。

《曹风·下泉》情况又异。《下泉》四章,前三章为叠咏体,内容是为周京、周师的衰微而瘖叹,第四章情调为之一变,完全是赞叹口吻,以"芃芃黍苗,阴雨膏之"起兴,赞美郇伯功绩。宋王柏说《下泉》四章,其末章全与上三章不类,乃与《小雅》中《黍苗》相似,"疑错简也"。将《曹风·下泉》第四章与《小雅·黍苗》首章排在一起,便是叠咏体,可见它们很可能原诗用同一曲调来演唱的:

芃芃黍苗,　　　阴雨膏之。
四国有王,　　　郇伯劳之。
　　　——《曹风·下泉》

芃芃黍苗,　　　阴雨膏之,
悠悠南行,　　　召伯劳之。
　　　——《小雅·黍苗》

上面这首诗的原始面目,或许还不能说已经看清,即使那些章句已不存在疑问的叠咏体基本形的诗,也还有一个透过经师们鉴定推索和迂腐传注迷雾真正理解诗意的问题。叠咏体内容单纯,诗中变化的词语,往往是意义相同、相近或相关的,如能在解诗时充分注意到这一点,常可从纷纭众说中择出较恰当的解释。

《桧风·隰有苌楚》三章,余冠英说:"这是乱离之世的忧苦之音。诗人因为不能从忧患解脱出来,便觉得草木的无知无觉、无室无家是值得羡慕的了。"①三章末句分别为"乐子之无知""乐子之无家""乐子之无室"。余冠英从朱子《集传》,将"知"解为知觉之知,《毛传》《郑笺》作"知,匹也"。《尔雅·释诂》:"知,匹夫也。"《卫风·芄兰》:"能不我知。"马瑞辰以为宜同此知当解为匹。《左传·昭公四年》:"公孙明知叔孙于齐。"杜预注:"与叔孙

---

① 余冠英《诗经选译》,作家出版社,1957年,第135页。

相亲知。""不我知"之知当为"亲知、相契、相亲"之意的引申,即"匹偶"之意。这样解释,似与叠咏体诗歌内容单纯、语词相应的特点更一致。

　　了解了叠咏形式上的特点,可以帮助我们推测诗句含义更为准确,但并不是说,仅仅从形式上推断可以代替逐字考证和全篇分析。如果是这样,对诗的理解仍然可能是错误的。

四

　　许多民族的原始歌谣均与集体歌舞分不开,艺术形式上往往具有循环往复、回响不已的特点。例如印第安人的歌谣歌词有时可以重复几十次。有一首劳作时载歌载舞演唱的《种谷歌》便很像《诗经》中的叠咏体:

　　　　一个脚印踩出来,　　　　神圣印记踩出来。
　　　　一个脚印踩出来,　　　　玉米芽儿长出来。
　　　　一个脚印踩出来,　　　　玉米芽儿放光彩。
　　　　一个脚印踩出来,　　　　玉米穗儿相依偎。
　　　　一个脚印踩出来,　　　　拉下秆儿采米穗。
　　　　一个脚印踩出来,　　　　灰白米花绽绽开。
　　　　一个脚印踩出来,　　　　我家炊烟升起来。

　　从情调和形式看,这首歌词与《周南·芣苢》何其相似乃尔!
　　又如,日本古代来源于民间的旋头歌,每节三句,三句字数各为五、七、七,一歌两节,第三句是相同的。如《万叶集》第六卷(1018)《十年戊寅,元兴寺僧自叹歌一首》,便保留着这种形式。现意译如下:

　　　　雪白的珠宝
　　　　偏不被人家知晓
　　　　不被人知晓也好

　　　　不被人知晓
　　　　只有我自己知晓
　　　　不被人知晓也好

这种形式到了后来，便发生了变化。如《万叶集》卷七（1273）的一首旋头歌，两节的第三句便不再反复。第一节与第二节一气呵成。叠咏的痕迹已不那么明显了。现意译如下：

　　住吉港口上
　　主管码头的官长
　　骑在那马背上啊
　　身上都穿着
　　巧手的汉家姑娘
　　缝出来的衣裳啊

这种形式的产生和发展，与《诗经》叠咏体的情形相比，其共同之处是不言而喻的。

　　歌谣相互模仿的现象十分普遍。例如纳西族歌唱爱情自由的《鱼水相会》，流传十分广泛，与之内容相仿的作品有《蜂花相会》《獐子嫩竹相会》《独叶独花相会》《星星相会》《马鹿水獭会》《白露仙草会》《麒麟凤凰会》《日月相会》《牦牛盐巴会》《茶水相会》等多种。①

　　孙作云1958年发表于《人文科学杂志》上的《诗经的错简》引用了青木正儿《诗经章法独是》，该文之撰显然受到青木之说的启发，而又提出了自己新的发现。② 蒋天枢对叠咏亦有概括，他说："意者此为古代抒情诗最通常之格式"，"应用之方面既多，其变化约有三：或全篇一律叠，或前后互异，或前叠而后否。考叠章之用于抒情，可以达容与之感情，可以写淡远之风神，可以状优游之局度，而不宜于写丰富复杂之事物，郁伊曲折之感情。故宗周颠危之期，忧乱伤时之作，率用长篇叙述。斯周初以来之典型矩矱，而王室诗人传统之法式也。"③这些对叠咏的分析，又跳出了青木正儿仅从诗形而论的思路。显得更为全面。不过，青木所提出的问题，依然有益于重新思考《诗经》文本传播的新课题。

---

① 《纳西族文学史》，云南人民出版社，1960年。
② 孙作云《诗经与周代社会研究》，中华书局，1966年，第403—419页。
③ 蒋天枢《论学杂著》，中州古籍出版社，1985年，第64页。

马瑞辰《毛诗传笺通释》的训释方法*

马瑞辰(1774—1853),字符伯,安徽桐城人,是清代嘉道年间著名的学者,博综诸经,而尤精于《诗》学。他接受了王念孙"埶(熟)于汉学之门户,而不囿于汉学之藩篱"的思想,研究了清代数十家有关《诗经》的著述,将乾嘉学派在文字音韵学方面积累的经验和成果,具体运用到对《诗经》的考辨和训释之中。同时又能统摄全书,寻绎诗意,注意到《诗经》作为诗歌艺术的某些特点,敢于破除旧说,创立新解。他并能引两周铜器铭文以证诗,这给后世研究者们以很大启发。作为清代《诗经》研究古今文并重一派的代表作,他所撰写的《毛诗传笺通释》一书,具有相当高的学术价值。

《毛诗传笺通释》约 50 万余字。从马瑞辰为胡承珙所著《毛诗后笺》一书所写的序中,我们可以知道,他撰写这部书是因为有感于孔颖达所作《正义》每取王肃之说,名为申毛而实失毛旨,因而便力图将《诗》学从《正义》的谬说之中拉回到毛郑的故道。在马瑞辰看来,《正义》之失在于泥于《传》无破字之说,每以《笺》之申毛者为易毛义,又或以郑本三家并参以己意者为《传》义,因而需要予以廓清,以明毛、郑本意。而对毛、郑疏误之处,也当予以匡补,进而探求诗之奥旨。

孔颖达《毛诗正义》本在隋刘焯《毛诗义疏》、刘炫《毛诗述义》二书基础上编撰而成,实集六朝诗说之大全,而马瑞辰屡讥《正义》"不明假借"。同为疏通《传》《笺》,从《毛诗正义》到《毛诗传笺通释》,可以看出自隋至清我国文字、音韵、训诂之学的进步,亦可看出其间学人对于《诗经》反映的社会生活认识的逐步深化。《诗经》诞生于世远年湮的两周之时,后人为其训释,要在具体的诗境中描绘和说明词语的含意,除须有赖于对当时社会生活的正确认识外,还须借助于对古代诗歌艺术特色的正确理解。脱离了特定时代诗歌发展的特定形式,便不可能真正理解词、句的具体含意及诗的内容。因而,我们从不同的训释中,也可以看出训释者们对诗的抒情方法和艺术技巧等方面存在的不同认识。

为了汲取《毛诗传笺通释》中有益的研究成果,本文拟对这部书训释方法的主要特点,做粗浅的归纳和分析。

---

* 原载《文史》第 25 辑,中华书局,1985 年 10 月。

一、以古音古义正其疏误

马瑞辰以《诗》《序》《传》《笺》《正义》为研究对象，首先对此五者在文字上精心考校，提出了一些可信的推断，而后又以两周铜器铭文、先秦典籍、两汉碑文等资料作为依据，抉出《传》《笺》《正义》解释中背离诗义之处，另创新解。

《诗》《序》《传》《笺》流传日久，文字多有讹误、脱漏、窜乱之处。陈奂在纠其讹互方面功绩卓著，但对《毛传》因误文立解处每予回护曲辩。马瑞辰对《诗》《序》《传》《笺》精心考核，参之以秦汉之际书写习惯产生讹误的种种先例逐一证之。这里有形近之讹。如《大雅·假乐》"干禄百福"，《大雅·旱麓》"岂弟君子，干禄岂弟"，《毛传》均训干为求，陈奂遂以"君子有易乐之德，求福而福自至"释之。马瑞辰谓"干禄"皆为"千禄"之讹，并举出秦汉文字资料中两字相混的例证，验之以全诗，实言之成理、持之有故，近人说诗者多信从此说。这里亦有音近之讹。如《齐风·还》，《序》言"还，刺荒也，哀公好田猎，从禽兽而无厌，国人化之，遂成风俗。习于田猎谓之贤，闲于驱逐谓之好焉"。马瑞辰认为，"习于田猎谓之贤"一句，"贤"当为音近之讹。《序》本经文以立训，"贤"即诗首章"揖我谓我儇兮"之"儇"，犹《序》中下句"闲于驱逐谓之好"之"好"，即第二章"揖我谓我好兮"之"好"。从这里我们不难看出，马瑞辰对于《诗》《传》《序》的体例及用字规律，的确经过一番精心琢磨。

《毛传》是流传至今的群经传注中最古的一部。关于《毛传》训释的特点，阮元《十三经注疏校勘记序》曾经指出："毛公之传诗也，同一字而各篇训释不同，大抵依文以立解，不依字以求训。"所谓依文立解，即指随文释义，它的长处是将词放入具体的语言环境中说明其特定含义，可以充分反映词义的灵活性和形象性，然而在揭示词的概括意义方面则欠确切。正因为《毛传》采用了依文立解的方法，所以，同一词本为一义或义有联系，训释却不同。马瑞辰充分注意到这种情况，并能仔细体味，认真区分。

（1）训释词语不同，而意义相近，或有着某种联系，均未远离诗意。如：

《大雅·皇矣》"奄有四方"，《传》："奄，大也。"

《周颂·执竞》"奄有四方",《传》:"奄,同也。"

同一"奄"字,《毛传》两说,并不表明它在意义上有什么严格的区别。《说文》:"奄,覆也,大有余也,从大从申。"申是伸展之意。奄是覆盖、包括的意思。《毛传》训大、训同,均指占有地域辽阔、幅员广大而言,以颂赞先王开疆辟土的功绩。

出现这种情况,往往是由于训释的角度不同。马瑞辰认为:"毛公传诗多古文,其释诗实兼诂、训、传三体。"他又指出:"诂第就其字之义而证明之",即《正义》所说的"诂者,古也,古今异语通之使人知也";"训则兼其言之比兴而训导之",即《正义》所说"训者,道也,道物之貌以告人也"。以"姝"字为例:

《邶风·静女》"静女其姝",《传》:"姝,美色也。"
《鄘风·干旄》"彼姝者子",《传》:"姝,顺貌。"

此皆为释字本义者。亦有"道物之形貌"者:

《齐风·东方之日》"彼姝者子",《传》:"姝者,初昏之貌。"

前者指出,姝乃是形容婉顺温柔之美。后者指出,在《齐风·东方之日》这首描写新婚的诗篇中,姝则形容新人羞涩柔顺的神态。《毛传》释"姝",词异而义同。马瑞辰指出:"顺与美本相成,姝可训美;又训顺者,犹《说文》训婉为顺,而《郑风》'清扬婉兮',《传》云'婉然美也'。"古代女子以文静温顺为美,言"姝者,初昏之貌",亦非别有微旨。

(2)一词多训,正误杂陈。"采采"一词,《毛传》便有四训:

《秦风·蒹葭》"蒹葭采采",《传》:"采采犹萋萋也。"又:"萋萋犹苍苍也。""苍苍,盛也。"
《曹风·蜉蝣》"蜉蝣采采",《传》:"采采,众多也。"

此二例皆训采采为形容之词,二训基本相同,前者形容蒹葭之盛,后者形容蜉蝣之多。

《周南·卷耳》"采采卷耳"，《传》："采采，事采之也。"

《周南·芣苢》"采采芣苢"，《传》："采采，非一辞也。"

此二例皆训采采为动词，马瑞辰据前面列举的"蒹葭采采""蜉蝣采采"，《毛传》所释，谓"此诗（指《周南·卷耳》）及《芣苢》俱言采采，盖极状卷耳之盛。《芣苢》下句始言'薄言采之'不得以上言采采为采取"。诗的语序较之散文更为灵活多变，不可同等看待。如《大雅·抑》"抑抑威仪"，《小雅·宾之初筵》与《大雅·假乐》作"威仪抑抑"，形容之词在名词之前或之后，并不改变语意，而《毛传》以语序定语意，导致说解之误。

《毛传》简奥约略。马瑞辰能够避免宋明空疏固陋的遗习，细腻地寻绎其释语的内在联系，这说明他不仅对词语具体性、灵活性的一面有清醒认识，而且能够通过对古音古义的探求，认识词语的概括意义，这样，他就有可能纠正《毛传》中某些牵强附会的说解。同时，马瑞辰读《诗经》，读《序》都十分细致，往往注意到前人忽略的问题，指明《郑笺》的某些错误。如《小雅·伐木》"相彼鸟矣，犹求友声。矧伊人矣，不求友生。神之听之，终和且平。"《郑笺》言后两句的意思是"心诚求之神，若听之，使得如志，则友终相与和而齐功也"。马瑞辰则认为，"以经文求之，并无求通神明之意；且神之听之，不得言神若听之也"。我们只要通读全诗，就会感觉马瑞辰的确道破了郑说的破绽。《伐木》是一篇饮宴友人、赞颂友情的诗篇，并无求通神明的意图。马瑞辰引用《尔雅·释诂》"神，慎也""慎，诚也"及《荀子·非相篇》"宝之珍之，贵之神之"，据杨倞注"神之，谓不怠慢也"等材料，认为"神之听之"即"慎之从之"之意。马瑞辰对这种"学者盖习惯之"而不追究其意的诗句细致推敲，证之以古音古义，以准确可信的解释代替了某些似是而非的说法。

马瑞辰还注意到两周铜器铭文对了解古音古义的价值。他利用铭文材料，一方面说明《毛诗》《韩诗》用字所本，一方面又用以印证《传》《笺》，或据以寻求古音古义以纠《传》《笺》之失。

例如，《大雅·江汉》"告于文人"，马瑞辰指出古器铭多称"文考"者，论定"文人"犹云文祖、文父、文考，追敦铭言"文人"，正为追自称其先祖，所以《诗》之文人是指祖之有文德者，为祖、妣、考、母之尊称，这比起《毛传》仅言"文人，文德之人"确切得多。

又如，马瑞辰从齐侯镈钟铭"羕保身"及陈逆簠铭"子子孙孙羕保用"两处"羕"字的写法，联系到《周南·汉广》"江之永矣"韩诗"永"作"漾"，断定"漾"即"羕"之通借，而永、羕古本通用。又据师望彝铭"师望作黼彝"，推断䵣、黼、黼为一物之异名。这些结论，都信而有征。

铭文所提供的数据之所以具有重要价值，因为它保持了古代文字的本来面目，避免了辗转抄录造成的讹误。当时铭文研究的成绩尚微，马瑞辰利用铭文材料的条目也不多，但他注意到以此作为名物训诂之助，走的无疑是一条正确的路。

马瑞辰对《诗经》语词的训释，也反映了清人虚词研究的成果。对于虚词的训释，王引之在《经传释词》自序中谈道："盖古今异语，别国方言，类多助语之文，凡其散见于经传者，皆可比例而知，触类长之，斯善式古训者也。"①他在《经传释词》中对160个语词的训释，皆是"揆之本文而协，验之他卷而通。虽旧说所无，可以心知其意者也"②。王引之对《诗经》中某些历来被作为实词看待的词，作为语词来解释，其多数说法被马瑞辰接受。同时，马瑞辰还采用了王引之所提出的方法，提出了一些新说。由于这一类词语的释解为古注、古字书所无，因而他便特别强调体味诗义的重要性。他所提出的新说，有些的确是道前人所未道，给人以启发。如在训释《秦风·蒹葭》"宛在水中央"时，他说："诗多以中为语词，'水中央'犹言水之旁也，与下二章'水中坻''水中沚'同义，若如《正义》以中央连读，则与下章坻、沚句不相类矣。"马瑞辰注意到诗重章叠句用字的特点，他提出的这一新说，较《正义》将"中央"作为一词的训解为优。

二、以双声叠韵明其通假

《诗经》自诞生至毛公作传，其间历数百年，自其行世，口耳相传，受之者非一邦之人，人各用其乡音，因而多有同音而异字、同字而异音者，加之辗转传抄，文字流变，其面貌大有改变。1974年，在河北省平山县出土的战国时期中山国墓葬中的方壶、鼎、园壶三篇铭文，有多处引用了《诗经》

---

① [清]王引之《经传释词》，岳麓书社，1984年，第1页。
② [清]王引之《经传释词》，第3页。

中的诗句①，方壶铭有"不敢恳荒"，恳荒即怠惰荒乐，意义本十分明晰。今《毛诗》中的《商颂·殷武》即作"不敢怠遑"，《郑笺》以"不敢怠惰，自暇于政事"作解，朱熹《诗集传》承袭此说，不知"遑"即"荒"之借字，而训遑为暇，说解遂迂曲难通。战国时代关于诗句的记录与今本《毛诗》字句之异，多属同音通假、古今字、异体字等。《诗经》在毛公作《传》之前，已经广泛流传，讽诵传播，流于四方，许多诗句出现不同的读法、写法，乃是十分自然的事。

至秦汉之际，《诗》写本仍旧大量使用通假字。长沙马王堆三号墓出土的《老子甲本卷后古佚书》引用诗句与今本《毛诗》多有不同。据推测，此帛书抄写的时代，至晚在高祖时期，约当公元前206年至公元前195年间。《毛诗》中《大雅·大明》"明明在下，赫赫在上"，《古佚书》本作"明明在下，鏊鏊在上"和"明明在下，赤赤在常"。《毛诗》中《邶风·燕燕》"燕燕于飞，差池其羽。之子于归，远送于野。瞻望弗及，泣涕如雨"。《古佚书》作"婴婴于罪，差弛其羽。之子于归，袁送于野。詹望弗及，泣涕如雨"②。上面所引诗句中的通假字，较《毛诗》更多。我们可以想见，《毛传》行世时，《诗》可能有着多种抄本。

《毛诗》古文多通假字这一规律，在清代经学家们的著述中多有提及。阮元在《十三经注疏校勘记序》中便明确指出："非孰（熟）于《周官》之假借者，不可以读《毛传》也。"③马瑞辰对此做了大量研究，多次提到"古之字少，多相假借"，"诗人口之咏歌，不专以竹帛相授，音既相近"，故用字相借，"义自当通"，"读非一师，故字异也"，并写《〈毛诗〉古文多假借考》一文，分析了《毛传》及《诗》中通假字的两种情况：

第一种情况是《毛传》"知其为某字之假借，因以所假借之正字释之"。如《周南·汝坟》"惄如调饥"，《传》："调，朝也。"据《韩诗》作"愵如朝饥"。知调即朝之假借。

第二种情况是《毛传》知其为某字之假借，"不以正字释之，而即以所释正字之义释之"。如《邶风·柏舟》"如有隐忧"，《传》："隐，痛也。"《韩诗》作"如有殷忧"。《说文》："慇，痛也。"是知隐即慇之借字，《毛传》正以

---

① 朱德熙、裘锡圭《平山中山墓铜器铭文的初步研究》，载《文物》1979年第1期。
② 《老子甲本及卷后古佚书》，文物出版社，1974年。
③ 清人一些著述中谈到的假借字，一般指通假字而言，但有的其实属古今字、异体字等。下面引述马瑞辰有关论述时，不再加以说明。

释殷者释隐。

马瑞辰的这种分析,初步揭示了《毛传》注重声训的规律。他根据对"古字义生于音"的认识,以声之近、同、通、转为线索,对《毛传》《郑笺》未加说明的通假字给予点明,又验之以古代文献的文字资料。如《大雅·文王》"陈锡哉周",马瑞辰根据《说文》"陈,……从自,从木,申声",古文作阵,亦从申,认为陈即申之假借。《汉书·韦玄成传》载匡衡上书云:"子孙本支,陈锡亡疆",义本《齐诗》,而言"陈锡亡疆"与《商颂·烈祖》"申锡无疆"正同。马瑞辰此说可视为定论。

据《清史稿》本传,马瑞辰常说:"《毛诗》用古文,其经字多假借,类皆本于双声、叠韵。"马瑞辰在接受了戴震转语说的同时,又借鉴了王念孙将古音学说和语音转变理论运用到语义训诂上的经验,在《毛诗传笺通释》中贯串以声音探求语义的原则。他对《毛传》《郑笺》的通释,往往由双声、叠韵明其通假之义。例如,《大雅·思齐》"神罔时恫",《毛传》:"恫,痛也。"马瑞辰认为恫、痛是"以双声为义"。我们知道,恫从同得声,属定母东韵;痛从甬得声,属透母东韵。二字声相近韵相同,例可通假。银雀山竹简本《尉缭子》:"服奉下迵,成王至德也。"①"服奉下迵"即"服奉下通"。马王堆汉墓出土帛书《春秋事语·鲁桓公与文姜会齐侯于乐章》:"文羌(姜)迵于齐侯。"②"迵于齐侯"即"通于齐侯"。此皆古同、甬可通之证。《毛传》正是以正字释其通假之字,马瑞辰运用声韵转变规律说明《毛传》的释解,抓住了《毛传》注重声训的特点。

《诗》问世之后,字体屡更,加之方言音歧,传写多误,俗学沿讹,于是便如陈启源所说,"古经面目几不可复问"③。从两周到两汉,各家发挥自有所本,而解诗各执一说,尔后古今纷争,各立门户,如同水火。然而,一个基本的事实是,齐、鲁、韩、毛四家诗说,对原本同义异字的诗句因文立训,而卒使歧义丛生。1957年甘肃武威出土的汉简《后氏礼》提到的《诗经》篇名,与《毛诗》不尽相同④。《毛诗》之《周南·葛覃》,汉简作"葛朕",古覃、朕相通,朕假作藤。《毛诗》以覃为葛之蔓延,而《齐诗》以朕为藤,简本取《齐诗》之说。歧义之生,本源于传写时因音择字,而解诗时却随字释义。

---

① 《银雀山简本〈尉缭子〉释文(附校注)》,载《文物》1977年第2期、第3期。
② 《马王堆汉墓出土帛书〈春秋事语〉释文》,载《文物》1977年第1期。
③ 陈启源《毛诗稽古编·附录》,山东友谊书社,1991年。
④ 《武威汉简》,文物出版社,1964年。

就此诗而言,"葛之覃兮,施于中谷,维叶萋萋",《齐诗》以覃为藤,较《毛诗》训覃为延更为明顺。诗先言藤后又言叶,文从字顺,而训覃为延,则显得语意重复。

正因如此,对三百篇文字通假的情况,未始不可于齐、鲁、韩、毛四家彼此同异之间,观其会通,触类引申,举一以反三。对于这一点,清代治《诗》者中今古文并重一派及今文学派,有着明确的论述。阮元《十三经注疏校勘记序》就曾说:"大约毛多古字,韩多今字,有时必互相证而后可以得毛义也。"在《毛诗传笺通释》中,马瑞辰正是充分利用了三家诗佚文,网罗众家,统同辨异,沿流溯源。具体说来,有这样几种情况:

(1)三家诗与《毛诗》字异而义同,以三家诗证《毛诗》。

马瑞辰说"三家诗多以本字易经文",即《毛诗》用通假字,三家诗用本字,通过比较,三家诗正可以使《毛诗》之解更为明晰。如《召南·摽有梅》,摽,《韩诗》作芝,《毛诗》作摽。或有作藨、标、荢者。皆叉之借字。《说文》:"叉　,物落上下相付也……读若《诗》'摽有梅'。"马瑞辰认为《毛传》训摽为落,义与《韩诗》正同。王伯厚难《韩诗》,以为芝为零落,摽为击之使落,为马瑞辰讥为"殊昧于古文通借之义"。

(2)三家诗用本字,《毛诗》用通假字,而《毛传》依通假字说之,马取三家以正《毛传》之误。

以《鄘风·墙有茨》为例。"不可详也",详,《释文》引《韩诗》作扬,扬犹道。马瑞辰谓详即扬之同音通假。《毛传》训详为审,以通假字义解诗。古扬、详同音通用。《武威汉简》諹借作祥。从全诗看,上章言"不可道也",此章言"不可扬也",符合风诗叠咏的特点,因而马瑞辰取《韩诗》说。

(3)三家诗与《毛诗》字同解异,择其善者从之。

如《小雅·十月之交》"四方有羡,我独居忧;民莫不逸,我独不敢休",《传》:"羡,余也。"《文选》李善注引《韩诗薛君章句》:"羡,愿也。"《说文》:"羡,贪欲也。"《广雅》:"羡,顾,欲也。"顾与愿同。《大雅·皇矣》"无然歆羡",歆羡连言。此诗羡与忧相比成文,则愿、羡皆为欣喜之意。马瑞辰因谓《毛传》训羡为余,未若《韩诗》训愿为允。

(4)运用三家诗的材料,作为同音通假规律的例证。

如《大雅·崧高》"四国于蕃,四方于宣",马瑞辰以《毛诗》之《卫风·淇奥》"赫兮咺兮",《韩诗》咺作宣,以证亘古读宣,"四国于宣"即"四国于垣"。"四国于蕃,四方于宣"与《大雅·板》"价人维藩,大师维垣"句法正同。又如《毛诗》之《小雅·小宛》"宛彼鸣鸠,翰飞戾天",马瑞辰以《文选》卷一李善注引《韩诗》作"翰飞厉天",以说明戾即厉之通假。《小雅·四月》"匪鹑匪鸢,翰飞戾天",《大雅·旱麓》"鸢飞戾天,鱼跃于渊"当与此同。

马瑞辰以今文证古文,以求贯通《毛诗》与三家,在古今文之间,拉起一条纽带。这条纽带,便是"古字义生于音"的原则及据此产生的以双声叠韵明其通假的训释方法。

三、横贯多篇以求其章法句法

《诗》多重章叠句。宋人欧阳修等便已注意到诗人变文协韵的用心。而清初抨击宋儒者,如陈启源,以"古人文字简洁,语无虚设"为由,对之讥刺道:"盖文体冗长,莫甚于宋,其释诗亦徒取文义疏达,其中精义奥旨,俱顺口读过,不复寻究,反诋先儒之说为迂,尽扫而弃之,斯亦经学之一厄也"①。为了追寻所谓"精义奥旨",古文学派的学者千方百计地在原来同义或近义的词语中寻缝觅隙,随意发挥,将解诗变成单纯的同义词辨析,而不顾《诗经》章法、句法的特点。

《鲁颂·駉》各章中的"以车彭彭""以车伾伾""以车绎绎""以车祛祛"均是形容车马的壮盛。《毛传》引《周官》"六闲四马"之制,言"诸侯六闲,马四种,有良马,有戎马,有田马,有驽马"。又分别释之:"彭彭,有容也";"伾伾,有力也";"绎绎,善走也";"祛祛,强健也"。孔颖达《正义》变本加厉,增益其说:"首章言良马朝祀所乘,故云彭彭,见其有容也";二章言"戎马齐力尚强,故云伾伾,见其有力也";三章言"田焉田猎齐足尚疾,故云绎绎,见其善走也";卒章言"驽马主给杂使,贵其肥壮"。这样主观地给诗句赋予本身并不具有的含意,使读者如读相马经,马瑞辰通过考释之后,明确指出:"彭彭、绎绎、伾伾、祛祛同为盛耳,《传》分为四义非也。"

王引之在《经义述闻》中曾经指出:"《诗》之用词不嫌于复。夫歌之为言也,长言之也,则一倡三叹而不病其复。"②这是根据对《诗经》众多诗篇的表现手法进行全面分析之后得出的正确结论。作为古代诗歌的选集,

---

① [清]陈启源《毛诗稽古编·附录》,山东友谊书社,1991年。
② [清]王引之撰,虞思徵、马涛、徐炜君校点《经义述闻》,上海古籍出版社,2016年。

《诗经》不同于专门作家的创作,它和音乐密不可分,许多诗篇的用词造句又往往相互模仿,相互利用。合乐诗歌的本身,对于章法、句式、韵律、节奏有一定的要求,这使语言发生紧缩或扩展的"形变"及"位移";出于抒情的需要,又多运用复沓、借代、省略等多种加工语言的手段。如果对《诗经》这些独特的表现方法缺乏认识,也会影响对其章法、句法的理解。马瑞辰在训释中,从众多相类诗句的分析对比出发,注意到《诗经》叠咏、复语、套句、倒文、错综其文等章法、句法的特点,并将其运用到具体诗句的训释中。

所谓叠咏,是指诗中各章不仅句数整齐相对,而且采用将各章类似的词语反复重叠吟咏这样一种形式。这种形式,不仅古代民歌多采用之,现在民歌中亦极常见。山歌互答,俗谣相和,短小的曲调反复吟唱,而歌词作者本非一人,流播之中,日渐增益,各章情义类同而辞句微异。此种形式,适于表现古朴的情感。在两周时代,不仅是民歌,贵族作品亦多如此。王引之首先将叠咏规律用于训释,在《经义述闻》中指出"凡三章同义者,《诗》中往往有之","若斯之类,不可枚举,知类通达,是所望于后之君子焉"。后来闻一多先生在《风诗类抄·序例提纲》中,亦主张对数章语词重叠,只换韵、字者,"则用横贯读法,取各章所换之字合并解释"。马瑞辰在实际训释中,采用的正是这一方法。对前面所举《鲁颂·駉》"以车彭彭"等句,马瑞辰便指出"诗四章文义相仿,并无分四马之义","古人咏叹长言,不嫌词复,说诗者强为分别,转失其本义耳"。

叠咏是指"诗变文以协韵,故数章不嫌同义"的形式,而复语则指成对意义相近、相类、相同的词语的缀连。复语在两周铜器铭文及《尚书》等典籍中均不罕见。这种句式与四言诗的需要十分吻合,可以加强描绘的形象性,加重或强调某种情调,并协调声律,和谐音韵,形成鲜明的节奏。《诗经》中,不仅有两语同义的复语,且有四语同义的复语。如《小雅·信南山》"既优既渥,既沾既足",优、渥、沾、足皆言雨水充沛。亦有三语同义、重其一语以成两句者。如《大雅·江汉》"匪安匪游,匪安匪舒",安、游、舒同意,为了语句整齐的需要重复了"匪安"一语。

马瑞辰在训释中,多次提到"古人用字不嫌词复",并对下面几种情况做了说明:

(1)"诗于一物而异名者每多并举,不嫌其词之复也。"如《小雅·何人斯》"为鬼为蜮",蜮即鬼也。

(2)"二字同义,古人自有复语耳。"如《小雅·巧言》"无拳无勇",拳、勇也。《小雅·十月之交》"无罪无辜",辜亦罪也。

(3)"义相近,不嫌其复。"如前举《小雅·信南山》"既优既渥,既沾既足"。

(4)"诗人语多相类而不嫌其复。"如《小雅·黍苗》"我徒我御,我师我旅",此皆一事而分言之。

对于这类复语,马瑞辰皆从句中寻绎它们意义上的联系,给以比较合理的说明。由于他抓住了这种句式的特点,训释就较前人更为明晰。例如,《大雅·公刘》"止基乃理。爰众爰有。夹其皇涧,遡其过涧"。《郑笺》认为"有"是指"器物有足",以别于"众"之言"夫家人数,日益多矣"。《诗集传》:"有,财足也。"马瑞辰根据自己总结的规律,认为"有"与"众"同义而属复语,皆指来居人数众多而言,并以《小雅·鱼丽》"旨且有"与"旨且多"相对作为旁证。马瑞辰的释解较为明顺,诗中正是描写公刘带领众多的群众定居于水涧山谷的热闹景象,通观全章,与财物无涉。《郑笺》《诗集传》的解说之所以不当,正是因为没有认识复语的特点,而强作分别。

所谓套句,或称习语,是指不同的诗篇中为表达一定的内容和情感而采用的习惯句式而言。套句好比预制的建筑材料,可以用于不同场合,而起某种"结构作用",即引出主要抒情内容,使诗句流利上口。套句的现象,并非仅存于我国古代民歌中,在欧洲许多民族民间口头创作中亦不乏其例。在群众中流传的民歌中,尤其在即兴对歌时,常使用某些长期流传的套句,迅速而方便地引出歌唱者心中想说的话。这种套句的使用,反映了民歌创作相互模仿、相互启发、相互利用的特点。《诗经》中不仅十五国风,在表现贵族祭祀、宴饮、酬答天子赏赐等内容的诗篇中也有套句,这种套句则往往是颂赞之词。马瑞辰虽然没有从理论上对套句产生的原因做出解释,但他注意到"诗人句法相类者,大半同义",在解释诗句时,往往将《诗经》中句法相类的句子收集在一起,加以对比,找出用词的某些惯例。

例如:《小雅·大东》"无浸获薪"。《毛传》"获,艾也"。《郑笺》:"获,落木名也。"马瑞辰将《诗经》中以薪为宾语的诗句汇集起来:《邶风·凯风》:"吹彼棘薪。"《豳风·东山》:"烝在栗薪。"《小雅·卓牵》:"析在柞薪。"《小雅·白华》:"樵彼桑薪。"马瑞辰归纳上述套句的特点:"凡言薪者,多兼木名。"进而得出结论:"故《笺》知经文获为檴之假借。"

又如,《小雅·信南山》"信彼南山",《郑笺》:"信乎,彼南山之野。"训信为相信、诚信之信,难通。马瑞辰对比了《诗经》中同类套句:《小雅·节南山》："节彼南山。"《小雅·甫田》："倬彼甫田。"据而纠正了《郑笺》的说法，认为"节、倬皆为貌，则信亦南山貌也。古伸字借作信……伸、信训长"，"信为南山之野长远貌"。

《诗经》中，重叠反复之句，还往往采用所谓"倒文"，即颠倒词序的形式。如《大雅·常武》："徐方绎绎，震惊徐方，如雷如霆，徐方震惊。"又如《小雅·六月》："维此六月，既成我服，我服既成，于三十里。"《大雅·崧高》中也有类似的例子："于邑于谢，南国是式……王命中伯，式是南邦。"诗中反复咏叹，起着强调、加重的作用。在三百篇中，语序的变化往往采用十分灵巧的方式。马瑞辰在训释中，注意到诗中出现的倒文，包括以下几种情况：

（1）属对。对偶的形式便于吟诵歌唱，使诗句节奏鲜明，且造成一种相映成趣的情味和谨严的结构。诗人为了取得对偶的效果，时将并不相对的内容以相对的句式写出。马瑞辰分析诗句时，能看到对句之间的"同中之异"。《大雅·大明》"缵女维莘，长子维行"，马瑞辰谓缵当孈之借字。《说文》："孈，白好也。"孈女，犹言淑女、硕女、静女，"缵女维莘"，意为"莘国有好女"，诗中倒其文，以与下句"长子维行"相属对，以取相同句法。

（2）协韵。为协调声律而改变词序。如《卫风·伯兮》："其雨其雨，杲杲出日。愿言思伯，甘心首疾。"马瑞辰认为，甘心首疾与痛心疾首正相类，皆为对举之词，诗不言疾首而言首疾者，倒文以与日为韵。这里为了协调声律，打破了原来对举的结构。

（3）换位。如《齐风·鸡鸣》"无庶予子憎"，马瑞辰据《尔雅》"庶，幸也"，及《大雅·抑》"庶无大悔"《毛传》"庶，幸也"，说明"无庶"即"庶无"之倒文，犹"遐不"亦作"不遐"，"尚不"亦作"不尚"。这种情况是词与词结合并不紧密，换位之后意义不变。

（4）强调。为了在意念上突出重点，给人以强烈的感受，诗中常变换语序。《商颂·长发》"帝命不违"，马瑞辰认为即是"不违帝命"的倒文。这类倒文，往往也是为了更适合协律歌唱。倒文之后，还可使人产生某种庄重感和新鲜感。

马瑞辰不仅注意到语序问题，而且对《诗》中错综其文的现象也有所说明。他说："诗固有错综其文者。"诗人在变化中求得整齐，也在整齐中追求变化，以给人协调而不乏味的语感。马瑞辰通过对"之""者"用法的归纳，证明它们可以互相代换：

《小雅·杕杜》:"有杕之杜。"
《小雅·頍弁》:"有頍者弁。"
《小雅·菀柳》:"有菀者柳。"
《大雅·卷阿》:"有卷者阿。"

在需要叠用时,诗人便错综其文。如《小雅·何草不黄》:"有芃者狐,率彼幽草。有栈之车,行彼周道。"又如《小雅·都人士》有用"而""如"错综其文者:"彼都人士,垂带而厉。彼君子女,卷发如虿"再如《小雅·采绿》有用"之""其"错综其文者:"之子于狩,言韔其弓。之子于钓,言纶之绳。"

马瑞辰将这种错综为文的现象,看成诗人"立言之妙",他批判了汪龙(字辰叔,乾嘉时人,撰《毛诗异义》四卷,《毛诗申成》七卷)否定通用之词上下异文的说法。汪龙正是没有注意到诗人追求辞采变化的用心,所以认为异文必定异解,否则"何必上下异文",这里也说明,如果对于诗句作为文学语言的特点缺乏认识的话,要想正确说明它的句法是困难的。

正是这样,马瑞辰从《诗经》全书出发,将具体的诗句置于《诗经》这统一的整体中去认识,参之以《诗经》本身具有的叠咏、复语、套句、倒文、错综其文等方面的特征,验之以古代文献资料,严谨地加以考辨,这比起将诗句"隔离"的训释法来说,是大大前进了一步。

四、以辞采逆其情意

刘勰在《文心雕龙·宗经》中曾经指出:"义既极于性情,辞亦匠于文理。"在《情采》中又把文章中的情意和辞采,比做一经一纬,认为"经正而后纬成,理定而后辞畅"。这些精辟的论述,对于我们认识情意和辞采的关系十分有益。我们分析和理解作品,亦必须抓住辞采的特点,以领略作者的情意。

清代经学家在从文学角度上研究《诗经》方面成绩甚微,他们的功绩多表现在字、句的考释上。为了透过诗化的语言去体味诗人表达的思想感情,释诗者必须努力正确地认识诗人反映的社会生活,熟悉诗歌这一体裁抒发情感的特性。这恰恰是经学家治《诗经》之短。马瑞辰在训释《诗经》时,比另外某些考据学家对此注意得稍多一点,便显得思路开阔灵活得多。

首先,马瑞辰注意到了诗歌结构上的跳跃性。诗歌形象的集中凝练,诗人创作时的浮想联翩,决定了其结构急骤变化和跳跃的特点。作者内在的思想情感像一条无形纽带,系联着似断实贯的诗句、诗章。马瑞辰有时尚能从跳跃着的诗句中摸到诗歌作者感情发展的脉搏。以《大雅·大明》为例,诗中这样描写武王伐纣的情景:"殷商之旅,其会如林。矢于牧野,维予侯兴。上帝临女,无贰尔心。"首先遇到的是"其会如林"句的解释。《毛传》:"如林,言众而不为用也。"《郑笺》:"殷盛合其兵聚。"朱熹《诗集传》:"言武王伐纣之时,纣众会集如林以拒武王。"三说皆以"如林"指纣众会集言。马瑞辰分析了《说文》"旝"字注及马融《广成颂》注,谓"会"为"旝"之借字,训"会"为旌旗,纠正了毛、郑、朱之说。"其会如林"生动地描绘了战场上旌旗林立的景象,预示着一场鏖战即将来临。"其会如林"是形象的诗的语言,读到这里我们眼前便展现出一片飞动的旗林。河北中山王墓一号墓妾子蚉壶铭文这样描写中山王室狩猎的情景:"茅蒐狉(畋)猎,于皮(彼)新杢(土)。其逾女林,驭右和同。四駐(牡)滂滂,以取鲜(犒),繢祀先王。"①铭文中"其逾女林"及"四牡滂滂"皆出自《诗经》。"其逾女林"即"其会如林"。细绎铭文,再来体会"其会如林"的意境,我们便会进一步体会到马瑞辰的训释是完全正确的。铭文描写田猎时旌旗翻飞、骏马奔驰的壮观画面,与《大雅·大明》激战前夕的描绘,颇有相似之处。马瑞辰正是在认真考辨之中想象诗句描绘的形象画面,才得出了符合诗意的判断。对于后四句,《毛传》云:"矢,陈;兴,起也。言天下之望周也。"《郑笺》云:"殷盛合其兵众,陈于商郊之牧野,而天乃予诸侯有德者当起为天子,言天去纣,周师胜也。"《传》《笺》皆承上殷商之旅而言,几经转折,终未使诗意连贯。马瑞辰训矢为誓,谓周王誓师于牧野,连下"维予侯兴"三句言。三句皆为誓词,这与《鲁颂·閟宫》"无贰无虞,上帝临女"引誓词入诗同。此乃化散句为诗,语义明晰,连接自然,而前两句言"殷商之旅,其会如林",此四句忽言周人誓师,其间有一个"跳跃"。马瑞辰认识到诗歌省略说明、过渡、衔接,语句的跳跃性特点,通过体会作品内在情感来了解诗句与诗句的联系,训释也就较为合情合理。

其次,马瑞辰对于诗歌的抒情性,亦有所留意。他在通释中能将诗句放在全诗的整体中,揣摩作者的情感,体会其"立言之妙"。例如,《陈风·株林》:"胡为乎株林,从夏南?匪适株林从夏南。"马瑞辰说:"不言夏姬言

---

① 朱德熙、裘锡圭《平山中山墓铜器铭文的初步研究》,载《文物》1979年第1期。

夏南者,上二句诗人故设为问辞,若不知其淫于夏姬者,以为从夏南游耳。下二句当连读,谓其非适株林从夏南也,言外见其实淫于夏姬,此诗人立言之妙。《郑笺》以为抵拒之辞,失之。"经马瑞辰这样一点,原诗顿生活气,给人以声口毕肖之感。

"文辞所被,夸饰恒存。"《诗经》"言峻则嵩高极天,论狭则河不容舠,说多则子孙千亿,称少则民靡孑遗"①。巧妙的夸张,是抒发诗人强烈的情感的需要,诗人的夸张,带有浓烈的感情色彩。然而,这些夸饰之辞到了某些经学家手中,考之以经史,证之以典章,便成了账簿上的记录。《大雅·思齐》:"则百斯男。"《毛传》:"大姒十子,众妾则宜百子也。《小雅·采薇》:"岂敢定居,一日三捷。"《郑笺》:"往则一月之中三有胜功,谓侵也,伐也,战也。"《传》《笺》将诗句中的数字一一落在实处,使诗味淡薄,索然无趣。对第一例,马瑞辰指出:"百男特颂祷之词,犹《假乐》'子孙千亿'耳。《传》谓聚众则宜百子,失之。"对第二例,马瑞辰指出:"古者言数之多,每曰三与九……此诗一月三捷,特冀其屡有战功,亦三锡、三接之类。"

第三,对于诗歌语言的形象性,马瑞辰时有涉及。《诗经》善用比喻,"金锡以喻明德,珪璋以譬秀民,螟蛉以类教诲,蜩螗以写号呼,浣衣以拟心忧,席卷以方志固"②。比喻丰富而动人。马瑞辰对诗中的比喻时有概括,例如,他说:"古人言忧心之甚,每比诸火之炎上。"其证如下:

　　《小雅·节南山》:"忧心如惔。"
　　《小雅·采薇》:"忧心烈烈。"
　　《小雅·頍弁》:"忧心奕奕。"
　　《小雅·頍弁》:"忧心怲怲。"
　　《小雅·无将大车》:"不出于熲。"

《诗经》中已经出现了博喻的写法,即用一连串的比喻,反复描绘某一形象。某些经学家往往不知博喻之妙,好将其割裂拆断,强增其义,诗情遂失。《小雅·天保》:"如月之恒,如日之升,如南山之寿,不骞不崩,如松柏之茂,无不尔或承。"连用四个比喻,形容福之久长昌茂。《郑笺》只讲"如

---

① 刘勰著、范文澜注《文心雕龙注·夸饰》,人民文学出版社,1978年,第608页。
② 刘勰著、范文澜注《文心雕龙注·比兴》,第601页。

松柏之枝叶常茂盛,青青相承,无衰落也"。将"无不尔或承"与前三个比喻拆散。而马瑞辰指出,月、日、南山、松柏之喻,与此诗第三章"如山如阜,如冈如陵,如川之方至,以莫不增"同属比喻。可见,马瑞辰对全诗统一的意境是有所体会的。

马瑞辰对诗歌的跳跃性、抒情性、形象性的认识,证明他在一定程度上注意到《诗经》的文学特性,这使他能够在训释中摆脱某些经学家固有的偏见,提出一些可信的新说。

以上我们从四个方面对《毛诗传笺通释》训释的方法作了简要的论述。必须说明的是,马瑞辰并不是将这些方法各自孤立起来运用的。那些比较正确的说解,总是不仅从古音、古义方面能够加以说明,而且符合诗歌结构。语言和艺术形式方面的规律,反映了形象思维的特点。他注意到《诗经》叠咏、复语、套句不嫌词复的现象,但并不将此作为探索语义的唯一根据,往往要辅之以三家或其他典籍、铭文作为论据。马瑞辰训释《诗经》的方法,启发我们将古代历史、古代民俗学、古代语言文字学和古代文学的研究熔为一炉,以对《诗经》进行全面的探索。至于书中的封建糟粕、唯心主义说教以及旧训诂学带来的种种谬误,还需专门讨论,本文便不再赘述了。

马瑞辰《毛诗传笺通释》的成就与不足*

清代嘉庆、道光年间皖派学者胡承珙、陈奂、马瑞辰都是终生从事《诗经》研究的经学家。胡承珙所著《毛诗后笺》网罗众说，撷取所长，陈奂所著《诗毛氏传笺》舍《郑笺》而专疏《毛传》。这两部著作，继承和利用了乾嘉学派在文字、音韵、训诂方面的研究成果，进而对清代古文学派的《诗经》研究作了全面总结。继之而行世的马瑞辰的《毛诗传笺通释》则兼取毛郑，多所发明，又以"笃守家法，义据通深"②著称。自此以后，胡、陈、马三家之书遂为治毛诗者所推许。

马瑞辰《毛诗传笺通释》以通释《毛传》《郑笺》，力纠孔氏《正义》之失为宗旨。作为清代《诗经》研究古今文并重一派的代表作，它具有与陈奂的《毛诗传疏》颇为不同的特点。马瑞辰接受了王念孙"孰（熟）于汉学之门户，而不囿于汉学之藩篱"的思想，研究了清代数十家有关《诗经》的著述，将乾嘉学派在语言文字学方面积累的经验和成果，具体运用于《诗经》的考辨和训释之中。不仅仅如此，他还能统摄全书，寻绎诗意，注意到《诗经》作为诗歌艺术的某些特点，敢于破除旧说，创立新解。在利用研究材料方面，他已注意到引金文以证诗，这给后世研究者们以很大启发。从某种意义上说，《毛诗传笺通释》在今天仍不失为《诗经》研究者必读的一部参考书。

一

清代在整个《诗经》研究史上是个有突出贡献的时代。纵观近300年间，古文学派崇许、郑，尊小序而菲薄程朱，多致力于名物训诂的考订，崛起于顺、康、雍三朝，鼎盛于乾、嘉、道年间；今文学派攻击《毛传》《诗序》，而专主鲁、齐、韩三家，致力于微言大义的发挥，在道、咸、同、光四朝占据着经学舞台。而古今文并重一派，则是主毛郑而不废三家，尊小序而兼采《集传》，以名物训诂考订为主，又不鄙弃微言大义的阐发，活跃于今文学派和

---

* 原载《天津师大学报》1985年增刊。
② 《清史稿·列传二百六十九·儒林三》，中华书局，1997。

古文学派交替的嘉庆、道光年间。马瑞辰《诗经》研究的主要活动,正是在这一时期。

马瑞辰《毛诗传笺通释》一方面吸收了乾嘉训诂考据之学的丰富成果,一方面又受到当时正在兴起的今文"诗经学"的冲击。古文学的影响使它注重文字考辨、名物训诂,具有论断谨严,实事求是之长;今文经学的冲击,又使它无力固守毛公一家的阵地,逐渐将目光转向三家。

《毛诗传笺通释》古今文并重的特点可以从下面三个方面来加以说明:

(1) 马瑞辰的研究范围,并不局限于毛传。他专门写了《鲁诗无传辨》,纠正了唐人颜师古因《汉书·儒林传》字有讹误而产生的鲁诗无传的说法。他认为,"三家诗传释,音同而字异,遂各据其字以释之"(《见大雅·云汉》释解),是三家诗与毛诗训解多异的直接原因。在《毛诗古文多假借》一文中,他特别强调三家诗在考辨毛诗假借字①方面的作用:

> 毛诗多古文,其经字类多假借。《毛传》释诗有知其为某字之假借,因以所假借之正字释之者,有不以正字释之,而即以所释正字之义释之者。说诗者必先通其假借,而经义始明。齐、鲁、韩用今文,其经文多用正字,经传引诗、释诗,亦多用正字者,正可藉以考证《毛诗》之假借。②

马瑞辰充分利用乾嘉以来三家诗辑佚之学的收获,以三家异文作为考证毛诗假借字的重要依据,甚而多处非议《毛传》,直斥"《毛传》特望文生义",而舍毛用三家之说。显然,这与陈奂所言"齐、鲁、韩可废,毛不可废"③的看法不同。

(2) 在对待《郑笺》的看法上,正统的古文学家针对当时将毛、郑两家合为一家之弊,强调两家之异,说"毛古文,郑用三家从今文,于以知毛与郑固不同术也"④。马瑞辰对《郑笺》兼用韩、鲁以补毛的问题作了专门研究,

---

① 清人一些著作中谈到的假借字,一般指通假字而言,但有的其实属古今字,异体字等。下面引述马瑞辰有关论述时不再加以说明。
② [清]马瑞辰撰,陈金生点校《毛诗传笺通释》,中华书局,1989年,第23页。
③ [清]陈奂《诗毛氏传疏·叙录》,中国书店,1984年,第一册。
④ 陈研《郑氏笺考征》,上海古籍出版社,1996年。

写出了《郑笺多本韩诗考》，同时又针对扬毛抑郑之说，强调郑康成大旨"本以述毛"，认为"其笺诗改读，非易《毛传》"。可见，马瑞辰不同意对《郑笺》采取一概摒弃的做法。而接受了阮元"毛郑之于诗其用意同也"①的观点，马瑞辰写出了《诗谱次序考》，认为毛诗次序当以郑玄《诗谱》为正。又写出了《诗谱逸文考》，考辨诸书中今本《诗谱》未载之逸文。在这一方面，他的认识颇接近于朱珔等调和毛郑一派的看法。

（3）在对待诗序和宋学的态度上，马瑞辰与死死抓住汉学"不容一语之出入"（《四库全书总目提要》）的陈启源等微异。马瑞辰遵从小序，但并不把它当作不容置喙的绝对正确的论断。如对于《邶风·雄雉》一诗，他以己意揣摩诗义，认为"序云刺宣公，盖推其兆乱之由，非诗词所及"。在训释中，他时而引述朱熹之说。在他为胡承珙《毛诗后笺》所写的序中，赞扬胡书"于唐宋诸儒之说，有与毛传相发明者，无不广征引"。可知他于唐、宋、元诸儒诗说，亦未持全盘否定的态度。

马瑞辰在《毛诗传笺通释》中，引用王引之《经义述闻》对诗句的说解达百条以上，足见对王氏父子的敬重。他对《传》《序》《笺》三家及宋儒之说的态度，可以说与王氏父子的影响分不开。正因为他认为传意不尽合于诗义，必须杂采众家，参以己意，才可得其确解，因而他在书中多处对《毛传》提出异议，这和王念孙的主张完全一致。王引之《经义述闻序》中引用王念孙的话说：

  说经者期得经意而已。前人传注不皆合于经，则择其合经者从之。其皆不合，则以己意逆经意，而参之他经，证以成训，虽别为之说，亦无不可。

王念孙治经，"诸说并列，则求其是，字有假借，则改其读"，说诗多有与《毛传》迥异之说。王念孙曾批评过《毛传》"缘词生训"。王氏父子从《诗经》篇章结构、用语特点的分析中，从相同句法的对照中，咀嚼领会词义，若韩说更符合诗义，便弃毛而从韩，直谓"韩诗说是也"。马瑞辰不仅引述了《经义述闻》《经传释词》中有关《诗经》的绝大多数条目，多数表示赞同，而且将王氏对某些字意的解释作为成训，加以推广。特别是马氏采

---

① ［清］阮元校刻《十三经注疏》上，中华书局，1980年，第266页。

用的一套研究方法，基本上是王氏父子作法的继续和扩展，的确体现了"孰（熟）于汉学之门户，而不囿于汉学之藩篱"的精神。

总之，作为古今文并重一派的代表作，《毛诗传笺通释》虽以申述毛意为主，但并不在传意与诗意之间画等号。除了分析传意外，马瑞辰还主张以独立思考的精神，于《毛传》之外探寻，另创新说以阐明诗意。这种不墨守一家的态度，是他能够注意到《诗经》作为韵文艺术的某些特点的一个重要因素。

从《诗经》被奉为儒家经典起，便被当作训诫下民、讽谏上官的政治教科书来看待，然而它毕竟是一部诗歌集，有着不同于哲学论文和史籍文诰的独特表现手法和语言特点。正如闻一多先生所说："训诂学不是诗。"这不仅是说文字训诂不能代替文学的研究，而且同样意味着诗的训诂不能脱离它作为形象的抒情艺术的特点。如果不是把《诗经》确实当作文学来看待，而完全抛开它的抒情性、跳跃性、音乐性、形象性，便难以真正领略其情感，探索其义旨。清代朴学大师多专治名物训诂而对诗三百以经视之，因而对于古人为文之用意，往往不能识得真谛。马瑞辰以《诗》《序》《传》《笺》《正义》为研究对象，以古音古义正其疏误，以双声叠韵明其通假，以全书求诗章法句法。尽管他未能完全免除朴学家治诗的弊病，但那些比较正确的说解，总是不仅从古音、古义方面能够加以说明，而且符合诗歌结构、语言和艺术形式方面的规律，反映了形象思维的特点。他往往以三家或其他典籍、铭文作为论据，又注意到《诗经》叠咏、复语、套句不嫌词复的现象，考虑到那个时代诗歌修辞的特点。马瑞辰训释《诗经》的方法，启发我们将古代历史、古代民俗学、古代语言文字学和古代文学的研究熔为一炉，来对《诗经》进行全面探索。

二

作为古今文并重一派研究《诗经》的代表作，《毛诗传笺通释》有许多地方值得借鉴。然而，它并没有完成全部通读《诗经》的任务。这个任务，不仅马瑞辰当时不可能胜任，而且以后的清代学者也远远未能完成。

不言而喻，对具体诗篇和诗句的训释，必受对整部作品理解的制约。马瑞辰生活的时代，大清帝国日益衰败，内外矛盾逐步激化，而作为效忠于大清王朝的翰林院庶吉士和工部都水司员外郎，他不可能为统治者提供什么新的有力的思想武器,没有像同时代的魏源、龚自珍那样,以极其粗浅的"西学"知识与清初所谓"经世之学"相结合,进行新的探索,而是醉心于整顿、清扫旧的儒家诗教的武库,力图使之继续发挥"为治国者鉴"的功能。

马瑞辰所写的《十五国风次序论》,力图表明十五国风的编次本身便带有强烈的政教色彩,他试图证明,十五国风的次序是由编选者演示盛衰兴废的儒家教化意图决定的。这充分反映了他将《诗经》当作谏书、诫书和儒学教科书的总认识。

马瑞辰强化诗教的倾向,同样表现在《风雅正变说》一文中。所谓风雅正变,出自《大序》"至于王道衰,礼义废,政教失,国异政,家殊俗,而变风、变雅作矣。"马瑞辰从强调诗的讽谏作用出发,对郑康成突出政变与时代关系的说法加以修补,而提出"风雅之正变,惟以政教之得失为分,政教诚失,虽作于盛时非正也;政教诚得,虽作于衰时非变也"。简言之,诗之美之者为正,刺之者为变,诗人便是社会政治现实最公正、最严厉的体现者。

这种说法,表面上克服了郑说与诗的内容之间的矛盾,将问题简单化,使正变与美刺完全统一起来了。它完全排斥了宋人力求从音乐的角度来解释正变的企图,是与新形势下统治阶级对诗教的需要一致的。

马瑞辰力图为《国风》勾勒一个完整的讽谏体系。在他心目中,每一国之风都围绕一个主题,《王风》的主题是进贤,《齐风》的主题是礼义,《魏风》的主题是俭勤而有礼,《陈风》的主题是刺上之好巫,等等。以《陈风》为例,象《月出》《泽陂》这样的爱情诗,也都被视为刺巫的作品。依马瑞辰之说,《陈风》是刺上好巫的谏书。整部《国风》是由刺巫、刺不用贤等篇章构成的大谏书,"以治国者鉴","读诗者可以观世变矣"。马瑞辰一再发出这样的呼吁,表现了一个封建末世的不佞之臣的苦心。

如果我们将这些看法与魏源几乎在同一时期写成的《诗古微》稍加比较的话,便可以看出,马瑞辰的看法在当时便属陈腐之见。魏源在书中的《齐鲁韩毛异同论》中曾经指出:"作诗者自道其情,情达而止,不计闻者之如何也。即事而咏不求致此者之何自也。讽上而作,但蕲上寤不为他人之劝惩也。"针对毛诗美刺之说,更为痛快淋漓地指出:"诗以言志,百世同揆,岂有欢愉哀乐专为无病代呻者耶?"魏源之说,颇有见地,使古经顿生活气,而马瑞辰强化诗教的种种说法,却使活泼的诗句变得僵死。正因为传统的儒教思想的束缚,马瑞辰对整篇诗的理解几乎没有什么突破。尽管他对字意的考释、句法的分析力图做到"实事求是",但对全篇的释解多因袭前说,其求实精神便不可能彻底。可以说,因袭诗序和迷信诗教,是横在马瑞辰前面使之无法根本上接近诗意的第一道高墙。

马瑞辰对比兴的说解,也是典型的学究式的。他所阐述的"因物托兴",就是将草木说成儒教概念的隐语。例如《召南·行露》与《郑风·野有蔓草》同是以露起兴,因为《召南》为正风,《郑风》素有淫声之名,马瑞辰便认为《野有蔓草》以零露为幸,《行露》以零露为畏,可以见"风俗贞淫"之异。幸露为好淫,畏露为贞洁,露被看成"色"之隐语。马瑞辰对兴意的说明,有时与《毛传》《郑笺》不尽相同,其差别仅在于他们对起兴事物所抓特征不同,因而所引申出的含意不同,或虽所抓特征基本一致而引申角度、对与下文关系的理解不同,但有一点却是共同的,那就是脱离《诗经》时代比兴的具体特点,曲解诗歌与生活的关系。这一点恰恰是阻止他接近诗意的第二道高墙。

横在马瑞辰面前的还有第三道高墙,即旧训诂学弊病的限制。清代乾嘉学派语言、文字、训诂之学确有一巨大发展。马瑞辰对其成果的研究亦堪称精深。然而,当时学者所见两周语言文字资料,以先秦经典为主,甲骨、铭文研究成就尚微,研究方法依然是同类对比,综合归纳,以经证经,以史证经。西方语言学理论、文学理论尚未大量介绍过来,对于语义的扩大、缩小、转移、忌讳等现象,还不能做出透彻的解释。马瑞辰对于诗的抒情性、跳跃性、音乐性、形象性虽有所注意,但认识十分朦胧,他依据对叠咏、复语、套句的理解训释某些诗句,颇多创见,但文字资料的限制亦使其时有知其然不知其所以然之处,因而为我们留下为数众多的疑点。《毛诗传笺通释》行世,学人瞩目,对其谬误之处多有辨证,然而,亦存在实本谬说,或仍未为人留意,或仍为人作为笃论加以引述的情况。今举数例,略加说明。

一、"义同字变"非为并韵

马瑞辰著有《诗人义同字变例》一文,其说源于阮元《进退维谷解》。阮元说:

> 毛诗《大雅·桑柔》曰:"朋友已谮,不胥以穀,人亦有言,进退维谷。"《传》《笺》皆为训谷为穷。考谷无穷训,此望文生义也。案谷乃穀之假借字,本字为穀。进退维穀,穀,善也,此乃古语,诗人用之,近

在"不胥以榖"之下。嫌其二榖相并为韵,即改一假借之谷字当之,此诗人义同字变之例也。

马瑞辰据阮氏之说,考之三百篇,引申触类;采用并韵改字说来说明诗中用字者达 14 条之多。而分析这 14 个例证,可以看出,这里存在着几种不同情况。第一种情况,两字并韵而非同义,这可以"进退维谷"一例说明。

阮元训谷为榖的依据,一见于《晏子春秋》,一见于《韩诗外传》,他寻绎两书引诗之义,谓其"皆取两难善全之事而处之皆善","叹其善非嗟其穷也"。然而,春秋时赋诗言志,断章取义,并不尽合于诗之原意。而况仅以此二例比较,只可推测词义大致范围,似难定其为确解。古谷、浴、俗、欲、裕通,谷可假为裕,裕有敬重顺从的意思,通欲。《札记·祭义》:"其荐之也敬以欲",注:"欲,婉顺貌。"《何尊》:"叀王龏(恭)德谷(裕)天",唐兰、马承源皆训为裕,《小雅·角弓》:"此令兄弟,绰绰有裕;不令兄弟,交相为瘉",裕亦当指敬顺。进退维谷即进退维裕,诗中乃引用"进退维谷"的常言谴责和反衬谮害朋友的行为。由此可见,"谷"并不属与榖义同而字变。

第二种情况是:字非因并韵而改,例如,《大雅·抑》:"四方其训之。"马瑞辰谓训即顺之假借,"盖因下言'四国顺之',上乃假训为顺耳。"而实际上,顺、训古通用,"训"非因下有"四国顺之"一句而改,这可以《周颂·烈文》为例:

念兹戎功,　　继序其皇之。
无竞维人,　　四方其训之。
不显维德,　　百辟其刑之。

在"四方其训之"之前后,均未有同字相并为韵,诗中仍用"四方其训之"。

我们还应看到,《诗经》中同字相并为韵的情况不少,并没有因此改字。例如《小雅·正月》:

忧心惸惸,　　念我无禄。

民之无辜，　　　　　并其臣仆。
哀我人斯，　　　　　于何从禄。

"念我无禄"与"于何从禄"即属马瑞辰所言二同字相并为韵的情况，若存在改字之说，当有一字改作"履"。这种相并不改字的情况，在《小雅·十月之交》《小雅·巧言》《大雅·常发》中都可见到。

在《毛诗》中，正字与假借字、古今字、异体字并出。《大雅·民劳》"柔远能迩"，《大雅·崧高》"揉此万邦"，"柔""揉"同用。《小雅·节南山》"赫赫师尹,民其尔瞻"，《鲁颂·閟宫》"泰山岩岩,鲁邦所詹"，"詹""瞻"同用。《商颂·那》"嘒嘒管声"，《周颂·执竞》"磬筦将将"，"筦""管"并用。《大雅·瞻卬》"降此大厉"，《小雅·节南山》"降此大戾"，厉戾并用。《陈风·衡门》"泌之洋洋,可以乐饥"，《大雅·板》："多将熇熇,不可救药"，"乐""药"同用。《大雅·瞻卬》"瞻卬昊天"，《小雅·车舝》"高山仰止，""卬""仰"同用。一字而写法有异，正是《诗经》长期流传，辗转传抄，字体屡变的遗迹。

从上面的分析不难看出，《诗经》不避同字为韵，马瑞辰以阮元"诗人义同字变"来解释某些假借字、异体字，将其归结为回避相并为韵的需要，缺乏充分依据，非确凿可信之说。

二、肢解连语　训释欠当

王国维《与友人论诗书中成语书》谈道："古人颇用成语，其成语之意义与其中单语分别之意义又不同。"对于这类"成语"，"若但合其中之单语解之，未有不龃龉者"①。王国维称为成语者，学人亦有称连语、熟语者，为不与通行之成语、熟语相混，似称为连语为当。对于这类连语，当根据丰富的古代文字资料，比较而求其相沿的意义。马瑞辰对商周铭文重视的程度和运用它们的自觉性，还十分有限，而当时这方面的研究还很薄弱，因而，他多有将连语分解作单语释解的情况，遂使全诗难以贯通。

例如：《大雅·云汉》："旱既大甚,黾勉畏去。"《郑笺》："黾勉,急祷请也,欲使所尤畏者去,所尤畏者魃也。"马瑞辰以《笺》说为非，引《广雅·释

---

① 王国维《观堂集林》卷二，商务印书馆，1940年。

诂》"畏,恶也",认为"畏去谓苦此旱而恶去之也"。将畏、去分释,其说难通。至于省吾《泽螺居诗经新证》以"畏去"为古人连语,其义方通。"畏去"应读为畏卻,卻俗作却。《荀子·正论》:"捶笞膑脚",注:"脚"古脚字,去之作"卻",犹脚之作"腳"。《秦策》,"怒战慄而卻,注:卻,退也。"①马王堆汉墓帛书《战国纵横家书》"䚷"借作"却"。《云梦秦简》借"卻"为"脚",《武威汉简》却借作绺,是去、谷同音通用之证。虔敬畏谨是周彝中传统的道德思想。《叔夷钟》,"小心畏忌",《王孙遗诸钟》:"䵺娑"与此"畏去"意实近。"亹勉畏去"言亹勉从事而又敬畏恭谨,下接言"胡宁瘨我以旱,憯不知其故",一气贯通。

王国维认为,这种有相沿之意义的词,可由诗书本文比较知之,不经见于本书而旁见彝器者,亦得比较知其意义。今天,我们所见的铭文、简书、帛书较马瑞辰当时所见丰富得多,这可以使我们的眼界大为开阔,从而纠正马瑞辰在连语训释方面的某些谬误。

三、其意不明　强为之说

由于文字资料的限制,对于不详其意的词语采取"盖付阙如"的做法,是科学的态度,在获得充实的材料之后,疑团便易解开。如仅凭臆测,便难免产生穿凿附会之弊。马瑞辰虽力求考校精核,但仍有因言之无据而使诗句索然无味之处。

例如,《大雅·公刘》:"笃公刘,既溥既长,既景廼冈,相其阴阳,观其流泉,其军三单。"对于"其军三单"一句,马瑞辰引《逸周书·大明武篇》:"隳城湮溪,老弱单处。"以为单即单处之谓,其军三单是承上相其阴阳、观其流泉言之,意思是分其军或居山之阴,或居山之阳,或居流泉之旁,故为三。马瑞辰还解释说,公刘迁豳之始,无城郭保障之固,故谓其军为三单。

古单、战通。马王堆出土帛书《经法》战皆作单。临沂银雀山汉墓出土《孙膑兵法·略甲》:"欲单若狂",即"欲战若狂"。《老子乙本释文》"不单而善朕(胜),不言而善应,弗召而自来",单通战。《齐策》《左传》《公羊传》皆有三战之说,三战即屡战。《史记·周本纪》言公刘创业艰辛,诗人则以三战咏颂公刘之武功,非如马瑞辰推测之说。

---

① 于省吾《泽螺居诗经新证》,中华书局,1982年,第70页。

由于缺乏充分的文字资料作为依据，马瑞辰将某些不明其意的词语训作语词，其中便包括了一些实词。例如"薄伐"一词，马瑞辰训薄为语词。薄伐，《虢季子白盘》作"搏伐"，《兮甲盘》作"膊伐"，《宗周钟》作"敠伐"。搏、膊、敠、薄通，乃古人连语。"薄伐西戎"（《小雅·出车》）与"征伐猃狁"（《小雅·采薇》）同一句法。显然，训薄为语词是不当的。

四、例证不足　训释有误

马瑞辰采用以声求训的方法，破其假借之字，批隙导窾，解难析疑，释通一批难句。然在众多以双声、叠韵为据的训解中，亦有一些与诗意不尽相符的论断。甲乙两字音同、音近固然可通，但甲却未必定是乙之借字。验之以诗并提供大量例证，是说明诗中假借字必不可少的步骤。《毛诗传笺通释》前半部较后半部精细，马瑞辰论断较慎重，然亦有一些训释没有提供充分的例证，因而似是而非。

例如：《小雅·小明》："岂不怀归，畏此罪罟。"《毛传》："罟，网也。"《郑笺》："怀，思也。我诚思归，畏此刑罪罗网，我故不敢归尔。"马瑞辰谓"畏此罪罟"与下章"畏此谴怒""畏此反覆"语同，罪罟二字平列，而不当从《郑笺》训罪罟为刑罪罗网，其说甚确。然马氏谓罪罟犹为网罟，仅据《说文》："罪，捕鱼竹网""罟，网也"为言，仍与谴怒、反覆意不相类，缺乏充分例证，似不可从。

《诗》中尚有两处使用罪罟一词：

《大雅·瞻卬》："罪罟不收，靡有夷瘳。"

《大雅·召旻》："天降罪罟，蟊贼内讧。"

今人高亨《诗经今注》释罪罟一词两解：于《小明》从马氏，谓指统治者的法网；于《瞻卬》《召旻》则从林义光《诗经通解》，谓"罟，读为辜"。按此词一义，不当分训。寻绎诗义，罪罟即罪辜。从《大雅·瞻卬》"罪罟不收，靡有夷瘳"接言"此宜无罪，女反收之，彼宜有罪，女覆说之"是其证。

罪罟乃连语，其间联系不甚紧密，常分开构成复语。《盟盨》"有罪有故"，《小雅·巧言》"无罪无辜"，《小雅·十月之交》"无罪无辜"皆分用构成复语之例。在《诗经》中叠意连语分而构成复语的用法，不乏其例。据此，谓罪罟即罪辜，似较马说为通。

从近年考古发现看，《毛诗传笺通释》中关于名物、宫室、典章等方面的说解亦多有凭臆悬断者,纰缪之处,此不具论。

以上我们对马瑞辰《毛诗传笺通释》做了初步探讨。由于受到诗教传统的束缚和当时学术发展水平的限制,使他不能真正从诗篇本身的内容出发剖析诗篇的思想和文学特点,这是我们不能苛求于前人的。而马瑞辰在吸取乾嘉学派成果方面所做出的贡献,仍应受到适当的肯定和得到恰当的评价。

作为歌唱文学的《诗经》情诗*

先秦典籍提到《诗经》的时候，有诵诗、歌诗、赋诗的说法，《论语》《孟子》都讲诵诗，《墨子》则有"诵诗三百，弦诗三百，舞诗三百"（《公孟篇》）之说，三百篇遭秦火而得保全，也在于它不仅书之于竹帛，而且以无乐的吟诵和有乐的歌唱两种方式在流播②。说《诗经》是中国最早的歌唱文学总集，应该说是没有问题的。《诗经》内容、形式、语言、编集等诸多特点，实际上都不能不由这一属性来决定。

宋代朱熹曾经注意到《国风》歌唱的特性，提出了"风者，民俗歌谣之诗也"的看法，把《国风》视为"里巷歌谣之作，所谓男女相与咏歌，各言其情者也"。他把《国风》全部说成是民间歌谣的说法，现代许多学者都不予赞同③。朱熹的提法虽不免以偏概全，但当时这种看法的出现，似并非偶然。或是在其时盛行的"现代音乐文学"——词的启发下对《诗经》特别是《国风》歌唱特点的重新强调确认。这种确认，对于他冲破《诗小序》的政治化、历史化说解的束缚，不会没有作用。从与音乐的关系来讲，《国风》及《小雅》中的多数诗篇，更接近于词。

今天，《诗经》各篇的诗旨、诗语，都仍有不少难解之谜，如果我们姑且不把着眼点集中在诗的来源（作者是贫民还是贵族）上，而从歌唱文学产生与传播角度来分析，那些纠缠不清的比兴喻意、诗语训释与诗旨确定，或许会变得更明晰与单纯些。本文仅从歌唱文学角度对《诗经》情诗的特点作些剖析。

---

* 1990年7月1日于日本九州大学文学部讲演，原载日本《中国文学论集》第19号。

② 范家相《诗渖·诵诗歌诗赋诗》："诗可以诵，可以歌，可以赋，而不可以读。"《论语》《孟子于诗皆曰诵，《周礼》："瞽矇歌讽诵诗。"《内则十三》："学乐诵诗。"皆不曰读而曰讽、曰诵。讽者，背文而讽；诵者，以音节之，谓鼓琴以合所讽诵之诗也。……古之歌诗有二，有比音而歌者，如季札观乐，歌风歌雅，《礼》之升歌，《论语》之取瑟而歌是也；有徒歌者，楚狂之接舆，曾点之倚门，宁戚之饭牛是也。"

③ 朱东润《国风出于民间论质疑》，商务印书馆《读诗四论》所收，1940年；屈万里《论国风非民间歌谣的本来面目》，《中央研究院历史语言研究所集刊》第34本，1963年；《诗经探微》，花城出版社；冈村繁《诗经及其诗人们》，《中国诗人论》所收，《冈村繁教授退官纪念论集》，汲古书院，等。

一、对象的亲昵明晰

情诗是情歌的歌词。什么是情歌？狭义的情歌,指青年男女表达爱情、互通情愫的歌;广义的情歌,则指一切以恋爱婚姻为主题、涉及男女感情纠葛的歌,包括表现邂逅、幽会、相思、失恋、嫁娶、遐弃等的歌。这些与朱熹所说的"男女相与咏歌,各言其情"的概念并不完全相同。如果我们相信《诗经》中的那些情歌,都是"里巷歌谣",那么其中贵族生活中才会出现的锦衣狐裘、金罍钟鼓便似乎难以说通;相反,如果我们相信它们全是贵族所作,那么那些田园风情浓郁的诗篇又确不像宫廷所宜有。事实上,作为歌唱来讲,里巷歌唱在歌词中点缀一点贵族生活的器物原非绝对不可能,而贵族歌唱者为原本朴素的歌词换上华贵的装饰,则可能性更大①。要之,《诗经》中的情诗来源,可能并不是只有一条路径,而且从乐曲、歌词的最初相配到编入《诗经》,还可能经过不同时期,不同身份的歌唱者多次改动。今天在中国民间,人们仍在传唱数十年、甚至数百年前的情歌。因而,在考察《诗经》情诗时,我们也不应忽略来源的复杂性和音乐传播力量。

在中国民歌中,情诗要占十之六七以上,这在世界上并不是个别现象;而在创作歌曲中,情歌也占很大比重。《诗经》中有那么多情诗,以及借用情诗的艺术表现转而用以歌唱友情的诗,都是不足为怪的,而从《诗经》整体性质来看,这些诗之所以能收进来,重要原因则可能在于它们音乐优美。然而,历来许多学者蔽于《诗经》的传统观念,不愿或不敢承认其中的儿女之情,往往把诗旨搞得隐晦不彰。如《郑风·溱洧》:

溱与洧,	溱水与洧水
方涣涣兮。	春水无涯,冰消雪化。
士与女,	小伙与姑娘

---

① 加纳喜光在《民谣变换诗的构造——诗经国风的基本诗形》一文中曾说:"关于民谣的形成,尽管发生过集体制作说与个人创作说的争论,但并没有解决。然而,如果接受'民谣是形式而不是题材'的看法的话,那么在《诗经》的场合,民谣单纯朴素的形式与高度的语言艺术价值的矛盾,便容易解决。谁作的便没有必要作为问题了。"(载《日本中国学会报》第十三集,1978年,第40—41页)着眼于歌唱的特性,这种看法是富于启发性的。

方秉蕑兮。	手里拿着莲花。
女曰观乎,	姑娘说:"走,去看看吗?"
士曰既且。	小伙说:"我已看过啦。"
洧之外,	洧水那边,
洵訏且乐。	真是广阔欢洽。
维士与女,	小伙和姑娘,
伊其相谑,	嬉闹调笑,说着情话,
赠之以芍药。	相赠的是芍药花。
溱与洧,	溱水与洧水,
浏其清兮。	流水轻轻涌浪花。
士与女,	小伙和姑娘,
殷其盈兮。	满处都是他和她。
女曰观乎,	姑娘说:"走,去看看吗?"
士曰既且。	小伙说:"我已看过啦。"
洧之外,	洧水那边,
洵訏且乐。	真是广阔欢洽。
维士与女,	小伙和姑娘,
伊其将谑,	嬉闹调笑,说着情话,
赠之以芍药。	相赠的是芍药花。

　　诗中为我们展现了春暖花开时节,男女相约同行、互赠鲜花的画面。《诗小序》说此诗是讽刺动乱、兵革不息、淫风大行、不可挽救,这样硬给这首欢快清新的情诗加上政治讽刺的内容①。诗中本没有什么"兵革不息""淫风大行"的影子,郑玄便为之弥缝,在解"维士与女,伊其相谑"一句时,便解为"因相与戏谑,行夫妇之事",强把情侣结伴游乐,说成"淫奔",实已开"淫诗"之端。朱熹《诗集传》更明确断为"此诗淫奔者自叙之词"。清人范家相《诗渖》根据《韩诗薛君章句》有关三月上巳溱洧两水之上招魂续

---

① 《诗小序》:"刺乱也。兵革不息,男女相弃,淫风大行,莫之能救焉。"

魄、祓除不祥的说法,排斥了《诗小序》中兵革流离的附会,却不肯承认秉蕳赠药是男女表达情爱的方式,甚至把诗中男女的对话,也说成"士与士,女与女"各与"其所悦之人"的嬉闹①。这些都是由于在"男女授受不亲"的时代,学者们无不把属于异性的"衽交趾错"看成大逆不道的缘故。

像这样情侣同时出现的,自然是情诗。另外一些只有"君子"或"美人"的诗,如何来判断其是否为情诗呢?吉川幸次郎曾谈到《诗经》中的一个重要特点,便是对人善意的信赖。认为它"体现在《诗经》的根本上。首先由《国风》百六十篇诗全部是对谁的呼唤这一点上,被呼唤的对象,多是贤明或不贤明的为政者,是相爱或单恋的情人,或者夫妻这些近在眼前的人。对情人或者夫妻的呼唤距离最近。"②情诗是以倾心恋慕的异性作为抒情对象的,他(她)既是造成自身感情漩流的人,又是直接倾听歌者心声的人,因而在情歌中对象的鲜明性与亲昵性,要远超过其余的诗篇。《诗经》中的情诗,女子称男子为"叔",为"伯",为"仲子",以家族中人来称呼情人,如同今日情歌中之称阿哥、阿妹;又称其为"士",为"君子",为"良人",为"子都""子充",男子则称女子为"妹",为"美",为"姝子""孟姜",这实际上都是一种亲昵的爱称,已由原来的概念(士为男子的美称或尊称,君子为统治阶级中妻子对丈夫的称呼)发展为特定的呼唤。有时,这种爱又以相反的形式表现出来,即称情人为"狡童""狂且"。

笔者以为,歌唱者在歌一出口,便力图造成一种呼唤的效果,与听众迅速沟通。诚然,诗篇中的比兴有不同意义,而在情歌中,有时便承担着呼唤对方的作用。例证之一,是女子的歌唱常以树木起兴:

萚兮萚兮,   萚树啊萚树,
风其吹女。   轻风把你吹拂。

---

① 《韩诗薛君章句》言:"郑国之俗,三月上巳之溱洧两水之上招魂续魄,祓除不祥,故诗人愿与所悦者俱往焉。"(《艺文类聚》)据此范家相《诗渖》提出:"按韩传但言三月上巳士女秉茼祓除水滨,与所悦者俱往,而无他词。亦是士女各就其所悦者与之相谑耳。世无道路相逢、士女杂沓、互相戏谑淫奔之理,乃《毛传》添出'兵革不息,男女相弃,淫风大行'诸语。无论诗中绝无兵革流离之意,即秉蕳赠药,安必为目成期约之物? 决非诗中所有之意也。但暮春水滨,男女群相祓禊、衽交趾错,风俗之弊,字在焉外。诗人但直叙其事而含刺已在。韩诗之说深得风人之旨,不可增益一语。"范家相驳斥《毛传》讲得在理,但不肯承认秉蕳赠药与男女情爱有关,又抓住一个"刺"字不放,到底不能服人。

② 吉川幸次郎『詩経國風』、载《吉川幸次郎全集》第十三卷、第463頁。

叔兮伯兮，　　　阿叔啊阿伯，
倡予和女！　　　我要和你一起唱歌。
　　　　　　　　——《郑风·萚兮》第一章

有杕之杜，　　　一棵杜树，
生于道左；　　　长在大路外；
彼君子兮，　　　我那情郎，
噬肯适我。　　　要到我这里来。
中心好之，　　　心里有的是爱，
曷饮食之。　　　拿什么来招待？
　　　　　　　　——《唐风·有杕之杜》第一章

山有苞栎，　　　山上有丛生的栎树，
隰有六驳；　　　山下有棵六驳；
未见君子，　　　没有看见情郎，
忧心靡乐。　　　只有忧愁没快乐。
如何如何，　　　为什么啊为什么，
忘我实多。　　　你就这样忘掉我！
　　　　　　　　——《秦风·晨风》第一章

终南何有？　　　终南山上有什么树？
有条有梅。　　　山楸梅树山上长。
君子至止，　　　情郎来到我身旁，
锦衣狐裘。　　　锦绣衣衫狐皮裘。
颜如渥丹，　　　脸色红润像丹石，
其君也哉！　　　真是我的好情郎！
　　　　　　　　——《秦风·终南》第一章

　　这些诗或是邀请男子一起歌唱，或是倾诉对男子的思念渴慕，或是对男子的冷落表示失望，或是描写男子的风采，都是先出现树木的意象。《陈风·东门之枌》《卫风·淇奥》等无不如此。也有以伐木、束薪起兴的。
　　值得注意的是《郑风·将仲子》：

将仲子兮，	求求你呀小二哥，
无逾我里，	不要翻墙到我家，
无折我树杞。	别折了我种那杞树的枝和杈。
岂敢爱之？	那里是我舍不得它，
畏我父母。	怕的是我的爹和妈。
仲可怀也，	小二哥可真让人想啊，
父母之言，	爹骂娘也骂，
亦可畏也。	也真叫人怕。

——《郑风·将仲子》第一章

女子亲手栽种的杞（桑、檀）的意象使全诗大为增色。不只是折树之声会惊动家人，折树的痕迹会引起闲话，而女子的树杞、树桑、树檀，还意味着培植爱情。她担心情人的不慎之举会招致爱情夭折。如果这首诗中没有"无折我树杞"一句，"岂敢爱之"便无由出现。有了它情感就有了层次，即"树—情人—流言"，对流言的畏惧压倒了对情人的相思，更压倒了对亲手种下的树木的痛惜，女子爱情的命运系于父母、诸兄、人之多言，也就无须多说了。

在以上这些诗中，树木都是男性象征，是女子追求爱情的象征。与此相反，男子的歌唱，则往往以花草起兴：

野有蔓草，	田野上有一株蔓草，
零露漙兮；	亮晶晶露水一滴滴；
有美一人，	有一个姑娘真漂亮，
清扬婉兮。	长得温柔又秀丽。
邂逅相遇，	没想到这里能见她，
适我愿兮。	好让我称心如意。

——《郑风·野有蔓草》第一章

中谷有蓷，	山谷里长的益母草，
暵其乾兮。	风吹日晒早枯干。
有女仳离，	有一个姑娘人甩开，

嘅其叹矣，	不由得为她声声叹，
嘅其叹矣，	不由得为她声声叹，
遇人之艰难兮。	想遇一个好人可真难！

——《王风·中谷有蓷》第一章

爱采唐兮？	去哪里采集唐草？
沫之乡矣；	去就要去沫乡；
云谁之思？	你要问我在想谁，
美孟姜兮。	想的是美女孟姜。
期我乎桑中，	约我到桑林之中，
要我乎上宫，	等我在上宫地方，
送我乎淇之上矣。	送我到淇水河上。

——《鄘风·桑中》第一章

　　这里有表达与情人邂逅喜悦的，有悼亡诗，也有抒发得到情人发出的约会邀请时得意心情的。他们无不由花草意象引出，这显然不能以男子劳作对象来解释。花草应视为对情人的比喻与呼唤。这样看来，描写军旅生活的《小雅·采薇》《小雅·何草不黄》何以要先言草木，似乎也可由此得到解释。

　　以蔓生野草喻女子出嫁，或以其缘木而生喻女子依从男子共同生活，在现代民歌中并不罕见。广西民歌便用"世上只有藤缠树，天下哪见树缠藤"来歌唱女子主动追求爱情的合法性。《诗经·唐风·葛生》是一首悼亡诗。首章是"葛生蒙楚，蔹蔓于野。予美亡此，谁与独处"。陈奂《诗毛氏传疏》："葛、蔹，皆蔓延野草，故以喻妇女之外成于他家也。"盖得其旨。《周南·葛覃》表现出嫁女子思念父母的心情："葛之覃兮，施于中谷，维叶萋萋……"葛藤蔓延的意象，既与女子纺绩制衣的劳作有关，又隐喻女子的离乡远嫁。《王风·葛藟》："绵绵葛藟，在河之浒。终远兄弟，谓他人父；谓他人父，亦莫我顾。"《周南·樛木》："南有樛木，葛藟累之。乐只君子，福履绥之。"《大雅·旱麓》："莫莫葛藟，施于条枚；岂弟君子，求福不回。"都是情诗中葛藤缠树意象的转用。

　　在树木花草并出时，木喻男性，花草喻女性的含义十分明显。如《郑风·山有扶苏》："山有扶苏，隰有荷华。不见子都，乃见狂且。""山有乔松,隰有游龙。不见子充,乃见狡童。"扶苏、乔松以喻男性,荷华、游龙(《毛传》:"龙,红草也。")以喻女性,《郑风·东门之墠》:"东门之墠,茹藘在阪;其室则迩,其人甚远"中的"东门之墠,茹藘在阪",实为"东门有櫄,阪有茹藘"的变形句法,是以櫄树、茹藘分别喻男性与女性①。在草、花并出时,则以草喻男,以花喻女,如《陈风·泽陂》。

在《诗经》时代,民间也好,贵族社会也好,歌声的交流总要广于文字的交流,歌唱的接受者必然多于文字的接受者。歌唱传播面最广泛,也最需要适应人们的共同欣赏水准和接受心理。这就使它不仅不回避旧有的表现手段,而且总会迎合或满足共同的审美心理。《诗经》情诗中对男性多赞美其高大勇武(如《卫风·伯兮》《邶风·简兮》),对女性则多赞美其美丽娴静(如《周南·关雎》《邶风·静女》),都是一种崇尚外表美与性格美,即容貌与内品兼有之美的审美观。这与以木喻男、以花喻女的情趣是完全一致的。树的高大挺拔、花的魅力柔嫩,都不仅是外表的象征,也是其理想中的异性品质的象征,可以想见,在《诗经》时代一定也有许多地域性过强的比喻或意向,由于欠缺其共同理解这一条件而失去了流传机会或被改动,而留给我们如此一致的表达方式。

二、情感的两级倾向

从《诗大序》起,中国文艺理论都认为歌唱讽诵产生于在激情状态下日常语言不足以表情达意时的需要。《诗经》情诗在表达感情的深度方面,用的是民歌大喜大悲的高度夸张,借用心理学的名词来说,那些热恋中的男女,几乎都是处于"应激"情境中。歌唱分离的痛苦,如同片刻难熬的饥饿,如同燎心烧胸的火焰:"未见君子,惄如调饥。"(《周南·汝坟》);"未见君子,忧心忡忡。"(《召南·草虫》)"未见君子,忧心恘恘。"(《小雅·頍弁》)。歌唱由于情人冷漠而引起的悲哀,则是水米难进、不得安歇:"维子之故,使我不能餐兮。""维子之之故,使我不能息兮。"(《郑风·狡童》)歌唱单相思的酸楚,则是辗转伏枕、中心悁悁:"寤寐无为,涕泗滂

---

① 《毛传》:"墠,除地町町者。"《华严经音义·世界品》引《韩诗传》云:"墠犹坦也。""墠"疑当为"櫄"之借,櫄,木名,古时用以制栟栩等物。陈奂《诗毛氏传疏》:"坛字读音曰墠,盖古字得通用也。"据此,则"墠"为"檀"之借。

沱。"(《陈风·泽陂》)"舒忧受兮,劳心搔兮。"(《陈风·月出》)歌唱相逢的喜悦,则如无病不除、无难不消:"既见君子,云胡不瘳?"(《郑风·风雨》)"既见君子,云何不乐?"(《小雅·隰桑》)情诗中为了表达相逢的极喜,总是用分离的极悲来反衬,反之亦然。《卫风·氓》:"不见复关,泣涕涟涟;即见复关,载笑载言。"是这种情感表达方式的代表。情人们喜则形之于色,悲则愀然动容。《邶风·静女》中幽会时没有见到情人的小伙子急得"搔首踟蹰"。爱情中的变化,似乎使那些情人失去平常的理智:如愿时是"既见君子,其乐如何?"(《小雅·隰桑》)失恋时又是"有美一人,伤如之何?"这些都具有歌唱抒情性强、诙谐风趣的特点。

《唐风·绸缪》将初恋时意外相逢的喜悦表现得惟妙惟肖:

绸缪束薪,	一捆干柴紧紧地捆,
三星在天,	天上高高挂着三星。
今夕何夕,	今天是什么吉日良辰,
见此良人!	见到你这样的好人!
子兮子兮,	好人啊好人,
如此良人何!	怎么说得尽心里的高兴!

——《唐风·绸缪》第一章

"今夕何夕"之问,问得突兀,而继之以"见此良人"来说明原因,一问一答,突然眼见情人而忘乎所以之情溢于言外,似乎由于从天而降的喜悦而失去了思维与判断能力,而"子兮子兮,如此良人何",欢快中透出一种谐趣,使人如见我极其陶醉而喜不自胜的情态。问语、答语、感叹语交织起来,自然流畅。第二三章出现对对方的戏称"邂逅""粲者",看似不合习惯,恰表达了一种不知把对方称作什么才足以倾诉满心之爱的心情。朱熹《诗集传》说这首诗写的是"国乱民贫,男女有失其时而后得遂其婚姻之礼者",显然是想将唐国贫穷的史实与男女恋爱附会起来,颇为生硬,但他认为这一章写的是"喜之甚而自庆之词",却是不错的。

在《诗经》情诗中,常常提到"德"与"德音"。以下四例,都是用于表达感情决裂时悲怨之情的:

既阻我德, 我对你好你不领情,

贾用不售。	卖东西没有识货的人。
	——《邶风·谷风》
忘我大德,	你忘了我的情和意,
思我小怨。	光想着我的不如意。
	——《小雅·谷风》
士也罔极,	男人们想靠靠不住,
二三其德。	说变心就变没准数。
	——《卫风·氓》
之子无良,	那个家伙心不正,
二三其德。	说变心他就变了心。
	——《小雅·白华》

　　前两例抱怨对方辜负了自己的"德",而后两例责备对方的"德"发生了变化。从以上几首诗哀而不怒的情调来看,都没有达到指斥对方败德、缺德的程度,也没有向对方显示自己美德的语气,因而,"德"不一定是善、是美德的意思。揣其文意,都是男女间的情分、情义。"既阻我德"就是"拒绝我的情意";"二三其德"就是"情意不能持久,轻易地变了心";"忘我大德",就是"忘了我的痴情"。而《诗经》中肯定的是爱的专一、持久、无所图报。如《鄘风·柏舟》:"之死矢靡它";《郑风·出其东门》:"虽则如云,匪我思存"表现的别无选择的钟爱,《卫风·木瓜》:"投我以木瓜,报之以琼琚"表现的为"永以为好"而不惜代价的价值观,以及"及尔偕老"(《卫风·氓》),"榖则异室,死则同穴"(《王风·大车》),"百岁之后,归于其居"(《唐风·葛生》)的同生共死的坚定性,都可以说是重情重义的表现。

　　与此相关,"德音"一词也常出现在情诗中:

乃如之人兮,德音无良。	(《邶风·日月》)
德音莫违,及尔同死。	(《邶风·谷风》)
彼美孟姜,德音不忘。	(《郑风·有女同车》)

厌厌良人,秩秩德音。	(《秦风·小戎》)
公孙硕肤,德音不瑕。	(《豳风·狼跋》)
匪饥匪渴,德音来括。	(《小雅·车舝》)
既见君子,德音孔膠。	(《小雅·隰桑》)

前人将"德音"或解为善言,或解为令闻、好的声誉,而解释中常常碰到困难。"德音"当为连语,不当肢解,即属于王国维《与友人论诗书中成语书》中所说的"其成语之意义与其中单语分别之意义又不同"者。"德音"与"德"意义大体相近。"德音莫违""德音不忘""德音孔膠"中的"德音"都是指对方对自己的情意,而"匪饥匪渴,德音来括"就是为了得到爱情而相聚。可以说,"德"与"德音"是《诗经》时代恋爱观的重要内容①。

《诗经》中有些情诗,真实地表现了一种情爱的排他性。《桧风·隰有苌楚》:"隰有苌楚,倚傩其枝;夭之沃沃,乐子之无知",一位女子因知道自己看上的男子还没有恋人,还没有家室而兴奋不已;《郑风·褰裳》却用相反的方式来表达这种排他性:"子惠我思,褰裳涉溱;子不我思,岂无他人。狂童之狂也且!"使人仿佛亲闻情人戏谑之声。

三、表情的单纯绸缪

作为听觉艺术的情歌,比起窃窃私语的情话,算得上是一种"远距离"抒情。歌词与旋律必须配合一致,内容也必须服从乐曲情调,《诗经》情诗每章大体为四至六句,每句以四字为多,由此可以推向,原来的乐调大体都很简短,节奏也较舒缓。这种乐调决定其必然是单一主体的复现与单一情感的抒发。一首只表达一种情绪。反过来说,其中中心部分重复出现的,便是歌唱者要述说抒发的主事。在结构上,基本是由引起主事主情的兴和表达主事主情的赋两部分组成,有些甚至可能前后两段乐调相似或相同。如《陈风·东门之池》第一章:

---

① 加納喜光「詩経における類型表現の機能」(《诗经里类型表现的机能》)曾谈到,《国风》中的"德",都是作为男女爱情的常套语来使用的。在《雅》《颂》当中,不仅男女、夫妇,也包括更广的君臣间的爱情,载『日本中国学会报』第三十三集、第146頁。

东门之池，	可以沤麻；
彼美淑姬，	可与晤歌。

有时诗中看来出现两种情绪，如《召南·草虫》第一章："喓喓草虫，趯趯阜螽。未见君子，忧心忡忡。亦既见止，亦既觏止，我心则降。"其中见、觏近义。"亦既见止，亦既觏止"属近义反复。中间部分的"未见君子"是欲扬故抑，以悲咏喜。高亨《诗经今注》说："这首诗是女子所作，抒写她在丈夫远处的时候，怀着深切的怀念；当丈夫归来的时候，为之无限喜悦。"而以歌唱的情境来推想，这当是一首情人相会时抒发喜悦的情歌，原来的曲调也是欢快的。

清代今古学派学者马瑞辰《毛诗传笺通释》发现，诗中一物而异名者每多并举，不嫌其词之复①。如《郑风·有女同车》一章中"有女同车，颜如舜华"，二章"有女同行，颜如舜英"，舜华与舜英为一物异名。又如《陈风·泽陂》：

彼泽之陂，	池塘边长着蒲草，
有蒲与荷。	池塘里开着荷花。
有美一人，	想着那漂亮的姑娘，
伤如之何。	伤心得说不出话。
寤寐无为，	躺在床上睡不着，
涕泗滂沱。	泪水就像暴雨不停地下。
彼泽之陂，	池塘边长着蒲草，
有蒲与蕳。	池塘里开着莲花。
有美一人，	想起那漂亮的姑娘，
伤如之何。	伤心得说不出话，
寤寐无为，	躺在床上睡不着，
中心悁悁。	心理痛得像针扎。
彼泽之陂，	池塘边长着蒲草，

---

① 拙文《马瑞辰毛诗传笺通释的训释方法》，载《文史》第二十五辑，中华书局。

有蒲菡萏。	池塘里开着芙蓉。
有美一人,	想起那漂亮的姑娘,
硕大且俨。	长得高大又庄重。
寤寐无为,	躺在床上睡不着,
辗转伏枕。	翻来覆去难入梦。

荷是荷花,第二章中的蕳,《郑笺》:"蕳当作莲",第三章中的菡萏,是荷花的别称。所以荷、蕳、菡萏实为一物。这种重复,在阅读来说可能有叠床架屋之感,但作为听觉艺术来说,同义异音的词语换来的音韵转换的效果,会冲淡语言的重复感。在这些诗篇中,同义或义相近相类,均不嫌弃词之复。这是因为它们具有使主事主情更为明晰的功用。《陈风·泽陂》的兴语,蒲与荷为男女情爱的象征,荷的复现便是对女性的呼唤。歌唱不同于阅读,不懂或印象淡薄之处可以重读。歌唱中同义、相近、相类的语言可以克服关键字句因同音字的干涉而造成意义不明,如同给听者以重读的机会,使他们获得鲜明印象。

《诗经》中还有所谓套句,或称习语,这是指不同诗篇中为表达一定内容和情感而采用的习惯句式。套句好比预制的建筑材料,可以用于不同场合,而起某种结构作用,即引出主要抒情内容,使诗句流利上口。在群众中流传的民歌中,尤其在男女即兴对歌时,常使用长期流传的套句,迅速而方便地引出歌唱者心中想说的话。这种套句的使用,反映了歌唱中相互模仿、相互启发、相互借用的特点,而对于曲调来说,它又具有应急、填补、唤起对以往音乐情绪体验回顾以丰富感受的作用。

情诗中的叠咏(或称复沓、复叠),也应当从音乐方面来解释。所谓叠咏,是指诗中各章不仅句数相同,而且采用将各章类似的词语反复重叠吟咏这种形式。王引之在《经义述闻》中曾经指出:"诗之用词不嫌于复。夫歌之为言也,长言之也,则一倡三叹而不病其复。"范家相《诗渖》也说:"凡诗自首章以下二三章只换易一二字成章者,即长言咏叹,歌词之遗谱也。"把叠咏看成是歌唱的产物,这是完全正确的。叠咏的形式不仅古代歌唱多采用,现代民歌与创作歌曲也极常见。山歌互答、俗谣相和,短小的曲调反复吟唱,从歌唱文学的角度,叠咏归根结底就是曲调引起的歌词的滋蔓性、重现性的产物。

叠咏产生于歌唱者的抒情需要。由于曲调的单一短小,一曲已了,而情犹未尽的现象必然出现。最初的歌词如同一粒种子,而传唱者很容易由歌唱者的同类联想产生大体相近的新歌词。① 这种情歌的长短取决于歌唱者掌握的旧词多少及临时发挥时唱出的总和。

叠咏产生于欣赏曲调的需要。由于曲调好听,听了一遍还不能使听者惬意,对于他们来说,相似的歌词反而使他们感到了重温美好感受的机会。

收集者的加工,也使叠咏更为多见。同一曲调在某一地区可能有多种相近的唱法,收集者把不同场合传唱的歌词放在一起,这当然也不排斥自己重新填写歌词的情况。如《周南·汝坟》第一章:"遵彼汝坟,伐其条枚;未见君子,惄如调饥。"第二章:"遵彼汝坟,伐其条肄;既见君子,不我遐弃。"都表现的是相会的喜悦,而第三章:"鲂鱼赪尾,王室如毁。虽则如毁,父母孔迩。"与前两章缺乏紧密的联系。《邶风·雄雉》前两章是抒发对君子的思念,第三章突然加入"百尔君子,不知德行。不忮不求,何用不臧",很像外加上去的"教训尾巴"。

在现实中,情歌的生命力,在于它对爱情各种美好情感的歌唱,可以获得不同年龄层次听众的喜爱,因而它决不仅是由年轻的情人们制作和歌唱的,从而它影响到其他主体的歌唱也是自然的。《诗经》中的祝贺诗、农事诗、礼俗诗等都可以看到情诗的影响。《诗经》中有些情诗,特别是那些北方情诗(或许南方情诗也经过北方文化的爬罗剔抉、刮垢磨光),探路出一种民间情歌特有的原质的山野情味。类似情歌在民间虽有经久不衰的流传,但在中国古典文学中却并不是有许多载录。

---

① 情歌这种类似植物"分蘖"或者细胞分裂的现象,在现实中常常可以看到。笔者曾听农民演唱爬山调。爬山调是流传在山西、内蒙古、陕西、河北部分地区的民歌,一般只有两句,统一旋律可以反复出现几次、几十次。其中描写相思的"想妹妹",歌词到底有多少种,谁也说不清。如"想妹妹想得迷了窍,耕地吃出口老母猪",意思是因想念情人神魂颠倒,耕地时错把老母猪当成耕牛吃出圈来。类似的歌词层出不穷。像"想妹妹想得迷了窍,抱柴火(注:柴火即柴草)掉进了山药窖。""想妹妹想得迷了窍,轧铪饹搬出口铡草刀。"几乎劳动与生活的每一种活动,都会有一种或几种唱法,都是以夸张的手法,诙谐风趣的语言来描写相思而失魂落魄做出的荒唐事。许多歌手都长于"临场发挥",现编现唱,那些触景生情之词,有些被别人学去,就流传开来,有些唱完以后,就遗忘了,终止了"艺术生命"。

参考文献

一、中文版著作

1.（唐）白居易作、朱金城笺校：《白居易集笺校》，上海古籍出版社，2003年版。
2.（唐）颜师古原著、刘晓东平议：《匡谬正俗平议》，山东大学出版社，1999年版。
3.（唐）魏征等编撰、吕效祖点校：《群书治要》，鹭江出版社，2004年版。
4.（清）戴震著、赵玉新点校：《戴震集》，中华书局，2006年版。
5.（清）桂馥撰：《札朴》，光绪九年长洲蒋氏心矩斋校刻，1883年版。
6.（清）黎庶昌辑：《古逸丛书》，江苏古籍出版社，2002年版。
7.（清）黎庶昌跋：《日本旧抄卷子本玉篇零卷》（全），台湾大通书局，1982年版。
8.（清）黎庶昌跋：《玉篇零卷全》，日本旧抄卷子本，台湾大通书局有限公司印行，1972年版。
9.（清）卢文弨著、王文锦点校：《抱经堂文集》，中华书局，2006年版。
10.（清）马国翰辑：《玉函山房辑佚书》，上海古籍出版社，1990年版。
11.（清）马瑞辰撰：《毛诗传笺通释》，中华书局，1989年版。
12.（清）阮元著，邓经元点校：《揅经室集》，中华书局，1993年版。
13.（清）皮锡瑞著，周春健校注：《经学通论》，华夏出版社，2011年版。
14.（清）钱大昕著，孙显军、陈文和点校：《嘉定钱大昕全集》柒，江苏古籍出版社，1997年版。
15.钱基博著：《经学通志》，中华书局，1936年版。
16.（清）王仁俊辑：《玉函山房辑佚书续编三种》，上海古籍出版社，1989年版。

17.（清）王先谦：《诗三家义集疏》，中华书局,1987年版。

18.（清）王引之：《经传释词》，岳麓书社,1984年版。

19.（清）徐鼒撰，阎振益、钟夏点校：《读书杂释》，中华书局,2006年版。

20.（清）严可均：《铁桥漫稿》，心矩斋丛书,1888年版。

21.（清）杨守敬编：《留真谱》，北京图书馆出版社,2004年版。

22.（清）杨守敬编：《留真谱初编》（上中下），广文书局,1991年版。

23.（清）杨守敬编：《留真谱二编》（上下），广文书局,1991年版。

24.（辽）释行均编：《龙龛手镜》（高丽本），中华书局,2006年版。

25.白于蓝编著：《简牍帛书通假字字典》，福建人民出版社,2008年版。

26.蔡振丰编：《东亚朱子学的诠释与发展》，台北：台湾大学出版中心,2009年版。

27.蔡忠霖：《敦煌汉文写卷及其现象》，台北：文津出版有限公司,2002年版。

28.晨风、刘永平编译：《韩诗外传选译》，书目文献出版社,1986年版。

29.陈初生：《金文常用词典》，陕西人民出版社,1987年版。

30.陈第：《毛诗古韵考》，中华书局,1988年版。

31.陈子展：《诗经直解》，复旦大学出版社,1983年版。

32.陈子展：《雅颂选译》，古典文学出版社,1957年版。

33.陈子展：《雅颂选译》，台北：台湾太平书局,1966年版。

34.陈应棠：《毛诗训诂新诠》，台北：台湾中华书局,1969年版。

35.冯浩菲：《历代诗经论说述评》，中华书局,2003年版。

36.高本汉：《高本汉诗经注译》，台北：台湾书店,1960年版。

37.高亨：《诗经今注》，上海古籍出版社,1980年版。

38.高亨等：《诗经研究论文集》，人民文学出版社,1959年版。

39.顾野王编撰：《原本玉篇残卷》，中华书局,2004年版。

40.郭明道：《阮元评传》，社会科学文献出版社,2005年版。

41.郭沫若：《中国古代社会研究》，人民出版社,1977年版。

42.《汉魏古注十三经》，中华书局,1998年版。

43.《和刻本毛诗〈郑笺〉》，京都：中文出版社,1985年版。

44.洪文婷：《毛诗传笺通释析论》，台北：文津出版社,1993年版。

45.黄侃述,黄焯编:《文字声韵训诂笔记》,上海古籍出版社,1983年版。

46.黄怀信校注:《小尔雅校注》,西安三秦出版社,1992年版。

47.黄焯:《毛诗〈郑笺〉平议》,上海古籍出版社,1985年版。

48.黄丕烈、王国维著:《宋版书考录》,北京图书馆出版社,2003年版。

49.黄俊杰:《德川日本〈论语〉诠释史论》,台北:台湾大学出版中心,2006年版。

50.黄俊杰:《东亚论语学》,台北:台湾大学出版中心,2009年版。

51.黄振民:《诗经》,台北:正中书局,1982年版。

52.黄征:《敦煌俗字典》,上海教育出版社,2005年版。

53.黄焯:《毛诗〈郑笺〉平议》,上海古籍出版社,1985年版。

54.黄焯:《诗疏平议》,上海古籍出版社,1988年版。

55.洪湛侯:《诗经学史》,中华书局,2002年版。

56.胡吉宣:《玉篇校释》,上海古籍出版社,1989年版。

57.胡平生、韩自强:《阜阳汉简诗经研究》,上海古籍出版社,1988年版。

58.胡朴安:《诗经学》,商务印书馆,1933年版。

59.康有为:《康南海先生未刊遗稿》,台湾文史哲出版社,1979年版。

60.江瀚:《诗经四家异文考补》,晨风阁丛书,北京中国书店,1984年版。

61.蒋天枢:《论学杂著》,中州古籍出版社,1985年版。

62.季旭升:《诗经古义新证》,学苑出版社,2001年版。

63.蒋寅编译:《日本学者中国诗学论集》,凤凰出版社,2008年版。

64.金启华:《诗经全译》,江苏古籍出版社,1988年版。

65.孙作云:《诗经与周代社会研究》,中华书局,1979年版。

66.赖炎元注译著:《韩诗外传今注今译》,台北:商务印书馆,2005年版。

67.李辰冬:《诗经研究》,台北:水牛社,1963年版。

68.李辰冬:《诗经通释》,台北:水牛社,1972年版。

69.李家树:《国风毛序〈朱传〉异同考析》,台北:学津出版社,1989年版。

70.李家树:《诗总闻研究》,台北:文史哲出版社,1992年版。

71. 李龙勤编:《1971年以来新出彝铭与诗经相关词汇便检》,台北:大安出版社,2001年版。

72. 李庆:《日本汉学史》1.2.3,上海外语教育出版社,2004年版。

73. 李学勤主编:《十三经注疏·毛诗正义》(标点本),北京大学出版社,1999年版。

74. 李雄溪:《高本汉雅颂注释斠正》,台北:文津出版社,1994年版。

75. 李云光:《毛诗重言通释》,台北:商务印书馆,1978年版。

76. 连清吉:《日本江户时代的考证学及其学问》,台北:学生书局,1998年版。

77. 林庆彰主编:《日本研究经学论著目录(1900—1992)》,台北:"中央研究院"中国文哲研究所筹备处,1993年版。

78. 林庆彰主编:《经学研究论著目录(上下)(1912—1987)》,汉学研究中心编印,1989年版。

79. 林庆彰主编:《中国经学史论文集》,台北:文史哲出版社,1993年版。

80. 林庆彰、连清吉、金培懿编:《日本儒学研究书目》,台北:学生书局,1998年版。

81. 林庆彰、蒋秋华主编:《中国经学相关博硕士论文目录》,台北:万卷楼,2009年版。

82. 林庆彰:《经学研究论丛》第十五辑,台北:学生书局,2008年版。

83. 刘殿爵、陈方正主编:《毛诗逐字索引》,香港:商务印书馆,1995年版。

84. 刘殿爵、陈方正主编:《韩诗外传逐字索引》,香港:商务印书馆,1995年版。

85. 刘承干辑:《毛诗正义单疏校勘记》,嘉业堂丛书,民国癸丑至丁卯。

86. 刘中富:《干禄字书字类研究》,齐鲁书社,2004年版。

87. 刘毓庆:《雅颂新考》,山西高校联合出版社,1996年版。

88. 陆志韦:《诗韵谱》,台北:太平书局,1966年版。

89. 陆锡兴:《诗经异文研究》,中国社会科学出版社,2001年版。

90. 马通伯:《毛诗学》,台北:新文丰出版公司,1979年版。

91. 罗振玉:《罗雪堂先生全集》,台北:文华出版公司,用上虞吴氏景印,1970年版。

92. 罗振玉:《辽居杂着》,石印影印本,自印本,1929年版。

93. 罗振玉撰:《毛郑诗斠议》,晨风阁丛书,1911年版;北京中国书店,1984年版。

94. 罗振玉撰:《罗振玉校刊群书叙录》,江苏广陵古籍刻印社,1998年版。

95. 罗振玉撰:《毛诗传笺残卷》存卷第一至第五,载《罗雪堂先生全集》三编,台北:文华出版公司用上虞吴氏景印本等影印,1970年版。

96. 罗振玉撰:《毛诗残一卷》存卷第二,载《罗雪堂先生全集》三编,台北:文华出版公司用上虞吴氏景印本等影印,1970年版。

97. 罗振玉撰:《毛诗传笺一卷》存卷第九,载《罗雪堂先生全集》三编,台北:文华出版公司用上虞吴氏景印本等影印,1970年版。

98. 罗振玉撰:《毛诗传笺残一卷》存卷第九,载《罗雪堂先生全集》三编,台北:文华出版公司用上虞吴氏景印本等影印,1970年版。

99. 罗振玉撰:《毛诗传笺残一卷》存卷第十,载《罗雪堂先生全集》三编,台北:文华出版公司用上虞吴氏景印本等影印,1970年版。

100. 糜文开、裴普贤:《诗经欣赏与研究》一卷、二卷、三卷,台北:三民书局,1964年版、1969年版、1979年版。

101. 缪天绶:《诗经》,台北:商务印书馆,1969年版。

102. 《玉篇及原本零卷》,据宋陈彭年等奉敕重修大广益会玉篇影印,附:日本现存旧抄本零卷。

103. 鲁洪生:《诗经学概论》,辽海出版社,1998年版。

104. 骆宾基:《诗经新解与古史新论》,山西人民出版社,1985年版。

105. 吕浩:《篆隶万象名义校释》,学林出版社,2007年版。

106. 吕浩:《篆隶万象名义研究》,上海古籍出版社,2006年版。

107. 郝春文策划主编:《英藏敦煌社会历史文献释录》,社会科学文学出版社,2006年。

108. 郝贵敏:《宋代〈诗经〉文献研究》,中国社会科学出版社,2006年。

109. 华东师范大学东方文化研究中心编译:《冈村繁全集》第一卷《周汉文学史考》,上海古籍出版社,2002年版。

110. 黄丕烈、王国维等撰:《宋版书考录》,北京图书馆出版社,2003年版。

111. 黄征:《敦煌俗字典》,山海教育出版社,2005年版。

112.洪国梁:《诗经训诂之"亦通"问题》,台北:学海出版社,1995年版。

113.蒋伯潜:《十三经概论》,上海古籍出版社,1983年版。

114.潘重规:《敦煌诗经卷子本论文集》,香港新亚研究所,1970年版。

115.裴学海:《古书虚字集释》,中华书局,1980年版。

116.《清人注疏十三经》,中华书局,1998年版。

117.屈万里:《诗经释义》,台湾华冈出版部,1974年版。

118.屈万里:《诗经全释》,台湾联经出版事业公司,1983年版。

119.潘重规:《敦煌诗经卷子研究论文集序》,香港华侨日报,1971年12月。

120.山井鼎辑、物观等补遗:《七经孟子考文并补遗》1—10,中华书局,1985年版。

121.《岁时习俗资料汇编》1,内收《玉烛宝典》卷一至卷四,艺文印书馆。

122.《岁时习俗资料汇编》2,内收《玉烛宝典》卷五至二十,艺文印书馆。

123.孙德谦:《古书读法略例》,中国书店,1984年版。

124.孙启治、陈建华编:《古佚书辑本目录》,中华书局,1997年版。

125.孙诒让遗书、雪克辑点:《十三经注疏校记》,齐鲁书社,1983年版。

126.孙作云:《诗经与周代社会研究》,中华书局,1966年版。

127.《唐宋注疏十三经》,中华书局,1998年版。

128.檀作文:《朱熹诗经学研究》,学苑出版社,2003年版。

129.王长华:《诗论与子论》,学苑出版社,2001年版。

130.王长华、易卫华:《〈毛诗〉与中国文化精神》,人民出版社,2014年。

131.王力:《诗经韵读》,上海古籍出版社,1980年版。

132.王力:《诗经双声词论稿》,河南人民出版社,1985年版。

133.王静芝:《诗经通释》,辅仁大学文学院,1988年版。

134.王仁俊辑:《玉函山房辑佚书续编三种》,上海古籍出版社,1999年版。

135.王晓平:《日本中国学述闻》,中华书局,2008年版。

136. 王晓平主编:《东亚诗学与文化互读》,中华书局,2009 年版。

137. 王晓平:《日本诗经学史》,学苑出版社,2009 年版。

138. 王晓平:《东亚文学经典的对话与重读》,复旦大学出版社,2011 年版。

139. 王晓平:《日本诗经学文献考释》,中华书局,2012 年版。

140. 王晓平:《中日文学经典的传播与翻译》(上下),中华书局,2014 年版。

141. 王晓平编著:《日本诗经古写本刻本汇编》(第一辑),中华书局,2015 年版。

142. 文幸福:《诗经毛传郑笺辨异》,台北:文津出版社,1989 年版。

143. 闻一多讲授:《闻一多诗经讲义》,天津古籍出版社,2007 年版。

144. 吴昌莹:《经词衍释》,中华书局,1983 年版。

145. 吴雁南、秦学顾、李禹阶主编:《中国经学史》,2005 年版。

146. 夏传才:《诗经研究史概要》,中州书画社,1982 年版。

147. 夏传才:《思无邪斋诗经论稿》,学苑出版社,2000 年版。

148. 夏传才主编:《诗经学大辞典》(上下),河北教育出版社,2014 年版。

149. 谢无量:《诗经研究》,商务印书馆,1933 年版。

150. 向熹:《诗经词典》,四川人民出版社,1986 年版。

151. 向熹:《诗经语文论集》,四川民族出版社,2002 年版。

152. 徐华龙:《国风与民俗研究》,中国民间文艺出版社,1988 年版。

153. 徐时仪:《玄应〈众经音义〉研究》,中华书局,2005 年版。

154. 徐兴庆:《东亚文化交流与经典诠释》,台北:台湾大学出版中心,2008 年版。

155. 徐兴庆、陈明姿:《东亚文化交流的空间疆界迁移》,台北:台湾大学出版中心,2007 年版。

156. 许维遹:《韩诗外传集释》,中华书局,1980 年版。

157. 杨世灿总编纂:《杨守敬学术年谱》,湖北人民出版社,2004 年版。

158. 杨宝忠:《疑难字考释与研究》,中华书局,2005 年版。

159. 杨守敬:《毛诗二十卷》十册,清光绪壬辰(十八年)宜都杨氏传抄日本古写本,清光绪杨守敬手校并题记。

160. 姚永铭:《慧琳〈一切经音义〉研究》,江苏古籍出版社,2003 年版。

161. 杨合鸣：《诗经疑难词语辨析》，崇文书局，2002 年版。

162. 叶国良、徐兴庆编：《江户时代日本汉学研究诸面向：思想文化篇》，台北：台湾大学出版中心，2009 年版。

163. 永瑢等撰：《四库全书总目》，中华书局，2003 年版。

164. 于茀：《金石简帛诗经研究》，北京大学出版社，2004 年版。

165. 于省吾：《泽螺居诗经新证》，中华书局，1982 年版。

166. 余冠英：《诗经选译》，作家出版社，1957 年版。

167. 俞樾：《古书疑义举例五种》，中华书局，1983 年版。

168. 张宝三：《唐代经学及日本近代京都学派中国学研究论集》，台北：里仁书局，1998 年版。

169. 张宝三：《东亚诗经学论集》，台北：台湾大学出版社，2009 年版。

170. 张宝三、杨儒宾编：《日本汉学研究初探》，台北：乐学书局，2002 年版。

171. 张伯伟：《东亚汉籍研究论集》，台北：台湾大学出版中心，2007 年版。

172. 张启成：《诗经风雅颂研究论稿》，学苑出版社，2003 年版。

173. 张人凤编：《张元济古籍书目序跋汇编》，商务印书馆，2003 年版。

174. 张松如、夏传才著：《商颂研究·思无邪斋诗经论稿》，南开大学出版社，1995 年版。

175. 张涌泉：《汉语俗字丛考》，中华书局，2000 年版。

176. 张涌泉：《汉语俗字丛考》，中华书局，2001 年版。

177. 赵沛霖：《兴的源起——历史积淀与诗歌艺术》，中国社会科学出版社，1987 年版。

178. 赵沛霖：《现代学术文化思潮与诗经研究——二十世纪诗经研究史》，学苑出版社，2006 年版。

179. 曾良：《俗字及古籍文字通例研究》，百花洲文艺出版社，2006 年。

180. 周何分段标点：《十三经注疏分段标点·毛诗正义》，台北：新文丰出版公司，2001 年版。

181. 朱葆华：《原本玉篇文字研究》，齐鲁书社，2004 年版。

182. 朱孟庭：《清代诗经的文学阐释》，台北：文津出版社，2007 年版。

183. 朱金城笺注：《白居易集笺校》，上海古籍出版社，2003 年版。

184. 朱守亮编：《诗经论著目录》，台北：洪叶文化事业有限公司，2000

年版。

185.朱谦之编著:《日本的古学及阳明学》,人民出版社,2000年版。

186.朱谦之:《日本哲学史》,人民出版社,2002年版。

187.朱谦之:《日本的朱子学》,人民出版社,2000年版。

188.邹其昌:《朱熹诗经诠释学美学研究》,商务印书馆,2004年版。

189.[韩]李瀷著、白承锡校注:《诗经疾书校注》,江苏教育出版社,1999年版。

190.[日]安井小太郎著、林庆彰、连清吉译:《经学史》,台北:万卷楼,1996年版。

191.[日]白川静著、杜正胜译:《诗经》,台北:幼狮月刊社,1974年版。

192.[日]白川静著、杜正胜译:《诗经的世界》,台北:东大图书公司,2009年版。

193.[日]岛田翰撰:《汉籍善本考》,北京图书馆出版社,2003年。

194.[日]冈元凤纂辑、王承略点校、解说:《毛诗品物图考》,山东画报出版社,2002年版。

195.[法]格拉耐著,张铭远译:《中国古代的祭礼与歌谣》,上海文艺出版社,1989年。

196.[日]田中和夫著,李寅生译:《汉唐诗经学研究》,香港:天马图书公司,1999年版。

197.[日]町田三郎著,连清吉译:《日本幕末以来之汉学家及其著述》,台北:文史哲出版社,1992年版。

198.[日]町田三郎著,连清吉译:《明治的汉学家》,台北:文史哲出版社,2002年版。

199.[日]青木正儿著、隋树森译:《中国文学概说》,重庆出版社,1982年版。

200.[日]青木正儿著、范建明译:《中华名物考》,中华书局,2005年版。

201.[日]竹添光鸿著:《毛诗会笺》,台北:大通书局,1920年版。

202.[日]释空海编:《篆隶万象名义》(高山寺本),中华书局,1995年版。

二、中文论文

1.李庆:《日本近代的〈诗经〉研究——以〈十月之交〉为中心》,载《日本汉学研究初探》,台北:乐学书局,2002年版。

2.马赛尔·葛兰言:《〈诗经〉中的爱情诗篇》,载钱林森编《牧女与蚕娘》,上海古籍出版社,1990年版。

3.蒋秋华、王清信纂辑:《清代诗经著述现存版本目录初稿》,载《清代诗话知见录》,台北:"中央研究院"中国文哲研究所,2002年版。

4.金培懿:《庶民经学到天朝正学——以溪百年〈经典余师·四书〉为考察核心》,载《岭南学报》复刊号(第1、2期合刊),上海古籍出版社,2015年3月版。

5.平山久雄:《敦煌〈毛诗音〉残卷里直音注的特点》,载《中国语文》2012年第4期。

6.屈万里:《论国风非民间歌谣的本来面目》,载《"中央"研究院历史语言研究所集刊》第二十四本,1947年版。

7.苏岑:《〈诗经〉的东传及其在朝鲜半岛的刊行简述》,载《国际汉学研究通讯》第九期,北京大学出版社,2014年。

8.田晓菲:《尘几:陶渊明与手抄本文化问题初探》,载《中国学术》2004年1月,商务印书馆,2004年版。

9.狩野直喜著、江侠庵译:《旧抄本毛诗残卷跋》,载《先秦经籍考上》,上海商务印书馆,1933年版;台北:河洛图书出版社,1975年版。

10.王晓平:《〈七经孟子考文〉中〈诗经〉写本研究的再认识》,载《古典学集刊》第一辑,华东师范大学出版社,2015年版。

11.王晓平:《日本现存诗经古写本与当代诗经学》,载《社会科学战线》2012年第3期,2012年3月。

12.王晓平:《〈毛诗〉足利写本研究序说》,载《国际汉学研究通讯》第7期,北京大学出版社,2013年8月。

13.王晓平:《宫内厅书陵部藏金泽文库本〈群书治要〉研究》,载《日本古钞本与五山版汉籍研究论丛》,北京大学出版社,2015年版。

14.许建平:《敦煌〈诗经〉卷子研读札记二则》,载《敦煌文献丛考》,中华书局,2005年版。

15.许建平:《跋国家图书馆所藏敦煌〈诗经〉写卷》,载《敦煌文献丛考》,中华书局,2005年版。

16.许建平:《法藏敦煌〈毛诗音〉"又音"考》,载《敦煌文献丛考》,中华书局,2005年版。

17. 许建平:《潘重规先生对〈诗经〉研究的贡献》,载《敦煌文献丛考》,中华书局,2005年版。

18. 张宝三:《清原宣贤〈毛诗抄〉研究——以和〈毛诗注疏〉之关系为中心》,载《第二届日本汉学国际学术研讨会会议论文集》,台湾大学日本语文学系,2003年版。

19. 张宝三:《江户儒者东条一堂〈诗经标识〉研究》,载《江户时代日本汉学研究诸面向:思想文化篇》,台北:台湾大学出版中心,2009年版。

20. 赵昱:《北京大学图书馆藏江户时代日人〈诗经〉类古籍叙录》,载《国际汉学研究通讯》(第十期),北京大学出版社,2015年3月版。

21. 朱丁:《试论葛兰言〈诗经〉研究的得失》,载《国际汉学》第十二辑,大象出版社,2005年4月版。

22. 佐藤进:《藤原惺窝的经解及其继承——关于〈诗经〉"言""薄言"的训读》,载《江户时代日本汉学研究诸面向:思想文化篇》,台北:台湾大学出版中心,2009年版。

23. [日]太田次男著、隽雪艳译:《日本汉籍旧钞本的版本价值——从〈白氏文集〉说起》,载《传统文化与现代化》1993年第2期。

三、日文版著作

1. 青木正兒.『中華名物考』.平凡社.1988.
2. 青木正兒.『支那文学概説』.弘文堂書房.1935.
3. 秋山一郎.『斯文会講義筆記』.大日本図書.1915.
4. 足利学校遺跡図書館編.『足利学校貴重書目録』.足利学校遺跡図書館.1925.
5. 荒木見悟、井上忠校注.『貝原益軒　室鳩巣』.岩波書店.1970.
6. 赤城神吉東郭口授、門人吉備灘良其撰.『詩経名物考』.寫本1.
7. 赤塚忠.『詩経研究』.研文社.(『赤塚忠著作集』第五卷).1986.
8. 赤松弘.『詩経述』卷第1-11.赤松太(1709—1767)写.書写年不明.早稲田大學図書館蔵.
9. 安藤圓秀.『詩経隨筆』.東京:學徒援護會.1948.
10. 孔穎達等奉勅撰.『毛詩正義』.東方文化学院影印(東方文化叢書).1936.
11. 赤塚忠『中国古代の宗教上文学——王朝の祭祀』.角川書店.1978.

12.足利衍述.『鎌倉室町時代之儒教』.東京:有明書房.1970.

13.新井政毅、林英吉編.『詩経講義』.興文社.1913.

14.新井白石〔記〕.『詩経図総目』.新井白石(1657—1725)写(自筆).書写年不明.早稲田大学図書館蔵.

15.新間進一、志田延義、淺野建一著校注.『中世近世歌謠集』.岩波書店.1970.

16.杏雨書屋編.『新修恭仁山莊善本書影』.大阪:臨川書店.1985.

17.飯島忠夫.『世界文化と儒教』.中文館書店.1946.

18.飯島忠夫.『支那古代史論』.東洋文庫.1925.

19.稲田若水.『稲田若水遺稿』(45—46).「詩経小識」8卷.京都大学図書館蔵.

20.稲田若水.『稲田若水遺稿』(43—44).「毛詩名物」など.京都大学図書館蔵.

21.岩垂憲德(蒼松)著、服部宇之吉閱.『儒学大観』.文華堂.1909.

22.池田四郎次郎.『日本詩話叢書』.文會堂.1920;龍吟社.1997.

23.井乃香樹.『詩経美學・國風篇』.教護會出版部.1943.

24.石川三佐男.『玉燭寶典』.明德出版社.1988.

25.石川三佐男等訳.『詩経』.中國古典新書.1984.

26.石川忠久訳.『詩経』.新訳漢文大系.明治書院.1998.

27.家井真.『詩経の原義的研究』.東京:研文出版.2004.

28.揖斐高.『江戸詩歌論』.汲古書院.1998.

29.上阪氏顕彰會史料出版部.『毛詩鄭箋』.觀音寺.2001.

30.內藤虎次郎.『內藤湖南全集』.筑摩書房.1997.

31.宇野東山標注.『毛詩古註標注』.20卷.江都:前川六左衛門.1786.

32.魚返善雄訳.『詩経國風』.世界名詩大成.平凡社.1967.

33.漆山天童編.『毛詩語類』.漆山天童(1873—1948)自筆本、早稲田大学図書館蔵.

34.江村如圭.『詩経名物弁解』.林伊兵衛.1731.京都大学図書館蔵.

35.遠藤鎮雄.『漢文文化論』.三一書房.1873.

36.大久保綱浦.『詩経・新體詩選』.文學同志會.東京藍外堂発刊.1910.

37.大阪大學懷德堂文庫復刻刊行會.『詩雕題』.吉川弘文化館.1995.

38.大曽根章介、金原理、後藤昭雄校注.『本朝文粋』.岩波書店.1992.

39.大庭修.『日中交流史話——江戸時代の日中関係を読む』.大阪:燃焼社.2000.

40.大庭修.『漢籍輸入の文化史——聖徳太子から吉宗へ』.研文出版.2006.

41.岡田正之.『日本漢文學史』.増訂版.吉川弘文館.1996.

42.岡田正三釈.『詩経』.第一書店.1932.全国書房.1947年再版.

43.岡村繁訳註.『毛詩正義訳註』.第一冊.福岡:中国書店.1986.

44.折口信夫.『折口信夫全集』.中央公論社.1976.

45.海音寺潮五郎訳.『詩経』.講談社.1974.

46.海音寺潮五郎訳.『詩経』.中央公論社.1990.

47.『香藥字抄』.古辭書音義集成第十三巻.古典研究會出版.汲古書院.1981.

48.楳東正彦.『海舟言行録』.光融館.1907.

49.金子兜太作.『句集詩経國風』.角川書店.1985.

50.亀井昭陽.『毛詩考』.亀井昭陽、徳永玉泉両先生百年祭記念.安井敬一郎発行.1934.

51.茅原定、北村四郎兵衛など刊.『詩経名物集成』.2冊.1808.

52.河合絹吉.『詩経句法新説』.育英書院.1938.

53.近藤英雄.『詩経倫理の歴史学的研究』.神戸学院大学東洋学研究室.1972.

54.元済〔記〕.『服部芝山雑記』.服部芝山(1803—1875)写(自筆).書写年不明.早稲田大学図書館蔵.

55.小川環樹校注.『論语徴』.平凡社.1994.

56.久保天随述.『支那文学史』上.早稲田大学出版部.1900.

57.小宮山綏介.『詩経講義』.博文館.1893.

58.後藤(芝山)点.『五経・詩経』.後藤芝山(1721—1782)点、後藤師周(1759—1815)、後藤師邵校、浪華(大阪):山内五郎.1839.早稲田大学図書館蔵.

59.後藤(芝山)点.『五経・詩経』.後藤芝山(1721—1782)点、後藤師周(1759—1815)、後藤師邵校、浪華(大阪):松敬堂。1863.早稲田大学図書館蔵.

60. 後藤(芝山)点.『改定音訓五経・詩経上』.水野幸.1889.

61. 後藤(芝山)点.『改定音訓五経・詩経下』.水野幸.1889.

62. 工藤一郎.『中國図書文獻史考』.明治書院.2006.

63. 興膳宏、木津祐子編.『京都大學付屬図書館所蔵貴重漢籍抄本目録』.京都大學付屬図書館.1995.

64. 小林一郎講述.『経書大講第六卷・詩経』(上中下).平凡社.1938.

65. 子安宣邦.『伊藤仁斎の世界』.ぺりかん社.2004.

66. 塙保巳一編纂.『群書類従』第9輯.続群書類従完成會.1992.

67. 勝村治右衛門.『改正训點詩経』.京都.1773.

68. 金沢文庫編.『金沢文庫本図録』.金沢文庫編.南学社.1935.

69. 加納喜光.『詩経』.上.下.中国の古典第18・19.学習研究社.倉石武四郎監修.1982—1983.

70. 加納喜光.『詩経・1・恋愛詩と動物のシンボリズム』.汲古書院.2006.

71. 加納喜光.『詩経・2・古代歌謡における愛の表現法』.汲古書院.2006.

72. 狩谷掖齋.「日本現在書目證注稿」.正宗敦夫編『日本古典全集』.日本古典全集刊行會.1928.

73. 狩野直喜.「毛詩卷第六跋」.『史林』.4—4.「舊抄本毛詩殘卷跋」.京都帝國大學文學部景印唐抄本.第一集.

74. 河合絹吉.『詩経句法新説』.育英書院.1938.

75. 河上肇.『河上肇評論集』.1987.

76. 川瀬一馬.『増補 古活字版之研究』.東京.1977.

77. 川瀬一馬著.岡崎久司編.『書誌學入門』.雄松堂出版.2001.

78. 杏雨書屋編.『恭仁山荘善本解説』.臨川書店.1985.

79. 『漢詩大講座名詩詩釈詩経・漢魏六朝』.アトリエ社.1936.

80. 『漢文叢書』.第十八『詩経・書経・易経』.有朋堂書店.1927.

81. 『亀頭音註・五経・詩経乾坤』.後藤點.古松氏蔵版.6冊.1885.和本

82. 木村晟、石山曙生、片山晴賢編.『幼學指南抄』.東京:東豊書店.1990.

83. 近藤瓶城編.『改定史籍集覽』第十八冊.臨川書店.1988.

84. 京都詩話会編.『詩経　詩華集』.京都詩話会.1930.

85. 京都帝国大学文学部景印旧鈔本.第一集.京都帝国大学文学部.1922.

86. 京都帝国大学文学部景印旧鈔本.第十集.京都帝国大学文学部.1942.

87. 雲川弘毅改定.『詩経』上、下、雲川春庵.出版地不明、出版年不明、出版者不明.早稲田大學図書館蔵.

88. 慶応義塾大学編.『経子抄』.慶応大学出版局.1936.

89. 経典釈文総合研究毛詩釈文班編.『對校毛詩釋文集成』.東京：汲古書院.1972.

90. 国語調査委員会.『周代古音考』.国定教科書共同販売所.1914.

91. 国語調査委員会.『周代古音考韻徴』.国定教科書共同販売所.1914.

92. 国民文庫刊行会.『国訳漢文大成　経子史部　国訳詩経』.国民文庫刊行会.1924.

93. 国分青厓監修.『名詩評釈・詩経・漢魏六朝』.アトリエ社.1936.

94. 國訳漢文大成.『詩経』(1—4).國民文庫刊行會.

95. 久保天隨.『詩経』(漢文叢書).博文館.1913.

96. 久保天隨校.『漢文叢書』第八冊.博分館.1913.

97. 兒島献吉郎.『支那文学雑考』第一篇毛詩考.関書院.1933.

98. 兒島献吉郎.『支那文学史古代篇』.富山房.1909.

99. 小宮山綏介講述.『詩経講義』.支那文學全書第 21 卷.博文館.1893.

100. 米山寅太郎、築島裕解題.『毛詩郑箋』.静嘉堂文庫藏版.汲古書院.1992 — 1994.

101. 小林一郎.『経書大講』第 6 卷『詩経上』.平凡社.1940.

102. 小林一郎.『経書大講』第 7 卷『詩経中』.平凡社.1940.

103. 小林一郎.『経書大講』第 7 卷『詩経下』.平凡社.1940.

104. 小林花眠.『経書物語：利用厚生』.帝国実業学会平凡社.1918.

105. 小林芳規解題.『一切経音義』.古辭書音義集成第八卷.古典研究會出版.汲古書院発行.1980.

106. 小山和夫.『文庫新書で読む日本の書物』.笠間書院.1997.

107. 清原宣賢講述.小川環樹、木田章義校訂.『毛詩抄・詩経』.東京：岩波書店.1996.

108.興膳宏.『中国文を学ぶ人のために』.東京:世界思想社.1994.

109.後藤俊瑞.『詩集伝事類索引』.武庫川女子大學文學部中國文學研究室.1960.

110.『再刻頭註詩経集註』.松村九兵衛他相版.大本.八冊.1965.

111.境武男訳.『詩経全釈』.汲古書院.1984.

112.佐藤一斎校訂.『五経』.佐藤一斎(1772—1859)校訂.江戸千鍾房.1813.早稲田大学図書館蔵.

113.佐藤一斎校訂.『詩経』.校訂音訓.松敬堂(浪華).一冊.

114.佐村八郎:『和漢名著解題選』.第一卷.ゆまに書房.1996 年.

115.澤田正熙.『詩経の秀歌—中国古代人の歌謡と人間性』.作家社.1951.

116.詩経学会詩経学研究センター.『詩経研究』.1—22 号.東京:早稲田大学.1974—1991.

117.詩経學會.『詩経研究』.23.東京:早稲田大學.1999.

118.『詩経·楚辭』.中國古典文學大系 15.平凡社.1969.

119.鹽谷溫.『詩経講話』.東京:弘道館.1935.

120.斯文會.『日本漢學年表』.大修館書店.1977.

121.島田翰.『古文旧書考』.民友社.1905.

122.島田均一、竹田復校訂.『毛詩講本』.育英社.1926.

123.白川静訳.『詩経—古代の中国歌謡』.中央公論社.1970.

124.白川靜.『孔子伝』.中央公論社.1972.

125.白川靜訳.『詩経國風』.東洋文庫 518.平凡社.1996.

126.白川靜訳.『詩経雅頌』.東洋文庫 636.平凡社.1998.

127.白川靜.『詩経研究』.『白川靜著作集』9.平凡社.2000.

128.白川靜.『詩経研究』2.『白川靜著作集』10.平凡社.2000.

129.『白川靜博士古稀記念中國文學論集』.立命館大學文學會.1981.

130.白川靜.『漢字百話』.中央公論集.2002.

131.白川靜.『文字遊心』.平凡社.2002.

132.釈清潭訳.『国訳詩経』.漢文大成.国民文庫刊行会.1921.

133.(清)徐鼎撰.西島蘭渓序.『毛詩品物図説』.九卷二冊.1808.

134.饒宗頤編集.解説.『敦煌書法叢刊』.第六卷.経史(四).二玄社.1985.

135.『德川実紀』.新訂増補國史大系第四十六卷國史大系刊行會.吉川弘文館.1934.

136.德富猪一郎.『文学漫筆』.民友社.1898.

137.杉下元明.『江戸漢詩・影響と変容の系譜』.ぺりかん社.2004.

138.杉本つとむ編.『異體字研究資料集成』.雄山閣出版株式会社.1995.

139.鈴木修次.『中国古代文学論・詩経の文芸性』.1977.

140.高田真治.『詩経』.集英社.1966－1968.

141.高田真治.『詩経』.集英社.1996.

142.高野辰之・『越風石臼歌』・日本歌謡集成（第十一卷）・東京堂.1942.

143.高橋公麿.『詩経字典』(國風全訳.小雅.大雅.頌).萬葉學舍.1991.

144.田中克己.『中国の名詩 1 うたの始め 詩経』1.平凡社.1982.

145.田中和夫.『毛詩正義研究』.東京：白帝社.2003.

146.田中和夫.『毛詩註疏訳註 小雅（一）』.東京：白帝社.2010.

147.趙浩如著.増田栄次訳.『詩経入門』.日中出版.1988.

148.塚本哲三編.『詩経 書経 易経』.有朋堂.1931.

149.寺内章明.『國調周詩』.尺寸廬蔵版.1918.

150.張建墻.『詩経の翻訳』.明治書院.1973.

151.東條弘（一堂）.『詩経標識』.書籍文物流通會.1933.

152.唐代史研究会編.『東アジア古文書の中の研究』.刀水書房.1990.

153.東方文化研究所經學文學研究室.『毛詩正義校定資料解説』.1943.

154.豊島睦編.『韓詩外伝索引』.比治山女子短期大学.1972.

155.中井履軒.『詩彫題』.東京：吉川弘文館.1995.

156.中島みどり.『詩経』.中国詩文集の2.筑摩書房.1983.

157.中田昭栄.『詩経新編上・愛と祝いの詩集』.郁朋社.2003.

158.中田昭栄.『詩経新編中.日々と祖霊と王』.郁朋社.2004.

159.中田祝夫編.外山映次解説.『毛詩抄』.勉誠社.1971.

160.中鉢雅量.『中国の祭祀と文学』.創文社.1989.

161.中野三敏監修.『江戸の出版』.ぺりかん社.2005.

162.中村惕斎訳.淵景山.『詩経示蒙句解・詩疏図解』.『先哲遺著.漢

籍国字解全書』の五.早稲田大学出版部.1926.

163.長沢規矩也.『長沢規矩也著作集』.汲古書院.1982.

164.長沢規矩也解題.『毛詩注疏』.足利學校遺跡図書館後援會.汲古書院.1974.

165.長沢規矩也、阿部隆一編.『日本書目大成』第一卷.汲古書院.1980.

166.長沢澤規矩也編.『和刻本経書集成・古注之部』.第一輯.古典研究會.東京:汲古書院.1977.

167.長沢澤規矩也編.『和刻本経書集成・正文之部』.第一輯.古典研究會.東京:汲古書院.1976.

168.長沢規矩也.『足利學校善本図録』.東京:汲古書院.1973.

169.長沢規矩也解題.『周易注疏』.足利學校遺跡図書館後援會.1973.

170.長沢先生古稀記念図書學論集刊行會.『長沢先生古稀記念図書學論集』.東京:三省堂.1973.

171.西川休休道人.『詩経通解』.西川知行(名古屋)刊.1939.

172.西沢道寬.『詩経集伝』.同文社.1931.

173.日本詩経學會.『詩経研究』.24—30 號.東京:早稲田大學.1999—2005.

174.日本図書館協会.『良書百選』第三輯『詩経』.日本図書館協会.1935.

175.根本通明.『詩経講義』.博文館.1911.

176.沼本克明「ほか」編.『一切経音義索引』.東京:汲古書院.1984.

177.柏樹舍同人編.『詩経一句索引』.大東文化協會.1931.

178.橋本循訳註.『詩経國風』.中國古典詩集.筑摩書房.1961.1963.

179.橋本循、尾崎雄二郎ほか訳.世界古典文学全集 2.『詩経国風・書経』.筑摩書房.1969.

180.林宗二、林宗和自筆.『毛詩抄』.兩足院叢書.京都大學文學部.國語國文學研究室.臨川書店.2005.

181.林英吉.『詩経講義』(『五経講義』第二)(少年叢書漢文學講座).興文社.1897.

182.林滝三郎.『葆真舍詩経講義筆記』第四号.林滝三郎.1895.

183.原田種成.『詩経集伝』.1970.

184.渕景山撰、『詩疏図解』.先哲遺著・漢籍国字解全書、早稲田大学出版部.1917.

185.東野治之.『正倉院と木簡の研究』.塙書房.1998.

186.東野治之.『遣唐使と正倉院』.岩波書店.1998.

187.東野治之.『日本古代史料學』.岩波書店.2005.

188.福井久蔵.『歌の道』.青梧堂.1942.

189.吹野安.石本道明訳註.『朱熹外伝訳註』.明徳出版社。

190.藤井明、久富木成大.『山井崑崙・山県周南』.明徳出版社.1988.10.

191.富士昭雄編.『江戸文学と出版メディア－近世前期小説を中心に』.笠間書院.2001.

192.星野慎之輔.『応用植物論・附・詩経植物類考』.女学雑志社.1893.

193.広瀬範治校.『詩経正文』.温故堂.1882.

194.広谷雄太郎編.『和漢名著解題選』.第2巻.ゆまに書房.1996.

195.仏誉.『詩経小戎図考』.仏誉.木村兼葭堂写.江戸中期.早稲田大学図書館蔵.

196.マーセル・グラネ原著.内田智雄訳.『支那古代の祭礼と歌謡』.弘文堂.1942.

197.前田林外訳.『新訳詩経』（草稿）.前田林外（1864—1946）写（自筆）.書写年不明.早稲田大学図書館蔵.

198.松浦友久.『漢詩――美の在りか』.岩波書店.2002.

199.松崎覚本.『詩経詳解』.春陽堂.1931.

200.松崎鶴雄.『詩経國風篇研究』.第一出版社.1937.第一公論社.1942年再版.

201.松平治郎.『漢学講義』.修学堂.1907.

202.松本雅明.『詩経諸篇の成立に関する研究』.東洋文庫.1958.

203.松本雅明.『詩経諸篇の成立に関する研究（上）』.『松本雅明著作集』第一巻.開明書院.1980.

204.松本雅明.『詩経諸篇の成立に関する研究（下）』.『松本雅明著作集』第二巻.開明書院.1981.

205.水口洋治.『詩経国風の楽しみ』.竹林館.一冊.2002.

206.水田紀久.『近世日本漢文學史論考』.汲古書院.

207. 皆川願.『詩経助字法』.漢语文典叢書第6卷.汲古書院.1980.

208. 皆川淇園.『詩経国風図』.京都大学図書館蔵.

209. 皆川淇園.『詩経小雅図』.京都大学図書館蔵.

210. 村山吉広、江口尚純著.『詩経研究文献目录』.東京:汲古書院.1992.

211. 村山吉広.『詩経の鑑賞』.東京:二玄社.2005.

212. 真藤建志郎.『四字熟語博覧辭典』.日本実業出版社.1986.

213. 目加田誠訳.『詩経』.日本評論社.1943.

214. 目加田誠.『新釈詩経』.岩波書店.1962.

215. 目加田誠.『詩経新訳』.岩波新書.1964.

216. 目加田誠訳.『詩経』.中国古典文学大系.平凡社.1969.『目加田誠著作集』卷2.卷3.龍渓書舎.1983.

217. 目加田誠訳.『うたの始め・詩経.中国の名詩1.平凡社.1986.

218. 目加田誠.『詩経研究』.『目加田誠著作集』第一卷.龍渓書舎.1985.

219.『毛詩』卷第一、二(景大念仏寺藏本).京都帝國大學文學部景印舊鈔本.第十集.1942.

220.『毛詩』卷第一(和装).諸橋轍次編.足羽憲大郎.一九四九 一冊.静嘉堂文庫藏清家秘點本毛詩鄭箋二十卷中第一卷の影印.

221.『毛詩』卷第一 一十.十三一十六.足利學校遺跡図書館藏.

222.『毛詩』卷第十二一十八.京都大學図書館藏.

223.『毛詩』卷第十五一十八.東方文化研究所用東京九條氏藏鈔本景照.1938.

224.『毛詩』卷第十七.宮内庁図書寮藏.

225.『毛詩』二十卷.足利學校遺跡図書館藏.

226.『毛詩』二十卷.龍谷大學図書館藏.

227.『毛詩』二十卷.静嘉堂文庫藏.毛詩鄭箋.古典研究會叢書.漢籍之部第一卷.第二卷.第三卷.汲古書院.1994.

228.『毛詩』二十卷.古梓堂文庫藏.

229.『毛詩正義』卷第六.東方文化研究所用京都小島氏藏鈔本景照.1937.

230.『毛詩難字解』.哲学館.1900.

231.『毛詩二南殘卷』.京都帝國大學文學部藏版.京都:京都帝國大學

文學部.景印鈔本第十集.1942.

232.諸橋轍次.『詩経研究』.東京：目黒書店.1912.

233.諸橋轍次.『経學研究序説』.『諸橋轍次著作集』.第二卷.大修館.1976.

234.諸橋轍次.『詩経研究』.『諸橋轍次著作集』.第二卷.大修館.1976.

235.安井朝康.『朴堂遺稿』第一、二「毛詩訓伝撰者考」.安井琴子.1940.

236.安井衡.『毛詩輯疏』.東京：崇文院.1932—1935..

237.山井鼎.『毛詩』『七経孟子考文補遺』20卷.山井鼎（崑崙）撰、荻生観〈北渓〉補、阮氏小琅嬛仙舘.清嘉慶2年序.早稲田大学図書館蔵.1930.

238.山井鼎.『毛詩』『七経孟子考文補遺』.1930.

239.山県禎編.『西園叢子』1—5.内「詩経雑鈔」「毛詩備忘」.山県太華（1781—1866）写.書写年不明.早稲田大学図書館蔵.

240.山本章夫.『詩経新注』卷之上.山本読書舎.1903.

241.山本章夫.『詩経新注』卷之中.山本読書舎.1903.

242.山本章夫.『詩経新注』卷之下.山本読書舎.1903.

243.三尻浩.『校訂毛詩抄』.朋友堂.1937.

244.矢島玄亮.『日本国見在書目録——集証と研究』.汲古書院.1984.

245.吉川幸次郎訳.『詩経國風（上下）』.中國詩人選集.岩波書店.1958.

246.吉川幸次郎著.『吉川幸次郎全集』8.筑摩書房.1974.

247.吉川幸次郎著.『吉川幸次郎全集』9.筑摩書房.1974.

248.吉川幸次郎著.『吉川幸次郎全集』10.筑摩書房.1974.

249.吉川幸次郎、清水茂校注.『伊藤仁斎・伊藤東涯』.岩波書店.1971.

250.吉田金彦解題.『妙法蓮華経釋文』.古辞書音義集成第四卷.古典研究會出版.汲古書院発行.1979.

251.吉田照子.『韓詩外伝』.明徳出版社.1994.

252.黎波.『中国文化館——詩経から巴金』.大修館書店.1986.

253.『和刻本毛詩鄭箋』.京都：中文出版社.1985.

254.和島芳男.『中世の儒教』.吉川弘文館.1965.

255.早稲田大学編.『漢籍国字解全書・先哲遺著』.第五卷.早稲田大学出版部.1926.

256.和田維四郎.『訪書餘録』.大阪:臨川書店.1978.

257.渡辺量三訓點.袖珍本五経(10 冊).『詩経』.1891.

258.渡辺秀方編.『経史選』.前野書店.1931.

四、日文論文

1.青木正児.「詩経章法獨是」.『支那文學芸術考』.

2.青木正児.「詩経名物考二則」.『立命館文學』第 160 號.立命館大學人文學會.1958.

3.淺野哲夫.「新刊紹介毛詩會箋」.『斯文』5 編 6 號.

4.淺見緑.「『両度聞書』と『毛詩』——古今和歌集仮名序注と毛詩注釈」.『新古今集と漢文学』.和漢比較文学叢書第 13 卷.汲古書院.1992.

5.秋毅撰.「評『読詩四論』」.『斯文』.第 23 編 11 號.1941.

6.阿部吉雄.「近世儒学の二三問題點」.『国语と国文学』.1957 特輯号.

7.佚名撰.「評『詩経研究』」.『東亜研究』第 2 卷 12 號.1912.

8.稲垣瑞穗.「大英図書館所毛詩郑箋の奥書」.『訓點語と訓點資料』.90 卷.1993.

9.稲垣瑞穗.「大英図書館所蔵の訓點資料——毛詩鄭箋卷第一訳文追考」.『訓點語と訓點資料』.訓點語学会.88 卷.1992.

10.石川三佐男.「詩経における捕兎の興詞と婚宴の座興演舞について—兎を対象とする呪儀的行為とその展開」.『日本中国学会報』.第三十五集.1983.

11.石塚晴通.「岩崎本古文尚書・毛詩の訓點」.『東洋文庫書報』.第 15 号.1984.

12.石塚晴通.「中国周辺諸民族に於ける漢文の訓読」.『訓點語と訓點資料』.訓點語学会.88 卷.1992.

13.家井真.「詩経研究の近況と課題」.『二松学舎大学人文論叢』第 44 輯.1990.

14.岡村繁.「詩経とその詩人たち」.『中国詩人論・岡村繁教授退官論集』.汲古書院.1986.

15.尾崎康.「群書治要とその現存本」.『斯道文庫論集』.25 卷.1991.

16.大島晃.「先学の風景——人と墓・山井崑崙」.『漢文学解釈与研究』.7 卷.2004.

17. 末木恭彦.「『七経孟子考文』凡例の考察(上)」.『東海大学紀要・文学部』.55.1 — 11.東海大学.

18. 末木恭彦.「『七経孟子考文』凡例の考察(下)」.『東海大学紀要』.文学部.55.1 — 16.東海大学.

19. 末木恭彦.「山井崑崙の尚古思想」.『中國哲學』.21 卷.北海道中國哲學會.1992.

20. 内田智雄.「詩國風考」.『支那學』第 8 卷第 4 號.1936.

21. 内野熊一郎.「大念仏寺本鈔寫毛詩傳私考」.『漢文學會會報』.東京教育大學.16.1955.

22. 内野熊一郎.「パリオ本敦煌出土唐寫本毛詩釋文残卷私考」.『宇野哲人先生白壽祝賀記念東洋學論叢』.同記念會編.1974.

23. 内野熊一郎.「毛詩経典釈文中の「毛、郑音切」に就いて」、『東方学』第 52 輯・1976.

24. 海老田輝二.「論語における詩経の位置」.『北九州工高専研究報告』第 9、10 期.1977.

25. 江口尚純.「江戸期における詩経関係書目」.『詩経研究』.27 卷.2002.

26. 江口尚純.「詩経関係文獻目録{邦文篇}」.『詩経研究』.27 卷.2002.

27. 江口尚純.「江戸期における詩経関係和刻本目录{暫定版}」.『中國古典研究』.48 卷.2003.

28. 江口尚純.「江戸期における詩経関係書目{第一次分類版}」.『靜岡大學教育學部研究報告・人文社會科學篇』.54 卷.2004.

29. 御輿員三.「パワンドの詩経」.『吉川博士退休記念中國論集』.筑摩書房.1968.

30. 尾崎雄二郎.「毛詩要義と著者魏了翁」.『天理図書館報ビブリア』.23 号.1962.

31. 緒方惟精.「清原宣賢の経学」.『千葉大學文理學部紀要』.文化科學.1(2) 卷.千葉大學文理學部.1954.

32. 大庭修.「中国でなくなった書籍の逆輸入——佚存漢籍還流の研究」.『東西學術研究所紀要』.35.2003.

33. 岡村繁.「詩経とその詩人」.『中國詩人論・岡村繁教授退官記念論集』.汲古書院.1986.

34.加藤賢.「王符の詩経学」.『村山吉広教授古稀記念中国古典学論集』.汲古書院.2000.

35.加納喜光.「パラディグム変換詩の構造——詩経国風の基本詩形」.『日本中国学会報』第三十集.1978.

36.加納喜光.「詩経における類型表現の機能」.『日本中国学会報』第三十三集.1981.

37.加納喜光撰.「中国古代詩学の修辞」.『茨城大学人文文学科論集』.第 13 期.1980.

38.狩野直喜.「毛詩巻第六跋」.『史林』4－4.「舊鈔本毛詩殘卷跋」.『史林』.4－4.1919.京都帝國大學文學部景印唐鈔本.第一集.1920.

39.狩野直喜.「山井鼎と七経孟子考文補遺」.『支那学文藪』.みすず書房.1973.

40.栗原圭介.「古代中国の儀禮的慣行と原始心性——セム族宗教との比較を通して—」.『日本中国学会報』第三十五集.1983.

41.栗原圭介.「詩にみえる「鳳」の宇宙構想」.大東文化大学『漢学会志』25.1986.

42.黒岩嘉納.「詩経国風の民謡性質」.『茨城大学文理学部紀要』第 17 期.1967.

43.倉石武四郎.「評『詩経訳注』」.『漢文教室』.第 13 號.1954.

44.小尾郊一.「毛詩正義の論証についての考察」.京都.『東方学報』第 15 卷第 1 期.1945.

45.小川環樹.「清原宣賢の毛詩抄について」.『文化』.第 10 卷 11 号.29.1943.『小川環樹著作集』.第五卷.筑摩書房.1997.30—56.

46.小川環樹.「詩経異文の音韻特徴」.『立命館大学』第 180 号.1960.

47.古賀侗庵.「劉子」.『日本儒林叢書』第 9 卷.鳳出版.1988.

48.古田敬一.「詩経の比喩.「如」字使用の直喩について」.『村山吉広古稀記念論文集』.汲古書院.2000.

49.小林千草.「『毛詩抄』の楽しみ方」.『図書』.577 巻.岩波書店.1997.

50.小林健一.「『源氏物語』と毛詩—「関雎」篇との関係を中心に」.『大久保隆郎教授退官記念論集.漢意とは何か』.東方書店.2001.

51.寿岳章子.「『毛詩抄』の完成を喜ぶ」.『図書』.565 巻・岩波書店.1996.

52. 古原宏伸.「詩経図と孝経図」.『美術史』.72.1969.

53. 米山寅太郎.「清原宣賢加點『毛詩鄭箋』複製について」.『日本歴史』.43 巻.日本歴史学会篇.吉川弘文館.1951.

54. 佐藤春夫.「漢詩の翻訳」.『漢詩大講座第十一巻研究及鑑賞』.アトリエ社.1936.

55. 佐藤広治.「詩の所謂三星と婚時」.『支那学』第三巻第一号.1922.

56. 沢田瑞穂.「詩歌の和歌訳—寺内章明「国調周詩」のこと」.『中国詩文論叢』2.1983.

57. 是沢恭三.「群書治要について」.『東京国立博物館研究誌』.110 巻.東京国立博物館編.1960.

58. 白川静.「松本雅明著『詩経諸篇の成立に関する研究』」.『立命館文学』第 160 号.立命館大学文学会.1958.

59. 白川静.「興的発想の起源とその展開（上）」.『立命館文学』第 187 号.立命館大学人文学会.1971.

60. 白川静.「興的発想の起源とその展開（下）」.『立命館文学』第 188 号.立命館大学人文学会.1971.

61. 鈴木修次撰.「評『詩経訳注』」.『漢文教室』.第 13 號.1954.

62. 鈴木修次撰.「目加田誠訳『詩経訳注篇』」をめぐって」.『目加田誠著作集月報』第 5 号.龍渓書店.1985.

63. 鈴木虎雄.「周詩に見にたる農祭」.『支那文学研究』.弘文堂書店.1967.

64. 太宰春台.「朱氏詩伝膏肓」.『日本儒林叢書』.第 11 巻.鳳出版.1988.

65. 田中和夫.「毛詩註疏における史記の評価」.『村山吉広教授古稀記念中国古典学論集』.汲古書院.2000.

66. 谷口義行.「西周時代の藉田儀礼」.『白川静博士古稀記念中国文史論集』.立命館大学文学会.1981.

67. 高野静子.「続・蘇峰とその時代」.『小伝・鬼才の書誌学者.島田翰」』.（財）徳富蘇峰記念岩崎財団.1999.

68. 猪口篤志.「詩経の中の二三の問題點」.『大東文化志』第 1 期。1958.

69. 土井洋一.「本能寺門前版の版式——毛詩抄をめぐって」.『学習院

大学文学部研究年報』20.1974.

70.築島裕.「靜嘉堂文庫蔵本毛詩鄭箋古點解説」.『毛詩鄭箋』(三).汲古書院.1994.

71.内藤乾吉.「毛詩巻第六解説」.『書道全集』26.平凡社.1967.

72.長澤孝三.「島田翰と文選集註」.『日本歴史』.日本歴史学会.吉川弘文館.1999.

73.西口智也.「詩経関係文獻目录{邦文篇}1991 — 1999」.『詩経研究』.28 卷.2003.

74.西崎亨.「大念佛寺蔵毛詩二南残卷の訓點について」.『国学院雑誌』.第 81 卷九号.国学院大学出版部.1980.

75.西崎亨.「篷左文庫本『毛詩』卷一国語史的研究序説——静嘉堂文庫本『毛詩』との比較小見」.『訓點语と訓點资料』.67 卷.1982.

76.西村富美子.「詩経の注釈について」.『吉川博士退官記念中国文学論集』.

77.野田文之助.「山井崑崙と七経孟子考文の稿本について」.『東京支那学報』.1955.

78.杉下元明.「十月蟋蟀入我牀下」.『江戸漢詩』.ペリカン社.2004.

79.杉下元明.「一茶の享和年間—俳諧と漢文学」.『江戸漢詩』.ペリカン社.2004.

80.芳賀紀雄.「毛詩と萬葉集——毛詩の受容をめぐって」.『萬葉集における中国文学の受容』.塙書房.2003.

81.服部宇之吉.「毛詩正義第十六、十八解説」.『佚存書目』東京：春山治部左衛門印刷.1933.

82.肱岡泰典.「中井履軒の文学観」.『詩雕題』.吉川弘文館.1995.

83.福島吉彦.「唐五経正義撰定考——毛詩正義之一」.『山口大學文學會誌』.山口大學文學會.1973.

84.藤井守.「中世歌謡論—日本と中国の場合」.古田敬一編.『中国文学の比較文学的研究』.汲古書院.1986.

85.藤野岩友.「詩経に見える嘆老」.『中国の文学と礼俗』.角川書店.1976.

86.藤山和子.「詩経摽有梅における婚姻の正時——戴震の「詩摽有梅解」を通じて」.『日本中国学会』第三十五集.1983.

87.水田紀久.「蒹葭堂版『毛詩指説』」.『近世日本漢文學史論考』.汲古書院.1987.

88.水田紀久.「懷德風雅—竹山の古体四言詩」.『近世日本漢文学史論考』.汲古書院.1987.

89.增野弘幸.「詩経における南畝の意味について」.『村山吉広古稀記念論集』.汲古書院.2000.

90.松本雅明.「カールグレ氏の方法について」.『松本雅明著作集』第6巻.弘生書林.1986.

91.南昌宏.「大阪大學懷德堂文庫所藏「詩雕題」関連諸本」.『詩雕題』.吉川弘文館.1995.328—334.

92.村山吉広.「赤塚忠博士の詩経学」.『赤塚忠著作集』第5巻付録.1986.

93.羅振玉.「毛詩正義卷第六跋」.『京都帝國大學文學部景印唐鈔本第一集』.『羅雪堂先生全集』初一1.1913

94.柳田征司、木田章義、赤瀬信吾.「{鼎談}『毛詩抄』完結によせて——抄物研究の現在」.『文學』.7(3)巻.岩波書店.1996.

95.山田英雄.「清原宣賢について」.『国語と国文学』.1957特輯号.

96.山内洋一郎.「毛詩抄の二部構造について——建仁寺両足院蔵林宗二写本による」.『國文學考』.第72、73輯合並號.1976.

97.山崎純一.「書としての漢代の『詩経』——『毛詩』と『古列女伝』女训诗の」の基礎的検討」.『村山吉広教授古稀記念中國古典學論集』.汲古書院.2000.

98.山中澄子.「『古詩得所編』と『古詩各色と』」.『詩雕題』.吉川弘文館.1995.

99.山本信吉.「毛詩正義卷第十八解説」.『中國書法名跡』.每日新聞社.

100.山本巖.「七経孟子考文西渡考」.『宇都宮大學教育學部紀要』.第一部.40(1).31—43.宇都宮大學.

101.橫久保義岸.「詩雕題における先人説」.『詩雕題』.吉川弘文館.1995.

102.吉川幸次郎.「詩経と楚辞」.世界文学大系中国詩人選集解説.『吉川幸次郎全集』第3巻.1973.

103.吉川幸次郎.「松本雅明氏『詩経諸篇の成立に関する研究』」.『吉川幸次郎全集』第 3 卷.1973.

104.吉川幸次郎.「京都大學経學文學研究室毛詩正義校定資料解説」.京都:『東方學報』13 — 2.『吉川幸次郎全集』.第 10 卷.筑摩書房.1984.

105.吉川幸次郎.「日本人の智恵——山井鼎と国文学」.『吉川幸次郎全集』.第十八卷.筑摩書房.1985.

106.吉川幸次郎.「東方文化研究所善本提要」.『吉川幸次郎全集』.第十七卷.筑摩書房.1985.

107.吉川幸次郎.「魏鶴山先生毛詩要義跋」.『天理図書館報ビブリア』.23 号.1962.

108.和島芳男.「清原宣賢とその家学」.『日本歴史』.第 185 号(1963)10 月号.

后记

比起宇宙洪荒、天地玄黄的时空而言，一年、十年、一百年，都不过是一瞬间，但对于一个有感、有情、有尊严的灵魂来说，一秒、一分、一刻，也都是值得尊重的。我时常感叹《诗经》的伟大，它将那先民数百年间的沉思、嗟叹、感遇、呼吸，留给了永恒，让我们今天读起来，还仿佛耳畔响起他们的心跳声。所以，我读《诗经》，就不只是读从后稷到周代的历史，也在读我所经历的从20世纪40年代末到新世纪的心路。怀揣《诗经》，一路走去，回梦着见识的春雪冬霾、丽日蓝天。如果《诗经》中仅有"跻彼公堂，称彼兕觥"云云这样单一的旋律，虽然我也会为它的情感所震撼，但我会这样喜欢它吗？我想，是不会的。

1978年，当我选择《诗经》作为自己的主攻方向的时候，导师温广义告诫我，先要从王念孙、王引之等人的书读起，要把《诗经》真正读明白，还要学些甲骨文、金文。于是，我便找来郭沫若、陈梦家等人的书，一字一句地试着读。温先生说，要写就该写陈奂《诗毛氏传疏》那样的书。后来我将马瑞辰《毛诗传笺通释的研究方法》作为论文题目。由于没有看到校点本，就傻傻地把全书抄了一遍，一边抄，一边自己校点。自知生性鲁钝，生怕把三百篇读歪了，干脆再傻傻地将每一首都译成现代诗。这些笨活儿全干完了，总算完成了论文。然而，我终究辜负了导师的期待，不但没有写出陈奂那样的书来，而且一直"旁逸斜出"，一个大弯就拐到了日本古代文学那边去了。

其实这一拐弯，也是《诗经》引的路。只因为对图书馆书库里那发黄的老书多看了几眼。它们就是收进了《诗经章法独是》这篇论文的青木正儿所著《支那文学考》、1937年日本第一出版社出版的松崎鹤雄的《诗经国风篇研究》、1943年救护会刊行的井乃香树所著《诗经美学国风论》等几本书，那里面都提到了从没有听说过的《万叶集》。总之，多看几眼的结果，就去找《万叶集》,看到了日本古代文学的天空,就这样被拉上了另一条跑道。

1990年底至1991年底,我在位于京都大枝山的日本国际文化研究中心工作。那时这个直属文部省的研究机构刚刚成立,作为当时最年轻的外国人研究员,我参加了由主干教授(相当于文学部部长)中西进博士指导的研究班,和捷、匈、韩、日、印等国的学者,一起从事《万叶集》与日本和歌的研究。由于该中心提倡国际性、学际性(跨文科)研究,所以读的书也就不限于日本文学。我通过筧文生、筧久美子教授夫妇的介绍,每周得以到立命馆大学图书馆和文学部资料室去看书。在文学部资料室的书架上,抽出了白川静有关《诗经》研究的油印教科书。我不禁心头一热,不仅是因为这样大部头的油印书大出意外,而且看到白川静先生采用的方法,竟然与我的导师教诲的有很多共同点,这一下子唤醒了我的《诗经》情结。原来爱《诗》之情未灭,读《诗》之心不死呀。

转眼到了2000年,此时我在帝冢山学院大学人间文化学部担任专任教授,《白川静著作集》刚出版,我又通过筧久美子介绍,与时已过八十的白川静先生通信,表示愿意将《诗经研究通论篇》译成中文。信寄出后,很快收到白川静先生的回信,希望我能尽快完成翻译。从内心里,我也很想在白川静先生生前,能够读到我的译本。

治学之路总是那么斗折蛇行。遗憾的是2006年白川静先生仙逝,我却未能完成译稿,直到今天,这还是"一盘没有下完的棋"。如果有机会,还会用心去纠正以往所写的《日本诗经学史》《日本诗经学文献考释》中的疏漏,并继续对日本诗经学作系统的研究。

本书是国家社科基金重大项目"日本汉文古写本整理与研究"(批准号:14ZDB085)中期成果之一。本书能够继《日本诗经学史》之后,再次收入"汉学研究大系",多亏了主编阎纯德老师的宽容与支持。由于书中涉及大量俗字与造字,给编辑工作带来很大麻烦,多亏了杨雷、张敏娜两位女士不寻常的耐心、细致与敬业,才使这本原本寂寥的读《诗经》心得跻身书海,不致终于写本。

借助阎纯德老师给我的这个机会,我还自作主张地将几篇旧文作为附录。收入书中时改正了错字,其余基本没有修改。旧作中所有过时货色与疏失也留待读者批评。我只想留一个真实的自己,也为《诗经》留下一份感激。自从我找到上天给我留下这扇门——学术之门,《诗经》之门以后,紧闭的心胸便豁然开朗，眼里的世界也从此大不一样了。

为了能在日本诗经学的丛林里自由行走，我陶醉在探查其中幽径、洞穴与花木鸟兽的旅途中，向相遇的路人与旅伴问路讨教。作为一位脚步匆匆的探路者，总感到还有极多胜景尚未记录下来。搁笔之际，拈来几段活跃在今日日本诗经学界的学者的话，作为下一部拙著的引子吧。

"《诗经》的诗，原则上却是宗教歌，用于宗教仪礼、祭礼，而且是歌唱的诗。"家井真在所撰《〈诗经〉原义研究》一书中如是说。

"我对《诗经》中的诗篇抱有一种什么样的心态呢？有时，我从中挣脱出来。但是，这些诗篇对我的震撼力实在太大了。我时为之悲、时为之忧、时为之喜，甚至时为之怒，总之我完全沉浸于其中了。"田中和夫在所著《汉唐诗经学研究》的自序中如是说。

"《诗经》首先是中国最古老的诗集，是各国民谣、朝廷仪式歌、祭祀歌的集合，同时又是五经之一，是为了教给人们正确道德而编纂出来的。前者说的是《诗经》作为文学作品的特性，而后者则是《诗经》作为道德文本的特性。《诗经》这部经典及其中的诗篇都同时包含了两种不同的性质。"种村和史《宋代〈诗经〉学的继承与演变》绪言中如是说。

不论今天的中日诗经学有多少不同，但加深交流、平等对话，以期创造相互参鉴、相互牵引、相互启迪的局面，是学者共同的愿望。今后，彼此了解得更深入一点、批评更坦率一点、交流更频繁一点，就会更好。

初读"昔我往矣，杨柳依依"的时候，我还曾是从表到里唯有青涩；今天还在读"今我来思，雨雪霏霏"，早已是眼角布满横沟纵壑。《诗经》，你见证了我的喜忧哀乐，陪伴了我的夜灯晨盏。对那些曾经挽我、扶我、引我、用希望目光送我的师友，虽然多年不见，但我总在心里默诵"何日忘之"；对那些远客近邻，我会向他们送上"呦呦鹿鸣，食野之蘋"的茶水；对那不可知的未来，我也有"乐土乐土，爰得我所"的心愿。有《诗》同行，不言孤单。

王晓平　于瀛庐

2016 年 1 月 31 日

2019 年 5 月改定